Partie de loin puis rien, pour devenir... Moi !

Préface

Me voilà, je me lance... C'est moi, je me présente : Eva, jeune diplômée infirmière (enfin !) prête à me lancer dans la vie d'adulte ! Mais avant cela, je me devais de faire la paix avec la vie et le passé que j'ai enduré. Nous sommes aujourd'hui en 2023, plus précisément le Mardi 28 du mois de Mars lorsque j'en commence l'écriture. Cela fait plusieurs années que j'avais vraiment l'envie profonde de réaliser ce livre, celui qui portera sur le parcours de ma vie. Il aura fallu que je finisse mes dernières heures de stages en tant qu'étudiante afin de m'y mettre. J'ai toujours eu l'intime conviction que je devais le faire. Poser les mots sur les maux, comme pour enfin mettre un point final et faire table rase du passé. En écrivant ce livre, je tourne les pages de ma vie, les malheurs comme les coups durs, les moments de profonde détresse et de désarroi. Mais également et surtout, les joies ainsi que l'amour donnés par ma famille et la force de caractère que cela m'a procuré (même si j'avais quelques prérequis quand même, il ne faut pas croire !). Et enfin, remercier la vie pour la famille si soudée dans laquelle j'ai grandi, les belles rencontres qu'elle m'a offerte et de m'avoir ainsi forgée pour faire de moi la personne que je suis devenue aujourd'hui. Aussi dur que cela ait parfois pu l'être. En le fermant, je referme au sens propre comme au figuré ce livre afin d'en ouvrir un autre, peut-être un tome deux ? Et de (re)commencer à vivre plutôt que de survivre.

Je m'en remets donc à vous chères personnes qui n'auront jamais cru en moi. Qui auront trouvé cela constructif de me juger, de me rabaisser ou de m'humilier à répétition. J'étais celle qui n'arriverait à rien, qui devrait changer d'orientation et se poser les bonnes questions ou même se reconvertir et abandonner. J'ai réussi à vous faire mentir, vous donner tort, et eu raison de croire en moi ainsi qu'en mes rêves. Je me dois donc de vous en remercier aujourd'hui. Oui, merci à toutes vos brimades, insultes, moqueries, jugements, menaces et j'en passe. À celles qui vous auront sans doute servi à vous élever en tant que personne. Elles m'auront au contraire, renforcée.

Alors finalement, pour qui cela a-t-il été le plus constructif ? Qui a agi par méchanceté gratuite, rapport de force, abus de faiblesse et peut s'en vanter ? Qui a entravé ses valeurs propres ainsi que son estime personnelle ? Lequel d'entre vous peut-il se regarder objectivement dans la glace ?

J'ai bien évidemment mon idée sur la question et dommage pour vous, mon "sale et fort" caractère m'aura rendu service et donné, une fois de plus, raison. Bienvenue dans ma vie à vous : résilience, acceptation et pardon. Et au diable les sentiments de honte, de dévalorisation, de syndrome de l'imposteur et d'illégitimité, d'humiliation et celui d'une interprétation constante. Tous ceux qui ont rythmé ma vie à chaque instant.

Aimez-vous car personne ne le fera à votre place. Complimentez-vous, mettez-vous en valeur. Quand cela est fait avec une intention saine et pour avancer ce n'est pas de l'égocentrisme ou du narcissisme ! La vie est belle, dure mais la fin justifie toujours les moyens pas vrai ?

~~~~~

Dans un souci de préservation d'anonymat pour toutes et tous, chaque prénom a été minutieusement modifié sur proposition des intéressés. Quant aux professeurs par exemple, ceux qui sont avec certitude remplis de bonnes intentions, leur nom a été écourté à leur initiale originale. Pour ce qui est de ceux dont je dois me protéger, leur initiale / nom a été changé ou réduit à leur fonction.

Ma démarche à travers cette œuvre n'est pas sujette au lynchage ni d'être irrespectueuse ou dans une position de persécutrice comme le furent autrefois mes bourreaux. Elle est simplement de relater mon combat librement inspiré de mon histoire, de mon parcours de vie, celui qui m'a menée jusqu'à aujourd'hui. Et ce, parmi les nombreux remous que j'ai dû franchir à la nage contre vents et marées, mais pour en atteindre le sommet et la tête haute.

Si cela peut paraître répétitif, redondant ou comme déjà vu, je précise que l'écriture s'étant faite sur plus de neuf mois, j'ai parfois déjà pu dire ceci ou cela. Je vous remercie donc par avance de rester dans la bienveillance et la tolérance : que de la paix et de l'amour. Avec bien évidemment, toujours un poil d'autodérision et d'humour. Bonne lecture !

Sommaire

Le début de mon histoire

Commencement de ma scolarité : l'École Maternelle

Entrée dans l'École des Grands

Tournant de ma vie, devenir Collégienne

Survivre dans le déni

La descente aux enfers

Nouveau départ : l'arrivée au Lycée

Contre vents et marées

Bienvenue en école d'infirmière

Un nouveau combat prend place

Lutter contre soi-même

Tirer sur la corde

Reconnaissance et fin d'un long parcours du combattant

Dernière ligne droite

Consécration ultime

« *Je suis Eva, infirmière* »

Le début de mon histoire

Tout a commencé le 23 Octobre 2001 à quinze heures et cinq minutes, lorsque j'ai vu le jour pour mettre des paillettes dans la vie de mes parents et pas que si vous voulez leur avis. Bien plus encore : de l'amour, des bêtises, du rire, des pleurs, de la colère, des angoisses... Bref, de la vie quoi !

Je porte le doux prénom de Eva. Je suis née à trente-sept semaines et demie de grossesse et je pèse deux kilos cinq cent soixante-dix grammes pour quarante-huit petits centimètres. J'ai déjà une grande sœur qui vient de fêter ses trois ans en Août que j'appelle Valou. Depuis son entrée au collège, le surnom "Vava" ne lui convenant plus, elle a toujours voulu que je l'appelle ainsi.

Nous sommes entourées d'une belle et grande famille ! Elle commence par nos parents puis nos grands-parents maternels et paternels, notre tante et notre oncle maternel. Quant à Papa, il est fils unique. Nos grands-oncles et grands-tantes, les amis de la famille, les cousins et cousines éloignés ou de cœur... Ainsi que nos cinq arrière-grands-parents. Vous savez, sur mes huit arrière-grands-parents, quatre sont nés en Pologne qu'ils ont fuie avant le début de la Seconde Guerre mondiale pour venir travailler et vivre en France. Alors chez les Polonais, autant vous dire que nous sommes toujours nombreux à constituer une famille ! J'ai d'ailleurs des cousins très éloignés qui vivent toujours au sud du pays actuellement. Je vais vous faire un rapide topo de la famille proche avec laquelle j'ai grandi, avec qui j'ai pu partager les Noël et les anniversaires... Plutôt que celle avec laquelle l'on partage juste les événements de la vie de type baptême, mariage, enterrement, communion... Que l'on ne voie que quelques fois et rarement dans les meilleures circonstances... Car oui, qui dit grande famille dit la vie, mais malheureusement aussi la mort.

J'ai vécu plus de quinze décès de proches de ma famille depuis le début de mon existence... Ça secoue forcément ces choses-là. La première fois que j'ai été confrontée à cela, j'étais âgée de quatre ans. Il s'agissait de mon arrière-grand-mère. J'avais beau être toute petite, j'en ai encore des souvenirs clairs dans ma tête. Je dirais que j'ai commencé à "imprimer" mes premiers souvenirs à partir de l'âge de trois ans et depuis, ma mémoire ne m'a jamais fait défaut. On me dit que c'est une chance, mais je la considère comme à double tranchant car je n'oublie rien.

Mon cercle familial proche est donc composé de mes grands-parents maternels : mon Papy et ma Mamie. Papy avait un frère et une sœur qui sont décédés dans leur jeunesse de maladie et Mamie est fille unique. Mes arrière-grands-parents maternels sont Pépé et Mamie H : la maman de Mamie (il s'agit du surnom que l'on lui a donné en référence à la première lettre de son prénom, afin d'éviter de confondre avec Mamie que l'on appelle Mamie T de ce fait) et Mémé J qui est la maman de Papy. Ensuite, il y a ma tante que j'appelle Tatie qui est la sœur de Maman et vers l'âge de mes deux ans, elle s'est mise en couple avec celle que j'appellerai Tata. Vient par après mon oncle que j'appelle Tonton, le frère de Maman.

Le reste du noyau familial de Maman est constitué de la sœur de Mamie H ainsi que son mari, leurs enfants et petits-enfants. Vous êtes toujours là ? Il faut s'accrocher je le sais mais c'est comme dans un film, en l'ayant vu et en l'occurrence ici lu plusieurs fois, j'imagine que l'on comprend mieux après ! (J'ai mis en annexe page 377 et 378 un arbre généalogique pour aider à se repérer, ne me remerciez pas c'est cadeau ! Rendez-vous à la fin de ce livre)

Puis du côté paternel, il y a mes grands-parents. Les ponts furent coupés lorsque j'avais environ trois ans. Avec les années puis quand je fus en âge de me faire mon propre avis sur eux, j'ai compris qu'ils avaient leurs petits-enfants de substitution, de leur côté. Même si avec ma sœur nous sommes leur "seule descendance". J'étofferai mon ressenti au fur et à mesure de mon récit mais pour faire court, je grandis sans eux.

Ensuite, il y a mon Parrain qui est le propre cousin de Papa ainsi que sa femme Alizée. Il y a ma Marraine qui est l'amie de Maman depuis leur plus tendre enfance, en classe de maternelle, son mari Arnold (qu'elle connaît depuis la classe de seconde) et leur fils Célestin qui a vingt-six ans aujourd'hui. Pour finir, mon Grand-Oncle et ma Grand-Tante sont l'oncle paternel de Papa et sa femme. Ils auront toujours eu le rôle de grands-parents paternels pour ma sœur et moi. Ils n'ont pas eu d'enfants alors je pense que c'est pour cette raison que cela s'est fait tout naturellement. Enfin, viennent les amis proches qui sont devenus partie intégrante de notre famille : Inès, l'amie de fac de Maman et son mari, ainsi que ses enfants qui seront toujours nos cousins de cœur : Rosalie vingt-huit ans et Lucas vingt-cinq ans.

Voilà, je pense avoir fait le tour, si jamais je vous ai donné la migraine je m'en excuse ! Vous pourrez toujours revenir ici pour situer qui est qui, je sais que nous sommes nombreux mais promis je suis allée à l'essentiel !

Bon, mais d'abord reprenons depuis le début : Octobre 2001.

Papa vient de fêter ses trente-quatre ans en Juillet et Maman va fêter ses trente-trois dans trois semaines.

Avec ma sœur, nous sommes deux petites filles très désirées. Mon Papa est technico-commercial et ma Maman travaille dans l'administratif. Nos parents se sont connus en 1989 et nous sommes issues d'un mariage qui a eu lieu en Septembre 1993.

Cinq longues années ont été nécessaires à mes parents pour avoir ma sœur car en effet, rien ne fonctionnait… En y repensant maintenant, je n'ose imaginer la force et la patience dont ils ont dû faire preuve pendant celles-ci… Maman a dû se faire des injections durant de longs mois puis années pour augmenter leurs chances mais rien… Ils ont fini par constituer un dossier en Procréation Médicalement Assistée. Après avoir tenté plusieurs méthodes infructueuses, la Fécondation In Vitro a fonctionné. Valou, ce "bébé éprouvette", était enfin en route. Elle se fera charrier avec cela toute sa vie. À chaque fois que l'on veut la taquiner, il suffit de lui dire que si elle a ce grain de folie en elle, c'est parce qu'elle a dû se cogner contre la paroi en verre et cela marche toujours. Décidément, le combat devait être dans nos gènes.

Puis le moment venu, ils ont décidé d'avoir leur deuxième enfant, moi bien sûr quelle perspicacité me direz-vous ! Maman devait attendre son début de cycle pour recommencer le protocole de PMA (injections, stimulations, ponctions…) mais il n'est jamais arrivé. De longues semaines puis de longs mois d'attente se sont succédés et forcément, plus on s'angoisse et pire cela est. Elle a fini par rappeler le secrétariat pour revoir son gynécologue, il n'y avait pas moyen et cela commençait à l'inquiéter. On lui a donc répondu de ne pas paniquer et soumis l'idée de faire un test de grossesse, parce qu'"on ne sait jamais". Un autre problème s'ajoutait-il encore, se tourmentait-elle trop ? Si la PMA avait fonctionné une première fois pourquoi pas une seconde ? Ce serait trop simple que ce test soit positif sans aide médicale, juste la nature… Maman l'a donc fait sans vraiment y croire puis miracle je ne sais pas, mais j'étais déjà là ! J'avais une longueur d'avance sur mes parents apparemment, décidément toujours là où on ne m'attend pas !

Dans le mois de Février 2001, la fièvre s'est invitée dans le corps de Maman ; un virus probablement ? Aucune idée. Puis paisiblement, sa grossesse a suivi son cours, elle avait été licenciée quelque temps plus tôt et ne travaillait donc plus à cette période.

L'amniocentèse réalisée était normale, les mensurations aussi ; tout était bon : j'étais un bébé à naître en parfaite santé. Enfin, vers six mois de grossesse, Maman ressentait souvent des contractions qui lui ont valu plusieurs allers-retours à la maternité. Somme toute, les examens et le col étaient normaux. La sage-femme lui disait en riant qu'elle ne comprenait pas trop mais que c'était sûrement dû au fait que je bougeais à foison.

Puis dans la nuit du Lundi 22 au Mardi 23 Octobre : Maman a eu de forts maux de ventre, a pris des Spasfon et s'est recouchée. Le matin venant, elle emmène ma sœur pour huit heures trente à l'école puis prévient Papa, ils partent donc à la maternité. Dès son arrivée aux urgences gynécologiques vers neuf heures trente, une bandelette urinaire lui est faite pour doser toute anomalie. C'est en s'essuyant qu'elle a constaté qu'elle perdait du sang. La sage-femme la rassure : c'est normal, cela arrive parfois. Mais ayant déjà eu un enfant ; elle s'est doutée que non ça ne l'était pas. Les pertes ont continué et se sont densifiées, Maman a finalement été mise en salle de travail vers dix heures du matin. Le gynécologue qui la suivait était présent dans le service ce jour-là, il passa alors la voir et lui expliqua qu'elle avait un **hématome rétroplacentaire**, son placenta se décollait et la césarienne était, dans la plupart des cas, inévitable. Il voulait cependant tenter la voie basse et Maman était d'accord « *C'est parti, on tente* ». Elle prévient tout de suite mes grands-parents afin qu'ils aillent chercher ma sœur pour la fin de sa journée d'école à onze heures quarante-cinq. Ils étaient à Stella-Plage sur la côte d'Opale, dans leur appartement de vacances. Réveil trompette comme l'on dit chez nous, ils ont tout juste eu le temps de faire la route et d'être à l'heure pour la récupérer. Maman se fait poser la péridurale dans la foulée puis le travail est boosté par hormones via la perfusion (voyez la déformation professionnelle de la sage-femme en herbe que je suis). Je pointe le bout de mon nez à quinze heures cinq. Ce qui a eu pour effet d'amuser son gynécologue puisqu'initialement, elle avait son dernier rendez-vous de grossesse avec lui à quinze heures. De cette façon, son planning n'en était même pas chamboulé. En revanche, il était grand temps « *Le placenta était sorti pourri et en morceaux* » elle a donc fait une grave **hémorragie de la délivrance**. Je suis née trois semaines à l'avance mais j'étais là, en vie, et Maman aussi. Plus tard, lors de la consultation en post-partum avec son médecin traitant, celui-ci au vu des comptes-rendus de l'accouchement, a déclaré que « *Son instinct de femme avait dû le sentir* ». Heureusement qu'elle avait réagi en allant à la maternité si elle l'avait appelé lors des premières pertes de sang, il aurait été trop tard au moins pour moi et probablement pour elle aussi lui avait-il dit. L'après-midi, Papy et Mamie, Valou, Tatie ainsi que Pépé et Mamie H sont venus faire ma rencontre. Bref, les jours qui ont suivi tout allait bien et je faisais le bonheur de mes parents. Les sages-femmes et les médecins se sont enchaînés auprès de Maman, ils étaient tous au courant de son accouchement au vu de la "chance" qu'elle avait de s'en être si bien sortie et par voie basse s'il vous plaît ! Pour faire court : nous avons bien failli y rester toutes les deux. Enfin, l'examen du pédiatre se fait, nous sommes le Samedi suivant ma naissance. J'ai quatre jours de vie et c'est au premier coup d'œil que les premières anomalies sont constatées puis annoncées de but en blanc à ma mère qui était seule à ce moment-là. La fièvre qu'elle avait eue en début de grossesse a été mise en lien avec celles-ci. À ce stade, il s'agissait du développement des yeux, du cœur ainsi que des reins du fœtus. La pédiatre passe plusieurs appels afin d'avoir rapidement l'avis de spécialistes. Elle suspecte un léger souffle au cœur et un problème rétinien probablement superficiel ou profond « *Mais c'est le week-end, vous comprenez, il faudra attendre Lundi pour plus investiguer* ». Papa arrive quelque temps plus tard et Maman lui explique tant bien que mal bien qu'elle ne sache pas grand-chose de la situation, on lui avait laissé entendre que c'était sérieux.

Ma Marraine et Arnold furent les premiers à arriver en visite cet après-midi-là et ont trouvé mes parents avec des yeux rougis par les larmes, encore saisis de ce qu'ils venaient d'apprendre. Ils leur ont partagé les nouvelles fraîchement apprises. Ensuite, d'autres personnes de ma famille sont venues ou revenues ce week-end-là, mes grands-parents en l'occurrence... Mes parents ne voulaient plus rien expliquer à personne, c'était trop dur et surtout ils ne savaient pas de quoi il était exactement question. Ils devaient rester avec ce sentiment angoissant de ne pas savoir. Le soir même, après cette éprouvante journée, une sage-femme s'est assise au bout du lit de Maman et lui a dit « *Bah alors ? J'ai su qu'elle avait de petits ennuis de santé ? Vous auriez sans doute voulu un bébé parfait* » Maman se remet à pleurer et se sentit blessée « *Non, je voulais juste un bébé en bonne santé* ».

Du Vendredi au Lundi matin, Maman a passé nuit et jour à m'imaginer aveugle, avec une canne blanche et apprenant le braille dans une institution loin d'eux. Ce week-end interminable enfin passé, le Lundi arrive. À l'aide d'appareils bien trop grands pour le petit bout que je suis, des tests de vue me sont faits. J'en ai eu des coquards tellement il aura fallu forcer pour y voir quelque chose car un nouveau-né n'a pas les yeux totalement ouverts. Le diagnostic tombe : **colobome bilatéral** soit une malformation ophtalmique. En effet, j'ai les pupilles décentrées et plus dilatées que la normale dites vulgairement en "trou de serrure", je serai donc toujours beaucoup plus sensible à la lumière et au soleil. Est-ce que je verrai ? Grande question. Les médecins n'en savent rien de toute façon, il faudra attendre que je grandisse. Dans un second temps, une échographie cardiaque m'est faite et devant la détresse de mes parents, le médecin a proposé de passer mon corps entier au peigne fin, ce qu'ils ont tout de suite accepté. Les yeux et le cœur, il était certain qu'il y avait un problème mais les reins eux, allaient bien et le reste également. Une semaine après ma naissance donc, j'ai enfin le droit de sortir de la maternité avant de repartir dès le lendemain. J'avais rendez-vous dans le service cardiologique du Centre Hospitalier Régional et je ne rentrerai pas une seconde nuit à la maison avant fin Novembre 2001. Je respire mal, ma cage thoracique se creuse lorsque j'inspire, j'ai le teint de peau fort pâle et le bord des lèvres cyanosé. Bref, rien qui ne soit digne du "bébé en bonne santé" annoncé à mes parents.

Ce 31 Octobre, j'ai été hospitalisée sur-le-champ par le professeur du service après la consultation. Mon père est donc parti avec un landau, deux biberons faits et est rentré chez nous avec la poussette vide et les deux biberons toujours pleins. La phrase en tête « *Monsieur, votre fille est dans un état trop grave pour que je la laisse sortir, je l'hospitalise de suite. Rentrez chez vous et rassurez votre femme* ». Pauvre Papa, que pouvait-il lui dire, quels mots employer ? Ce matin-là, ma sœur s'était réveillée tout heureuse d'avoir enfin sa petite sœur auprès d'elle mais n'a trouvé qu'un couffin vide. Elle en fut tellement marquée que pendant les premiers mois de ma vie, la première chose qu'elle faisait après s'être levée était de demander après moi et de courir s'assurer que j'étais bien dans mon berceau. Mon père a donc appris lors de cette consultation que j'avais le canal artériel (situé au niveau du cœur) mal formé, il ne s'était pas rebouché naturellement après ma naissance provoquant ainsi une **insuffisance cardiaque**. Il y aura probablement nécessité d'une intervention pour l'obturer mais cela se passera plus tard, lorsque j'aurai pris du poids et que le diamètre de mes artères aura augmenté, ce qui permettra l'opération. Mes parents sont venus me voir chaque jour, de la première à la dernière heure des horaires de visite, tout le reste de ma famille a fait ma connaissance là-bas à défaut d'être à la maison.

L'équipe du service n'était pas autorisée à communiquer sur l'évolution de mon état à mes parents « *On ne sait pas, il faut attendre, ça continue, ne vous inquiétez pas* ». Le professeur ne voulait pas expliquer le problème de santé dont j'étais atteinte et changeait sans cesse les traitements cardiaques, les diurétiques... Les infirmières et les autres médecins baissaient la tête, fuyaient la conversation et n'osaient pas répondre aux questions de mes parents par pression de ce professeur. La mort dans l'âme, l'équipe répondait toujours par la négative face à l'inquiétude de mes parents. Jusqu'au jour où devant l'insistance de mes parents il a débarqué dans ma chambre, leur a demandé de me poser et de le suivre dans son bureau. Il leur a alors dit « *Si c'est comme cela je n'ai un appel à passer, elle part en transfert via un hélicoptère à Paris pour y être opérée dans la journée et advienne que pourra. C'est la période de Noël, arrêtez de venir tous les jours, vous n'en avez pas marre ? Sortez et allez acheter vos cadeaux pour vous changer les idées, vous n'avez pas mieux à faire que de rester ici ?!* ». Mes parents voulaient juste être avec moi, à chaque minute de ma vie. Ils n'avaient pas du tout la tête aux fêtes de Noël, comment l'être en de telles circonstances, ne sachant même pas si je serais rentrée pour le fêter ? Mes grands-parents m'ont récemment expliqué qu'à ce moment-là, les médecins avaient l'air de dire que si je devais vivre, alors je me battrai. C'est finalement une infirmière de nuit devant le désarroi, l'incertitude et la détresse de mes parents qui a pris une feuille du tire-essuie (afin de le faire en cachette du professeur du service) et y a dessiné un cœur. C'est de cette façon qu'elle a expliqué son dysfonctionnement et la cardiomyopathie dont je souffrais. Je suis sortie vers la fin de Novembre après un mois d'hospitalisation. Les voilà partis récupérer ma sœur qui était chez mes grands-parents tout au long de cette période. Ce soir-là, toute la famille s'était réunie : mes parents ainsi que ma sœur, Papy et Mamie, Pépé et Mamie H, Tonton et Tatie. Tous ont fait la fête, dansé pour fêter ma sortie de l'hôpital, même si l'on n'était pas beaucoup plus avancé sur l'avenir de ma santé ni de ma vie.

Pour le moment, il était impossible de savoir si je pourrais courir, jouer ou pratiquer du sport comme les autres enfants. En tous cas, mon premier Noël n'a pas été sacrifié ! Cette fête si importante dans ma famille, où tous se rassemblent pour festoyer, où rires et joies sont au rendez-vous... Ce fut la vraie première bouffée d'oxygène pour mes parents depuis ma naissance. En effet, la crise étant passée, je pouvais enfin découvrir la vie en dehors des murs de l'hôpital. Il fallait désormais attendre que je sois un peu plus grande afin que je puisse mieux supporter l'intervention et que mon organisme mûrisse un peu. S'ensuivent des contrôles réguliers et très fréquents. D'abord hebdomadaires puis toutes les deux semaines, tous les mois... Les moments de mes biberons notamment, étaient source d'angoisse pour Maman, elle en pleurait si je n'arrivais pas à les finir. J'imagine qu'elle me chantait déjà *Une chanson douce* d'Henri Salvador, *La jupe en laine* de Julien Clerc ou *Mon tout petit* de Dumbo pour me bercer. Les diurétiques que je prenais me coupaient l'appétit et me faisaient éliminer deux fois plus vite ce que j'ingurgitais ; un cercle vicieux donc. Mais je devais prendre du poids et grandir pour ne pas être opérée à cœur ouvert. En parallèle de cela, je suis suivie de près pour ma vision : contrôles, tests, suivi médical et j'en passe. Je suis atteinte d'une **hypermétropie** sévère avec **astigmatisme**, j'ai donc une correction importante et j'étais destinée à porter des lunettes tout au long de mon existence.

Les mois passent et Juillet 2002 arrive, l'opération s'annonçait. Une semaine avant je suis baptisée. Le tout suivi d'une grande fête entourée de ma famille au complet, enfin presque. Puis le jour de l'opération arrive, un peu compliquée à gérer pour moi selon les dires du professeur « *Eva n'a pas été très coopérative et mériterait bien que je retire le dispositif que je lui ai mis* ». Elle a été pratiquée par l'artère fémorale jusqu'au cœur, m'évitant ainsi une cicatrice immense et s'est déroulée sans complications. Cela m'aura valu une semaine de plus à l'hôpital et Maman est restée avec moi pendant toute l'hospitalisation. À peine remontée du bloc, elle m'a raconté que ma poitrine ne se creusait plus, je n'avais plus les lèvres cyanosées et mon teint était devenu rosé. J'aurai donc un suivi et des contrôles fréquents dans les mois et les années à venir mais cette épreuve devrait désormais être derrière moi. Je reçois également à l'âge de mes huit mois, en Juillet, mes toutes premières lunettes. Dorénavant j'attire les regards car un bébé avec de grosses lunettes rondes et des verres très épais "effet loupe" sur ma si petite tête, quelle bizarrerie ! Elles feront dès à présent, partie intégrante de moi et ce, pour toujours. Cela était devenu un élément essentiel à mon identité c'est pour dire, puisque sans elles, c'est comme si j'étais nue ! Je les ai toutes rassemblées, pas une seule ne manque à l'appel. J'en ai eu une neuve quasiment chaque année en même temps que l'évolution de ma correction. À chaque changement, je la décrirai pour vous aider à visualiser ma bouille ou à raviver les souvenirs pour certains. Ma première paire est de la marque Smoby, les branches sont blanches et bleues, de forme ronde et sont roses avec une monture épaisse. J'ai également ma première paire solaire qui est également rose, un peu de style aviateur avec des verres ronds, le tout accroché à ma tête par un petit cordon. Nombreux sont les spécialistes qui devant ma malformation, ont été étonnés de constater une si "bonne" correction en comparaison de la complexité de celle-ci. J'ai déjà entendu que je pouvais remercier mes parents d'avoir été si soucieux de me les faire porter et d'avoir été derrière moi pour que je les garde. Ce à quoi ils m'ont répondu que je ne les enlevais jamais tant les avoir sur le nez me soulageait. Aujourd'hui, exceptées de récurrentes migraines, un champ de vision décalé et plus bas que la normale ainsi qu'une hypersensibilité à la lumière, je considère que je m'en sors plutôt bien !

Je grandissais peu à peu et je continuais de faire découvrir mon sacré caractère de battante à mes parents ainsi qu'à ma famille ! Très vite je fais rire autour de moi, comme pour changer le regard que l'on m'adressait jusqu'alors. Il vaut mieux en rire qu'en pleurer pas vrai ? Je fais mes premiers pas vers l'âge de quatorze mois. Je fais des bêtises et le clown bref, je vis ma petite vie de bébé, entourée de parents très aimants et très présents ainsi qu'une grande sœur en or toujours aux petits soins pour moi. Je passe les trois premières années de ma vie à la maison, avec Maman pour s'occuper de moi et je passe du temps chez Papy et Mamie assez souvent aussi ! Je suis donc cocoonée essentiellement par ma jolie famille. Mes premières vacances se font dans ma deuxième maison que l'on appelle avec ma sœur "la maison de la mer" à Stella-Plage. Cet appartement représente une grande partie de notre enfance. Il appartient à mes grands-parents depuis 1998, l'année de naissance de ma sœur et a été vendu en 2021. Les vacances de Février, de Pâques, d'été, les week-ends... Toute occasion est bonne pour aller respirer le bon air de la mer. Ce sera le lieu de notre première détente au soleil car le CHR n'était pas loin. Valou fête ses quatre ans le 14 Août et au mois de Septembre, elle rentre en Moyenne Section. Vient ma première bougie, un an que je grandis aux côtés de mes parents. Maman ne travaillant pas, elle s'occupe de nous à plein temps. Elle dépose Valou pour l'école le matin me laissant dormir, puis en rentrant pouponne, prend soin de moi et prépare le repas du midi. Nous allons rechercher toutes les deux ma sœur pour qu'elles mangent ensemble et ensuite, elle y retourne pour le reste de l'après-midi et Maman me met à la sieste. La journée se terminant, nous la récupérerons à la sortie des écoles : goûter et jeux en attendant que Papa ne revienne du travail. La définition d'un vrai cocon de sérénité selon moi, une famille aimante où nous n'avons jamais manqué de rien et certainement pas d'amour ! Les mois passent et rien à signaler de bien particulier. Mon problème cardiaque s'est stabilisé avec l'opération et ma vue est bien meilleure depuis que j'ai mes lunettes. Je grandis, mais je reste toujours en sous-poids et en sous-taille aussi, alors la synthèse des deux est plutôt bonne ! Juillet et Août 2003, nous passons nos vacances à Stella-Plage avec notre famille : mes grands-parents, Pépé et Mamie H ainsi que Tatie. Valou fête ses cinq ans là-bas puis en Septembre, elle rentre en Grande Section. Quant à moi, ce sera ma dernière année à la maison avec Maman.

Je fête mes deux ans et ce furent les quatre-vingts de Pépé J le même mois. Arrive Noël 2003, il faut savoir que cette fête dans ma famille est plus que traditionnelle ! Nous le célébrons pendant deux jours entiers au grand complet et formons une tablée d'une trentaine de convives. Le 25 et le 26 Décembre, au menu ce sont des plats traditionnels polonais et chaque année la personne qui reçoit, change. Ce sont des souvenirs qui même au fil du temps restent gravés dans mon cœur et ma mémoire. Eh oui, car la vie inclut les disputes, les séparations, les décès... Aujourd'hui, fêter Noël sans les anciens qui sont maintenant partis n'est plus tellement ce que c'était mais le principal étant d'avoir vécu ces si beaux moments tous ensemble. À nous de les reproduire avec les générations futures ! L'année 2004 débute, les mois s'écoulent : l'incontournable chasse aux œufs de Pâques en famille, quelques jours de vacances à Stella où se succèdent pâtés de sable, cerf-volant, châteaux gonflables, parties de raquettes à scratch (cette sensation de velcro et de sable sur les mains m'horripile toujours autant !). Même Pépé et Mamie H jouent avec nous. Nous mangeons moules-frites dans notre restaurant préféré et ce seront des pâtes bolognaises pour Valou et moi.

Vient ma première grosse connerie mais promis je ne l'ai pas fait exprès (bah oui, il faut bien un début à tout !). Le 7 Mai, direction le centre antipoison régional après avis de la pédiatre. Valou prenait du fluor en supplément et moi les avoir vus : moi les avoir pris. Je pensais que c'étaient des bonbons et croyez-moi, j'avais très vite fait ! J'ai bien dû prendre trente à soixante petits comprimés. Résultat je suis restée une nuit en observation sous monitoring cardiaque au vu de mes antécédents. Papa est resté dormir avec moi, il paraît que ça a eu comme effet de me surexciter encore plus que je ne l'étais déjà au naturel. Je n'arrivais pas à m'endormir et j'ai donc partagé ! « *Papa, tu dors ? Hein ? Tu dors Papa ?* » Une nuit très reposante en perspective le pauvre...

Le 29 Juin 2004, je fais ma pré-rentrée à l'école maternelle, le début de ma scolarité, de la vie de "grande fille". Un bac plein de semoule qui sent si bon, rien de tel comme jeu ! S'ensuit la kermesse de l'école avec le spectacle de fin d'année scolaire de Valou. Papy et Mamie sont bien sûr présents : des moments en famille pleins d'amour et de joie. Nous partons sans surprise en vacances à Stella-Plage avec nos parents cet été-là, découvrons Nausicaa (le plus grand aquarium d'Europe) ainsi qu'à la plage où sable et chaleur sont au programme. Nous célébrons les six ans de ma sœur chez nous avec mes grands-parents, mes arrière-grands-parents maternels, ma Tatie (qui est sa marraine) et ma Tata, mon Tonton, Pépé R et Mémé J (les grands-parents paternels de Papa), mon Grand-oncle et ma Grand-tante ainsi qu'Inès et son mari (qui est son parrain) puis Rosalie et Lucas leurs enfants et nos cousins de cœur. Ça en fait du monde !

Pour la première fois à bord de mon siège-auto (non Papa, cette fois-ci je n'ai pas retiré mes bretelles sur la route, promis !), je monte dans le camping-car de Papy et Mamie ! De nombreuses vacances et de magnifiques souvenirs sont à venir au sein de cette maison à moteur. Puis dernière sortie en famille avec Papa, Maman et Valou : glaces, pédal'eau, soleil, rires...

Commencement de ma scolarité : l'École Maternelle

Septembre arrive, je rentre donc en Petite Section de Maternelle chez Mme D. et Valou en CP avec Mme C. Je fais la connaissance d'Édouard (mon amoureux de l'époque), de Victoire et de Juliette. Je n'ai pas école l'après-midi, ce qui me laisse pas mal de moments pour profiter de Maman, Papa et Valou. Avec ma sœur, nous passons notre temps à jouer avec nos Barbies, on se crée nos petites histoires sorties de notre imagination d'enfant débordante.

En Octobre, je fête mes trois ans entourée de mes proches : Parrain et Marraine, Papy et Mamie et mes arrière-grands-parents. Puis Valou fait son premier spectacle de danse classique et nous fêtons Halloween entre sœurs ! Quant à moi, je m'amuse à piquer le gilet jaune et le casque de chantier de Papa pour faire le clown (encore). T'choupi est mon meilleur ami et j'en ai plusieurs livres ainsi que ceux de Petit ours brun, Juliette... Pas mal de peluches comme les souris *Lise et Lulu* et sans oublier l'incontournable Marmotte de Marraine ! C'est Papa qui me fait la lecture avant de dormir, bien que j'ai tout sauf l'envie de me coucher et que je trouve toujours un moyen d'y échapper. Ce qu'il appelle du "rallonge tapis" et qui a le don de mettre sa patience à très rude épreuve ; plus il s'énerve et plus j'en ris et si toutefois avec mon sourire malicieux je le fais craquer et le vois sourire, je sais que j'ai tout gagné ! J'aime beaucoup les perles à enfiler et jouer au docteur avec Valou (signe précurseur, moi je vous le dis !). En Novembre, nous profitons le temps d'un week-end de l'air de la mer et l'on m'emmène au cirque pour la première fois. Enfin, Noël arrive ! Premier cadeau : mes nouvelles lunettes ; j'en reçois deux paires. L'une est de la marque Tartine et Chocolat avec des branches rayées roses et blanches, de forme ronde et de couleur carmin. L'autre est de la marque le Petit Prince, de forme ovale et la monture est de couleur rouge. Cette année, le 25 et le 26 Décembre se feront à la maison. J'ai eu un jeu T'choupi, une peluche Oui-Oui que j'ai traînée vraiment partout et une autre en forme de lune que j'aime tant. Depuis mon plus jeune âge, j'ai toujours été fascinée par "Madame la Lune" : la regarder avant d'aller dormir, la contempler les nuits étoilées et la suivre des yeux à travers la vitre de la voiture...

Nous célébrons la nouvelle année 2005, Valou part pour la première fois à Disneyland Paris et pour ma part, ce sera vacances chez Papy et Mamie. Je suis encore trop petite pour y aller mais j'aurai bien l'occasion de me rattraper plus tard ! Valou est une fan inconditionnelle de Blanche-Neige et durant la parade, le prince charmant n'a eu d'yeux que pour elle, lui ayant tout particulièrement fait signe. Mes parents tout heureux, l'emmènent dans l'attraction dédiée à sa princesse préférée. Manque de bol, elle ferme les yeux tout au long du manège car la forêt l'avait effrayée... Je vous laisse imaginer leur frustration, eux qui étaient venus presque exprès pour lui faire découvrir cette attraction... Je commence maintenant à savoir me déshabiller seule, bon de manière semée et éparpillée un peu partout mais c'est l'intention qui compte ! J'ai découvert avec Inès le jeu SOS Ouistiti et j'en suis raide dingue. À cette période, je suis décrite comme pleine de vie, d'amour et toujours en demande de câlins et de bisous, un vrai clown (bon ça, vous l'avez compris maintenant), facile à vivre... Une bouille à bisous ! Pour vous illustrer mon sens de la répartie, je vais vous raconter une petite histoire. Lorsque j'allais chez mes grands-parents, la première chose que je faisais après m'être réveillée et avoir regardé que le réveil indiquait bien le chiffre huit, (cela voulait dire que je pouvais me lever, il n'était pas trop tôt) était de sauter dans leur lit et de me nicher sous la piejena (nom des grosses couettes polonaises faites de plumes d'oie, elles sont bien chaudes et surtout bien lourdes - NDLR). Puis je caressais le visage de Mamie qui sentait si bon. Cependant, j'étais perturbée car elle avait au menton, des trucs qui me piquaient et cela ne m'était pas agréable « *Mamie, tu savais que je venais et tu ne les as pas enlevés, tu exagères !* ». Bref, un jour à l'école, l'un de mes camarades de classe n'avait pas dû être sage et a dû énerver la maîtresse ce à quoi elle avait rétorqué que lorsqu'il aurait du poil au menton, il pourrait répondre, en attendant, il pouvait se contenter de se taire. J'ai alors répondu « *Bah moi, ma Mamie elle en a du poil au menton !* ». Désolée Mamie mais cela me fait tellement rire ! Que tu piques ou que tu me fumes (c'est ce que je lui disais lorsqu'elle respirait trop près de moi) je t'aimerai toujours de tout mon cœur !

Je fais mon premier bonhomme de neige avec Valou cette année-là ! On lui met notre écharpe et notre bonnet en espérant qu'il n'ait pas trop froid par ce temps si glacial ! Nous fêtons comme chaque année Pâques ainsi que la fête des mamans et des grands-mères, j'y reçois mon propre SOS Ouistiti et j'en suis RAVIE ! Je rencontre pour la première fois Julie, la lapine de Tatie et de Tata : moi et les animaux, ça a tout de suite collé. Nous n'en avions pas à la maison mais l'idée commençait à germer dans nos petites têtes avec Valou. La légende raconte que l'on a vraiment bassiné nos parents pour avoir un petit chien... Nous célébrons les soixante ans de mariage de Pépé et de Mamie H chez nous, leur en faisant la surprise. Encore de beaux souvenirs en famille. C'est dans les rues du village, que prend place le carnaval déguisé de l'école primaire avec nos parents et copains de classe et je découvre quelque temps plus tard A., la fille du cousin de Papa. Je suis très intéressée par ce bébé, c'était le premier dans la famille après moi et je n'en avais jamais vu d'aussi près ! Ma petite section touche à sa fin « *Tout est ok, bonne évolution* » selon mon institutrice Madame D., je progresse bien. Ma première fête scolaire arrive avec l'été : ce sera un déguisement de crocodile et d'éléphant pour moi. Je découvre la baby-gym avec mes deux couettes sur la tête qui sautent partout où je vais et Valou fait son spectacle de fin d'année de danse classique. Pour finir, j'ai la varicelle. Ma réaction ? Je suis morte de rire : avoir des taches des pieds à la tête avec le produit jaune traitant les petits boutons, je trouvais cela plutôt drôle ! En Juillet, le bilan des trois ans de mon opération du cœur est rassurant, j'aurai un contrôle échographique à effectuer tous les quatre ans. Vient le Baptême d'A., grande fête de famille comme à l'accoutumée puis nous passons une semaine en vacances à Stella. Ah, la mer ! Quel plaisir, avec la bonne baguette locale pour le petit-déjeuner. Valou fête ses sept ans et se voit offrir un superbe vélo avec un porte-bagage sur lequel je m'empresse de grimper ainsi qu'une magnifique maison de poupée faite main par Tonton. Il y a des escaliers, des stores, des portes, de la moquette et même du papier peint, ce sont nos Barbies qui vont être contentes ! Accompagnée de toute notre petite famille, toujours au grand complet. Cet été-là, nous passons nos vacances à la maison et pour cause...

Un matin, tandis que nous sommes encore en pyjama, l'on nous fait asseoir sur le canapé, les mains devant les yeux sans avoir le temps de comprendre ce qu'il se passe. Jusqu'au moment où nous obtenons le feu vert pour regarder. En face de nous se trouve une caisse grise avec une couverture bleue qui en cache le contenu. Et là, notre plus beau cadeau est arrivé : le 20 Août 2005 la "petite sœur" qui comblera la famille, la boule de poils avec qui nous ferons les quatre-cents coups et qui grandira à nos côtés pendant dix-sept belles années... J'ai nommé, Vanille. Une femelle bichon maltais âgée de trois mois et née le 8 Mai 2005. Je cours dans ma chambre chercher une de mes peluches que je lui donne pour qu'elle aussi ait la sienne. Nous passons tout notre été à la découvrir, à la voir grandir et à jouer avec elle.... Papa profite du beau temps pour se lancer seul dans la construction de notre abri de jardin. Quant à moi, je fais l'inspecteur des travaux finis avec Vanille sur mes genoux.

Je commence à essayer de m'habiller en autonomie : le roi Dagobert, vous connaissez la comptine : pas une réussite à tous les coups, mais qui fait systématiquement bien rire mon public ! Si je fais une bêtise, pas besoin de me le dire, je vais au coin par moi-même. J'aide Maman en lui avançant les épingles pour pendre la lessive, je suis missionnée de vidanger le bac d'eau du sèche-linge, toujours à l'aider. Puis, quand vient le moment du bain, j'ai beau être déshabillée ce n'est pas un problème je retourne tout de même jouer aux Barbies. Mon grain de café à l'air et s'ensuit une course-poursuite pour Papa ou Maman afin de réussir à me mettre dans l'eau !

Ensuite, c'est de nouveau la bataille pour me le faire quitter. Ayant une baignoire d'angle, j'avais très vite compris qu'en me mettant dans le coin, personne ne pouvait m'atteindre. Après plusieurs sommations, Papa déclenchait l'eau froide pour m'en faire sortir et je finissais donc par obéir immédiatement ; ce n'était pas si souvent ! À de nombreuses reprises, mes parents m'ont menacée de m'envoyer en pension si je n'améliorais pas mon comportement. Mon dossier d'inscription était à portée de main, mais maligne comme je suis, j'avais vu clair dans leur jeu : ils m'aimaient trop pour se séparer de moi ! Même si j'ai parfois (souvent) pu les pousser assez à bout pour leur en donner envie !

La rentrée approche à grands pas, Moyenne Section pour moi et CE1 pour Valou avec Madame C. Année scolaire au cours de laquelle je vais « *beaucoup progresser et gagner en autonomie* » selon mon institutrice Madame S. Je fête mes quatre ans où je reçois ma première Charlotte aux fraises avec son cheval (début d'une grande histoire d'amour pour moi), mon gâteau d'anniversaire est avec Cendrillon, son carrosse et son prince charmant. Décidément cette histoire aussi dure depuis des années ! Soirée fêtée en famille : mon Grand-Oncle joue même avec sa petite-nièce aux Barbies et aux Charlotte aux fraises. Le même mois, je vais au cirque avec mes proches puis allons balader dans les bois au fin fond de la campagne. Arrive Halloween où nous sommes déguisées en sorcières avec Valou. Nous faisons la course avec nos poussettes et nos bébés, nous amusons aux Playmobil ou encore à la marchande car elle rêvait d'être caissière, c'était son jeu favori. Bien loin derrière celui de la maîtresse : métier qu'elle aimait tout particulièrement.

Survient le premier décès de ma vie, celui de la maman de Papy : Mémé J. Je ne crois pas avoir bien compris ce qu'il se passait lorsque l'on a tenté de me l'expliquer. J'ai simplement répondu qu'elle était partie avec Charlotte aux fraises sur son nuage. J'ai longtemps imaginé qu'elle vivait dans sa "nouvelle maison du cimetière". Cette "maison" était en fait un établi et je ne l'ai découvert que bien des années plus tard ! L'innocence de l'enfance est vraiment une chose touchante qui sait faire fondre le cœur de n'importe qui. Nous allons souvent sur sa tombe avec mes parents, le cimetière étant juste en face de la maison de Papy et Mamie (oui, petite, cela m'a valu quelques cauchemars). Je comprends qu'ils sont désormais tous réunis : elle, son mari, son fils et sa fille. Mamie T m'explique qu'il est normal d'aller régulièrement leur dire bonjour, de nettoyer la tombe et d'y mettre des fleurs. Avant qu'elle ne décède, cela faisait plusieurs années qu'elle était alitée chez mes grands-parents, on m'asseyait à côté d'elle dans son lit médicalisé. J'allais de moi-même farfouiller dans mes jouets et ramenais ma dînette pour que Mamie T y mette son repas afin que je puisse lui donner à manger. J'ai encore l'odeur des légumes mixés et des compotes qu'on lui donnait dans les narines. Je me souviens lui dire « *Allez Mémé, ouvre la bouche !* ».

Noël 2005, nous décorons le sapin avec Papa, Maman et Valou. Ma nouvelle paire de lunettes est toujours de la marque le Petit Prince, les branches sont bleues, de forme ovale et la monture est bleu foncé. Le 24 Décembre se fête avec mes grands-parents, Tonton et mes tantes à la maison. J'ai mon tout premier vélo Charlotte aux fraises au Père Noël, avec deux petites roues en plastique qui faisaient un boucan du tonnerre. Papa y a donc mis ses chaussettes pour atténuer le bruit ! Ce qui n'était pas pour me plaire, là où je passe, en général on se souvient aisément de moi (et ô combien j'ai pu me l'entendre dire) et tout ce qui était synonyme de bruyant correspondait assez bien à ma personnalité ! Cette année, le 25 et le 26 Décembre se passeront chez la cousine de Mamie, la Maman de Philippine (qui a vingt-neuf ans aujourd'hui). Quant à moi, je prépare quelques gâteaux avec Maman. Cela fonctionne un peu comme l'auberge espagnole. Vu le nombre d'invités, l'un s'occupe du fromage, un autre de la salade ou des tartes, de la salade de fruits... Nouvelle année 2006, je joue sur mon petit ordinateur VTECH. Je me dis que Papa qui y joue si souvent pour son travail, se sentira moins seul de cette façon. Ordi contre ordi, nous passons plusieurs heures comme cela. Février, je construis mon grand lit avec lui et quelle fierté depuis le temps que je l'attendais, je deviens une grande fille ! Mon Tonton se marie au cours du même mois, encore une belle réunion de famille ce jour-là, puis nous avons une communion dans celle de Papa. En Mars, nous fêtons les soixante ans de Papy. Pour ses soixante-dix ans, je ne pourrai être présente car les médecins me l'interdiront. Nous sommes neuf ans avant que ma vie ne bascule, profitez de ses pages remplies d'insouciance autant que je le suis. Savoure ma petite Eva, fais le plein de ces moments chérie par ta famille si chère à ton cœur, de ces instants si importants qui te permettront de t'accrocher le moment venu.

En Avril survient le carnaval de l'école, je suis déguisée avec un masque de papillon multicolore que j'ai fait à l'école de mes mains. Nous nous envolons vers la Corse pour y passer les vacances et voir la copine d'études sup de Maman : Océane. Première fois que Valou et moi prenions l'avion, je m'en souviens comme si c'était hier ! Réveil à trois heures du matin puis petit-déjeuner dans l'avion ; ce sera une petite boîte de céréales format voyage. Miel Pops pour moi et Frosties pour Valou. Qu'est-ce qu'on aura pu en manger de ces petites boîtes, à toujours nous battre pour avoir celle que l'on voulait toutes les deux. C'était notre rituel : une fois par semaine, le Mercredi était le jour des céréales. Maman trouvant cela trop sucré, nous n'en mangions qu'à cette occasion, le Mercredi était donc spécial à nos yeux ! C'était aussi le jour où Valou avait son cours de danse classique, puis moi également quelques années plus tard. Avant d'y aller, Maman nous faisait un œuf au plat avec des poireaux, accompagné de purée de pommes de terre. Le tout, installées à la table basse du salon devant un épisode de *La Petite Maison dans la Prairie* que Maman prenait soin d'enregistrer un par un. Nous les avons donc tous vus sans exception !

~ Il y a tout un tas de petits souvenirs comme cela que j'ai toujours en tête. Que ce soit le puits que l'on faisait dans la purée à l'aide de la fourchette afin que Maman puisse y mettre la sauce du steak haché ou encore le goûter de seize heures trente. Souvent, elle nous faisait un gâteau yaourt parfois c'étaient des BN, des Prince ou des barquettes à l'abricot, les petits-beurre ou les oursons en chocolat de Lu, du cake aux fruits confits... Quand ce n'était pas du pain frais avec de la confiture ou du chocolat qu'elle faisait fondre avec la chaleur de la machine à café dans un papier d'aluminium. Toujours accompagné d'une compote ou d'un fruit. Valou elle, prenait son verre de lait mais moi je n'aimais pas cela. Oui, encore aujourd'hui mes céréales je mange comme cela, sans lait. Laissez-moi être différente du commun des mortels ! Maman a été sans relâche à cheval sur notre alimentation et je l'en remercie tellement. Avec Valou, nous savons que la barre est haute et qu'il va être dur de réussir à donner une aussi bonne éducation que celle que l'on a reçue ! À propos des petits-beurre, cela me rappelle une autre histoire des plus croustillantes, si vous me permettez l'expression.

Avec Valou nous devions être âgées d'environ six et neuf ans et nous sommes plaintes l'une à l'autre d'en avoir marre de ne pas manger tout ce que l'on voulait. De même que de ne pouvoir jouer autant que nous le souhaitions. Elle m'avait même dit « *Ne t'inquiète pas Eva, dans quelques années j'aurai dix-huit ans et je pourrai t'emmener avec moi faire tout ce qui nous plaira !* ». Nos parents l'ont entendu et furieux, ont donc décidé que si nous n'étions pas contentes, nous n'avions qu'à nous trouver une autre famille. Je vois Maman prendre deux sacs, le mien était celui que j'emmenais pour aller à la danse. Culottes, chaussettes, pyjama, tee-shirt, pantalon, pantoufles et trousse de toilette ; le nécessaire de survie pour deux, trois jours. Une fois nos baluchons réalisés, ils nous ont mises à la porte et l'ont refermée derrière nous. Valou commence à paniquer mais moi, avec mon sens de la répartie, je me suis dit qu'à cela ne tienne « *Nous n'avons qu'à aller jusque chez Papy et Mamie, eux au moins s'occuperont de nous !* ». Elle tente de me raisonner en me disant que je ne me rends pas compte et que c'est bien trop loin. À force j'avais mémorisé la route et cela ne me faisait pas peur ! Mais nous avons fini par faire le tour de la maison pour essayer de rentrer par la porte de derrière. Au bout de peut-être vingt à trente minutes en tout, ils nous ont laissées entrer et pendant plusieurs jours notre repas du soir était un goûter : petits-beurre et carrés de chocolat, biscuits, brioches... Finalement, avoir une maman qui faisait beaucoup de légumes à manger n'était pas si mal et nous n'avons plus jamais recommencé !

Dans le même style, nous avions aussi le rituel du Vendredi soir où c'était Papa aux fourneaux et qui faisait à manger. Ses spécialités culinaires sont les pâtes carbonaras, les œufs brouillés ou à la coque avec des mouillettes de baguette fraîche. Puis les crêpes qui étaient dégustées avec de la confiture, du sucre, de la cassonade ou du Nutella devant Koh-Lanta, c'était un moment avec lui car Maman n'aimait pas cette émission. C'est aussi à ses côtés que j'écoutais et regardais en boucle la chanson *Morales* de Didier Bénureau, enfin, quand ce n'était pas pour crier derrière lui "répéter", "rappeler" ou "supprimer" lorsqu'il était au téléphone avec son répondeur automatique « *Vous avez demandé la suppression du message ?* (Maman, Valou et moi) : *Oui !* (Papa) : *Non, taisez-vous, surtout pas ! - Message supprimé* », ce qui avait franchement le don de l'agacer et nous, de nous faire mourir de rire ! Le Dimanche, il y avait dès le matin le moment câlin : nous sautions dans le lit de nos parents, chantions nos comptines ou récitions nos poésies apprises à l'école. Puis après le petit-déjeuner, venait le moment du bain et l'on en profitait pour rester en pyjama plus longtemps que d'habitude jusqu'à temps d'aller se laver. Maman n'aimait pas que nous restions en pyjama, c'était bon si nous étions malades seulement ! Nous jouions toute la journée aux Playmobil ou bien l'on se mettait à emboîter les tubes de plastique les uns dans les autres qui à la fin, formaient la charpente d'une maison. Il ne nous restait plus qu'à mettre la toile autour et notre cabane était construite. Plusieurs années durant, nous devions supplier Papa de nous la monter car nous n'y arrivions pas encore seules. Un beau jour, nous avons essayé rien qu'à deux, sans rien lui dire et avons réussi le défi, nous en étions toutes fières ! Puis Maman nous faisait un petit gâteau pour le dessert du midi ou bien c'était une glace. Quand nous étions plus grandes, le Dimanche soir rimait aussi avec repas céréales devant E=M6. Pour finir la semaine, nous nous mettions tous les quatre dans le canapé devant un film : le Pôle Express, Nanny McPhee, Twilight, L'Âge de Glace, Allô maman ici bébé... Enfin, ça c'était dans le cas où nous n'étions pas chez Papy et Mamie car bien souvent c'est là que nous passions nos dimanches. Il est vrai que comparé à maintenant, la façon de vivre n'est plus la même. Lorsque j'étais enfant, nous ne regardions pas systématiquement la télé le soir ou une série comme nous pouvons tous le faire désormais.

J'ai aussi le moment des courses en tête où Papa prenait continuellement le soin de nous fabriquer un petit fauteuil en packs d'eau au fond du caddie. Il finissait par le faire tourner dans tous les sens ou de nous secouer dedans en s'écriant que c'était à cause des pavés du Paris-Roubaix. Ou encore bien même de lorsqu'il disait « *Aïe* » quand en voiture nous franchissions un dos d'âne et « *Ouille* » en en redescendant. ~

Bref, parenthèse fermée et revenons à notre tout premier vol ! Nous avions décollé en retard ce qui nous a valu quelques palpitations pour réussir à attraper le second à temps. Nous arrivons avec bien du mal à bord du deuxième avion, non sans être dévisagés par les passagers vu que nous étions les derniers et plus qu'attendus. Départ de Marseille en direction d'Ajaccio, seulement, il n'arrivait pas à rentrer son train d'atterrissage ce qui n'était pas compatible avec un vol. Il a donc tourné en rond pendant près d'une heure pour éliminer le kérosène afin d'éviter que l'on n'explose en plein ciel : sympa. Nos vacances sont perpétuellement dignes d'un périple, vous comprendrez vite pourquoi : sans cesse jalonnées d'événements insolites, synonymes d'une sacrée malchance parfois. Mais bon, nous avons constamment eu tout un tas d'anecdotes à raconter finalement ! Après cette journée follement épuisante, j'ai donc dormi du siège de l'avion en passant par les bras de Papa au chariot de bagages, à celui de la voiture et enfin dans le lit, arrivés à notre location de vacances. Je ne me suis réveillée qu'à ce moment-là ! Nous sommes restés une semaine sur place puis avons pris la route du retour, fêté les mamans et les mamies le mois suivant ainsi que la communion de Philippine en famille. Nous passons les soirées chaudes chez nos voisins qui ont des enfants aussi, Paulo qui a le même âge que Valou et Maëlie qui a un an de plus que moi. Nos papas nous passent par-dessus le grillage et nous voilà partis jouer chez les uns ou chez les autres. Cet été-là, nous avons passé le plus clair de notre temps tous ensemble dans leur piscine.

Je perds mon arrière-grand-père : Pépé J, ce mois-là et je voulais absolument le voir m'a-t-on dit. Maman un peu désemparée, a demandé conseil à notre pédiatre qui a répondu de me laisser aller, que parfois les enfants ont une vision perturbée avec les dessins animés. Je me souviens donc du haut de mes cinq ans, pénétrer dans leur chambre et le voir dans son lit médicalisé. Il était simplement endormi alors pleuraient-ils tous ? J'assiste à l'enterrement sans trop bien comprendre puis nous nous rendons au cimetière dire bonjour à Mémé J. Désormais elle habite avec Pépé, ça doit en faire du monde dans cette si petite maison, je me demande s'ils auront assez de place... J'ai bien intégré qu'en allant là-bas, comme m'avait dit Mamie T, on pouvait leur dire bonjour et qu'ils seraient toujours là quelque part, d'une certaine façon.

En Juin, je vais au centre aéré, danse sur la musique *118-218* de Gym Tonic puis vient le moment des déguisements, le mien ? Je vous le donne en mille : un clown ! Pour la kermesse de l'école, je serai déguisée en éléphant, nous célébrons les papas et les papys à Stella avec Tonton, mes grands-parents ainsi que Mamie H, sans oublier Vanille. J'ai d'ailleurs pris l'habitude (outre de la câliner h 24) avant d'aller dormir, de lui dire bonne nuit avec plein de bisous et de bien la border avec sa couverture pour qu'elle n'ait pas froid. Elle a toujours joué le jeu et ne l'a jamais enlevée jusqu'à temps que je ne parte me coucher. Avec Valou, nous jouons au jeu des princesses Disney sur sa Game Boy Advance, que le temps passe... Cela me paraît si vieux comme console aujourd'hui. Nous allons ensuite cueillir le cerisier de Papy et Mamie en mettant les cerises sur nos oreilles ce qui laisse des photos mémorables ! Au milieu de notre jardin, Papa gonfle notre piscine en forme de fleur puis la grande bleue. Maëlie vient se baigner avec nous : batailles d'eau avec pistolets et seaux sont également de la partie, nous passons de bien bons moments. Avec Valou, nous faisons notre spectacle de danse classique ce mois-là, mon tout premier ! Je serai en petit poussin jaune. Papy et Mamie reviennent de leurs vacances d'Angleterre en camping-car. Ils ont toujours ramené un petit quelque chose pour nous mais cette fois-là, c'était probablement le plus beau. Une robe de Blanche-neige pour elle et une de Cendrillon pour moi. Dans la mienne, il y a même un cerceau pour lui donner une vraie forme de robe de princesse... Je l'ai mise jusqu'à temps de ne plus pouvoir rentrer dedans pour mon plus grand désespoir. Nous avons chacune une tiare, des boucles d'oreilles à clip (eh oui, à cette époque nous mettions des boucles d'oreilles avec clips ou autocollantes) avant d'en avoir pour de vrai. Et pour finir la panoplie : une paire de chaussures avec un vrai petit talon qui fait clac-clac (de quoi ravir nos parents) ; l'assortiment est total ! Avec Papa, nous trouvons quelque temps plus tard, un pigeon perdu dont nous nous occupons tous deux jusqu'à temps qu'il ne prenne assez forces pour repartir. Je l'appelle Grisou, le prends dans mes mains, lui donne à boire et à manger ; en clair mon amour pour les animaux n'est jamais en reste. Nous partons en vacances à Stella avec Vanille, visitons une école à l'ancienne avec les plumes à encre et le tableau noir à craie blanche. C'est au cours de ces vacances-ci que Valou nous fait son fameux fou rire au Gervita. Je vous le fais en deux secondes : Valou qui elle-même ne sait pas pourquoi elle rit plus du fromage blanc dans la bouche égal ? Tous aux abris !! On s'en souvient tous, même si la nappe pouvait, elle le dirait qu'elle aussi s'en souvient. Quelques semaines plus tard, nous nous rendons dans une boutique spéciale pour y faire des essayages avec Maman et Valou. J'allais bientôt être petite fille d'honneur pour le mariage d'Alizée et de Parrain qui aura lieu en Novembre 2006. Quel honneur pour moi, c'est le cas de le dire ! Et je prends ma mission très à cœur. Cependant, il va falloir faire preuve de délicatesse et marcher devant la mariée, aïe aïe aïe, cela risque d'être compliqué pour moi. Au même titre que lors des consultations chez la pédiatre où je devais marcher "doucement" pour qu'elle puisse observer ma démarche mais je courais ! Elle me demandait alors d'une voix calme et posée de refaire la même chose, mais en marchant cette fois-ci ! J'ai adulte, cette vision et les rires de mes proches à chaque fois qu'un médecin peut me demander de marcher lentement pour évaluer ma démarche. Sérieusement, je dois me pincer pour ne pas sourire ! Sans quoi, il ne comprendrait pas ce qui peut bien m'amuser.

Valou fête ses huit ans et reçoit sa première Nintendo DS, génial ! Nous allons en passer des heures à jouer ensemble, source de certaines disputes pour le partage certes, mais tout de même de bons moments ! En attendant d'avoir la mienne je joue à Snake, nous créons des top-modèles sur nos cahiers pré-dessinés où nous n'avons plus qu'à créer leurs vêtements ! Nous regardons *Samantha Oups !* ou *Kiki la petite sorcière* avec nos rires lorsque Jiji se brûle la langue, *Madame Irma*... Nous inventons également de toutes pièces nos propres chorégraphies sur le thème de Disney et faisons un véritable programme de notre spectacle. Les invités seront nos parents, conviés à assister à son entièreté et interdiction de partir avant la fin ! Il va falloir rester le temps de tout l'album de Disney qui ne compte pas moins de trente musiques avec la plus belle à nos yeux : *Just Like We Dreamed It*, « *Mais on n'en a sélectionné qu'une dizaine, ne vous inquiétez pas, ce ne sera pas long...* ».

Septembre, la rentrée se profile à l'horizon, je rentre en Grande Section dans la classe de Mme F. et Valou en CE2 avec une institutrice remplaçante. Cette année-là, mon plus grand passe-temps sera mes Petit Ours Brun en les plaçant à la queueleuleu et j'en avais une collection défiant toute concurrence ! Puis je fête mes cinq ans, soufflant mes bougies autour de Parrain et de Marraine. Je reçois de superbes bottes et une parure de lit sur le thème de Charlotte aux Fraises : de quoi me mettre aux anges ! Ensuite, je le fête avec mes copains de classe et Édouard m'a offert un collier avec un bracelet rien qu'à moi. Ah ! J'en ai de la chance ! En Novembre, nous partons au cirque avec Papy et Mamie ainsi que Mamie H, mes tantes et Inès, Rosalie et Lucas. Puis vient le mariage de Parrain et Alizée. Pour l'occasion, Valou et moi sommes allées chez le coiffeur et comment expliquer ce souvenir ?! À cinq ans j'avais le cheveu très fin, tellement que Maman a essayé bon nombre de shampoings et de soins pour tenter d'améliorer ma densité capillaire mais sans résultat très probant. La coiffeuse y a donc placé des bigoudis afin d'avoir une coiffure vraiment magnifique mais comme je vous l'ai dit, rien ne se passe jamais comme prévu sinon ce n'est pas drôle ! Il était convenu que je les enlève du lendemain, le matin de la cérémonie... Tout s'était emmêlé dans la nuit et j'en ai pleuré de douleur, on a bien failli devoir tout couper : un CAUCHEMAR ! Niveau cheveux, Valou ne m'aura plus si facilement pour jouer à la tête à coiffer et me faire ses palmiers. À partir de cette expérience, j'avais capté que ce n'était pas un moment de plaisir partagé ! Bref, petite fille d'honneur et coiffée quand même mais avec quelques cheveux en moins restés dans les bigoudis. Nous avons appris au cours de la fête un peu plus tard dans la soirée, qu'un bébé était en route... Quelle superbe nouvelle pour nous tous ! Cette naissance aura un enjeu plus que majeur dans ma vie et pourtant, j'avais seulement cinq ans. Nous avons dormi sur place dans un petit bungalow à proximité et avons eu un superbe panier garni pour le petit-déjeuner, préparé par la maman du marié. Elle avait toujours de petites attentions pour tous, mais surtout pour les enfants. Décembre 2006 : mes nouvelles lunettes sont de la marque Hello Kitty, de forme ovale et la monture est de couleur violet clair. Je change également celles de soleil : elles sont identiques aux précédentes mais au lieu d'être roses, elles sont aussi violettes. Le 24 se fait à la maison avec ma famille, mes grands-parents, Mamie H, Tatie et Tata. J'aide Maman en mettant les marque-place, en pliant les serviettes et en disposant les couverts. Nous avons collé les Window Color de circonstance sur les vitres et notamment fait trôner nos beaux calendriers de l'avent en bois sur le buffet de la salle à manger. Maman faisait souvent avec nous des activités manuelles : pâte à sel, fabrique de savons, pâte à modeler… Cette année-là, nous avons décoré le nôtre à la main et Valou et moi avions chacune le sien. Je reçois mon premier bébé qui parle et qui fait des bruits comme un vrai ! Je l'appellerai Charlotte (aux fraises, vous l'aurez compris), Valou aura des Polly Pocket, que je casserai maintes et maintes fois grâce à ma délicatesse légendaire vous en conviendrez, mais ce n'est jamais fait intentionnellement : Valou, je m'en excuse publiquement. Pour toutes les Polly Pocket, ainsi que leurs vêtements ou encore tes paires d'écouteurs filaires qui sont passées entre mes doigts de fée, faisons-en leur mémoire, une minute de silence. J'ai également au Père Noël ma maison de vacances ainsi que sa caravane Playmobil, Valou possédait déjà le camping-car comme Papy et Mamie. Désormais, moi aussi je pourrai faire partir les miens en vacances avec ceux de Valou ! Lors de notre semaine de vacances d'été en camping-car avec eux, espace restreint oblige, chacune avait le droit d'emmener un bac plastique avec ses jouets. Donc ma nouvelle maison de vacances était à proscrire. Les Playmobil étaient toujours de la partie, Mamie avait même acheté des tapis antidérapants pour que l'on puisse jouer sur la table pendant que Papy roulait et que le tout ne glisse pas. Car l'avantage du camping-car, c'est que l'on a une table durant le trajet ! Si Papy hurlait « *ROND-POINT !!!!* », il fallait vite tout tenir avec nos petites mains auxquelles Mamie ajoutait les siennes pour éviter que le tout ne se casse la figure. En parlant de rond-point, j'allais oublier de raconter notre passe-temps favori avec Valou : partir faire pipi tandis que Papy roule. Je vous assure qu'en cas de virages ou de dos d'âne, c'était le fou-rire garanti mais cela restait dangereux, il fallait que ce soit rapide et pas toutes les cinq minutes, n'en abusons pas non plus. Parenthèse fermée. Le 25 et 26 Décembre se feront chez le cousin de Mamie et sa femme, les parents de Florent (quarante-cinq ans aujourd'hui) et Yohan (trente-neuf ans aujourd'hui). Ils sont bien plus grands que nous tous et c'est comme avoir des grands frères ! En plus, Florent a une petite amie qui s'appelle Julia et je la trouve magnifique, blonde aux yeux bleus… C'est ma princesse à moi, c'est décidé je ne la quitte plus ! On se retrouve donc tous entre cousins avec

Philippine et Quinto qui a le même âge que moi (vingt-deux ans). Tous sont des cousins et petits-cousins de Mamie T : les enfants de la sœur de Mamie H. Elle qui n'a jamais eu de frère ou de sœur, ils ont toujours fait partie de sa vie et donc par procuration de celle de Maman puis de Papa et enfin de Valou puis moi. Ils ont un aquarium qui me paraît géant et qui me fascine ! Parties de belote pour les hommes et de Jungle Speed pour les femmes. Pendant ce temps-là, nous les enfants, découvrons Mario Kart : jeu qui nous accompagnera pour de nombreux Noël et même celui de cette année ! Florent et Yohan avaient une console avec deux manettes, probablement la NES, les tous débuts de Nintendo et l'on y passe clairement tout notre temps. Dès que c'est à mon tour d'avoir la manette je m'éclate, même si je tourne à gauche et que ça va dans l'autre sens ça m'est égal ! En réalité, ces bourriques n'avaient qu'une seule manette fonctionnelle et ils me donnaient celle qui ne marchait pas pour pouvoir jouer tranquillement. Bon, il y a prescription maintenant je ne vous en veux pas. Chaque année à chaque Noël, on ressort inlassablement cette histoire. Toute la famille a bien rigolé et vous avec, on le sait !

Nouvelle année 2007 que l'on débute chez Parrain et Alizée qui est bien enceinte à présent. Je reste collée à elle, très protectrice. La copine de Corse de Maman : Océane, nous fait ensuite la surprise de venir à la maison pour l'Épiphanie. Je fête Noël avec Marraine toujours en retard, elle m'avait offert un superbe carrosse Charlotte aux Fraises qui fait des bruits de sabots en avançant, je l'adore ! S'ensuit le carnaval scolaire où je suis en souris comme Édouard ! Quant à Victoire et Juliette, elles sont en lapin. Encore de belles photos à l'appui et avec notre maîtresse Madame F. que j'aime de tout mon cœur. C'était sa première année dans mon école et ça a tout de suite matché avec elle ! Un jour, elle a même raconté à Maman une petite anecdote que je vous partage. Elle avait enfilé un pull qui m'était inconnu « *Dis Madame, t'as un nouveau pull ?* » Elle répond qu'elle l'avait acheté récemment et probablement jamais porté à l'école, oui c'était possible, pourquoi ? « *Ah, parce qu'il n'est vraiment pas beau maîtresse* » désolée Madame mais ça aura au moins eu le mérite de bien faire rire mes parents ! Papa se fait opérer de ses varices, j'ai encore sa douleur et ses piqûres en tête. Ce n'était pas drôle pour lui mais j'ai un papa courageux ! Sinon notre petite vie suit son cours : soirées croques-monsieur devant un film, concerts de djembé que nos tantes nous ont offerts et nous nous empressons de composer de petits morceaux pour le plus grand plaisir des oreilles de ceux qui nous écouteront. Papy et Mamie nous emmènent en vacances à Stella-Plage et nous passons la première nuit dans leur camping-car. Je dormais avec Mamie, et Valou avec Papy. Elle n'avait plus peur de dormir sur la table désormais ! Leur premier camping-car, quelques années plus tôt, était comme cela. Il fallait replier la table et mettre le lit par-dessus. Valou avait piqué une crise et refusé ne comprenant pas pourquoi ils allaient la laisser dormir là où elle mangeait.

Nous avons fait la chasse aux couteaux, aux étoiles de mer et aux coquillages. Papa nous a même prêté sa PlayStation II avant de partir (bon, j'ai peut-être fait tomber la manette sans faire exprès...). Nous jouons sur le téléphone de Mamie au jeu du roller, j'espère que tu t'en souviens Valou ! Il fut cependant difficile de se partager le téléphone mais nous y arrivons tout de même et échafaudons même un plan pour réussir à le lui piquer sans qu'elle ne s'en rende compte. Elle nous avait appris la comptine de Frère Jacques en polonais, nous l'avons chantée et enregistrée comme sonnerie de son téléphone. J'entends encore nos petites voix toutes aigües et fluettes à mourir d'amour. Avec Papy, c'est le jeu de la bataille, du puant, de mémoire avec les princesses Disney ou bien des sept familles. Les cloches sont passées chez nous et j'ai eu une petite boîte de Playmobil : une petite fille avec un plâtre sur la jambe, un sur le bras et un bandage à la tête. Il y a même son fauteuil roulant avec des poissons dessinés sur les flasques des roues. Ce sont de toutes petites pièces et sur le trajet pour aller chez Papy et Mamie passer le Dimanche, j'en perds un. Horreur ! S'il est tombé entre les sièges, je me dis qu'il va tomber sur la route. Papa nous dit toujours que ce qui disparaît en dessous du siège est perdu... En arrivant miracle, il l'avait retrouvé entre la portière et le siège ! Puis, nous faisons la chasse aux œufs dans le jardin de Papy et Mamie avec Tatie et Tata. Nous jouons au croquet, aux Polly Pocket puis à cache-cache. Inutile de demander qui a trouvé la meilleure cachette cette année-là, j'ai sauté dans un vieux tonneau en plastique tout sale d'ailleurs mais ce n'était pas cela qui m'arrêterait. Pendant les vacances de Pâques, nous retournons profiter du soleil le temps d'un week-end à Stella avec mes parents, Papy et Mamie ainsi que Mamie H et Vanille bien sûr. Restaurant, plage, jeux avec Mamie H, châteaux de sable, partie de raquettes à scratch. Et à la fin du week-end, nous partons en camping-car avec Papy et Mamie à Étaples. Il y avait plein de jeux : en bois, gonflables, bref, on s'éclate. Notre séjour se finit par une chouette surprise, une balade à dos d'âne ! Avec un goûter en pleine nature.

Le mois de Mai arrive, Alizée vient nous faire un coucou. Son petit garçon va bientôt naître, elle me fait toucher son ventre et sentir le bébé et je vais pressément chercher mon stéthoscope pour l'entendre. Je ne sais pas pourquoi mais le ventre et le futur bébé d'Alizée m'intéressaient beaucoup, j'avais tellement hâte qu'il soit né !

Papa m'installe au volant de sa Peugeot 306 sur ses genoux, afin de pouvoir la rentrer ensemble dans le garage et c'est moi qui conduis alors planquez-vous ! Nous partons le temps d'un week-end visiter les grottes de Naours avec mes parents et mes tantes :

jeux gonflables, à ressort et à bascule ainsi qu'un grand tonneau vertical dans lequel on court à fond de balles comme des hamsters à nous en faire perdre haleine tellement que l'on en rit. Nous avons bien mérité la glace d'après ! Tata se fait même courser par un cygne après avoir voulu lui donner un bout de pain, nous de loin on trouve cela bien drôle, mais pour elle c'était moins évident ! Nous allons par la suite célébrer la communion d'une petite cousine de Papa puis la routine, notre vie reprend son cours : Papa nous fait même déguster son délicieux pain perdu. Nous fêtons les papas, les mamans ainsi que les grands-mères et les grands-pères en famille chez Papy et Mamie. Je me souviens de cette période : c'était l'élection présidentielle avec le duo Sarkozy-Royal, j'avais dit à Papa que j'espérais que ce soit elle qui "gagne", son nom étant Royal c'était forcément une princesse !

Le mois de Juin arrive, un ami de Parrain avec qui nous sommes devenus proches à force de fêter Noël ou les anniversaires entre nous, se marie. Alizée est très enceinte à ce moment-là (elle accouchera deux jours plus tard), je reste toute la soirée collée à elle plus que jamais, gare à quiconque l'approche de trop près ! Puis le 11 Noah naît, enfin. Ce petit bout sera mon déclic, je veux faire le métier de sage-femme et moi aussi je veux avoir mon propre bébé, aussi mignon que lui. On me le fait tenir dans les bras et je tombe en pure admiration devant ce petit fripon comme je l'appelle depuis toujours. Il sait bien que si un jour j'ai un garçon, je veux qu'il soit comme lui : calme et tendre bref, un pur amour. Nombreuses seront les fois où j'irai passer quelques jours chez eux pour profiter de lui, nous amuser avec ses Playmobil ou même avec ses jouets de garçon : grue, police, pompier… Que des choses que je ne connaissais pas dans mon environnement jusqu'alors rempli essentiellement par des filles.

La fin de l'année scolaire approche, je serai déguisée en renard pour la pièce de théâtre faite par la classe. Pour la kermesse : chamboule-tout, transvasement d'eau contre-la-montre, parcours d'obstacles dans la cour et passer à l'aide d'une canne, un cerceau autour d'une bouteille. Tous ces succès nous valent des tampons sur une carte et une fois cumulés, nous avons droit à une certaine catégorie de cadeaux avec nos points. Mon favori ? La pataprout et Maman déteste ça ! Elle finira toujours par la jeter quand j'aurai le dos tourné mais chaque année c'est mon premier cadeau de la kermesse ! La maternelle se finit donc pour moi « *Tout est acquis pour le passage en CP* ». Ma prochaine rentrée sera à l'école primaire. Je fais ensuite mon spectacle de danse avec Valou, Papy, Mamie et même Philippine et sa maman sont venues nous voir ! Puis en Juillet, Papa fête ses quarante ans avec notre famille : son oncle et sa tante, son parrain (qui décédera quelques mois plus tard), ses grands-parents, les parents de son cousin (mon Parrain), ses beaux-parents ainsi que Mamie H et sa sœur et son mari… Quelle grande et mémorable fête ! (Sans vouloir plomber l'ambiance, sur les dix-sept personnes présentes ce soir-là, huit sont parties. Restent mes parents et ma sœur, mes grands-parents puis mon Grand-Oncle et son épouse...)

Nous retournons le temps d'un week-end à Stella avec Papy, Mamie et Mamie H. Puis avec Papa et Maman nous allons à Disneyland, ce sera la première fois d'une très longue série ! Comme la maison de la mer, c'est une seconde maison pour moi, symbole de mon enfance puis adolescence. La première parade de jour est magique, je vois ma princesse préférée qui est Cendrillon en vrai et pour la première fois, ainsi que son prince charmant. Nous faisons plusieurs attractions : Dumbo, les tasses à café, le carrousel de Lancelot, le pays des contes de fées, Peter Pan, Blanche Neige, la Maison Hantée... Papa nous achète même la barbe à papa la plus chère qu'il ne nous achètera jamais plus. Étant occupé avec une énorme dans chaque main, il en a oublié son portefeuille sur un banc et en revenant, il était trop tard. Bien sûr le portefeuille était là, mais les cinquante euros restants évidemment plus. La parade avec les chars illuminés à la tombée de la nuit me met plein d'étoiles dans les yeux, je suis sur les épaules de Papa où je finirai même par m'endormir, ma tête appuyée contre la sienne. Cet été-là, nos vacances étaient pour la première fois autre part qu'à Stella, direction Houlgate en Normandie ! Avec Valou, nous découvrons le fromage Ficello ! Nous avons une piscine extérieure quasiment pour nous tous seuls là où nous logeons. Il n'y avait pas foule tant elle était froide mais il en fallait plus pour nous décourager. J'apprends avec Valou et Papa à mettre la tête sous l'eau pour aller chercher des objets au fond. Puis l'on aide Maman à laver la vaisselle, on épluche les légumes tous ensemble. J'ai d'ailleurs bien évidemment embarqué tous mes petits ours bruns que je mets à la queueleuleu et j'en ai une bonne trentaine, de quoi m'occuper un sacré bout de temps. Un seul qui bascule et c'est l'effet domino ! Enfin, visites de châteaux, des villages normands, de musées et jardins botaniques rythment nos journées. Accompagnées de glaces, de gaufres au sucre et du traditionnel Oasis tropical ou Ice Tea, des Ritz ou les mini-pizzas de Belin en guise d'apéro : de vraies vacances ! Vous ai-je déjà raconté comment nous différencions nos bouteilles d'eau au cours de nos pique-niques ? Ce n'était pas bien compliqué, mes parents disaient toujours que la mienne était sans aucun doute celle où il y avait le plus de poissons à l'intérieur. Simplement parce que je passais mon temps à jouer avec l'eau plutôt que de la boire. En rentrant chez nous, nous avons la surprise d'aller chercher nos premiers poissons rouges qui se prénomment Bubble pour moi et Rosie pour ma sœur.

Entrée dans l'École des Grands

La rentrée en CP pour moi approche, je suis ravie d'acheter avec Maman mes toutes premières fournitures scolaires ! Pour Valou, ce sera le CM1 avec Monsieur C., il s'agit du mari de Madame C. qui a la classe des CE1. Comme le temps passe, déjà bientôt le collège pour Valou ! Quant à moi je rentre dans l'école des "grands", la même que Valou et je suis rassurée d'y voir ma sœur ! Mon école maternelle étant au même endroit que celle de primaire, je retrouve tous mes copains : Juliette, Édouard et Victoire puis je fais la rencontre de Daphnée, d'Adélie et d'Hannah. J'ai mon tout premier cartable : il est bleu, à roulettes et avec les princesses Disney s'il vous plaît ! Ma maîtresse s'appelle Madame S., avec elle on a des points verts lorsque l'on est sages (travail et comportement) et au bout de dix, ils donnent droit à une image (croyez-moi si vous le voulez mais j'en ai eu plusieurs : au point de les conserver dans un petit album photo que j'ai toujours). En ce temps-là, il y avait encore école le Samedi matin avant que la loi ne change et tant mieux : le week-end, c'est sacré pour nous. Souvent, nous le passons chez mes grands-parents pour y retrouver ma Tatie, ma Tata et Mamie H. Alors forcément, je préfère être avec ma famille. Parfois le Samedi ou le Dimanche matin, nous nous réveillions tellement tôt avec ma sœur, que nous descendions à pas de loup les escaliers de manière à pouvoir regarder tranquillement la télé. Je me souviens avoir déjà aperçu cinq heures sur mon réveil ! Nous savions par cœur quelle était la latte de parquet à bannir car elle craquait et quelle marche de l'escalier était à éviter à cause du bruit qu'elle allait produire. C'était le jeu de réveille pas Papa dans la vraie vie ! Une fois descendues, nous allumions le téléviseur en appuyant directement dessus pour baisser le son le plus vite possible. Son démarrage faisait un boucan tout sauf discret et nous avions toujours peur de nous faire prendre ! Nous prenions nos céréales et mettions les DVD de Belle et Sébastien que Papy et Mamie nous avaient achetés.

Le 23 Septembre, nous fêtons les quarante ans de mariage de Papy et de Mamie. Une grande réunion de famille a lieu avec musiciens, cuisiniers, serveurs, pièce montée ! Mes six ans sont fêtés pour la première fois avec mes copains de classe en plus de ma famille. Hannah, Adélie, Juliette, Édouard, Violette... Nous sommes treize enfants en tout, Papa et Maman ont organisé une chasse au trésor dans le jardin, des chaises musicales et du dessin en plastique fou pour l'occasion. Je fus tellement gâtée : plein de Petshop, de la pâte à sel, un livre de recettes Disney, un bracelet et surtout l'ambulance Playmobil ! Puis un cadeau qui a l'air mou : hum mauvais signe, ce doit être des habits. Maman s'extasie devant, alors moi aussi, du moins j'essaie. Mais ce n'est pas vraiment ce qui me plaît, je préfère des jouets. - C'est d'ailleurs à cela que je constate que j'ai grandi ! Maintenant, recevoir des vêtements me ravie au plus haut point ! - Vient le baptême de Noah : un joli moment dans ma mémoire. Mes nouvelles lunettes sont de la marque Alain Afflelou et rose foncé, la deuxième est de chez Lulu Castagnette, rose clair et de forme ovale. Pour Noël, le 24 se fait à la maison. J'ai eu une machine à Mandalas, notre Monopoly Disney et mon hôpital Playmobil (il y avait des prédispositions !) que Mamie H m'aide à construire et y joue avec moi. Valou a son premier MP3 et je me ferai une joie de le lui emprunter pour son plus grand plaisir. Fin du premier trimestre « *Tout est acquis, très bon travail, il faut poursuivre les efforts au niveau du bavardage et de l'attention en classe* ». Le 25 et 26 Décembre, se passeront chez Papy et Mamie : DS (Mario Kart et Mario Bros), Jungle Speed... J'ai d'ailleurs eu un plaid et un poncho Charlotte aux Fraises, là ça me plaît bien ! On se réunit pour le premier jour de l'An 2008 chez Mamie H. En Février comme à l'accoutumée, nous fêtons Noël (en retard) avec Parrain puis Marraine, j'ai le jeu Qui est-ce Disney. Dans le même temps, nous irons passer un week-end avec Papa, Maman ainsi que mes grands-parents et Mamie H à Stella où l'on joue à la bataille et au jeu de mémoire avec Papy, même s'il perd sans cesse contre moi. Ils partent ensuite en voyage en Égypte et reviennent avec des costumes traditionnels pour eux (ce qui, les métamorphosant totalement, a pour effet de me flanquer une frousse bleue) et un pour Valou ainsi qu'un autre pour moi ! L'accessoire de tête est fait tout de perles et cela nous fait tantôt une coiffe, tantôt une perruque. Ainsi que la tunique autant parsemée de paillettes puis des babouches dorées pour remplacer les roses que j'ai usées au plus haut point !

Fin du second trimestre « *La plupart est acquis, assez bon travail, mais il est nécessaire qu'Eva soit plus régulière et plus attentive, j'attends des efforts à ce niveau au troisième* ». Puis Pâques arrive, nous faisons la chasse aux œufs à la maison puis le midi, chez Papy et Mamie avec Tatie, Tata et Mamie H. Nous en profitons pour souffler en même temps les bougies de Papy. Hormis du chocolat, les cloches ont apporté des Polly Pocket à Valou, moi, c'est le refuge des animaux Petshop que je voulais tant ! Soirée en famille vous avez l'habitude maintenant : repas qui dure toute la journée, jeux : bataille, bonne paye... Et surtout des moments de partage. Papa et Maman se lancent dans leur recherche de terrain pour construire notre prochaine maison, le début d'une longue histoire... Le 5 Mai, je perds ma première dent ! Grande étape dans la vie d'un enfant mais dans la mienne, c'était toujours de façon insolite... Cela vous étonne ? Moi non plus. C'était le midi et je mangeais à la cantine. Pour une fois que j'y allais en plus, ce n'était pas fréquent puisque tous les midis quasiment, je rentrais à la maison. Maman venait me rechercher et j'allais fouiner dans les casseroles pour voir ce qu'elle y mijotait (souvent du riz cantonais car elle savait que c'était mon plat préféré) puis je regardais midi les zouzous. Les malheurs de Sophie, Hamtaro, Dans les Alpes avec Annette, Princesse Sarah, La panthère rose, les quatre filles du docteur March, Heidi, Cédric...

Bref, ce midi-là donc, j'avais une pêche en dessert. Je croque dedans, certainement avec délicatesse me connaissant, puis en regardant ma pêche j'y vois une chose blanche et je pense à un asticot. Dégoûtée, je ne la termine pas et la jette. C'est après coup que je me suis rendu compte que c'était en fait ma propre dent. Je vous laisse imaginer le drame qui en a résulté et il a bien fallu l'expliquer à la petite souris. J'ai attrapé une feuille ornée de la Belle au bois dormant et pris ma plus belle plume pour m'en excuser : je n'avais vraiment pas fait exprès de la jeter ! Vers le milieu du mois, nous passons le week-end à contempler les cerfs-volants de Berck avec mes grands-parents, mes tantes et même que Philippine et Quinto nous y rejoignent ! Quelle joie de se retrouver dans le sable à faire des châteaux, des trous, des batailles et des courses-poursuites. L'année scolaire se finit tout doucement « *La plupart est acquis, bon travail malgré un petit relâchement en fin de trimestre. Il faudra poursuivre les efforts en CE1* ». Pour tout vous dire, je me souviens de ce "petit relâchement", j'en avais eu marre ! Ben oui, pour moi petit bout de six ans, j'en avais assez appris : passé, présent, futur, lire et écrire. C'était assez et je n'avais pas besoin de plus ! Ah, l'innocence de l'enfance comme c'est mignon... En parallèle de cela, j'avais d'autres petits défauts dont celui de me ronger les ongles, tous. Maman avait investi dans du vernis amer. Je les mettais à la bouche avant de boire ma compote ou autre afin de faire passer le mauvais goût, ça ne m'en empêchait d'aucune façon ! Mes parents m'ont si souvent raconté que parfois, si je m'étais gratté la joue et qu'après ils m'embrassaient, ils avaient eux-mêmes le goût en bouche. Ils ne comprenaient pas comment je faisais pour continuer de les ronger.

Le 1er Juin, Rosalie célèbre sa communion, sa profession de foi mais cela tombait également au moment de mon troisième et dernier spectacle de danse. J'avais une charlotte sur la tête avec un tutu pour représenter la révolution française de 1789. Papa, Maman et Valou vont assister à la cérémonie puis à la réception donnée en son honneur car Maman est tout de même sa marraine ! Ce sont mes deux tantes chéries qui prennent le relais, me gardent, me coiffent et m'emmènent à ma représentation, quelle fierté pour moi ! Je réserve tout de suite deux chaises pour elles, l'une avec un sac, l'autre avec ma veste polaire. Il faut qu'elles soient bien placées pour ne rien manquer ! Photos et vidéos mémorables je vous l'accorde avec une expression du visage très approximative puisque je suis toujours extrêmement gênée par la lumière, en l'occurrence, celle des projecteurs. Nous dansons toutes en ronde, main dans la main. Les autres fillettes font les pas chassés avec légèreté et grâce puis il y avait moi. Moi, qui les faisais avec la grâce qui m'est propre. Encore un souvenir qui fait bien rire ma famille lorsqu'elle l'évoque ! Moi, je me souviens seulement du fait qu'elles étaient trop lentes, il fallait que ça bouge, que ça avance en rythme avec la musique ! Bref, moi dans toute ma splendeur. La fête des pères est célébrée en bonne et due forme, j'ai même fait un porte-clés en plastique fou à l'effigie de Papa et rien n'est laissé au hasard. Il y sa barbe, sa moustache, ses cheveux, ses yeux verts « *J'ai même mis du vert dans ton nez, parce que je devais aussi dessiner tes crottes de nez !* ». Ah Papa, tu m'aimes hein ! Je sais bien qu'il n'y en a pas deux comme moi, attendez que ce soit mon tour et que mes enfants m'offrent des cadeaux de ce genre, je ne sais pas si je vais rire ou pleurer ; à mon avis les deux ! Au cours de cette période, j'apprends à rouler sur mon vélo Charlotte aux fraises sans mes petites roues dans le jardin familial, entourée de Papa qui me pousse sur le vélo, Maman qui m'encourage et me filme, Valou qui court à côté de moi et Vanille qui observe à l'abri sur la terrasse. Il vaut mieux. Impossible de ne pas évoquer les coccinelles dont ma plus grande passion était de les collectionner et de les garder dans un pot à confiture mais attention, avec tout de même des trous pour les laisser respirer !

Au mois de Juillet, nous retournons avec Valou à Stella emmenées par Papy et Mamie : mots croisés, bataille, Playmobil. Je ne trouve pas meilleur endroit que le placard pour y jouer en entrant entièrement dedans. De cette façon, je peux fermer la porte, être dans le noir et mieux voir le gyrophare de mon ambulance. Il y a aussi le jeu de mémoire avec les princesses de Disney qui commence à avoir du vécu, puis on aide Mamie à laver la vaisselle et pour la cuisine. Éplucher les carottes pour en faire des "carottes crapées" oui, mais seulement la peau ce n'était pas dans mes cordes : il pouvait se passer un sacré moment avant que je n'arrête d'éplucher. Jusqu'à temps que Mamie ne constate ma bêtise et me dise d'arrêter ! Nous leur servons le café sur un plateau après manger avec le sucre mais surtout pas de lait ! Papy ne mettant que la moitié de son morceau, vous en aurez vite déduit d'où passait l'autre, et ce, à chaque café qu'il boit. Il la laissait pour le prochain mais si j'étais dans les parages, il pouvait la chercher longtemps le pauvre ! Nous assistons aux feux d'artifices du 14 Juillet puis rentrons à la maison quelques jours avant de repartir avec nos parents pour Albé, en Alsace, dans les clubs de vacances Belambra. Sur la route de l'aller, nous nous arrêtons sur une aire d'autoroute pour pique-niquer : salade de riz, jus de pomme, soleil : tout est au rendez-vous pour un super début de vacances ! Nous visitons des châteaux datant du Moyen-Âge où la visite est faite par Frère Ponce en personne ! Des cascades, la nature, la forêt... Et chaque matin, nous passons du temps au club junior avec les animateurs et les autres enfants. Nous allons toutes les deux acheter le pain le matin, on se sentait si grandes ! Nous vadrouillons de gauche à droite, nous arrêtons le midi pique-niquer. Puis l'on croise une cigogne qui vient à notre rencontre pendant que l'on casse la croûte. Une vidéo me montre lui tendant un bout de pain « *La cigogne, viens manger mes petits doigts* » évidemment lorsqu'elle s'approche, je m'enfuis en courant ! Nous profitons de la piscine du camping et des activités. Vient le maudit moment d'écrire les cartes postales, cela durait des heures et représentait une véritable corvée pour moi. Rester assise à écrire des choses que je devais recopier ; ce n'était pas de mon ressort ! Le mois d'Août, nous partons avec Papy et Mamie en camping-car direction la région de la Loire : le château d'Ussé, celui d'Ambroise puis un parc rempli de châteaux miniatures. Si l'on avait moins d'un certain âge, l'entrée était gratuite et l'on avait même des costumes à notre disposition le temps de la visite. J'en ai choisi une violette, je me souviens de poser devant chaque château pour que Valou me prenne en photo même s'ils étaient bien plus grands que moi ! Je me trouvais belle et tellement chanceuse. Nous découvrons une fabrique d'osier, faisons des balades à vélo le long de la Loire, des repas dehors puis une drôle d'odeur se fait sentir « *Ça sent bizarre non, le brûlé ?* » Papy répond « *Oh toi et tes odeurs, toujours à sentir des choses bizarres !* » Mamie investigue et trouve : elle avait laissé la bassine de vaisselle sur la plaque et le gaz était allumé, elle a donc fondu et fait des fils, on en a bien ri ! Première fois qu'ils nous emmènent à Lisieux pour découvrir l'histoire de la petite Sainte-Thérèse et l'on en apprend plus sur sa vie à travers un diorama (musée qui reconstitue des scènes de sa vie avec des poupées faites de cire - NDLR). En rentrant de cette semaine nous passons voir Inès, Rosalie et Lucas car leur chat Truffe, a eu des bébés et nous n'allions pas rater cela ! Nous avons donc fait la connaissance de Mistigri, de Pirate et de Zorro puis l'après-midi nous nous rendons tous au château de Versailles. Rosalie revient avec nous pour quelques jours à la maison. Nous jouons toutes les trois, dansons, chantons « *Michaël Jacksoooon, on est des fooooolles* » avec comme micro, nos brosses à cheveux. Enfin, Valou fête ses dix ans. Nous célébrons cette journée avec des copines à elle et nos proches, au cours de laquelle un appareil photo lui est offert : des pépites sont à venir.

Rentrée en CE1 pour moi avec Madame C. et en CM2 pour Valou. J'ai un cartable violet et rose clair Lulu Castagnette et elle un cartable à roulettes (qui s'allument s'il vous plaît) que je récupérerai quelques années plus tard, entre sœurs cela fini systématiquement en recyclage. Je peux vous dire que mes parents et moi gardons en tête très nettement cette rentrée scolaire (ils ont toujours réussi à se libérer pour être présents pour notre premier jour). Après les avoir embrassé, je suis le mouvement de mes camarades en direction de la salle de classe et je ne saurais expliquer ce qui m'a pris ni le sentiment que j'ai ressenti mais je l'ai encore imprimé au fond de moi ! Toujours est-il que je me mets à traverser, en sens inverse cette fois-ci, la cour qui était maintenant vide, il ne restait que les parents à la grille et qui commençaient à s'en aller. Me voilà en train de courir à en perdre haleine avec mon cartable qui touchait à peine le sol, pour me réfugier, en pleurs, dans leurs bras. C'est un peu la mort dans l'âme qu'ils m'ont raccompagnée auprès de mon institutrice et pour finir, cet incident fut très vite derrière moi. Cette année-là, je commence des cours de djembé avec Juliette, ma copine de classe, Valou et Papa en faisaient déjà depuis un an. Nos parents célèbrent leurs quinze ans de mariage avec toute la famille réunie. Nous allons ensuite en week-end à Disney avec une nuit d'hôtel à celui de première classe. Pour Valou et moi il y a des lits superposés et évidemment, je prends celui du haut ! Nous mangeons des pizzas en forme de Mickey et découvrons l'attraction d'Autopia. Une fois avec Papa puis une avec Maman où on pilote chacune notre tour - à ma première leçon de conduite, mon moniteur m'a demandé si j'avais déjà conduit un quad, un tracteur ou un scooter afin d'avoir une idée de mes bases. Je lui réponds le plus sérieusement du monde « *Hum oui, Autopia ça compte ? Si oui, alors oui, j'ai déjà conduit !* » - première fois au volant pour moi et j'adore ça ! Valou renverse d'ailleurs tout son seau de pop-corn dans la voiture, elle s'est fait dévisager par le castmember qui était vraiment furax (un castmember étant un employé de chez Disney). Avec Papa, ils se sont fait enguirlander comme du poisson pourri ! La seconde nuit, nous dormons à l'hôtel Cheyenne ; un hôtel Disney n'a rien à voir avec les hôtels basiques, tout y est plus magique, plus féérique... Nous faisons l'attraction Cars, les tapis volants d'Aladdin, Tram Tour et Papa nous achète la traditionnelle barbapapa qui est plus grande que moi. Nous expérimentons le premier cinéma 3D de nos vies avec *Chéri, j'ai rétréci le public* : sensations garanties ! Un peu l'ancêtre de la 4DX d'aujourd'hui car il y a de l'eau, du vent et des mouvements... Pas que de la 3D finalement ! Nous rions aux éclats dans les tasses à café d'Alice au Pays des Merveilles ou dans Buzz l'éclair et assistons à la parade des personnages. On y rencontre le génie, Aladdin ainsi que Jasmine et Lilo et Stitch, de quoi me mettre aux anges ! Nous célébrons les quarante ans de mariage de l'oncle de Papa et j'y retrouve Parrain, Alizée et Noah. Mes grands-parents paternels sont également au rendez-vous. Mon grand-père vient vers moi, je me souviens du moment où il m'a prise par la main et m'a emmenée vers les cuisines. Il était allé piquer tout un paquet de palmiers à glace de toutes les couleurs. Pour une fois qu'il s'occupait de moi, lui qui n'était même pas venu me voir à la maternité et n'avait pas souhaité assister à mon baptême. Papa et Maman le voyant attirer mon attention, me gardaient à l'œil et venaient me ramener auprès d'eux ; le contact était coupé depuis plusieurs années désormais. Moi je ne comprenais pas tellement, il avait l'air gentil, m'avait offert de petites choses et à mes yeux c'était chouette. J'avais conscience que c'était mon grand-père mais pour moi je n'avais qu'un Papy et qu'une Mamie qui m'aimaient et ce n'étaient clairement pas eux. En grandissant et en en apprenant sur l'histoire du pourquoi du comment, il y avait cette distance, j'ai développé une pure incompréhension face à leurs agissements. Bien sûr, polie et bien élevée comme je l'ai été, mes parents ont sans cesse insisté pour que je leur dise bonjour et au revoir de façon à ne pas les ignorer. Mais les années passant, cela me mettait plus que mal à l'aise. Je ne saisissais pas pourquoi leurs deux seuls petits-enfants, en l'occurrence ma sœur et moi, avaient si peu d'importance à leurs yeux. C'était bizarre et assez flou à ce moment-là et puis enfant, on suit l'avis de nos parents. J'aurais tout le temps de me faire le mien plus tard…

Je fête mes sept ans avec mes camarades de classe : Édouard, Juliette, Daphnée, Hannah, Victoire, Adélie… Où se cache sous le papier cadeau mon devine-tête, ce jeu est vraiment indémodable et mon piano thématisé sur les princesses Disney. Puis nous dormons ensuite quelques jours pendant les vacances de la Toussaint chez nos tantes où nous apprenons le jeu de la crapette et du UNO extrême, Tatie nous fait même découvrir son jeu des Sims 2. Moi, je préfère papouiller leur chienne qui s'appelle Fidji et je l'ai toujours portée dans mon cœur. Je vais ensuite passer du temps chez mes grands-parents ; j'aide Papy à ramasser les feuilles, monte sur son tracteur-tondeuse, vais voir les chèvres du voisin. Mamie à ce moment-là, s'occupait de Tante C. (la tante de Papy) qui logeait chez eux en attendant d'avoir une place en maison de retraite. J'ai tout de suite été très proche d'elle, si je faisais un coloriage ou des perles à repasser, on savait pour qui je le faisais.

Novembre sonne la fin du premier trimestre « *Bonnes notes, la plupart est acquis, bons résultats dans l'ensemble et excellente participation. Attention aux bavardages qui te perturbent ainsi que ton entourage. Je compte sur toi en 2009 !* ». Nous fêtons les quarante ans de Maman en famille, à la maison et autour d'un bon repas digne d'un Noël en avance ! Elle reçoit son premier ordinateur portable sur lequel avec Valou, nous passons du temps sur les Sims 2 ou sur jeux.fr et tant d'autres choses qui aujourd'hui, au niveau des graphismes, paraissent venues d'une autre époque. Mais non, ce n'était "que" quinze ans en arrière. Le pauvre Pc finira sa vie au cours d'une nuit où Maman a fait la chasse aux moustiques : le coup classique. Je m'amuse avec la DS de Philippine avec ma sœur, nous pouvons faire le même jeu à plusieurs et c'est vraiment super ! Valou a écrit un beau discours pour l'occasion. La maman de Juliette organise d'ailleurs quelques jours plus tard un anniversaire surprise, de mèche avec Tatie et tous les parents de nos amis d'école. Avec le temps et à force de se voir tous les jours, on formait une vraie bande d'amis ; les parents parlant toujours des heures à la sortie des écoles, nous finissions par jouer ensemble en attendant de rentrer chez nous. Mes nouvelles lunettes sont des Disney, j'ai même Cendrillon sur l'une de mes branches qui sont de couleur violet foncé, de forme ovale et toutes fines. Il va falloir que je fasse attention pour ne pas les casser, ce qui risque d'être un sacré défi pour moi. Quant à celles de soleil le style ne change pas, seulement la taille de la monture car je grandis alors il faut bien y remédier.

Nous avons tant joué aux Sims 2 avec Valou et Maman ! Le pire, c'était quand nos Sims mouraient et que la faucheuse débarquait ; elle nous terrorisait. Dès que je reconnaissais la musique de son arrivée, je faisais pause et appelais Valou au secours puis je fermais les yeux le temps qu'elle gère la situation et les rouvrais lorsque c'était fini. Maman craignait que je ne fasse des cauchemars je n'avais donc pas le droit de regarder. Sur ce jeu, j'adorais faire tout plein de bébés. Ma pauvre Sims, à peine avait-elle accouché qu'elle en attendait déjà un autre !

Noël 2008 se déroule à la maison, le 23 en petit comité : Papy et Mamie, Tatie et Tata et Mamie H. Le 24 sera seulement avec Papa et Maman puis le 25 et le 26 nous serons une vingtaine en tout. Il s'agit du Noël où j'ai appris que le Père Noël n'existait pas et qui a vendu la mèche ? Haha, vous allez vite le savoir. Un soir, le 21 ou 22 Décembre je suppose, Valou me demande si je veux découvrir ce que j'allais recevoir comme cadeau pour Noël « *Bah, on ne peut pas le savoir, c'est Papa Noël qui va les apporter ! - Viens avec moi, je vais te montrer* ». Elle m'emmène dans la lingerie, au fond du garage et soulève une bâche qui cachait tous les cadeaux pas encore emballés « *Regarde, tu vas avoir une DS !* ». Je saute de joie, depuis le temps que je voulais avoir la mienne, fini de piquer celle des autres : trop cool ! Arrive le jour du déballage de la DS en question. Je revois la scène : Maman à ma gauche, Tata à ma droite. Bien évidemment, je n'ai pas eu la réaction escomptée ni prévue. Tata me dit « *Bah, c'est ce que tu voulais absolument depuis des mois, tu n'es pas contente ? - Si si, mais je le savais déjà…* ». Maman change d'humeur « *Comment ça ? Où as-tu été fouiller ?* » Ok, je sens que je vais me faire disputer donc je balance la sauce, pas question que cela me retombe dessus ! « *Ben, c'est Valou qui me l'a montrée !* ». Oups, coup dur pour elle… J'ai comme premier jeu DS celui Petshop et nous avons eu celui de Mario Kart pour pouvoir y jouer à deux plutôt que de devoir se le partager, c'était une bonne idée ! Nous pouvons nous connecter ensemble et faire des parties jusqu'à huit joueurs : celui qui perd donne sa place c'est la règle ! Les hommes jouent à la belote, les femmes au cranium et les enfants au menteur. On déguise et maquille mon oncle en princesse :

fond de teint, fard à paupières, rouge à lèvres, tout y est. Il a même son chien royal : Vanille sur ses genoux et qui tient la garde. Nous partons avant la fin des vacances de Noël une journée sur Paris avec mes parents et Rosalie, un Mcdo sur la route puis visite du musée Grévin. En la redéposant chez elle, nous découvrons la patinoire avec Lucas, Inès et son mari. Valou se casse la figure et se fait mal au genou, c'est le début de ses déboires rotuliens… Moi, je reste sur mes pieds et je rigole bien ! Lucas m'apprend et me tient donc je ne risque rien. Il y a aussi une amie de Rosalie qui est venue et je l'aime beaucoup car elle s'appelle Jasmine, alors c'est un peu comme si j'avais une princesse Disney rien que pour moi ! Nous apprenons ce mois-là que notre famille "proche" allait enfin s'agrandir ! Tatie était enceinte et j'avais du mal à y croire parce que ça ne se voyait pas encore. Elle me disait gentiment « *Arrête de bouger dans tous les sens quand tu es sur mes genoux, ver à queue ! Maintenant, j'ai un bébé dans mon ventre, il faut aller tout doucement !* ». Nouvel an 2009, nous fêtons les soixante-dix ans de l'autre oncle de Papa, le papa de Parrain. Pour Noël chez Marraine, j'ai eu des Playmobil : la douche pour chevaux et un parcours d'obstacles équestre ! Enfin Violette, ma copine d'école, fête son anniversaire et pour l'occasion nous montons tous à bord d'une calèche pour faire un tour du village ! Au cours d'un rassemblement de famille, une photo a été prise avec ma chère cousine Léonie du côté de Papa, elle aura beaucoup d'importance dans ma vie d'ici quelques années ! Elle a deux ans de moins que moi donc vingt ans aujourd'hui ! Nous soufflons en Février, les treize bougies de Rosalie. Ce mois-là, notre rue est inondée et notre vide sanitaire aussi. Papa s'équipe d'une grande combinaison blanche et de bottes en caoutchouc « *Papa, je peux venir avec toi ?* ». Ni une ni deux, j'enfile la combinaison qui me fait ressembler à une naine tant elle est grande et moi minuscule à l'intérieur. Je descends avec lui sous les fondations de la maison, c'était impressionnant pour moi, cela me paraissait immensément grand. En y repensant, Papa était voûté et plié en deux, cela ne devait pas être si gigantesque que ça mais avec ma vision et mes souvenirs d'enfants, cela me paraît vraiment géant ! Fin du second trimestre « *Bons résultats corrects dans l'ensemble, il faut continuer à faire des efforts au troisième trimestre, je compte sur toi !* ».

En Mars, Valou part en voyage de classe dans la région de la Loire visiter les châteaux de Chambord, Cheverny et Chaumont durant une semaine. Papy et Mamie viennent à la maison au cours de cette période pour aider aux travaux de sa chambre : nouveau papier peint, nouvelle peinture, ses meubles relookés de l'écru au blanc et une toute nouvelle armoire. Bref, une belle surprise pour son retour ! Moi aussi forcément, je veux une chambre de "grande" mais ce sera dans quelques années, un peu de patience. Nous fêtons Pâques chez Papy et Mamie, Tatie est enceinte de cinq mois et commence à avoir un beau bidou ! Bébé bouge bien et se fait sentir, ce sera une petite cousine ! Ces Pâques auront été inoubliables pour moi mais pas dans le bon sens du terme. Tout au long de la journée, Mamie T me disait « *Prends un œuf en chocolat, un schoko-bon, du gâteau* » une belle crise de foie en perspective. Sur la route du retour, cinq minutes avant d'arriver « *Papa, je vais vomir* » : arrêt d'urgence et ça m'a cruellement marquée. Encore aujourd'hui à l'âge adulte, j'en suis traumatisée. Je ne sais pas vraiment pourquoi, mais cela m'a toujours angoissée au point de pleurer et d'en trembler de tout mon être. J'ai développé une **émétophobie** à la suite de cela, veillant à ne pas manger trop de chocolat ou de bonbons aux anniversaires des copains ; une peur assez irrationnelle qui me poussait toujours à demander à Maman « *Je ne vais pas vomir, hein Maman ?* ». Comme si sa réponse pouvait m'empêcher d'être malade puisque si elle le disait, c'est que je pouvais en être sûre. Je vais passer quelques jours à Stella seule avec Papy et Mamie et je perds une autre dent de lait, la quatrième je crois. La petite souris m'a même écrit là-bas et j'ai eu une pièce de deux euros ! C'est à contrecœur que nous avons ensuite dû nous séparer de la Fiat Rouge de Papa, nous qui l'aimions tant avec Valou. Il nous explique qu'elle est trop vieille et qu'elle partira pour la Pologne. J'ai appris des années plus tard qu'elle était évidemment partie à la casse. Nous faisons un dernier tour dedans à travers champs et à fond les ballons ! Puis Papa entame certains travaux dans la maison et en dehors : carreler le garage. J'enfile un vieux tee-shirt, de vieilles chaussures et vais l'aider ; c'était marrant de poser du carrelage, j'avais l'impression de mettre du Nutella sur du pain ! Week-end à la mer entre cousins : Philippine, Quinto, Papy, Mamie, Mamie H… Nous rendons ensuite visite à nos anciens voisins : Paulo et Maëlie qui ont déménagé dans leur nouvelle maison. On se déguise tous et montons un spectacle aux parents puis allons directement nous fournir dans leur dressing pour les déguisements. Je grimpe sur les épaules de Paulo et avec la veste de costard de son papa, il cache sa tête pour faire comme si c'était mon corps. Le moment venu, son papa dit « *Mais enfin Paulo, pas ma veste de mariage ?!* » Rien ne pouvait nous arrêter ! Nous passons une superbe soirée, contents de se retrouver. Puis le drame de la soirée arrive. Leur maison étant en travaux, la rambarde de l'escalier avait été retirée laissant un trou à la place du pommeau et j'y ai coincé mon pied en allant vers les marches. Je me suis arraché un sacré morceau de peau au niveau du tendon d'Achille de la cheville droite. Le lendemain, je reste au calme à la maison et Papa me donne son peignoir violet qui sent son odeur pour me réconforter.

Le jour suivant était un Lundi, celui de la Pentecôte et à cette occasion, une braderie avait lieu dans notre village. La douleur était déjà oubliée pour ma part, j'ai marché toute la journée et rien à signaler de particulier. Le Mardi je retourne à l'école, puis je me rends auprès de mon instituteur (ma maîtresse s'étant blessée aux ligaments croisés au ski, elle avait été remplacée par Monsieur B. toute la fin d'année scolaire) car j'ai mal au pied mais pas à l'endroit où je m'étais blessé la peau. Il appelle alors Maman en lui demandant de venir me chercher puisque ce n'est pas dans mes habitudes de me plaindre, j'ai l'air d'avoir vraiment mal. Peut-être faudra-t-il aller faire une radio ? Elle me récupère puis m'emmène à l'hôpital, je n'ai pas grand souvenir de ce jour-là, étonnamment, mais on me dit que ce n'est pas grave. Il suffisait de mettre un peu de pommade, une bande Velpeau et de ne pas trop marcher dessus en attendant que cela aille mieux. On me prescrit des béquilles et si vous saviez… Des années que c'était mon rêve ultime, tous mes copains et copines en avaient déjà eu et c'était enfin mon tour ! J'avais même un camarade qui avait un plâtre mais ne se débrouillant pas avec ses béquilles, il venait à l'école en fauteuil roulant. C'est moi qui le poussais, l'aidais tout le temps et oui, je l'enviais. J'avais dit à Maman que mon rêve était d'avoir des béquilles et d'être en fauteuil roulant car c'est trop génial ! Bizarrement, aujourd'hui que c'est devenu plus ou moins réalité cela me fait beaucoup moins envie… Nous nous rendons donc à la pharmacie pour chercher mes nouvelles meilleures amies, de belles bleues et violettes et croyez-le ou non, je les ai toujours. Ça se transmettra de mère en fille ce truc-là ! En bref, voilà une Eva toute contente, qui rigole de sa nouvelle condition physique et qui marche plus vite à trois pattes qu'à seulement deux. J'amuse la galerie en faisant toutes sortes de bêtises et de cascades avec. Puis au bout de deux semaines, j'étais supposée remarcher et laisser cette aventure derrière moi, mais impossible pour moi de remettre ne serait-ce qu'une ballerine au pied. Maman fini donc par rappeler l'hôpital pour obtenir les clichés radiographiques afin de les montrer à notre médecin traitant. Nous sommes recontactés peu après par un médecin de l'hôpital qui nous informe que les radios venaient seulement d'être vues. Elles avaient été mises de côté étant donné que le jour de ma venue il n'y avait pas de docteur pour les interpréter « *Vu l'état de la fracture de votre fille Madame, elle va devoir garder son plâtre encore quelques semaines - Mais, quel plâtre ? - Quoi ? Elle n'est pas plâtrée ? Qu'elle ne bouge plus et amenez-la directement, il faut la plâtrer d'urgence !* ». Mon innocence me fait me réjouir, j'étais refaite comme l'on dit. J'allais moi aussi en avoir un et mes copains allaient pouvoir dessiner dessus ! En réalité, j'ai donc marché des jours durant et une braderie complète sur une fracture sans même me rendre compte de la douleur. En refaisant le schéma inverse, je me rends bien compte que ce n'était pas normal. Quiconque se fracture un os aura un hématome, un gonflement, une douleur atroce mais moi non, rien, absolument rien. Il s'agit donc ici, hormis les problèmes de santé survenus à ma naissance, de la première manifestation que l'on peut mettre en lien avec le **Syndrome** d'**Ehlers Danlos** qui me sera diagnostiqué le 10 Mars 2022 : l'année de mes vingt ans. Je n'en ai que sept à ce moment-là. Il m'en reste autant avant que ma vie ne tourne au cauchemar à cause de cela et des blessures qui ne se manifestent pas comme tout le monde. Ce qui doit donc forcément être exagéré ou peut-être même inventé par moi-même... Encore sept années et je profite de pouvoir vous raconter ces derniers moments de ma vie d'enfant.

Nous célébrons l'anniversaire de Tatie et je monte sur la table à langer pour m'y allonger. Eh oui ! Bientôt je ne serai plus la dernière de la famille ! Le filleul de Papa fait sa profession de foi et nous y sommes conviés et au vu de la journée qui s'annonce et du petit bout que je suis, Papa et Maman décident de louer un fauteuil roulant afin que je ne m'épuise pas trop, imaginez ma réjouissance... Il était jaune et noir et proportionnel à ma morphologie : tout petit ! L'après-midi se déroule bien, moi je roule à ma convenance. Le soir venu vu qu'il s'agit de la famille de Papa, mes grands-parents paternels étaient là et comme d'habitude, je les salue. Je dis au revoir à ma grand-mère en l'appelant par son prénom, elle me répond « *Non Eva, j'aimerais que tu m'appelles Mamie - Euh oui d'accord, au revoir* (je l'appelle encore par son prénom) ». Si je n'avais pas envie de quelque chose, croyez bien qu'il était difficile de me le faire faire ou dire : mon caractère à l'état brut et pur une fois de plus illustré par ce souvenir. Valou fait sa petite communion également appelée communion privée, cet été-là. La réception s'est faite à la maison. Nous jouons tous au foot pieds nus dans le jardin tant il faisait chaud, enfin tous, moi je fais l'arbitre du haut de mon toboggan ! Tatie et la Maman de Quinto font les pom-pom girls avec les palmiers à glace que je suis allée chercher dans mes affaires. Cela se finit en bain de pieds géant dans des seaux et inévitablement en fou rire. Vient ensuite la fête des mères, un autre Dimanche chez Papy et Mamie en famille puis à la fin de l'année scolaire, nous partons visiter un moulin. Vu la tronche de l'escalier, je ne pourrai pas les monter et de toute façon, je n'ai pas assez de force pour les gravir avec mes béquilles, c'est trop dangereux. Alors mon maître me porte et cela m'a toute gênée « *Oh, mais tu es aussi légère qu'une plume ne t'inquiète pas !* ». Une fois aussi dans la cour de l'école que je devais traverser entièrement, je fatiguais et traînais la patte. Une ATSEM de l'école, Mme R. était une dame qui était forte et qui avait un rire très particulier et plutôt bruyant. Nous les enfants, la fuyions comme la peste car elle nous faisait très peur. Ce jour-là, elle a décidé de me porter d'un point A à un point B de la cour pour m'aider et mes copines m'ont abandonnée lorsqu'elles l'ont vue arriver vers moi ces lâcheuses ! Et moi j'étais là, dans ses bras et je n'attendais qu'une seule chose c'était qu'elle me pose ! Je passe ma kermesse scolaire plâtrée mais rien ne m'arrête : je suis à l'aise et je vis ma vie comme si de rien n'était, autant que je peux, cela ne m'empêchera pas de m'amuser en tout cas. Juliette m'invite chez elle pour faire la connaissance de ses chatons qu'ils ont nommés à l'effigie des joueurs de football du moment. Il y en avait un qui s'appelait Hasard comme Eden Hazard, joueur du LOSC. Fin du CE1 « *Bon travail, Eva doit être plus attentive en classe et continuer ses efforts en mathématiques, surtout en problèmes. Admise en CE2 ».*

Juin 2009, sonne aussi l'année du bilan cardiaque que je devais faire tous les quatre ans et tout allait bien. Néanmoins, les médecins soupçonnaient une **endocardite d'Osler**, dans le doute je reçois donc un traitement prophylactique (de prévention). Arrive un rendez-vous de contrôle pour mon plâtre et nous y allons avec Maman. L'interne qui nous reçoit, annonce que l'on se revoit dans dix à quinze jours pour le retirer mais nous serons partis en vacances à ce moment-là, sera-t-il donc possible de l'enlever sur place ? Il répond qu'il va aller "négocier" avec le médecin pour me l'ôter plus tôt. Maman s'insurge de sa réponse : si je devais le garder dix ou quinze jours de plus c'est comme ça, pourquoi "négocier" ?! Pour finir, il m'a déplâtrée quand même. Allez savoir, peut-être que j'aurais dû le garder plus longtemps... Pas de besoin de rééducation, selon lui je n'aurai pas de raideur et vais probablement boiter mais ce sera l'histoire de deux ou trois jours tout au plus « *Elle fera sa kinésithérapie toute seule* ». Nota bene : j'ai voulu récupérer le plâtre sur lequel j'avais toutes les signatures de mes copines, de Papa, de Maman, de Mamie H, mes tantes, mon oncle, il avait une vraie valeur sentimentale pour moi mais ils n'ont même pas voulu...

Vient ensuite le dernier jour d'école primaire pour Valou. Du midi, nous avons mangé à la maison avec ses copines et après l'école nous sommes tous allés faire entre nous, un goûter géant chez Juliette. Que les vacances commencent ! Destination Saint-Jean-de-Monts en Vendée tous les quatre, dans un autre club-vacances du groupe Belambra. Léo était le renard-mascotte du club et la chorégraphie allait de pair avec la musique. Nous la connaissons par cœur avec Valou et la démonstration est toujours possible ! Nos parents nous ont d'ailleurs acheté le CD de musiques, il est sur ma playlist de quand je conduis maintenant ! Le spectacle de fin de vacances était sur tous les métiers du monde. Moi je suis Madame Croûton : boulangère et ma sœur en Madame Rose : fleuriste. L'ambiance du club-junior était meilleure que l'an passé, nous avons vraiment eu de superbes vacances. Entre piscine, Puy du fou, marché de nuit avec glaces et gaufres, apéritifs accompagnés d'Oasis, de Tuc, du jeu Uno et Monopoly : pas le temps de s'ennuyer ! Jusqu'à mon moment préféré : j'ai nommé les cartes postales ! Nous découvrons les marais salants de l'Île de Noirmoutier, puis sur la route du retour nous retrouvons mes grands-parents ainsi que Vanille au Mont-Saint-Michel ! À la fin de la journée, Papa et Maman rentrent sans nous et nous échangent contre Vanille : début de leurs vacances à eux ! Nous formons tous les quatre, une barrière humaine pour ne pas les laisser partir. Papy nous distribue à chacune une serviette de table et nous les faisons virevolter comme des mouchoirs pour leur dire au revoir, on a bien rigolé ! Nos grands-parents nous font découvrir le vélorail et on a même eu un Ice Tea gratuit, le jeune homme était tellement subjugué par le sourire de ma sœur qu'il en avait oublié de le compter ! Nous visitons un musée sur la Seconde Guerre mondiale, passons nos après-midis à faire des coloriages et à jouer aux Playmobil quand ce n'est pas dans les aires de jeux du camping. Nous faisons une soirée crêpes où Mamie apprend à ses deux biquettes chéries à les retourner à même la casserole, les nombreux ratés nous font rire aux éclats. Papy et Mamie ont même prévu une surprise : une balade en bateau sur les Îles Chausey. Valou ayant l'histoire du Titanic en tête, cela lui a valu une crise d'angoisse et de larmes pas possible et n'a jamais voulu s'y rendre. Le lendemain, Papy est allé convenir d'un arrangement pour ne pas perdre les billets déjà achetés et a eu un avoir d'un an, j'y retournerai donc seule avec eux l'année suivante. Nous parcourons la fonderie de Villedieu-les-Poêles puis l'on finit notre périple par Lisieux. À notre retour, le temps des anniversaires a sonné : quinze ans pour Philippine et Lilou est enfin née le 7 Août 2009, sa date de naissance est vraiment amusante ! Puis Valou fête ses onze ans. Nous rencontrons Lilou le lendemain de sa naissance et quelle fête ce fut pour notre famille ! Événement mémorable oblige, nous emmenons Papy et Mamie manger pour la première fois de leur vie au McDonald's ! Puis, nous allons faire sa connaissance. Ma Tata nous présente brièvement ma cousine dans le couloir dans son tout petit berceau. Nous tombons tous en adoration devant elle, forcément ! Je n'attendais qu'une seule chose : la prendre dans mes bras. Je devrai attendre le lendemain pour avoir mon tour... Cela m'a paru être une éternité. Le jour suivant, je l'ai enfin contre moi mais Papy ne voulait pas retirer ses mains, je ne pouvais donc pas bien la prendre au creux de mes bras et je me souviens m'être agacée en lui demandant de me laisser la porter seule. Je me sentais grande, je devenais comme une grande sœur, pourquoi ne pas me faire confiance et me laisser la tenir ? Moi qui ai toujours rêvé d'une petite sœur, je n'en dirai pas autant pour Valou, elle en avait déjà une qui comptait pour deux et c'était bien assez ! Après l'accouchement que Maman a subi, il n'a plus jamais été question d'avoir un troisième enfant et ce n'est pas faute de supplications mais "la machine était cassée". Vanille a donc pris cette place dans mon cœur. Lilou, était le premier bébé dans mon entourage proche que j'allais pouvoir voir souvent. Noah n'habitant pas tout près, on ne se voyait pas tous les mois et il a grandi bien trop vite mon fripon ! Pour Lilou, cela devrait être différent, j'allais pouvoir lui donner ses biberons, lui changer ses couches... Mais ce ne sera pas pour cette fois-ci, je suis considérée comme trop petite et si vous saviez à quel point cela m'a fait mal au cœur à l'époque ! Je lui donnerai un yaourt à manger pour la première fois à ses un an passé. Son arrivée dans la famille a été signe de pas mal de changements, c'était bel et bien comme celle d'un bébé dans une fratrie. Toute l'attention est focalisée sur le plus petit et les plus grands sont plus mis à l'écart. Du jour où elle est née, Valou et moi n'étions plus les "bébés" de la famille et notre relation avec Papy et Mamie a changé. Normal, me direz-vous ? Je me souviens l'avoir plutôt mal vécu pour ma part. N'ayant que deux grands-parents, ils comptaient deux fois plus pour moi. Cet agrandissement de la famille a donc été bien évidemment joyeux mais également synonyme d'évolution, je l'ai toujours ressenti comme cela en tout cas. À la fin du mois, Juliette et sa Maman viennent aussi la rencontrer, on a d'ailleurs fait une partie de jeux de mimes où Juliette nous mime la pub Carglass et cela reste dans nos mémoires ! La tante de Mamie T décède la veille de l'anniversaire de Valou et nous allons lui rendre visite. Je me souviens que les pompes funèbres lui avaient remis ses lunettes et j'avais plus de facilité à la reconnaître, c'était mieux comme cela. J'ai même pensé qu'à moi aussi il faudrait me les remettre, sans, ce n'est pas moi ! Enfin nous partons fêter les onze ans de Valou à Stella, rejoints par Papy et Mamie. Pour sa rentrée au collège, elle a comme cadeau son premier ordinateur puisqu'elle en aura besoin d'un, il est rose et noir avec des jeux dessus et même une webcam, de quoi bien s'amuser !

Cycle de la vie : nouvelle année scolaire qui commence. J'ai mon directeur d'école Monsieur C. pour l'année de CE2 et Valou rentre en sixième au collège. Dans un établissement qui ne dépend pas de notre secteur car le nôtre est en construction à ce moment-là. Une nouvelle fille arrive dans ma classe et s'appelle Marie. Nous passons voir Lilou qui a désormais un mois et demi ! Je passe un peu de temps avec Tata également et ses chiens : Rico et Fidji. Le 26 et le 27 Septembre, elle passera deux jours et une nuit à la maison : quelle joie, j'ai pu faire le plein de câlins et de bisous à volonté ! Maman nous réveille avec elle, sentir ses petites mains sur nos joues, elle qui sentait si bon le bébé et avait la peau toute douce. Ces moments valent de l'or, c'est comme si j'avais eu enfin une vraie petite sœur rien que pour moi !

Octobre débute et je me fais percer les oreilles, cela faisait plusieurs années que j'en avais l'envie. J'ai sauté le pas, Maman m'a emmenée dans une bijouterie et hop j'avais mes premières boucles d'oreilles ! Le moment où elle me les désinfecte reste le pire de la journée. On fête ensuite les quarante ans de Tata à la maison puis quelque temps plus tard, mes huit printemps. Parrain, Alizée et Noah, Marraine, Arnold et Célestin, Philippine et sa maman, Mamie H, sa sœur ainsi que Papy et Mamie, Tatie, Tata, Lilou... Une bien belle brochette ! Puis mes copains de classe : Juliette, Daphnée, Violette, Édouard... Petshop, Playmobil, vêtements... Je suis bien gâtée et j'ai un gâteau en forme de huit géant pour l'occasion que Maman a préparé et il était magnifique ! Nous préparons notre chaise haute pour la prêter à Lilou et je rentre encore dedans, je reste un grand bébé ! Nous y allons une après-midi et l'on finit la journée par un jungle speed. Enfin, c'est l'année de l'épidémie de grippe H1N1 et je tombe malade, le médecin suspecte que je l'ai attrapée. Je dois donc rester à la maison avec un masque pour ne pas contaminer ma famille mais j'avais juste eu la grippe normale et non la forme redoutée donc ouf, tout allait bien ! Préparation traditionnelle du sapin de Noël puis le 22 Décembre, Océane vient nous rendre visite. Nous sommes toutes contentes avec Valou, cela faisait si longtemps qu'on ne l'avait pas vue ! Nous lui montrons notre dînette, nos spectacles de danse sur les musiques de Disney… Cette année-là, je change complètement de style de lunettes, ma nouvelle paire est une Lulu Castagnette de couleur rouge et les branches sont transparentes. Elles sont de forme rectangle ce qui change complétement mon visage ! Le 23, nous sommes chez nos tantes pour le premier Noël de Lilou en famille et c'est un sacré Noël ! J'ai ma première maison Playmobil rien qu'à moi, plus besoin de piquer ni de partager celle de Valou ! Quant à elle, c'est la Wii que Papa Noël lui apporte ! Synonyme de nombreuses parties entre sœurs et même en famille. Le 25 et le 26 se feront chez la maman de Philippine : bouillon traditionnel accompagné de ses incontournables vermicelles, vol-au-vent, poule au riz, roulades, kluski et chou-rouge, bûches, tartes, puis salade de fruits. Voilà le menu de ces deux jours de fête ! Puis belote pour les hommes, Mario kart ou Mario bros comme chaque année entre cousins sur nos DS et le reste joue ensemble au cranium. Les festivités se terminent continuellement vers trois à cinq heures du matin et je prends le même malin plaisir à dire « *À toute à l'heure !* », quelle joie de tous se réunir pendant deux jours entiers. Je garde d'ailleurs un souvenir impérissable de la fin de la première journée. En rentrant : soins de mes boucles d'oreilles et l'une d'entre elles avaient mal tourné. Je me suis retrouvée allongée sur la table de cuisine avec Papa qui tenait la lampe et Maman qui jouait au chirurgien pour tenter d'aseptiser la zone. Mon lobe avait triplé de volume et j'étais en train de faire une infection du tonnerre. J'ai dû être mise sous antibiotiques avec des soins à domicile durant plusieurs semaines. L'infirmier passait chaque soir pour percer l'abcès qui s'était formé et le meilleur pour la fin : j'ai dû retirer ma boucle et y mettre un pansement à la place (Croyez-moi, le piercing au pistolet et en bijouterie : PLUS JAMAIS !). Le 26 dans la soirée, Papa apprend le décès de son grand-père paternel Pépé R, le mari de Mémé J. Valou et moi ne comprenions pas pourquoi il pleurait à si chaudes larmes. Il fonce à l'hôpital et nous, nous restons là, ne réalisant pas ce qu'il venait de se passer. Mamie T a certainement dû comme à son habitude nous rassurer et expliquer calmement que la mort n'était pas une fin en soi, qu'il veillerait toujours sur nous de là où il était. Son départ m'a forcément impactée mais je n'ai seulement que quelques bribes de souvenirs, d'aller le voir chez lui et de l'enterrement, ce serait le deuxième de l'année. Non, ce qui m'a surtout marquée en revanche, c'était le froid polaire au sein de l'église ainsi que de voir Mémé J si effondrée qu'elle était venue assister à la cérémonie en fauteuil roulant et je fus plus que triste de la voir dans cet état. J'ai souvent entendu qu'elle était tellement anéantie de son départ que l'on pensait qu'elle partirait en même temps que lui. Plusieurs fois, elle nous aura fait tirer la sonnette d'alarme à cause de gros problèmes de santé circulatoires ou respiratoires. Mais elle a, je ne sais combien de fois, remonté la pente. Dans notre famille, on se bat coûte que coûte, ce doit être le côté polonais qui nous rend résistants ! Nous préparons par la suite le réveillon du Nouvel An et Valou s'occupe de nous faire un délicieux apéritif dînatoire et moi, je "prépare" la Wii. Je prends mon rôle très au sérieux et il n'y avait pas de problème pour cela, avec moi la mission serait remplie. Bon en réalité, je fais un effort quand même ! Je concocte une petite entrée de champignons géants à l'aide d'un œuf dur pour le tronc, d'une demi-tomate pour le chapeau et de la mayonnaise pour représenter les taches blanches : ma spécialité. Le jeu phare de la soirée était le tir à l'arc sur Wii Sports Resort : basses et home cinéma à fond, on aurait dit que les cibles étaient dans le salon.

2010 prend la place de 2009 et nous nous rendons chez Papy et Mamie pour le premier de l'An. Nous prenons ensuite la route de chez Mémé J qui va fêter ses quatre-vingt-deux ans le mois suivant. Le 12 Janvier, Papa a son premier accident de voiture. Il était à l'arrêt et la conductrice de derrière, occupée sur son téléphone, ne l'a pas vu... Heureusement ce n'était que des dégâts matériels. Cependant, il gardera toujours des douleurs au dos. Tatie vient l'aider à vider sa voiture qui est déclarée épave au vu de son état. On célèbre ensuite les quarante ans surprise de la maman de Juliette dans une grande salle avec tous nos copains d'école ainsi que leurs parents. Au fil du temps, nous connaissions les familles des uns puis des autres et réciproquement. Twister, danse... C'était une bonne soirée ! Nous festoyons pour Noël chez Inès, Rosalie et Lucas où l'on joue tous les quatre à la Wii et au jeu Tamagotchi que je venais d'avoir. Après les festivités, le moment de la galette des rois prend place. Dieu sait combien d'années j'ai dû aller sous la table. Étant systématiquement la plus jeune, c'était moi qui avais le pouvoir décisif quant à l'attribution des parts de galette. Leur chien Noël, me tenait compagnie, enfin, lorsqu'il ne me piquait pas un Playmobil ou que je ne laissais pas traîner l'une de mes chaussures ! Nous reviendrons quelques semaines plus tard pour les quatorze ans de Rosalie. La période de neige tant attendue a fait son apparition et cette fois-ci, le bonhomme de neige aura des yeux en bouchons de bouteille de lait, des lunettes de chantier données par Papa, un béret de quand nous étions bébés, une carotte pour le nez, un bâton pour la bouche et enfin une écharpe pour se réchauffer. Je peux vous dire que c'était un bonhomme de neige de compet' !

En Mars, nous partons voir Mickey et JE prends le lit superposé du haut. Cars, Blanche-neige, Autopia, la parade *Magic Everywhere* et la nocturne *Fantillusion*, Buzz l'Éclair, barbapapas, les Tapis volants et photos avec Aladdin puis Dingo et Pluto. Attraction-spectacle de Stitch, restaurant High School Musical, pizza Mickey, puis, une forme de magie prend fin pour moi. En effet, au cours de la photo avec Pluto, je remarque que sa langue est plate et qu'elle brille comme du plastique, bizarre, Vanille n'avait pas du tout la même. Monsieur C. dira toujours que chez les enfants, la curiosité est une merveilleuse qualité car ils voient le monde différemment des adultes. De même qu'ils pensent à prendre des photos sous certains angles de vue qu'eux ne soupçonnent pas et je suis assez d'accord avec lui. Bref, je comprenais alors que Pluto n'était pas un vrai chien et que donc Mickey n'était pas non plus une vraie souris mais plutôt un joli déguisement. Ce n'était pas si grave, j'avais toutes les attractions et les princesses pour continuer de me faire rêver ! Papa et Maman nous emmènent visiter une exposition géante de Playmobil et j'en prends plein les yeux, je suis au paradis ! Nous retournons passer quelques jours à Stella-Plage avec Valou, Vanille et mes grands-parents. Le 14 du trois comme diraient mes amis les Belges, Lilou se fait baptiser et Le 21, Valou célèbre sa remise de croix. Enfin le 28, le frère de Parrain fête ses quarante ans. Vous remarquerez quand même que chaque week-end nous sommes de sortie ! Le lendemain, nous allons chez ses parents : l'oncle et la tante de Papa. Dans sa ferme il y a des moutons, des poules et avec Noah, on s'amuse beaucoup ! Les vacances de Pâques commencent, au programme ? Camping-car avec Papy et Mamie où mon activité favorite est d'accompagner Papy lorsqu'il part vider la cassette, oui oui. Vous ne savez pas de quoi il s'agit ? Gardons un peu de glam' dans ce bouquin et allez voir sur internet, cela vaudra mieux ! Nous parcourons le Zoo d'Amnéville, nous éclatons dans les jeux des aires de camping, découvrons une écluse et son fonctionnement à bord d'une péniche, puis l'on visite également une imprimerie et l'imagerie d'Épinal. Sur la route, les Playmobil restent d'actualité mais l'on joue surtout avec le jeu du moment de Valou : les Harumika. Valou est en sixième à cette période-là et a rencontré Eléanore qui sera sa meilleure amie pendant de nombreuses années. Elle a d'ailleurs une petite sœur qui s'appelle Camille. Bref, c'est grâce à elle que Valou a découvert ce jeu et en avait eu en cadeau. On en fait des robes de mariées, des tenues farfelues et plus qu'inédites. Plus tard, je vais commander mon mannequin et mes tissus au père Noël parce que tout comme les Playmobil, ma sœur me donne toujours ceux dont elle ne veut pas. Sacrée Valou ! Toutes ces fois où je voulais jouer aux Playmobil et où elle me répondait « *Hum… D'abord, on joue une heure aux Barbie. Toi, tu fais Ken et moi Barbie. Après on jouera aux Playmobil, promis* » Combien de fois m'auras-tu "roulée dans la farine", n'est-ce pas Valou ? Eléanore est venue jouer pour la première fois à la maison et nous avions fait des parties de U-Sing sur la Wii, de Harumika, de Playmobil… La bonne époque.

Nous profitons également du retour des beaux jours pour laver la voiture à la maison. Je retrousse mes manches, relève mes cheveux et c'est parti ! Avec mon éponge je la brique, accompagnée de Papa. Le 1er Mai, Parrain, Alizée et Noah viennent passer la journée chez nous. Moi, je reste avec Noah, je ne le lâcherais sous aucun prétexte. Nous passons aussi plusieurs après-midis avec Paulo et Maëllie à faire des parties de Wii à quatre. Papa entreprend d'autres travaux dans le jardin, cette fois-ci c'est sur la terrasse et après y avoir mis du sable, il y dépose plein de petits pavés « *Papa, tu as besoin d'aide ? Même avec ma robe de princesse, je viens t'aider !* », je lisse le sol, mets le niveau et vérifie qu'il soit bien positionné comme il me l'a appris. Survient par ailleurs, le moment des braderies et cette année, nous allons exposer ! Dans le pick-up de Papa (sa nouvelle voiture de fonction depuis qu'il a eu son accident) nous entreposons tout notre bazar à vendre et je le supplie de me laisser monter dans la remorque. Il accepte et fait de moi la petite fille la plus heureuse du monde ! Chaque matin, il me conduisait à l'école à son bord avant d'aller travailler : musique à fond ! C'est dans cette voiture qu'il me fait découvrir le groupe AC/DC et *Dirty Deeds Done Dirt Cheap,* je battais la rythmique avec mes pouces en l'air : ROCK'N ROLL ! Il la gardera environ cinq ans, je peux vous dire qu'il y a bon nombre de souvenirs entre ces sièges ! Je pars une journée en espèce de classe verte en Belgique puis participe au sein de l'orchestre national régional à un concert, en partenariat avec mon école. Après la représentation, nous nous retrouvons tous dans le restaurant Flam's avec nos copains d'école et leurs parents, Juliette, Paulo, Maëllie…

Je me souviens d'ailleurs d'une anecdote assez drôle. Nous devions être courant Mai puisque j'avais un petit legging blanc qui s'arrêtait en dessous du genou et mes claquettes blanches nu-pieds. Monsieur C., nous faisait observer grâce au rétroprojecteur, une punaise. Découvrir son anatomie en détail, ses petites pattes et ses ailes. Quand d'un coup d'un seul, en un claquement de doigt, elle avait disparu. Que personne ne bouge pour ne pas risquer de l'écraser ! Ayant les gambettes nues, raison psychologique ou pas, j'ai senti quelque chose sur ma jambe, un peu comme se gratter la tête quand l'on entend parler de poux, j'ai alors par réflexe frotté mes jambes l'une contre l'autre. Voilà que Monsieur C. se met à quatre pattes dans la classe et regarde sous les tables. Et où l'a-t-il retrouvée d'après-vous ? C'était prévisible, vous avez cerné le personnage ! Elle était écrasée sous ma semelle de chaussure… J'ai le souvenir qu'il s'était un peu fâché mais avait surtout, un poil envie de rire. Il fallait que cela tombe sur moi bien sûr !

En Juin, nous assistons au premier gala de danse moderne de ma sœur et à nos fêtes scolaires de fin d'année avec la kermesse. L'année scolaire touche à sa fin « *Bons résultats dans l'ensemble, il ne faut pas hésiter à demander si tu n'as pas compris, même lors d'une évaluation. Admise en CM1* ». J'ai commencé cette année-là à apprendre l'anglais et à manipuler l'informatique. Je me souviens que mon instituteur nous a donné toutes les ficelles de l'utilisation de Paint (je m'en sers encore tellement aujourd'hui, je vous assure !). Lilou vient passer deux jours à la maison et je lui donne mon premier yaourt ! Quelle fierté ce fut pour moi, vous n'avez pas idée. Nous fêtons l'anniversaire de Tatie chez elle. La chaleur étant également de la partie, cela finit en bataille d'eau d'abord au pistolet puis à la bouteille et enfin au seau. Papa, mes tantes, Valou et moi en ressortons trempés jusqu'aux os mais avec un sourire jusqu'aux oreilles. Le 27 et le 28 Juillet sont les jours anniversaires de mes mamies. Mamie T le 27 et Mamie H le 28 (enfin j'espère, car je me trompe tout le temps !). Journée et repas chez mes grands-parents au cours de laquelle Valou reçoit son lecteur DVD portable, ce qui va nous donner la possibilité de pouvoir regarder des films sur la route maintenant ! Au placard le jeu du McDo drive, celui des scoubidous, du Simon, des jeux de cartes ; les écrans prennent peu à peu la place omniprésente qu'ils ont désormais dans notre quotidien. Vanille est bien évidemment avec nous dans le grand jardin de Papy et Mamie où l'on peut jouer à la courser et elle nous sème plus facilement que dans celui de la maison. Valou part en vacances en Provence avec son parrain, Inès, Rosalie et Lucas. Quant à moi, je pars deux jours à Disney avec Papa et Maman. À son retour, nous allons en direction de la Vendée pour les vacances, à Saint-Hilaire-de-Riez. Mobil-home, jeux de société tels que le scrabble, la bataille, le Jungle Speed ou le Puissance Quatre. Petit-déj au lit ou sur la terrasse, apéros et sortie accrobranche rien qu'avec Papa et surtout piscine avec toboggan. Je vous explique. Le toboggan aquatique, pour éviter que notre popotin ne reste accroché dessus, est toujours alimenté par un filet d'eau, vous êtes d'accord ? Bon. À la fermeture de celui-ci, le soir, l'eau est coupée et nous savons toutes deux que, le cas échéant, nous ne pouvons plus l'emprunter. Avec Valou, nous enchaînons les allers-retours dans l'escalier métallique en colimaçon qui mène jusqu'à lui, pour en profiter le plus longtemps possible. Laissez le truc venir. À force de l'emprunter, il était dégoulinant d'eau et de plus en plus glissant. Le piscinière nous informe qu'il l'a stoppée et que l'on ne peut donc plus le prendre, il fallait redescendre. J'étais en tête de file avec elle derrière moi. Je réfléchis l'équivalent d'un dixième de seconde et décide d'y aller quand même ! Ah, Eva et l'obéissance, ça a toujours fait deux (et ça promet pour mes enfants plus tard, j'en ai bien conscience). Valou, elle, toujours plus raisonnable, plus sage et plus sérieuse que moi, redescend comme demandé. L'escalier étant devenu une patinoire, elle perd l'équilibre et s'encastre le montant de la rampe entre son avant-dernier et son dernier orteil, ce qui la fait hurler de douleur. Moi, je me fais dégommer par mes parents pour avoir désobéi, forcément, mais je ne suis pas mécontente d'avoir volé le tout dernier tour de toboggan de la journée ! Le lendemain, la douleur ne cédant pas, Maman l'accompagne chez un médecin du coin. Bilan : l'orteil était cassé. Les vacances se sont terminées pour elle avec un goût amer. Mais pas pour moi, j'avais définitivement compris qu'obéir pouvait parfois être risqué et Valou aussi. Nous nous rendons le 7 Août à Stella Plage, fêter les un an de Lilou, elle aura d'ailleurs la magnifique idée d'éteindre sa première bougie avec ses doigts. Nous resterons profiter jusqu'au lendemain, du soleil sur la plage avec Mamie H et mes grands-parents. Mes tantes m'ont d'ailleurs acheté un superbe cadeau, mes premières crocs Hello Kitty que je mettrai jusqu'à plus de place. La semaine suivante, Valou fête ses douze ans entourée de notre famille et nous allons souffler ses bougies aux côtés de Mémé J avec mon Grand-oncle et ma Grand-tante. Le 22 et 23 Août, nous faisons découvrir Disneyland Paris à Papy et Mamie. Vanille part donc passer trois jours chez Mamie H, où elle sera nourrie aux steaks hachés de monsieur le boucher s'il vous plaît « *Bah oui, j'en achète un pour moi donc aussi un pour le chien, il n'y a pas de raison !* » Sacrée Mamie ! Il n'empêche que Vanille revenait tout le temps de ses vacances chez elle plus lourde qu'elle n'était partie. Elle qui était si contente d'avoir de la compagnie, que Vanille était traitée comme une princesse. Papy prend un milliard de photos sur le parc dont il nous fera un DVD souvenir comme à chaque vacances passées ensemble. À la fin de la première journée, nous nous réunissons tous dans le camping-car pour manger une salade de riz préparée par Mamie en amont : soirée mîmes, jeux et chansons. Puis Papa et Maman rentrent dormir à l'hôtel, quant à nous deux, la magie se poursuit puisque nous dormons à même le parking de Disney ! Papa prend Valou sur son dos et moi, je vais sur celui de Papy, s'ensuit une course-poursuite mémorable sur le parking de nuit. Nous inventons même cet été-là, un jeu à l'effigie de Disney avec ma grande sœur. Nous fabriquons nous-mêmes des tickets, un jour/un parc, un jour/deux parcs, deux jours/deux parcs, ticket pour les moins de douze ans et enfin, groupe de plus de vingt personnes. Oui, nous poussons le détail ! Elle écrit sur le billet et y met des couleurs ; moi, je dessine Mickey et Minnie sur tous et nous en faisons une bonne centaine au moins, si ce n'est plus ! Valou elle, fait la vente de billets aux Français et aux Anglais et moi ce sera toutes les nationalités restantes. Je baragouine du mandarin, du chinois, de l'allemand, tout ce que vous voulez et cela la faisait mourir de rire. Nous gérons également les réserves au sein des hôtels : le Cheyenne, le Sequoia Lodge, le Newport Bay Club, on est au taquet ! Nos après-midis sont rythmées par la sonnerie imaginaire de nos téléphones que l'on rend réelle par un « *Billillip, Billillip* ». Un jour, moi aussi j'irai travailler à Disney !

Le temps de la rentrée a sonné. Je rentre donc en CM1, toujours avec Monsieur C. et Valou en 5e. Traditionnelle photo devant la porte d'entrée avec nos sacs d'école et Vanille. Je commence cette année-là à faire du cirque chaque Mercredi soir avec ma copine Juliette. Valou quant à elle, arrive dans son nouveau collège qui est flambant neuf. Quelques mois plus tôt, on avait eu l'occasion d'aller le visiter ainsi que d'y rencontrer ses futurs professeurs qui deviendraient les miens par après. Cela me paraissait gigantesque du haut de mes huit ans ! L'on y fait la connaissance d'une professeure d'anglais, *Madame M*, qui se montre tout de suite rassurante avec elle en l'informant sur le collège, sur le fonctionnement de celui-ci etc. Puis, elle pose son regard sur moi et me demande en quelle classe je suis, je réponds donc que je suis en CE2. Elle sourit et annonce en riant que j'ai plusieurs années devant moi ! Cette professeure... Retenez-la bien cette chère *Madame M*. Le 26 Septembre, nous allons faire la connaissance de Jessie, la petite sœur de Noah. Je l'ai dans les bras, seulement elle ne fait que hurler et je me sens un peu démunie : que suis-je supposée faire ? C'est au cours de cette année scolaire que je subirai les premières moqueries : banales et futiles mais qui piquent là où il faut. En effet, je suis la plus petite de ma classe. Mais j'ai réponse à tout, je rétorque que ce sont eux qui sont trop grands car moi je suis dans les courbes et dans les normes de taille. On me donne le surnom d'Oompa-Loompa (les ouvriers minuscules de Willy Wonka dans *Charlie et la Chocolaterie*) ou la Minimoys, en référence à leur taille microscopique dans *Arthur et les Minimoys*. Parfois, on fait même semblant de ne pas me voir. Je me souviens une fois d'Adélie, une de mes copines de classe qui était, elle, la plus grande. Même la maîtresse était dépassée par elle. Un matin, elle dit bonjour à Maman mais pas à moi, je m'agace en lui disant « *Eh oh ? Je suis là !* ». Sa réponse ? « *Oh, excuse-moi, je ne t'avais pas vue, t'es tellement p'tite !* » puis elle est partie en ricanant. Cette fois-là cela m'avait vraiment blessée, ce n'était plus drôle et je commençais sérieusement à en avoir marre de devoir constamment me défendre. En parallèle de cela, je me révèle très souple, toujours à être capable de choses que personne d'autres ne sait faire. Placer mon pied derrière la tête par exemple, m'asseoir en tailleur en relevant chaque cheville comme les maîtres de yoga, la position assise dite en "W" qui me paraît strictement normale aujourd'hui cela étant dit. Je prends donc mon talent très au sérieux devant ma famille et me donne même en spectacle en leur offrant une magistrale danse du ventre. J'ai constamment une bêtise sous la main pour faire rire : celle de mettre des abricots (mon fruit plus que favori) pour m'en faire une poitrine en fait bien évidemment partie. L'anniversaire de Tata approche puis à la fin du mois, c'est le mien. Je suis gâtée en Petshop et en Playmobil pour mes neuf ans et ai enfin le cadeau que j'attendais depuis des mois ! LE CAMION POUBELLE PLAYMOBIL. Oui, j'ai souvent eu des désirs abstraits mais c'est ce qui fait mon charme et qui me rend unique, pas vrai ? Mon Grand-Oncle m'apprend d'ailleurs à cette occasion, comment faire à partir d'une feuille de papier, un bateau. Le tout avec l'histoire qui se raconte en même temps. Nous profitons ensuite d'un week-end à Disney avec nos parents et il faisait particulièrement froid, ils nous ont alors acheté à chacune un cache-oreilles. Le mien est noir en forme de tête de Mickey et celui de Valou est identique mais en blanc et avec le nœud de Minnie en plus. Elle l'aimait tellement qu'en retournant au collège du Lundi, elle voulut le porter mais a pris le mien pour plus de discrétion. Cependant, entre eux, les jeunes sont ingrats et ils se sont moqués d'elle, la pauvre n'a jamais plus réitéré l'expérience...

Ce fut également à cet âge que j'ai ressenti mes premières sensations extra-fortes au sein du Rock'n' Roller Coaster avec Aerosmith. Le parcours enchaîne les loopings et les vrilles à trois-cent-soixante degrés. L'accélération est colossale : démarrage de zéro à quatre-vingt-un kilomètres par heure en deux secondes huit soit celle d'une voiture de course type Ferrari. Le papa de Paulo et Maëllie nous l'avait absolument recommandée mais Papa ne s'attendait pas à cette intensité. Au vu de mes hurlements de panique et de mes antécédents de santé, il a pris peur et dans le but de s'assurer que tout allait bien, a décollé sa tête du siège. Le looping est arrivé au même moment. Avec la force centrifuge comme il l'explique si bien, il n'a pas réussi à redresser sa nuque pour tout le reste du manège. C'est dans un fou rire non partagé qu'il en est ressorti avec un teint verdâtre mais moi, j'avais adoré cela ! Je l'ai supplié d'y retourner dans la foulée mais nous sommes plutôt allés nous asseoir ! Maman a bien ri aussi en voyant sa figure : deux salles, deux ambiances. Puis, nous rentrons à la maison au terme de ce week-end. Nos parents nous emmènent le samedi suivant, voir dans le village voisin, une exposition Playmobil avec plus de cinq-mille pièces. Nous fêtons l'anniversaire de Maman et assistons à un concert d'Hervé Demon, chanteur pour enfant qu'avec ma sœur nous avions beaucoup écouté depuis toutes petites. Cette année-là, il est venu dans mon école composer une musique avec ma classe et chacun d'entre nous a dû donner une phrase pour constituer notre chanson. J'en ai d'ailleurs reparlé avec Monsieur C. cette année mais je reviendrai sur cette entrevue plus tard. Je fus la première à donner une phrase. Avec le recul et mon vécu dans la besace je la trouve vraiment extra, je ne l'ai pas tellement dite au hasard finalement et c'est maintenant qu'elle prend tout son sens « *Je ne suis pas sûre de mon futur, mais j'avance à mon allure* » oui, je l'ai sortie telle quelle. Ce n'est pas passé par mon cerveau mais juste par ma bouche, comme souvent d'ailleurs, du tac au tac et en ai interloqué selon Monsieur C., Hervé Demon et lui-même.

Nous emmenons mes tantes à la découverte de Disney pour un séjour à six. Le soir venu, Valou et moi dormons dans leur chambre et on profite d'elles à fond. C'était sans compter sur Papa qui était passé avant par là pour leur faire le coup du lit en portefeuille. Tata se couche mais sans parvenir à étendre ses jambes, fou rire général.

Noël se profile à l'horizon et nous allons le partager avec Inès et sa famille un peu en avance, puisqu'ils partent au ski ensuite. Nous concluons un pacte entre cousins de cœur : Valou veut être infirmière puéricultrice, moi sage-femme, Lucas pompier et Rosalie ne sait pas trop mais probablement dans les chiffres ou dans les affaires, elle qui adore les mathématiques ! Alors, nous avons ensemble une idée de génie. Lucas nous ramène les futures mamans, je les fais accoucher, Valou s'occupe de leur bébé et Rosalie peut être la secrétaire de notre hôpital ! C'est assez drôle lorsque l'on y repense puisqu'aujourd'hui, Valou est institutrice en école primaire, moi infirmière, Lucas est comptable et Rosalie ingénieure. Je reçois en cadeau mon jeu du Twister qui m'accompagnera pendant de nombreux Noël en famille !

Le 21 et le 22, nous allons tous les quatre à Disney et il faisait rudement froid ! Mais désormais nous étions équipés, à défaut de partir au ski, nous c'était pour le parc ! Papa et Maman nous ont donc acheté des Moon Boot chez Décathlon et des gants de ski exclusivement pour aller là-bas ! Comme d'habitude, le premier jour est entièrement consacré au parc Disneyland et le second au Studio, puis nous revenons dans le principal pour finir la journée. La parade du Parc Studio de l'époque était composée de voitures thématisées à chaque personnage qui était à son bord. Woody et Buzz, Lilo et Stitch, Blanche-neige et son prince, Rémy et Émile, Mulan puis Belle. Oh, si vous saviez... Je m'en souviens comme si c'était hier ! Gaston, dans son élan de gentillesse et imbu de sa personne comme il est, critique toute personne sur qui se posent ses yeux. Totalement dans son rôle, me direz-vous ? Absolument d'accord. Sauf que son regard se plante en ma direction : mauvais plan. « *Haha, qu'est-ce qu'elle est petite celle-là !* » en plus de mes camarades de classes, même en allant à Disney on se moquait de ma taille... Voilà une petite fille en sanglots, réellement, car cela m'avait fort blessée. Tellement, que Jasmine passant dans la parade également l'a remarqué et est venue vers moi. Elle a soulevé le cordon de sécurité pour me prendre dans ses bras et m'a dit « *Tu sais, ici, il n'y a pas de place pour les larmes, une si jolie petite fille doit sourire et non pleurer !* ». Elle a bien dû passer cinq minutes à me serrer contre elle, ce qui a stoppé toute la représentation ! Au bout d'un moment, Aladdin vient d'un air de "mais qu'est-ce que tu fais ?", j'espère d'ailleurs qu'elle n'a pas été virée à cause de cela... Imaginez ce que ça représentait pour moi, on me défendait, me rassurait et tout cela dans le monde de Mickey. Pas étonnant que Disney prenne une telle place et si rassurante dans mon cœur adulte d'aujourd'hui ; c'est une grosse partie de mon enfance à mon adolescence, c'était mon échappatoire : là où l'on oublie les tracas et les problèmes du quotidien. Le soir venu, la journée se terminant et la nuit ayant fait son apparition, les lumières aussi. Le parc se vide de plus en plus et je ressentais toujours le même sentiment, cela allait être si long avant de revenir... Et si je n'y retournais jamais ? Nous nous dirigeons vers la maison des poupées It's a small world.

Personne dans la file d'attente, Papa me dit « *Cours, fonce, dépêche-toi et profite tant qu'il n'y a personne !* », moi toute contente, cours quatre à quatre. Un virage, puis deux et le troisième c'est la glissade mais pas vraiment anticipée. Je m'écorche le genou bien comme il faut, en trouant mon pantalon. Je fais donc découvrir l'infirmerie de Disney à mes parents où un panneau indique "Appuyez sur la sonnette, une infirmière arrivera". Nous sonnons et c'est un homme très carré d'épaule qui arrive, j'avoue que l'on s'est retenus de rire. En effet, le cliché comme vous le connaissez si bien de celle petite, menue, douce. Eh bien non, c'était un gros malabar mais vraiment très gentil. Ma seule préoccupation était d'avoir des nouvelles de Stitch. Que je vous explique : la poisse nous poursuit souvent avec son lot de moments épiques et insolites. Un peu plus tôt dans la journée, un spectacle avait eu lieu à Central Plaza sur un genre d'estrade haute de trois mètres. Tous les personnages y chantaient et dansaient. Stitch avance mais ne voit pas qu'il arrive à l'extrémité et chute. Stitch quoi, mon amour pour ce personnage au même titre que Cendrillon ou Wall-E est très grand ! Très vite, des tentes et des draps noirs ont été installés, un périmètre de sécurité est bouclé et nous avons été évacués vers les autres zones du parc. Donc en bref, mon seul tourment était à propos de Stitch et je vous rassure il allait bien, plus de peur que de mal !

Nous profitons du réveillon chez nos tantes, plus besoin de vous donner les présences, vous les connaissez. J'ai reçu le circuit de billes que je voulais tant, un Looki et mon poste CD, je pourrai enfin écouter en boucle mon CD d'Annie Cordy, celui que Papy et Mamie m'ont fait ! Ainsi qu'une voiture Playmobil, ce ne sera donc enfin plus à pied que ma famille se déplacera et pour terminer le cabinet vétérinaire Playmobil. Valou reçoit le jeu de la roue de la fortune et surtout son premier téléphone portable, c'était l'ancien de Tatie. C'est elle qui s'est toujours arrangée pour nous dans le multimédia et qui s'y connaissait le mieux. Des jeux sur la R4 (cartouche multi-jeux) de DS, en passant par le téléchargement des films ou de musiques, c'était toujours à elle que nous faisions appel ! À chaque fois que je venais, elle me disait de lui ramener une liste de ceux que je voulais et je repartais avec. Si tu savais les heures que j'ai pu passer à y jouer et encore aujourd'hui parfois, merci encore Tatie ! Je me découvre une nouvelle passion avec le téléphone de Valou : lui piquer et fouiller dedans, rien de tel pour énerver ma sœur chérie. Et enfin, Lilou commence à faire ses premiers pas accompagnée de ses deux cousines ! Mes nouvelles lunettes me suivront pendant quatre ans jusqu'à mon année de quatrième, je les aimais tant... Ce sont des Tartine et Chocolat d'un vert pistache et noir et de forme ovale. Le 25 et 26 Décembre se font chez les parents de Florent et Yohan où l'on reproduit la chorégraphie de Dirty Dancing. Étant le plus petit gabarit, c'est à moi que revient le rôle de Bébé et du porté final. Twister en famille : rires garantis, adultes et enfants inclus, belote, roue de la fortune, n'oubliez pas les paroles... Sans oublier les heures de DS entre cousins où Yohan, un peu excédé de nous voir collés sur nos consoles avec Quinto, nous sort cette phrase épique « *Vous n'avez pas peur que vos têtes se transforment en DS à force ?! Bon allez, on se connecttttttte ?* ». Nous lançons Mario kart, connectons nos consoles ensemble et c'était parti ! Maman a également eu la trilogie de Twilight en DVD, de quoi agrémenter nos Dimanche film en famille ! 2011 débute, le premier de l'An est chez Papy et Mamie avec Mamie H, nos tantes et Lilou. Puis chez mon parrain et ma marraine, j'ai eu le jeu de Just Dance II et nous dansons sur la musique *Satisfaction* de Benny Benassi. Là où Valou et moi nous donnons à fond : pieds, jambes, mains et bras qui bougent, tout est mis en œuvre pour gagner. Quant à Célestin, fatigué, il était resté dans le canapé et remuait seulement sa manette. Figurez-vous que c'est lui qui a remporté la partie ! Comme quoi, rien ne sert de se donner corps et âme, juste la manette suffit.

Au mois de Février, nous partons souhaiter un joyeux Noël et une bonne année à Mémé J, qui comme d'habitude, nous accueille avec la galette des rois et des tartes à n'en plus finir. C'est une génération qui a connu la guerre et la faim, pour eux il faut que l'on mange « *C'était pas bon peut-être ? - Si, si ! - Tiens, une autre part alors !* ». Plus d'une fois on en aura été malades, chacun notre tour, n'osant ni refuser ni lui dire non pour ne pas la vexer. Mon cher Grand-Oncle m'offre des casse-têtes chinois : un moyen de tester ma patience ? Fort probable ! Valou fait son spectacle de danse moderne sur le thème de Lady Gaga et nous emmenons ensuite Philippine et sa Maman à Disney. Je trouve un billet par terre et le tends à Papa ; bingo il est daté du jour ! Nous avons donc une place gratuite pour Philippine puis nous leur faisons découvrir les deux parcs en long, en large et en travers. Le même mois lors d'une récréation, tandis que je courais en jouant à "chat perché, chat glacé" (le principe étant de ne pas se faire toucher, sous peine d'être glacé et de devenir celui qui chasse les autres. En se perchant, on se met dans son camp et à l'abri) par une belle après-midi de soleil donc, je me faisais pourchasser et me percha sur le demi-muret de la cour. J'ai cependant mal calculé mon coup et voilà que j'encastre de plein fouet ma main dans les briques et je ressens une douleur immédiatement vive. Marie était à côté de moi et je me souviens lui dire que je vois flou avec les oreilles qui bourdonnent. Elle me répond, après avoir regardé, que je n'avais pourtant pas de bourdon dans les oreilles. J'allais surtout taper un super malaise à cause de la douleur : bon timing puisque la cloche sonne la fin de la récré. J'en profite pour dire à mon maître d'école que j'ai une sensation bizarre dans le corps. Le tout sans expliquer que je venais de me cogner car pour moi, cela avait moins d'importance ; j'étais plus inquiète par la sensation de vertige et de malaise que je ressentais. Il appelle Maman en lui disant de venir me chercher vu que je me sentais mal. Je vais donc faire mon cartable en attendant qu'elle arrive, j'ai beaucoup de difficulté avec la douleur et je n'y voyais quasiment plus rien tant ma vision était parsemée d'étoiles et c'est clopin-clopant que j'ai rassemblé mon barda. Maman arrive et remarque bien que je galère pour enfiler mon manteau, elle comprend que le problème est à ma main, ce qui a surpris mon instituteur « *Bah et tu ne me l'as pas dit ?* », puis il nous conseille d'aller faire une radio. Nous rentrons et trouvons Valou en pleurs, elle avait appelé Maman à plusieurs reprises mais sans succès. Ayant oublié ses clés, elle était en attente devant la maison depuis un bon moment, totalement paniquée d'être seule et que Maman ne réponde pas tandis que d'habitude elle était toujours là. Bref, nous reprenons des forces avec un bon chocolat chaud et dans la foulée Papa rentre du travail. Nous lui racontons ce qu'il s'est passé et lui, dit qu'il va falloir m'emmener aux urgences. Je suis prise d'un sentiment d'angoisse. Oui j'ai mal, mais ce n'est pas urgent et puis ce n'est pas grave au point de devoir aller à l'hôpital ! Mais il m'y conduit, me rassurant et me faisant rire pendant les heures d'attente qui s'offrent à nous. S'ensuivra une longue série, mon pauvre papa quel exemple de patience tu fais pour moi ! La salle d'attente était conçue de telle sorte que l'on apercevait le premier étage qui était en mezzanine tout autour et au-dessus de nous. On y voyait les patients passer dans leur lit, poussé par le brancardier, puis revenir dans l'autre sens avec le même lit mais vide. Une fois puis deux, puis trois, Papa me le fait remarquer et me dit « *Regarde, il n'a pas été sage, c'est sûr qu'ils l'ont mis à la poubelle !* » et j'éclate de rire. Ces moments aux urgences furent nombreux, en effet je me suis souvent blessée, ce qui a souvent nécessité une autre visite aux urgences. De quoi tamponner ma carte de fidélité comme il s'amuse à le dire. Ce ne furent sans doute pas les moments les plus agréables de mon existence, mais probablement les plus beaux d'un père et de sa fille. Apprendre à garder le sourire malgré la douleur et toujours en rire. Une fois la radio passée : fracture du quatrième métacarpien gauche, en bref, la main est cassée. On me pose donc une bande de résine qui immobilise tout, excepté ma main. Pour mon os de doigt cassé : un simple scotch qui tient mon annulaire et mon auriculaire ensemble. Je dis à Papa « *Mais je peux toujours bouger ma main et mes doigts, je ne comprends pas comment cela va m'aider à guérir* ». Il me répond qu'il faut faire confiance aux médecins, il devait avoir raison, les papas disent toujours vrai après tout ! Et deux semaines plus tard, nous revenons pour le contrôle. L'interne qui me reçoit décide de tout enlever, me fait patienter le temps de taper son compte-rendu, puis nous rappelle dans son bureau. Il mobilise ma main sans ménagement, je masque ma douleur en grimaçant puis à force je dis stop car il me faisait vraiment mal. Il me regarde d'un air surpris et me dit « *Ah ? Bon, de toute façon il n'y a plus besoin d'immobiliser* ». Mon père me connaissant bien, il savait que si j'avais dit stop, c'est que je devais avoir sacrément mal car me plaindre n'était pas dans mes habitudes mais cet interne n'écoute pas. Il dit que ce n'est pas grave et que cela ira mieux dans quelques jours ; je rentre à la maison avec ma douleur. Comment allais-je vais faire pour l'école ? Je n'avais plus de plâtre pour me protéger la main, elle qui me faisait toujours si mal… Papa la prend, la pose sur un bout de carton et dessine le contour des deux derniers doigts. Avec une bande, il me construit une attelle de fortune le temps que je guérisse à mon rythme et environ une semaine plus tard, ce n'était plus douloureux. Je ne récupérais pas aussi vite que la moyenne, ce n'était pas nouveau et j'ai eu l'occasion de le remarquer et de le constater à mes dépens. C'est mon diagnostic de SED qui m'a permis de comprendre le pourquoi du comment. Je garde donc mon petit doigt tordu puisqu'il a été déplâtré, à mon sens, trop tôt et a mal consolidé mais bon, c'est ainsi. Un peu plus tard, c'est Daphnée qui se cassera aussi la main, gauche je crois, et je me sentais tellement moins seule ! Au moins, je n'étais plus l'unique casse-cou de l'école.

En Mars, nous fêtons en famille les mamans et les mamies autour du repas dominical. Moments toujours si chers à mon cœur. Tatie fidèle à elle-même, fait le clown et soulève Mamie du sol pour la prendre sur son dos, ce qui les fait éclater de rire. J'entrevois l'opportunité de la suivre dans ses bêtises et en moins de deux, me voilà grimpée sur le dos de Mamie : une belle pyramide générationnelle ! Je vais ensuite voir Chantal Goya en spectacle, une chanteuse phare de mon enfance ; c'était le cadeau de Noël de la part de Parrain. J'y vais avec eux quatre, l'occasion de passer quelques jours en leur compagnie. Lorsque je vais là-bas, je fais dodo avec Noah puisqu'il a un lit deux places ! Avant de tomber dans les bras de Morphée, je lui raconte des blagues qui ont pour effet de le faire mourir de rire et bien souvent, on était disputés puisque nous faisions tous sauf dormir ! De même que pour la sieste, piquer un roupillon en pleine journée était compliqué pour moi voire inenvisageable. Daphnée fête par la suite son anniversaire et nos poignets respectifs allant mieux, nous avons pu profiter de son activité insolite : un combat de sumos géant. Avec des déguisements très grands, larges et lourds, il était presque impossible de marcher correctement avec et on a franchement bien rigolé ! Du 21 au 26 Mars se déroule ma sortie scolaire du Val de Loire avec mes amies Daphnée, Juliette, Victoire, Adélie, Marie… Le partage des chambres s'effectuant avant le départ, toutes se mettent ensemble et je suis toujours celle qui comble les places. Je serai avec Adélie et Marie, tant pis, j'ai au moins Marie à mes côtés et c'est le principal ! Même problème pour celles de bus ou de table lors des repas. Je me sentais toujours à l'écart, bien qu'intégrée parmi mes copines de classe c'était toujours difficile pour moi de trouver ma place. Je n'étais pas de celles qui avait le plus confiance en elle, à l'école tout du moins car à la maison cela n'avait pas grand-chose à voir. Nous découvrons sur cinq journées le château de Chambord avec son escalier à double révolution, le Clos Lucé de Léonard de Vinci, le château de Chaumont, celui de Blois puis nous rentrons. Maman avait placé plein de petits mots pour que je sois rassurée : dans mes chaussettes, mes culottes, entre mes tee-shirts, dans ma pochette de DS... (il y est encore d'ailleurs !) Avant de partir, Papa et Maman m'avaient expliqué que la douche de là-bas serait probablement identique à celles de la piscine et pas comme celle de la maison. Ils me font un rappel au cas où pour éviter que je ne sois perdue, à gauche le chaud et à droite le froid ! C'est bête comme détail mais il m'a marquée. J'ai d'ailleurs interviewé et fait tout un rapport écrit sur le chauffeur du car qui s'appelait Michael, je fus la seule à faire cela évidemment, c'est moi tout craché ça ! Aussi, une grande étape fut pour moi passée lors de ce voyage. En effet, jusqu'alors, je buvais toujours mon chocolat chaud du petit déjeuner dans un biberon. Question de pratique puisqu'il était plus simple pour moi de le préparer comme cela. Mais seulement, avec les copains et copines, j'allais forcément être moquée, j'ai donc pris sur moi et dis adieu au biberon. Je l'ai remplacé par le magnifique bol Petshop que Marraine m'avait offert à Pâques pour me motiver ! J'avais eu un peu d'argent de poche pour prendre des souvenirs et je ramène un bracelet pour Valou, une boîte de médicaments format voyage avec le château de Chambord de dessiné dessus pour Papy et Mamie et un avec la Fleur de Lys pour Mamie H. Puis, une miniature du château de Chambord pour Papa et un dé à coudre en porcelaine pour Maman, elle en fait toujours la collection, lui en ramener un est une tradition. Il devait me rester trois euros et je ne m'étais rien acheté, je me souviens me dire que ce n'était rien ; une carte postale ferait office de souvenir et me serait largement suffisante ! Une fois revenue chez moi et dès le soir même, j'offre toute contente et toute fière mes petits présents. Mes parents furent émus de voir que j'avais sacrifié mon argent de poche pour tout le monde « *Mais et toi, que t'es-tu ramené ?* ». J'ai répondu que j'avais eu le voyage et je voulais surtout faire plaisir à ma famille plus qu'à moi-même. J'avais neuf ans et telle est ma personnalité au naturel : le cœur sur la main et sincère, j'ai toujours été comme cela.

Au mois d'Avril, Adélie fête son anniversaire au moyen d'une soirée pyjama accompagnée de pizzas, de Petshop et de jeux de Wii. Cependant je ne dors pas là-bas, Papa et Maman ne voulaient pas et je ne sais plus trop pour quelle raison. Noah passe un Dimanche à la maison, je le fais monter sur le vélo de Valou qui est désormais trop petit pour elle mais devenu à ma taille. Il grimpe sur le porte-bagage et je lui demande de bien se tenir pour le balader, fière comme tout, dans le jardin. Noah n'étant pas un enfant surprotégé ni couvé par ses parents, on pouvait s'amuser et faire les quatre-cents coups sans se faire disputer tout en amusant la galerie ! Puis vient le moment de Pâques, la première chasse aux œufs de Lilou qui dorénavant commence à courir !

Je fais avec Juliette en Mai, ma toute première représentation de cirque où nous serons des poupées géantes montées sur échasses. Spectacle suivi d'un repas en famille à la maison avec Papy et Mamie qui sont bien évidemment venus me voir ! Lucas fait ensuite sa profession de foi et Rosalie est parmi les violonistes de la messe, quelle fierté pour nous. Repas sous une tonnelle et le vent dans leur jardin. J'y rencontre Manon, la fille des amis d'Inès et de son mari, elle a un an ou deux de moins que moi et nous nous entendons tout de suite. Fête des mamans chez Papy et Mamie en compagnie de Mamie H, de nos tantes et de Lilou. Mes tantes avaient cependant le défaut de la cigarette, et à chaque fois que Tata sortait je lui disais « *Bubble-Gum ?* ». Si elle répondait oui, je savais que je ne pouvais pas la suivre, c'était notre nom de code pour quand elle allait fumer. Et elle nous montrerait encore une facette de sa connerie ce jour-là en jetant son mégot mal éteint dans la poubelle. Je vous le donne en mille, cela a mis le feu à celle-ci et aux objets autour. Nous avons donc joué aux pompiers et dû éteindre le feu au tuyau d'arrosage, tous morts de rire puisqu'il y a eu plus de peur que de mal, sacrée Tata ! Vient le tour de Valou de faire sa profession de foi. Nous louons une grande salle puisque nous ne serons pas moins de cinquante à fêter ce moment ! Pliage de serviettes, courses, boissons qui remplissent toute la remorque du pickup de Papa, fleurs, chemins de table, cuisinière, serveurs et même coiffeur pour Valou et moi : nous mettons les petits plats dans les grands pour l'occasion ! Tout le monde met la main à la pâte : Papy et Mamie, nos tantes… Moi, je voulais absolument une robe à volants de type charleston et si vous saviez combien de boutiques nous avons faites avec Maman avant de la trouver ! Elle m'a d'ailleurs dit « *Attention Eva ! Pour le jour J, il ne faut pas que tu aies, comme d'habitude, des bleus partout sur les jambes, cela ne fera pas vraiment beau sur les photos.* ». J'ai sincèrement essayé, mais aujourd'hui je comprends que ce n'était pas le simple fait d'être maladroite ou casse-cou, mais plutôt un symptôme du SED. À l'âge adulte, j'ai toujours le problème et pourtant je suis bien moins tête brûlée ! Ce qui a d'ailleurs probablement pu faire penser à de la maltraitance à de nombreuses reprises comme me l'a récemment souligné Maman… Eléanore la copine de sixième de Valou est également de la partie, elle aussi était allée à la réception donnée pour la sienne quelques mois auparavant. Nous dormons tous chez nous, Papy et Mamie dans leur camping-car à côté de la maison, un joyeux bordel comme l'on dit ! Le lendemain : rangement et nettoyage de la salle puis nous mangeons les restes, de quoi faire durer le plaisir. Nous célébrons les papas et les papys à la fin du mois. Puis la tante de Papy décède au cours de cette période-là, je me suis sentie extrêmement triste de l'avoir perdue. Mais bon, la vie doit continuer je l'ai bien compris. L'année scolaire se termine pour moi « *Bien, il faut continuer, admise en CM2* ».

Quelques années plus tôt, nos taties et mes parents m'avaient organisé une surprise, sachant combien j'aimais Annie Cordy et elle venait non loin de chez nous. Le jour J nous nous y étions rendus et comme j'étais heureuse ! Jusqu'au moment où nous trouvons porte close, avec d'énormes bandeaux orange fluo avec ANNULÉ d'inscrit dessus. La pauvre s'était blessée et j'ai pleuré toutes les larmes de mon corps. Mes tantes m'ont dit « *Nous aussi on a des perruques, de la musique et de la voix, on fera Annie Cordy à sa place tu verras !* » Le 14 Juillet, (Papa étant né le 13) nos parents nous expliquent que pour son anniversaire l'on va assister tous les quatre à un concert de musique techno. Valou et moi n'avions pas tellement envie d'y aller, nous n'aimions pas toujours le style de musique de Papa, en plus c'était dehors et il faisait frais à cette heure du soir. Nous avons donc boudé toute la route. Puis, qui vois-je arriver sur scène ? Annie Cordy bien sûr et j'ai même eu droit à un autographe ! Je lui ai demandé si elle allait mieux, elle me regarde surprise, se demandant de quoi je voulais parler « *Ben oui ! Tu étais blessée quand on devait te voir la dernière fois, je veux savoir si tu vas mieux !* ». Elle répond en riant que oui et que je ne devais pas m'en faire, elle a toujours une super forme ce n'était rien de grave, adorable. Mes mamies prennent une année de plus puis nous assistons au baptême de Jessie où nous rencontrons notre petite, petite-cousine venue de Pologne, Anna. Nous allons quelques jours plus tard à Bellewaerde avec Rosalie et durant les vacances d'été, pour s'occuper avec Valou, nous réalisons notre propre défilé de mode avec photos. N'en déplaise à Maman qui aura vu ses chaussures à talons disparaître... J'ai ensuite eu en avance mon cadeau d'anniversaire : un trampoline ! Et un autre cadeau... Nous avions une ferme non loin de la maison où nous allions chercher des œufs frais. Il y avait toujours des chats, des lapins, bref, j'accompagnais toujours Papa lorsqu'il s'y rendait. J'ai un jour, vu un chaton noir qui était tout apeuré et prostré derrière une poubelle. Le grand-père nous explique que c'est une nouvelle portée mais qu'il y avait trop de chats chez eux, autant que l'on en prenne soin alors si Papa voulait, on pouvait le prendre. Il suffisait de l'attraper et il serait à nous. Je regarde Papa, cherchant son approbation du regard, et j'arrive à prendre ce petit chat dans mes bras. Je peux donc le ramener à la maison ? Maman ne va pas être d'accord... Papa accepte mais "juste" pour faire un test avec Vanille, voir comment elle réagira. Vous vous en doutez, non seulement le test fut un désastre dans la mesure où elle voulait la zigouiller et de toute évidence ce chat n'est jamais reparti ! Bienvenue à Myrtille.

En Août, Lilou fête ses deux ans, Valou ses treize, puis nous allons en vacances à Stella avec nos deux boules de poils, impossible de les laisser seules autant de temps. Le trajet en voiture fut autant traumatisant pour elle que drôle pour nous de voir ses réactions. La pauvre a fini par se blottir sur la plage arrière puis dans le cosy de mon bébé. Nous n'avions pas de cage de transport, un chat ne se transportait pas pareil qu'un chien et l'on n'y connaissait pas grand-chose à ce stade. Elle était propre depuis le début, câline et c'était tout ce que l'on lui demandait. Jusqu'au moment où elle est allée se mettre sous les pédales de Papa pendant qu'il conduisait. Nous avons donc bien vite investi dans une caisse. Papy et Mamie nous prennent quelques jours en camping-car et y étant allée avec ma classe, nous retournons voir d'autres châteaux de la Loire. Et nous découvrons celui de Cheverny que je ne connaissais pas et Papy et Mamie non plus. L'année suivante, ce sera celui d'Azay le Rideau, de Valençay et d'Ambroise (avec le fantôme Anatole hein Valou !) et notre activité favorite : le vélorail. Ils m'ont d'ailleurs demandé de m'acheter un souvenir rien que pour moi cette fois-ci et me l'ont payé. J'ai choisi un jeu de sept familles avec les châteaux de la Loire dessus puis sur le retour, nous faisons une escale par Royan puisque Lilou y était en vacances avec ses mamans. On profite de la piscine du camping tous ensemble, soirée de jeu skip-bo en famille jusqu'à la tombée de la nuit avec les moustiques aussi sinon ce n'est pas drôle. En rentrant à la maison, avec Papa nous construisons ma première armoire de "grande" comme Valou, j'ai donc une garde-robe avec une grande penderie et quatre gigantesques tiroirs. Je les range à ma façon et je prends de plus en plus d'autonomie, cette année sera la dernière durant laquelle Maman choisira mes vêtements. Petit à petit, je vais commencer à avoir mes propres goûts et à devenir une jeune fille, quittant peu à peu le monde de l'enfance.

Je rentre donc en CM2 avec Mme C. et Valou en 4e. Dernière année de primaire pour moi et le collège arrive ; quel stress, ma vie allait changer du tout au tout ! Et comment, à jamais en effet. Lilou vient dormir deux jours chez nous et même me chercher à la sortie de l'école le midi et le soir, qu'est-ce que je me sens fière et la montre à mes copines bien sûr ! Élise vient même jouer avec Lilou, elle habite au bout de la rue alors très souvent nous allons chez l'une ou l'autre pour jouer aux Playmobil majoritairement puis aux Sims 3 aussi. Avec Victoire, ce sont les filles dont je suis la plus proche. Cette année-là, seules Victoire et Hannah ne partiront pas dans le même collège que nous... Cela va être dur d'être séparée de ces filles que je connais depuis toute petite...

Survient un tournant majeur dans notre vie de famille, celui dont on nous parlait depuis des années. Oui, mes parents avaient enfin trouvé l'endroit parfait et acheté le terrain de notre future maison. Celle où j'aurai ma "chambre de grande" et plus de rampant pour nous y cogner avec Valou, où Maman profiterait de sa spacieuse cuisine, Papa d'un grand garage et un vaste jardin. Bref, la maison du bonheur en perspective ! Nous suivons toutes les étapes de la construction ; impatients comme jamais. Je fête mes dix ans avec ma chère et tendre famille : "l'âge de la raison" comme m'a dit Mamie H. Élise est même venue me faire la surprise de venir m'aider à souffler mes bougies ! Je le fêterai cette année-là avec mes copines de classe au magasin Zodio en faisant des ateliers de pâtisserie et de scrapbooking. Avec Élise, nous nous mettons en binôme pour cuisiner le "brownie de l'amitié". Elle m'avait offert la chambre de bébé Playmobil que je voulais tellement ! À Victoire, j'avais eu le nouveau camping-car Playmobil que j'ai bien évidemment gardé pour le donner à mes enfants plus tard. À Marie, j'ai eu un parfum "Podium Shiny" que j'ai et que je mets toujours, oui oui, et à Juliette c'était de la pâte Fimo. Ce que j'adorais avec Élise c'est que je ne me sentais plus à l'écart, on formait la paire et quel plaisir de ressentir cette sensation. Dernier anniversaire fêté en primaire également et derniers sachets de bonbons préparés pour mes camarades de classe. Même si j'étais franchement contente de partir dans le monde des grands et vers de nouveaux horizons, j'allais de toute évidence avoir un pincement au cœur car je quittais ma zone de confort. Mon école maternelle et primaire étaient au même endroit, de ce fait, cela faisait huit années que j'y étais. Sortir de cet environnement où je connaissais tout le monde et où tout le monde se connaissait me faisait un peu peur mais j'avais vraiment la curiosité de connaître autre chose, de grandir quoi. En l'honneur du 11 Novembre, l'école avait organisé un concours d'écriture sur les poilus de la Première Guerre mondiale et de comment ils avaient vécu la guerre. Daphnée a fini première et moi deuxième. Je n'en revenais pas, sur plusieurs écoles participantes nous étions les deux premières, trop fière de moi et de nous ! Le coup fut marqué au restaurant Le Patacrêpe avec Papa, Maman et Valou et qui restera pendant de nombreuses années celui où j'irai fêter mes "victoires" : brevet, baccalauréat, années d'infirmière...

L'école organisait également des cours de natation et chaque Mardi était synonyme de corvée pour moi. Réellement je n'aimais pas cela, devoir me mettre nue dans les vestiaires, que l'on se moque de moi parce que je n'avais pas de poitrine ou portais une culotte comme ci ou des chaussettes comme cela. Le matin, en me levant, je disais à Maman « *Ne me dis pas que nous sommes Mardi... - Eh si ma chérie, allez courage, debout* ». C'était une semaine sur deux heureusement que j'avais un peu de répit ! J'allais donc un coup sur deux chez une professeure qui donnait cours aux CE2 et qui je ne sais pourquoi, me terrorisait. Décidément, le Mardi n'était pas mon ami. Une fois l'épreuve du vestiaire passée, j'aime cependant nager et la sensation ressentie, alors je prends sur moi. Un jour, tandis que le maître-nageur nous faisait passer le brevet de vingt-cinq mètres, rien de différent par rapport à d'habitude, une fois dans la file pour aller plonger, je ressens une pesanteur sur mon cœur : forte, non douloureuse mais désagréable. Je le signale et on me redirige vers ma maîtresse. Me trouvant pâle et commençant à s'inquiéter, elle me demande de lui expliquer ce qu'il se passe. C'est avec mes mots d'enfants que je précise que cela devait avoir un lien avec le bouchon que j'avais dans le cœur, c'est mignon dit comme cela non ? C'est ainsi que mes parents ont simplifié l'opération que j'avais subie bébé. Elle me fait asseoir et me ramène un sucre. C'est en proie aux palpitations et aux suées que j'ai patienté, personne n'avait l'air de s'inquiéter donc c'était signe que je ne devais pas m'en faire non plus. En réalité, c'était une crise d'asthme que j'avais faite et plus les semaines passaient et plus j'étais essoufflée à la moindre occasion. Que ce soit après avoir monté les escaliers ou simplement marcher un peu trop rapidement, le tout avec des douleurs dans la poitrine. Je passe différents examens : échographie cardiaque et *spirométrie.* Même un *test d'effort* au cours duquel mes pieds ne touchaient pas les pédales du vélo elliptique avec un masque dix fois trop grand pour ma petite tête bref, rien n'allait ! Les tests allergiques effectués sont tous revenus positifs : poils de chien, de chat, pollen, acarien mais dans une faible intensité. De toute façon, cela faisait des années que j'avais Vanille, et Myrtille depuis plusieurs mois ; nous avons donc exclu la cause allergique. Cette batterie de tests effectuée, le médecin conclut à un probable **asthme d'effort** et je devrai désormais y aller mollo avec le sport. Je continue le cirque comme je peux, en m'adaptant, quant à Valou, elle pratique à présent la danse moderne et jazz. Noël prend place, le 24 se fait à la maison et le 25, 26 chez Papy et Mamie. Cette année-là, j'ai eu des extensions pour ma maison Playmobil, de la pâte Fimo et avec mon propre argent, je me suis acheté la véranda qui allait avec. 2012 est entamé, nous allons souhaiter la nouvelle année à notre grand-oncle et à notre grand-tante. Elle était férue de photographies de famille et le nombre d'albums photo présents chez elle dépassait l'entendement. Elle a commencé avec les appareils photos jetables et la légende raconte que depuis qu'elle est décédée, le photographe chez qui elle se fournissait a dû mettre la clé sous la porte. Quelques jours après, Mamie H faisait une représentation de sa chorale avec un grand repas typiquement polonais. Pour moi, elle était celle qui chantait le mieux et la plus belle de toutes à mes yeux, forcément. J'ai dansé avec Papy et Papa puis Mamie T m'apprend à danser la polka.

Février s'est annoncé plus que riche en émotions. La vie dans toute sa splendeur : des hauts et des bas mais la vie qui perpétuellement, gagne. Le 14 Février 2012 survient le premier traumatisme de ma vie, la première chose qui m'a vraiment touchée et sortie de l'innocence de l'enfance. J'aimais jusqu'alors beaucoup le métier de vétérinaire. Moi qui aime incommensurablement les animaux depuis enfant. Seulement, cet évènement m'a fait réaliser que le vétérinaire pouvait parfois être confronté à un animal qui souffre et devoir ainsi abréger ses souffrances. Je sais que je ne m'en sentirai jamais capable, j'ai donc fait une croix sur ce métier après cette épreuve. J'ai décidé de rester sur celui de sage-femme, je préférais de loin l'idée de consacrer ma vie à la célébrer plutôt que de côtoyer la détresse et la mort aussi souvent, surtout moins dans "ma logique des choses". J'ai fréquemment été au contact de cette période de deuil auprès des personnes qui m'entourent, même si cela avait toujours été dans la logique de la vie, heureusement. Mais le décès d'un animal était contre-nature dans ma petite tête, rien que de voir le corps sans vie de l'un d'entre eux n'était pas envisageable pour moi. Plus tard, je devrai pourtant y faire face sur mes animaux et à plusieurs reprises. Étonnamment j'ai préféré être présente pour les accompagner plutôt qu'absente, la vie nous joue sans arrêt de drôles de tours. C'était un Mardi et Maman faisait le ménage de printemps à l'étage : musique et vocalises à fond je suppose. Vanille était sortie faire ses besoins et vous connaissez l'amour chien-chat qui ne lui a pas échappé. L'un d'entre eux était entré dans notre jardin et une course-poursuite a commencé, elle se mit à lui courir après pour défendre son territoire. Nous avions un jardin derrière la maison et un petit bout devant aussi avec une belle allée faite de macadam. Elle est passée de celui de derrière à celui de devant tout en poursuivant le chat, puis celui-ci a franchi la route, Vanille aussi. Après avoir fait volteface en essayant de se sauver, il a retraversé la route et Vanille également. Un fourgon est passé et l'a fauchée de plein fouet. Notre maison se situait à côté d'une rue à sens unique "la petite route" comme on l'appelait, lieu de mes premiers essais de vélo avec et sans roulettes. Bref, notre voisin habitant juste derrière nous, il attendait de pouvoir s'engager et fut entièrement témoin de l'accident. Bien sûr, le chauffard ne s'est pas arrêté et l'a laissée pour morte. Mon voisin est immédiatement allé auprès d'elle, se disant qu'il allait être l'heure du midi et des sorties d'école, il ne fallait surtout pas qu'un enfant tombe sur elle... Il a même voulu mettre un sac-poubelle sur elle mais dieu merci, ne l'a pas fait. Il l'a ramassée et mise sur le trottoir puis est venu toquer chez nous pour nous en avertir. Maman, avec la musique à fond, ne l'a pas entendu, puis, croyant entendre quelque chose, elle regarde par la fenêtre et voit la voiture du voisin s'éloigner. Bizarre se dit-elle, tant qu'à être en bas, autant rentrer Vanille qu'elle tentera d'appeler, sans succès. Même chose devant la maison mais rien non plus. L'inquiétude commençait à s'emparer d'elle lorsqu'elle s'approcha de la route. À force de regarder partout, elle finit par apercevoir une boule de poils blanche au loin et pas de doute possible, c'était bien elle. Sentant qu'elle n'aurait pas le courage d'aller voir son état, elle est allée sonner chez le voisin d'en face. Lequel est revenu en lui disant de préparer sa voiture, elle respirait encore ! Maman fonce sur-le-champ chez le vétérinaire avec Vanille pleurant et gémissant de douleur à côté d'elle, complètement recroquevillée. Elle demande de venir l'aider car elle ne saurait pas la porter, ils sont arrivés avec un énorme chariot pensant que c'était un gros chien qu'elle ne savait pas soulever. La vétérinaire s'en occupe directement et lui dit « *Madame, je ne prends pas le temps de vous expliquer ce que je fais, ne m'en voulez pas, je fais de mon mieux. Sachez que dans le meilleur des cas, elle perd un œil* ». En me refaisant le film, j'étais à la cantine ce midi-là et heureusement. Seize heures trente arrivent, elle vient me récupérer et nous rentrons à la maison. Première chose que je fais comme à mon habitude c'est aller voir Vanille pour lui faire bisous et câlins. Eh oui, c'était un membre de la famille et il était normal de lui dire bonjour ; tout comme je ne suis jamais partie de chez nous sans lui dire au revoir. Maman m'explique tant bien que mal qu'elle avait eu un accident et que son avenir était plus qu'incertain. Je pleure toutes les larmes de mon corps, c'était un véritable séisme dans ma vie tranquille de petite fille de dix ans. J'appelle Élise qui devait venir du lendemain à la maison vu que l'on serait Mercredi et que nous n'avions pas école « *Si tu viens demain, ne cherche pas après Vanille, elle a eu un accident…* ». Elle me rejoint, me réconforte et passe la soirée à jouer avec moi pour me changer les idées, heureusement qu'elle était là. Je vais ensuite chercher des photos d'elle dans nos albums, que je mets dans celui où j'avais mes images de CP. Je dormais et mangeais avec, je ne m'en séparais plus. Pendant de nombreuses années jusqu'à mes seize, dix-sept ans, chaque Mardi soir je tournais une photo de cet album, c'était mon rituel. Je vous laisse imaginer l'ambiance qui régnait au sein de notre foyer… Mes larmes se sont mêlées au goût des pâtes ce soir-là. Les jours passaient et elle gardait un **hématome sous-dural** conséquent à cause du choc. Tant qu'il n'était pas résorbé, la pression exercée sur son cerveau ferait qu'elle ne retrouverait pas son équilibre ni ses repères dans l'espace ; elle était plus qu'apathique. Vous savez, les chiens sont tellement attachés à nous autant que nous le sommes sans aucun doute, que si nous étions absents une journée entière (repas chez Papy et Mamie, café et tartes par-ci, anniversaires par-là) elle ne mangeait pas tant que nous n'étions pas rentrés. C'est exactement ce qu'il s'est passé chez le véto, nous avons alors essayé de lui ramener sa couverture et son doudou afin qu'elle ait son odeur de chez nous et de ramener les croûtes de son fromage préféré mais rien n'y faisait. C'est là qu'entre en ligne de compte la phrase que je redoute toujours et que je ne veux même pas écouter « *Si ça continue comme cela, il va falloir prendre une décision* ». Nous étions Vendredi et cela faisait trois jours que l'accident avait eu lieu. Vanille ne mangeait aucunement, son état se dégradant de plus en plus ; elle n'avait plus d'autonomie, rien à voir avec le chien que l'on connaissait, que faire… Papa a eu soudain une idée, celle de la ramener à la maison dans son environnement, quitte à ce que ce soit la dernière fois mais au moins elle passerait sa dernière nuit chez nous et nous auprès d'elle. La vétérinaire a donné son accord, à condition qu'à la première heure le lendemain matin, on la lui ramène afin qu'elle puisse évaluer son état et sa douleur… Pendant ce temps-là, j'inscrivais dans mon journal intime son accident, n'ayant pas eu la force de le faire avant. Je l'entends soudain rentrer et m'annoncer qu'elle est dans la voiture. Je suis prise de panique : dans quel état était-elle ? Vais-je réussir à la voir, moi qui ne supporte pas de voir un animal souffrir et encore moins celle que je considère comme ma petite sœur ? Papa l'installe dans son panier, à sa place dans la cuisine, nous n'étions que tous les deux dans la maison ce soir-là. Il sort un bout de jambon du frigo, me le tend et me dit que si elle le mange elle serait sauvée. Son sort dépendait d'un minuscule morceau de viande et c'est moi qui en étais responsable. Elle approche sa truffe, le lèche et le prend. Nous avons pleuré si fort, elle était sortie d'affaire. Vanille était rasée au niveau de la plaie, l'équivalent de notre arcade sourcilière et restait tellement fragile... Dès qu'elle se mettait debout elle vacillait, tombant sur le côté ou sur les murs et faisait pipi partout. Elle n'avait plus la force de sortir comme avant, la petite marche paraissait une montagne et la faisait souvent chuter tête la première sur le gazon. Ce sont des souvenirs qui m'ont vraiment marquée mais au fond de moi, j'ai toujours gardé espoir ; elle avait une bonne étoile et allait s'en sortir. Les jours défilaient et toute personne qui passait chez nous, voyant son état, ne comprenait pas que l'on "s'acharne" de la sorte. On aurait sûrement mieux fait de racheter un autre chien plutôt que de payer ses traitements et de devoir nettoyer la maison plusieurs fois par jour. Conclusion, il est très utile de savoir écouter les bons conseils. Les semaines ont passé, les contrôles véto bons et l'évolution ainsi que son pronostic meilleurs de jour en jour. Vanille n'a eu aucune séquelle majeure de cet accident. Simplement descendre ou monter du canapé était dur pour elle et descendre l'escalier lui demandait trop d'équilibre, elle ne les a, à partir de ce moment-là, jamais plus empruntés en dehors de nos bras. Mais pour les gravir, ça, il n'y avait aucun problème, elle allait où elle savait très bien ne pas en avoir le droit ! Pour nous accueillir les dents apparentes, la langue qui passe et le corps ratatiné de "je sais que je n'avais pas le droit de monter, mais je ne sais plus redescendre". Une tête qui nous inspirait plus l'envie de la manger de bisous que celle de la gronder. Elle a conservé une partie de son crâne un peu déformé, légèrement enfoncé étant donné l'impact mais son œil lui, n'a rien eu. Une fois que l'hématome fut résorbé, elle a repris sa petite vie tranquille : pêchue et fidèle à elle-même. Elle a vraiment eu une très très belle étoile, la vétérinaire et tout le cabinet étaient venus la voir à son dernier contrôle tant ils ne revenaient pas de l'évolution de son état : un vrai miracle. J'ai sans cesse eu au fond de moi, de par cette épreuve, l'espoir. Il faut toujours garder espoir en la vie même quand tout semble perdu.

Myrtille a, fin Février, rencontré un joli matou gris et blanc, rendez-vous dans quelques mois pour savoir la suite de l'histoire. Bref, un mois rempli d'émotions j'avais prévenu ! Elle nous avait d'ailleurs fait une fois une sacrée frayeur en allant déchiqueter un sac-poubelle et bien évidemment y manger ce qu'il ne faut pas. Un jour est apparu un bout de ficelle que l'on a extrait tout doucement, elle a eu de la chance de ne pas faire d'*occlusion intestinale* ou que sais-je, les animaux sont vraiment pires que les gosses parfois je vous jure ! Pendant les vacances de Février, Papy et Mamie nous emmènent à Stella quelques jours avec Valou et Eléanore. Que de la rigolade, massages, vernis à ongles, coiffures et DS : des vacances comme il se doit puis à la fin du mois de Mars, nous fêtons l'anniversaire de Papy en famille. Partie de foot entre lui, mes tantes et mon père, cela n'a jamais été mon truc, encore moins quand j'ai reçu leur fichu ballon dans le poignet ! Purée qu'est-ce que j'étais en colère, me voilà repartie à mettre de la pommade anti-inflammatoire des jours durant. En Avril, Parrain fête ses quarante ans et nous dormons sur place pour le rebond du lendemain avec en prime une chasse aux œufs de Pâques géante entre cousins. Nous la faisons également chez Lilou en présence de sa grand-mère Maddie et de ma famille. En Mai, retour à Stella avec mes grands-parents, Lilou et mes tantes ainsi que Mamie H. Bon nombre de déconnades, de déguisements et de jeux sur la plage... Je donne ma seconde représentation de cirque, mes proches sont au rendez-vous, je vois dans les yeux de Lilou la fierté d'assister au spectacle de sa cousine et nous avons fini la journée au restaurant des trois brasseurs, tous ensemble. Ensuite, il y a eu la célébration de deux communions, celle d'un cousin au cours duquel Léonie et moi nous sommes vraiment rapprochées puisque l'on commençait à avoir l'âge de partager plus de jeux et celle d'une amie d'école de Valou. Repas, salle, danse, fête... Une vie sociale bien remplie.

En Juin, Noah fête ses cinq ans. L'on découvre que Myrtille attend des petits pour notre plus grand plaisir ! Papa dit qu'on ne les garderait pas et qu'il irait les noyer avant que l'on ne les voie. Je ne sais pas quelle "zine" lui est passée par la tête, je pense qu'il a surtout voulu jouer à l'homme des cavernes alors que ce fut sans doute le premier à s'extasier devant eux lorsqu'ils sont nés ! Nous vivons une grosse vague de malheur dans la famille puisque sur une semaine de temps nous avons quatre membres de notre famille qui se sont envolés. Le grand-père de Philippine, Yohan, Florent et Quinto, ainsi que deux autres personnes de la famille de Mamie T et une autre dans celle de Papy. Ce fut un gros coup dur pour nous tous, même si c'étaient des personnes âgées et que donc ce devait être plus "simple" de l'accepter. Mes grands-parents avaient fondé leur société de pompes funèbres depuis quelques années déjà, en 2004 il me semble. Tout membre de notre famille qui décédait y était donc installé afin que nous puissions venir lui rendre visite en attendant l'enterrement, comme de coutume. Que c'était bizarre de voir sur le présentoir quatre noms et prénoms que l'on connaissait... C'est pour Mamie T que le choc fut le plus dur à encaisser, les réunions de famille qui s'ensuivront n'avaient déjà plus la même saveur. La chaise de mon grand-oncle qui restait vide, elle déprimée et fatiguée au possible allait s'allonger beaucoup de fois sur la journée. Je faisais tout pour filer entre les pattes des adultes et me faufiler pour aller la voir puisque l'on me l'interdisait. Je me souviens d'une soirée au cours d'un repas à la maison où elle était partie se reposer à l'étage, j'ai monté à pas de loup les escaliers pour m'assurer qu'elle allait bien. Je l'ai vue étendue sur le lit de Papa et Maman, un coussin contre son ventre et plongée dans l'obscurité. Je ne savais pas ce qu'il se passait, on me disait seulement qu'elle était fatiguée ou qu'elle ne se sentait pas bien. Le deuil est une chose qui prend du temps,

Mamie a bien pris quatre voire cinq années à s'en remettre complètement grâce à des proches qui l'ont entourée je suppose, je l'espère en tout cas. Enfin, si tant est que l'on ne s'en relève vraiment un jour...

Une sortie de classe est organisée avec mon école et une journée à Paris est prévue. Il est convenu que Juliette vienne dormir la veille à la maison pour que Maman puisse nous déposer au bus à cinq heures du matin. Sauf que vivre avec Eva n'étant jamais un long fleuve tranquille, j'ai un poil bousculé ces plans. C'était l'époque des "oofballs", de petites boules de tissus remplies de billes de polystyrène que l'on avait en cadeau dans nos paquets de céréales. À l'école, nous jouions avec à la balle au prisonnier où il faisait office de ballon vu que ce n'était pas autorisé. J'esquive et esquive encore, jusqu'au moment où je me fais toucher, ce qui signifie que je dois aller en prison au bout du terrain adverse. J'aurais pu connecter mes neurones à ce moment-là et m'y rendre en marche avant. Mais non, allez savoir pourquoi, j'y suis allée à reculons et j'ai réussi à m'emmêler dans mes propres pieds. Décidément, être douée ne s'apprend toujours pas. Je me suis donc tordu le pied et j'ai réatterri sur mon poignet : main à plat sur le sol. J'ai d'abord eu mal à la cheville, j'avais même du mal à marcher mais la maîtresse m'a aidée à dédramatiser. Le temps de récréation du midi se poursuit et je parcourais la cour avec Victoire lorsque je me mis à ressentir de plus en plus d'intenses douleurs à chaque mouvement de la main. Je lui en parle, qu'est-ce que je suis supposée faire ? Nous décidons d'aller revoir mon institutrice et de lui en toucher un mot. Je ne trouve pas la mienne mais en voie une autre, elle me dit de revenir si d'ici un quart d'heure ce n'était pas passé. Mais dix minutes plus tard, la cloche sonnait la fin de la récréation et je n'avais pas pu la revoir et nous nous plaçons donc en rangs. Notre directeur d'école nous fait une réunion d'informations concernant la journée du lendemain sur Paris : que prendre, comment se comporter, etc. Moi, je voyais mon poignet qui gonflait, mon bracelet en forme de cœur y laisser une trace et je sentais que quelque chose n'était pas normal. Comment dire à ma maîtresse que j'avais vraiment mal ? Je tourne les phrases dans ma tête, puis quand Monsieur C. s'en va, je vais à sa rencontre. Il fallait oser se lever sans en avoir demandé la permission, au risque de se faire gronder. D'une voix tremblante, je lui dis que depuis que je suis tombée j'ai toujours très mal « *Pff, tu n'as qu'à aller voir Monsieur C., je ne peux rien faire pour toi* » et je sens sa main me pousser brusquement dans le dos et vers la porte. Je sors, referme derrière moi et m'adosse au mur, en pleurs. J'avais mal et je ne comprenais pas pourquoi elle agissait comme cela avec moi. Je me sèche les yeux et me dis « *Aller Eva ça va aller, tu peux le faire, va voir Monsieur C.* ». Je ravale vite mes larmes de peur qu'elle ne me voie ou ne m'entende et ne me dise encore une chose désagréable pour se moquer de moi. Elle avait déjà eu ce genre de réaction auprès de plusieurs de mes camarades au cours de l'année. J'arrive dans ce que l'on appelait la

BCD ou l'ABCD, c'était un genre de petite bibliothèque entre deux salles de classe où les instituteurs prenaient leur pause. C'était également là que l'on allait lorsque l'on s'était blessé et qu'il fallait appeler nos parents. Je lui explique mes misères et il appelle Maman. Je suis tellement rassurée qu'elle vienne me chercher, au moins elle, s'occuperait bien de moi je le sais. Monsieur C. me raccompagne pour ranger mes affaires et dit à ma maîtresse que ma mère arrive. Laquelle change de comportement et dit « *Ben, elle n'est pas morte ?* » sur un ton vraiment dédaigneux. Maman arrive et nous allons chercher de la glace avec mon instituteur qui lui suggère de tout de même passer une radio. Vous aussi, avez l'impression que mon histoire tourne en rond avec le sentiment d'incessantes répétitions ? Eh bien, la vie a beau être un éternel recommencement, je trouve que la mienne illustre parfaitement cette expression et encore, je n'ai que dix ans ! Mon poignet bleuissait au fur et à mesure des heures ; preuve que ce n'était pas "rien". Je m'étais décollé le cartilage de croissance du radius donc plâtre pendant trois semaines. Maman était franchement folle de rage en apprenant le comportement de ma maîtresse et avait hâte de pouvoir lui clouer le bec du lendemain. Nous récupérerons Juliette qui avait dû se rendre chez une camarade de classe en attendant et la nuit qui a suivi n'était vraiment pas top. Tous ceux qui ont déjà eu une fracture connaissent ça : la première nuit où le plâtre est tout mouillé, la douleur ainsi que l'inconfort de ne pas trouver sa place pour dormir. Cette nuit-là d'ailleurs, elle s'était endormie avant moi et parlait dans son sommeil, j'avais vu dans *Scènes de ménages* une situation semblable où Raymond répondait à Huguette. J'ai tenté ma chance et le fou rire fut garanti ! Juliette m'a proposé un criquet et j'ai dit oui « *Bah tu n'as qu'à aller le chercher toute seule alors parce que j'ai fumé la carotte* ». Je me suis levée pour voir Maman, morte de rire « *Je ne peux pas dormir, Juliette raconte des trucs sans queue ni tête, c'est trop drôle !* ». Bien sûr elle ne s'en souviendrait pas, mais moi j'avais bien ri. Cinq heures du matin, nous nous dirigeons vers l'école pour prendre le bus et Maman va directement voir mon institutrice en lui montrant mon bras plâtré : la veille, je n'avais pas fait de cinéma !

À la fin de cette longue, chaude et éprouvante journée, j'avais bien évidemment hâte de rentrer. Mes parents et ma sœur étaient même allés chercher des pizzas pour l'occasion, ce n'était pas si souvent ! Je vois Maman arriver seule, mais où sont Papa et Valou ? « *À l'hôpital, ta sœur s'est déboîté le genou et on attend les résultats de la radio* ». Elle m'a raconté que l'infirmière des urgences a tiqué sur son visage et a fini par lui demander si elles ne s'étaient pas déjà vues quelque part. Elle répond que si, la veille mais avec sa plus petite, dans un soupir mêlant rire jaune et causes désespérées. L'on se retrouve donc tous les quatre aux urgences et on a même cru que nous avions eu un accident de voiture en voyant ma sœur et moi côte à côte. Mais non, simplement un corps en mousse associé à un poil de maladresse, forcément aujourd'hui, il est plus facile de comprendre le pourquoi du comment. Pendant quelques semaines à la maison c'était « *Tu peux aller me prendre une bouteille d'eau à la cave ? - Ok, mais tu m'ouvres mes feutres ?* ». Nous avons tourné en dérision les choses et en avons ri, ce n'était pas si grave. Ce n'est pas pour autant que j'ai échappé à l'autodictée, cela consistait en l'apprentissage d'une dictée et de la recopier par cœur, le tout sans fautes d'orthographe. Ma maîtresse m'a tout de même demandé de l'écrire, même si j'étais droitière et plâtrée de la même main. Essayez d'écrire avec ça, vous verrez comme c'est difficile et illisible surtout. Mais bien élevée et de bonne volonté, je l'ai fait sans broncher. Elle s'est finalement fait prendre à son propre piège et a fini par l'écrire elle-même sinon « *On n'aurait jamais fini* ». Après avoir retiré le plâtre, ma main restait tout de même fragile et douloureuse alors je l'ai gardée au repos encore quelques jours. Mes camarades de classe me questionnaient, ça ne servait à rien car je n'avais "plus mal". Mais qu'ils se mêlent de leurs fesses ! Maman me disait de leur demander à mon tour s'ils étaient médecins, Élise leur disait la même chose et me soutenait. Bref, cela vous paraîtra peut-être futile et ce ne sont que des gamineries après tout. Mais le tout mis bout à bout et rétrospectivement, forme les prémices de mon histoire. L'année scolaire touche à sa fin et l'école primaire aussi « *Bons résultats au cours de cette année, il faudra maintenir les efforts l'année prochaine en sixième* ». Nous avions eu une journée d'intégration au collège et il me paraissait si grand ! Néanmoins, j'avais vraiment hâte d'y rentrer même si je savais que Victoire et Hannah ne me suivraient pas. Le dernier midi, Maman est venue me chercher avec Juliette, nous avons mangé à la maison puis fait un jeu, elle a même glissé des bonbons à la violette dans nos poches avant de nous ramener. Dernier après-midi puis dernière heure. Je dis adieu à l'école que j'avais connue depuis mes trois ans.

Au revoir à Hannah avec qui j'ai passé chacun de mes anniversaires, avec qui j'ai fait ma petite communion. Je me souviens de l'un d'entre eux chez elle, du carrosse et du château princesse Playmobil qu'elle avait, j'étais verte de jalousie ! Nous avions même joué dans une cabane à côté de son portail qui était formée par des arbres et ramené des chaises pour l'apéro, c'était mignon. Je l'ai revu en cinquième il me semble, un matin où nous attendions après le bus, cela faisait bien deux ans que l'on ne s'était vues. Je l'ai retrouvée récemment via Instagram, lui ai écrit et nous avons renoué le contact. Nombreuses sont les fois où j'ai eu envie de mettre un mot dans sa boîte aux lettres pour savoir ce qu'elle devenait mais je ne l'ai jamais fait. Dernièrement, tandis que je passais devant chez elle, je me suis arrêtée et lui ai envoyé un message. Je n'avais rien à perdre et elle m'a répondu qu'elle était là. Quel effet : se reconnaître sans se reconnaître et nous avons pu évoquer un tas de souvenirs ensemble, c'était vraiment bizarre comme sensation, notre premier coup de vieux ! Puis nous avons échangé sur ce que l'on était devenues, nous rendant compte que l'on avait changé sans que ce soit réellement le cas, c'était touchant. Onze années que l'on avait quitté l'école primaire et huit depuis que l'on s'était entraperçues pour la dernière fois. Nous avons convenu de se refaire une petite soirée à l'avenir et c'est chose faite ! Aujourd'hui, après deux années de PACES, Hannah est en troisième année de licence en école de business et biosciences.

Au revoir à Victoire avec qui j'avais partagé l'école dès ma petite section. Idem pour les anniversaires, je me souviens de l'un des siens où elle avait loué une calèche et nous étions partis tous ensemble faire un tour dans le village ! Elle montait à cheval et une fois, elle m'avait emmenée dans ce qui sera mon futur club équestre pour monter Pasquini, un grand cheval blanc. Une autre fois, elle l'avait fêté à Taho & Lina et je lui avais offert un "collier de l'amitié" : un genre de cœur avec des billes de couleurs à l'intérieur et les boucles d'oreilles assorties, que j'ai toujours… Je l'ai toujours admirée pour sa beauté, sa sincérité et sa profonde gentillesse. J'ai eu peur au début de la décevoir avec mon "nouveau moi", allait-elle me reconnaître et encore avoir des affinités ? Nous ne sommes pas allées dans le même collège ni au même lycée et puis nous n'avions pas les réseaux sociaux comme maintenant, il était donc facile de se perdre de vue. Durant mes années d'études d'infirmière, j'ai retrouvé son profil sur Instagram par le biais d'amis que l'on avait en commun. Elle est en études d'orthophoniste et sera diplômée à la fin de l'année, nous devons aussi aller boire un verre à l'occasion !

Au mois de Juillet, nous irons en vacances avec Papy et Mamie pour découvrir le reste des châteaux de la Loire puis jusque Honfleur et parcourons une savonnerie tout en remontant par Stella. Le mois d'Août, le huit précisément, nous apporte un magnifique cadeau ! Mon premier téléphone portable pour mon entrée au collège, Valou et moi avions le même : un Black Berry noir ! Papa et Maman voulaient se rassurer tout comme ils l'avaient fait pour ma grande sœur, si je ratais mon bus je pourrais les prévenir.

Le chantier sur le terrain de la future maison commence et les fondations sont creusées. Nous partons à quatre dans un camping à Saint-Galmier dans la Loire : piscine, activités, jeux et apéros en famille… Puis, nous continuons notre périple pour célébrer le mariage d'une petite cousine de Papa où il a fait plus de quarante-cinq degrés, qu'est-ce que nous avons pu avoir chaud ! L'une de nos voisines venait nourrir Myrtille chaque jour et à chacune de ses visites, on lui demandait si les bébés étaient nés, par peur de louper ça ! Puis un jour, sa fille qui avait l'habitude de faire des blagues, nous dit que les chatons venaient de naître. Nous ne savions pas si c'était du lard ou du cochon et Maman a tiré cela au clair : quatre bébés chats étaient bel et bien arrivés. Nous avons fait des pieds et des mains et supplié tout ce que l'on a pu pour rentrer les voir ! Papa a repris la route et roulé toute la nuit durant et nous sommes arrivés à la maison vers quatre heures du matin. Nous étions là, pendant plus d'une heure, à nous extasier devant les chatons : un mâle et trois femelles. De cette portée, nous n'en avons gardé que deux. Grenadine pour moi et Meringue pour Valou, elles ont eu onze ans cette année et chaque sœur a une sœur. Les deux autres s'appellent Macaron et Spéculoos et nous avons pu profiter d'eux tout au long du mois d'Août. Les voir ouvrir leurs yeux, déplier leurs petites oreilles, marcher puis courir, c'était magique... ! Lilou a fêté ses trois ans et Valou ses quatorze.

Tournant de ma vie, devenir Collégienne

Je fais ma rentrée en 6ᵉ6. Ma professeure principale est Madame M, celle que Valou avait eue ! Rien de tel pour me rassurer. Je suis dans la même classe que Marie et Daphnée mais comme elles font allemand en seconde langue, il y a certains cours où je suis seule alors j'agrandis mon cercle d'amis. Je rencontre Lila, Edith, Leïla, Maëlle et Salomé. Ma sœur rentre en 3ᵉ et je peux de nouveau aller la voir dans la cour, je suis moins larguée dans cet endroit qui m'est inconnu. En Octobre, la dalle de la maison est coulée puis je fête mes onze ans. En Novembre, nous retournons passer une journée à Versailles avec Inès et ses enfants et les murs du rez-de-chaussée de la future maison sont maintenant debout, la dalle du premier étage est coulée et nous en constatons l'évolution de mois en mois. Mon bus passant devant, si je voyais que les ouvriers étaient arrivés, j'envoyais un SMS à Papa qui se mettait en route pour se rendre sur le chantier. Nous sacrifions nos week-ends pour bricoler, faire de la peinture et embellir notre première maison afin de la vendre par la suite. En Décembre, les murs de l'étage sont construits.

🌀 J'ai tenu à joindre mes appréciations et mes notes tout au long de ma scolarité. Je n'écris pas ici pour me passer de la pommade, je sais bien que je n'ai jamais été en tête de classe ! Cependant, cela me paraissait important, premièrement afin de me rendre compte du chemin parcouru et dans un but de mieux connaître la personne que j'étais, de comment je me suis construite. 🌀

Fin du premier trimestre de 6ᵉ : 16,85 de moyenne. En tant que professeure principale, Madame M y a laissé son appréciation « *Très bon trimestre, Eva est une élève sérieuse, active à l'oral. Félicitations* ».

- **Français :** 16,25 « *Très bon trimestre ! Travail sérieux et bon effort de participation en classe. Eva est une élève intéressée, continue ainsi* » Mme S-C.

- **Mathématiques :** 15,46 « *Bon travail !* » Mme K.

- **Histoire-Géographie :** 19,14 « *Excellent travail, continue* » Mr C.

- **Anglais :** 18,60 « *Très bien, élève active à l'oral, très bon travail ce trimestre, continue ainsi* » Madame M.

- **Sciences et Vie de la Terre :** 18,17 « *Très bon travail mais attention à rester bien concentrée* » Mme V.

- **Technologie :** 16,13 « *Bon travail pour ce premier trimestre !!* » Mr V.

- **Arts Plastiques :** 14,33 « *Bon premier trimestre. Travail sérieux et régulier, poursuis les efforts !* » Mme W.

- **Éducation Musicale :** 18,44 « *Excellent début d'année, continue* » Madame G.

- **Éducation Physique et Sportive :** 12 « *Niveau un peu juste et une participation un peu irrégulière (ou trop bavarde ?)* » Mr C.

- **Vie de classe :** 20 « *Du sérieux dans le travail et dans l'attitude, en classe comme en vie scolaire* » Madame M.

C'est sur ce très bon premier bulletin que nous allons chez Lilou pour fêter Noël. J'ai en cadeau ma 3DS, je suis aux anges ! Valou en a eu une aussi, nous allons donc pouvoir jouer toutes les deux avec nos nouveaux jeux 3D ! Nos tantes nous annoncent qu'elles ont racheté un fonds de commerce qui deviendra une sandwicherie très populaire dans une ville étudiante. Tous les jeunes y allaient avant, entre et après les cours, c'était le début d'un beau projet ! Nous irons aider pour les peintures tous ensemble et nous nous y sommes mis en famille. Puis le 30 Décembre, tandis que j'étais dans le salon en train de regarder *Le Monde de Narnia* (je n'ai jamais vu la fin ni eu envie de le revoir) avec Papa, il ne faisait que des allers-retours entre dedans et dehors et je ne faisais que de mettre le film sur pause et play. Ce qui a fini par m'agacer, pourquoi ne tenait-il pas en place ? Jusqu'à mon réveil du lendemain où j'ai compris. Les chatons n'avaient que quatre mois, ils étaient encore si petits... Leur maman Myrtille, s'était fait renverser par une voiture la veille au soir et était morte sur le coup, un bien triste réveillon en perspective. Papa est parti l'enterrer sur le terrain de notre future maison, de cette façon, on ne l'abandonnerait pas lorsque l'on déménagerait. Nous sommes allés voir *L'odyssée de Pi* au cinéma, pour nous changer les idées. Je ne comprenais pas comment Grenadine pouvait vivre sans maman, ça me paraissait inconcevable, j'ai décidé de le devenir et de la protéger jusqu'à ce que la mort nous sépare. Nouvel An 2013 il avait beaucoup neigé, nous avons donc pu en profiter avec les chats ainsi que Vanille et le premier Janvier se fait chez Papy et Mamie. Au niveau de la nouvelle maison, les travaux avancent bien, la charpente est commencée puis les tuiles à être posées le même mois. Notre maison poussait telle un champignon qui sortait de terre, nous étions témoins de chaque étape, ce qui permettait de nous donner du concret à chacune d'entre elles. Mamie H fait sa représentation de chorale autour du repas en grande pompe, nous nous y rendons en famille avec le plaisir de partager ce moment. Le même mois, une tante du côté de Papy décède. Comme tout membre proche ou éloigné, je suis touchée et me rends à l'enterrement. Le mois de Février : les tuiles sont toutes en place et le toit est fini. Enfin, les fenêtres et les portes du rez-de-chaussée sont installées, de même par la suite que celles de l'étage. On fête les quatre-vingt-quinze ans de Mémé J et le commerce de mes tantes ouvre ce mois-là. Nombreuses seront les fois où nous irons manger un panini avec nos copines d'écoles ou juste avec la famille. Le drame de ma vie arrive, au plus grand dam de Maman qui s'en veut toujours la pauvre... Elle coupait de temps en temps nos pointes de cheveux abîmées et ce jour-là, forcément vous vous en doutez, il y a eu un raté, il en fallait bien un au bout d'un moment ! Valou était dans la pièce en face de notre salle de bain qui nous servait de bureau et de salle de jeux et son bureau avait une tablette qui se tirait pour en faire une rallonge. Son PC était dessus et souvent si on la tirait de trop, cela faisait contrepoids et tout se cassait la figure. Avec l'ordinateur dessus et un poids plus que conséquent, la chute était plus que probable. C'est ce qui s'est passé cette fois-là et vu le bruit, j'ai voulu par réflexe chercher la cause de ce boucan sauf que le coup de ciseaux fut donné en même temps. Je me suis retrouvée d'une longueur du milieu de mon dos à un carré au niveau du menton : larmes garanties. Cela me donnait une occasion de ne plus être transparente au collège et de devenir la cible des regards et de potentielles moqueries ; bien au-delà du fait de savoir si cela me plaisait ou non. Bon, je n'avais pas tellement le choix non plus, mais c'était là ma seule préoccupation. Maman a pleuré avec moi tant elle s'en voulait... Puis, a dû finir par égaliser de l'autre côté. Mon retour au collège était synonyme d'angoisse pour moi mais j'ai eu la "chance" que mes copines trouvent que cela m'allait bien, ce qui m'a aidée à aimer aussi. Quant à celles qui avaient la critique facile, elles n'ont pas eu de mauvais comportement à mon égard : ouf, soulagée ! Du côté de la future maison, on commence à pouvoir visualiser le volume des pièces et il est désormais possible d'accéder au premier étage via une échelle. Papa nous fait donc visiter ce qui n'était qu'une dalle avec quatre murs et un toit. Je me souviens qu'un soir en rentrant après manger, il avait recréé la superficie de nos futures chambres dans notre salon-séjour de l'époque, pour nous aider à nous y projeter et ce, à l'aide de lattes de parquet, des meubles de la pièce et de tout ce qui pouvait faire office de mur. C'était en attendant que les cloisons soient posées, ce qui n'était plus qu'une question de semaines. Pour éviter tout vol de matériel des ouvriers sur le chantier, nous n'avions pas le droit d'avoir les clés de la maison. Mais l'impatience de voir son avancée étant trop forte, Papa jouait alors à Arsène Lupin en passant un bout de bois et une ficelle sous la baie vitrée, attrapait la poignée de porte et cela nous l'ouvrait. Idem lorsque l'on repartait pour refermer le tout et ni vu, ni connu.

Fin du second trimestre : 16,25 de moyenne « *Très bon travail ce trimestre. Veillez à rester concentrée et à travailler plus sérieusement en S.V.T. Félicitations* ».

- **Français :** 15,95 « *Très bon ensemble ! Eva est une élève sérieuse qui a le souci de bien faire. Il faut poursuivre dans cette voie* » Mme S-C.

- **Mathématiques :** 15,62 « *Bien !* » Mme K.

- **Histoire-Géographie :** 17,33 « *Très bon travail mais en baisse. Il faut vous reprendre* » Mr C.

- **Anglais :** 17,56 « *Attitude positive, résultats satisfaisants mais Eva semble moins à l'aise, prendre le temps de revoir cela à la maison* » Madame M.

- **Sciences et Vie de la Terre :** 12,33 « *Le trimestre est décevant par l'abondance de bavardages et une baisse de travail* » Mme V.

- **Technologie :** 16,50 « *Bons résultats pour ce second trimestre, poursuis tes efforts !* » Mr V.

- **Arts Plastiques :** 17,29 « *Très bon trimestre, de très beaux efforts qui se ressentent, continue !* » Mme W.

- **Éducation Musicale :** 17,29 « *Très bon trimestre* » Madame G.

- **Éducation Physique et Sportive :** 12,90 « *Trimestre convenable mais attention irrégulière, de très petits progrès. Eva peut encore plus s'impliquer et surtout moins bavarder* » Mr C.

- **Vie de classe :** 20

Avril est le mois où l'on met en vente notre maison. J'ai eu du mal, mais je savais que celle qui nous attendait serait plus grande. J'y aurai enfin ma chambre tant attendue.

En Mai, nos week-ends se sont transformés en sortie dans les magasins de bricolage pour notre plus grand bonheur avec Valou, vous imaginez bien. Elle se rendra à la soirée des collégiens qui marquera la fin de cette période pour elle. Quant à moi, je fais ma représentation de cirque où je faisais du funambulisme. Nous passons quelques jours à Stella-Plage avec Lilou et je ressens des douleurs dans ma cheville droite. Mon médecin traitant mettra cela sur le coup de la croissance et une radio plus tard, les urgences ont conclu à une entorse ; la première d'une longue série. J'ai été immobilisée environ deux semaines avec une bande de résine et dû marcher avec des béquilles puis, c'est assez vite devenu un mauvais souvenir. Juin, Lilou fait sa première fête des écoles et je retourne dans la mienne où se déroulait la kermesse. Il y avait des tours de poneys proposés et j'en ai imploré mes parents. Mais une fois que j'avais enfin obtenu gain de cause, il était trop tard et la responsable allait partir. Je me mets à pleurer, j'étais si déçue ! La dame devant ma petite frimousse toute rougie par les larmes a accepté de me donner un dernier tour et c'est la première fois où je suis montée à poney.

Troisième trimestre et donc fin de la classe de 6e : 15,15 de moyenne « *Très bon trimestre et très bonne année scolaire. Eva est une élève sérieuse, agréable et soucieuse de bien faire. Nous la félicitons pour cette année de 6e réussie. Félicitations* ».

- **Français :** 13,82 « *Les résultats sont en baisse ce trimestre mais Eva a fait preuve de sérieux et de motivation tout au long de l'année. Elle a toute ma confiance ! Bonne continuation* » Mme S-C.

- **Mathématiques :** 13,48 « *Une baisse ce trimestre, Eva se disperse facilement, une bonne année scolaire* » Mme K.

- **Histoire-Géographie :** 18 « *Très bon travail toute l'année* » Mr C.

- **Anglais :** 16,14 « *Bon travail. Élève sérieuse, Eva a veillé à remédier aux points qui lui posaient problème au second trimestre* » Madame M.

- **Sciences et Vie de la Terre :** 15,13 « *Bon troisième trimestre, continue ainsi* » Mme V.

- **Technologie :** 15 « *Travail correct !!* » Mr V.

- **Arts Plastiques :** 14,10 « *Bon trimestre. Il faut fournir des efforts concernant le travail fait à la maison* » Mme W.

- **Éducation Musicale :** 16,92 « *Excellent travail toute l'année* » Madame G.

- **Éducation Physique et Sportive :** 9 « *Trimestre trop juste en sérieux et participation. C'est dommage mais Eva peut facilement s'y mettre sans trop d'efforts.* » Mr C.

- **Vie de classe :** 20

Juillet est le mois où l'on obtient enfin les clés de la maison : ça y est, elle est à notre portée quand on veut et officiellement à nous ! Nous continuons les travaux par nous-mêmes, louons un camion et hop nous voilà partis chercher l'escalier. Nous le montons avec Papa ainsi qu'une large première marche que l'on fabrique sur mesure pour le mettre à niveau avec le sol. Je suis la première à l'inaugurer, étant la plus légère et la plus petite, l'on s'est dit que c'était le plus raisonnable pour tester. De même que pour les WC suspendus, nous en fabriquons à deux le caisson. Grande nouvelle : Valou a obtenu son brevet des collèges ! Lilou vient de fêter ses quatre ans avant de partir en vacances et on célèbre l'anniversaire des mamies en même temps. Journée au cours de laquelle on entend un oiseau chanter d'une drôle de façon. Mamie H nous explique qu'il faut lui répondre et la voilà partie à roucouler « *Roupioupioupiou, batisouiyou ?* » et l'oiseau lui répondait, fou rire général. La maman de ma tata, Maddie, s'y met aussi mais sans jamais réussir à en sortir le même son. Mamie H lui dit « *Mais non, c'est rouuuupioupioupiou, batisouiyou ? On dit Souiyou !* » On en a tous ri aux larmes, à la limite de les entendre se comparer pour savoir qui en ferait la meilleure imitation. Nous nous rendons chez Papy et Mamie pour quelques jours avec Valou et Lilou puisqu'avec les travaux, nous ne partirons pas en vacances avec nos parents cette année-là. Puis je m'en vais seule avec eux dans leur nouveau camping-car : retour à Lisieux, visite des falaises d'Étretat, du Tréport et des fameuses Îles Chausey.

Nos deux minettes sont enceintes en même temps et vont bientôt mettre bas. Nous passons nos soirées sur le canapé avec chacune la sienne sur soi, leur ventre contre le nôtre et de cette façon on sentait leurs bébés bouger, c'était une sensation vraiment adorable et inoubliable. Mes parents avaient ressorti leurs vieux babyphones et les ont placés juste à côté des futures mamans afin que l'on puisse être réveillés si cela se passait en pleine nuit. Il y a eu plusieurs fausses alertes jusqu'au grand jour, le 3 Août. Maman vient me réveiller vers cinq heures du matin « *Eva, tu n'es pas obligée de te lever mais Meringue a eu ses petits, il y en a cinq* ». Je saute de mon lit, il ne fallait pas me le dire deux fois ! Et nous voilà tous les quatre autour d'elle, une nouvelle fois à contempler ce spectacle une bonne partie du reste de la nuit. Trois mâles et deux femelles : Kinder, Finger, Smarties, Nesquick et Cookie. Ils sont nés remplis de puces et l'on a passé des heures à les traquer sur leur petit dos tout dépourvu de poils avec une pince à épiler... Les travaux continuent et avancent dans la maison. Avec Valou, on y ponce les murs pour pouvoir ensuite les peindre mais avec la poussière et nos crocs, c'était bain de pieds obligatoire avant de reprendre le chemin de la maison mais sans eau chaude ! Je trouve toujours un moyen de faire rire et surtout de m'amuser, vous me connaissez. Si ce n'est pas en mettant mes petons juste en dessous de ma cale à poncer pour en avoir plein les crocs, alors je mets mes genoux dedans et ressemble à une personne de petite taille. Ayant sur le dos un vieux tee-shirt appartenant à Papa pour les travaux et donc quatre fois trop grand pour moi, l'illusion est parfaite. Fou rire aux larmes. Cependant avec ma sœur, et forcément en tant qu'enfants, nous voulions passer du temps auprès des petits chats et des Sims 3. Nous y jouions en face à face dans les combles aménagés où il faisait déjà bien chaud, plus celle rajoutée par nos ordinateurs c'était pire ! Nous avons fini par trouver une solution et un compromis, de manière à aider nos parents mais pas aussi longtemps qu'eux, qui y restaient la journée entière. Nous voulions tout de même profiter de nos vacances d'été et c'est ainsi que nous parcourions à vélo les quatre à cinq kilomètres qui séparent nos deux maisons, quel sentiment d'indépendance ! Valou fête ses quinze ans avec ses copines puis en famille et Lilou vient passer quelques jours chez nous : foire au manège du village et dodo toutes les trois. Vu qu'elle s'endormait toujours la première n'ayant que cinq ans, c'était soirée papotage et parties de DS avec Valou, le tout en cachette de Papa et de Maman bien sûr. C'est quelques jours avant la rentrée scolaire que Grenadine a eu ses bébés et en plein jour cette fois-ci ! Je l'ai découvert par hasard, en passant par la pièce où elle se trouvait. Un premier était né et avec Papa, nous avons assisté à la naissance du deuxième en live. Puis, nous avons joué à la sage-femme pour le libérer puisqu'il s'était coincé dans le collier de Grenadine et serait mort si l'on ne l'aidait pas rapidement. Nous avons vu tout l'accouchement et à nos yeux, c'était fabuleux d'être témoins de cela. Elle a eu deux petits : un mâle et une femelle : Kit Kat et Chouquette.

Rentrée en 5^{e}4 pour moi et Valou en Seconde Générale, au lycée. La première semaine de cours, Maman se fait casser la vitre de sa voiture et voler le sac à main : plus de papiers, de cartes d'identité ou de permis de conduire ; la grosse tuile quoi. Moi, j'étais terrifiée à l'idée que les voleurs aient notre adresse et qu'ils étaient en mesure de venir nous cambrioler afin de finir le travail qu'ils avaient entamé. La gendarmerie était même venue chez nous prendre notre déposition ce soir-là et nous annoncer qu'ils surveilleraient la maison durant les prochains jours. Ils avaient d'ailleurs dit à Papa que si jamais quelqu'un se présentait dans la nuit, il valait mieux laisser partir nos affaires plutôt que de se risquer à une bagarre avec eux... C'est après cet évènement que l'angoisse montait à l'approche de la tombée du jour, je ne me sentais même plus en sécurité chez moi, surtout quand j'étais seule. Je cachais mes objets de valeur : mes bijoux, mes consoles, mon ordinateur... Et de manière systématique avant de partir quelque part ou d'aller me coucher ; de vrais **TOC** et j'étais persuadée que la fois où je n'allais pas le faire serait celle où l'on se ferait voler.

C'est en cinquième que je commence la pratique de la danse moderne tout en continuant le cirque puis je fête mes douze ans. Je suis allée au restaurant de Pizza Paï avec Juliette, Lilou et mes parents ainsi que ma sœur pour l'occasion. Je vis en parallèle ma première amourette ; il s'appelait Tomy. Nous étions dans la même école depuis la maternelle, on a donc grandi ensemble ! Un brun, timide, aux yeux bleus. En primaire, il s'était cassé la main et avait eu des broches. Tous nos camarades le qualifiaient de robot et le trouvaient bizarre voire répugnant. Moi, je regardais ses cicatrices s'il me les montrait ou m'en parlait et le rassurais « *Tu sais, ça montre que tu es fort et pas l'inverse, ne les écoute pas !* ». Nous avons intégré le même collège mais nous n'étions plus dans la même classe, alors l'on se croisait simplement. Un jour, lui qui faisait de la motocross, avait fait une mauvaise chute et s'était cassé le coude. Je suis allée voir s'il avait besoin d'aide avec ses affaires, lui tenir la porte et ça me faisait plaisir de l'aider. Puis, nous nous envoyons des SMS pour prendre des nouvelles de l'un ou de l'autre et de plus en plus, jusqu'à des appels vidéo via Skype, l'ancêtre de Facetime, et je me mets à avoir des sentiments pour lui. Je le trouvais beau et fort mentalement d'avoir lui aussi, un corps qui se cassait souvent ; je me sentais sans doute moins seule avec mon palmarès de plâtres et d'attelles. Un soir, tandis qu'il passait devant chez moi avec trois amis - que je connaissais très bien vu que nous avions été ensemble en primaire, Élise en faisant partie - je reçois un message « *Je suis là, viens !* », je demande l'autorisation à mes parents puis traverse la rue. Je suis sûre qu'ils m'ont guettée par la fenêtre dans un souci de protection ou de curiosité je ne sais pas lequel l'emporte ! Nos amis disaient « *Alors ? Cap ou pas cap de l'embrasser ? - Euh, ben, je ne sais pas ?* ». Il n'attend pas ma réponse et m'embrasse avec un large sourire, ah son premier baiser, c'est vrai que l'on s'en souvient ! Si je raconte cela, non pas que je sois fidèle à mon côté fleur bleue, mais c'est parce que Tomy jouera un rôle important dans la suite de mon récit. Bref, je réalise doucement ce que je viens de vivre ! Puis je rentre chez moi sur un petit nuage. Quelque temps plus tard je ne sais plus pourquoi, nous avons fini par rester bons amis, sans peine de cœur. Je me souviens d'ailleurs de Papa qui n'était pas trop d'accord avec le fait que je sois avec un garçon. Il n'avait pas envie de me "ramasser à la petite cuillère après", je lui avais répondu de ne pas s'en faire, ce n'était pas cela qui allait me rendre malheureuse ! Et puis ce n'était pas grave, il y avait bien pire dans la vie, ce n'est pas moi qui me mettrai dans un état pas possible pour cela, ça m'était plutôt égal. Être "en couple" ou non, ne changeait pas grand-chose à ma vie de mon point de vue.

Concernant les chats, vous vous doutez bien que neuf félins à la maison, c'était drôle et plein de vie mais difficilement vivable sur le long terme. Nous avons commencé à mettre des annonces pour donner nos chatons contre bons soins : Kinder qui s'appellera Petit Chat vit toujours chez Inès, Finger, Smarties qui sera Sushi et Chouquette qui deviendra Chipie. Nous avons gardé Kit Kat, Cookie et Nesquick. Côté travaux, les premières sous-couches de peinture sont faites ; ma chambre était peinte et terminée. J'avais été plus rapide que ma sœur à choisir la couleur : un violet aubergine dont le nom était Myrtille, pas besoin de plus, j'ai interprété cela comme un signe.

Premier trimestre de 5e : 15,62 de moyenne « *Le travail est très sérieux. Eva est très appliquée. Félicitations* ».

- **Français :** 14,86 « *Bon travail. Élève sérieuse et appliquée* » Mr W.

- **Mathématiques :** 9,73 « *Bon début de trimestre, puis un accident au deuxième DS (moyenne de 12,7 sans le DS 2) a perturbé Eva. Bonne reprise en fin de trimestre* » Mme C.

- **Histoire-Géographie :** 15,38 « *Eva est une bonne élève très impliquée et réactive.* » Mme D.

- **Anglais :** 14,40 « *De bons résultats à l'écrit* » Mme F.

- **Sciences et Vie de la Terre :** 15,67 « *Le travail est très sérieux, prend confiance en toi* » Mme V.

- **Physique-Chimie :** 18,25 « *Trimestre très satisfaisant, à poursuivre* » Mme G.

- **Technologie :** 14,50 « *Ensemble un peu juste, ne pas se décourager et rester attentive et volontaire dans toutes les activités* » Mr V.

- **Arts Plastiques :** 14,80 « *Bon trimestre, élève agréable* » Madame F.

- **Éducation Musicale :** 15,27 « *Trimestre satisfaisant mais tu peux mieux encore* » Madame G.

- **Éducation Physique et Sportive :** 19 « *Excellent travail même s'il a fallu un peu pousser Eva pour qu'elle se dépasse, prend confiance en toi* » Mme D.

Un après-midi, nous recevons dans la boîte aux lettres un emballage fait d'un essuie-tout. Maman rentre et l'ouvre ; c'étaient nos cartes d'identité, son permis de conduire et les papiers qui nous avaient été volés. C'était un homme se baladant qui les avait aperçus dans un fossé et ramenés, de quoi relancer mes angoisses de plus belle. Nous fêtons Noël chez les parents de Florent et Yohan puis Lilou vient en vacances quelques jours chez nous : croques-monsieur et film sont au programme, elle nous aura tous épatés du haut de ses quatre ans à en manger quatre à elle seule lorsque Valou et moi calions déjà au bout du premier ! 2013 laisse sa place à 2014 et nous passons le premier de l'An chez nos grands-parents puis à la représentation de chorale de Mamie H. Les chatons ont maintenant cinq mois et nous avons choisi chacune le nôtre avec Valou, Nesquick pour moi et Cookie pour elle. J'avais une de ces fusions avec le mien, il s'endormait sur moi à en avoir la tête qui tombait. Je faisais mes devoirs : il était sur mes genoux, je mangeais : je le cachais dans ma robe de chambre pour pouvoir le garder avec moi, je prenais mon bain : il me suivait et restait à côté de moi. Bref, nous n'étions rien l'un sans l'autre mais parfois, et on ne sait pas se l'expliquer, ce sont les histoires les plus courtes qui sont souvent les plus intenses.

Le 16 Janvier ; un Jeudi, j'étais allée faire un genre de classe verte avec le collège. Il avait plu et c'était très boueux. Je suis revenue avec mes bottes en caoutchouc "crapées" au possible. Mon bus passait et s'arrêtait à proximité de chacune de mes maisons. En premier c'était la nouvelle, si la voiture de Maman y était je descendais, sans quoi je rentrais chez moi. Elle y était allée pour peindre, je l'embrasse, prends mon goûter tout en lui racontant ma journée puis elle me redépose à l'autre maison. C'était notre rituel pour se voir un peu de la journée et sur la route, elle m'explique que lorsqu'elle avait ouvert la porte du jardin pour faire sortir Vanille, les chatons s'étaient faufilés entre ses pieds et seule Cookie était revenue. C'est grâce au secouer du sachet de croquettes qu'ils rentraient, de cette façon s'ils étaient dehors, il suffisait d'agiter le paquet pour les voir débarquer à toute vitesse et manger à l'intérieur. Je lui dis que je le ferai rentrer ce n'est pas grave. Elle me dépose puis s'en va. Je prends alors la boîte de croquettes et attends que mon chaton ne revienne en courant. Si vous saviez comme une journée loin de mes animaux était longue ! Vu l'état du jardin et ayant mes bottes sales, je les enfile et le parcours en appelant Nesquick toujours plus fort mais pas un chat c'est le cas de le dire. Je rentre dans la maison chercher après lui, peut-être était-il est rentré sans que Maman ne le voie ? Je me sens prise d'une montée d'angoisse, d'un mauvais pressentiment et me mets à pleurer de désespoir mais où pouvait-il bien être ? Il devrait déjà être là, ce n'était pas normal. Je ravale mes larmes, remets mes bottes et repart à sa recherche. Je vérifie chaque recoin que j'avais déjà fouillé : dans les cachettes, derrière l'abri de jardin mais rien. Quelque temps plus tôt, Kit Kat était grimpé en haut de celui-ci et par le trou au niveau du toit, s'était faufilé pour sortir. Il est tombé et s'est noyé dans la citerne qui était juste en dessous. J'étais inconsolable... Maman m'avait réconfortée en me disant que ce n'était pas mon chaton, c'était malheureux mais ce n'était pas mon Nesquick. J'ai essayé de ne plus y penser et comme de fait, j'ai encore plus jeté mon dévolu sur lui. Papa avait remis le couvercle pour éviter une seconde catastrophe et la veille, il avait arrosé le jardin ainsi que les fleurs avec cette eau mais en oubliant malencontreusement de le refermer. Je me dis que je vais regarder dans la citerne mais qu'il était évident qu'il n'y serait pas, mais malheureusement il y était, et la vision de son petit corps flottant à la surface sans vie, m'a hantée pendant des années. J'ai hurlé tout ce que j'ai pu, en rentrant comme une furie dans la maison pour tenter de joindre Maman, sans succès. On ne parlera pas de l'état dans lequel j'ai mis la maison avec mes bottes, pardon Maman. Papa venait justement de se garer devant lorsqu'il m'a vue à la fenêtre plus qu'hystérique, ne sachant pas ce qu'il s'était passé. Il fallait que je me rende à l'évidence, j'ai répété des heures durant que ce n'était pas possible, pas lui, pas mon "bilou"... Le lendemain, Maman ne m'a pas mise à l'école et m'a emmenée avec elle chez Marraine. Nous avions mis sur mon motif d'absence "raison personnelle", n'en déplaise à ma chère professeure de S.V.T qui a voulu savoir ce que cela signifiait. Lorsque nous loupions un cours, la fois suivante par respect, il fallait présenter notre billet d'absence qui justifiait de celle-ci. Elle m'a alors regardé d'un drôle d'air et dit « *C'est une blague ? Juste pour un chat ?* », je suis repartie à ma place sans un mot et les yeux pleins de larmes. Il est vrai que ce n'était pas la professeure la plus empathique de toutes. Marraine avait prévu une réunion de démonstration du robot Thermomix et au moins je voyais Aika son berger allemand et Câline son chat. C'est grâce à elle qu'est née l'envie d'avoir plus tard, cette race de chien. C'est l'un de mes rêves d'enfant avec celui de travailler un jour à Disney. Et ce, depuis qu'elle l'a eue ainsi que son chat en 2005 il me semble, la même année que Vanille. Elle qui aime plus que tout les animaux, elle m'a réconfortée du mieux qu'elle a pu. On tient toujours quelque chose de sa Marraine ! J'ai gardé la clochette de Nesquick autour de mon poignet pendant un sacré moment, aujourd'hui encore elle est sur ma table de nuit. J'ai pu intégrer son souvenir au tatouage que je me suis fait faire il y a maintenant presque un an. J'ai eu énormément de mal à m'en remettre, chaque tracas que je qualifierais plutôt de drame, de manière isolée peut-être surmontable. Néanmoins, lorsque l'accumulation devient trop pesante comme la suite de mon histoire me le prouvera, cela rend les choses vraiment compliquées à vivre. Cela a fait dix ans cette année : le 16 Janvier 2024, déjà...

En Février, Valou se décide enfin pour la couleur de ses murs entre quatre nuances de rose et voilà nos chambres terminées. Nos parents ont tout fait pour que nos chambres soient prêtes avant la leur... On finit par devoir faire stériliser nos trois chats restants pour éviter un éventuel cancer de l'utérus et d'autres reproductions. La vétérinaire nous a même fait un prix vu que les trois y sont passées en même temps ! Bien sûr, il fallait que Cookie enlève ses agrafes elle-même et qu'on la saucissonne de bandages pour empêcher qu'elle n'y touche, le tout agrémenté d'une collerette. Nous partons manger au commerce de mes taties avec ma famille et l'on y fête l'anniversaire de Papy. C'est au cours de ce mois-là que la gendarmerie, toque un jour chez nous et ramène le sac à main de Maman. Il avait été retrouvé au fond d'un fossé plein d'eau et me donnait une frousse bleue rien qu'à sa vue ; il est resté un moment dans le garage, le temps de savoir que faire des affaires restantes. Un objet qui a passé plusieurs mois au fond d'une eau vaseuse est dans un état pitoyable, son contenant encore plus. En Avril, pendant les vacances de Pâques, nous avançons dans les travaux de dedans et de dehors également. Papa installe même des palettes pour nous faire un semblant d'allée, mieux que Charles Ingalls moi je vous le dis ! Avec le temps, la terre devenait vite boueuse et casse-gueule par la même occasion. Cela faisait maintenant un an que la maison était en vente. En pleine crise immobilière et c'est véridique, les potentiels acquéreurs venaient juste la visiter puis plus de nouvelles. Y avait-il un défaut, quelque chose à améliorer ? Non, les gens n'avaient pas envie d'acheter, ce n'était pas le moment : le creux de la vague. Pour nous, c'était le grand écart au niveau des finances avec deux maisons à charge et j'ai eu peur que l'on ne perde les deux avant de finir à la rue. Combien de fois ai-je proposé à Papa de prendre sur mon compte s'il avait besoin, même s'il a toujours refusé mais pour moi, c'était important qu'il le sache. Lors des visites, nos parents nous déposaient avec Valou, Vanille et les chats dans la future maison pour que l'autre paraisse plus neutre et moins personnalisée. L'agent immobilier a même pensé aux personnes qui n'aimaient pas les animaux et que donc la visiter sans eux allait peut-être augmenter nos chances. Ou pas.

Second trimestre de 5e : 13,57 de moyenne « *Les résultats sont en baisse, il faut continuer à mieux apprendre les leçons et nous t'encourageons à prendre confiance en toi. Encouragements* ».

- **Français :** 13,11 « *Bon travail, plus participer* » Mr W.

- **Mathématiques :** 10,06 « *De la volonté, mais un « blocage » en maths... les leçons ne sont pas toujours apprises et cela empêche Eva de réussir en DS* » Mme C.

- **Histoire-Géographie :** 12,59 « *La moyenne a baissé, Eva reste une bonne élève, attentive, intéressée, motivée. Cours de soutien pour un DS : la note a grimpé, le problème est sans doute parfois un manque de confiance* » Mme D.

- **Anglais :** 14,02 « *De bons résultats à l'écrit, dommage qu'Eva doute parfois d'elle-même* » Mme F.

- **Sciences et Vie de la Terre :** 15,43 « *Beaucoup de sérieux dans le travail, continue* » Mme V.

- **Physique-Chimie :** 14,17 « *Trimestre assez satisfaisant, Eva doit prendre confiance en elle et approfondir l'apprentissage des leçons* » Mme G.

- **Technologie :** 15,00 « *Ensemble juste dans la moyenne de classe. Eva est capable de mieux faire avec un peu de rigueur* » Mr V.

- **Arts Plastiques :** 17,67 « *Trimestre très satisfaisant, poursuivre dans cette voie* » Madame F.

- **Éducation Musicale :** 13,62 « *Oral satisfaisant mais tu peux mieux faire à l'écrit* » Madame G.

- **Éducation Physique et Sportive :** 10 « *Bon travail, poursuis tes efforts* » Mme D.

En Mai, les parquets de nos chambres sont posés et je fais ma représentation de fin d'année de cirque : assiettes chinoises sur échasses. Puis nous disons adieu à Mémé J... Le mois suivant, je fais ma profession de foi et j'étais si triste qu'elle ne soit plus là pour y assister. Je savais cependant qu'elle avait été mise au courant par Papa. C'était une grande étape dans la famille, dans une vie, tout un symbole traditionnel. J'étais dans une belle aube blanche, celle que Maman avait également portée pour la sienne. Quel honneur ! Cette journée était la mienne, j'étais un peu comme la mariée du jour. Une salle fut louée pour l'occasion et grand festin. Ils n'étaient pas moins de cinquante à s'être tous réunis pour moi ce jour-là. Tant d'entre eux ne sont plus parmi nous aujourd'hui... Il est parfois difficile de pouvoir regarder les photos sans un gros pincement au cœur mais je les garde vraiment en tête comme synonymes de la dernière belle journée de ma "vie d'avant". Oui, c'est probablement le dernier souvenir heureux que j'ai à vous raconter mais il y en aura d'autres par la suite, rassurez-vous ! Je suis optimiste, du moins j'essaie, dans l'autodérision et à toujours me dire qu'il y a pire dans la vie. Néanmoins, il est vrai que celle-ci était sans aucun doute la plus tendre en souvenirs avant le début de ma descente aux enfers. Je me souviens que le lendemain matin pour le rebond, Tatie avait été curieusement malade et nous comprendrions pourquoi plus tard... C'était aussi la période des bracelets élastiques, mon Dieu, qu'est-ce que nous avons pu en faire avec Lilou, à enlacer les petits élastiques les uns dans les autres pour en faire un bracelet multicolore. Nous nous étions même équipées d'un genre de métier à tisser fait exprès, pour nous en faciliter la fabrication. J'ai commencé à avoir mes premières crises de migraines ophtalmiques de façon récurrente et à devenir migraineuse chronique cette année scolaire-là.

Dernier trimestre de 5e : 13,99 de moyenne « *L'année est très satisfaisante, poursuis tes efforts dans toutes les matières* ».

- **Français :** 13,33 « *Année satisfaisante, élève sérieuse et appliquée* » Mr W.

- **Mathématiques :** 6,73 « *Attention aux leçons qui doivent être régulièrement apprises, c'est dommage car Eva a fourni des efforts ce trimestre et a bien participé en classe* » Mme C.

Maman a fini par écrire un mot à la direction pour que je n'aie plus cette professeure l'année suivante. Valou l'avait eue avant moi en cours et on avait vu ce que cela donnait. Comment vous expliquer... On effectuait les exercices, les Devoir Maison et les Devoirs Surveillés sans leçons. Elle nous la donnait après pour nous pousser à "chercher l'information". C'était franchement risible. C'est comme construire un meuble IKEA sans notice, déjà qu'avec c'est souvent loin d'être évident parfois, alors sans... Vous avez la chance de ne pas avoir été témoins des longues heures d'enguelades, d'éclats de voix et de pleurs des DM. Lorsque Papa nous expliquait à l'aide de ses vieilles méthodes "pour nous faire plus simplement comprendre", nous, nous nous retenions tant bien que mal de bâiller, ce qui avait profondément le don de l'énerver. Mais sans succès... Ses deux filles sont deux vraies quiches en mathématiques ! Six fois huit ? Comprendra qui pourra !

- **Histoire-Géographie :** 14,07 « *Belle progression, prend confiance* » Mme D.

- **Anglais :** 15,66 « *Excellent trimestre pour Eva. Elle est motivée, toujours prête à participer, c'est une élève très agréable* » Mme M.

- **Sciences et Vie de la Terre :** 13,83 « *Année satisfaisante, continue* » Mme V.

- **Physique-Chimie :** 15,70 « *Année très satisfaisante, travail sérieux* » Mme G.

- **Technologie :** 14,00 « *Bons résultats ce trimestre, il faudra persévérer l'an prochain avec sérieux et attention. Bien !* » Mr V.

- **Arts Plastiques :** 17,27 « *Très bien : bien motivée et capable de fournir un travail approfondi. Félicitations* » Madame F.

- **Éducation Musicale :** 15,33 « *Assez bien* » Madame G.

- **Éducation Physique et Sportive :** 14 « *Très bon travail* » Mme D.

En Juillet, Lilou fait sa kermesse et nous y assistons en famille, puis, elle vient à la maison. On ne change pas une équipe qui gagne : croques-monsieur et nous dormons côte à côte ; attendant patiemment qu'elle ne s'endorme pour pouvoir papoter avec Valou. C'est moi qui demandais pour dormir ensemble car elle disait que ça passait toujours mieux quand cela venait de ma part. L'on fabrique des cabanes géantes avec nos matelas et nos draps et y installons même des lumières et l'électricité ! L'année scolaire se finit tout doucement. Je n'aurai pas été blessée cette année-ci, je serai seulement tombée face contre terre : tour aux urgences pour vérifier que le nez n'était pas cassé. Nous avions fait des acrobaties que j'avais apprises au cirque avec ma sœur et en résumé, ce n'était pas une bonne idée… ! Lilou fête ses cinq ans et Valou ses seize. Nous commençons à vider la maison de nos meubles dans le but de la désencombrer afin de "laisser la possibilité à l'acheteur de se projeter plus facilement". En gros plus d'armoire, de Playmobil, de lit, plus rien mais ma future chambre en revanche était, elle, archi prête ! Il ne nous restait qu'un lit pliant que l'on rangeait chaque matin dans le but de mieux visualiser le volume de la pièce. Tout à coup nos chambres résonnaient et à chaque petit bruit, ce qui nous faisait franchement flipper. Nous avons fini par mettre nos lits dans la mienne afin de dormir ensemble et de se sentir plus rassurées. Pauvre Valou, nous n'émergions pas au même rythme ni à la même heure et cela aura mené à pas mal de disputes mais bon, quoi de plus normal entre sœurs ? Nous ne partons pas en vacances pour le deuxième été consécutif, financièrement et prioritairement parlant ce n'était clairement pas le moment. Nous prenons tout de même quelques jours de vacances à Stella avec mes parents, ma sœur et sans oublier Vanille bien sûr ! C'est au cours d'un repas sur le pouce en compagnie de Maman chez Tatie que nous apprenons la fameuse nouvelle. Nous avons mangé ses délicieuses pâtes à la carbonara - c'est d'ailleurs elle qui nous a appris à tourner les spaghettis dans la cuillère pour les manger. La danse du madison c'est elle aussi, trop forte ma tatie ! – et le moment du dessert venant, elle prend un Danette et Maman lui demande même « *Mais où trouves-tu encore de la place après un si bon repas ?* » c'est dans un rire nerveux qu'elle nous répond qu'elle doit manger pour deux. Nous nous regardons avec Maman dans un bug long de quelques instants, attends quoi ?! La famille allait s'agrandir de nouveau et ma future raison de vivre grandissait au creux d'elle-même !

Survivre dans le déni

Je rentre donc en 4ᵉ3 et Valou en 1ᵉʳᵉ Économique et Sociale. L'année démarre sur les chapeaux de roue et le ton est très vite donné pour le reste des mois à venir ; le commencement se situe à l'élection des délégués. Je ne sais pas ce qui m'a pris mais je fus prise d'un élan de confiance et me suis présentée. Quelques jours plus tôt en cours d'espagnol, je trouvais que ça sentait particulièrement bon la fraise autour de moi sans bien comprendre pourquoi. Je n'ai fait le lien qu'à la fin du cours ; on m'avait collé un chewing-gum dans les cheveux. Le même jour, un "camarade" de classe me dit « *Eh ! Regarde ce qui est écrit sur mon carnet* » et vas-y que je te le claque dans la figure. Merci Philémon, Ludivine, Lydia, Albane, Marion et Adélie de m'avoir rendu cette année si savoureuse et inoubliable. Philémon en était principalement à l'origine et il renouvellera ses brillantes idées le jour de l'élection. La surveillante Frédérique procède au dépouillement (Koh-Lanta toute mon enfance) et il y eut plus de voix pour "Bubble-gum" que pour une vraie personne. Au début, aucun de nous n'a compris le but d'autant de votes nuls de ce genre moi inclue. Une fois que ce fut le cas, mon estomac s'en est retourné. S'ils avaient mis mon prénom, vu le nombre de votes contre ou pour moi j'hésite, j'aurais pu être élue ! Lundi 29 Septembre, c'est moi de l'époque qui vais vous parler. En effet, j'avais en tête depuis longtemps de raconter et d'écrire mon histoire. Je trouve cela génial de l'avoir gardé, je vous mets donc par passage chronologique, ce qui correspond de manière à ne pas spoiler la suite de l'histoire, surtout lorsqu'on la connait !

Bonjour, vous voulez une histoire croustillante ? Eh bien, vous êtes au bon endroit ! Vous allez en avoir une bien bonne ! Déjà bonjour aux lecteurs, lectrices, je m'appelle Eva, j'ai treize ans et demi jusque-là quoi de plus normal ! Tout commença à mon entrée en quatrième au collège, j'étais dans cet établissement depuis la sixième où il y avait des profs super sympas et d'autres pas du tout comme partout ! À mon entrée en 4ᵉ3, je n'imaginais pas l'année que j'allais passer, les pleurs qui s'ensuivraient. Je découvre les copains/copines qui sont avec moi toute heureuse et ma prof principale était la même que celle de ma sixième, tout allait bien jusque-là. Tout a vraiment commencé à partir du 29 Septembre, jour pour moi qui était comme les autres. À dix-sept heures trente, à la fin des cours, comme à mon habitude je prends le bus pour rentrer chez moi. Quand vient mon arrêt, je me lève toujours avant le dos d'âne qui le précède. Si j'avais su, j'aurais attendu… Le chauffeur l'a vraiment pris rapidement, à un tel point que ma cheville droite s'est tordue et s'est claquée contre le poteau soutenant le siège. Ça m'a fait mal sur le coup et quand j'ai marché jusque chez moi, je grimaçais tellement que je ne devais pas être belle à voir ! Ce n'était pas la première fois que je me faisais mal ou que ma cheville se tordait. Même si j'avais mal, je me disais que cela passerait. Seulement, au bout de onze jours, mon pied était tellement douloureux que je peinais vraiment à m'appuyer dessus. Mes parents ont donc décidé de m'emmener aux urgences au bout de trois semaines. Après une radiographie et cinq heures d'attente, on est ressorti de là. J'avais une entorse de niveau deux, le troisième stade étant le plus grave : la déchirure, et nécessitant parfois une opération. Ouf, ce n'est pas mon cas. Le médecin revient avec ma radio en annonçant qu'il va falloir m'immobiliser en me plâtrant. Ok, soit, ce n'est pas la première fois ; ça me fera rire cinq minutes, je serai la mascotte de l'école comme en primaire quelques semaines, cela va me saouler et après merci au revoir. Puis c'est un interne qui revient m'annoncer que le médecin a changé d'avis. Je vais porter une attelle et éviter de poser le pied par terre pendant deux à trois semaines, cela suffira, ça devrait se résorber. Il me la pose devant le comptoir de la secrétaire qui nous avait déjà appelés pour le compte-rendu et les papiers de sortie. Il a bien dit que ce n'était rien de bien méchant, en qui pouvons-nous avoir plus confiance sur notre santé qu'un médecin ? Au collège les jours suivants, mis à part les questions « T'as fait quoi ? » j'y étais habituée, cela ne me posait pas problème ! Les trois semaines passèrent et au moment d'enlever l'attelle et les béquilles, j'étais toujours très douloureuse. On se rend chez mon médecin traitant et j'ai commencé la kinésithérapie, au bout d'un mois et demi de lutte, je m'en suis sortie et j'ai repris une vie normale ! Mais le sort s'acharna sur moi puisque le jour où j'ai lâché mes béquilles j'ai eu comme un malaise, une crise de **spasmophilie**.

En réalité : cela s'apparentait à de la *lipothymie*. Ainsi qu'à de la probable angoisse au vu de toutes les émotions que je ressentais mais que j'intériorisais à cent pourcent. Cela m'est aussi arrivé en cours d'espagnol, d'anglais, de physique-chimie et de musique … Toujours avec le sentiment de ne pas savoir la gérer dès qu'elle s'installait au fond de moi. Cette journée-là était comme une autre, mise-à-part que je venais enfin de revenir sur mes deux pieds. Une fille de ma classe s'appelait comme moi - c'est la seule année où je n'étais pas "unique" - nous étions ressemblantes physiquement parlant avec le même prénom, c'était assez drôle et l'on en jouait pour que l'on puisse aisément nous confondre. Lors d'un cours de français, elle s'était gratté un grain de beauté et mise à saigner, elle lève la main pour sortir de classe et se rendre à l'infirmerie. On entend du couloir celle qui l'accompagne lui dire « *Assieds-toi si tu te sens mal !* ». Je m'inquiète pour elle et me demande ce qui lui arrive. De plus, je n'étais moi-même de base pas très en forme ce jour-là et avec l'ajout de cette angoisse, ce n'était pas une bonne accumulation. À la fin du cours nous avons une récréation, je la rejoins et prends de ses nouvelles, rien de bien grave au final. Je lui confie que je ne me sentais pas super bien mais que je n'oserai pas prendre la parole comme elle pour sortir si besoin. Ah ! Self-control quand tu me tiens… Elle convient avec moi que si lors du prochain cours je souhaite sortir, je n'aurais qu'à faire claquer toutes les couleurs de mon Bic ; cela fera office de code et de cette façon, elle demandera pour moi. J'avais espagnol avec une professeure que j'appréciais beaucoup et je n'avais surtout pas envie de louper un seul de ses cours ! Déjà d'un de le "déranger" et de deux avec tous les regards braqués sur moi. La sonnerie retentit et le cours commence. Une vague de chaleur étouffante m'envahit et là, je sens que c'est la merde. Je fais du bruit avec mon quatre-couleurs mais elle ne m'entend pas et ne capte pas mes regards désespérés et le fait de me sentir oppressée puis étouffée de la sorte envenime les choses. La professeure faisait un tour des cahiers afin de vérifier que le devoir demandé avait été fait : je me suis dit ouf, je pourrai lui glisser ma requête sans avoir besoin de le dire devant tout le monde. Je réussis à le lui dire sans pour autant trop épiloguer pour ne pas l'inquiéter. Les minutes passaient et je commençais à trembler de tout mon corps, à en perdre toute sensation et je ne comprenais plus ce qui se passait. Par chance, Maman venait me récupérer à la sortie du collège ce jour-là et à la fin du cours ça n'allait toujours pas mieux. Ce n'est qu'une fois que mes camarades de classe sont partis que j'ai pu tout doucement retrouver mes esprits. J'entends la surveillante avec qui j'avais beaucoup d'affinités, Frédérique, courir avec ses bottes à talons comme une dingue dans le couloir. Une amie était allée la chercher ainsi que Maman qui m'attendait à la sortie avec Valou. Elle qui était d'ailleurs pleine de boue, car elle s'était "croûtée" dans la cour du lycée et elle a essayé de me faire sourire en me racontant sa chute ridicule, j'ai de la chance de l'avoir. J'ai pu respirer quand j'ai vu Maman, j'étais vraiment très gênée voire honteuse de tout ce remue-ménage. Ressenti qui aujourd'hui, n'a pas tant changé. Si je me sens mal, il y a très peu de probabilités que je le fasse voir à moins que bien sûr mon corps ne me trahisse sans m'en laisser le choix. J'ai appris à masquer ces moments de "faiblesse" et à prendre ce contrôle sur moi. J'ai été élevée dans une famille où l'on ne montre pas nécessairement quand ça va mal, on relève la tête, on respire un bon coup et on repart. Par la suite, cet épisode se répètera quelques fois.

Je sentais que mon cœur battait bizarrement depuis cet épisode, mes parents ont pisté qu'un truc déconnait. Et come-back chez le docteur, au vu de mes antécédents. J'ai été adressée à un cardiologue qui m'a fait porter un holter plus tard dans l'année et prescrit un test d'effort. Rassurant, rien de grave ni de nouveau à déplorer. Le temps passait et mon cœur battait toujours de cette drôle de façon, j'essayais de ne plus y prêter attention mais j'y pensais quand même assez souvent.

Octobre, je fête mes treize ans. Nous allons manger au restaurant et Parrain nous fait la surprise de nous y rejoindre après sa journée de travail ! La maison n'étant toujours pas vendue, nous devenions tous très impatients de déménager, de retrouver nos meubles et d'enfin vivre dans la nouvelle. Moment que l'on convoitait tant depuis l'achat du terrain en Septembre 2011, nous sommes en Octobre 2014 : déjà trois longues années que nous rêvions de ce grand jour. Nous profiterons des vacances de Toussaint pour faire un "mini-emménagement". Nous n'en pouvions plus d'attendre, même si c'était clairement camping et que nous n'avions pas encore de douche fonctionnelle. En revanche nos chambres elles, étaient d'attaque et tant que l'on avait des WC c'était le principal (les toilettes sèches au milieu des hautes herbes du jardin, merci mais non merci). On retournait dans notre ancienne pour se laver, d'un pratique je ne vous raconte pas. Mais ce fut l'histoire d'une semaine ou deux grand maximum puisque Papy nous a aidé à monter notre cabine de douche et pour la petite anecdote, il a installé le bouton directeur des jets d'un mauvais quart de tour. Au lieu d'avoir de l'eau dans la pomme à douche, c'était celle du plafond qui se déclenchait. Une fois l'habitude prise, c'était bon mais pour ceux qui venaient occasionnellement, moins. Je te remercie pour cette super blague Papy ! Nous avons immortalisé notre premier repas ou plutôt pique-nique : pain au lait jambon-beurre. Maman me l'a renvoyée récemment et en revoyant cette photo je me suis mise à rire. Tout a changé, même la taille du bout de beurre que j'avais mis sur mon pain ce jour-là ! Bref, première soirée et première nuit et je m'en souviens comme si c'était hier. Comme nous avons savouré cet accomplissement ! Les travaux continuent et avancent bien. La salle de bain de nos parents prend forme et notre salon-séjour aussi : petit à petit, l'oiseau fait son nid comme l'on dit.

Premier trimestre de 4e : 15,35 de moyenne « *Très bon trimestre. Eva est une élève sérieuse qui cherche à progresser. Félicitations* »

- **Français :** 15,24 « *Bon trimestre. C'est un travail sérieux et appliqué qu'Eva a fourni tout au long du trimestre* » Mme U.

- **Mathématiques :** 13,36 « *Ensemble correct, bonne participation, persévère dans cette voie* » Mr D.

- **Histoire-Géographie :** 13,92 « *Ensemble correct, Eva cherche à bien faire et à progresser, c'est bien* » Mme Q.

- **Anglais :** 15,73 « *Une attention trop fluctuante car Eva est souvent en grande discussion avec la voisine ! Des résultats satisfaisants et un travail plus approfondi en fin de trimestre* » Madame M.

- **Anglais Euro :** 13,56 « *Eva est un peu trop discrète en classe mais le travail est sérieux. Bon trimestre* » Mme M.

- **Espagnol :** 16,71 « *Bon trimestre grâce à un travail sérieux et régulier* » Madame S.

- **Sciences et Vie de la Terre :** 14,50 « *Trimestre correct, il faut approfondir le travail à la maison* » Madame T.

- **Physique-Chimie :** 14,73 « *Eva a un comportement très positif mais il faut accentuer l'apprentissage des leçons, l'ensemble est encourageant* » Mr B.

- **Technologie :** 16,50 « *Bon trimestre avec un travail régulier et sérieux* » Mr W.

- **Arts Plastiques :** 17,68 « *Très bon travail, bonne attitude générale* » Melle L.

- **Éducation Musicale :** 16,92 « *Trimestre satisfaisant* » Madame G.

- **Éducation Physique et Sportive :** « *Dispensée* ».

L'oncle de Papa décède au mois de Décembre, le père de Parrain. Un adieu de plus et j'entends encore les pleurs de Noah me transpercer le cœur... Enfin mes nouvelles lunettes arrivent : la mode du moment était aux Ray-Ban et je n'y ai pas échappé ! Elles sont noires et de forme carrée. Nouvel an 2015, les festivités de Noël et de l'Épiphanie sont dans notre nouvelle maison puis leurs enfants : Noah et Jessie, restent dormir et passer quelques jours avec nous.

L'année se passait tranquillement mais un soir, j'ai malencontreusement fait un faux mouvement. Une semaine se passe et je commençais à être bloquée une fois de plus à cause de la douleur. Nous sommes retournés chez le médecin qui m'a fait porter une attelle avec le bras au repos et en écharpe pendant une semaine. Selon lui, je m'étais froissé un nerf au niveau de l'avant-bras. Déjà à ce moment-là autour de moi, j'entendais sans cesse les « Bah, t'as vraiment pas de chance ! », « Qu'est-ce que t'as encore fait ?! » et je sentais les regards se poser sur moi sans cesse mais c'était raisonnable ! (J'encaissais ça plutôt bien jusqu'alors - NDLR) J'étais encore dispensée de sport car mon pied plus le poignet égal toujours exemptée ! Le jour où elle se finissait, je reprenais enfin le sport comme les autres. J'étais contente mais tout de même assez stressée. J'ai d'ailleurs fait demi-tour et je suis allée voir ma surveillante préférée en pleurs. Je ne voulais pas y aller, ils allaient se moquer de moi... Elle m'a accompagnée (c'était dans un bâtiment plus loin, en dehors du collège), rassurée et cela m'a vraiment fait du bien. J'avais eu à Marraine un superbe sac Gallantry pour Noël et je n'osais même pas le poser au sol de peur qu'il ne s'abîme. Je prends donc dans le vestiaire la toute petite place qui restait car les autres avaient déjà commencé le cours de sport et investit les lieux, forcément. Je me change rapidement non sans stress et les rejoins. C'était volley-ball. J'étais moins entraînée et surtout moins intégrée que les autres mais j'y mettais du mien autant que possible. J'ai pu courir chercher le ballon, taper dedans, cela peut paraître banal et futile mais vraiment, c'était une victoire pour moi. À la fin des deux heures de sport nous rejoignons le vestiaire. Je vois mon sac grand ouvert au sol, en plein milieu de la pièce. Je ne sais plus dans quelle mesure mes affaires n'ont pas aussi été éparpillées. (J'ai remarqué que ce dont je ne me souviens plus est en lien direct avec ce qui m'a le plus marquée ou fait souffrir et cela réapparaît par flashs la journée ou la nuit en cauchemars, très peu agréable, syndrome post-traumatique ? Certainement. J'ai assez d'étiquettes collées sur mon visage pour m'en rajouter mais cela est fort probable selon les différents thérapeutes qui m'ont suivie - NDLR). L'une des filles de ma classe dit « Ben oui, on n'avait pas assez de place pour nos affaires, on a poussé les tiennes ». Le soir, je suis allée au cirque comme je le faisais tous les mercredis soir depuis quatre ans. Mais ce soir-là, je reprenais le cirque aussi après plusieurs mois d'arrêt. J'ai fait du fil comme les funambules et mon pied d'appui étant le droit, j'ai mis tout mon poids dessus, trop puis sauter du fil au sol quand je perdais l'équilibre... C'est à ce moment-là, làà, lààà, lààààààààààà que j'aurais dû m'abstenir et faire la raisonnable en me disant que j'avais assez forcé pour aujourd'hui, mais non... ! Cela n'a que fait empirer les choses. Le lendemain et le surlendemain je me sentais courbaturée de la cheville (oui ça existe, enfin apparemment !) je me disais bizarre cela passera. Mais comme d'habitude, ça ne s'est pas passé. As always, retour chez le docteur. Le Samedi matin suivant, en plus je me suis levée tôt alors que j'étais crevée tout cela pour ça. Au départ, il m'a demandé si j'avais reçu un choc « Non je ne vois pas. - Tu l'as tordue ? - Non plus. - Ce doit être une petite entorse, rien de grave. » J'avais toujours aussi mal sans comprendre pourquoi. Comme dit Papa, on devrait pouvoir faire une carte de fidélité, sérieux avec moi, elle serait vite remplie ! Bref, j'ai passé le week-end à cloche-pied tellement j'avais mal et j'ai fini par demander en pleurant mes béquilles pour aller en cours du lendemain.

Je mentirais si je disais que je n'appréhendais pas les remarques que j'allais encore me manger, j'en avais des frissons. Vous savez, la boule au ventre qui vous empêche de dormir la veille d'un grand jour ? La même chose. C'est probablement débile ; cette histoire va prendre dix ans l'an prochain. Au moment où je l'écris, j'en ai les mains qui tremblent et le cœur qui bat à cent à l'heure. Je sais que c'est pour la bonne cause. Se remémorer une dernière fois dans les moindres détails pour poser tout cela ici, une bonne fois pour toutes. Eva, permet toi de lâcher tout cela. Tu en as le droit.

Je continue ce récit sauf que j'aurai quinze ans le mois prochain.

J'arrive au collège le Lundi. Je m'en souviens très bien, on était en Février ; le 2 et, il faisait encore noir à sept heures quarante-cinq du matin. Je sentais d'ores et déjà les regards se poser sur moi et entendais les messes basses sur mon passage clopin-clopant. Les gens de ma classe ont trouvé cela utile de débattre sur ma situation, péjorativement bien sûr. L'après-midi, j'ai cours d'anglais avec Madame M. Me voyant arriver, elle ne peut s'empêcher de lâcher de désolation « Non, ce n'est pas possible, tu n'as décidément vraiment pas de chance... » je lui ai répondu par l'affirmative avec un sourire aux lèvres. Le mois se termine, pas grand-chose ne bouge. Déjà un mois que je marche avec mes béquilles devenues indispensables. Je dis déjà un mois, mais au moment où j'écris je pense plutôt seulement un mois. Ma pauvre, tu ne te plains de rien comparé à ce qui va suivre.

Lilou est venue habiter à la maison le temps que la grossesse de Tatie se termine tranquillement afin de lui éviter tout effort comme son col était prématurément ouvert. Cela faisait d'ailleurs des semaines que je me subissais des douleurs abdominales, on me disait que c'étaient peut-être mes règles qui se préparaient. J'avais qu'une hâte, c'était que ce soit le cas pour que je puisse être tranquille. Le 27, mon adorable petit-cousin est né : Paco. C'était un jour inoubliable, même si j'ai dû m'y rendre en béquilles. Quand je l'ai tenu dans mes bras alors qu'il n'avait que quelques heures, mes yeux se sont remplis de larmes d'émotion. J'ai pensé : mais quand celui que je porterai sera enfin le mien ? Quel sentiment de fierté cela me procurait de l'avoir tout contre moi. J'ai eu mes premières règles les jours qui ont suivi et je me sentais fière, quelle étape dans la vie d'une jeune fille !

Quelques jours plus tôt j'avais passé en premier lieu une radio (Les délais sont longs et c'est ce qui causera ma perte. - NDLR) et (enfin) eu ma consultation chez un médecin traumatologue. Il m'avait dit que c'était je ne sais plus lesquels mais de petits os qui s'étaient probablement cassés et que c'était cela qui me faisait mal. J'aurais dû être plâtrée pour mon entorse mais c'était trop tard désormais.

Les semaines passaient et rien n'avançait, RIEN. Tout était au point mort. Le mois de Mars est fini. Déjà deux mois et les remarques commençaient à s'additionner « Tu n'en as pas marre ? », « Tu n'as pas bientôt fini de simuler un peu ? », « Tu exagères quand même », « Tu n'es qu'une pétasse profiteuse », « On t'a assez porté ton sac non ? ». Même un prof s'y est mis, mon prof de technologie. « Allez l'handicapée, on sort de la classe. Plus vite, je n'ai pas que cela à faire », « Espèce de flemmarde même pas capable de prendre les escaliers, tu ferais mieux de les descendre sur le cul, ça irait plus vite », « Handicapée » et j'en passe… Tout ça parce que j'étais plus longue que les autres. Je me rappelle également d'une autre scène de ce genre. Nous devions faire un exposé à deux. Bien sûr, personne ne veut d'une boule puante avec soi. Alors, je me suis retrouvée seule. Je suis allée gentiment demander à ce professeur si je pouvais me mettre avec une fille qui n'était plus avec son binôme (Elle était malade quelques jours). Il m'a dit « Oui, bien sûr ». J'étais assez étonnée de cette soudaine sympathie. Je me suis dit qu'il fallait lui pardonner ses malheureuses paroles, il faut savoir pardonner dans la vie. Mais la vie, elle, m'a vite rattrapée. Le jour de l'exposé, la personne absente était revenue, nous avions donc fini l'exposé sur les aspirateurs en plus, vraiment inutile… Toutes les trois. IL N'AVAIT JAMAIS RIEN DIT, JAMAIS. Quand il nous a appelées pour la présentation, nous nous dirigeons vers le tableau. J'étais toujours en béquilles à cette période-ci. Il remarque notre trinôme et demande qui est la « pièce rapportée qui s'est incrustée parce qu'elle n'a pas d'amis ». Je lève alors la main en baissant les yeux. Il fait mine de s'étonner et de prendre pitié, comme si je n'étais pas assez humiliée comme cela.

Summum de la confiance en moi, je pose en Mars, mon appareil dentaire. Bonjour la ferraille dans la bouche et les douleurs atroces de tiraillement, j'en aurai pour deux ans et demi de traitement mais cela en vaut tellement le coup ! Après avoir commencé par un faux palais fixe en CE2 et j'ai dû patienter quelques années afin que mes dents de lait soient arrachées (au nombre de huit en comptant les dents de sagesse quand même) vu qu'elles ne voulaient pas tomber d'elles-mêmes et enfin, attendre que les suivantes poussent ! À chaque rendez-vous chez l'orthodontiste, ne sachant pas si ce serait celui où j'allais poser mes bagues, sur la route et dans la rue menant jusqu'au cabinet, je mâchais mon chewing-gum dit du désespoir, le dernier avant un long moment, moi qui adorais cela. Étant une petite fille qui se rongeait les ongles depuis toujours, si je me tenais à carreaux, j'avais une récompense : des oursons en guimauve ou des malabars goût tuttifruiti, bigoût ou bubble-gum ; mon péché mignon !

Second trimestre de 4e : 14,21 de moyenne « *Eva est parvenue à maintenir de bons résultats ce trimestre malgré de nombreux soucis de santé. Nous l'encourageons à se remettre en selle pour le troisième trimestre et retrouver une qualité de travail et un investissement conformes à ceux du premier trimestre. Encouragements. »*

- **Français :** 15,33 « *Bon trimestre. Eva est une élève appliquée en cours, mais peut-être plus active à l'oral* » Mme U.

- **Mathématiques :** 10,27 « *Résultats trop moyens ce trimestre. Eva doit intensifier son travail et se montrer plus rigoureuse* » Mr D.

- **Histoire-Géographie :** 12,32 « *Ensemble correct, Eva est capable de mieux. Il faut te faire confiance et intensifier un peu l'apprentissage des leçons* » Mme Q.

- **Anglais :** 15,78 « *Très bon travail à l'écrit comme à l'oral* » Madame M.

- **Anglais Euro :** 15 « *Eva a fait un bon trimestre, il faut cependant s'impliquer davantage à l'oral* » Mme M.

- **Espagnol :** 16,13 « *Les résultats sont satisfaisants à l'oral comme à l'écrit grâce à un travail sérieux et régulier* » Madame S.

- **Sciences et Vie de la Terre :** 13,60 « *Travail sérieux, poursuivez* » Madame T.

- **Physique-Chimie :** 9,40 « *Des absences préjudiciables et pas suffisamment d'efforts pour y remédier, c'est un trimestre décevant* » Mr B.

- **Technologie :** 17 « *Excellent trimestre, travail sérieux et régulier dans toutes les activités. FELICITATIONS* » Mr W.

Alors NB : soit il a fait un copier-coller de ses appréciations, soit il est vraiment adepte du rire jaune, j'hésite.

- **Arts Plastiques :** 14,59 « *Bon trimestre dans l'ensemble, c'est bien. Les résultats sont en légère baisse mais le travail reste sérieux* » Melle L.

- **Éducation Musicale :** 16,89 « *Très bon trimestre aussi bien à l'écrit qu'à l'oral. Continuez !* » Madame G.

- **Éducation Physique et Sportive :** « *Dispensée* ».

Encore un mois de passé. Nous sommes en Avril, j'ai passé des radios, fait des prises de sang, passé une échographie, mais rien. Tout revient strictement normal ou négatif. Mes absences au collège s'accumulaient. Les diagnostics sont passés de simple entorse *à fracture, fracture de fatigue, tendinite. Puis un jour mon médecin traitant évoque l'**algoneurodystrophie**, il se pose la question à la suite de mon entorse de cheville qui n'avait pas été immobilisée correctement et qui s'était, de fait, mal remise. Cependant, c'était juste le cas extrême. Cela arrive chez les personnes de cinquante ans passés, pas de treize ans. Et puis c'est assez rare donc pas de raison que cela tombe sur moi. Mon pied tournait au rouge/ violet, restait froid alors que je mettais plusieurs paires de chaussettes et que j'étais sous la couette ou au contraire était inexplicablement chaud, d'un coup, d'un seul.*

Néanmoins, le seul examen capable de diagnostiquer ou d'infirmer cette pathologie était la scintigraphie osseuse et mon médecin ne voulait pas en prendre la responsabilité. Cela consiste en l'injection de produits radioactifs, qui en se fixant sur les articulations, permettent de voir s'il y a une activité anormale sur l'os. En attendant inlassablement la date fatidique du rendez-vous, je continue de me rendre en cours avec mes béquilles, ma douleur et rien qui ne se voie. Une jambe cassée, on la plâtre et basta. Moi, j'avais simplement une chaussette puisque j'étais incapable de passer une chaussure à cause de la souffrance que cela me procurait, rien que cette pression sur la peau m'était insupportable. Les camarades et les professeurs n'ont pas suffi, les médecins ont commencé à s'y mettre aussi, me soupçonnant de simuler vu que je n'avais rien de visible. Arrive la soirée des collégiens, comme Valou. Je ne voulais pas y aller puisque je savais que mon foutu pied allait tout gâcher. Maman me convainc, en me disant que cela me fera du bien d'oublier tout cela le temps d'une soirée. Elle m'aide à me faire une belle coiffure, je choisis un chignon haut en bun ; il me vieillit visuellement, non sans deux-trois brillances dans les yeux de Maman tout en me le faisant. J'avais mis mon haut de Noël pour l'occasion, d'un bleu électrique avec des paillettes noires au niveau du col et une jupe noire qui arrivait au-dessus du genou agrémentée de collants opaques. D'office, cela me grandissait et j'aimais l'aspect que cela me donnait, je me trouvais jolie. J'arrive à profiter tant bien que mal de ces quelques heures avec mes deux-trois amies restantes et je décide d'essayer de danser sur un pied certes, mais avec mes bras libres ; je le pose alors sur le sol pour maintenir mon équilibre Les autres y ont vu un appui ce qui le lendemain, me vaudra un flot d'insultes par Rayane et Tanguy en particulier « *Tu n'es qu'une espèce de salope, menteuse et qu'une connasse profiteuse* ». Le pire, c'est que je vois encore bouger les lèvres de ceux qui l'ont prononcé, leurs visages et regards me dévisager de la tête aux pieds. Merde, je n'ai plus rien à craindre ! Pourtant à vingt-deux ans et derrière mon clavier, je ressens tout de même un sentiment de : ce n'est pas si loin cette histoire et si cela recommençait ? Les rumeurs sont pires que la peste et les on-dit vont tellement vite. Mon amie Ghunyah si chère à mon cœur que je ne connaissais pas encore, me dit souvent une si jolie phrase que je me répète en ce moment précis « *Relève la tête princesse, ta couronne va tomber* ».

Le temps passait et ma démarche n'étant pas physiologique, mon corps a commencé à montrer ses premiers signes de faiblesse. J'ai attrapé une grosse plaque d'eczéma sur le coup du pied valide, j'y étais déjà sujette depuis petite mais cette fois-là, elle devenait de plus en plus étendue et ma pommade habituelle n'y faisait rien. Cela a donc fini par s'infecter. Le fait de marcher sur une seule jambe et de mal répartir le poids du corps modifie complètement la démarche : le dos, les bras, l'autre membre... Tout le corps en prend pour son grade. Mon pied restant avait un mauvais frottement dans ma chaussure, ceci explique cela et mon médecin, devant l'étendue des dégâts, me dit que je ne vais pas avoir mille et une solutions. Il fallait également l'épargner en le mettant au repos : fauteuil roulant obligatoire. Je ne passais déjà plus inaperçue depuis longtemps et maintenant il fallait y ajouter des roues ?! Et puis là, si l'ascenseur était en panne, c'était mort pour les escaliers. J'avais certes la chance d'avoir un collège "adapté" pour le handicap dans le sens où il était plat, accessible et avec un ascenseur à l'entrée mais il était fait tout en long et sur deux étages : RIP mes bras d'avoir traversé ce couloir à chaque intercours. Que ce soit pour changer de classe à chaque heure de la journée, sans compter les récréations ni la pause du midi. L'ascenseur s'ouvrait avec une clé qu'il fallait systématiquement demander au secrétariat et mon meilleur ami Thibault, qui en plus de porter mon plateau le midi et mon sac toute la journée, devait en plus se coltiner les allers-retours au pas de course pour ne pas louper le début du cours suivant. Pourquoi ne pas avoir tout simplement fait un double de clés à votre avis ? Puisque mon cher principal n'a pas jugé cela comme utile ni nécessaire, allez savoir pourquoi. Certaines dispositions de chaises et de tables dans les classes rendaient ma place habituelle inaccessible. Je devais alors me placer juste à côté de la porte pour plus de facilité. Chaque fois où la personne devait bouger à cause de moi la faisait râler après moi et cela me mettait dans un état de stress incommensurable lors du cours précédent le suivant, c'était vraiment un cercle sans fin. Cela aurait pu et dû s'arrêter à cela, mais non. Mon nouveau surnom était "Eva roulettes", les blagues les plus drôles à me faire : « *Ça va l'handicapée, ça roule aujourd'hui ?* » et j'avais droit à des phrases telles que « *Beurk t'as vu tes habits, tes cheveux, tu me dégoûtes* », « *Quand je dis hippopotame en classe, tout le monde tapera des pieds au sol. / Quand je dis autruche, tout le monde met sa tête sous la table* ». De manière à m'exclure délibérément vu que moi je ne pouvais pas le faire et j'ai d'ailleurs le souvenir d'une fois où l'une des "claudette" de Philémon (c'est comme cela que j'appelle celles qui gravitaient autour de lui et qui le suivaient dans chacun de ses agissements) est arrivée derrière moi et m'a poussée à toute vitesse dans le couloir en courant, c'était "drôle" vous comprenez. Il y avait quotidiennement quelque chose et j'étais constamment sur mes gardes, me sentant en danger, avec la peur de ce qu'ils allaient encore comploter contre moi. Mes affaires faisaient le tour de la classe : écharpe, veste, foulard… J'ai fini par m'asseoir dessus pour être sûre que l'on ne me les prendrait plus. Il est fort probable que le fait de devoir rire jaune ou recevoir ce genre de "blague" ne me fasse jamais plus rire depuis. Nota bene, je prenais le bus scolaire chaque soir, seulement avec un fauteuil roulant c'est beaucoup plus compliqué voire impossible. Je le laissais donc à la fin de la journée devant la loge, à l'accueil, et je reprenais mes béquilles pour le bus. Le matin suivant, je switchais et ainsi de suite. Il restait donc là, disponible et à la vue de tout le monde puisque le principal du collège avait refusé de le mettre dans un local ou à la loge car cela allait "gêner". Thibault et moi habitions côte à côte et chaque jour, il portait mon sac jusqu'à la maison. Nombre de fois, le car empruntait un chemin différent et nous arrêtait au bout de la rue plutôt qu'à notre arrêt habituel qui était en face de chez moi. Je me rappelle d'une fois où j'ai dû marcher tout un kilomètre à béquilles et il compatissait, j'avais les mains rouge vif et les bras en compote mais bon pas le choix, dans la vie il faut avancer. La douleur n'était plus en option depuis longtemps déjà.

Un après-midi j'avais arts-plastiques avec Mademoiselle L. et elle nous avait donné pour projet de prendre une photo dans la cour de récréation. Je commence à regrouper mes affaires tout comme mes camarades et lui demande si l'une de mes amies pouvait aller s'enquérir de la clé d'ascenseur. Sa réponse : je vous la donne en mille… « *Oh non, ça va être long et ça va tout retarder, tu n'as qu'à rester dans le couloir et te mettre face au mur, tu vas trouver l'inspiration. Tu n'imagines pas tout le déménagement de te faire descendre ?* » génial, j'étais encore celle de trop. Puis un couloir c'est un couloir, je n'allais absolument rien y trouver. En prime, j'avais une chance sur deux de me ramasser une note pourrie parce qu'à coup sûr, je serai classée hors sujet. Une de mes camarades a alors pris pitié de moi et portée sur son dos jusque la cour. Je pense qu'il est approprié de dire que nous lui avons coupé l'herbe sous le pied ! Elle n'a rien trouvé à y redire mais mon regard du haut de son dos suffisait. C'était donc cette fille qui était mes jambes et grâce à elle j'ai pu être à égalité avec les autres. D'ailleurs, lorsque j'ai annoncé mon diagnostic d'algoneurodystrophie à cette professeure, elle s'était improvisée médecin et m'avait dit « *Dys correspond à difficultés et trophie… ? Hum, je ne sais pas trop* ». Je ne lui avais rien demandé et elle essayait de faire semblant de s'intéresser à ma santé ; c'était une fois de plus déplacé.

Vient l'épisode du foulard. Tommy qui était mon premier petit copain, avait un cours commun avec moi au Centre de Documentation et d'Information. Ce genre de moment en petit groupe où l'on apprend à se repérer dans le C.D.I, à avoir le code pour identifier le classement des livres. Même si nos étagères vides étaient plus nombreuses que celles remplies mais bon. D'ailleurs Mme V., j'aurais mieux fait de plus me concentrer pendant vos cours ! En études d'infirmière, j'ai bien galéré pour trouver mes documents. Ok c'était en Belgique, mais il n'empêche que la façon de fonctionner était semblable à la nôtre. La bibliothécaire était bien moins sympathique que vous et m'a envoyée sur les roses lorsque je lui ai demandé un peu d'aide. Avec le Covid nous n'avons eu que rarement accès à la bibliothèque (petit espace sans aération vous voyez le genre), donc le peu de connaissances données ont été vraiment dérisoires et seulement au cours de la première année. En troisième, c'était déjà passé aux oubliettes pour ma part. Leur intérêt a beau être minimisé, je trouve au contraire que cela nous sert toute la vie. Donc, cela faisait longtemps que l'on ne s'était vu et on papote pas mal, se taquine : c'est moi qui suis plus fort que toi, non c'est moi... Je décide de le lui prouver en enroulant mon foulard autour de mon poing pour le "protéger" et lui dis « *Vas-y, je vais te montrer moi comme je suis forte !* ». Erreur et mauvais calcul : il m'a pulvérisé le pouce. Je masque ma douleur avec un « *Oui bon, tu as gagné* ». Cette idée à la con m'a suivie toute la soirée, cela me lançait comme pas possible et me pousser en fauteuil était vraiment infernal. Si vous décidez de vous pousser à une main ou avec une force différente dans chacune, vous tournez en rond et n'allez pas droit. De ce fait c'était quand même vachement handicapant pour le coup, haha. Un coup de pommade, une bande pour éviter d'en mettre partout et le tour sera joué. Je vois encore ce fameux cours de S.V.T, je peux le revivre et j'ai le regard de Tommy en tête. Je le vois tenir quelque chose dans ses mains et lui demande ce que c'est, curieuse comme je suis. Son expression change et je ne comprends pas « *Bah aller quoi donne-le-moi, moi aussi je veux voir !* » mais il hésite, je fais le lien ; c'était de moi dont il s'agissait sur ce bout de papier. Il était inscrit que j'avais fait exprès de lui demander de me faire mal et que c'était la preuve que je simulais, une fois de plus. Ma professeure a remarqué le passage de main en main et je sais qu'elle a cherché parmi ses copies de devoir surveillé et de devoir maison à qui correspondait l'écriture, elle voulait savoir qui était derrière à tout prix. Mais nous n'avons jamais su puisqu'aucune écriture ne concordait, la personne ayant utilisé ses deux neurones restants pour modifier son écriture. En parallèle de tout cela, je dois maintenir mes notes à flot. Parce que quand même à la base, l'école est faite pour apprendre et s'instruire et non pas se faire humilier ni traîner dans la boue de la sorte.

Mai arrive et le diagnostic également, enfin. J'ai rendez-vous chez un médecin rhumatologue et je m'y rends avec Papa et Maman ; il prit d'abord un air étonné de me voir arriver en fauteuil roulant, nous nous justifions donc une fois de plus, puis il me demande de me lever et à son infirmière qui l'assistait, de me faire marcher. Les larmes me montaient tant la douleur était forte mais je ne disais rien et faisais ce que l'on attendait de moi, peu importe ce qu'il m'en coûtait. Il finit par faire sortir mes parents et on se retrouve seuls « *Papa et Maman ne s'occupent pas assez de toi et tu as besoin d'attention ? Tu n'en as pas marre d'exagérer un peu avec ton fauteuil ?* ». Et voilà, mon ressenti était une fois de plus remise en cause et ma douleur aussi : gros sentiment d'illégitimité pour moi. À la fin de la "consultation", il fait re-rentrer mes parents et demande après ma seconde chaussure. Ma mère lui dit que je ne peux plus la mettre et il s'exclame en disant que c'est vraiment dommage puisque si cela ne tenait qu'à lui, je serais repartie à la voiture sur mes deux pieds pour arrêter tout ce cinéma. « *Bon, on va la faire cette scintigraphie, je vais te la prescrire. Mais seulement pour me prouver que j'ai raison, tu es trop jeune pour ce type de pathologie et cela ne correspond pas de toute façon* ». Mes parents étaient, je pense, plus furieux que moi en sortant du cabinet. Moi, je me sentais résignée et prenait sur moi cela me passait limite au-dessus et je commençais franchement à avoir l'habitude de ce genre de comportement à mon égard. L'inverse m'aurait plutôt étonnée. Le rendez-vous est pris, nombreuses sont les semaines qui vont défiler et pendant ce temps-là bah... Vous devez juste supporter, subir et continuer à vivre, il n'y a rien d'autre à faire et c'est bien là que le mot patient prend tout son sens. En parallèle à cela, j'entame la kinésithérapie ; la méthode employée était le massage transversal profond qui vise à délier en profondeur les "tensions" et chaque séance était une véritable torture, les larmes montaient toutes seules avec une douleur tellement forte que j'en dégoulinais. Pour vous représenter la sensibilité que j'ai aujourd'hui, rien que si mon chat pose la patte sur le point où l'algoneurodystrophie s'est posée, cela suffit à me faire mal et pourtant cela va bientôt faire neuf années que je l'ai déclarée. Le Mardi de la scintigraphie arrive et le matin, je devais passer un scanner de la cheville qui est revenu normal et j'en étais même déçue, cela n'allait pas faire avancer le schmilblick. Maman m'accompagnait aux deux rendez-vous et du midi, nous avons pique-niqué dans la voiture avec les traditionnels sandwichs triangles jambon-emmental et la gaufre liégeoise au chocolat en dessert. C'était notre pique-nique à nous, quand on sortait en journée shopping avec Maman et Valou par exemple. La scintigraphie osseuse était donc mon examen de la dernière chance avant que je ne doive me résoudre au fait que ce soit, comme les médecins le disaient, de la pure invention. Elle me dit alors une phrase qui restera gravée dans mon esprit « *Écoute ma chérie, s'il n'y a rien sur cet examen, il faudra essayer de te convaincre que c'est dans ta tête mais que tu n'y peux rien* ». Les médecins avaient même réussi à retourner le cerveau de ma mère. Elle me l'avait dit dans une pure volonté de me préserver, ne vous méprenez pas. Mais j'ai ressenti un profond sentiment de désespoir et de solitude. Si même ma Maman qui m'avait toujours soutenue et défendue bec et ongles ne me croyait plus, j'avais tout perdu. Mais je n'étais pas folle, je savais que je ne simulais pas, j'aurai largement préféré ! J'étais très stressée de passer l'examen et d'avoir encore un résultat négatif. On m'injecte le produit en intra-veineux puis il faut attendre plusieurs heures qu'il se fixe sur les articulations et crée un contraste sur les clichés pris. Durant ce laps de temps, il faut boire minimum un litre et demi d'eau pour pouvoir éliminer le maximum de produit de manière à ne laisser que le nécessaire et rendre les images le plus net possible. Sensation très peu agréable ; devoir ingurgiter autant de liquide en si peu de temps. Voyez-vous la scène des visiteurs avec la questionnette de Frère Ponce ? Hum, c'est sensiblement le même ressenti. Au bout de deux à trois heures, je passe l'examen ; c'était l'équivalent d'un scanner, je suis allongée avec les pieds rentrés vers l'intérieur et tenus dans cette position par un scratch. Cela durera environ vingt minutes au cours desquelles il faudra rester absolument immobile. Un écran est à côté de la machine et nous retranscrit l'image en temps réel : les épaules, les coudes, les poignets, les hanches, les genoux... Tout y passe. Puis, quand vient le tour des chevilles : l'une est noire et l'autre est blanche. Nous échangeons sans un mot, un regard avec Maman qui parlait pour nous : l'affichage de l'écran était sans appel, ce n'était pas dans ma tête il y avait bel et bien un problème. La radiologue m'emmène dans une seconde salle avec une IRM qui prend des clichés à trois cent soixante degrés et en 3D, ce n'était pas prévu à la base et l'on m'a expliqué qu'ils avaient besoin de précisions. Une fois effectuée, je patiente de longues dizaines de minutes durant, l'angoisse pour obtenir le résultat monte. Le 12 Mai 2015, on m'annonce que j'ai une **algoneurodystrophie** à forme hypofixante avec une franche hypohémie diffuse avec hypofixation asymétrique du membre inférieur droit. Elle est représentée par une tache de couleur pour la localiser sur un contraste de couleur allant de zéro à cinquante et du noir au rouge. Cela avait l'aspect d'une grosse flamme sur mes clichés et évaluée à quarante-quatre. Non ce n'était pas dans ma tête et je savais enfin pourquoi j'avais mal, j'allais enfin pouvoir "justifier" mes douleurs et arrêter de me prendre un tas de remarques désobligeantes ! Haha, si seulement. Je l'apprends à mes copines du lendemain, heureuse comme tout. Je les vois me regarder d'un drôle d'air, comment peut-on se réjouir d'avoir une maladie ? Au moins, j'avais la preuve de ce que je ressentais au plus profond de moi, il n'était plus question de somatiser ou de mettre cela sur le dos de la croissance, du stress ou de me rendre "intéressante" comme j'ai pu si souvent l'entendre...

Un rendez-vous avec une rhumatologue pédiatrique spécialiste est pris dans la foulée, il sera dix-sept jours plus tard et franchement, ce fut encore raisonnable. J'ai eu de la chance que ce soit si court. Je continue en attendant d'aller chez la kiné car j'avais, à force, une fonte musculaire importante : l'une de mes deux jambes de pantalon était remplie tandis que l'autre flottait et l'on ne s'en est pas tout de suite pris conscience. La doctoresse m'examine puis met en place un traitement visant à enfin me soulager après les quatre longs mois que je venais de traverser. Elle me prescrit de la

Gabapentine sous forme de Neurontin, à raison de trois gélules de trois cents milligrammes et ce trois fois par jour. Autant vous dire que cela m'a assommée. Je tombais de fatigue pile trois heures après la prise, on s'amusait à chronométrer avec Thibault et j'étais réglée comme une horloge, je ne loupais jamais le coche, et ce, indépendamment de ma volonté, impossible de lutter contre. Comment voulez-vous suivre une scolarité normale avec un tel dosage ? Pas une fois je ne suis rentrée pour me reposer ou n'ai raté un cours ; aucun traitement de faveur. La première fois c'était en cours d'anglais, Madame M nous avait mis un film en classe pour pouvoir travailler dessus ensuite. J'ai senti mes yeux piquer mais sans plus. D'un coup, je sens que l'on m'appelle et cela me tire de mon sommeil, je m'étais profondément endormie sur ma table sans même m'en apercevoir. Elle est venue tout doucement pour me réveiller, ayant vu qu'avec la sonnerie et tout le raffut de mes camarades pour quitter la salle de classe je n'avais pas bougé d'un poil. Je n'ai pas eu beaucoup de professeurs qui ont réagi avec cette bienveillance. Je n'ai pas vu la fin de ce film d'ailleurs… ! C'était à Londres en temps de guerre, avec des enfants qui partaient se cacher dans d'autres familles il me semble. Madame M, si vous avez encore le titre sous le coude je suis preneuse car le suspense est insoutenable ! Une autre fois en cours de français, je tombais tellement de fatigue au sens propre du terme, que je me suis pris ma table en pleine figure. Lors de ceux d'histoire, tandis que nous étions assis côte à côte avec Thibault, je me plaçais de façon à avoir le dos tourné vis-à-vis de ma professeure lorsque je sentais que je m'endormais. Quant à lui, il la guettait dans la mesure où elle avait la fâcheuse tendance à venir me réprimander quand c'était le cas. Il avait donc le rôle de me prévenir en me secouant si elle venait en ma direction. *« Et pourquoi à elle, on ne lui dit rien ? »*, *« Elle joue à la console toute la nuit, c'est pour cela qu'elle est fatiguée mais en plus elle, elle a le droit de dormir ? »*, *« C'est vraiment injuste »*, *« C'est dégueulasse »*. Je disais quoi déjà ? Ah oui, j'allais pouvoir enfin justifier mes douleurs et arrêter de me prendre un tas de remarques désobligeantes. Eh bien non, cela n'a rien changé aux yeux de certains professeurs, du principal ou de la plupart de mes camarades de classe. Il aura fallu trois semaines avant de ressentir les premiers vrais effets d'efficacité du traitement. Je continuais les séances de kinésithérapie et réintroduisais petit à petit la reprise de la marche. J'ai commencé par remettre ma chaussure : sur mes deux paires, l'une était usée et l'autre quasiment neuve, j'avais l'air bien tiens ! J'ai pu aussi, après deux longs mois, enfin lâcher le fauteuil pour reprendre mes béquilles. J'ai le souvenir de la première fois où j'ai parcouru le couloir debout, le plafond me paraissait si bas et je me sentais si grande ! Ma perception des choses en étant assise avait forcément évoluée et je m'y étais habituée sans même m'en rendre compte. Progressivement, j'ai remis de plus en plus de poids sur mon pied et la kiné me demande alors de passer à une béquille. Avec cela, c'était donner le feu vert au surnom de Docteur House... Pitié ! Son fils était dans le même collège que moi et elle m'a dit (en rigolant) qu'elle lui demanderait si je l'avais bien enlevée sans quoi elle le saurait et je l'ai perçu comme un moyen de pression. J'étais dans un perpétuel délire de persécution.

Dernier trimestre de 4e : 15,26 de moyenne « *Très bon trimestre et très bonne année scolaire. Eva a su tenir compte des conseils donnés et a retrouvé une moyenne et un niveau de travail conforme à ses capacités. Félicitations.* »

- **Français :** 14,52 « *Trimestre assez satisfaisant mais les résultats sont en baisse. Beaucoup de bonne volonté mais des accidents de parcours et des consignes mal interprétées* » Mme U.

- **Mathématiques :** 11,90 « *Résultats et travail corrects ce trimestre. À poursuivre l'an prochain* » Mr D.

- **Histoire-Géographie :** 12,56 « *Trimestre correct, Eva est sérieuse et motivée. Je l'encourage à poursuivre dans ce sens pour l'année de troisième* » Mme Q.

- **Anglais :** 17,47 « *Très bien. Travail et sérieux sont au rendez-vous. Excellent travail, tant à l'écrit qu'à l'oral. Élève exemplaire avec qui il aura été agréable de travailler cette année* » Madame M.

- **Anglais Euro :** 14,00 « *Bon trimestre même si Eva doit s'investir davantage à l'oral en multipliant les prises de parole* » Mme M.

- **Espagnol :** 18,04 « *Très bon trimestre grâce à un travail sérieux et régulier. La moyenne est en hausse, félicitations !* » Madame S.

- **Sciences et Vie de la Terre :** 17,89 « *Grande progression ce trimestre* » Madame T.

- **Physique-Chimie** : 14,83 « *Des efforts dans le suivi et l'apprentissage des leçons, c'est encourageant, il faudra généraliser les efforts à l'ensemble des thèmes abordés en troisième* » Mr B.

- **Technologie :** 15 « *Travail et résultats encore satisfaisants ce trimestre* » Mr W.

J'ai ma réponse, il ne se souvenait pas de ma tête, c'est sûr.

- **Arts Plastiques :** 15,38 « *Très bon trimestre. Bravo ! Une très bonne année dans l'ensemble. Continue ainsi !* » Melle L.

- **Éducation Musicale :** 16,30 « *Bien toute l'année* » Madame G.

- **Éducation Physique et Sportive :** « *Dispensée* ».

J'ai souvent entendu qu'un élève qui rencontre ce genre de difficultés dans son milieu scolaire se réfugie dans le travail effectivement, cela se confirme. J'ai eu plusieurs rendez-vous de contrôle avec ma rhumatologue entre-temps puis ce fut magique car enfin je n'avais plus mal. Le dernier jour de l'année scolaire soit le 3 Juillet, j'ai pris mon courage à deux mains ou plutôt à deux pieds et suis allée au collège sans béquilles. J'ai pris sur moi pour les éventuelles douleurs restantes et la fatigue musculaire de ma jambe. J'ai voulu faire un effort pour cette dernière petite journée de l'année. J'avais aux pieds des sandales vert pomme flambant neuves que Maman m'avait achetées. Je ne les ai jamais plus remises après cette journée-là. Mes camarades de classe se sont dit que j'en avais eu marre et que je n'avais pas su jouer la comédie jusqu'au bout, voilà pourquoi j'étais venue sans ma béquille selon eux. Je me rends en cours de S.V.T. ; les bulletins étant faits, les derniers jours de cours ressemblaient à un camp de vacances avec des jeux de société, des goûters géants... Ce matin-là, c'était le jeu du Jungle Speed et il y avait un groupe qui y participait dont moi ainsi que l'autre fille avec le même prénom et quelques autres personnes. Au fond de la classe se trouvaient Philémon et ses claudettes qui chuchotaient et ricanaient et ma professeure a entendu mon prénom traîner dans leur bouche. C'en fut trop pour elle : le mot écrit sur le bout de papier, les messes basses...Et se met alors à hurler après eux *« Mais ce n'est pas bientôt fini, tout au long de l'année vous l'avez emmerdée, jusqu'au dernier jour ! Ça suffit maintenant ! »*. Ils se sont défendus en répondant qu'ils parlaient de l'autre fille et pas de moi *« J'en ai rien à foutre, j'en ai ras-le-bol de votre petit groupe ! »*. Ce grabuge a rameuté deux professeurs dont les classes étaient accolées à la sienne, se demandant quoi et tout en passant une tête dans l'encadrement de la porte *« Mais enfin L., qu'est-ce qui se passe, pourquoi tu cries comme ça ? »*. Après explications, ils les somment de faire leurs affaires puis de les suivre et les ont collés en retenue pour le reste de l'heure. Dès la minute où ils sont partis, instantanément, l'atmosphère s'est allégée et je l'en ai tant remerciée... Nous nous remettons à jouer, Madame T y compris, pour apaiser les esprits. Voilà comment cette année infernale prend enfin, fin.

Nous aménageons le reste de nos meubles au mois de Juillet puis, c'est au tour de Tatie de déménager quelques jours plus tard. Je ne porte rien et me ménage à cause de ma cheville encore fragile. Je peux m'occuper pleinement de Paco vu que les adultes portent les cartons et je prends ma mission très à cœur. Je le change, lui donne son biberon, le berce... À un moment, Mamie H et Maddie étaient assises sur le canapé du salon où était également le berceau de Paco et je l'y dépose doucement vu qu'il venait de s'endormir. Je les entends discuter entre elles et dire « *Elle fera une bonne maman cette petite, cela ne fait aucun doute* ». En Août, nous signons la promesse de vente de notre première maison. Ça y est ! Côté santé, n'ayant plus de douleurs, la rhumatologue stoppe mon traitement mais pas de manière progressive comme à l'instauration. S'ensuit un sevrage monstre, j'ai passé des semaines à en faire des insomnies. Elle disait que je mettrais environ six mois pour éliminer les médicaments présents dans mon organisme mais que j'avais enfin la forme physique pour retourner à Disney avec son aval ! Lilou fête ses six ans et Valou ses dix-sept. Son chat Cookie, nous avait fait les montagnes russes émotionnelles quelque temps plus tôt. Après avoir disparu pendant plus de deux mois, nous l'avions retrouvée grâce à une annonce sur Facebook à plus de quatre kilomètres de la maison. Elle était en si mauvais état : maigre, apeurée, sale et la queue cassée, mais nous avons réussi à lui redonner du poil de la bête puis la vie a repris son cours. Un Dimanche, elle revient de dehors en miaulant d'une très drôle de façon qui nous interpelle tout de suite ; elle saignait abondamment au niveau du flanc. On réussit à joindre un vétérinaire de garde, par chance c'était notre clinique habituelle qui était d'astreinte et l'on nous ouvre vers dix-neuf heures pour la soigner. Trop d'émotions pour moi qui ne supporte pas de voir mes animaux souffrir, ajoutées à tout ce sang puis à la pose du cathéter avec des miaulements à vous en déchirer le cœur. Je commence à me sentir mal, m'assois et prévient discrètement Papa avant de m'évanouir. Pendant longtemps, j'ai cru garder une phobie du sang à cause de cet évènement, plutôt embêtant pour une aspirante infirmière j'en conviens. J'ai dû travailler sur ce traumatisme qui me jouera quelques tours par la suite mais j'ai su faire la part des choses entre assister à un acte impuissante, qui plus est sur un sujet que l'on aime. À contrario d'être actrice du soin sur un patient avec qui plus est, une distance thérapeutique instaurée. Elle sera opérée du lendemain mais la plaie étant trop béante pour la refermer complètement, l'anesthésie fut plus conséquente que prévu, au vu de l'état de son arrière-train. Nous n'avons jamais su si c'était une morsure de renard (beaucoup rôdaient dans un espace protégé pour chouettes non loin de la maison) ou si elle s'était empalée en sautant sur une clôture. Elle ne récupérait pas et continuait de se dégrader de jour en jour « *Il va falloir prendre une décision* ». Soit l'assister h24 pour la mettre dans sa litière, lui approcher et lui tenir ses gamelles pour qu'elle puisse manger et boire, soit la laisser partir. Ce n'était pas une vie pour elle et Valou a donc décidé de la laisser s'en aller. Ce fut l'au revoir le plus dur qu'il m'ait été donné de vivre, la vétérinaire avait pleuré avec nous... C'était également la veille de son anniversaire et l'on enterrait notre deuxième chaton. Le jour J, nous étions à Disney et cette journée du 14 Août avait une saveur particulière en moi de "j'ai tenu bon toute l'année", c'était mérité. Nous partons en vacances pour la première fois en deux ans à Murol en Auvergne, dans un camping quatre étoiles. Le matin, j'allais chercher le pain et les croissants. Papa a même trouvé une piscine chauffée avec toboggan pour mon plus grand plaisir. Je respire enfin auprès de ma famille, nous soufflons tous après l'année que l'on venait d'endurer. Papa découvre le kayak avec ma sœur et le quad tout-terrain avec moi. Mon bracelet de camping ne me quitte plus et je refuse de l'enlever à la fin de mes vacances, il symbolisait trop de bons souvenirs et allait me donner la force pour ma prochaine année scolaire, j'en étais sûre.

La descente aux enfers

Septembre 2015. Rentrée en 3ᵉ4 pour moi et en Terminale ES pour Valou. Madame M n'était plus ma professeure principale. Elle avait cependant fait tout son possible auprès de la direction pour que je ne sois plus dans la classe de Philémon, ainsi cela me permettrait d'avoir une année plus sereine et qu'il me foute enfin la paix. Son réseau étant grand, certaines de ses "claudettes" étaient dans ma classe. Je me disais que sans lui, elles n'étaient rien et auraient bien moins d'aplomb, je me trompais. J'avais d'ailleurs fait trente-neuf de fièvre la veille de la rentrée, un merveilleux souvenir. Probablement que c'était un message envoyé par mon corps témoignant de ma grande appréhension ressentie à propos de la rentrée scolaire. Les jours se passent et je sens la douleur qui rapplique, elle n'avait pas le droit de refaire surface comme cela, c'était fini depuis presque deux mois… ! Mon médecin traitant m'avait dit que cette maladie durait environ six mois (en règle générale) et cela en faisait sept, je ne devais plus être concernée et être tranquille. Mais seulement comme je l'ai dit précédemment, mon collège était tout en long et je marchais beaucoup au cours de la journée. De plus, mon sac était si lourd à porter avec tous les livres et cahiers que tout cela a réactivé la douleur. La rhumatologue me represcrit de la Gabapentine mais cette fois-ci, je n'ai plus eu aucun bénéfice. Elle indique sur son compte rendu « *Je pense que son organisme a dû s'y accoutumer, néanmoins, cette jeune fille veut toujours rester dans la maîtrise* » et conseile de me mettre en lien avec une psychologue pour travailler sur mon stress. Elle tente alors le Laroxyl, un médicament utilisé pour les douleurs neuropathiques qui a eu pour seul effet de me constiper fois mille. J'en ai passé des nuits à me tordre de douleur sur les toilettes, c'était insupportable et surtout, la douleur de ma cheville ne cédait pas. Au bout de trois semaines de souffrance intense, j'ai dû me résoudre à reprendre mes béquilles, resubir les regards, les blagues qui ne me faisaient pas rire, les remarques et tout recommençait de plus belle. J'ai commencé la balnéothérapie à cette période-là ; je n'étais qu'avec des personnes de soixante voire soixante-dix ans : j'étais la seule jeune et je ne me sentais franchement pas à ma place. J'avais presque quatorze ans mais qu'est-ce que je foutais là, limite au milieu d'un cours d'aquagym sénior ? La différence de température entre mes deux membres se faisait de nouveau sentir puis je commençais même à ravoir des pertes de sensibilité comparables à un engourdissement, qui montait jusqu'au-dessus du genou parfois. Lors de l'un de mes cours d'histoire, j'avais devant moi un camarade de classe qui n'avait personne à côté de lui, par conséquent, j'en profitais pour allonger ma jambe. Il eut la riche idée de me piquer le membre avec son compas et, voyant que je ne réagissais pas, m'a dit « *Mais attends, tu ne sens vraiment rien ? - Ben non ?* ». Mis à part cela, je faisais exprès depuis plus d'un an. Il est vrai que c'était si drôle de passer, mis bout à bout, un an avec des béquilles pour se déplacer systématiquement, même dans la maison. Ce qui abîmait chaque fois un peu plus mes articulations à force de devoir soulever l'entièreté de mon corps à longueur de journées. Il est vrai que c'était si fun d'avoir d'énormes cloques aux mains et du mal rien que pour rentrer chez moi à cause de l'allée en palettes qui, avec la pluie et la boue, avait vite fait de rendre glissant le caoutchouc de mes béquilles. Enfin, lorsqu'il ne fallait pas viser entre les ajours. J'ai d'ailleurs une fois glissé par temps de pluie chez le vétérinaire : le caoutchouc de ma béquille a fait savonnette sur le carrelage et je suis tombée de tout mon poids sur celle-ci. Aux urgences, le médecin a suspecté une fracture du bassin et comme ça ne se voyait pas (again and again), il me demande de marcher dessus pour voir si c'était cassé, LOL, comment vous expliquer que je ne peux pas marcher, ni même poser le pied par terre ? Nota bene : j'ai fini par devoir changer ma paire de béquilles, tellement que le caoutchouc était usé ! C'était le métal qui était en contact avec le sol et j'allais rayer le beau carrelage de Papa !

La veille de mes quatorze ans, je n'avais pas le cœur à la fête, au contraire. J'étais plus que mal dans ma peau et décide donc d'écrire une lettre qui véhicule toute ma souffrance. J'ai tellement mal au cœur de savoir que j'ai été un jour à ce point de désespoir ultime.

> « *Je me sens triste, démunie, dépressive, dégoûtée de la vie et de ce qu'elle a pu m'apporter. Je veux me suicider, je n'aime plus ma vie, la personne que je suis devenue. I want to be dead. Je n'ai plus envie de me battre. Je n'ai plus envie de RIEN. Le 22 Octobre 2015 à 20h. Au revoir et bonne continuation. Continuez sans moi, vous le pouvez.* »

Je n'aurais pas osé faire quoi que ce soit, considérant que je manquais trop de courage pour cela et que surtout je ne voulais pas décevoir, ni briser mes parents. Un jour, trois ans plus tard, Papy était venu me chercher pour m'emmener passer la journée chez eux, il me dit de but en blanc que si je m'étais tuée, il ne m'aurait jamais pardonnée. Ce fut très brutal d'entendre cela de sa part même si je sais que c'était une manière maladroite de me dire qu'il tenait à moi. Seulement, je ne l'interprète évidemment pas de la même façon, avec le recul que j'ai aujourd'hui presque dix ans après les faits, comparé à l'instant T.

Je reçois pour mon anniversaire mon premier téléphone tactile où je peux installer des applications ! Les semaines passent, un vide se creuse en moi et la peur m'habite ; le début de ma phobie scolaire. En cours parfois, mes larmes coulaient et je ne savais même pas pourquoi. Une fois, ma professeure m'a demandé si ça allait, je ne m'étais pas aperçue que je pleurais ; je venais de bâiller, je pensais que c'était à cause de cela, je n'y faisais pas attention. Une autre fois en maths, tandis que je réussissais mes exercices (chose qui n'arrivait pas souvent car, si je ne comprenais pas rapidement, cela avait vite fait de m'énerver et j'abandonnais), je levais la main pour qu'elle vienne constater mon échec une fois de plus et comprendre ce qui bloquait. Pourtant cette fois-là j'avais compris, j'avais la bonne réponse, mais aucun sentiment positif ne s'emparait plus de moi : impossible. Un jour, cette même professeure, Madame P, croise Maman dans la loge, elle la connaissait bien vu qu'elle était très impliquée au sein de l'association des parents d'élèves du collège. Elle la salue et lui demande comment je vais, Maman lui donne les dernières nouvelles concernant ma cheville. Elle l'interpelle en lui disant qu'elle me trouve "éteinte en classe" et Maman ne réagit pas tellement, les maths n'étant pas mon truc ce devait être à cause de cela. J'avais de plus en plus de mal à me rendre au collège et la boule d'angoisse dès le réveil était de plus en plus grosse. Chaque matin pour me motiver, je mettais sur ma 3DS via YouTube les sketchs de Muriel Robin. Voilà pourquoi je les connais par cœur... *Le noir, le répondeur, la maison de retraite, l'addition, le testament.* C'était la seule chose qui me donnait du cœur à l'ouvrage pour affronter la journée qui m'attendait. En rentrant le soir dans le bus, c'étaient les musiques dans les oreilles de Keen'V. Surtout *Petite Émilie* qui faisait totalement écho à ce que je vivais.

Le Mardi 17 Novembre, j'avais eu cours d'anglais euro juste avant le repas de midi et pour une fois, je n'avais pas demandé à Thibault de prendre mon sac. Lassée de toujours devoir demander de l'aide et d'être dépendante pour tout, de lui causer tant de tracas. Treize heures trente arrivent et les cours allaient commencer. Nous avions sport (égal deux heures de permanence pour moi) et juste avant, je vais le voir et lui demande après mon sac. Il l'avait mal pris et m'avait répondu qu'il n'était pas mon chien, je n'avais qu'à me débrouiller toute seule. Je ne lui en veux pas, je comprends qu'il en ait eu marre. Les larmes me montent aux yeux, il a voulu me consoler mais me prendre dans ses bras impliquerait des questions du genre « *Vous êtes ensemble ?* » et l'on en avait déjà mangé depuis notre sixième alors franchement, flemme de se justifier. Je me suis excusée et nous nous sommes expliqués, tous deux bien désolés. Il est allé chercher mon Eastpak en quatrième vitesse dans la classe de Madame M et me le ramène avant de repartir, au pas de course, en sport. Il est arrivé en retard forcément... Ne pouvant évidemment pas honorer les cours d'E.P.S et ayant encore une heure de cours après, je devais rester dans l'établissement. Je me mets dans une petite salle de permanence où il y avait un Pc. J'essaie de m'occuper mais j'en profite surtout pour envoyer des messages à Maman. Il fallait se cacher car le téléphone portable était interdit, mais elle ne m'a jamais disputée, au contraire. Je pense plutôt le fait de pouvoir me parler la rassurait « *Maman, vient me chercher, je veux rentrer, s'il te plaît je n'en peux plus, je suis si mal d'être ici, je ne supporte plus.* », elle me conseille d'aller voir l'infirmière et d'en parler avec elle. Si je dois rentrer, il fallait dans tous les cas passer par elle, je reprends mes béquilles et me dirige vers son bureau. « *Oh bonjour Eva, comment vas-tu ? À ce que j'ai su tu as dû reprendre tes béquilles... ?* », je parviens à lui dire que non ça ne va pas fort avant de fondre en larmes. Devant ce tableau elle appelle Maman pour qu'elle vienne me récupérer : ouf. Je rentre me mettre en sécurité ; mes parents, ma sœur, mon chien, mes chats, ma chambre : mes repères. Je la supplie de ne pas y retourner le lendemain « *Dans quel but ? Cela ne va pas régler ton problème - Justement Maman, il faut que je réfléchisse à comment surmonter ce problème* ». J'y songe toute la journée, essayant vainement de me remotiver et de trouver de la force pour m'y rendre de nouveau. Jeudi 19 Novembre je reprends alors le chemin du collège avec de nouveau sport et donc deux heures de permanence. Je me retrouve de nouveau dans cette petite salle où je continue d'envoyer des SMS à Maman. À l'identique je retourne voir l'infirmière... Cette fois-ci, j'étais plutôt vide d'émotions, ce qui ne me ressemblait aucunement et qui l'amène à me poser cette question « *Eva, est-ce que tu as envie de mourir ?* ». Je n'ose pas la regarder, la tête et les yeux fixés vers le sol et lui réponds par hochement de tête. Je venais de réaliser que oui, c'était ce que je voulais le plus, être soulagée. Elle décroche son téléphone et appelle Maman « *Je pense que votre fille fait une dépression, il va falloir la faire suivre par un psychologue. Mais d'ici-là, ne la forcez pas à revenir au collège. On tourne en rond, elle sera mieux chez vous* ». J'étais juste en face d'elle lorsqu'elle a passé ce coup de fil, elle me reconnaissait un mal-être dont je ne m'étais même pas rendu compte et que je me taisais. Mon premier trimestre se finit donc comme cela et ma présence à l'école également. Je n'y retournerai pas avant plusieurs mois.

Premier trimestre de 3^{e}4 : 14,30 de moyenne « *Les résultats sont encourageants mais un gros effort est attendu dans les disciplines scientifiques. En effet, Eva doit travailler le raisonnement, l'argumentation et solliciter le professeur. Il faut rester confiante. Encouragements. »*

- **Français :** 13,91 « *Un bon début de trimestre. Par contre la seconde partie de trimestre était moins laborieuse. L'ensemble reste de qualité* » Mme G.

- **Mathématiques :** 11,58 « *Eva doit s'accrocher, rien n'est perdu et surtout ne pas hésiter à me solliciter, courage !* » Madame P.

- **Histoire-Géographie :** 13 « *Ensemble encourageant mais un peu irrégulier. Eva doit s'accrocher et tenter de participer.* » Mr D.

- **Anglais :** 17 « *Très bon travail ce trimestre. De la bonne volonté et de la régularité, c'est bien !* » Madame M.

- **Anglais Euro :** 16,60 « *Bon travail même si l'investissement n'est pas aussi important qu'en cours, par rapport à la différence peut-être ?* » Madame M.

- **Espagnol :** 17,65 « *Excellent trimestre, continuez ainsi* » Mr L.

- **Sciences et Vie de la Terre :** 13,60 « *Trimestre satisfaisant, continue les efforts* » Mme V.

- **Physique-Chimie :** 12,22 « *Eva apprend ses leçons mais c'est au niveau du raisonnement plus complexe que les difficultés apparaissent. Il faut s'exercer davantage et faire preuve de logique pour progresser. J'attends des efforts* » Mr B.

- **Technologie :** 12 « *Ensemble satisfaisant, continue ainsi* » Mr W.

- **Arts Plastiques :** 15 « *Bon trimestre, poursuivre les efforts* » Madame F.

- **Éducation Musicale :** 14,70 « *Bon travail* » Madame G.

- **Éducation Physique et Sportive :** « *Dispensée* ».

Je rencontre la psychologue deux fois par semaine. En écoutant le récit de mon année de quatrième, elle m'annonce que j'ai été victime de ce que l'on appelle le harcèlement scolaire. Elle fut la première personne à m'en parler. Je n'en avais aucunement conscience, je pensais que cela était normal car je devais le mériter. Mais non et elle m'en a déculpabilisé ; ce n'était pas ma faute. Je passe mes journées à la maison avec Maman, ce qui a pour effet de nous rapprocher d'autant plus. Elles étaient rythmées par les rendez-vous avec la psychologue et si je n'en avais pas, alors c'était repos à la maison. Nous nous sommes toutes deux refait l'intégrale de *La Petite Maison dans la Prairie* comme quand j'étais petite et nous jouions ensemble sur l'application Hay Day. Avant que je n'aie mon téléphone, je jouais sur sa partie ou avec celle de Valou, même Tatie et plus tard Lilou y ont joué. Maintenant que j'avais le mien, je pouvais enfin avoir ma propre ferme car il était impossible d'installer une quelconque application de ce genre sur le Black Berry ! Je passais aussi beaucoup de temps sur les Sims 3, ce jeu de simulation de vie qui me permettait de m'évader et de créer celle que je n'avais pas où celle que je voudrai avoir plus tard.

Désormais c'était Maman mon seul repère, sans elle je suis perdue. Je ne supportais même plus de m'endormir sans sa main dans la mienne et finis par installer mon matelas dans sa chambre, à côté d'elle. Je redeviens un bébé accroché à sa mère, dormant également avec Vanille, le meilleur médicament qui soit pour m'aider à trouver le sommeil. Au niveau des douleurs, vu que je marchais moins ça allait mieux. J'arrivais à faire des petites sorties avec une douleur supportable. Seulement, j'avais l'incessante angoisse de croiser quelqu'un du collège, et s'il me voyait sur mes deux pieds ? Cela lui donnerait du grain à moudre et encore des opportunités pour me dire de méchantes choses… Passer une après-midi au centre commercial me donnait des palpitations, je regardais sans cesse tout autour de moi. Maman tentait de m'apaiser, je n'étais pas évadée de prison et n'avais rien fait de mal donc je ne devais pas me sentir comme cela. Nous mangions très régulièrement le midi à Subway en sortant de chez la psychologue, de façon à changer des quatre murs de la maison dont je n'osais plus sortir. Les heures auxquelles le bus scolaire passait devant la maison me foutaient les jetons. Une fois, j'étais sortie chercher quelque chose dans la voiture et j'aperçois le bus avec des gens du collège qui en descendaient. J'ai couru aussi vite que possible pour me réfugier à l'intérieur, hors d'haleine et paniquée à l'idée que l'un d'entre eux m'ait aperçue et puisse se venger en m'envoyant des messages, parler sur mon dos ou monter mes deux amis restants contre moi. Un soir, tandis que je regardais Pronote (logiciel où étaient retranscrites les notes, absences…), j'y vois la note de quatorze, d'un travail en arts plastiques que j'avais rendu quelques semaines auparavant. J'en profite pour préciser que cette professeure, Madame F, a tout au long de mes absences, continué à citer mon prénom lors de l'appel. Thibault me l'avait dit et j'en fus très touchée. Plus tard, je l'en ai remerciée de vive voix. Elle m'a répondu qu'elle trouvait cela plus que normal car j'existais toujours et faisais encore partie de la classe. Ce quatorze fut insurmontable pour moi : j'étais donc aussi nulle que ça ? Je me mets à pleurer seule dans ma chambre et je rentre en crise, je ne réfléchissais plus tant ma détresse était intense. J'attrape ma paire de ciseaux et trace des traits sur mon avant-bras et c'est avec la douleur que je reprends mes esprits, je réalise immédiatement que j'ai fait une connerie même si ce n'était que très superficiel. J'étais morte de trouille à l'idée de garder une cicatrice et que l'on puisse un jour les voir et savoir que j'avais traversé ce genre de moment. Je descends dans la cuisine me réfugier auprès de Vanille, prostrée et en sanglots. Maman arrive dans la pièce et me demande ce qu'il se passe. Je ne disais rien, aucun mot ne sortait plus de ma bouche. Elle remarque mes "griffes" et se met à pleurer en me serrant contre elle, ne sachant pas si elle devait plus me disputer ou me réconforter... Elle était tout autant perdue que moi, toutes nos émotions se bousculaient. Nous faisons un compromis, elle me fait promettre de ne plus recommencer et moi qu'elle ne dise rien à ma psychologue. Ayant rendez-vous du lendemain avec elle, je craignais d'être enfermée dans un hôpital loin d'elle si elle l'apprenait.

Décembre, mes parents me laissent inviter Léonie à la maison et nous allons faire de la luge dans un marché de Noël. Elle a su me redonner un peu de joie de vivre le temps de sa venue mais une fois repartie, le soufflé est vite retombé. Je m'enfonçais de plus en plus, n'arborais plus le sourire que l'on me connaissait et mon rire ne se faisait plus entendre. J'attendais simplement que chaque jour passe et ô combien aurai-je voulu tomber dans le coma et me réveiller des mois plus tard quand tout ce merdier serait enfin derrière moi plutôt que de souffrir comme c'était le cas. Mes grands-parents et ma tatie se sont vite rendu compte qu'il y avait un changement dans mon comportement et me demandaient de sourire pour ma petite-cousine au moins, d'arrêter de tirer la tête. Mais si seulement ils savaient ce qui se jouait au fond de moi...

La rhumatologue me donne son aval pour reprendre petit à petit une activité sportive mais adaptée. Fini les sports trop violents où je peux potentiellement forcer sur ma cheville et mal me réceptionner. Elle me cite trois sports au choix : le vélo, la natation et l'équitation. La natation, j'en avais déjà pris des cours par le passé et n'en gardais pas spécialement de mauvais souvenir mais ce n'était pas pour autant un loisir. Le vélo ne me tentait pas tellement, à part quelques balades de temps en temps. J'ai donc commencé à me renseigner pour prendre des leçons d'équitation, chose qui sera faite au mois de Mars. J'effectue dans le même temps mon stage d'observation et de découverte qui s'effectue au sein d'une entreprise en classe de troisième. Je trouve une sage-femme qui exerce en libéral et qui accepte de me prendre avec elle, cela n'a duré qu'une semaine mais j'ai adoré. Je vous joins ma lettre de motivation :

Bonjour,

Je m'appelle Eva, j'ai quatorze ans et je suis au collège. Mais c'est déjà la dernière année, celle du brevet.

Et en troisième, nous devons réaliser un stage pendant une semaine afin de voir le cadre de l'entreprise et de nous aider à choisir notre orientation.

Moi, depuis toute petite, j'ai toujours beaucoup aimé les plus petits que moi je me suis toujours occupée de mes cousins, cousines avec beaucoup de plaisir ! Vers l'âge de huit ans, j'ai eu un livre "attendre un bébé" et j'ai vu qu'il y avait des sages-femmes, des puéricultrices et j'ai tout de suite beaucoup aimé ces deux métiers-là.

Avoir ce stage me permettrait de savoir si c'est vraiment avoir un métier dans le milieu médical qui me correspond ou pas !

J'aime beaucoup le contact avec les enfants, surtout les bébés !

J'adorerais pouvoir faire mon stage avec vous pour découvrir de nouvelles choses et ça ne sera que bénéfique pour mon orientation et mon futur métier.

Merci pour le temps et l'attention accordés à ma demande.

Eva.

Le 24 Décembre puis le 25 et le 26 se font chez Papy et Mamie. C'est au cours du repas que j'ai décidé de commencer à diminuer mon traitement qui de toute façon était inefficace et me causait plus de tort que de bien. Je devais me faire à la douleur et vivre avec, je n'avais pas le choix et limiter mes déplacements sur de longues distances si je ne voulais pas souffrir le martyre. Je l'ai donc stoppé quelque temps plus tard. C'était d'ailleurs la première fois que je me retrouvais avec autant de personnes depuis longtemps, je gardais sans cesse Vanille sur moi pour me rassurer. Nous avons célébré la nouvelle année à la maison. Inès, mes taties et mes grands-parents, on s'est tous réunis. J'avais mis mon tee-shirt "La vie est belle" pour me mettre du baume au cœur. Là où tous les ans je me faisais belle à me coiffer et porter une belle robe, me mettais des paillettes dans les cheveux... J'étais en jean noir et mes baskets converses aux pieds. Le décompte se termine et 2016 est lancé. Tatie est la première à venir me souhaiter ses vœux, me prenant dans ses bras et me soulevant du sol. Elle me dit qu'elle ne me lâcherait pas tant que je ne lui aurai pas promis que j'allais arrêter mes "bêtises" qui faisaient beaucoup de peine à Papa et Maman ainsi qu'à toute la famille et que je ferai des efforts pour aller mieux. Je me suis sentie incomprise et ai capté qu'elle n'allait pas me laisser tranquille tant que je n'aurai pas dit ce qu'elle voulait entendre. Je lui ai promis pour lui faire plaisir et j'ai foncé dans les bras de Maman. Je sais que cela partait d'une bonne intention mais forcée de constater que ce n'était pas la meilleure chose à dire... Il est difficile de savoir quel discours employer, faire face à une telle situation c'est toujours avancer à tâtons en marchant sur des œufs et dans le flou le plus total. Cela m'a blessée sur le moment c'est vrai, mais il faut savoir pardonner et aller de l'avant. C'est chose faite aujourd'hui.

Nous prenons la route le Vendredi 15 au soir et dormons dans un hôtel Disney : le Santa Fe. Je me souviens me tordre de douleurs au ventre ce soir-là et me dire que cela allait gâcher ma journée du lendemain. La seconde nuit, nous la passerons dans l'hôtel Newport Bay Club, un autre hôtel Disney : le troisième dans l'ordre de ceux les plus luxueux, le premier étant le Disneyland Hôtel. Voyez-vous les chariots à bagages dorés ? Eh bien, il y en avait et ce fut la première fois que j'en voyais, je les ai même pris en photo, nous étions dans une autre dimension ! J'ai douillé à marcher autant, c'était dur pour mon corps mais Disney m'apaisait l'esprit, cela en valait la peine. Je ne voulais pas couper la file d'attente même si je savais y avoir potentiellement le droit, c'était une question de légitimité puisque je pouvais me tenir debout et n'avais donc pas envie de me considérer telle une incapable. Probablement le regard et le jugement des autres pesant sur mes épaules, j'ai préféré prendre sur moi comme toujours. Je vis pour la première fois la peluche de Stitch au format XXL et j'ai vraiment louché dessus : tout venant à point à qui sait attendre, un jour je l'achèterai ! Février, Léonie revient pour quelques jours à la maison. Nous allons au cinéma ; au programme : *Joséphine s'arrondit* et nous nous sommes même amusées en demandant à l'hôtesse de caisse lesquelles de nous trois étaient deux sœurs et la cousine. Elle a pris Léonie et moi pour sœurs et Valou comme cousine. Peut-être avons-nous un petit air de famille même si cela remonte à nos arrière-grands-pères, hein Léonie ? Si ce n'est pas physique c'est au moins au niveau de la personnalité. Elle aussi aura des problèmes de santé, on lui diagnostiquera à tort ou à raison une algoneurodystrophie aussi, j'en ai pleuré en l'apprenant, espérant de tout mon cœur qu'elle ne vive pas le même enfer que moi, par pitié. Elle s'en est sortie et aujourd'hui, arrive à mener une vie normale et c'est tout le mal que je lui souhaite. Personne ne mérite de vivre cela et encore moins ma famille, si chère à mon cœur. Nous jouons à des jeux de Wii, regardons la série *Fais pas ci, Fais pas ça* qui est notre préférée - nous avons rencontré en dédicace Valérie Bonneton cette année. Vous n'imaginez pas le symbole que cela représentait pour moi, pour nous - je lui fais également découvrir le monde des Playmobil, elle n'en avait pas et par la suite, elle en a même acheté !

Valou se fait opérer des dents de sagesse, nous l'accompagnons donc tous ensemble à l'hôpital et l'attendons dans sa chambre. Quant à moi, je suis prise de spasmes digestifs mais cette fois-là c'était d'une rare puissance ; Papa m'a alors emmenée aux urgences et j'ai cru mourir sur la route tant c'était intense. On m'a suspecté une appendicite mais pour finir, il s'agissait d'une probable infection urinaire selon eux. On m'a annoncé qu'en même temps l'échographie avait révélé que j'avais **l'utérus** *rétroversé*. Rien de grave, Maman et Mamie ont la même chose, la physiologie de l'utérus est juste inversée : il est basculé vers l'arrière plutôt que vers l'avant et cela peut cependant être responsable de règles douloureuses. Rosalie fête ses vingt ans, déjà, comme le temps passe et du côté scolarité, on se renseigne sur une clinique qui dispense le soins-études sur conseils de Frédérique (la surveillante de mon collège dont j'étais proche) qui travaillait aussi là-bas en tant que professeure d'histoire. Le SAPADEMA a été évoqué ce mois-là.

Selon notre ami Google : " Le SAPEMA-SAPADhe a pour objectif de maintenir la continuité des enseignements et le lien avec l'établissement scolaire dans le souci de préparer le retour de l'élève en classe dans les meilleures conditions. Il s'agit d'accompagner les parents ; responsables et acteurs de la mise en œuvre du projet de vie de leur enfant avec un service performant, professionnel, gratuit et capable de répondre à toutes les situations. Le SAPEMA-SAPADhe s'inscrit dans la complémentarité du service public et garantit le droit à l'éducation à tout élève malade ou accidenté. Il y a plusieurs étapes à ce dispositif. "

En premier lieu, les professeurs viennent à domicile en dehors de leurs heures de travail pour donner quelques séances de cours afin que l'on puisse raccrocher avec la matière dans nos repères. Deuxièmement, ils nous enseignent ces mêmes disciplines au sein du collège en individuel, pour renouer petit à petit avec l'environnement. Troisièmement, nous réintégrons en classe entière uniquement ces matières. Puis en dernier lieu, nous les reprenons de manière normale. Est-ce que cela a été respecté ou mis en place pour moi ? Non. J'ai pris connaissance de ces étapes au gré de mon stage en pédopsychiatrie à la fin de cursus de mes études d'infirmière. Dans ma situation, seules les mathématiques m'ont été enseignées avec Madame P et dès le début au sein de l'établissement. J'avais toujours cette boule au ventre rien qu'en franchissant la grille, même si j'avais Maman à mes côtés c'était très dur. Même une fois lycéenne, j'ai continué d'aller voir mes professeurs aux porte-ouvertes avec ce même frisson et ce nœud à l'estomac, cette sensation ne m'a jamais quittée. À l'obtention de mon diplôme d'infirmière, j'y suis retournée pour une dernière fois (j'y reviendrai dans le chapitre du processus de ma guérison), pour boucler la boucle et faire la paix avec cette période, un sentiment de pur accomplissement, j'avais réussi à surmonter cela pour et à en faire quelque chose ! Les cours de Madame P avaient le pouvoir de me remonter le moral, elle me faisait sourire en me taquinant. Déjà que j'étais une brêle en maths et ayant tout sauf la motivation d'étudier, voilà ce que cela donnait « *C'est quoi ça Eva ? - Hum, un rond ? Non, les ronds ce sont les gommettes pour les petits enfants, c'est un   cercle enfin !* ». En date du 25 Février 2016, la pédopsychiatre qui me suivait rédige un courrier pour lequel je lui en ai voulu à mort. Elle m'envoyait clairement à l'abattoir et remettait en plus, les cartes de mon retour au collège entre les mains de mon principal, j'étais piégée. « *Monsieur le principal du collège, à ce jour l'état de santé psychique d'Eva actuellement suivie sur le plan psychique et pédopsychiatrique, permet de réintégrer son établissement scolaire dans de bonnes conditions. Les modalités de cette reprise sont à définir par vos soins.* ». Il était hors de question que j'y retourne. Bordel j'avais si peur, plutôt crever que d'y retourner ! De toute façon, dès la rentrée de troisième nous avons été mis au parfum, celui-ci voulait absolument les cents pour cent de réussite au brevet : une prime était derrière vous vous en doutez bien. Plusieurs fois par mois, il faisait irruption en classe pour bien maintenir son climat de stress et de pression permanente. Au cours de ma déscolarisation, il me convoquait au moins une à deux fois par mois dans son bureau et heureusement Maman m'accompagnait. Il voulait que je change d'établissement : si je n'étais plus bien ici, il serait certainement plus judicieux d'en changer. Oui, pour que l'on me toise de la tête aux pieds comme l'extraterrestre qui débarque ? Non merci. « *Il n'y a pas de quelconque forme de méchanceté de la part des élèves comme vous le décrivez* », en gros : pas de ça chez moi. Puis je n'aurais jamais mon brevet dans ces circonstances, je devrais forcément redoubler, selon lui je ne saurais pas rattraper mon retard. Il était d'ailleurs persuadé par périodes, que Maman me retenait d'aller à l'école, allez savoir pourquoi. Chaque entretien était vecteur d'angoisse et de stress plus qu'intense pour moi. Combien de fois après l'épreuve que c'était pour moi d'y remettre les pieds, que ce soit pour les cours avec Madame P ou ces "entretiens", nous allions manger à Subway pour nous détendre. C'était l'équivalent d'une récompense. À un tel point qu'à force, les serveurs connaissaient notre commande par cœur.

Début Mars je revois ma rhumatologue « *Consultation en grande partie à discuter de cette crainte qu'elle a de retourner au collège et de se retrouver confrontée au regard de ses camarades et des enseignants. Elle a pour objectif un séjour en Angleterre pour une durée de quelques jours au mois de Mars. Elle s'était donné au début comme objectif d'essayer de retourner au collège avant le départ pour la Grande-Bretagne. Actuellement, elle ne semble pas s'en sentir capable, j'essaie de l'encourager dans ce sens. Je pense qu'il est important qu'elle puisse poursuivre sa psychothérapie. Elle souhaiterait avoir davantage de pistes au niveau de son comportement quotidien, l'attitude à tenir vis-à-vis de ses camarades* ». Le jour du départ fut la goutte d'eau qui a fait déborder le vase : mon cher principal s'est farouchement opposé à ce que je prenne part à ce voyage scolaire en Angleterre, celui qui me tenait à flot depuis des mois. Sous prétexte qu'il ne craignait que "je ne me jette par la fenêtre du bus" qui nous y conduirait ; ces dires sont véridiques. Les médecins avaient beau avoir attesté de mon aptitude à y aller puisqu'il était évident que cela allait me donner une bouffée d'air et d'entrain mais non. Il venait d'enlever la dernière chose qui me maintenait la tête hors de l'eau et qui me donnait une raison de me battre. Je l'ai appris par Maman. Ma professeure Madame M l'avait appelée il me semble, s'inquiétant de ne pas me voir arriver et ne comprenant pas pour quelle raison tandis que tout le monde m'attendait. Le principal s'était alors pointé en citant les mots ci-dessus et leur annonçant nonchalamment que ce n'était pas la peine de s'attarder. C'est elle qui nous l'a raconté, j'avais des contacts par emails assez régulièrement avec elle pendant mon absence. Nous avions même réussi à caler une heure entre deux de ses cours pour que je vienne la rencontrer afin de préparer le séjour. C'était compliqué car nous aurions voulu être ensemble avec Thibault mais fille et garçon dans la même chambre, ce n'était pas possible. Il fallait trouver une famille d'accueil qui avait deux chambres... Autant dire que cela semblait perdu d'avance et puis finalement le problème a vite été solutionné. J'avais par "chance" rendez-vous avec ma psychologue cet après-midi-là, je ne voulais cependant pas y aller. Elle entendait ce que je voulais bien lui dire et ne creusait pas plus, elle ne me tirait pas les vers du nez et ne se doutait donc pas d'à quel point j'avais les idées sombres. Comment formuler cela à quatorze ans ? Je n'arrivais pas à mettre cela sur table au détour de notre "conversation". C'est Maman qui a plus eu le rôle de psychologue auprès de moi, il n'y a qu'elle qui savait lire en moi quand je n'arrivais pas y mettre les mots. *« Maman, je n'en peux plus d'être enfermée dans cette maison à penser aux pires choses, chaque jour se ressemble. J'ai peur Maman, peur de moi »*. On convient de se rendre tout de même au rendez-vous, que cette fois-ci elle entrerait avec moi et dirait, si je n'y arrivais pas, les propos inquiétants que je lui avais tenus. Elle essaie donc tant bien que mal d'expliquer la situation. Ma psychologue écoute ; concentrée et silencieuse, puis elle la fait sortir *« Eva, est-ce que tu as déjà pensé à mourir ? »*, je ne sais toujours pas quoi répondre : mes parents, ma famille comptent sur moi ! Mon cousin est bébé, qu'est-ce qu'on lui dira plus tard ? Il pensera que je l'ai abandonné... Et mes parents ? Ils ne s'en remettront jamais, je ne peux pas leur faire ça, pas après tout ce qu'ils ont fait pour moi. Je hoche simplement la tête, encore, et la vois se mordiller les lèvres en rédigeant ses notes. Elle appelle la pédopsychiatre et l'interne qui avaient la charge de mon dossier et ils conviennent ensemble de me faire hospitaliser. Elle nous emmène en personne au bureau des urgences puis nous laisse avec eux. Depuis un mois il était question que je parte en soins-études, seulement les délais étaient extrêmement longs par manque de place. Je préviens par SMS Frédérique que ce n'était plus la peine d'attendre pour moi et Maman a fini par prendre le relais, ne sachant plus quoi écrire pour lui expliquer ma détresse du moment. J'échange également avec Thibault pour le prévenir également de la situation. Puis, je sors de la salle d'attente pour me rendre aux toilettes et je trouve en revenant, Maman en train de fouiller mon téléphone. Je me braque et me mets en colère. Elle s'excuse, elle qui avait tant peur pour moi, voulait savoir ce que j'avais écrit à Thibault pour se rassurer, ou pas d'ailleurs. Le psychiatre de garde fait alors irruption dans cette même pièce puis la fait de nouveau sortir. Il me reçoit donc à cet endroit, oui, merci la confidentialité. « Bon, les lits sont bondés ici, pourquoi tu ne veux pas rentrer chez toi ? - Je ne veux pas revoir ma chambre avec mes mauvaises idées ni mon père, surtout pas. - Pourquoi ? Il a été méchant avec toi, t'a violée, frappée ? (Oui comme ça texto, de but en blanc) - Cela peut arriver que je m'en prenne une quand je dépasse les limites si je l'ai mérité mais rien de plus, j'adore mon père. - Bah c'est quoi le problème ? - Si je retourne à la maison et qu'il sait ce à quoi j'ai pensé, j'ai tellement peur qu'il soit déçu de moi », fin de la discussion avec lui. Il fait re-rentrer Maman et lui dit que de toute façon il n'y a pas de place, il me donnerait un cachet pour la nuit et point barre. J'avais un rendez-vous prévu le lendemain, pris quelques semaines auparavant avec ma pédopsychiatre et son interne et selon lui, nous aurions tout le temps de voir pour une hospitalisation avec eux. Ma mère était folle d'angoisse, qu'allait-elle faire s'il y avait un problème ? « Bah, vous faites le 15 Madame ». Nous remontons toutes deux en voiture et crevions la dalle, il ne restait que le McDo d'ouvert à minuit passé. Elle me demande ce que l'on fait et je n'en avais moi-même, aucune idée. Je ne voulais pas rentrer et savais que si je le faisais, j'allais entendre au cours du rendez-vous du lendemain que ce n'était pas si grave finalement, je n'avais pas besoin d'être hospitalisée. Il faisait très froid cette nuit-là et nous étions réellement épuisées. C'est la mort dans l'âme que l'on rentre et nous couchons l'une contre l'autre, Papa était parti dormir dans une autre chambre. Elle a fait en sorte de respecter mon choix afin que je ne le croise pas.

Le lendemain, le 8 Mars : l'interne me reçoit avec Maman, en concertation avec la pédopsychiatre et en totale contradiction du discours tenu la veille, ils avaient changé d'avis sur l'idée de m'hospitaliser. Comme de fait « *Tu as su rentrer et passer la nuit chez toi, ça ne va pas si mal que cela* », il sort chercher des documents et nous restons seules « *Il faut que j'aie des traces sur les bras pour qu'il comprenne ?!* ». Je me sentais dépourvue de toute aide, en colère et surtout j'avais peur, peur de faire **la** connerie. Le voilà qui rentre à nouveau dans la pièce et Maman voulait que je lui répète mes mots, seulement, je n'avais absolument pas envie de me confier à lui qui n'en avait clairement rien à taper. Je me prostre, me mets en mode défense et n'interagis plus : c'était mon mode de "sécurité". Elle finit par le faire et il n'a eu aucune réaction, zéro. Je ressors énervée, dépitée et plus suicidaire que jamais, c'est dans ces conditions que nous reprenons le chemin de la maison. Nous en échangeons tous les trois avec Papa, tant pis pour la déception mais c'était devenu une question de vie ou de mort. Le soir-même donc, nous nous rendons au service d'urgence d'une clinique privée et j'ai un nouvel entretien avec un médecin. Mes parents m'ont conseillée de limite exagérer pour que je sois prise au sérieux… Il me demande pour la première fois de quelle façon j'allais procéder (une manière d'évaluer le risque suicidaire de la personne et s'il s'agit plus d'un appel à l'aide ou d'une réelle volonté de passage à l'acte). Je lui réponds en prenant sur moi, je sais que je dois me faire aider, que c'est probablement ma dernière chance et j'ai en tête les mots de Papa et Maman. Je m'explique cependant sans mentir, oui, je sais comment je vais faire... « *Maman prend des cachets à cause de moi qui sont dans sa table de nuit, je vois sa boîte de Séresta et assiste à la prise de ceux-ci chaque soir avant de dormir. Chaque jour, je me dis que le lendemain sera enfin le dernier jour où je souffrirai* ». Il ne me laisse pas sortir et me place en sécurité, enfin. Même si chez eux aussi les urgences étaient bondées, il me met dans une chambre qu'ils avaient de "réserve". Je passe la nuit avec Maman qui dort dans un fauteuil plus qu'inconfortable et où nous sommes sans cesse réveillées par les gyrophares des ambulances, leurs sirènes et la lumière des réverbères vu qu'il n'y avait pas de volets. Mais au moins je me sens à l'abri, hors d'état de me nuire et avec elle à mes côtés. Le matin du 9, on vient prendre mes constantes, m'apporter mon petit-déjeuner et médicalement parlant, on s'occupe de moi. La pédopsychiatre du service me rencontre avec une assistante sociale et je réitère pour la énième fois mon histoire avec le même sentiment de honte quant au moment de verbalisation de mes pensées suicidaires. Leurs mots à mon égard ont été si rassurants « *Nous allons t'aider, ne t'en fais pas* » je me mets même à pleurer de soulagement, on allait enfin me tirer de là et m'aider à m'en sortir, me sauver. Je raconte tout cela à Maman lorsqu'elle me rejoint et elle fut autant soulagée que moi à l'idée que l'on m'apporte une solution. C'était sans compter sur la pédopsychiatre qui revient quelques minutes plus tard la mine déconfite, nous comprenons directement que c'était mauvais signe. Elle s'était mise en relation avec la personne qui me suit, en l'occurrence ma pédopsy et son interne. Je le surnommais non sans plaisir le trou duc'. C'était toujours à eux qu'il revenait de donner l'aval ou non pour une hospitalisation et ce fut non, ce n'était pas nécessaire. Elle me regarde bien désolée mais c'était le protocole et elle ne pouvait pas aller à son encontre et me garder, je fonds donc en larmes. Est-ce le destin qui m'envoyait un message ? Fallait-il que j'en finisse puisque rien ni personne n'en avait rien à secouer ? Une fois de plus, nous étions pris au dépourvu et sans solution. Qu'allions-nous faire ?

Nous trouvons l'idée d'aller plus loin que notre secteur d'habitation et de taire le nom de cette fichue pédopsy ainsi que celui de son interne. Après tout c'était mon droit. Urgences, entretien... Je suis admise en pédiatrie, il n'y avait pas de service pédopsychiatrique. Je ne donnerai pas de noms et malgré leur insistance je ne céderai pas. Maman reste et dort avec moi, on prend soin de moi, me rassure... enfin des blouses blanches qui m'aident. Je participe à quelques jeux de société avec les autres patients, cela faisait des mois que je n'avais plus d'interactions sociales hormis mon cercle familial très fermé. Papy, Mamie et Tatie viennent me rendre visite, je ne sais pas tellement ce qu'ils savaient du pourquoi j'étais arrivée là. J'imagine que mes grands-parents pensaient surtout que c'était physique et non psychique. Je sors un peu marcher avec ma tante et on parle toutes les deux, elle tente de comprendre et je lui explique comme je peux. Elle me rappelle que j'ai des parents et une famille qui m'aiment, des petits-cousins et qu'il faut que je m'accroche. Je culpabilisais de faire tant de mal à ceux que j'aimais réciproquement mais moi aussi j'avais mal et je voulais simplement que tout cela s'arrête, par pitié. Si la paix n'était pas possible ici, je me disais que je finirai par aller la chercher ailleurs...

Au bout de six jours, ils m'ont annoncé que j'allais devoir sortir car le service n'était pas adapté pour mon cas. Ils allaient cependant me mettre en lien avec le Centre Médico-Psychologique de mon secteur et un autre pédopsy dans le but de convenir d'une hospitalisation dans un milieu spécialisé. Je sors donc le 15 Mars et j'ai rendez-vous dès le lendemain au CMP avec ma nouvelle psychologue. Il n'y avait pas vraiment de feeling, elle était d'autant plus passive que celle qui me suivait jusqu'alors tout en cherchant encore moins à creuser. Je rencontre le 18 Mars le Dr D. pédopsychiatre, (la temporalité dans mon histoire me paraît importante pour se rendre compte des délais, des jours et des semaines qui passent et qui me semblaient une éternité) il était habillé d'un gilet sans manches en léopard et de boots en cuir style cow-boy, un gars très space dans son genre. Je me suis dit que là c'était pour m'achever car il ne renvoyait pas l'image de quelqu'un de "sérieux" mais à toujours garder en tête, l'habit ne fait pas le moine. Il s'adresse à moi à la suite du courrier de l'hôpital pédiatrique qui m'avait accueillie, je reste muette. Ce serait la quatrième fois que je devais tout reprendre à zéro, réitérer mes propos et cette fois-ci devant mes deux parents ce qui fut chose impossible pour moi et je me ferme telle une huître. Maman prend la parole et raconte les derniers mois, semaines puis jours. Il décroche devant nous son téléphone, passe des coups de fil et me trouve une place dans une clinique spécialisée pour adolescents dans mon cas. Il me sauve clairement la vie, je ne l'ai jamais plus revu par la suite. Mutation ou retraite je ne sais pas pourquoi, mais je lui dois beaucoup. Le lendemain, je prends ma toute première leçon d'équitation. Papy, Mamie et mes parents sont là ! Thibault qui montait régulièrement depuis petit, m'avait prêté des affaires. Cela faisait plusieurs mois qu'il avait eu son propre cheval qui était poulain. Aller aux écuries avec lui était ma seule sortie de la journée parfois mais j'étais si contente ; il m'a appris toutes les bases du pansage des chevaux, comment les tenir, de ne pas passer derrière... Nous étions si contents de partager ce moment ensemble ! Il m'a aidée à seller ma monture, Voyou et a assisté à mes débuts. Une vraie bouffée d'oxygène pour moi. J'attends avec impatience le Samedi suivant pour prendre mon second cours. Je ferai au sein de ces écuries, de magnifiques rencontres : Ju, Faustine, Phoebe, Anne, Olivia... Le Dimanche était le rassemblement de famille pour l'anniversaire de la maman de Philippine qui fêtait ses soixante ans. Je n'y suis pas allée car je n'avais pas le cœur à la fête et aucunement la force de devoir afficher, une fois de plus, un faux sourire et mentir quand l'on me demandera comment je vais. Je ne supportais plus qu'on me la pose d'ailleurs je pouvais péter un câble, réellement, tant j'étais à fleur de peau et au bout du rouleau. À chaque fois je ne pouvais pas répondre sincèrement que ça allait, je ne me voyais donc pas avancer mais plutôt reculer.

Le Lundi suivant, je fais ma préadmission au sein de la clinique. Je suis reçue par un infirmier et la pédopsychiatre qui me suivra, elle a le même prénom que moi. L'infirmier me fait ensuite la visite du service et moi seule peut y monter car les parents n'y sont pas admis. Chambres, salle TV, coin lecture, bain détente... Il me demande si je veux une chambre double ou seule, je réponds que je suis assez isolée comme cela, autant être avec quelqu'un. Je me souviens de l'une de ses phrases *« Nous serons la corde qui t'aidera à remonter du puits où tu es tombée »*. Le but était de revenir à l'école mais il était clair que c'était aux médecins et surtout en fonction de moi, de commencer à échelonner et à organiser ma reprise de manière saine et sereine. Non pas entièrement au bon vouloir de mon principal qui n'en avait rien à cirer. J'avais conscience que j'allais devoir y retourner, je n'avais pas le choix et j'ai décidé de leur faire confiance : à tort ou à raison je ne savais pas, mais leur laisser une chance. L'admission est prévue pour le Mercredi 23 Mars. La veille au soir je suis prise d'angoisse, la peur de l'inconnu, de la séparation, cela allait être si dur... Je savais que je devais y aller, nous nous étions tellement battus pour que j'aie cette place *« Comment vais-je faire sans mon téléphone pour te souhaiter une bonne nuit et te dire que je t'aime ? Je vais être sans vous. Maman, j'ai si peur. - Nous avons rendez-vous il faut tout de même l'honorer, peut-être que l'on peut essayer de trouver une solution avec eux pour que ce soit moins dur pour toi ? »*. Il était clair que je devais aller me soigner, la question ne se posait plus. Je vous rappelle que j'étais en crise dite "suicidaire" depuis le 7 Mars, l'hospitalisation a été prévue en date du 23, le jour des soixante-dix ans de Papy en plus. J'ai tenu bon, pourtant, j'aurais pu passer à l'acte un million de fois entre-temps, ô combien de fois je me suis imaginée et vue moi aussi au salon de Papy et Mamie. Je m'étais sentie tellement à bout de tout, je ne sais pas ce qui chaque fois a réussi à me raisonner ainsi qu'à me faire tenir. Honnêtement je pense que ce sont mes parents, grâce à leur amour et à notre lien si fort. Les infirmiers viennent à ma rencontre dans la salle d'attente et plus qu'habitués à ce genre de situation : l'un a pris mes affaires et l'autre mes bras, ils ont vite pigé que j'étais terrorisée. Je suis partie de "force" en hurlant tout ce que je pouvais et en me débattant. C'était trop brutal pour moi, je n'ai pas même pu embrasser mes parents, mais c'était nécessaire. Je fais la connaissance de ma voisine de chambre qui arrive le même jour que moi, un peu plus tard. Elle s'appelait Clara, avait un an de plus que moi et avait redoublé donc elle était en troisième également. C'était drôle car physiquement, on se ressemblait assez avec le même gabarit, des lunettes et toutes deux brisées par le collège. Nous étions souvent confondues ! Chacune raconte à l'autre son parcours de vie, cela me faisait si bizarre d'entendre et de voir quelqu'un dans le même état que moi. Mais aussi tellement source d'apaisement de pouvoir me sentir moins seule.

Mon deuxième cours d'équitation prenait place en le week-end qui s'en est suivi et j'ai fait du forcing pour y aller tant cela me tenait à cœur. Ma demande a été acceptée et j'ai monté un cheval, le cours précédent c'était un poney ; il était tout blanc, calme et majestueux soit celui que j'appelle comme mon cheval de princesse. C'est un animal qui fut très important pour moi. C'est à ses côtés que j'ai vécu, après quatre jours enfermée, les premiers moments où je me suis sentie à nouveau vivante. J'avais une connexion particulière avec lui, et je l'aimais vraiment beaucoup. La psychiatrie étant un milieu fermé dans un but protecteur, les règles y sont très strictes : mon téléphone, mes écouteurs, mes lacets et mes pulls avec cordon étaient confisqués ainsi que tout objet piquant, coupant ou tranchant évidemment. Les fenêtres ne s'ouvraient qu'en oscillo-battant avec une permanente sensation d'étouffer. Ce même week-end, il y avait un repas de prévu du Dimanche chez mes grands-parents pour les soixante-dix ans de Papy et les médecins se sont opposés à ce que je sorte ce jour-là. J'avais besoin d'une coupure pour me recentrer sur moi et ils ont jugé prématuré le fait d'aller dans ma famille. C'est pour cette raison qu'il était possible de venir en visite seulement deux heures par jour et un peu plus le week-end. C'était au moment de Pâques et je n'ai jamais été autant gâtée que cette année-là, peut-être une façon de compenser, de vouloir me faire plaisir mais cela a marché ! La clinique a établi un contact avec le collège et une réunion a donc été organisée. Mon professeur principal était là, plusieurs de mes autres professeurs, le principal-adjoint, la CPE ainsi que l'infirmière scolaire puis mes parents et moi. C'est un infirmier qui m'a conduite à cet entretien et y a également assisté. J'avais catégoriquement refusé de m'y rendre si le principal était présent. Sans quoi je ne serai pas entrée dans la pièce. Nous avons brièvement parlé de mon retour qui se ferait par demi-journées dans des cours que j'aimais bien et où je me sentais à l'aise pour tout doucement reprendre jusqu'à un rythme normal. Le principal-adjoint refuse se doutant que l'on me pointerait plus du doigt si je ne venais qu'une fois de temps en temps et cela risquait de faire pire que mieux ; il valait mieux arracher le pansement et y retourner une bonne fois pour toutes. Il avait totalement raison. J'ai passé dix jours au sein de cette clinique, c'était tellement intense comme expérience. Être coupée du monde de la sorte, cela remet les idées en place. Nous faisons des pieds et des mains pour sortir le même jour avec Clara, on ne se voyait pas rester l'une sans l'autre, et nous avons réussi, nous sommes sorties le 1er Avril. J'ai toujours gardé le contact avec elle, nous avons développé un lien si particulier après ce que l'on avait partagé ensemble. Nous allions aux anniversaires de l'une et de l'autre et Papa nous a même accompagnées à Disney durant deux jours ! C'était notre revanche sur la vie. Aujourd'hui, Clara se reconstruit peu à peu et l'on sait que le processus est long. Elle cherche encore sa voie et ce qui la fait vibrer mais je sais qu'elle trouvera, c'est une battante et quelqu'un de courageux.

Mon courrier de sortie avait été rédigé la veille avec comme phrase « *Voir avec médecin traitant si intérêt d'une consultation génétique : association du colobome, du canal artériel et d'une hyperlaxité articulaire.* », j'ai pris connaissance de cette information en parcourant ma pochette (épaisse comme pas deux) de mes papiers médicaux dans le but de les intégrer à ce livre. Nous sommes en date du 10 Avril 2023 et j'avoue être tombée de haut. Si seulement mon médecin traitant avait pris la peine de m'envoyer consulter un généticien, nous aurions pu avoir bien plus tôt conscience de mon SED et être diagnostiquée bien avant ce 10 Mars 2022, m'éviter un tas de galères mais non, pourquoi faire simple quand l'on peut faire compliqué. Le bilan de mon second trimestre est sans surprise vide « *Absente. Nous souhaitons à Eva un prompt rétablissement* ». Attentionné me direz-vous ? Ça c'est parce que c'était de la part du principal-adjoint. Les propos du principal étaient bien moins tendres « *Des absences qui, même justifiées, risquent de nuire à votre poursuite d'études. Bon courage et bon rétablissement.* ». Mes absences "même justifiées" comme il le dit si bien, étaient celles qui représentaient ma lutte pour survivre. Durant cette période, je voulais juste en finir avec la vie et en grande partie à cause de sa totale inaction ainsi que des manquements à son rôle pour me protéger. On avait bataillé pour me donner une perspective d'avenir, des raisons de tenir et voilà comment en une fraction de seconde tout ce travail venait d'être bafoué, un vrai con je n'ai pas d'autre mot désolée. Ma reprise était prévue au retour des vacances de Pâques et ô combien je l'appréhendais... J'essaie de ne pas y penser. Mes parents me laissent inviter Léonie à la maison puis nous assistons à un repas musical avec des artistes qui chantent des chansons que l'on connaît par cœur dans la famille, les traditionnelles polonaises, mais aussi de la pop-rock française revisitée. Je pars passer une journée avec Papa, Maman, Valou et Vanille dans le parc où je m'étais rendue en sortie avec la clinique. Je fais une partie de bowling avec Juliette ma copine d'enfance, nous mangeons à Subway et enfin, Paco vient chez nous : tout est bon pour me changer les idées. Je monte à cheval et me casse la figure pour la première fois mais rien de bien méchant, le métier qui rentre comme l'on dit.

Je réemprunte le chemin de l'école le Lundi 18 Avril et c'est juste avant le début de ma journée que le principal-adjoint me fait venir dans son bureau. Il me briefe et me motive : tout allait bien se passer. J'en sors remontée à bloc la tête haute et Thibault m'attendait dans le couloir. J'avais de la chance car mon premier cours était celui de Madame M et j'étais rassurée de savoir que mon retour se ferait en sa présence. Nous arrivons donc un peu en retard en classe mais c'était prévu donc pas de problèmes. Une fois devant la porte je bloque, j'ai peur et Thibault me dit de frapper, c'est à moi de le faire. Je respire un grand coup et toque. Nous rentrons alors et la première chose que je vois est l'immense sourire de Madame M qui me met tout de suite en confiance et je regagne ma place. Elle justifie mon retour auprès des autres en expliquant qu'après quelques problèmes de santé je reviens parmi eux, gros blanc dans la classe. Elle s'indigne et s'exclame « *Et on est tous contents de la retrouver ! - ... - J'ai dit, et on est tous contents de la retrouver !* » les autres répondent par un « *Ouais !* » un peu forcé mais je ne cherchais pas à être acclamée mais plutôt passer inaperçue. Le plus dur était fait, j'étais de retour. Les jours suivants se sont très bien déroulés, j'ai repris ma petite vie et surtout j'avais Thibault à mes côtés, je n'étais pas seule. J'ai passé le brevet blanc de français au cours de ma première semaine et malgré les cinq mois de cours loupés, durant lesquels j'avais été incapable de rouvrir mes cahiers - ne voulant pas retrouver mes pages gondolées par les larmes, ni les mots que j'avais pu écrire de par ma détresse - j'ai tout de même obtenu la note de trente-deux sur quarante et si vous saviez à quel point cela m'a rendue fière de moi. C'était décidé j'allais me battre encore et encore mais j'irai jusqu'au bout de mes rêves.

Le Samedi, à la fin de cette première semaine, il y avait la journée porte-ouvertes de la ferme à côté de chez nous. J'y vais avec Papa, petit-fils d'agriculteur qui aime beaucoup se replonger dans ses souvenirs et entre lui et moi qui adore les animaux, pas besoin de se faire prier. Je vois un stand dans lequel se trouvaient des bébés lapins fait de trois carrés de paille face au mur qui formaient un enclos. Les plus petits mettaient leur pied dedans et effrayaient les pauvres lapinous. J'en ai attrapé un que j'ai apaisé, si apeuré de tant d'agitation et il s'est vraiment blotti sur moi à ne plus bouger d'un poil durant une bonne heure. Je suis restée comme cela avec lui niché dans mon manteau, tout contre moi. Je n'avais pas oublié que quelques années plus tôt lorsque j'avais demandé après un lapin, l'excuse était que l'on n'avait pas la nouvelle maison. Seulement là, ce n'était plus valable ! Sachant que ce que l'on me dit ne tombe jamais dans l'oreille d'une sourde et que j'ai une très bonne mémoire, je vous laisse deviner la suite. Je sors mes arguments à Papa mais il n'était définitivement pas d'accord et j'ai fini par appeler Maman à la rescousse, ils m'avaient promis ! Avec ce que j'avais vécu c'était une raison de plus pour me raccrocher à la vie et de m'en donner une supplémentaire pour me battre. Ils ont "cédé" et Noisette, un lapin fauve de Bourgogne quasiment aussi grand et aussi lourd que Vanille nous a rejoints pour agrandir la famille. Au mois de Mai, nous partons le temps d'un week-end à Stella avec ma famille proche et nous nous arrêtons comme d'habitude dès notre arrivée, devant la plage pour "dire bonjour à Madame la mer". Il y a des habitudes qui ne changent jamais quel que soit notre âge. Je sors de la voiture et cours dans le sable pieds nus : un sentiment de liberté s'est alors abattu sur moi après ces derniers mois si durs. Seulement, ma cheville restait fragile et le sable tellement frais que cela m'a causé de fortes douleurs et une crise de larmes s'en est suive à la simple idée que tout ne recommence. Entre les premières et les dernières douleurs de mon algoneurodystrophie dites "actives" il se passera en tout deux ans et demi. Là où je le rappelle, mon médecin affirmait que cela ne devait durer que six mois à un an grand maximum. Après cela, c'est considéré comme séquellaire et je savais que je garderai une fragilité de ce côté-là à vie. Moules-frites dans notre restaurant habituel où je retrouvais des repères de mon enfance puis je retourne au collège du Lundi, toujours douloureuse au niveau de la cheville. Je reprends rendez-vous chez le médecin qui me prescrit une attelle à porter afin de mettre mon articulation au repos et me dispense de sport, donc d'équitation, pendant deux semaines. C'était pire que tout pour moi, une vraie punition. J'ai tenu une semaine mais la seconde, je suis remontée à cheval, j'en avais trop besoin. La même punition que lorsque l'on est malade et interdiction de faire bisous ou câlins à son entourage : le supplice pour moi qui en ait tant besoin ! Je recommence l'activité chorale que j'avais débutée en Septembre et dû mettre les bouchées doubles pour rattraper mon retard dans l'apprentissage de la dizaine de musiques qui composaient notre répertoire du jour de la représentation. J'ai d'ailleurs dû rester assise sur un tabouret qui pivotait dans la mesure où je devais éviter la station debout prolongée. Histoire que lors de la chorégraphie je ne sois pas à l'écart, une de mes amies le tournait pour que je puisse faire les mêmes mouvements que les autres. Je me souviens aussi d'un travail que nous avions eu à faire en français. C'était un genre de rédaction mais je ne sais plus si le thème nous était imposé ou si je l'ai choisi : le harcèlement scolaire. Je joins ici mon récit auquel j'ai obtenu la note de huit sur dix.

Être contre le harcèlement,

C'est un grand combat permanent.

Et une fois qu'on est pris dedans,

Impossible d'en ressortir vivant.

Cela bouleverse votre vie,

Et sa propre estime de soi.

On ne peut pas en ressortir indemne,

Marqué à vif le reste de sa vie.

Physique ou psychologie, il touche tout le monde,

Sauf s'il est déjà trop tard, car le harcèlement TUE.

H pour Humiliation

A pour Agression

R pour Rabaissement

C pour Combat

E pour Encaissement

L Pour Long

E pour Être muet

M pour Mutilation

E pour Enfermement

N pour Ne rien dire

T pour Torture

Une communion a lieu dans ma famille et je portais toujours mon attelle, j'ai donc dû répondre aux questions de ceux qui n'étaient pas du tout au courant de ce que j'avais traversé : me justifier et expliquer, encore. J'étais lassée mais bon, polie et bien élevée que je suis, je répondais. J'avais pris de quoi réviser au cours de la réception pour mon épreuve d'histoire des arts que j'allais passer incessamment sous peu. J'avais dû préparer cinq œuvres comme tous mes autres camarades et charbonner de plus belle pour rattraper mon retard. Aucun passe-droit ne m'a été fait, je me suis débrouillée seule et par moi-même et cela me rend d'autant plus fière de me dire que j'y suis arrivée par ma propre volonté et à la sueur de mon front. Enfin, de mes neurones.

Dernier trimestre de 3e : 15,60 de moyenne « *Eva est revenue avec l'envie de bien faire. Nous savons que nous pouvons compter sur elle pour réaliser une bonne année de seconde* »

- **Français :** 15,64 « *Eva a rattrapé les cours avec grande facilité. Très bien !* » Mme G.

- **Mathématiques :** Non notée « *Eva s'est bien réintégrée et a repris à son rythme, courage pour la suite* » Madame P.

- **Histoire-Géographie :** Non notée « *Eva est revenue en classe motivée et cherche à rattraper son retard, c'est encourageant !* » Mr D.

- **Anglais :** 14,91 « *Eva s'est montrée très volontaire et a repris le fils sans réel soucis* » Madame M.

- **Anglais Euro :** Non notée « *Eva a su réintégrer le projet de groupe c'est bien !* » Madame M.

- **Espagnol :** 15,25 « *Élève sérieuse et concentrée en classe qui cherche à bien faire* » Mr L.

- **Sciences et Vie de la Terre :** 17 « *Le travail fourni depuis son retour est très satisfaisant, continue ainsi* » Mme V.

- **Physique-Chimie :** Non notée « *Un retour dont l'évaluation aurait été injuste, il faudra rattraper certaines notions pour aborder sereinement l'année prochaine. Eva en est capable* » Mr B.

- **Technologie :** 15,64 « *Excellent travail ce trimestre, ensemble sérieux et appliqué* » Mr W.

- **Arts Plastiques :** 17 « *Très bien pour Eva* » Madame F.

- **Éducation Musicale :** 13,80 « *Une seule note ce trimestre qui ne peut compter pour une moyenne* » Madame G.

- **Éducation Physique et Sportive :** « *Dispensée* ».

Le mois de Mai puis celui de Juin s'écoulent, Lilou fait sa kermesse à laquelle on assiste en famille. Nous regardons l'Euro 2016 de football, je ne suis pas fan mais mes tantes ainsi que Papy oui, alors je me prête au jeu. J'apprends à jouer la Marseillaise sur mon piano avec Mamie H qui me guide lorsque je fais une fausse note. Puis, nous partons passer une journée chez mes tantes avec mes cousins et partageons de bons moments à la ducasse du village : auto-tamponneuses, tir à la carabine... Le collège touche donc ENFIN à sa FIN. Fin du calvaire pour moi. Comme j'ai décompté les jours, les heures puis les minutes. Je referme donc enfin ce chapitre si douloureux de ma vie et celui qui l'a été le plus jusqu'ici. J'aurai un mal fou à remonter la pente, encore aujourd'hui je guéris chaque jour un peu plus car heureusement, le temps fait son œuvre. Oui, l'orage est passé mais il pleut toujours. Je dis au revoir à plusieurs personnes qui auront fait partie de ma vie jusqu'à cette période-là. Nous prenons tous des chemins différents par des déménagements, l'arrivée au lycée et parfois, nous nous perdons de vue. C'est normal, grandir c'est évoluer et donc perdre le contact mais que ce soit en amitié comme en amour, je considère que la distance ne signifie rien : loin des yeux, près du cœur comme l'on dit.

Aurevoir Marie que je connais depuis le CE2. Nous nous sommes tout de suite bien entendues, je ne compte plus les après-midis auxquels nous avons pu jouer à la Wii, aux Playmobil et au Qui l'a vu. En CM1, nous étions dans la même chambre lors du voyage dans les châteaux de la Loire et en CM2, avec notre excursion à Paris où nous sommes restées collées l'une à l'autre tout au long de la journée. Ensuite vient notre entrée en sixième, je me souviens de ma première entorse et Marie elle, avait été opérée pour un problème d'ongle incarné aux pieds. La pauvre marchait sur le côté de chaque et subissait aussi regards et messes basses mais ensemble, on était plus fortes. Nous faisions la course avec nos béquilles dans le couloir, on en riait même. Elle a été d'un vrai soutien, sans faille. Marie, c'est quelqu'un de très fort, de profondément gentille et très empathique. Elle a tout comme moi son caractère et c'est cela qui fait que l'on s'entend bien ! C'était toujours celle sur qui je pouvais compter, celle qui vous rapporte les devoirs et qui prend les documents si vous étiez absent en classe. C'était elle mon binôme pour les cours, je pouvais lui faire confiance les yeux fermés. Elle est partie dans un lycée en section internationale, on ne se voyait donc plus mais on arrivait à tout de même se croiser ou avoir des nouvelles l'une de l'autre par l'intermédiaire de nos parents en faisant les courses par exemple. J'ai retrouvé son compte Instagram il y a quelque temps et l'ai contactée pour la prévenir de cet ouvrage. Figurez-vous qu'elle est en médecine et qu'est-ce que je suis fière d'elle ! Je sais qu'elle fera un super médecin, bien plus humaine que tous ceux que mon chemin a pu croiser. Petite parenthèse d'ailleurs, un soir en rentrant du travail il y a quelques semaines, me prend la lubie de nettoyer de fond en comble ainsi que du sol au plafond ma chambre. Puis, dans un élan de maladresse qui me caractérise si bien, j'ai l'orteil qui entre en collision avec le canapé. Après une nuit blanche, je me suis tout de même rendue par acquit de conscience aux urgences afin d'être sûre que ce n'était pas cassé. Je vous rassure mon orteil a survécu, il m'en fallait plus pour m'empêcher d'aller travailler de toute façon, j'ai enfilé une tong dès que mes chefs sont partis et le tour était joué. Devinez sur qui je suis tombée aux urgences ? Marie… ! Je fus si contente de la revoir ! J'ai eu du mal à la reconnaître au début, nous avions à présent l'air de deux femmes et n'avions plus nos petites bouilles d'enfants. Je lui ai dit que j'étais super admirative de ce qu'elle devenait et qu'il fallait absolument, si elle le souhaitait bien sûr, que l'on aille boire un verre et papoter. Chose que l'on a récemment faite et nous avons immortalisé ce moment, cela n'a pas de prix pour moi.

Au revoir Juliette qui est partie dans le même lycée que Marie, nos mamans étant amies de longue date maintenant, nous gardons plus facilement le contact. Elle est ma plus "vieille" amie d'enfance avec Victoire, depuis la première classe de maternelle. Nous avons eu une amitié avec de sacrés remous ayant toutes les deux un caractère bien trempé (et tant mieux, il en faut de nos jours !). Un peu comme deux sœurs, je t'aime moi non plus. Elle venait souvent à la maison même dans la seconde. Nous connaissions la famille de l'une et de l'autre à force : tantes, oncles, grands-parents, cousins, cousines… Son papa nous a même aidé dans les travaux pour avoir une terrasse et une vraie entrée pour notre maison. Nous faisions toujours les pires grimaces et plein de conneries ensemble, j'en garde de si bons souvenirs. Elle est partie étudier à Paris et y travaille désormais dans le milieu du multimédia, elle réalise des interviews qu'elle monte elle-même et ce juste à l'aide de son pad d'ordinateur, énorme respect à toi je ne sais pas comment tu fais !

Au revoir également Lila que j'ai connu dès ma sixième et avec qui j'ai des contacts également. Elle m'avait invitée à l'anniversaire surprise de son papa, nous avons échangé et partagé pas mal de nos galères. Nous nous croisons de temps en temps et prenons des nouvelles l'une de l'autre. Elle est en formation pour travailler avec les petits bouts.

Au revoir Élise avec qui je me suis liée d'amitié en CM1, nous avons passé bon nombre de Noël et d'anniversaires chez l'une ou l'autre : petshop, Sims 3, Playmobil « *Allez, ça joue là Eva, ça joue* » et nous voilà parties dans nos petites histoires. Elle avait une écriture magnifique avec une façon de faire des points sur ses i en forme de rond et ses L en forme particulière, j'étais en totale admiration et lui avais même demandé de m'apprendre à écrire aussi bien ! Nous faisions nos devoirs ensemble de même que pour les exposés. Je me souviens de celui sur Victor Hugo, heureusement que Maman était là pour nous aider car nous n'en avions pas grand-chose à carrer. Au moment de l'accident de Vanille, elle a été d'un soutien imparable. Petit séquence émotion à son décès : j'ai prévenu quelques copines comme Daphnée, Victoire, Juliette, Élise... qui l'avait bien connue et avec surprise, se la remémoraient très bien et même des années après. Cela m'a beaucoup touchée et fait de bien, merci encore de vos tendres et doux mots. Nous sommes parties dans le même collège puis lycée mais perdues de vue plutôt après mon déménagement en classe de quatrième. Élise est en études de psychologie, je sais qu'elle fera une bonne professionnelle, à l'écoute. Elle est douce, joyeuse, rieuse et pleine de vie : tout ce qui est nécessaire lorsque l'on a besoin d'un coup de boost pour le moral.

Au revoir et merci infiniment à Thibault qui ne va pas dans le même lycée. Nous nous sommes également perdus de vue peu à peu et je sais qu'il a beaucoup souffert de cette période de collège. Je lui ai déposé une lettre en le remerciant de tout ce qu'il avait pu faire pour moi et le mettre au courant de mon projet, ainsi que de mon diplôme par la même occasion. J'ai cru comprendre qu'il préférait désormais tracer sa route et aller de l'avant, ce qui se respecte totalement.

Aurevoir Frédérique qui a été présente à mes côtés. Lors de mon retour en cours en classe de ma troisième, je n'ai plus jamais eu de ses nouvelles. Je ne savais pas si elle m'en voulait d'avoir abandonné le projet de soins-études où elle travaillait ou s'il y avait autre chose. Je l'ai croisée au salon de l'étudiant lorsque j'étais en classe de Terminale et lui ait fièrement annoncé mon obtention de brevet et de bac français. Elle m'a simplement répondu « Ok, c'est bien ! » au moins, elle était enfin au courant et j'avais pu également la remercier d'avoir été là quand j'avais eu besoin d'elle, la boucle était bouclée donc. Si elle lit ce livre un jour, je pense qu'elle sait que je ne fermerai pas ma porte si l'on décide de reprendre contact.

Enfin, au revoir et un tout grand et immense merci à mes chères professeures qui m'ont épaulée sans relâche, soutenue, défendue et poussée à me dépasser. Un soutien plus que précieux. Je n'ai jamais supprimé leurs adresses emails et ai continué de donner de mes nouvelles. Bien souvent, j'arrivais à avoir les dates des réunions parents-professeurs et je me faufilais pour aller leur faire un coucou surprise entre deux. Lors de chacune, je faisais le tour de celles que je voulais absolument voir. Madame M mais aussi Madame G, Madame P, Madame S mais aussi Mme M, une autre professeure d'anglais. N'en déplaise au principal qui me demandait la raison de ma venue, pas très content et me faisant sentir que je n'avais pas à être là. Mais je ne faisais rien de mal et ne dérangeais personne alors je lui répondais poliment, non sans quelques palpitations, et continuais mon chemin. Je me disais parfois que je devais les saouler avec mes emails, mais j'avais tellement besoin de leur montrer que je n'abandonnais pas et que je m'en sortais.. À Madame M qui a toujours su me faire sourire et rire par ses blagues, son autodérision et sa franchise. Vous êtes semble-t-il la première à avoir pris conscience du harcèlement que je vivais et celle qui a continué de prendre de mes nouvelles même lorsque j'étais hospitalisée. Je ne sais même pas si toutefois l'information avait été transmise à mes autres mes professeurs ni le cas échéant, laquelle était-ce. J'avais prévenu Madame M mais personne d'autre, je ne voulais pas faire pleurer dans les chaumières.

Merci à vous toutes, même si je pense que vous ne mesurez pas l'impact que vous avez eu dans ma vie. J'espère qu'avec l'écriture de ce livre et en ayant connaissance de mon histoire entière, vous puissiez vous rendre compte de la gratitude que je ressens à votre égard. À la maison, mes piliers étaient mes parents depuis toujours et à jamais. Mais au collège, ils ne pouvaient pas l'être et vous avez été leur relais pour me protéger, me rassurer, même votre simple présence me suffisait. Alors une fois de plus, merci du fond du cœur.

En Juillet, j'ai donc appris que j'avais obtenu mon brevet avec la mention « *Assez bien* ». Déjà l'avoir, mais avec mention ?! Les résultats ont été affichés sur les vitres avec à côté, une feuille mentionnant « *Le collège de toutes les performances. Quatre-vingt-dix-sept pour cent de réussite (mieux qu'en 2015, neuf pour cent de plus que le contrat d'objectifs), soixante-seize pour cent de mentions* ». Des félicitations auraient été de rigueur mais non ce n'était visiblement pas l'enjeu, nous l'avions bien cerné de toute façon. Notre réussite quant à notre avenir lui était égale, cela l'était bien plus pour le sien. Valou obtient son baccalauréat Économique et Social et quelle fierté pour la famille, toutes mes ficelles de caleçons comme dirait Papa ! Je peux vous dire que nos parents ont sacrément soufflé après cette année pleine de pression de par l'enjeu de notre avenir et le reste, vous vous doutez bien. Direction le Patacrêpe pour fêter l'obtention de nos diplômes. On célèbre la finale de l'Euro dans la famille de Papa. Parrain était parti aux toilettes et lorsqu'il nous a tous entendus crier après le but le voilà qui sort en courant en caleçon et le pantalon aux chevilles, tout en agitant le drapeau de la France. Rien que pour ce petit grain de folie, j'adore ma famille. Ne pas se prendre au sérieux, il n'y a rien de tel : le ridicule ne tue pas, jamais ! À la fin du mois, nous partons entre cousins en Pologne, nous sommes vingt en tout à cinq familles de quatre. Parrain, Alizée, Noah et Jessie ainsi que d'autres cousins de Papa dont Léonie. On découvre les pierogis, visitons la mine de sel de Wieliczka à Cracovie, je fais même un tour à cheval dans la ville de Zakopane. On marche sur les traces de nos arrière-grands-parents dans le village de Turzańsk et réussissons à entrer dans l'église où mon arrière-grand-mère paternelle a été baptisée et y a fait sa profession de foi. Nous avons dû chercher un habitant qui nous a gentiment ouvert l'église avec une clé énorme comme on en fait plus ! Ils ne sont plus retournés dans leur pays après la guerre et la crise financière qu'elle avait causée. Ils sont restés vivre en France par peur de voir leurs souvenirs détruits par les bombes ou de se faire réexpédier là-bas pour y revivre la misère et la faim. Mon autre arrière-grand-mère paternelle quant à elle, n'a plus souhaité parler polonais de peur de se faire "repérer". Ma famille n'a par chance, pas connu les camps de concentration quand l'on sait que bon nombre de Polonais étaient déportés. Mon arrière-grand-père a cependant caché des résistants dans sa grange, les nazis sont venus et ont fouillé, il a échappé de peu à la fusillade. Nous nous recueillons sur les tombes de notre famille et nous y sommes rejoints par notre cousine Polonaise, Anna. Vous vous souvenez ? La cousine de Pologne ! Papa demande après celle de Theresa, une grand-tante qu'il avait connue et vue pour la dernière fois plus de trente ans auparavant. Elle regarde Papa et lui dit qu'elle est toujours en vie, habitant à seulement quelques kilomètres. Les retrouvailles ont été fort émouvantes, ils ont pleuré comme des madeleines et nous avec. Elle lui a dit qu'elle ne pensait jamais le revoir avant sa mort. Elle décèdera du Covid quelques années plus tard. Lorsque nous sommes revenus du cimetière, la famille d'Anna s'était changée puisqu'elle avait été mise au courant de notre visite plus qu'imprévue. Gâteaux, viandes faites maison et eux huit tout endimanchés, nous n'avions pas l'air tache à côté ! Ce voyage était assez compliqué pour moi tant j'étais marquée par la dépression avec en tête, la rentrée au lycée qui approchait à grands pas. Mais surtout le fait de devoir autant marcher lors des visites du pays me faisait atrocement souffrir Nous reprenons l'avion au bout d'une petite semaine, décalqués mais heureux de tous ces beaux moments vécus ! Nous allons rendre visite à Mamie H avec Maman pour lui montrer les photos de Pologne, elle parlait couramment la langue et nous a traduit certains écriteaux que l'on avait pris en photo, exprès.

Une semaine environ après notre retour, Papa a été pris de violents maux de ventre et Maman l'a conduit non sans mal, à l'hôpital. Avec Valou, nous étions seules à la maison et très inquiètes, essayant de se rassurer l'une l'autre. Il finit par rentrer des urgences avec comme conclusion de la probable constipation. Valou et moi avons échangé un regard, on le connaît par cœur notre Papa et on savait que ce n'était pas cela, il était bien trop mal. Le lendemain rebelote, il y est donc retourné et un second lavement a été fait n'ayant pour résultat que de plus enflammer son tube digestif qu'il ne l'était déjà. Ils ont enfin réalisé une prise de sang qui est revenue avec une CRP au plafond (signe d'infection-inflammation) et un scanner qui était mauvais. Il fut hospitalisé sur-le-champ. Nous avons tenté de dédramatiser en mettant tout cela sur le dos de la Żubrówka : la vodka à l'herbe de bison, qui avait dû un peu trop bien nettoyer ses boyaux sur son passage. Bien sûr, ce n'était probablement pas la cause mais on s'amusait à le penser. Il a fait une diverticulite aiguë sur perforation du sigmoïde. En gros, à tout moment son intestin pouvait éclater et étant déjà perforé, causer une péritonite. Il a été placé à jeun strict pour mettre pendant plus de dix jours, son tube digestif au repos total et il évitera de peu la colostomie. Papa n'était déjà pas quelqu'un de bien portant, il a fondu et a perdu beaucoup de poids. Les médicaments injectés en voie intraveineuse étant très irritants pour les veines, il a contracté deux phlébites : une superficielle et une profonde. Les infirmières y posaient des compresses d'alcool et lorsqu'elles étaient sèches, c'était moi qui les lui enlevais. Papa disait qu'elles n'étaient pas délicates et que cela lui faisait vraiment mal mais que ce soit ma mère ou ma sœur, aucune ne voulaient y toucher. Quant à moi, je n'ai pas hésité : prémices de mes soins infirmiers. Je n'ai d'ailleurs pas trouvé de meilleur moment pour me casser la figure en ratant un trottoir et de réatterir sur le poignet juste à la sortie de l'hôpital : suite au prochain épisode.

Lors de son retour à la maison, il avait les deux bras enroulés dans des bandes de contention dans un premier temps puis dans des manchons par la suite avec une perfusion d'antibiotiques ; nous avons tous eu très peur... Nous avions prévu d'aller passer un week-end à Disney pour les dix-huit ans de Valou avec une de ses amies mais devant la situation, ce sont ses parents qui ont pris le relais et nous ont toutes deux emmenées. Lilou fête ses sept ans et Valou ses dix-huit.

Nouveau départ : l'arrivée au Lycée

Début de la S^{nde} Générale 4 et de la prépa d'orthophonie pour Valou. Qui dit rentrée scolaire dit aussi rentrée équestre. Pendant les grandes vacances le club fermait et les chevaux partaient au pré ou en pâture. Dès lors, tout se remettait en route en même temps, un nouveau souffle de vie. J'étais plus apeurée qu'autre chose que de passer au lycée. Avec qui allais-je me retrouver ? J'étais dans celui de secteur donc forcément avec des têtes que je n'avais pas nécessairement envie de revoir. Pour quel motif ne suis-je pas allée ailleurs ou dans le privé ? Tout simplement parce que ma sœur connaissait ce lycée, ses professeurs et pour les trajets c'était le plus simple. Et puis merde, ce n'était pas à moi de changer d'établissement pour leurs beaux yeux, pourquoi serait-ce toujours aux personnes harcelées et victimes que revient ce chamboulement ? Pour quelle raison personne n'a conscience que débarquer dans un milieu où tous se connaissent déjà depuis longtemps, placé au centre des regards pour être "le petit nouveau". Arriver comme un cheveu sur la soupe et devenir celui en plus ou parfois de trop, je n'avais pas besoin d'avoir ce sentiment de mise à l'écart. J'ai pris sur moi, ma seule condition étant que quiconque ne devait être au courant et je savais que rien n'était noté dans mon dossier scolaire. Bien sûr, au vu de mes bulletins il était facile de se douter que j'avais eu des soucis de santé mais rien de bien interpellant. Point barre et cela me convenait, je voulais à tout prix tourner la page et repartir sur de nouvelles bases.

Le jour de la rentrée arrive, je suis en Seconde filière générale et dans une classe d'une trentaine d'élèves venant de tous horizons. J'ai eu beaucoup de mal à retrouver un rythme de travail au début, j'avais repris les cours en Avril et l'année touchait déjà à sa fin. Là c'était le tout début, la remise en marche a donc été compliquée tant psychologiquement que physiquement. De plus, rien n'était plus pareil : nous découvrons la prise de notes, apprenons à être plus autonomes dans notre façon d'étudier… Je voulais partir en baccalauréat général pour mes études de sage-femme, il fallait faire médecine et donc obtenir un bac scientifique pour y entrer. J'allais devoir mettre les bouchées triples pour rattraper mon retard et me réadapter aux études, le tout en engrangeant les nouvelles connaissances. J'ai souvent entendu mes camarades ou mon entourage dire que je devais profiter car l'année de seconde serait synonyme de vacances dans la mesure où je n'avais pas de pression de réussite d'épreuves à la fin de celle-ci mais je me la suis mise, voulant prouver de quoi j'étais capable et ne me fermer aucune porte quant à mon avenir professionnel. Ç'aurait été rendre service à ceux qui ont fait de moi leur souffre-douleur et il était d'ailleurs hors de question que je le paie toute ma vie du fait de leurs actions. Ma motivation et ma détermination ont alors commencé à se dessiner. Eva battante c'était devenu ma nouvelle philosophie de vie, quoi qu'il en coûte j'irai au bout de mes ambitions et aucune n'était trop grande pour moi « *Le baccalauréat général au vu de tes lacunes va vraiment être compliqué, ce n'est pas raisonnable* » : f*ck vous verrez bien si je n'en ai pas les compétences ! Laissez sous-entendre un seul doute quant à ma capacité de réussir quelque chose, je vous donnerai tort au centième. Ma rage de vaincre, de vivre, est plus forte. Je ne sais pas si j'avais retrouvé le goût d'aller de l'avant, cela a pris plusieurs années avant de revenir pour de bon, je pense que j'étais plus revancharde qu'autre chose. Je devais me battre pour réussir et je le faisais pour que mes parents soient fiers de moi en premier lieu. Quand l'on ne sait pas se motiver pour soi-même, il suffit de trouver quelqu'un qui le sera pour nous en attendant d'être en capacité de l'être pour soi. Je ne savais pas ce qui m'attendait ni ce que j'allais réellement faire de ma vie, le futur me le dirait. Tout ce dont j'étais sûre, c'est que je devais avancer et foncer en me posant le moins de questions possible, on verrait plus tard pour le résultat. Aujourd'hui, en 2023, je l'ai compris.

J'essaie donc de tisser des liens, de créer de nouvelles amitiés et ce fut bien difficile. Moi qui me suis sans cesse sentie en décalage avec la plupart de ceux de mon âge car je n'ai jamais vraiment partagé les mêmes centres d'intérêt qu'eux ; toujours en avance ou en retard. J'ai commencé l'option d'audiovisuel qui était proposée par le lycée et qui me rapporterait des points aux épreuves du bac. Les filles de ma classe qui pratiquaient aussi cette option étaient continuellement en "clan" et j'ai tenté de m'y intégrer mais ce fut un échec. Je me sentais à longueur de temps comme celle de trop et ai fini par faire mon chemin de mon côté, ainsi que mes projets de cours seule, j'ai très vite préféré être seule que mal accompagnée. Dieu merci, nous finissons généralement par rencontrer quelqu'un qui est à sa façon, à part ou qui nous ressemble. J'ai connu Laurine lors d'un atelier d'Accompagnement Personnalisé avec plusieurs classes mélangées, nous étions donc réunies lors de ce cours et aux récréations. Pas à pas, j'ai réussi à me constituer un petit groupe d'amis. Il y avait Adrien qui semblait aussi seul le jour de la rentrée et je suis allée vers lui, histoire que l'on soit seuls mais ensemble. Puis, Armand et Jade qui se connaissaient du collège, étaient également amis avec Aymeric et Tim. J'ai pris sur moi pour leur demander de manger avec eux un midi et ouf ils ont dit oui. J'ai ainsi constitué ma propre bande à laquelle Laurine se joignait parfois. Christophe est par ailleurs venu agrandir le cercle. Le train était lancé, ne restait plus qu'à m'y accrocher et tenir bon. Cela m'avait demandé tant d'efforts et causé beaucoup de stress pour me resociabiliser petit à petit au monde surtout en présence d'inconnus. J'étais assez fière d'avoir réussi à surmonter ma peur des autres, du jugement et de leur regard. L'union fait la force : je n'étais plus seule.

Cependant des séquelles demeuraient. Désormais, le regard des autres et les messes basses sont toujours à mon sujet selon moi. Je voyais tout le monde contre moi et appréhendais sans cesse que tout ne recommence. Chaque jour je me levais angoissée, la phobie scolaire refaisait surface et je n'ai pris conscience de celle-ci que lors de mes derniers jours de Terminale. Un ado a souvent la flemme de s'y rendre parce qu'il n'a pas envie, ce qui est chose commune. Moi, j'avais véritablement la peur au ventre, chaque Dimanche soir c'était insomnie sur insomnie. Je me relevais la nuit en sueur, tordue de douleur et finissais par me vider aux toilettes pour passer le reste de la nuit sur le trône ou allongée les pieds en l'air. Parfois, c'était si douloureux que j'en tombais en syncope et ce chaque semaine, sans exception. Le Lundi matin, après la nuit atroce que j'avais passée comme souvent, je n'arrivais pas à me lever tant j'étais épuisée et cela me mettait d'office à la bourre. Rien que de penser au fait d'arriver après les autres, de devoir toquer puis me faire dévisager et sentir tous leurs regards se poser sur moi m'était devenu insupportable. C'est bien simple, si je savais que j'arriverais ne serait-ce qu'une minute en retard et que je trouvais la porte fermée, je n'allais pas au cours incapable de rentrer en classe. Cela fut d'ailleurs sujet de dispute. Un matin, Papa m'avait déposée et je suis restée devant la grille, je n'ai pas voulu la franchir et il n'a pas compris. Ce qui l'a énervé, s'être dépêché de me conduire pour qu'au final je loupe quand même la première heure. Je ne sais pas si j'arrive bien à retranscrire le sentiment que j'avais au fond de moi à cet instant-là mais me faire remarquer et être malgré moi au centre de l'attention était une chose insurmontable. Je préférerais mille fois me faire oublier et devenir transparente. Encore aujourd'hui, si je sens que je vais attirer sans le vouloir l'attention sur moi, cela me met dans une angoisse pas possible. Dans le cas de figure où je sens que je vais m'évanouir par exemple, ce qui m'arrive assez souvent et je ne sais pas à quoi cela est dû ni si cela peut être mis sur le compte du SED. Je vais aller me cacher pour éviter ce moment où je sens tous les regards braqués sur moi, quitte à me blesser certes, mais je préfère aller m'effondrer seule dans un coin plutôt que de vivre une situation que je ne contrôle pas ! Si je sens que je ne peux pas me contenir, je m'excuse au centuple du dérangement causé c'est vraiment est plus fort que moi ! Cela est assez risible quand l'on sait que je passe mon temps à répéter aux patients qui tout comme moi s'excusent du "dérangement causé", que c'est bien normal car c'est mon travail et cela arrive. Je suis tout à fait capable de le dire mais aucunement de l'appliquer ! Ce doit être une réaction de défense je pense… Je suis cent fois plus dans la maîtrise que dans le lâcher prise.

Les travaux de la maison reprennent et continuent, le père de Juliette vient décaisser notre terrain puis construire la terrasse et enfin nous faire une allée d'entrée digne de ce nom. Travaillant dans le bâtiment cela allait plus vite à l'aide de ses machines et de ses connaissances, le tout allié à celles de Papa, le résultat en fut magnifique, nous avions une somptueuse demeure. En date du 7 Octobre, je me rends à la remise des diplômes du brevet des collèges. Quel stress immense. Remettre les pieds là-bas, revoir des visages, revivre des souvenirs. Mais je me suis tellement battue, j'irai la tête haute. Mon professeur principal appelle mon nom. Vidéo à l'appui, je remarque bien que les applaudissements se font maigres en comparaison de ceux de mes bourreaux. Mais je ne suis pas venue pour cela, ceux de mes parents, de ma sœur et de mes professeurs me suffisent amplement. Il me tend alors ce fichu papier et me fait la bise. À côté de lui se tient le principal. Je ne sais plus s'il faisait la bise aux autres élèves ou leur serrait la main. Ce qui est sûr c'est que moi, je l'ai complètement ignoré, je suis passée sous son nez sans lui adresser un regard. L'hypocrisie ne faisant pas partie de ma personnalité, hors de question que je me rabaisse à cela. Aujourd'hui, en regardant cette vidéo, je ne peux m'empêcher d'imaginer ce à quoi il pense « *Elle m'aura bien rendu l'année pénible, elle ne le mérite pas* » ou bien, il n'en a tout simplement rien à secouer, possible aussi. Mais bon est-ce que le savoir changerait ma vie d'un iota ? Absolument pas.

Je fête à la fin du mois mes quinze ans, autour de ma famille : Inès et ses enfants, mes tantes, Maddie et mes cousins, mes grands-parents, Mamie H, mon Grand-Oncle et ma Grand-Tante, Marraine, Quinto et ses parents ainsi que la maman de Philippine. Marraine m'offre mon premier sac à main, Inès : des affaires d'équitation, quant à mon Grand-Oncle qui a toujours plus d'un tour d'un sac, il a fait original. Lui et moi avons souvent eu de très grandes et longues discussions à tous sujets, que ce soit par téléphone ou lors de réunions de famille. Croyez-moi, c'est un être exceptionnel tout autant que son adorable femme. Quelques années plus tôt, lors d'un anniversaire chez Juliette, on devait aller sur nos sept ou huit ans, elle avait reçu le jeu du Cuisto-Dingo en cadeau. Nous connaissons tous le principe de ce jeu : faire manger le cochon jusqu'à temps que son ventre gonfle, gonfle puis éclate et celui sur qui cela tombe, perd. Lors d'un de nos nombreux appels, je lui en parle et lui dis que je me souviens petite, avoir rêvé de ce jeu, ne me demandez pas pourquoi. Cette anecdote aussi marrante soit-elle, était loin d'être tombée dans l'oreille d'un sourd. Je vous laisse imaginer ma tête lorsque j'ai cru reconnaître au format du paquet son contenant au moment du déballage. « *Tu n'as pas fait ça ?! - Je n'allais pas m'en priver ! - Je lui avais dit que tu étais trop grande et que sa blague n'était pas drôle, il ne m'a pas écouté. -*

Au contraire elle est excellente, mais quand même rassure-moi, tu n'as pas osé ? » Tonton avait osé et personne autour de nous ne comprenait pour quelle raison nous étions pliés en quatre de rire. Nous l'avons inauguré tous les trois par la suite. Je ne suis pas quelqu'un de matérialiste contrairement aux autres de ma génération. Je ne voulais pas le dernier IPhone à la mode, un sac Longchamp, ni posséder une voiture sans permis comme les lycéens voire même collégiens de nos jours : de vrais dangers publics soit dit en passant ! Non, celui qui m'a appris à construire des bateaux à partir d'une feuille de papier, à fabriquer une poupée avec un coquelicot, avait encore des choses bien plus savoureuses à m'apporter. Ce souvenir en fait partie intégrante. Cette fleur reste d'ailleurs ma préférée à ce jour, empreinte de tendres souvenirs.

Alizée fête ses quarante ans dans une grande salle ; gâteaux, repas, famille réunie. La veille d'Halloween, nous allons voir Kev Adams et Gad Elmaleh dans leur spectacle *Tout est Possible*. Là où Kev reçoit en cadeau de Noël une VHS de son idole Gad, le voilà des années plus tard avec lui sur scène. Rien n'était trop grand comme rêve et cela me donnait d'autant plus le droit d'y croire et de rêver moi aussi. Camille et Éléanore y sont le même jour et nous en profitons pour nous donner rendez-vous à la fin pour manger tous ensemble. En Novembre, Maman part une petite semaine à Marseille avec Inès voir Rosalie, sa filleule. Elle est partie faire ses études là-bas et Maman en profite pour passer un peu de temps avec elle. Cela nous fait de mini-vacances avec Papa et Valou. Il y a eu quelques engueulades entre lui et moi, nous qui avons depuis toujours le même caractère alors parfois (surtout si l'on veut tous deux avoir raison) deux-trois étincelles et éclats de voix jaillissent. Puis à la fin du mois, nous allons voir la pièce de théâtre *Ados* de Lola Dubini avec Pascal Buil et Jason Rolland. Dédicace et photos, c'est drôle de connaître des artistes à leurs tout débuts et de voir leur évolution ! Valou et moi aussi évoluons d'ailleurs. Pour la première fois nos parents nous conduisent à la gare et nous voilà parties vers une galerie commerciale. Ma sœur prenait le train et avait bien plus l'habitude que moi, je l'ai vite vu au freinage et j'ai fini cramponnée à elle. Nous rentrons à la maison ayant découvert Primark et nous nous sommes chacune acheté un pyjama en pilou-pilou ainsi que des chaussons pour l'hiver. Le mien vit encore, le sien en revanche, tire un peu plus la tête. Nous en avons d'ailleurs parlé cette semaine au téléphone, il va être temps pour lui après des années de bons et loyaux services, de passer la main. C'était vraiment symbole de notre entrée dans la vie adulte, sortir seules toutes les deux. Non sans stress de nos parents, surtout Papa. Ils nous auront appelées au moins deux fois pour s'assurer que tout allait bien. Je ne vais pas m'en plaindre, je serai probablement pire une fois à leur place. Noël arrive tout doucement.

Dans ma bande de copains, Aymeric et moi commencions à nous rapprocher. Qui dit lycée dit début des amourettes de jeunesse. Tout a débuté lors d'un repas. Le Jeudi rimait parfois avec kebab à la cantine. J'ai toujours eu un petit estomac et du mal à venir à bout de mes assiettes. Aymeric voyant que je ne finissais pas, me demande s'il peut le finir à ma place et que si plus tard nous devons raconter comment l'on s'est rencontrés à nos enfants, nous dirons que c'est comme cela que tout a commencé, en finissant mon assiette. L'on se ressemblait sur quelques points, s'entendait bien et surtout, je riais telle une bécasse à toutes ses blagues. Ah l'amour... Au bout de plus ou moins trois semaines à papoter, on finit par se mettre ensemble, naturellement. Puis, vient notre premier baiser. La première personne hormis ma famille qui m'aimait pour ce que j'étais, sans connaître mon passé et sans que j'aie l'impression qu'il ne m'aimait parce qu'il y était obligé. C'est d'ailleurs ce qui rendait la chose si incompréhensible à mes yeux. Je m'entends lui demander pourquoi. Oui, pourquoi m'aime-t-il ? Comment fait-il alors que je n'en suis pas capable moi-même ? Mon estime et ma confiance intérieures étaient réduites à néant, depuis ma quatrième je n'étais plus que l'ombre de moi-même. Je préférais me persuader que c'était un pari ou une mauvaise blague pour se foutre de moi par la suite. C'était ma manière de me protéger et j'ai refusé de laisser venir mes sentiments tant je craignais de fendre la carapace que je m'étais à mes dépens, si difficilement construite. Peu à peu, j'ai commencé à m'ouvrir et à (re)faire confiance. Il avait régulièrement les mains baladeuses et mon cœur battait à toute vitesse d'angoisse « *Il faudra bien le faire un jour* » me disait-il. Nous avions beau avoir presque quinze ans tous les deux, je n'étais clairement pas sur la même longueur d'onde que lui. Je lui ai gentiment dit que je n'étais pas celle qui lui donnerait ce qu'il voulait. Pas prête pour cela et n'en avait absolument pas envie, c'était trop tôt pour moi. Je suis allée le voir en face, je n'allais pas mettre fin par message. Recevoir ceux qui font du mal, pleurer, je connaissais et n'allais pas faire vivre cela à quelqu'un d'autre, il était hors de question que j'endosse le rôle de mes bourreaux. Moi, blesser autrui ? Impossible. J'ai donc rompu et fin de l'histoire. Nous avons été ensemble deux mois environ et j'ai eu peur que cela ne mette un froid dans notre bande d'amis, comme c'est souvent le cas. Au final non, je l'ai fait assez intelligemment pour que cela ne se passe pas de la sorte. Cette histoire a vite été oubliée et n'a fait souffrir personne, nous sommes restés bons amis.

Le premier trimestre touche donc à sa fin et nous avons le retour du conseil de classe par les délégués. J'en discute avec ma professeure d'anglais car j'avais cru comprendre qu'au cours de cette réunion, ils parlaient également de la vie de l'élève en général. Certains ayant des soucis de santé se les voyaient donc évoquer. Je fus inquiète d'imaginer ce que l'on pouvait dire à mon sujet et elle m'explique qu'ils parlent surtout des aménagements scolaires mais je ne comprenais pas où elle voulait en venir et lui demande alors des précisions. Il existe pour chaque élève rencontrant des difficultés quelconques, un dispositif de Projet d'Accueil Individualisé. Elle m'informe que pour ceux qui ont des problèmes de vue par exemple ils peuvent avoir leurs sujets de cours ou d'examens agrandis, un tiers temps... Et cela fait tilt dans ma tête, combien de fois ai-je pu plisser les yeux car les lignes étaient constamment trop petites, et ce malgré les loupes que j'ai en guise de lunettes. En rentrant à la maison j'en échange avec mes parents qui ne connaissaient pas du tout. Pourtant, j'avais ce problème de vue depuis la minute où j'étais née mais personne ne nous en avait jamais parlé. Je rencontre donc l'infirmière scolaire pour avoir son avis et selon elle je suis totalement éligible à ce genre d'aménagement. J'ai donc dû monter un dossier de toute pièce pour obtenir mes cours en format A3 plutôt qu'en A4 et un tiers temps en plus pour réaliser mes évaluations, je pouvais aller à mon rythme pour déchiffrer les lignes. Je n'avais qu'un sixième de temps lors des devoirs surveillés, des épreuves du baccalauréat ou bien des questions de moins, c'était au bon vouloir du professeur.

Premier trimestre de Seconde 4 : 12,41 de moyenne « *Un trimestre aux résultats globalement plutôt convenables, meilleurs dans les disciplines littéraires que scientifiques. C'est donc sur ces dernières qu'il faudra porter vos efforts au deuxième trimestre tout en conservant votre sérieux dans les autres matières. Compliments du conseil de classe.* »

- **Français :** 12,48 « *Continuez ainsi* » Mr D.

- **Mathématiques :** 15,83 « *Bon travail, continuez !* » Mme M.

- **Histoire-Géographie :** 11,79 « *Des résultats relativement convenables* » Mr S.

- **Anglais :** 14,63 « *Eva est sérieuse et intéressée. Attention à bien participer à l'oral. Good work !* » Mr M.

- **Espagnol :** 12,67 « *Eva se montre de plus en plus impliquée et investie, notamment lors de la participation orale. Continue sur cette voie.* » Mme G-G.

- **Sciences Économiques et Sociales :** 15 « *Résultats satisfaisants et une attitude positive. Eva est une élève sérieuse. Félicitations pour ce premier trimestre.* » Mme S.

- **Sciences et Vie de la Terre :** 9,14 « *Deux absences au premier trimestre sur des travaux pratiques importants qui ont rendu difficile la compréhension du DS* » Madame T.

Oui Madame T ! Elle avait quitté le collège et quelle joie ce fut pour moi de la retrouver au lycée. Je me suis toujours demandé si mon histoire avait pesé dans la balance quant au fait que l'année suivante, elle avait changé d'établissement et de tranche d'âge. Oui, car le principal n'a changé d'établissement qu'à la rentrée 2023. Il avait fait neuf ans dans le même et ayant atteint un certain quota d'années, il a dû céder sa place. Elle m'a expliqué que bon nombre de collégiens, chaque année, arrivaient de mon collège dans le même état que moi. Rien n'avait changé et il laissait toujours le harcèlement scolaire se produire.

- **Physique-Chimie** : 4,57 « *Des difficultés de compréhension, poursuivez les* efforts » Mr L.

- **Éducation Physique et Sportive :** « *Dispensée* ».

- **Audiovisuel :** 15 Mr Z.

Je ne me voilais pas la face, le bac scientifique allait être très compliqué à obtenir d'autant plus que je détestais les matières scientifiques. Je préférais mille fois l'anglais, le français et l'espagnol aux maths et aux sciences physiques. J'ai posé les choses. Les études puis la profession de sage-femme : charge physique, mentale, salaire, temps de travail, responsabilités. J'ai fait un pour et un contre. Tant d'années d'études pour gagner si peu ma vie et me tuer à la tâche ? Telles étaient les conditions de travail que les professionnelles de la maternité revendiquaient. Que ce soit par leurs grèves, leurs manifestations ou via les articles de presse que je pouvais lire à propos de leurs conditions de vie toujours plus misérables. Et puis, faire des gardes de vingt-quatre heures je ne peux pas rester si longtemps en station debout prolongée, mon corps ne tiendrait pas. Une journée à Disney c'était déjà la mort physiquement pour moi, je n'y arriverai jamais. C'est pourtant bel et bien mon rêve depuis mes cinq ans. Tant pis je vais adapter, mais pas renoncer. Maman me connaît bien et craint que je ne sois frustrée par ce métier « *Tu sais, une fois que la maman a accouché, le relais pour les soins du bébé est pris par l'infirmière puéricultrice. Le rôle d'une sage-femme, lui, s'arrête là* ». Je n'aurai pas de soins ni de contact autant que je le voudrais avec le nouveau-né. J'y réfléchis des jours durant puis finis par emprunter un chemin avec un virage à trois cent soixante degrés. Valou avait, elle, hésité entre le baccalauréat Littéraire ou Économique et Social. Seulement la filière littéraire fermait beaucoup plus de portes au niveau de l'admissibilité dans les écoles. Après bien sûr, rien n'est impossible mais il fallait que je mette toutes les chances de mon côté. Je décide de changer mes plans, je partirai en bac ES et probablement comme Papa dans le commerce. Je parle bien anglais et espagnol, je pourrai étendre mon champ d'action à l'international ou bien même partir en droit et devenir avocate. Faire régner la justice, là où je n'en ai pas eu. Difficile... Marcher sur les traces de Papa, ce qui le rendrait tellement fier de moi ou bien me servir de mon caractère et de mon histoire, je ne sais pas trop... J'opte définitivement pour le bac en filière ES, pour la suite je verrai bien.

Nouvelle paire de lunettes : la même qu'avant, toujours de la marque Ray-Ban donc, sauf qu'elle est de couleur aubergine et rose clair à l'intérieur. Mon ancienne monture devient ma paire solaire. Je pars à la découverte du salon du cheval sur Paris avec Papa. Noël se fait à la maison du 24. Je reçois une Ice Watch, mon sac d'équitation sur roulettes pour m'éviter de tout porter et de me faire mal ainsi que mon pull Superdry. Ma sœur lance la tradition des chaussons en m'offrant les premiers d'une longue liste : des licornes. J'enfile un costume de Mère Noël et accroche un bonnet à ma bombe pour la fête des écuries et fait même mes premières figures de voltige. Le 25 et le 26 se déroulent chez ma Tatie. Nouvel An 2017, je vais profiter deux jours durant de Disney avec Clara et Papa. C'était notre petite revanche sur la vie sur nos moments difficiles. On profite le temps d'un Dimanche de Papy et Mamie et Paco fête ses deux ans. Valou rencontre Adam, mon futur beau-frère. À la maison, après le repas du soir, c'est chants, danses et conneries en tout genre avec ma grande sœur. Nous rions et faisons rire nos parents, nous retrouvons l'entrain et la joie de vivre d'avant.

Second trimestre de Seconde : 10,94 de moyenne « *Les résultats sont globalement en baisse ce trimestre. Il ne faut surtout pas vous décourager et fournir un travail plus rigoureux et approfondi pour progresser. Encouragements. Filière ES ou L* »

- **Français :** 10,69 « *Ensemble moyen, il faut poursuivre les efforts sans vous décourager et fournir un travail plus rigoureux à l'écrit* » Mr D.

- **Mathématiques :** 9,12 « *Des difficultés ce trimestre, soyez plus rigoureuse. Courage !* » Mme M.

- **Histoire-Géographie :** 9,39 « *Des résultats en retrait ce trimestre. Ne vous découragez pas, conservez votre volonté et travaillez la méthode, de manière à repartir à la hausse au troisième trimestre* » Mr S.

- **Anglais :** 16 « *Eva réalise un excellent trimestre. Son application et son sérieux ont porté leurs fruits. Bon travail, continuez dans ce sens* » Mr M.

- **Espagnol :** 12,44 « *Ensemble correct mais avec des hauts et des bas. Un travail plus régulier peut donner de meilleurs résultats qu'Eva est capable d'obtenir. Je t'encourage à participer plus à l'oral* » Mme G-G.

- **Sciences Économiques et Sociales :** 7 « *Des difficultés ce trimestre, il ne faut pas se décourager* » Mme S.

- **Sciences et Vie de la Terre :** 8,24 « *Eva a baissé les bras, il faut se remotiver !* » Madame T.

- **Physique-Chimie :** 8,81 « *Des progrès mais encore insuffisants, intensifiez le travail* » Mr L.

J'ai pris deux-trois cours avec mon professeur à son domicile pour remonter ma moyenne. Un plaisir de se lever le Samedi matin après une longue semaine mais No Pain, No Gain !

- **Éducation Physique et Sportive :** « *Dispensée* ».

- **Audiovisuel :** 17 « *Bien* » Mr Z.

Le trimestre étant fini, nos groupes d'Accompagnement Personnalisé changent, je suis en AP de français et je me retrouve dans le même que Philémon. Je prends sur moi, inspire un grand coup et tente de me détendre, me disant que cela va bien se passer. Il faisait beau ce jour-là, nous sommes alors sortis pour faire cours dehors, sur l'herbe. Tous assis en rond je l'entendais ricaner, faire des messes basses tout en me regardant par intermittence avant de chuchoter à l'oreille de ses nouvelles "claudettes". Et voilà que cela recommençait. Les minutes avant la fin du cours me parurent interminables, ne pouvant même pas fuir en demandant de sortir, j'étais déjà à l'extérieur. J'étais coincée et devais prendre mon mal en patience. Une fois fini, nous retournons en classe rassembler nos affaires. J'attends qu'elle se vide et vais à la rencontre de mon professeur qui était également celui que j'avais en cours de français et lui explique brièvement, sans trop rentrer dans les détails et tentant de refouler mes émotions qui je le sentais, montaient. Il creuse un peu plus en essayant de comprendre et les larmes étaient devenues trop dures à retenir. Il me conseille d'aller en parler avec ma Conseillère Principale d'Éducation pour essayer de me changer de groupe. À seize heures passées elle était déjà partie, j'irai donc la voir du lendemain. En rentrant à la maison, je raconte mon après-midi à mes parents et dans ma tête, la solution était toute faite. Le jour suivant donc, je me dirige vers son bureau et lui présente mon souci. C'était une personne fort antipathique et en tant qu'élèves nous évitions à tout prix d'aller la voir, cela s'est confirmé. Après avoir entendu ma requête et son motif, elle me dit avec un ton désagréable « *Le mot harcèlement est un bien grand mot, en quoi penses-tu que cela te concerne ?* ». Je me suis sentie plus qu'incomprise et n'avais aucunement envie de me confier à elle dans ces conditions. J'ai répondu que les faits passés parlaient d'eux-mêmes et que son comportement de la veille vis-à-vis de moi suffisait. J'ai réussi à oser lui dire que dans tous les cas, qu'elle accepte ou non, je n'irai plus et ce avec le soutien de mes parents qui me feraient un mot d'excuse pour chacun d'entre eux. J'ai dû prendre mon courage à deux mains pour oser exprimer ce que je ressentais entre deux suées et palpitations cardiaques. Elle a fini par me changer de groupe, de toute façon si je ne tapais pas du poing sur la table je n'aurais pas eu gain de cause et j'ai très vite compris que dans ce monde c'est bien la seule façon pour se faire entendre !

J'enlève enfin mon appareil dentaire en Avril et quelle libération ce fut ! Redécouvrir sa bouche et le plaisir de manger. Cependant, il ne faut pas croire : les bonbons, sucettes, chewing-gums, j'étais assez maligne pour en consommer sans me décoller une bague, pour rien au monde cela ne m'aurait arrêtée. Bien que je n'en aie jamais été très friande, si j'en avais l'occasion je n'allais pas dire non ! Nous fêtons Pâques à Stella et me voilà qui souris à pleines dents à Lilou « *Tu ne remarques rien ?!* », trop déçue, elle n'avait rien vu. Je passe mon galop deux que j'obtiens haut la main : vingt sur vingt en théorie et quinze en pratique puis Léonie fait sa profession de foi. En Mai, Noisette commence à être de plus en plus maigre et s'affaiblit, elle ne mangeait presque plus. Nous l'emmenons chez le vétérinaire qui la garde en observation, lui administre des médicaments censés stimuler son appétit, la réhydrate par perfusion mais rien n'y fait. Vient pour la troisième fois cette phrase que je redoute, il allait falloir prendre une décision si la situation ne s'arrangeait pas… Nous accueillons à la fin du mois quatre poules chez nous ! La petite maison dans la prairie à domicile et pour mon plus grand plaisir, c'était la première chose que je faisais en rentrant du lycée : aller chercher les œufs. Ce même jour, je me rends du soir chez le vétérinaire. Il était environ dix-neuf heures et elle m'emmène dans la pièce où sont les cages avec les animaux hospitalisés puis me laisse avec Papa en disant qu'elle reviendrait d'ici quelques minutes. J'hésite à la prendre dans mes bras, je ne sais pas si j'en ai le droit. Puis je me dis qu'après tout c'est mon animal, je la prends pour la coller tout contre moi, la couvrant de bisous et la sens s'apaiser dans mes bras. Elle commence à avoir le hoquet et à respirer bizarrement. Je me suis sentie plus que démunie, ne sachant que faire pour l'aider et la vétérinaire par chance, entre dans la pièce au même moment. Je lui donne Noisette en lui expliquant ce qu'il se passait, elle la prend et me dit qu'elle est en train de partir et c'est contre Papa que je pleure toutes les larmes de mon corps.

Elle me l'enveloppe dans une couverture bleu marine puis je la récupère au creux de mes bras, ne la lâchant plus. Elle ne souffrait plus désormais, nous la mettrons au bout du jardin avec mes autres boules de poils, elles seront ensemble de cette façon. Elle a succombé à une hémorragie interne due à un coup de froid, je l'avais pourtant toujours sortie avec précaution, à l'abri du vent... Cependant, Noisette ayant vécu à mes côtés durant un an, un mois et un jour pile, j'ai pris cela comme un signe c'était mon ange gardien. C'était elle qui m'avait raccrochée à la vie après cette si sombre période et elle était partie parce qu'elle avait accompli sa mission, j'allais mieux et étais repartie de plus belle. Je me doutais que je reprendrai un lapin un jour, mais j'avais toutefois peur de la remplacer. Même si ce n'était pas mon but, je voulais seulement combler le vide qu'elle laissait derrière elle.

La saison des amours de jeunesse continue. À force de passer du temps avec notre bande, des affinités se créent. Avec Armand, un brin timide mais profondément gentil et quelque peu naïf aussi, nous commençons à nous rapprocher. Nous nous avouons nos sentiments même si l'on craint de foutre en l'air notre groupe de potes. Au début, nous nous cachons et n'en parlons pas, à personne. Puis, finissons par l'annoncer et l'assumer. Les remarques vont bon train vous savez, à recevoir des avis même si on ne le demande pas. Qu'ils soient négatifs ou positifs c'est ça le lycée, au même titre qu'au collège ; l'immaturité et l'innocence de l'enfance. Moi, je suis fière d'être avec lui et vu qu'il est beaucoup plus grand que moi, il saura me protéger si on me veut du mal. Il se fait moquer par mes copines voire même des membres de ma famille parfois. Lorsque je montre des photos de lui, comme il avait un léger strabisme tout de suite c'étaient des critiques et ô combien cela me blessait, limite plus que s'il les avait entendues lui-même. Je n'avais pas des yeux normaux non plus et donc ? La beauté est subjective et dépend de chacun, on a tous une idée bien définie de celle-ci. Et ce que je dis là, c'est le discours que je tenais déjà à tout juste quinze ans. Moi, je le trouvais beau à l'extérieur et à l'intérieur. Je ne me suis jamais arrêtée à cent pour cent sur le physique, il faut que ce soit un équilibre et de toute manière, le physique change avec les années. Tandis que le cœur et la personnalité ne changeront pas. Ses parents me connaissaient vu que nous étions amis et au moment de leur annoncer que l'on était ensemble, il a eu droit à un cours d'éducation sexuelle et de contraception. Imaginer que leur fils chéri risquait d'avoir un enfant avec moi, inconcevable. Je ne pense pas que c'était ma personne qui les dérangeait, mais le fait que leur fils grandissait et que je passais en premier dans sa vie contrairement à eux désormais. Mais je l'ai pris personnellement, je me disais qu'ils avaient peut-être raison finalement qu'est-ce qu'il pouvait bien me trouver ? Nous faisons quelques sorties dans des galeries commerciales et au cinéma. Le cinéma fut accompagné de mes parents, c'était la condition pour que les siens acceptent et ce sont même eux qui ont dû avoir le dernier mot sur le choix du film que l'on allait voir : aberrant ! Quand je vous dis que je suis perpétuellement tombée sur de drôles de loulous eh bien, leur famille était rarement en reste ! Tu m'étonnes que je me sente mieux seule que mal accompagnée ! À la fin de l'année scolaire, il se fera opérer des dents de sagesse et il faut quand même savoir que la première fois où nous nous sommes revus, sa mère lui avait formellement interdit de m'embrasser pour que je ne lui transmette pas de microbes. « *On se fait la bise du coup ou ? C'est quoi le problème ? Prends tes couilles, il y a bien longtemps que je les aurais prises et dit ma façon de penser à ta place ! Impose-toi et sois libre de tes choix à un moment !* » Eva, toujours dans la délicatesse. On ne peut cependant pas me reprocher d'avoir la tête sur les épaules, je ne me laissais plus marcher dessus. Peu après, la sœur de Mamie H, la grand-mère de Philippine, Florent, Yohan et Quinto décède. Encore une séparation de plus à la liste qui commence à être bien trop longue à mon goût.

Dernier trimestre de mon année de Seconde : 11,66 de moyenne « *Des progrès ont été réalisés ce trimestre dans les disciplines littéraires. Votre persévérance est à saluer. Compliments du conseil de classe. Admise en Première Littéraire.* »

- **Français :** 11,93 « *Ensemble satisfaisant, des progrès et une volonté de bien faire appréciable* » Mr D.

- **Mathématiques :** 3,07 « *Trimestre catastrophique, ne baissez pas les bras. Courage !* » Mme M.

- **Histoire-Géographie :** 9,21 « *Un ensemble trop juste, malgré une certaine bonne volonté. N'hésitez pas à approfondir votre travail* » Mr S.

- **Anglais :** 16,09 « *Eva se maintient et réalise globalement une excellente année ! Bon travail !* » Mr M.

- **Espagnol :** 14,44 « *Très belle progression. Je t'encourage à continuer de t'investir, tu peux encore améliorer tes résultats, tu as les capacités. Bravo !* » Mme G-G.

- **Sciences Économiques et Sociales :** 15,80 « *Très bon trimestre* » Mme S.

- **Sciences et Vie de la Terre :** 11,78 « *En progrès ce trimestre, le travail est plus rigoureux mais des efforts restent à faire* » Madame T.

- **Physique-Chimie** : 9,45 « *Des progrès mais cela reste insuffisant* » Mr L.

- **Éducation Physique et Sportive :** « *Dispensée* ».

- **Audiovisuel :** 17 « *Bien* » Mr Z.

L'année scolaire touche donc à sa fin. Comme ceux en classe de première et terminale passent leurs épreuves du baccalauréat. Nous les secondes, avions trois mois de vacances. Pour le mois de Juin, le lycée propose d'effectuer un mois de stage là où nous le souhaitons. Je pars dans des écuries où des stages d'équithérapie avec des enfants handicapés mentaux prennent place. Déjà le premier jour fut riche en émotions. Nous sommes allés mener à pied les chevaux en pâture et sur la route, une Harley Davidson passe et fait beaucoup de bruit avec son pot d'échappement. Cela n'a pas loupé, le jeune cheval de trois ans que je tenais a pris peur et est parti en furie. Comme le mouton de mon grand-oncle petite je ne l'ai jamais lâché, le tenant plus que fermement puisque l'on m'avait prévenu qu'il était prometteur et cher. J'ai fait du jet ski, traversé la chaussée et atterris dans le fossé d'en face. Je m'étais juste écorché les mains, rien de grave mais bon, pour un début je m'en suis souvenue ! Puis le lendemain arrive, on me demande de changer les poneys de paddock et cette écurie prônait la liberté des équidés. On ouvrait et fermait les barrières pour les laisser se déplacer en troupeau, derrière, nous étions les bergers en quelque sorte. Sauf que qui dit troupeau dit hiérarchie. Un tout petit shetland, Hercule pour ne pas le citer, a voulu faire la loi auprès d'un grand qui était à côté de moi et l'a botté. Et ça, c'était sans compter sur le fait que ce serait mon genou qui recevrait le coup... Le cheval s'est alors cabré et a réatterri sur mon pied. J'ai été mise KO par deux chevaux et chaque jambe était condamnée, forcément, c'est toujours à moi que ça arrive ces trucs-là. J'ai directement reconnu la douleur, je savais que c'était cassé. J'ai attendu la fin de la journée, pris sur moi puis Maman est venue me chercher et direction les urgences avec Papa. Bilan : orteil droit fracturé et genou gauche plus que contusionné, j'ai marché clopin-clopant tel un pingouin pendant des jours et en ai gardé la trace du sabot en guise de cicatrice sur le genou, sinon ce n'est pas drôle.

Au mois de Juillet, Papa et Maman me paient une demi-pension avec mon poney préféré durant toute une semaine. Pour la première fois je peux monter quand je veux, au rythme que je souhaite et faire ce qui me plaît ! Le 13 et le 14, nous sommes à Disney avec Papa et nous y fêtons ses cinquante ans, nous n'avions même pas calculé le coup. Nous y étions allés pour les vingt-cinq ans du parc et cela tombait bien pour finir. Nous avons rencontré un couple ce soir-là avec qui j'échange régulièrement, ce sont des personnes formidables. Je louche une fois de plus sur le gros Stitch et pour une fois, je décide de me faire plaisir. J'avais eu de l'argent à mon anniversaire et c'est bien à cela que c'est censé servir non ? Mamie H m'a toujours dit en me tendant l'enveloppe « *Tu t'achèteras quelque chose* » c'était donc l'occasion ! Et me voilà revenue avec un Stitch quatre fois plus grand que moi. Le 17, je pars me faire opérer du poignet. Adam était venu la veille à la maison. Nous inaugurons la PlayStation III que nous avions offerte à Papa pour son anniversaire, nous avons cotisé avec Valou et Adam et il était tout aussi ravi qu'un enfant le jour de Noël ! Ce sera Gran Turismo pour lui (voitures de course) et GTA V pour moi (en gros : conduire comme une dingue et tuer de pauvres civiles innocents pour me détendre lorsque j'en ressens le besoin, ça me détend !).

Cela faisait plusieurs mois que j'avais fort mal dans le poignet gauche. À deux reprises, j'avais perdu l'équilibre de ma hauteur et étais retombée dessus. Comme à l'accoutumée les examens reviennent négatifs, absence de fracture ou de lésion franche. Moi, je reste dans ma douleur et des médecins qui me disent que ce sont des douleurs de croissance, que c'est dû au stress ou que c'est dans ma tête. Une fois mais pas deux, on ne va pas me refaire le même coup, assez ! Finalement, je fais une dernière radio et suis reçue par un chirurgien de la main. Il m'a dit « *Je sais ce que tu as et que c'est très douloureux. Cela s'appelle le* **syndrome de l'ulna longue** », l'ulna, aussi appelé cubitus avait chez moi, trop poussé. Je m'amuse toujours à dire que pour une fois que quelque chose était trop grand chez moi, cela posait un problème ! Bref, la différence de longueur entre le radius et le cubitus cause un conflit ulno-carpien sur les tendons et les ligaments et à long terme cela pouvait les endommager. Mais surtout la douleur était très invalidante, il m'explique que je dois faire des infiltrations et que cela me soulagera mais un jour ou l'autre, il faudra passer par la case opération « *On se revoit d'ici quelques mois après que tu aies fait l'infiltration et voir ce que l'on met en place* ». Le jour du rendez-vous suivant je n'avais pas fait l'infiltration, je gardais le souvenir de la fois où je devais en faire une pour l'algoneurodystrophie de ma cheville. Devant mon immense appréhension de l'acte, j'avais refusé de la faire. Idem pour mon poignet. De plus, je n'en voyais pas l'intérêt. La seule façon de me soulager pour de bon était l'opération, il me l'avait lui-même dit. À quoi bon souffrir pour "rien" ? Il me dit que l'on va reprendre rendez-vous pour une infiltration mais Maman lui soumet l'idée que j'ai déjà réfléchi et me connaissant, j'ai probablement déjà un avis sur la question. Je lui dis qu'effectivement autant être opérée, souffrir un bon coup et être tranquille. Cela l'embêtait de me laisser une cicatrice à seulement quinze ans. Moi je m'en fichais, ce n'était clairement pas ma priorité. Monter à cheval me faisait mal, tout mouvement du quotidien impliquant une hyperextension du poignet, soit beaucoup. Bref, il fallait y passer. Il m'explique le déroulé de l'opération, il va casser l'os, découper une rondelle afin d'en enlever l'excédent puis après c'est comme si c'était une fracture déplacée. Il m'a posé six vis et une plaque. Elle a duré une heure trente sous anesthésie loco-régionale, ce qui veut dire que seul mon bras était endormi.

J'espère que vous êtes prêt car pour ne pas échapper à la règle, rien ne s'est déroulé comme prévu. Lundi 17 Juillet 2017, sept heures trente du matin. J'arrive à l'hôpital, on m'installe en chambre et me fait retirer mes bijoux. Drame puisque j'ai mon bracelet de camping que je ne peux pas enlever et je ne veux surtout pas le couper, il est trop important pour moi. L'infirmière me suggère de le camoufler sous celui de l'hôpital. Chose que je fais et cela a fonctionné ! Je descends ensuite à pied dans la salle de réveil où mon anesthésie va être pratiquée. On me fait asseoir puis on m'appelle. Je grimpe sur un brancard, l'infirmier me pose le cathéter veineux tout en me questionnant sur ma vie, il cherche à détourner mon attention mais cela ne marche pas, je sais très bien ce qui va se passer ensuite. Une fois installé, je m'allonge et attends l'anesthésiste. L'on me place un champ sur toute l'épaule qui me couvre le visage, je n'ai plus qu'un œil qui voit ce qu'il se passe : le plafond. Il réalise une échographie pour visualiser le nerf à endormir et je l'entends dire « *Ça ne va pas, il faut passer par-derrière* », je commence à paniquer, derrière où dans mon dos ? Je vais avoir mal ? Puis je me rappelle entendre un « *Tu me la sédates* ». Le plafond s'était mis à tourner, le temps entre le mouvement de mon œil et l'image qui s'y associait était devenu très long et j'avais compris pourquoi. J'ai essayé de me concentrer sur ce plafond et sur ces carreaux malgré la douleur. J'étais déconnectée mais je me souviens de tout. J'étais vraiment terrifiée d'être ouverte sans que l'anesthésie n'ait pu faire effet, je jouais avec mes doigts jusqu'à temps de ne plus les sentir. J'ai ressenti l'opération, je n'avais pas la douleur mais j'avais la sensation de pression, de froid et de frottement… Attention aux âmes sensibles mais j'ai même senti quand il a incisé, je me suis dit « *Bon, c'est parti, ça va aller…* ». C'était interminable, le chirurgien de l'autre côté du champ opératoire parlait avec son infirmière et avec moi aussi pour passer le temps. Il se demandait s'il était mieux d'emmener ses deux petites filles à Bellewaerde ou à Walibi et me demande mon avis, je réponds bien évidemment que moi j'irais à Disney ! La question ne se posait pas. Il me prévient que l'opération est finie et qu'il est en train de recoudre. Ok, le plus dur est derrière moi, tout du moins c'est ce que je croyais.

Il me repose le bras sur la poitrine et me dit de ne surtout pas le bouger en attendant que l'on me place l'attelle qui l'immobilisera pendant six semaines. Je reviens donc en salle de réveil où une autre patiente elle, se réveillait d'une anesthésie générale et en avait des hauts le cœur : atroce à écouter… De plus, je ne pouvais me boucher qu'une oreille sur les deux ! Une autre infirmière arrive pour me placer l'attelle, c'était quelque chose de thermoformable qu'il fallait placer puis faire à la forme de ma main. À un moment, elle a relâché mon bras le temps de la "modeler". Elle a dû penser que j'allais le retenir mais c'était un véritable poids mort, c'est comme s'il ne m'appartenait plus. Il est alors tombé entre les barreaux du brancard, le chirurgien venait de me dire à peine cinq minutes plus tôt de ne surtout pas le bouger, chouette. Je remonte en chambre, mange un morceau puis au bout de quelques heures on me renvoie chez moi. Je m'installe sur le canapé, contente d'être rentrée. Je n'avais pas de soins à domicile prévus avant deux jours et on m'enlèverait le cathéter d'anesthésie relié à la pompe au bout de quarante-huit heures. Il était situé au niveau de l'aisselle et diffusait du produit anesthésiant en continu, tant cette opération était réputée douloureuse selon mon chirurgien. Bref, rien ne se passant jamais comme prévu, vers dix-sept heures soit cinq heures environ après l'opération, j'ai eu des spasmes qui ont fait remuer mes doigts, ma main entière se réveillait. Je pleurais de douleur, Maman appelle l'infirmière à domicile. Elle n'a pu que constater le fait que le cathéter était sorti d'un tiers de son logement : n'atteignant plus le nerf il n'était plus aussi efficace. Il était intégré au pansement comme un T si vous voulez. La barre horizontale étant le pansement et la verticale, le cathéter. Étant dans un pli et avec les litres de bétadine qui avaient été mis ainsi que la transpiration, il s'était décollé et c'est comme cela qu'il s'était déplacé. Personne n'avait vérifié son positionnement avant mon départ. Au départ de l'hôpital, on m'avait seulement enlevé le cathéter intraveineux et le drain de Redon que j'avais au niveau de la plaie. C'est ce qui est censé aspirer le sang pour éviter d'avoir un trop gros hématome, le retrait aussi je l'ai senti bien d'ailleurs... Nous aurions dû retourner à l'hôpital mais allez savoir pourquoi, nous n'y avons pas pensé.

L'infirmière me dit de prendre un Tramadol. Il s'agit d'un puissant antalgique qui appartient à la classe des opioïdes dans le même style que la Morphine. Ses effets secondaires et indésirables sont sans surprise, nombreux. Il faut être âgé de quinze ans minimum pour le prendre, j'en avais presque seize, c'était donc tout juste. Ainsi qu'un intervalle à respecter entre chaque, d'au moins six heures. Je n'ai découvert ces "critères à respecter" dans le but d'éviter un surdosage, qu'après coup. Cela m'assomme et me soulage, je réussis même à m'endormir. Puis vers vingt et une heures je réouvre un œil, de nouveau réveillée par la douleur. Je joins par téléphone la société qui s'occupe de ma pompe considérée comme une perfusion à domicile, je pouvais donc les appeler vingt-quatre heures sur vingt-quatre. La personne à l'autre bout du fil me conseille de reprendre un second Tramadol. Déjà qu'il s'agissait de la première fois que je prenais un médicament si "puissant", il m'en faisait ingérer un autre à peine quatre heures après le précédent. C'est là que les facteurs favorisant la surdose se sont accumulés et que c'est devenu problématique. Face à une telle douleur, on ferait n'importe quoi pour que cela cesse. Et puis il devait savoir ce qu'il disait, je l'ai donc écouté et ai repris un comprimé avant d'aller me coucher.

Le lendemain matin je suis réveillée par Maman, l'infirmière n'allait pas tarder à passer. Je me lève avec des nausées monstres et me traîne difficilement jusqu'au canapé. Lorsqu'elle arrive à la maison, voyant mon teint limite vert, me dit « *Oh, toi, ça ne va pas* » Maman lui raconte le reste de la soirée, elle nous fait jeter la boîte de tramadol et me conseille de ne jamais plus en reprendre. Elle passe deux-trois autres coups de fils et finit par me poser une perfusion sur l'autre bras à la fin de la journée. J'avais maintenant les deux bras condamnés. J'ai eu de la Morphine et un antiémétique (contre les nausées) car j'avais fini par vomir mes tripes alors que je n'avais rien su manger, pour rien au monde je ne voudrais ravoir affaire à ce médicament croyez-moi ! Le surdosage est absolument affreux. Après cela, à chaque fois que l'on a pu me demander si j'étais allergique à certains médicaments je répondais que j'étais surtout intolérante au Tramadol, de manière à être sûre qu'on ne m'en donne en aucun cas. C'est d'ailleurs là où je suis impressionnée, j'ai connu des patients qui pouvaient en prendre jusqu'à quatre par jour, là où pour moi, un seul avait suffi à me mettre KO. C'est la même chose pour le Doliprane, en prenant trois grammes sur vingt-quatre heures : je fais un surdosage. Je me contente de cinq-cents milligrammes et c'est très bien comme cela. Je dois sans doute avoir un foie ou peu efficace, tant pis si l'effet est moindre mais bon, il faut savoir prendre sur soi et choisir. J'ai définitivement tout en version minuscule ou défaillante ce n'est pas possible ! J'ai donc gardé cette perfusion deux ou trois jours. Je dormais comme une masse et j'étais vraiment assommée une fois réveillée mais au moins, je n'avais pas mal et c'était le principal. Quelle épreuve n'empêche ! Le pire c'est que moins d'un an plus tard, je devrai repasser sur le billard et donc subir le même sort pour enlever le matériel… Ravie. Après cela j'ai commencé à aller mieux, à pouvoir sortir peu à peu. J'ai des copines qui sont venues me voir, je suis allée au cinéma, bref j'étais entourée.

~~~~~

🌀 Je marque une pause chronologique dans mon histoire et j'ouvre une très grande parenthèse. Elle est à propos de ma troisième opération pour le même problème : le syndrome de l'ulna longue. Elle se déroulera le 4 Janvier 2024 mais je tenais à finir le récit de mon livre avec l'année 2023 et surtout, sur une note positive. Cette troisième intervention fut plus que désastreuse et catastrophique, je l'intercale donc ici, ayant à cœur d'en laisser une trace. 🌀

Sept ans plus tôt, lors de la prise du rendez-vous préopératoire auprès de l'assistante de mon chirurgien, celle-ci m'avait dit en riant que souvent, lorsque le premier poignet présentait ce problème, l'autre avait de très grandes chances de suivre le même chemin. J'ai ri avec elle ne me sentant pas concernée : hahaha, non ça n'arrive pas qu'aux autres. Six ans et demi plus tard, me voilà repartie pour un tour.

Sur le document érigé par le Professeur de Bruxelles qui atteste de mon diagnostic de SED, il est bien écrit que "Chez le patient atteint de SED, l'anesthésie peut être totalement ou partiellement inefficace car il assimile mal ou élimine trop vite le produit". Ce qui explique en grande partie son inefficacité lors des deux premières opérations qui remontent bientôt à six et sept ans en arrière. J'ai soumis le protocole de soins entier en lien avec ma pathologie au chirurgien et à l'anesthésiste, prenant soin de fluoter les parties concernées et leur prémâchant le travail.

J'avais demandé à l'anesthésiste pour rester la nuit en surveillance cette fois-ci. Surtout au vu des deux fois passées… Il accepte « *Ce n'est pas utile mais bon, si cela peut vous rassurer… C'est vrai qu'au vu du déroulement des autres opérations, ce n'est pas déconnant comme idée.* » pas déconnant non et aussi pour avoir au moins une sédation vu qu'il refusait l'anesthésie générale. Être restée une heure et demie durant avec la douleur du garrot, la sensation de perceuse et de visseuse faisant trembler mon corps tout entier, par pitié ne me refaites pas vivre cela une troisième fois. Il répond en me rassurant, que j'aurai un sédatif pour la pose de l'anesthésie et au cours de l'opération. Il me conseille dès la sortie de son bureau, d'aller modifier mon admission : d'ambulatoire à une nuit. L'hôtesse nous envoie sur les roses : c'est à nous de le faire par internet, il était facile de sentir qu'elle n'avait pas envie. J'ai dit à Papa qui m'accompagnait, que le faire moi en tant que patiente ne fonctionnerait pas, comme de fait.

✦ Jeudi 4 Janvier 2024 : Jour de l'opération : J-0.

J'arrive pour sept heures du matin avec Maman et premier couac.

Je m'enregistre à l'accueil et tombe sur la même hôtesse qui nous avait envoyés bouler. Au moment de régler la chambre, ayant oublié mon portefeuille, je me renseigne sur l'éventuelle possibilité de payer le lendemain à ma sortie. Elle écarquille les yeux « *Comment ça demain ? - C'est écrit et même fluoté par l'anesthésiste* (et heureusement sinon on ne m'aurait pas crue) *sur le papier que je vous ai donné.* » J'étais toujours enregistrée en ambulatoire je l'avais bien dit, à force j'ai l'habitude ! Elle a donc du tout recommencer depuis le début. Si elle l'avait fait directement quand nous l'avions sollicitée la première fois, elle n'aurait pas eu besoin de tout refaire : le karma !

Après ces premières péripéties direction ma chambre. Je pars pour le bloc vers huit heures quarante-cinq. À neuf heures, on me fait une légère sédation comme prévu et me pose le cathéter d'anesthésie loco-régionale en bloc axillaire visant à m'endormir le bras. C'est la seule que l'on m'administrera, on m'a menée en bateau une fois de plus.

Cette opération a duré deux heures, plus longtemps que la première donc. Et j'ai de nouveau tout senti, tout entendu... Au moment de refermer, le chirurgien m'en informe. Avait-il bien en tête qu'avec le retard de cicatrisation dû au SED, il fallait bien utiliser des fils non résorbables plutôt que résorbables ? Je l'entends dire « *Ah oui, chez elle c'est en non résorbable* » : ouf il s'en souvenait. Il me dit aussi que mon poignet étant trop fin, il faudra enlever les vis comme la fois précédente donc, dans ma tête c'était déjà prévu.

De neuf heures trente à onze heures trente : je suis au bloc. Dès ma sortie, on me branche la perfusion qui délivrera du produit anesthésiant pendant quarante-huit heures. J'en profite pour faire vérifier le bon emplacement du cathéter (une fois mais pas deux !) et à onze heures quarante-cinq j'étais de retour dans ma chambre avec un Redon en place.

Treize heures trente, je ressens les premiers spasmes dans mes doigts ; c'était en train de se réveiller. Je sonne : "c'est normal" et premier **Doliprane**. On me prend la tension puis l'aide-soignante me demande si j'ai uriné, été à selles (bon jusque-là rien de bien sorcier) puis si j'ai bien fait des "petits prouts". J'ai vingt-deux ans pas cinq et encore m'infantiliser de la sorte ça va deux minutes ! Même moi je n'oserais pas dire une chose pareille à un jeune patient adulte...

Dix-huit heures on me sert le repas et Papa nous rejoint.

Vers vingt heures, les visites se terminent. Je n'ai revu personne avant vingt-trois heures, toutes les cinq heures quoi ! Même pour les surveillances post-opératoires en stage nous allions voir le patient toutes les deux heures voire à chacune.

Vingt-trois heures, l'infirmière de nuit vérifie ma tension, mon Redon et me donne un **Doliprane** ainsi qu'un **Kétoprofène** (anti-inflammatoire). Pour la première fois après le bloc-opératoire, l'écoulement de ma perfusion est contrôlé et pour les non-soignants d'entre vous non ce n'est pas normal.

✦ Vendredi 5 Janvier : J-1 post-opératoire.

Cinq heures dix du matin, je sonne car mes doigts sont engourdis et donc plus du tout endormis. C'est l'aide-soignante qui vient voir ce qu'il se passe « *C'est normal ça se réveille, votre bras ne peut pas rester tout le temps endormi de toute façon !* ». Je reçois le premier médicament de la journée, moi qui n'en prends jamais, mais vraiment jamais. À partir du moment où mon bras s'est réveillé soit après vingt heures au lieu de quarante-huit, j'en ai reçu une tonne. Par l'infirmière de nuit : du **Doliprane** à cinq heures trente du matin et du **Kétoprofène** (anti-inflammatoire) à **sept heures**. Aucune amélioration... L'infirmière de jour me dit qu'il va falloir passer à la Morphine et qu'il y a trois dosages : dix, vingt et trente. Ayant le souvenir du surdosage au Tramadol d'il y a presque sept années en arrière lors de ma première opération, je préférais toutefois faire acte de prudence. Je rappelle ici que seuls trois grammes de Doliprane répartis sur une journée suffisent à me faire un surdosage... Elle me conseille de prendre l'**Actiskénan vingt milligrammes** (antalgique puissant contenant de la Morphine à libération rapide) pour "casser" la douleur ; je l'écoute et le prends, il est donc **huit heures**. Je vais me laver et m'habiller comme je peux, fais ma toilette seule en ne demande de l'aide que pour mon dos et mon bras gauche ; ce qui m'épuise totalement ! Après mon sport de la journée, je me réinstalle dans mon lit. Cela faisait une heure que j'avais pris la Morphine. Écrivant mal, plus que lentement et difficilement à une main, je fais un message vocal à Maman pour lui raconter la première nuit ainsi que ma matinée. Quand tout à coup je me sens très drôle, comme avec la sédation lors de la pose du cathéter anesthésiant ; je m'allonge et m'endors.

Vers <u>midi</u> : repas et en me redressant pour manger, je sens la syncope qui monte. J'étais seule et incapable d'appeler qui que ce soit par manque total de force, ma tête tombe sur l'oreiller et je perds limite connaissance ; j'ai attendu que ça passe. Le chirurgien n'est pas passé me revoir et l'anesthésiste non plus. Mais puisque j'avais pris de la Morphine, suivant le protocole, l'équipe avait dû joindre l'anesthésiste. Laquelle vient vers <u>treize heures</u> me demandant comment j'allais, je réponds que j'ai très mal et que mon bras est réveillé. Elle me fait bouger les doigts et dit « *Ah..., bon bah ça ne fait plus effet* », sans blague... Elle me propose si je veux, de l'enlever ; mais pour le peu d'effet qu'il a je pense "autant le laisser en place" et il en fera encore moins s'il est enlevé.

Mon bras se réveillait de plus en plus et selon mes calculs, j'avais droit à un autre médicament vers <u>quinze heures</u>. Personne ne pouvait venir me récupérer avant <u>quatorze heures</u> (vu que je ne devais rester qu'un jour, il allait bien falloir que je sorte : douleur ou non). Je reprends donc l'**Actiskénan dix** à **quinze heures**. Idem : coup de fatigue donc je dors. Papa arrive vers <u>seize heures</u> et moi trop à l'ouest pour me lever et rentrer, me repose jusque <u>dix-sept heures</u> et dès mon réveil je plie bagage. L'infirmière et l'aide-soignante faisaient leur tour et en ouvrant ma porte, elles s'étonnent de me voir encore là « *On pensait que vous étiez partie depuis longtemps ! Il va être tard pour aller chercher la prescription de Morphine au bureau des anesthésistes* ». Papa dit qu'il y est déjà allé, j'avais simplement besoin de récupérer avant que l'on se mette en route.

Je rentre vers <u>dix-sept heures trente</u> à la maison, douloureuse au possible. J'avais pourtant "normalement", encore l'effet du médicament dans le corps. La prochaine prise était vers <u>dix-neuf heures</u>. Dès que Papa rentre de la pharmacie, je suis la prescription et prends un **Skénan vingt** milligrammes (toujours de la Morphine mais à action prolongée) et un **Actiskénan dix**. Je m'en vais me coucher, espérant échapper à la douleur. J'ai l'habitude d'avoir mal et cette opération a de nouveau prouvé que j'ai un seuil élevé de tolérance à la douleur. Bref, m'endormir n'est pas un problème, en revanche, je suis très facilement réveillée par elle.

<u>**Vingt-trois heures trente**</u>, j'appelle la société qui gère l'anesthésie à domicile et me renvoie vers les urgences de la clinique. L'infirmière régulatrice me dit de reprendre un **Doliprane** plus un **Kétoprofène** et si ça ne passait pas, **Actiskénan dix**. Dans le cas où la douleur persisterait malgré tout, c'était retour aux urgences de la clinique et "ils s'arrangeraient pour me trouver une place". Vu que tous les médicaments pris au cours de la journée n'avaient eu aucun effet antalgique aucun ne m'a soulagée, excepté celui de me rendre plus mal, je préviens Papa. Il peut dormir car d'ici quelques heures nous repartirons… Je fais exprès d'attendre un long moment pour laisser le temps aux médicaments de faire "effet" pour que l'on ne me dise pas le contraire arrivée là-bas.

✦ Samedi 6 Janvier : J-2 post-opératoire.

Vers <u>deux heures du matin</u> sans grande surprise, pas d'amélioration ; retour à l'hôpital. Nous arrivons vers <u>deux heures trente</u> et je suis accueillie par l'infirmière de nuit du service où j'étais la veille. *"Maintenant que vous êtes là, nous allons vous garder mais je ne pourrai rien vous donner de plus, vous avez déjà tout pris ! Je vais appeler l'anesthésiste mais elle ne va pas revenir exprès, ni réendormir le bras"*. Je lui montre mon protocole de soins démontrant l'inefficacité de l'anesthésie et explique pour la énième fois mon syndrome, elle a changé de ton et est devenue plus empathique. Elle passe bien vingt minutes au téléphone puis revient me poser une perfusion d'**Acupan** et me fait deux injections en sous-cutanée de **Morphine** : en quelques petites minutes je fus soulagée… Enfin… Il était **trois heures du matin**, c'est donc au bout de <u>douze heures</u> de calvaire, l'anesthésie ayant totalement cessé de fonctionner depuis la veille <u>quinze heures</u>, que j'ai pu être apaisée.

J'ai à peu près bien dormi, jusqu'à <u>sept heures</u> ; réveillée en fanfare par l'aide-soignante qui ouvre le volet « *Bonjour, vous êtes sortante, donc on déjeune et après on s'habille - Ah bon ? Je ne suis pas au courant… - Si si, vous sortez.* ». À un poil de me sentir foutue dehors quand même… L'infirmière refait le pansement et enlève les scratchs de mon attelle avec une telle vigueur que j'en pleure de douleur. Elle a poursuivi son soin en ne m'adressant ni un mot, ni un regard ; me snobant au possible (si j'ai face à moi un patient qui pleure je le rassure, je lui parle et le réconforte. Mais là non : du tout). Vous voyez le topo : zéro professionnalisme, zéro empathie ni humanité et zéro compassion. Eh bien en tout cas je suis rassurée, je suis bien plus humaine qu'elles toutes et mes collègues également… Nous pouvons être sûrs de prodiguer des soins de qualité. Il faut qu'elles changent de taff sérieusement... ! Vraiment les soins en France avec cette dernière expérience en date, a fini de me dégoûter : vive la Belgique !

À **neuf heures** une autre infirmière vient me rendre du **Doliprane** et un **Kétoprofène** (moi n'arrivant pas à m'arrêter de pleurer) et s'adresse à moi « *Bon bah... on va vous garder du coup* » d'un ton lassé. En parallèle de cela, je tiens mon incroyable infirmière à domicile au courant. Celle qui avait si bien géré la crise en post-opératoire de ma première opération presque sept ans en arrière. C'était la même situation, ayant elle-même fait les démarches pour me perfuser à la maison de Morphine (en continu et avec bolus), ce fut beaucoup plus efficace. Elle me dit qu'avec les deux injections que j'avais eues, je ne devais surtout pas me lever pour me laver c'était trop risqué.

Dix heures, je sonne pour me rendre aux toilettes, si elles devaient me lever autant les prévenir. Je n'avais pas été depuis plus de neuf heures : il était temps ! « *Avec tout ce que vous avez pris, on ne va pas vous laisser vous lever seule* » et je n'ai jamais réussi à faire pipi. Au bout d'un quart d'heure, elle me dit de me recoucher et pour la troisième fois me dit qu'avec "tout ce que j'ai pris" ce n'est pas étonnant que je n'arrive pas à y aller. Ça commençait à bien faire ce reproche, je lui dis que j'avais seulement pris ce que l'on m'a donné et demandé rien de plus, zut à la fin ! Je tombe de fatigue donc je redors un coup.

Midi le repas arrive avec un **Doliprane**, étant nauséeuse au possible : pas moyen de manger grand-chose... **Treize heures,** Papa arrive et moi je ne fais que de dormir. Puis à **quinze heures,** l'anesthésiste passe et me demande comment ça va, je réponds que c'est très douloureux étant donné que cela fait un jour que mon bras est entièrement réveillé. Il me demande de bouger les doigts et je m'exécute. Il fait donc enlever mon cathéter axillaire vu que de toute façon il avait pu constater qu'il n'était plus d'aucune utilité... Et dit à son infirmière que l'on me garde jusqu'à temps que je n'ai plus mal, donc le week-end sûr. J'explique la même situation de sept ans en arrière et que j'avais été perfusée deux-trois jours de Morphine. Elle propose une sortie du lundi, il lui répond qu'il verrait bien, un jour à la fois. Il prescrit oralement quatre injections de **Morphine** par jour soit toutes les six heures. Il était donc temps de m'en refaire une, il le lui demande. Laquelle répond qu'elle finit son tour et reviendra après. En revenant me piquer, je lui demande s'il sera possible de m'aider à me laver (puisque pour finir, cela n'avait pas été fait du matin...) « *Hum, ça dépend, vous avez été sage ?* ». Je n'ai pourtant plus cinq ans pour que l'on me dise cela... Même dit sur le ton quelque peu piquant de la plaisanterie, ni Papa ni moi n'avons trouvé ça drôle... Je préfère ne pas réagir « *Bon, ok, mais je ne veux plus vous entendre de l'après-midi alors* » Très sympa... ! Je ne reverrai plus personne avant le repas du soir (donc on ne m'a lavée non plus, heureusement que Maman était là et qu'elle m'a aidée). C'était la même équipe du matin jusqu'au soir, c'est comme cela que ça fonctionne en France à contrario de la Belgique où c'est soit matin, soit après-midi, soit nuit. Non là c'est de jour ou de nuit.

L'heure du repas s'annonce, l'aide-soignante débarque avec son plateau et dit très sèchement "qu'il faudrait faire de la place, parce qu'elle a son plateau à mettre", Maman et moi échangeons un regard qui voulait tout dire. Nous débarrassons à la hâte puis elle me dit que je dois me mettre au bord plutôt qu'assise dans mon lit pour manger. L'infirmière qui m'avait fait le pansement me questionne sur ma douleur parce que "ce serait quand même dommage que je me jette par la fenêtre". Maman et moi nous regardons encore, bouche bée. Puis cerise sur le gâteau ; j'entends dans le couloir les deux infirmières échanger à propos de la "28" qu'elles n'ont jamais vu debout. Dois-je rappeler que parler d'un patient en plein milieu du couloir n'est pas professionnel ? Surtout pour s'en plaindre... Mais soit j'étais patiente, j'ai donc fait la sourde oreille. Jusqu'à temps qu'elles viennent me dire « *Ah oui d'ailleurs, on se plaignait d'un autre patient mais pour vous c'est pareil, il faut vraiment aller au fauteuil et marcher, si vous ne voulez pas avoir de phlébite* ». Je suis tellement shootée par les cachets que ma tête en tombe de fatigue et il est impossible de caler mon bras dans ce fauteuil. Je suis si ko et mieux installée dans mon lit qu'elle est là ma place ! Je n'ai pas la science infuse mais à un moment, d'un je suis infirmière et de deux je ne suis pas débile, je sais tout de même faire preuve d'un minimum d'intelligence pour éviter cela !

Il était **vingt heures trente** quand l'infirmière (celle qui était avec l'anesthésiste) passa pour les médicaments : douleur à sept sur dix « *Oh c'est beaucoup ça, vraiment ? - Oui et je n'exagère pas...* » elle me propose un **Actiskénan dix.** Sachant son inefficacité de la veille et que l'injection qui elle, fonctionne serait vers vingt-deux heures trente, je décide de patienter.

Vingt-et-une heures trente, je tombais de sommeil, je me disais que l'on viendrait me réveiller pour la faire mais que nenni.

À **vingt-trois heures trente** réveillée par la douleur, je sonne. L'infirmière de nuit me suggère de prendre l'Actiskénan dix donc à libération immédiate et non prolongée et me refuse l'injection sous-cutanée de Morphine. Sous prétexte qu'il faut d'abord passer par le médicament per os (par voie orale) avant la voie sous-cutanée. Soi-disant qu'elle se ferait taper sur les doigts si l'anesthésiste savait qu'elle me les donnait en systématique. Or face à l'infirmière de jour, Papa et moi, c'était bien l'ordre médical qui avait été donné.

« *Nous passons à quatre injections de Morphine sous-cutanée sur vingt-quatre heures, nous allons vous garder jusqu'à temps que vous n'ayez plus mal* » et ce devant l'infirmière de jour, Papa et moi. Cela voulait bien dire <u>toutes les six heures</u> en systématique, mais non, elle en avait décidé autrement.

Je tente d'expliquer à cette infirmière que le per os n'a pas eu d'effets la veille « *Si vous vous dites cela, il est sûr que ça ne marchera pas* ». Douze heures à souffrir le martyre car aucun de tous les médicaments prescrits n'avaient fait effet. C'était suffisant comme preuve non, ce n'était pas qu'une question de volonté… ? Je prends donc l'**Actiskénan dix** sinon je savais que je n'y aurai pas "droit".

✦ Dimanche 7 Janvier : J-3 post-opératoire.

J'ai attendu jusqu'à <u>**deux heures du matin**</u> pour oser sonner de peur de me rependre une soufflante. J'ai même appelé Florina en détresse totale… À son arrivée, je lui dis que j'ai suivi ses conseils mais que ça ne va pas mieux « *C'est bon, je vais chercher la sous-cut'* ». Ça m'a apaisée un peu et j'ai pu dormir deux heures. Lors du tour de <u>**six heures**</u> elles voient que je suis réveillée : douleur à six / sept parce que l'injection avait dû arriver au bout de son action… Donc elles me donnent du **Doliprane** et du **Kétoprofène** avec une poche de glace. De toute façon il était trop tôt pour une seconde injection et avec tout son patacaisse de la veille au soir, j'avais plus que compris !

<u>**Huit heures du matin**</u>, la même aide-soignante que la veille me dépose des draps (à deux doigts de demander si je ne devais pas refaire mon lit moi-même aussi tant qu'on y était…). J'étais de nouveau très nauséeuse. On me donne de l'**Actiskénan trente**, du **Doliprane** et du **Kétoprofène** déjà avec du vingt j'étais tombée en syncope alors avec du trente ? Je leur explique et leur réponse ? « *Oui oui, prenez-le. À tout à l'heure* ». Surtout que la voie orale ne fait aucun effet sur ma douleur, deux jours qu'ils n'écoutent rien et ne font que suivre leur protocole pour un patient lambda. Ce qui correspond à me donner un tas de trucs per os avant de passer en injection… Mais je n'ai pas un organisme lambda… Je passe donc des heures à attendre sachant que ça ne fera pas effet : un vrai cauchemar. **À Midi** : **Doliprane**, très compliqué de manger aussi et à peine vingt minutes plus tard on venait déjà pour reprendre le plateau, même en stage j'avais plus de temps pour prendre mon repas ! L'anesthésiste passe vers <u>treize heures</u> et décide de stopper entièrement la Morphine en injection. Maintenant, ce sont antalgiques, anti-inflammatoires ainsi que du Mosconti (Morphine à libération prolongée) per os et Acupan si nécessaire quatre fois par jour, il ne m'a plus parlé de sortie… Me garder ici pour me faire disputer par les infirmières comme une enfant et me faire gaver de médicaments qui ne fonctionnent pas, je préfère encore me débrouiller toute seule pour finir.

Vingt heures, l'infirmière me donne le **Moscontin** de **trente milligrammes** et m'informe que le lendemain j'en aurai un à huit heures et le second à vingt heures. Déçue, cela signifiait que je ne sortirais pas le lendemain « *Bah on ne va pas vous mettre dehors, comment vous allez gérer la douleur à la maison ?* ». C'est là même infirmière qui m'avait dit à peine un jour plus tôt « *Bon bah... on va vous garder du coup* » LOL. Le pire c'est que je la gérerai sans doute mieux à la maison moi-même. Ajoutez à cela le **Doliprane** et le **Kétoprofène**. Elle me dit se demander comment je tenais, me disant qu'elle-même ne pourrait pas prendre tout cela. Après du vert, du bleu, du rouge, du jaune et du blanc, maintenant j'ai un cachet violet en plus... « *Vous nous aurez fait toutes les couleurs, à force on ne sait plus quoi vous donner. On évite les injections pour que vous puissiez rentrer à la maison* ». Désormais, ils les boycottaient, jugées comme "incompatibles avec un retour à domicile", c'est pourtant le principe même de l'HAD (Hospitalisation À Domicile) comme lors de ma première opération par exemple.

J'avais surtout des nausées le matin et le midi et le soir mal d'estomac malgré l'**Ésoméprazole** (protecteur gastrique) parce qu'il ne supporte pas de recevoir autant de cachets sachant que je n'en prends que très rarement...

✦ Lundi 8 Janvier : J-4 post-opératoire.

Trois heures : ampoule d'**Acupan** per os. Deux heures plus tard : rebelote, douleur aussi forte que la nuit où je suis revenue... **Doliprane** et **Kétoprofène** et de la glace. Quatre nuits que je dormais par tranche de deux heures telle une jeune maman sauf que ce n'est pas pour nourrir un bébé mais pour avaler des cachets.

Huit heures, on me demande d'aller au fauteuil le temps de refaire mon lit pour finalement me mettre la table devant moi avec mon petit-déjeuner. Je me suis retrouvée coincée dans ce truc tout froid, dur et pas du tout confortable avec mon bras et on me réadministre le **Moscontin**.

Treize heures, un troisième anesthésiste passe et décide d'arrêter la Morphine vu comme j'avais le bide ouvert en deux et que c'était le seul effet j'étais bien d'accord. La dernière prise remontait au matin, il fallait attendre vingt heures que les douze heures s'écoulent pour voir comment serait ma douleur et donc en fonction de cela, me faire sortir du lendemain (je n'étais pas pour mais bon.) Au moins la première longue durée de cette nuit sans Morphine, je serai sur place du coup par sécurité j'ai accepté de rester... je sortirai pour quatorze heures. À présent : Doliprane, Kétoprofène et Acupan si besoin.

✦ **Mardi 9 Janvier : J-5 post-opératoire.**

Dans la nuit les douleurs étaient toujours aussi intenses mais j'ai refusé de prendre la Morphine sans quoi ils m'auraient gardée. Elle m'a donc donné de l'Acupan, ça ne faisait effet que deux heures sur quatre mais au moins j'avais un semblant d'effet. Le lendemain j'avais rendez-vous chez mon médecin traitant, j'allais voir avec lui pour avoir l'Acupan en injection.

✦ **Mercredi 10 Janvier : J-6 post-opératoire.**

Je passe enfin à de **l'Acupan** par voie injectable (qui me durera pour cinq longs mois en attendant la lente calcification osseuse), j'allais enfin avoir quelque chose me soulageant vraiment depuis le samedi. La douleur a été diminuée par deux de huit à quatre et ce fut la première fois en cinq jours que la douleur fut si basse. L'effet dure dix heures et si je n'avais pas fait des pieds et des mains en me bagarrant, je n'aurais pas été soulagée. Et c'est loin d'être fini. Toute ma vie je vais devoir me battre pour faire entendre ma différence malgré mon jeune âge, son invisibilité et sa méconnaissance. Souvent, cela me paraît perdu d'avance quand même pour ma santé qui est une chose vitale, je dois lutter. Qu'en sera-t-il des choses moins importantes ?

Grâce ou plutôt à cause de ce désastreux séjour à l'hôpital, j'ai compris le pourquoi du comment ; avec mon SED, je savais qu'un tas de choses dysfonctionnaient ou du moins fonctionnaient différemment de la normale. Vu qu'aucun médecin ne l'a fait, je me suis renseignée, l'Acupan par exemple, que je n'ai eu qu'une seule fois en injection et idem pour la Morphine et cela avait quasiment atténué la douleur. De là, ils sont donc passés en per os se disant que la molécule agissait, sauf que depuis que je n'ai plus ces injections, je n'ai plus jamais eu autant d'effet voire d'effet tout court. L'Acupan ne tient pas autant dans la durée quand je le prends per os qu'en intraveineux et c'est la même chose pour la Morphine : en perfusion c'est royal et en cachet : très peu voire pas d'effet.

Sur le site <u>Plumedesed</u> : une personne également atteinte du SED, scientifique et autrice, sont publiés articles et des faits sur la pathologie pour mieux la comprendre :

« Comme pour l'Acupan (Néfopam), une résistance à la version orale de la Morphine (Actiskénan) peut être constatée tandis qu'en perfusion cela fonctionne. Il est important de faire part de ce genre de constatations à votre médecin prescripteur. En effet, vos antalgiques sont là pour vous aider. S'il n'y a que des effets négatifs et aucun positif, ce n'est peut-être pas la peine de supporter les effets secondaires ! De plus, la façon dont vous réagissez au fur et à mesure aux traitements permettra au médecin de savoir quoi tenter (ou non). »

« Les chirurgies sur SED requièrent des précautions :
– le personnel doit se préparer à déplacer le patient de façon à éviter les (sub)luxations. Le rembourrage peut être utilisé pour installer convenablement le patient.
– la cicatrisation est souvent plus longue/difficile et les points devront donc être retirés plus tardivement. De ce fait, un mix suture classique + suture avec strips adhésifs peut être considéré. Il est d'ailleurs préconisé l'utilisation d'un fil non résorbable, sans tension et des points plus nombreux et serrés.
– la pression du brassard de tension doit être la plus basse possible.
– il peut y avoir des complications sévères et mortelles dues à l'utilisation de garrots dans la chirurgie (choc hémorragique).
– éviter au maximum l'accès à une veine profonde et aux ponctions artérielles.
[...]
Les patients SED ne semblent pas bénéficier de tous les effets des anesthésies de type lidocaïne ou pour les anesthésies par épidurale (peu ou pas d'effet lors des accouchements). Il en est de même pour le format crème (EMLA). À cause de ça, beaucoup de patients repoussent les soins dentaires. Malheureusement, à ce jour, le mécanisme de résistance des SED aux anesthésiques locaux est inconnu. Pour les anesthésies, on conseille de se baser sur les recommandations pour les SED vasculaires et l'utilisation d'un bloc nerveux périphérique. »

Tout y est dit... Et je n'y ai laissé que les critères me concernant et nombre d'entre eux n'ont pas été respectés. Pour exemple, lorsque j'ai vu la force avec laquelle ils tiraient sur mon bras pour m'installer sur la table, je leur ai dit que j'étais à risque de luxation d'épaule (quand juste (spoiler alert) me prendre par le bras a suffi à me déboiter l'articulation).

Je suis quelqu'un qui intériorise beaucoup et qui donne toujours le change, voilà pourquoi j'apparais comme peu crédible, à exagérer ou à mentir. Sous prétexte que l'on ne prenne pas en compte le SED et que leur bip de protocole ne s'applique pas pour moi... Je reste à leurs yeux une patiente lambda et à aucun moment ils n'ont inclus le fait que mon corps ne réagisse pas pareil tel est le résultat...

Je vous partage ce que ma chère Anaïs (ma pote de SED infaillible) m'a écrit « *Mais quel enfer, je suis choquée ! Entre maltraitance, mépris, minimisation de ta douleur et infantilisation, c'est inadmissible. Je suis outrée pour toi, d'autant que je sais que si tu dis que tu as très mal, c'est que tu as vraiment TRÈS mal* ».

Je suis jeune, ça ne se voit pas et c'est un syndrome qui reste très méconnu. C'est vite fait : je suis fainéante et j'exagère tout le pire c'est que je n'ose rien dire, telle une enfant que l'on gronde en résumé. Et je suis sûre de les saouler tandis que je fais mon possible pour rester polie ; j'ai une image de moi très négative à cause de toutes ces expériences vécues. Se sentir casse couille, la mal aimée, le vilain petit canard. La différence vous le savez bien ça dérange car ça fait du bruit... et il n'y a qu'en râlant que l'on arrive à ses fins mon infirmière à domicile, qui a un peu le même caractère que moi, me dit qu'elle non plus n'était parfois pas appréciée quand elle râlait. Il fallait que j'accepte de me faire juger, arrêter de me justifier et de vouloir plaire aux autres ou me culpabiliser sans relâche et me rejeter la faute.

Je dois jouer à l'inspecteur Gadget sérieusement j'aurais dû faire médecine ! Je suis lassée de devoir moi-même chercher les réponses. Être différent c'est un fait mais c'est aussi ce qui fait la richesse du monde pas vrai ? Et puis l'être pour cause de maladie et la voir aggravée à cause de la négligence de celle-ci, c'est tout de même dingue... Oui, je fais toujours autrement, oui je ne fais jamais rien comme tout le monde ça l'a toujours été et c'est moi à part entière ! Ça ne me ressemble pas de rentrer dans le moule et comme me l'a dit ma psychologue ces derniers jours : à trop le vouloir, on finit par ressembler à une tarte !

J'ai cherché à rentrer dans la case normalité autant que le corps médical m'y a obligée et cela s'est souvent mal fini. Je ne demande pas de traitement de faveur mais au moins d'être soignée selon ma pathologie, la logique même quoi... Mais puisque le corps médical ne connaît pas ce syndrome, il est plus rapide de l'ignorer. C'est pour cela que j'ai rencontré tant de problèmes tant j'ai essayé d'arrondir les angles, gâcher mon énergie à me conformer pour plaire aux autres. Mais cela m'a mis une claque et j'ai un autre travail sur moi à faire, à propos du jugement de l'autre. De ne le prendre en compte que si la personne connaît tous les tenants et aboutissants de qui je suis, l'on m'a sans cesse dit que ma différence faisait mon charme et que c'était pour cela que l'on m'aimait. En résumé si cela posait problème, laisser l'autre tracer sa route et moi la mienne.

Vivez ma différence et la lutte pour la faire entendre, après vous pourrez vous permettre de me juger, renseignez-vous avant de me dévisager de la tête aux pieds et de me critiquer. Oui je suis différente, maintenant je veux en finir avec cette torture de l'esprit, ce sentiment de ne pas être à ma place, de déranger ou de me rabaisser à être la chiante de service. Soit on m'accepte telle que je suis, soit on passe ton chemin ! *Laisse parler les gens* comme dirait Passi dans sa chanson.

~~~~~

En Août, nous prenons quelques jours de vacances en mobile-home dans un camping, direction la Bernerie-en-Retz dans la Loire-Atlantique. Juste avant le départ on m'enlève mes vingt-trois points de suture : toujours le chiffre vingt-trois ! Oui, c'étaient des résorbables qui étaient "censés" tomber au bout de quinze jours. Chez moi ce ne fut pas le cas et l'infirmière ne comprenant pas pourquoi, y a mis de la vaseline et a frotté pour qu'ils s'en aillent. Mauvaise idée je vous l'accorde et j'ai sauté au plafond tant c'était douloureux... Lilou fête ses huit ans et Valou ses dix-neuf ans.

De mon côté, je vis ma petite vie avec mon poignet immobilisé mais cela ne m'empêche en rien de profiter ! Je fais même une balade à cheval : pas, trot et galop ! Papa m'aide juste pour monter, ce n'était peut-être pas des plus raisonnable mais j'en avais tant besoin, cela m'avait tellement manqué ! Le mois d'Août touche bientôt à sa fin, le 29 sera mon bilan des six semaines post-opératoires. Puis un jour, je passe dans le magasin de Tom & Co avec Papa et nous y allons "juste pour le coup d'œil", vous savez comment cela marche hein... Cela faisait quelque temps que je songeais à reprendre un lapin et je voulais le trouver dans un élevage ; n'étant pas très friande du principe des animaleries. Je n'avais trouvé que des annonces me vendant l'élevage entier ou même la mère gestante. Cela me semblait perdu d'avance, jusqu'à ce Samedi. Nous entrons donc dans ce magasin et au milieu de celui-ci se trouvait un enclos présentant une dizaine de lapereaux tous plus mignons les uns que les autres. Nous croisons un vendeur et lui demandons des renseignements ainsi que de pouvoir en caresser un "pour voir". Ce petit bout aux minuscules oreilles est d'abord pris par Papa, avec mon bras je ne voulais pas risquer de le faire tomber. Puis quelque chose se passe au fond de moi, c'était lui et pas un autre, ça ne s'explique pas. Papa l'a ressenti et a compris que cette boule de poils m'était destinée, je ne pouvais pas repartir sans lui. Le lendemain nous fêtions les mamans et les mamies chez Papy et Mamie et il était clair que je ne pourrai pas emmener mon nouveau protégé chez eux. Plutôt que de le laisser seul lors de sa première journée, j'ai demandé s'il était possible de le réserver et de venir le rechercher du Lundi, certaine que cela lui causerait moins de stress d'avoir quelqu'un pour le rassurer et surtout qu'il ne reste pas seul au tout début. Le vendeur accepte et nous met ce lapin "extra-nain" de côté et je lui reprécise bien le pelage pour qu'il ne se trompe pas ! Le week-end était interminable pour moi tant je mourais d'impatience d'aller le chercher. Le Lundi, J'ai passé mon temps à nettoyer de fond en comble la cage de Noisette pour éviter qu'il n'y reste des odeurs ou des saletés. J'avais rendez-vous vers dix-sept heures avec le chirurgien et je passe d'abord une radio avant de le rencontrer. Il m'avait prévenu lors de la prise de ce rendez-vous que si l'os n'était pas bien consolidé, il faudrait probablement réopérer. Je reçois mes clichés avant d'aller le voir et constate à mon grand désespoir que ce c'était le cas... Je ne comprenais pas pourquoi, j'avais fait tout ce qu'il fallait, suivi ses recommandations, pris du calcium et m'étais même forcée à manger du fromage pour aider ce fichu os à se fortifier. Il m'a dit qu'il se laissait encore deux semaines pour prendre une décision.

Vous vous souvenez, un délai de cicatrisation plus long que la normale dans le cadre d'un SED ? Les planètes se sont alignées lorsque j'ai appris toutes les caractéristiques, tenants et aboutissants de ce syndrome. J'ai compris tellement de choses et enfin je pouvais arrêter de me remettre en question ou même de me culpabiliser puisque je ne faisais jamais rien comme tout le monde, ne réagissait pas à l'identique des autres ou bien au contraire, considérais normales des choses qui ne l'étaient pas. Le rendez-vous touche à sa fin et le magasin fermait à dix-neuf heures trente. Ce genre de rendez-vous qui traîne en longueur et nous sommes sortis de l'hôpital vers dix-neuf heures quinze. Certes, il n'y avait qu'un quart de route mais quel stress, et s'ils annulaient la réservation vu que je n'étais pas venue comme prévu ? Nous arrivons à quelques minutes de la fermeture et j'ai pu récupérer mon lapinou. Le vendeur nous a d'ailleurs dit en riant que l'on avait bien fait de le réserver puisque sur le Samedi après-midi et la journée du Lundi, cinq personnes avaient demandé pour l'acheter. Je les comprends il était si mignon mais c'était le mien ! L'animalerie n'a pas su nous donner la date exacte de sa naissance, seulement qu'il était né fin Juin. Mon chiffre étant le vingt-trois et vu qu'il fallait une date, je l'ai donc choisie comme cela. Floppy est donc né le 23 Juin 2017 et Noisette est partie le 24 Mai, cela faisait drôle de se dire qu'il était né peu après que Noisette soit partie. Il n'y a décidément jamais de hasard dans la vie. Il a fêté ses six ans cette année et malgré de nombreux problèmes de santé sur lesquels je reviendrai au fur et à mesure, il s'en est toujours sorti. Plusieurs vétérinaires du cabinet qui le suit m'ont déjà dit que c'était un petit courageux et un battant « *Il doit avoir de qui tenir* ». Vous n'imaginez pas ce que j'ai pu ressentir quand on m'a dit cela et pourtant ils ne connaissent pas mon histoire. Mais Floppy ne montre pas sa douleur, j'ai dû apprendre à décoder ses signaux. C'est drôle comme son expression de la douleur me fait penser à la mienne, il est vraiment lié à moi. Il suffit que je m'absente plus d'une semaine pour qu'il se laisse mourir en arrêtant totalement de manger par exemple... Vient mon contrôle radio deux semaines plus tard et le chirurgien a décidé de laisser faire les choses et qu'il verrait bien par la suite. Cependant, je peux enfin enlever mon attelle et c'est mieux pour la rentrée scolaire !

Rentrée en Première Littéraire pour moi et en Première année de licence de sciences du langage pour Valou. Elle n'avait pas eu ses concours d'orthophonie à peu de choses près. Ma pré-rentrée se passe bien enfin, presque. Je suis en filière littéraire avec bon nombre de mes copains de l'année passée : Adrien et Christophe. Auxquels s'ajoutent Anastasia, Ghunyah, Lana, Camélia, Cassilde, Élian et Célestine. Nous formons maintenant une belle et grande bande de potes ! Je retrouve Daphnée, nous étions peu nombreux à choisir cette filière, nous ne formions donc qu'une seule classe.

Nous savions que nous serions également tous ensemble l'an suivant. À la fin de cette matinée, la maman d'Armand me surprend à la grille du lycée. Christophe et Adrien sont dans la même filière que moi et nous sommes sortis prendre le bus en même temps. Ils pensaient que c'était ma mère, ils m'ont donc laissée seule avec elle. Elle m'accoste, et commence à me faire une scène à propos de mon histoire avec son fils : il est malheureux et je devrais le quitter. De toute façon, je ne suis qu'une "amourette de jeunesse" et il s'en remettra vite. Je l'interprète comme une menace et retiens mes larmes devant elle, une fois partie, je relâche tout ; l'année commençait bien. Je passe mon temps à jongler entre les cours et à m'occuper de Floppy. Moi qui avais eu un premier lapin de plus de trois kilogrammes, je me retrouvais avec une minuscule boule de poils ne pesant que trois-cent-vingt-quatre grammes à son arrivée dans ma vie. Tout était différent, je n'ai malheureusement pas eu les bons conseils pour son alimentation et l'ai rationné pour qu'il ne grossisse pas trop. Il a commencé à perdre beaucoup de poids, jusqu'à deux-cent-cinquante grammes, étant en pleine croissance, il avait besoin de deux fois plus de nourriture. Je l'ai emmené chez le vétérinaire pour sa première consultation de bilan et devant sa perte de poids importante, ai dû le gaver pendant des semaines et ce, jusqu'à temps qu'il reprenne du poil de la bête et surtout son poids de départ. Mes premières préparations de seringue ont donc été pour lui et je les lui administrais trois fois par jour. Donc avant d'aller en cours, en rentrant et avant d'aller me coucher. Depuis bébé, il a eu l'habitude de prendre des médicaments et n'a jamais été compliqué pour cela.

Valou obtient son code de la route et va donc pouvoir commencer ses premières heures de conduite quant à Maman, elle est partie à Marseille avec Inès pour quelques jours. Ce week-end-là, Élian est venu passer une après-midi avec moi. Au lycée, c'était lui le beau-gosse de la classe et nombreuses étaient les filles qui louchaient sur lui, moi incluse évidemment. Mais bon, pourquoi s'intéresserait-il à moi ? Nous nous sommes trouvé tout un tas de points communs, même si je le soupçonne d'en avoir ajouté exprès quelques-uns à la liste, et nous sommes rapprochés. Cela a même créé des tensions au sein de notre groupe d'amis car nous étions deux à avoir un "crush" sur lui. Mais c'est moi qu'il a choisie, on se met donc ensemble au cours de cette journée qu'il était venu passer chez nous. Maman était bien loin et je ne pouvais pas lui raconter en live, quelle frustration ! Je fête mes seize ans et reçois mon premier piano synthétiseur et Valou fête ses dix-neuf ans avec un peu de retard. Premier anniversaire que l'on fête en présence d'Adam, son chéri. Il vient de fêter ses vingt-sept ans au moment où j'écris, le 26 Septembre 2023 et ils ont fêté leurs deux ans de pacs cet été, le jour des vingt-cinq ans de Valou. La première fois que nous l'avons rencontré était un soir, lorsqu'il l'a redéposée à bord de sa belle Ford Fiesta rouge flambant neuve. Avec Maman, nous étions à la fenêtre pour voir le bisou ! Cette fois-là, nous l'avons suppliée de le faire rentrer, nous voulions trop le rencontrer et voilà, les présentations ont été faites. La première fois qu'il m'a vue, c'était en pyjama et en chaussons licorne, il m'aura charriée là-dessus à de nombreuses reprises. En effet, dès que je rentrais des cours, je revêtissais mon pyjama, c'était ma carapace, ma bulle, mon réconfort après une longue journée. Donc quand il venait à la maison si j'y étais aussi, c'était souvent en pyjama. Tu m'auras toujours taquinée à me dire que tu m'avais plus vue comme cela qu'habillée et tu n'avais pas forcément tort cela dit. Mais bon, tu comprends maintenant pourquoi et puis, avec ta copine qui m'achetait de super chaussons il fallait bien les assortir !

Un couac n'arrivant généralement jamais seul, chez moi, des douleurs se font de nouveau sentir dans mon poignet. Je n'avais pourtant plus d'attelle, de fils ni même de pansement. Cependant, je recommençais à avoir des douleurs que mon corps, par défense je suppose, m'a fait refouler. J'atterris chez mon médecin traitant qui m'annonce que j'ai une nouvelle poussée d'algoneurodystrophie. Cette saloperie fonctionne comme un volcan, tant qu'il n'y a pas de stimulation il dort, mais dès qu'il y en a une il entre en éruption. C'est le même principe... Phases chaudes et froides, douleurs, raideurs, j'étais repartie pour un tour. Bien sûr je connaissais ce type de douleur le chaud puis le froid, mais comment avais-je fait pour ne pas m'en rendre compte ? Je reprends rendez-vous avec mon chirurgien et lui explique la situation. Il décide de recommencer mon ancien traitement donné antérieurement par ma rhumatologue. Devant la concordance des symptômes, il n'a pas jugé nécessaire de faire une scintigraphie prouvant ou non le retour de la maladie. Néanmoins, il était en train d'écrire un livre sur les pathologies de la main qui est sa spécialité. L'algoneurodystrophie faisant partie des thèmes qu'il voulait aborder, il me demande des précisions pour les intégrer à son récit et je lui livre mes ressentis présents et passés. Je ressors de là avec le moral dans les chaussettes, mon bras me faisait mal et je devais le mettre une fois de plus au repos. Il me prescrit des patchs anesthésiants à appliquer sur la cicatrice et autour de l'articulation pour tenter de me soulager. Chose que j'ai faite pendant des mois et qui a fonctionné. La mort dans l'âme, j'ai dû remettre mon bras en écharpe. Il me restait les deux en jersey, que l'on m'avait données pour ma fracture en CM1 et CM2. Seulement, le bras est lourd et à longueur de journée je finissais le cou en miettes. Faustine c'était cet été-là, cassé l'épaule en tombant de cheval (toujours les risques du métier) et avait deux dujarriers. Elle m'en donne un, ce qui serait bien plus confortable qu'une simple écharpe. Faustine et moi sommes devenues ce que j'ai appelé "potes et sœurs de galère". Je ne croyais pas si bien dire quand quelques semaines plus tard, elle a dû le remettre aussi car son épaule la faisait de nouveau souffrir à cause d'un nerf qui s'était coincé. Je ne vous dis pas la tête des autres lorsque l'on allait aux écuries. Toutes les deux avec le même bras et le même dujarrier c'était assez drôle et j'ai d'ailleurs demandé à ce que l'on nous prenne en photo pour garder un souvenir, toujours rire plutôt qu'en pleurer. Cet fois-là d'ailleurs, nous nous sommes beaucoup soutenues entre éclopées : moi qui avais été opérée et Faustine qui souffrait le martyre aussi, au moins on se sentait moins seules ! Le patch anesthésiant que je mettais pouvait être changé toutes les six à huit heures. Dès que le délai était écoulé, j'en apposais directement un nouveau et comme c'étaient juste des bandes avec du gel, je les fixais avec une bande Velpeau. Un jour, lors d'un cours de français, j'ai vu qu'il était temps de les changer. Je n'allais pas attendre la fin de l'heure qui venait de commencer et j'ai alors discrètement fait mon petit soin. C'était sans compter sur ma professeure qui m'avait plutôt dans le viseur cette année-là, dès qu'il y avait une remarque c'était pour ma pomme. Mme F. me voyant faire, choisit de m'interroger et de demander quand est-ce que je comptais prendre note plutôt que de "jouer". Je suis d'abord surprise puis je lui dis simplement que j'attends qu'elle ne parle pour écrire et à la question « *Tu ne peux pas faire ce que tu es en train de faire plus tard, tu crois vraiment que c'est le moment ?* », je me suis contentée de baisser les yeux, mal à l'aise. Bonjour la discrétion c'était raté. En Novembre, Valou prend ses premières heures de conduite. Quant à mon poignet, au bout de deux mois, il allait enfin mieux et je pouvais recommencer à monter à cheval.

Premier trimestre de Première Littéraire : 13,17 de moyenne « *Vous manifestez beaucoup de bonne volonté et de sérieux pour atteindre vos objectifs. Restez dans cette voie. Compliments.* »

- **Littérature :** 8,09 « *Des progrès ont pu être enregistrés en fin de trimestre, il est nécessaire de rester concentrée pendant toute l'heure de cours. Effort qu'il faut pouvoir reproduire pour les travaux écrits* » Mme F.

- **Histoire-Géographie :** 13,20 « *Un bon investissement dans la matière a permis de réussir le trimestre. C'est encourageant pour envisager des progrès dans l'acquisition des méthodes* » Monsieur L.

- **Anglais :** 14,50 « *Bons résultats, bon travail, élève active en classe. Continuez ainsi* » Mr P.

- **Anglais Approfondi :** 13,67 « *Élève volontaire et active à l'oral. Sois plus rigoureuse dans l'apprentissage du vocabulaire nouveau nécessaire à l'approfondissement des notions* » Mme M.

- **Littérature Anglaise :** 11,75 « *Résultats corrects et certainement perfectibles, travail sérieux, bonne participation orale. Poursuivez ainsi* » Mr P.

- **Espagnol :** 15,41 « *Bilan satisfaisant, de la bonne volonté et des efforts* » Madame "Lynette". (Pour éviter la confusion avec Madame M puisqu'il y en a deux, patience vous allez vite comprendre pourquoi ce prénom).

- **Sciences :** 13,91

Physique : « *Élève sérieuse, bonne participation en classe, début d'année très encourageant* » Mr P.

S.V.T : « *Eva est une élève sérieuse et volontaire* » Mme C.

- **Éducation Physique et Sportive :** « *Dispensée* ».

- **Audiovisuel :** 17 « *De l'attention et de la motivation pour bien faire, bon trimestre* » Mr Z.

Au mois de Décembre, je me rends avec Papa au salon du cheval à Paris puis assiste à mon premier concert tribute d'AC/DC : le groupe T.N.T. À défaut de voir les vrais, Papa a trouvé un groupe amateur qui se produit sur scène et ils étaient très ressemblants, tant au niveau des performances que physiquement parlant. Mêmes amplis, même marque de guitare, on s'y croirait presque ! Je fais profiter ma famille de mes quelques talents culinaires. Ils sont peu présents mais de qualité ! Oui, je n'aime définitivement pas cuisiner. Un bon petit gratin de pâtes aux Knacki dont je vais chercher les ingrédients à Leclerc en vélo. Quel sentiment d'indépendance ! Le 24 se fait à la maison, Adam et Élian sont avec nous. Mes tantes se sont séparées et sa Maman, Maddie, décèdera le 26 Décembre. Enfin, nous fêtons Noël chez les parents de Florent et Yohan et Adam se joint à nos festivités pour la première fois ! Quelques jours plus tard, nous allons rendre visite à Maddie et ce sera la dernière fois que je verrai Tata. Une page se tourne.

Je change mes lunettes pour la marque Esprit marron avec une monture épaisse et je reviens à la forme ronde. Le premier de l'An 2018 se fait chez Papy et Mamie. Nous partons ensuite à la mi-janvier durant une semaine à Venise avec ma professeure de littérature Mme F. et celle qui sera ma professeure de littérature l'an prochain. Ce voyage, nous n'en gardons pas un souvenir extraordinaire pour la plupart, chacun ayant ses propres raisons. Pour la mienne, c'est Élian qui m'a gâché le séjour à me coller et me faire des crises de jalousie sans relâche car il était plus que possessif. Si j'avais le malheur de rester avec mes copines mais pas lui, j'avais droit à une scène, le genre de comportement plus qu'agaçant et épuisant à la longue. Cependant, le point plus que positif en revanche, était que Ghunyah et moi étions dans la même chambre. Ce périple nous aura beaucoup rapprochées. En résumé, nos excursions se limitent en la visite d'églises et l'on nous a même fait acheter un "pass d'églises" pour que l'on puisse en visiter plusieurs en payant moins cher. Nous nous en sommes aisément farcis sept ou huit. Avec mes grands-parents nous visitions toujours les églises du village où nous étions mais deux maximum, pas une dizaine ! Juste avant le voyage en plus j'avais fait une chute de cheval, c'était la deuxième. J'avais un peu mal au genou mais bon, vous connaissez le personnage maintenant, j'ai laissé couler. Venise étant une ville bâtie sur l'eau, aucune voiture ou bus ne circulent, tout se fait donc à pied et nous marchions facilement quinze à vingt kilomètres par jour. Ma cheville et mes douleurs m'ont clairement flingué le voyage, les centaines de marches pour gravir les ponts également. À un tel point que le Lundi qui a suivi notre retour en classe, j'étais en cours de TP de physique (Travaux Pratiques) qui durait deux heures et où l'on restait non-stop, debout. Mon genou me faisait de plus en plus souffrir et a craqué un grand coup. Là je me suis dit « *Et aller, c'est reparti pour un tour !* » et en rentrant rebelote, direction les urgences : entorse du genou et attelle pendant trois semaines. Mon algoneurodystrophie avait une chance sur deux de ramener sa fraise et de faire traîner cette histoire des semaines durant, génial. Donc je résume, le poignet en début d'année et maintenant le genou. Je me souviens de la réaction de mon professeur d'histoire-géo lorsqu'il m'a vue arriver avec cette grande attelle qui prenait ma jambe de la cuisse à la cheville « *Encore ? Mais décidément, tu n'as vraiment pas de chance !* ». C'est vrai qu'il aurait été plus simple de mettre tout cela sur le compte de la malchance mais personne ne s'est jamais dit que la poisse ça allait cinq minutes et probablement une raison plus rationnelle à tout cela. Mais non. Encore quelques années de patience et de nombreuses démantibulations à ma liste déjà longue comme le bras avant d'être fixée pour de bon sur ce mal invisible, ou presque. En Février, Paco fête ses trois ans. Les vacances scolaires arrivent et j'en profite pour me faire retirer les dents de sagesse : les quatre sous anesthésie générale. Je n'ai pas trop bien réagi au produit et eu des nausées à devoir en dormir assise durant cinq jours. Clairement les plus longs de ma vie. Depuis le voyage avec Ghunyah, nous sommes plus que régulièrement l'une avec l'autre et n'en déplaise à mon cher copain. Elle non plus n'a pas eu que des moments tout roses dans sa vie et avec elle je me sens comprise, soutenue, aimée et appréciée à ma juste valeur. Je ne supporte pas de la voir pleurer en classe alors je la chatouille si c'est le cas. Si elle se blesse je la soigne, je suis son infirmière attitrée ! Je serai toujours là pour elle et j'espère qu'elle le sait.

J'en profite pour aborder le sujet de mon tendre petit ami et de la dégradation de notre relation. Tout a déjà commencé à partir en live depuis le mois de Décembre. Je ne veux pas dire qu'il m'a forcée mais plutôt qu'il ne m'a pas demandé mon avis ni ne l'a respecté, ce qui revient assez au même je vous l'accorde. Le début de la vie d'adulte avec la découverte de la sexualité ; c'est chose normale que la relation prenne ce tournant. Mais pousser sans cesse la partenaire pour des choses qu'elle ne souhaite pas, n'est pas un comportement "correct", je ne l'ai compris que bien plus tard. De plus, il était sans cesse collé à moi, que ce soit aux récréations, aux intercours ou aux repas, je ne pouvais plus faire un pas sans qu'il soit dans mes pattes. Là où moi j'avais besoin d'espace, lui était toujours à me suivre et à me fliquer en permanence. Chaque week-end il voulait me voir parce que je lui manquais. Nous étions pourtant dans la même classe et l'on se voyait donc à chaque heure de la journée mais cela ne lui suffisait pas, ce n'était jamais assez. Pour moi c'était l'overdose. Je me souviens en avoir parlé avec Camélia qui me disait que j'avais de la chance, au contraire, qu'il soit comme cela avec moi. Mais nous ne fonctionnions pas pareil, là où elle recherchait une relation exclusive moi c'était tout l'inverse, voulant plutôt un genre de célibat amélioré. Je n'étais pas prête et n'avais aucunement envie de faire de lui ma priorité, tout le monde l'est à son échelle. Je n'ai pas de personnes particulières qui passent avant une autre, j'accorde à chacun la même importance mais je ne suis pas quelqu'un qui aime mentir ou faire souffrir alors je faisais passer son bonheur et son bien-être avant le mien. S'il voulait me voir du week-end même si j'avais des plans, j'annulais. Si le soir il voulait m'appeler mais que j'avais prévu autre chose, je m'isolais pour lui répondre dans le but d'éviter une énième scène de jalousie entre ma famille et lui. J'ai eu droit à la question « *Si un jour, je suis dans une maison en feu avec Vanille, qui sauveras-tu en premier ?*» je lui ai répondu qu'une relation de treize ans et la nôtre de quatre mois était d'un, incomparable et de plus animal et humain étaient deux choses diamétralement opposées ! Merde, je devais vraiment me justifier pour chaque faits et gestes. Si je voulais passer un moment avec ma famille, mon père ou ma mère ce n'était pas possible, il devait toujours être ma priorité numéro selon lui et je vous jure que c'est lassant, étouffant. Tous les deux jours quoi qu'il se passe, j'avais droit à un appel qui durait deux à trois heures et culpabilisée, je finissais chaque fois en pleurs. Un vrai interrogatoire « *Tu fais quoi ? Avec qui ? Tu m'aimes ? On se voit quand ?* » C'était tout ce qu'il y a de plus toxique et ses parents se mettaient même à donner leur avis sur ma manière d'agir avec lui et me reprochaient de ne pas prendre assez de temps pour leur petit garçon : on marchait sur la tête ! Amusé, il a commencé à comparer ses douleurs aux miennes et c'était un terrain plus que glissant. Un jour, Christophe a eu un problème cardiaque en plein cours et est parti avec les pompiers. Malgré l'animosité entre Cassilde et lui, elle lui a annoncé que son ami était parti aux urgences et il était normal selon elle qu'il soit au courant. Sa réponse était constituée de « *Moi, j'ai un ongle incarné et ce que cela fait mal !* » Mais ?! J'ai fini par arrêter d'essayer de trouver une logique à celle qui était sienne. J'ai aussi souvenir d'un appel tandis que nous devions nous voir du week-end mais que je me sentais vraiment fatiguée, j'ai osé lui dire non. J'entends des bruits sourds « *Mais, qu'est-ce que tu fous ? - Rien, rien* ». Quelques jours plus tard au lycée, je remarque des égratignures avec des ecchymoses sur ses mains. Inquiète, je lui demande de quoi il s'agissait « *Ça ? C'est ta faute, j'étais tellement énervé que tu m'aies planté l'autre jour que j'ai frappé dans le mur pour éviter de m'en prendre à quelqu'un* » Comprenez qu'aujourd'hui (et encore, vous n'êtes qu'à ma troisième histoire d'amour, il y en a deux autres qui n'ont fait que de renforcer mon désir de liberté) je prends au pied de la lettre le "mieux être seul que mal accompagné". Je garde cependant espoir pour la petite fille que j'étais, que le prince charmant existe mais je commence à sérieusement en douter. Les relations amoureuses que j'ai eues jusqu'ici ne m'ont apporté que des problèmes, de la souffrance, des pleurs et j'en passe. On me dit que je n'ai juste pas encore rencontré le bon, eh bien, présentez-le-moi...

Au mois de Mars, je m'achète avec mes propres sous mon nouveau téléphone, c'est donc mon troisième et j'en suis à mon quatrième aujourd'hui. Là où les "jeunes de maintenant" changent de portable comme de chemise, je les fais durer trois ans ou plus ! Nous nous rendrons à Stella quelques jours plus tard avec Maman et Vanille. Séjour qu'Élian s'empressera de gâcher par ses appels incessants pouvant se cumuler à trente fois d'affilée si je ne répondais pas. Je me casse la gueule de cheval pour la troisième fois et je me suis vraiment fait peur pour le coup : j'ai chuté deux fois sur cinq minutes de temps. Il faut toujours remonter après une chute. C'était en cours de saut, remonter oui, resauter ? Je ne me suis pas posé la question, je voulais réussir là où j'avais échoué mais j'ai rebondi derrière ma selle : effet de siège éjectable et en atterrissant au sol, non seulement j'étais sonnée avec la respiration coupée mais je ne sentais plus mes jambes. Là, j'ai pris peur et même si cela n'a duré qu'une minute, la passion dans laquelle je m'investissais corps et âme devenait dangereuse car à chaque fois que je tombais, je me faisais de plus en plus mal. Encore trop gentille d'ailleurs, ce Samedi-là était la fête d'anniversaire d'Élian. J'avais cependant celui de Camille qui était prévu depuis des mois mais il était arrivé comme une fleur, au chantage « *Si tu vas à son anniversaire et pas au mien, c'est que tu l'aimes plus que moi, blablabla* ». Je devais monter à cheval, aller du midi à l'anniversaire de Camille puis à celui d'Élian. J'ai réglé le problème en n'allant à aucun des deux mais aux urgences à la place... Je préviens sa maman et lui explique la situation, pensant qu'elle allait logiquement comprendre que l'on annulait ma venue surprise pour son fils. « *Oh, c'est dommage, il va être si triste de ne pas te voir* » en clair, elle fut plus déçue pour son fils qu'inquiète pour moi mais soit. Papa m'emmène à la salle où Maman et Valou sont pour la réception afin de récupérer la carte vitale de Maman. Étant mineure, j'étais sous sa sécurité sociale. Camille quitte la fête et vient prendre de mes nouvelles, Maman l'avait mise au courant. Ça irait, je ne voulais inquiéter personne. Puis Papa me conduit aux urgences, j'effectue là-bas une analyse d'urine pour exclure une hémorragie interne (protocole oblige) mais tant que je n'avais pas fait d'imagerie, je n'avais pas le droit de bouger, de me lever et encore moins d'aller faire pipi. J'ai expérimenté le bassin ou la panne comme je l'ai appris en Belgique, pire expérience vraiment, ça ou se faire pipi dessus revient au même. L'infirmière qui me tenait le pot me disait « *Vas-y je te le tiens - Mais Madame, je n'y arriverai jamais tant que vous serez là, c'est psychologique !* » Elle me conseille d'essayer seule et j'ai fini par me débrouiller moi-même toujours allongée. Bref, c'était la petite anecdote "drôle". Cette fois-là, ce fut traumatisme crânien et grosse contusion au dos qui a valu de me détecter une **scoliose**. On m'a même conseillé d'arrêter de monter à cheval car mon corps était trop "fragile", hors de question. Jamais je ne laisserai mon corps dicter ma vie et je déteste par ailleurs que l'on me qualifie avec un corps de fragile. Je me considère comme forte après tout ce que j'ai vécu. J'ai un corps en mousse c'est vrai, mais je compose avec, ce n'est pas cela qui m'arrêtera.

Second trimestre de Première Littéraire : 12,49 de moyenne « *Poursuivez dans cette voie, la régularité de votre travail en classe comme à la maison doit vous conduire à consolider vos besoins. Encouragements.* »

- **Littérature :** 7,29 « *Des difficultés de compréhension qui persistent ; les enjeux de la matière vous restent encore étrangers. Qu'en est-il de votre motivation ? De votre qualité d'investissement ? Un bilan s'impose.* » Mme F.

Lors de la rencontre parents-professeurs, elle a quand même dit à mes parents qu'ils formaient un couple anormal car de nos jours, tous les parents étaient divorcés. Elle nous a aussi parlé de Jésus qui était mort sur la croix. Ce jour-là, je portais une chemise avec des bouches dessinées dessus. Elle me dit alors que j'ai compris que je devais me faire des bisous à moi-même, j'étais trop jeune mais si je pouvais avoir un enfant pour lui donner mon amour et de l'amour cela changerait beaucoup de choses. Bref, un discours assez décousu qui nous est tous resté en mémoire, bien qu'un peu déconcertés.

- **Histoire-Géographie :** 11 « *Élève volontaire qui a montré le souci de surmonter ses difficultés de méthodes. Il faut donc continuer dans cette voie pour progresser, ce qui ne saurait tarder* » Monsieur L.

- **Anglais :** 14,29 « *Très bons résultats, très bon travail. Du sérieux et de l'investissement* » Mr P.

- **Anglais Approfondi :** 17,20 « *Très bon trimestre. Continue ainsi* » Mme M.

On a dû faire un exposé sur une publicité, j'étais avec ma chère Ghunyah. Nous avons choisi les bijoux Swarovski comme objet. On s'est bien marrées à le faire d'ailleurs !

- **Littérature Anglaise :** 14,29 « *Bons résultats, bon travail. Poursuivez ainsi* » Mr P.

- **Espagnol :** 13,16 « *Un bilan satisfaisant, Eva fait preuve de bonne volonté* » Madame Lynette.

- **Sciences :** 9,32 « *Eva est une élève volontaire. Il faut poursuivre les efforts* » Mr P.

- **Éducation Physique et Sportive :** « *Dispensée* ».

- **Audiovisuel :** 15 « *Bien dans l'ensemble ce trimestre* » Mr Z.

En Avril avec Élian, nous nous sommes achetés un passeport annuel pour Disneyland Paris. Quand nous étions là-bas, c'étaient les seuls moments où cela se passait bien ou presque mais bon, je prenais le peu de positif où j'en trouvais. Nous sommes partis deux jours et ce fut la première fois que nous prenions le train seuls, sans adultes. J'ai dormi chez lui question de logistique et j'étais morte de trouille. À juste titre. Avant cela, laissez-moi reprendre depuis le début, il y a eu plusieurs expériences antérieures qui ont renforcé mon sentiment d'insécurité vis-à-vis de lui et avec le temps, cela ressemblait à des scènes d'enfant gâté qui n'avait pas eu ce qu'il voulait. À sans arrêt me faire culpabiliser car les autres de notre âge autour de nous "le faisait", j'étais forcément anormale à ses yeux. C'est bien là toute la faculté de manipulation de ce que l'on appelle un pervers narcissique. Personne dans les "autres de notre âge" n'était pas pour, personne n'était forcé, sans son consentement. Là est toute la dimension de la "gravité" de ces actes qui même des années plus tard, avec d'autres garçons, m'auront toujours suivie. Je suis continuellement hantée par ces peurs, apeurée et n'ayant plus aucune confiance de ce côté-là. Ne supportant plus de ne pas avoir le contrôle, que l'autre prenne le dessus sur moi, bref, cela m'angoisse terriblement et ces sentiments me sont devenus invivables. C'est en écrivant ces lignes que je me suis rendu compte de cela. Que non, encore une fois ce n'était pas normal, ce n'était pas ma faute. Je ne voulais pas et j'ai dit non. Cela appartient bel et bien au domaine du viol, que ce soit avéré ou par tentatives, les deux fonctionnent et comme c'est douloureux de s'en rendre compte. Tous les souvenirs en lien avec cela dans mon esprit, avaient été "normalisés", comme la douleur articulaire que je peux ressentir chaque jour par exemple. Non cela ne l'est pas et si vous saviez à quel point je me remercie de m'être fait ce cadeau, d'avoir écrit ce livre. Sans quoi je ne sais pas à quel moment de ma vie mon passé m'aurait rattrapé et mon inconscient fait ressortir ses flash-backs traumatisants. De même que la violence gynécologique que j'ai vécue par la suite pour tout arranger. C'était lors d'une visite de contrôle au cours de l'été 2021. Avec le confinement et le Covid je n'avais pas pu m'y rendre depuis l'été 2019. Vient le rendez-vous. Comme toutes, gênée et mal à l'aise, je me déshabille et m'installe. Elle m'examine sans me prévenir et j'ai un mouvement incontrôlable de recul de par la douleur qui me fait me cambrer sur la table tant c'était intense « *Tu as vraiment si mal que ça ?* », ben non j'exagère, comme d'habitude et j'aurais voulu répondre cela mais je me suis contentée de lui dire que oui. Elle explique qu'elle ne comprend pas puisque selon ses notes, lors du dernier rendez-vous en date je n'avais pas eu "si mal que ça". Je lui dis que la dernière fois, elle s'était contentée d'examiner ma poitrine et rien de plus. En remontant dans ma voiture, j'ai même eu du mal à m'asseoir tant la douleur à l'intérieur de moi était vive et j'ai bien dû attendre trois heures avant que cela ne s'apaise.

Maintenant que ces choses sont dites, vous comprendrez aisément pourquoi j'appréhendais ce week-end. Notre chère bande d'amis sachant que nous partions deux jours à Disney avec une nuit à l'hôtel, a félicité Élian. Il allait enfin devenir un homme vous comprenez. Et moi là-dedans ? J'allais encore subir ses pulsions sans que mon consentement ne soit pris en compte, une fois de plus, mais cette fois-ci c'était trop, je ne me laisserai plus faire. Nous prenons le train de six heures du matin et j'étais malade d'appréhension, collée aux toilettes. Mais bon, c'était mon copain, on allait à Disney, je me disais « *Mais merde Eva, tu trouves toujours un moyen de pointer la faille, profite un peu à la fin et arrondis les angles* ». Nous voilà donc partis pour notre journée ensemble qui somme toute s'est plutôt bien passée. Jusqu'au soir. J'étais forcément tordue de douleur aux jambes et lui aussi était fatigué. Qui ne l'est pas à la fin d'une telle journée ? Il a commencé à se plaindre et de plus en plus, tandis que je ne disais rien et prenait sur moi. Il y avait donc déjà une ambiance pas terrible. Nous avons pris un McDo à emporter et avons rejoint l'hôtel. Je lui dis très clairement que je n'avais pas du tout apprécié le comportement de nos amis ni sa réaction d'homme de Neandertal, s'il pensait que j'allais assouvir ses besoins ce soir c'était absolument hors de question. Je lui avais déjà bien fait comprendre dit que je n'étais pas prête même s'il n'en avait pas grand-chose à faire et qu'il commençait à sérieusement s'impatienter. Comme un petit garçon frustré, il est parti bouder dans la salle de bain. J'ai mangé mes nuggets seule entre larmes et colère, voyez l'ambiance. J'étais tout sauf rassurée à l'idée de dormir avec lui. Comme l'animal sauvage qui ne se couche pas car s'allonger le prive de ses réactions instantanées et de pouvoir fuir en cas de danger. Pour moi, dormir signifiait être vulnérable auprès de lui et lui laisser le champ libre sur l'accès à mon corps. Je me suis endormie en ayant peur, peur de ne plus réussir à repousser ses avances puisqu'il était physiquement plus fort que moi. Je finis par tomber de fatigue à force de lutter et m'endors. Je suis réveillée le lendemain matin par de drôles de sensations, je ne comprenais pas ce qu'il se passait et c'est en ouvrant et me retournant vers lui que j'ai trouvé réponse à ma question. Monsieur était en train de se donner du plaisir juste à côté de moi alors que je dormais. Désolée si cela est cru mais appelons un chat un chat et je n'ai pas avoir honte de ses actes. Cela en offusquera certainement plus d'un parmi vous et je m'en excuse mais je n'ai pas à porter le poids de ses agissements, puisque ce sont des choses qui "ne se disent pas et dont on ne parle pas". Je sais surtout que ce garçon m'a complètement fait perdre confiance en l'homme. Tout part de là. Je suis plus que furieuse et surtout dégoutée de lui par son comportement. Cela apparaît sans doute comme de simples histoires sans importance d'adolescents mais pour moi c'est bien plus que cela. J'ai été élevée dans une famille et dans une société où l'on ne parle pas de ces choses-là. Mais j'en ai marre de me taire, à quoi bon ? La honte doit aussi changer de camp et je suis bien d'accord. Le train du retour était à vingt heures, pas le choix, il allait falloir tenir toute la journée… Je n'avais qu'une envie, c'était celle d'appeler mes parents à ma rescousse, de rentrer chez moi et de ne plus jamais le voir. Mais je n'aime pas déranger, bousculer la vie des autres alors j'ai pris sur moi, une fois de plus. Il m'a d'ailleurs mis sur les dos que c'était moi qui avais gâché la journée étant donné ma réaction de ce matin-là. J'ai posé les choses « *Nous sommes à Disney et devons rester ensemble jusqu'à ce soir dans tous les cas. Mettons cela de côté et nous en reparlerons plus tard. - J'accepte de passer à autre chose mais promets-moi que tu ne me reprocheras rien par la suite. - Promis, oui* ». Comme ça, j'aurai la paix pour la journée mais il n'allait pas s'en tirer si facilement et n'avait pas fini d'en entendre parler ! Ce serait en temps voulu puisque là ce n'était ni le lieu, ni le moment opportun. Le jour laisse enfin place à la nuit, j'allais enfin pouvoir rentrer et me mettre à l'abri de lui. J'ai d'ailleurs verbalisé le fait que Vanille m'avait manquée au plus haut point et que j'étais plus qu'heureuse de la retrouver. Il l'a très mal pris car jamais je n'avais le sentiment que lui me manquait même si j'avais beau avoir essayé de le lui expliquer, que c'était devenu pour moi un sentiment de faiblesse. Après avoir vécu des mois durant avec Maman et que du jour au lendemain on m'ait séparée d'elle à mon entrée à l'hôpital m'avait tellement déchiré le cœur que cela m'avait endurcie. Je n'avais pas eu d'autre choix que de faire avec et je ne voulais plus être dépendante affectivement de qui que ce soit afin de ne plus ressentir ce manque qui causait un tel vide en moi tant la séparation fut douloureuse à vivre sur le moment. En tout cas, c'est comme cela que je me l'explique. Seuls mes animaux me manquent car je n'ai aucun substitut lorsqu'ils ne sont pas auprès de moi ; pas d'appels ni de messages... Non avec eux c'est purement physique et surtout, ce sont des êtres purs. J'ai besoin de les avoir contre moi, de les toucher et de les câliner. Avec les humains, je n'ai pas le même feeling. Un animal ne me jugera en aucun cas, ne me fera jamais de mal et ne m'abandonnera pas. Contrairement à toutes les déceptions que j'avais déjà subies. En Mai, je me fais réopérer du poignet pour enlever mes vis et ma plaque. Idem, l'anesthésie est de nouveau inefficace et s'estompe seulement quatre heures après. Je descends au bloc me faire réendormir le bras et Adrien est le premier à me demander de mes nouvelles. Élian lui, ne m'enverra qu'un message au soir. L'opération était pourtant le matin dès sept heures et il était venu jusqu'à la maison pour me souhaiter bonne chance, mais là plus rien. Décidément, il n'y avait aucun juste milieu, c'était trop ou rien du tout. Il était cependant toujours aussi présent et possessif, cela ne changeait pas. Mais à aucun moment il ne prenait de mes nouvelles à propos de ma récente opération. Au moment où j'aurais eu besoin qu'il soit présent justement, il ne l'était pas et vice-versa. Après quelques interrogations pour tenter de comprendre, sa réponse fut sans détour « *Bah oui, à chaque fois que je prends de tes nouvelles, tu vas me répondre que tu as mal. Alors moi, je me sens mal aussi et vu que je n'aime pas me sentir comme cela, je préfère ne pas te demander et imaginer que tu vas bien. De cette façon, je peux me sentir bien sans culpabiliser que toi ça n'aille pas.* ». Il n'en valait définitivement pas la peine... Je reste en convalescence quelques jours à la maison puis retourne au lycée. Je suis ignorée par notre bande d'amis et j'ai eu très mal au cœur avec beaucoup de déception. Seule Ghunyah m'a accueillie à bras ouverts en courant vers moi comme dans les films ! Elle était si contente de me revoir et moi donc. C'était elle le rocher auquel je m'accrochais. Elle changera d'établissement scolaire à la fin de l'année et ô combien j'en fus triste. La distance n'empêche cependant rien, la preuve en est dans les pages qui suivront.

Dernier trimestre de Première Littéraire : 12,73 de moyenne « *Maintenez cette attitude volontaire, donnez-lui plus de force en approfondissant vos travaux. Cherchez donc ce qui fait de la pensée une pensée rigoureuse. Compliments.* »

- **Littérature :** 12,50 « *Un net changement d'attitude a permis ces progrès : travaillez sans relâche jusqu'aux épreuves de l'EAF [Épreuve Oral de Français = Bac français] afin de consolider ce qui reste encore fragile (on ne peut pas effacer les effets des deux premiers trimestres)* » Mme F.

Dites-vous que chaque veille de Jeudi où j'avais quatre heures de cours avec elle, j'en étais malade. Rien que de voir sa voiture sur le parking me foutait la chair de poule.

- **Histoire-Géographie :** 9,50 « *Malgré le souci de progresser, il reste des difficultés à fournir des travaux écrits suffisamment développés et argumentés* » Monsieur L.

- **Anglais :** 12,14 « *Ensemble satisfaisant, travail sérieux* » Mr P.

- **Anglais Approfondi :** 16,63 « *Bon travail sur toute l'année. Des progrès à consolider cet été par des révisions grammaticales* » Mme M.

- **Littérature Anglaise :** 13,20 « *Bons résultats, bon travail tout au long de l'année* » Mr P.

- **Espagnol :** 13,99 « *Bilan satisfaisant, de la bonne volonté* » Madame Lynette.

- **Sciences :** 8,60 « *Élève volontaire qui a essayé de surmonter ses difficultés. L'ensemble reste fragile toutefois* » Mr P.

- **Éducation Physique et Sportive :** « *Dispensée* ».

- **Audiovisuel :** 16 « *Élève sérieuse, attentive et qui veut progresser, année scolaire positive* » Mr Z.

J'ai mes épreuves anticipées du Baccalauréat au mois de Juin et si nous obtenons de bonnes notes, cela nous donne des points d'avance pour celles de l'an prochain. Je passe donc le français à l'écrit et à l'oral et enfin les sciences. Qui dit que nous avons passé ces matières, dit que nous n'en aurons plus l'année suivante. Adieu aux sciences aussi donc ! J'ai réussi à m'en tirer avec dix points d'avance, autant que Valou quand ce fut son tour. La dernière de la série était l'écrit de français. Je savais que ce serait la dernière fois que je verrais Ghunyah avant un long moment. Je lui ai alors demandé de m'attendre avant de partir pour Paris comme elle le ferait à la fin de l'examen. Ayant un tiers temps, je finissais plus tard et j'étais plus stressée qu'elle soit déjà partie que de ne pas finir mon épreuve à temps. Je me suis dépêchée exprès et suis sortie en courant pour la retrouver. Il se passera deux années sans que l'on ne se voie.

Au mois de Juillet, un soir après la fête anniversaire de nos voisins, Valou et Adam redéposent l'un de ses amis chez lui puis reprennent la route du retour. C'était la première fois qu'il venait dormir chez nous et l'on s'en souvient bien… Une fois Maman et moi rentrées à la maison son téléphone sonne, c'était Valou. Elle était dans la salle de bains alors je décroche à sa place. Valou avait une drôle de voix et se fâchait, demandant Maman avec insistance. Je ne comprends pas, je m'exécute puis retourne dans ma chambre. Maman revient me voir quelques minutes plus tard. Valou et Adam venaient d'avoir un accident de voiture. Un homme ivre au volant les avait percutés le côté conducteur et envoyés au fossé, ils ont eu beaucoup de chance puisqu'ils sont passés à quelques mètres d'un pylône en béton. Je lui demande pour l'accompagner mais elle refuse, préférant que je reste chez nous. Comme chaque nuit, Vanille dormait à mes pieds mais elle a senti ce qui se passait et est venue se coller sur ma poitrine et ne m'a plus lâchée. Je pleurais, j'avais tellement peur pour ma sœur et Adam aussi (je te vois venir). Heureusement plus de peur que de mal, la voiture était épave mais eux allaient bien, ils étaient surtout choqués.

Au cours de mois-ci, nous partons en vacances tous les quatre et ce pour la dernière fois, Valou partira avec Adam les années suivantes mais ça ne serait plus pareil sans elle. Direction la Pologne pour revoir la famille, visiter Auschwitz vu que nous n'avions pas pu le faire deux ans plus tôt à cause des Journées Mondiales de la Jeunesse et pouvoir visiter le pays à notre rythme… Bref, ce fut le plus beau voyage que j'ai fait ! Nous partons avec notre voiture, Papa voulait réaliser lui-même le périple. Quinze heures de route au total et mille six-cents kilomètres au compteur. Nous coupons la route en deux par l'Allemagne, à Weimar et croisons des nordistes qui nous expliquent qu'ils vont visiter le camp de Buchenwald qui se trouve à cinq minutes de l'hôtel. Ce n'était pas prévu mais nous allons y faire une escale c'est inévitable. Nous nous y rendons le soir-même en repérage et je vous assure que c'était terrifiant. Juste de nuit, aucun éclairage sur la route, rien que le parking du site suffisait à nous glacer le sang. Je fis le rapprochement avec le fait que le père de Lili Leignel, la déportée qui avait survécu et avait témoigné dans mon collège, y avait été déporté et assassiné. Le lendemain, c'est sous une chaleur plus qu'écrasante que nous parcourons le camp et voyons de nos propres yeux les premiers fours crématoires, les baraques ou tout du moins ce qu'il en restait. Nous avions chaud, mais nous, nous étions en short avec de l'eau sur nous. Je me souviens avoir pensé à quel point cela devait être dur de travailler comme ils ont dû le faire en ayant faim et soif, sous cette chaleur. Tout comme l'hiver sous la neige. À la fin de la journée, nous étions vraiment épuisés. Émotionnellement et physiquement… Mais "contents" d'avoir accompli ce devoir de mémoire tous les quatre. Nous reprenons ensuite notre périple en direction de Wrocław, où nous avons visité la ville qui était magnifique ! Nous rejoignons ensuite la ville de Cracovie : Kraków. La grande place de Cracovie est célèbre pour sa halle aux draps : le Rynek, la basilique Sainte-Marie qui est celle qui apparaît également dans le film *La Liste de Schindler*. Nous retrouvons les lieux de tournage du film comme le pont, la rue où se cache la petite fille après la liquidation du village, le quartier juif et même la maison qu'Oskar Schindler avait réquisitionnée une fois les juifs partis. Le tournage du film *Le Pianiste* quant à lui s'est déroulé à Varsovie : Warszawa. Mon prochain objectif de voyage ! Cracovie étant l'ancienne capitale de la Pologne située au sud tout comme le village de notre famille, cela ne nous faisait pas faire de détour. En revanche Varsovie elle, se situe au nord. Nous avons également parcouru les plaines qui avaient autrefois abrité le camp de Płaszów, celui faisant son apparition dans *La Liste de Schindler*, où l'allée était faite avec les pierres tombales d'un cimetière juif. Puis nous prenons enfin la direction de la ville d'Oświęcim, le premier camp était un camp de travail : Auschwitz I puis Auschwitz II était celui d'extermination aussi nommé Birkenau. Le premier camp est une ancienne caserne militaire polonaise. Les bâtiments y sont tous alignés avec de belles briques rouges, impossible en le voyant comme cela de s'imaginer ce qui a pu s'y produire. Je me souviens du cours de Monsieur L. qui nous disait que pendant des années, même les oiseaux avaient déserté la zone en arrêtant de la survoler tant l'odeur de la mort y était forte et pestilentielle. Et qu'aujourd'hui le camp était devenu beau dans la mesure où il n'y avait plus de cadavres jonchant le sol ni de boue mêlée aux excréments des prisonniers. L'herbe était verte, le soleil y brillait. Il est difficile de se rendre compte des atrocités qui y furent perpétrées. Les photos d'époque, aussi choquantes soient-elles nous aident à réaliser.

La visite dans le premier camp commence par le franchissement du portail avec l'inscription Arbeit Macht Frei : le travail rend libre. Le guide nous explique d'ailleurs que le B est inversé en signe de résistance par les déportés qui ont dû le construire de leurs mains. Durant deux heures, un casque sur les oreilles nous retransmet par Bluetooth la voix du guide en temps réel, nous permettant de marcher à notre rythme et de ne pas être tous agglutinés les uns sur les autres. Il prenait le temps de faire une pause après nous avoir donné de sordides détails. Dans l'une des baraques du camp ont été entreposées les affaires volées aux déportés : les chaussures, les valises, la vaisselle, les lunettes, les vêtements... Toutes les couleurs se sont ternies avec le temps mais la quantité de ces objets vous donne des frissons. Surtout quand nous passons aux chaussures des enfants, aux prothèses et aux béquilles des personnes âgées, handicapées ou mutilées de la Première Guerre mondiale. La dernière vitrine est composée de tas de tonnes de cheveux et une couverture est exposée pour nous montrer en quoi ils étaient recyclés. Nous découvrons grâce à une maquette le fonctionnement d'une chambre à gaz et ce à quoi ressemble le gaz mortel de Zyklon B.

Elles étaient souterraines et furent dynamitées quand le camp a été évacué. Les nazis pensaient de cette façon, réussir à faire disparaître les traces de leurs crimes contre l'humanité. Nous descendons dans ce qui ressemble à une prison. Une cellule mesurait un mètre carré et ils y étaient entassés à trois, ne pouvant même pas s'asseoir et encore moins s'allonger en guise de pénitence. En remontant, une porte donne sur la cour avec le "mur des fusillés" qui avaient bien évidemment subi d'atroces souffrances avant. Les nazis avaient d'ailleurs pris le soin de construire le mur pour que les balles ne puissent pas ricocher sur eux. Dans cette même cour juste à côté, se trouve une potence où d'autres étaient pendus par les bras ou le cou... Au bout de ces deux heures donc, nous empruntons une navette qui nous conduit jusqu'au second camp, celui de Birkenau. Je fus impressionnée par le nombre de baraques parfaitement en rang, mes yeux n'étaient d'ailleurs pas assez puissants pour voir assez loin dans l'horizon. L'amoncellement des baraques n'en finissait pas et dès l'entrée, à partir du moment où nous avions dépassé cet immense porche, nous avons pu constater que les rails continuaient également à l'intérieur du camp. En effet, devant l'abondance de personnes à exécuter, il a été décidé de construire une rallonge de ces rails jusqu'aux chambres à gaz dans le but d'accélérer les assassinats des déportés juifs, tziganes, handicapés, homosexuels ou considérés comme trop jeunes ou trop âgés... Non conforme pour le travail et donc des bouches à nourrir inutiles. Le tri était effectué dès la sortie de leur wagon à bestiaux sur la Juden Ramp et ceux considérés assez vaillants et aptes à travailler étaient séparés des plus faibles. Ils proposaient aux plus fatigués de monter dans des camions pour leur éviter de marcher mais c'était l'aller direct pour la mort. Car ici, on rentrait par la porte et on en ressortait par la cheminée. On leur annonçait qu'ils allaient avoir une douche et qu'ils devaient bien retenir le numéro du porte-manteau auquel ils avaient accroché leurs vêtements pour retrouver facilement leurs affaires. Bien sûr, ils n'en sortiront plus. Comme nous dit le guide, les nazis poussaient le vice de manière à ne provoquer aucun mouvement de panique des foules. De même que des camions ornés de l'insigne de la Croix-Rouge qui abritait en réalité des boîtes de Zyklon B. Dans ce second camp, il y avait les châlits et les latrines d'origine et enfin les restes de chambres à gaz et de crématoires. Seule une est encore debout dans le premier camp et nous avons d'ailleurs pu voir sur les murs les traces de griffures, faites par les déportés agonisants. Le guide nous avait prévenus, personne ne ressortait indemne de cette visite. Il avait raison, c'était le moins que l'on puisse dire. J'avais toujours eu un immense respect pour les déportés et un intérêt pour cette si tragique période de l'histoire. C'était ma manière à moi de leur rendre hommage, en ne les oubliant pas et en apprenant tout ce qui a été caché, dissimulé puis démenti par la suite. Le camp étant moins bien conservé, comme de fait, la visite dure moins longtemps et une heure et demie plus tard elle se termine. Le guide nous invite à retourner dans le premier si nous le souhaitons afin de parcourir les bâtiments qui n'étaient pas sur la liste de la visite, il y a tellement de blocks qu'il était impossible de tous les voir en une seule journée. Il nous informe que le camp ferme à dix-neuf heures et puis de toute façon, à l'est la nuit tombe plus vite que chez nous en France. Il nous prévient qu'à la nuit tombée, les murs se mettront à parler. Nous retournons dans le premier camp, le temps de prendre quelques photos et de voir ce que l'on n'avait pas pu faire. À l'intérieur de l'un d'eux se trouvait un couloir infini, digne de ceux d'un hôpital et du sol au plafond ce fut rempli de photos "d'identité" comme l'on fait en prison, des déportés. Voir tous ces regards en noir et blanc c'était bouleversant. J'ai cherché après celle de Simone Veil et l'ai trouvée. Dix-huit heures trente arrivent tout doucement, Papa, Maman et Valou se dirigent vers la sortie car nous avions fait le tour et il faisait déjà presque nuit noire. Je ronchonne, il me restait tant de choses à voir… Ils me disent qu'il n'y a pas de problème et qu'ils m'attendront dans la voiture mais je vous assure que le silence du camp vide procure un ressenti indescriptible qui m'a flanquée une frousse jamais ressentie. Comme le guide le disait : les murs parlaient et j'ai alors décidé de suivre ma famille. La journée était tellement chronométrée par les horaires de visite, d'ouverture et de fermeture que nous n'avions pas pris le temps de nous arrêter aux toilettes et il nous restait une heure de route avant de rentrer au sein de l'Air B&B où nous logions. J'ai voulu faire pipi derrière un arbre avant de reprendre la route, je vous jure que j'ai fait fissa, morte de peur. Le lendemain de cette journée nous sommes restés au logement, vidés par toutes ces émotions. Nous étions en famille, ensemble et pris conscience de la chance que nous avions d'être en bonne santé avec de la nourriture dans nos assiettes, du chauffage pour dormir, une douche. Bref, des choses basiques mais ce genre d'expérience nous apprend à relativiser. Je trouve que nous avons énormément de chance en France et que nous vivons dans un luxe dont nous n'avons même plus conscience à force. Je termine cette partie par une citation dans le cadre de la Shoah et qui, à mes yeux, prend tout son sens pour mon histoire également et dans mon projet d'écriture.

~ Un peuple qui oublie son passé se condamne à le revivre ~

Le surlendemain nous reprenons notre programme, direction Katowice pour visiter la maison du pape Jean-Paul II. Les Polonais lui vouent une dévotion toute particulière du fait de sa nationalité Polonaise. Ce sont des gens encore très pieux par rapport à nous et chaque Dimanche ils se rendent à l'église, pomponnés et font un grand repas de famille. Ce sont des traditions qui se sont perdues chez nous. Mes parents trouvent par hasard qu'au sein de Cracovie se tenait une exposition sur le Titanic. Connaissant mon attrait pour le Titanic tout comme pour la Shoah, ils me font la surprise de nous y emmener et nous y découvrons des objets remontés du paquebot, des reconstitutions de cabines de chacune des trois classes de même que les salons privés, les salles à manger, le grand escalier… Puis nous atteignons le point final du voyage donc, le village dans lequel réside ma famille et nous avons été accueillis comme des rois, ils nous ont même prêté leurs propres chambres. J'ai d'ailleurs eu l'occasion de vivre un orage polonais ou plutôt le déluge, nos petits orages français n'ont qu'à bien se tenir ! Nous allons visiter la Deutsche Emailwarenfabrik d'Oskar Schindler, l'usine d'origine, puis la fin du voyage s'annonce et nous allions sans tarder reprendre la route de la maison. Avant cela, nous faisons un dernier repas tous ensemble digne d'un Noël. Je vous partage d'ailleurs ce détail touchant : du lapin était au menu ce midi-là ; ma (petite, petite, petite, petite) cousine Anna étant la seule à parler français, c'était elle qui faisait le relais entre sa famille et nous, donc nous n'avions pas l'occasion de raconter mille et une choses, n'en déplaise à mon habituelle langue bien pendue… Ils se souvenaient cependant grâce aux photos que j'avais montrées deux ans plus tôt, de ma petite arche de Noé et que j'avais un lapin. Ils en avaient logiquement déduit que je n'en mangeais pas et ont fait trois escalopes de poulet panées exprès pour moi… Cela peut vous montrer à quel point c'est une famille chaleureuse et attentionnée, alors que ce n'était seulement la deuxième fois que l'on se voyait ! Et ce en deux ans. Nous nous arrêtons comme à l'aller en Allemagne, à Dresde puis le lendemain, nous regagnons le chemin de la maison. Vanille et Floppy étaient chez Papy et Mamie pendant ce temps-là et Adam venait nourrir les chats qui étaient restés à la maison. Retrouver ses animaux après autant de temps pour moi était aussi agréable que le sentiment de partir en vacances. C'est toujours mon point positif à l'approche de la fin d'un séjour : retrouver mes boules de poils et ce voyage était magnifique. C'est pour cela que je m'épargne l'entière reviviscence des appels non-stop d'Élian qui pétait un câble si je loupais l'appel d'un jour sur deux ou si je ne répondais pas en temps et en heure à ces messages. Sur le moment, il m'a pas mal gâché le moral mais en y repensant maintenant, les souvenirs avec ma chère famille prennent le pas sur son égocentrisme.

En Août, nous allons passer un week-end à Disney avec Élian mais cette fois-ci, Valou et Adam font partie du voyage et cela me rassure énormément. D'autant plus que nous partons deux jours, il y a donc une nuit à passer à l'hôtel. Toujours les mêmes actes et le même problème qui entrent en ligne de compte… Le lendemain, nous avons beaucoup rigolé tous les trois, Élian était en retrait, ne voulant pas prendre part à notre bonne humeur et préférant bouder dans son coin. Il s'est même permis de critiquer mon beau-frère sur son poids tout en se moquant de lui, ce qui nous a franchement déplu à tous les trois et je pense que cela a été la goutte de trop. S'en prendre à moi, j'en avais l'habitude mais à ma famille ? Cela dépassait les bornes. J'en ai longuement parlé avec ma sœur qui m'a exprimé que cela la touchait vraiment et ce n'était pas la première fois que cela se produisait. Lilou célèbre ses neuf ans et Valou ses vingt. Grande journée, pour l'occasion nous réservons une salle avec un grand repas, piste de danse, lumières, musique… Et nous passons tous un très bon moment, réunis. Le lendemain, nous faisons le rebond et je me chope une migraine ophtalmique du tonnerre vers midi, je demande donc à Papa de me ramener à la maison et je finis la journée couchée, la tête dans un étau. Le soir ils reviennent tous une fois la salle rangée et nettoyée, remanger un petit bout à la maison. Plusieurs fois j'ai eu la remarque d'être pâle comme un mort, ces migraines sont vraiment un enfer à vivre. Côté poursuite d'études, après mûre réflexion, j'ai trouvé une idée. J'ai fait un bilan de compétences au Centre d'Information et d'Orientation et ce qui en est le plus ressorti est le côté social. La conseillère m'oriente vers éducatrice de jeunes enfants ou infirmière puéricultrice. Je préfère soigner plutôt que de faire des jeux ou d'être dans l'éducation. Pour être puéricultrice, il fallait faire une formation d'infirmière d'abord donc voilà, mon avenir était désormais tracé.

Contre vents et marées

La rentrée scolaire approche : Terminale Littéraire pour moi et Deuxième année de licence pour Valou et elle rime avec ma deuxième descente aux enfers. Élian et moi étions ensemble depuis bientôt un an, un an que je subissais tout sous silence par peur de m'imposer, de vexer ou de blesser. Savoir encaisser n'est décidément pas un cadeau et puis j'en avais ma claque, cela ne me ressemblait pas d'être comme ça ! La rentrée a lieu : notre professeur principal est celui d'histoire, nous en sommes tous ravis tant il est apprécié ! Il vivait ses cours, je ne sais pas comment l'expliquer mais il m'a fait aimer la matière avec toujours un mot pour faire rire. Une fois notamment l'an précédent, Élian avait un manteau avec une poche ventrale et il y avait mis son bonnet. Alors que je tâtais pour deviner ce qu'était cette bosse, je lui demande de quoi il s'agissait. Nous allions rentrer en classe et mon professeur assista à la scène et annonça que ce n'était que du gras mais pas d'abdominaux, dommage pour moi ! Il n'avait pas un pet de gras et c'était bien évidemment dit sur le ton de la plaisanterie, qui ne l'avait pas fait rire d'ailleurs mais bon, moi oui c'était le principal ! J'ai donc cherché à mettre les points sur les i et les barres sur les t comme l'on dit. Je lui explique par le biais d'une métaphore qu'il fallait sincèrement qu'il me laisse de l'espace. Je prends l'exemple d'un yaourt que l'on adore et que si l'on en mange chaque jour nous finissons écœurés, n'en ayant plus envie. C'était pareil avec lui, à force de sans cesse m'étouffer d'appels et de messages. Je voulais juste respirer, jamais il ne me laissait venir à lui. Il se vexa mais bon, ce n'était pas la première fois. Il a respecté ma demande et m'a donné de l'espace, à l'extrême. Il me parlait de manière très sèche, enfin, lorsqu'il m'adressait la parole puisqu'il m'ignorait totalement parfois. Bref, c'était tout ou rien mais je me disais que ce devait être le prix à payer pour avoir ma tranquillité et j'ai accepté sans rien dire.

Maman nous annonce courant Septembre qu'elle a passé un entretien d'embauche et qu'elle a été prise, elle va donc travailler à temps plein. Je vais avoir dix-sept ans et Valou en a vingt, nous sommes grandes et elle considère qu'elle peut recommencer son activité professionnelle. J'ai beaucoup pleuré, ce fut dur à accepter pour moi qui avais toujours connu Maman à la maison, mais par la suite cela m'a donné un boost d'autonomie et d'indépendance, ce devait être un mal pour un bien. Je reprends donc les cours d'équitation également vu que les vacances d'été sont finies mais nos écuries avaient changé de propriétaires. La plupart de nos chevaux de club avaient été rachetés, et il y en avait de nouveaux. Mon nouveau moniteur me donne donc Unique à monter et après une détente égale à notre échauffement musculaire, nous nous mettons en cercle pour les faire galoper. Il me demande de le cravacher une puis deux et trois fois. Je n'avais pas envie qu'il accélère, c'était sa troisième heure de cours en suivant en plus. Non, pour moi cool est le rythme qui me convient. Mais il me réprimande et me somme de le faire alors j'obéis. Forcément, ma monture en a eu marre, a galopé comme un con et m'a foutue par terre et j'ai atterri sur la nuque. J'avais déjà eu une semaine pourrie à cause d'Élian mais là c'était le pompon. J'avais mal au cou, tellement que j'en avais l'oreille collée sur l'épaule, vous connaissez la chanson : direction les urgences pour la énième fois. Je commençais de plus en plus à force, à appréhender le moment où mon nom serait enregistré dans l'ordinateur pour chercher mon dossier et que la personne verrait le nombre de fois où je suis venue et puisse penser "encore" d'un air lassé. Papa me laisse dans la voiture au SAS du "dépôt de patients" pour aller voir les pompiers juste devant nous afin de savoir quand pensaient-ils partir, de manière à ce que qu'il puisse avancer et que j'ai le moins à marcher possible. Ils l'interrogent sur ce qu'il se passait et je les vois arriver à quatre avec Papa « *Les cervicales et les vertèbres, on ne rigole pas avec cela Mademoiselle, on aurait dû nous appeler et ne surtout pas te bouger* ». Je commence à flipper et les voilà qui me sortent de la voiture comme lors d'une désincarcération : minerve, plan dur, la honte quoi... Mais ils ont été franchement adorables. Papa les remercie cinq fois si pas six et s'excuse du dérangement et je fais de même. Ils ont souri en disant qu'ils préféraient dix fois s'occuper d'une plume comme moi plutôt que de vieux poivrots. Les infirmières m'installent dans un box, me déshabillent et m'enfilent la blouse d'hôpital. Elles rigolent même en voyant la tonne de sable que j'avais emmenée avec moi, je n'étais tout de même pas obligée de ramener toute la carrière ! Grosse contusion aux cervicales et port d'une minerve puis je devais reprendre rendez-vous avec mon médecin traitant. En me voyant il m'avait mise en garde : je devais vraiment être prudente puisque j'étais dans le même état qu'après un accident de voiture. Il fallait renforcer ma vigilance car monter devenait risqué et ce un peu plus après chaque chute qui fait pourtant partie de l'apprentissage, nous y passons tous. J'arrête alors de monter, c'était l'année du baccalauréat et cette première chute m'avait déjà fait louper une semaine de cours tant j'étais cassée en deux. Je ne pouvais pas me permettre d'être trop absente si je voulais obtenir mon bac et surtout, ne pas redoubler. Hors de question que je rallonge ma scolarité assez stressante et interminable comme cela. Impossible de rajouter une minute de plus à ce calvaire.

Camélia trouvera cela pertinent de me balancer une remarque qui prendra racine dans mon cerveau « *Tu n'aurais pas grossi ? Tu devrais faire attention à ce que tu manges ! - Je fais quarante-neuf kilos pour un mètre cinquante-huit, je ne pense donc pas être trop grosse mais merci du conseil !* », eh oui, c'est souvent de cette façon que les choses commencent. J'ai commencé à moins manger pour "prouver à mon amie" que j'avais écouté ses conseils. Venant de sa bouche ce devait forcément être bienveillant et j'ai alors perdu deux kilos en une semaine et le lui ai annoncé toute fière. Sa réponse a été sans détour : c'était mieux, il fallait que je continue mes efforts. Qu'est-ce que l'on peut être naïf et influençable lorsque l'on on est jeune sérieusement... Cette fille avait je pense, un gros problème de complexe sur son corps et m'en donner aussi était probablement un moyen d'apaiser les siens... Le mois d'Octobre débute et c'est là que mon année fait la bascule. Puisque je ne pouvais pas faire de sport avec mes problèmes de cheville, chaque début d'année était rythmé par le délai d'obtention de ma dispense de sport. C'était à moi de faire le relais entre le lycée et mon médecin, pas de parents derrière moi et c'était toujours un moment de paperasse stressant. S'ils n'étaient pas rendus dans les temps, je serai pénalisée au niveau de ma moyenne d'EPS pour les épreuves du baccalauréat. Je suis donc tout juste au niveau du timing ce Mercredi-là, le 3 Octobre, et vu que nous avions un professeur absent, cela me donnait une heure entière pour aller faire signer ma dispense au stade qui était en dehors du lycée, par ma professeure de sport puis revenir dans l'établissement pour le déposer chez la CPE. Ces allers-retours prenaient trop de temps et ne pouvaient être faits sur la petite pause du matin ni celle du midi dans la mesure où tout le monde mangeait et celle de l'après-midi était de même, trop courte. C'était donc du pain béni pour moi, je n'allais pas avoir à courir ou être en retard en cours mais Élian en avait décidé autrement. Il m'a envoyé un message la veille au soir pour que l'on puisse se parler au cours de cette heure de libre que l'on aurait du lendemain. Je lui explique donc que ce n'est pas possible, les études passaient en priorité et donc les démarches en lien avec elles également. Forcément cela ne lui a pas plu et il a, comme à son habitude, fait en sorte que je culpabilise et ça a très bien marché, trop même. Le lendemain pendant cette heure donc, j'ai couru à gauche, à droite pour lui libérer un peu de temps mais le moment venu, je ne le trouve pas et il ne répondait plus à mes messages. Puis, je l'aperçois au milieu des arbres se trouvant dans la cour je vais donc le rejoindre et lui montre que je me suis dépêchée exprès pour me consacrer à lui, j'écoutais ce qu'il avait à me dire. Le ton est très vite monté de son côté « *Pourquoi tu ne veux jamais que l'on se voie ? Dans quatre jours cela fera un an que l'on est ensemble et on n'a toujours pas baisé, j'en ai marre de t'attendre moi à la fin. Je me sens comme un con et je déteste ça, même ma famille me dit que ce n'est pas normal, que tu n'agis pas comme tu devrais avec moi.* », je me mets aussi à hausser la voix. Moi aussi j'en ai marre, marre de ses caprices d'enfant gâté et je n'allais pas encore me forcer juste pour son plaisir. Je vois son regard changer, s'assombrir et son poing se serrer, j'ai vraiment cru que j'allais m'en prendre une. Il est allé s'écraser dans l'arbre juste à côté de lui et ce côté violent et impulsif que je n'avais jamais vu auparavant apparaissait tout à coup en lui. Cela me terrorisait d'autant plus et j'ai franchement pris peur, de nouveau et j'ai fini par m'enfuir pour aller me réfugier dans une salle de permanence. Nous nous sommes évités tout le reste de la journée ainsi que le reste de la semaine. Nos amis en commun me conseillaient de m'excuser, que j'allais perdre quelqu'un de formidable. C'était moi la victime mais c'était moi qui étais responsable de son mal-être, on m'a même suggéré qu'il allait se suicider si je le quittais. Et moi ? Qui voyais que j'étais avant tout sous son emprise depuis un an ? Personne. Je savais tellement bien sauver les apparences que cela a fini par me revenir en pleine figure.

Je prends sur moi et lui propose que l'on parle pour poser les choses en face à face. Nos amis étaient en face de nous au CDI, au cas où sa violence prendrait le dessus. Cela a bien dû durer une heure où j'étais frigorifiée de froid et par les émotions. À la fin je lui annonce qu'il vaut mieux s'arrêter là je n'en pouvais plus, stop. Je mets donc fin et il me demande un câlin. Oh que non, surtout qu'il ne m'approche pas et ne me touche jamais plus. Il prend son sac, se lève et part. Je me sens vide de toute énergie, je pleure à chaudes larmes cela faisait trop à encaisser. Il est rentré chez lui juste après cela et n'a pas fini la journée de cours puis j'ai eu droit à des SMS de ses parents. Aux yeux de nos amis j'étais la méchante et rien d'autre, aux leurs aussi. Ils sont même allés jusqu'à mêler Ghunyah à cette histoire, à déformer les faits et la réalité, de telle façon que l'on finit par se disputer par messages. Elle me reprochait d'avoir changé selon ce qu'elle entendait de la bouche des autres, forcément, ils étaient très forts et manipulateurs, mais ça n'a pas duré longtemps. Une fois qu'elle a eu ma version de l'histoire c'était réglé. Punaise, si je l'avais en plus perdue, j'aurais encore plus été au trente-sixième dessous... Puis il y a eu les pro-Élian et les pro... Élian. Personne n'a pris mon parti (Ghunyah n'était pas incluse, en tant que personne intelligente et mature, elle était restée neutre et c'était la meilleure chose à faire). Même Lana, une fille dont je m'étais liée d'amitié en début d'année a pris parti pour lui : Adrien, Christophe, Lana, Camélia, Célestine. Seule Cassilde, son ennemie jurée, en a profité pour me rallier à son camp. Elle était devenue la nôtre à tous en d'autres temps mais dans ce moment de détresse, elle était la seule à s'en être rendu compte. Subir du harcèlement de ses camarades de classe c'était une chose, mais de ses propres amis c'était d'autant plus violent. Je sombre alors dans un profond trou noir et je sais que cette fois-ci je ne m'en relèverai pas, je n'en avais plus la force. Je tentais de m'évader une fois que mes devoirs étaient faits en jouant aux Sims 3 ou en regardants *Retour vers le futur* et *Desperate Housewives*, je me rendais à l'équitation, m'occupais de Noisette, de Vanille, de mes chats... À ce moment-là, j'avais tant les idées sombres que j'écoutais en boucle à longueur de temps *Quand je crie à l'aide, Explique-moi, Blessure du Passé* de Keen'V puis *Ta meilleure amie* d'Ornella Tempesta et seulement celles-ci. C'était comme si ces musiques parlaient à ma place. Nous étions cependant tous dans la même classe jusqu'au mois de Juin et cela n'allait pas être facile mais une fois de plus, je n'allais pas changer d'établissement pour les laisser gagner. Lui de son côté, me bousculait "involontairement" à plusieurs reprises dans les couloirs et je vous laisse imaginer la puissance avec laquelle ma phobie scolaire s'est décuplée au fond de moi. Même si je n'avais pas fait le lien entre mes ressentis et la raison de ceux-ci. Quelques jours plus tard, nous avions cours de littérature anglaise et en rentrant dans la classe, je vois tous les regards de mes anciens amis se tourner vers moi et les chuchotements retentir. Je m'assieds à ma place et m'effondre en larmes. C'est Cassilde qui me prend par le bras et me fait sortir, impossible à calmer. Le professeur demande si j'avais appris un décès ou une mauvaise nouvelle pour être dans un tel état. Elle répond que non, elle ne pense pas ; elle savait très bien ce qu'il se passait mais les ados ne mêlent jamais les adultes à leurs histoires. Cela ne fait bien souvent qu'empirer les choses vu le peu d'importance accordée à ce genre de "futilités", préférant se taire et essayer de régler les choses par eux-mêmes. Nous parlons, elle me paie un chocolat chaud et me coiffe même deux tresses africaines, elle sait que j'adore en avoir. J'exprime pour la première fois mon profond mal-être et ça en reste là, j'avais évacué et je me sentais soulagée mais le lendemain rebelote, je demande à sortir lors d'un cours car je sentais que les larmes montaient. J'ai fini chez la CPE, poussée par les surveillants. Ils en avaient marre que je sorte de cours comme cela à tout-va, je n'avais qu'à laisser Élian tranquille, j'avais voulu le quitter maintenant, je devais assumer, comme si je regrettais ! Je n'avais pas à être triste c'était "ma faute" selon eux. Étant à l'internat, les surveillants avaient un lien différent avec les internes. Ils étaient donc au courant de toute l'histoire, enfin de celle qu'il avait bien voulu leur raconter je suppose. Je vous assure que l'on se sent bien seule au monde. Une surveillante avec qui j'avais très peu d'affinités - et qui manquait beaucoup de tact - nous envoie tous deux à tour de rôle chez l'infirmière scolaire et nous avions "intérêt à lui parler pour régler la situation car ce remue-ménage commençait à sérieusement les agacer". Camélia accompagne d'abord Élian puis avec Cassilde, elles reviennent me chercher, ça a été fait de sorte que l'on ne se croise pas l'un l'autre. «*Je te préviens Eva, si tu ne parles pas à l'infirmière je ne t'aiderai plus, tu me gonfles à pleurer tout le temps pour un rien* » me dit Camélia accompagnée de Cassilde et voilà, le dernier fil de mon arc venait de se briser, je n'avais plus personne sur qui compter. Cela faisait des jours que j'avais les idées noires mais je luttais, je voulais me battre et ne pas mettre à la poubelle tout le parcours et le combat que j'avais menés depuis ma quatrième. Mais c'était déjà trop tard, la machine était déjà lancée. Je suis dans une pièce isolée d'Élian où j'entends le son de sa voix, inaudible et une fois sorti, l'infirmière m'appelle pour m'amener dans son bureau. Elle voulut faire pression pour que j'arrête de causer des soucis aux autres et en particulier à Élian et je restais là assise, à la fois présente et absente, tremblante au plus haut point et en larmes. Incapable de sortir un quelconque mot pour me défendre et devant ma prostration, elle change son fusil d'épaule « *Eva, mais qu'est-ce qui ne va pas. Tu vois dans quel état tu es ? Dans lequel tu te mets ?* ». J'étais toujours silencieuse et je n'ai plus le souvenir de la conversation entière. Je me souviens seulement d'avoir réussi à dire que j'avais été victime de harcèlement au collège et que je ne me sentais pas prête à réaffronter ce problème, encore moins de la part de mes amis cette fois-ci. Elle fut limite fâchée de ne pas avoir été mise au courant avant « *Eva, ça fait deux ans que tu es dans ce lycée, je t'ai vue plusieurs fois déjà, tu me connais, comment cela se fait que tu ne m'en aies jamais parlé ?! - Parce que je voulais tout laisser derrière moi et faire table rase du passé pour prendre un nouveau départ* ». J'étais dans une profonde détresse qui l'a inquiétée et poussée à me demander si j'avais pris des médicaments et j'ai répondu que non mais qu'en rentrant à la maison, c'est ce qu'il se passerait. C'était décidé, j'arrêterai enfin de souffrir pour de bon. Finie l'accumulation, fini d'encaisser, de subir et d'être en survie constante. Elle me redemande si je suis sûre de ne pas en avoir pris et je lui assure que non puis elle appelle Maman et lui demande de prendre rendez-vous en urgence chez notre médecin traitant. Elle me récupère au lycée ce jour-là et reste avec moi à chaque instant, l'infirmière lui avait vraiment ordonné de ne pas me lâcher d'une semelle. En rentrant, je m'effondre dans mon lit, épuisée, les yeux rougis par les larmes. Puis vient l'heure de partir chez le médecin, j'avais déjà mis mes tripes sur la table une fois dans la journée, pas deux, c'était bien trop douloureux d'exprimer ce que je ressentais. Le lendemain, j'avais rendez-vous avec un infirmier psychologue en urgence au CMP mais comme j'avais seize ans révolus, du côté adulte. Il s'enchaîne avec l'entrevue d'une psychiatre qui me fait hospitaliser sur-le-champ et je rentre préparer quelques affaires avant que Maman ne me conduise en Centre d'Accueil et de Crise : service hospitalier dans lequel sont gérées les crises suicidaires. C'était une unité de court séjour, trois à quatre jours en moyenne et ils m'en ont gardé huit, cela veut bien dire ce que ça veut dire. Dans la voiture pour m'y rendre j'avais écrit un email uniquement à Madame Lynette pour l'informer de mon hospitalisation et après cela, mon téléphone m'avait été confisqué ; ce n'est qu'en rentrant que j'ai pu prendre connaissance de sa réponse. Dès le premier entretien avec les médecins et mes parents, il a été convenu de leur côté que je devais retourner au lycée et il était clair que je ne voulais plus jamais remettre un seul pied là-bas « *Vous voulez que je me tue, allez-y faites-moi franchir cette maudite grille* ». Inès, inquiète, m'avait appelée sur le téléphone du service (dans ce genre d'hôpital, tous les objets sont retirés, smartphone y compris pour nous couper du monde extérieur), ma kinésithérapeute de l'époque également ainsi que Lilou. Je n'ai pas eu le droit de lui expliquer où j'étais, elle n'avait que neuf ans mais elle savait que ce jour-là, Mamie T et Tatie étaient venues me rendre visite avec mes parents alors qu'elle, avait dû rester avec Papy. Ils lui avaient seulement expliqué que j'étais à l'hôpital pour me reposer et elle me posait tout un tas de questions, ayant peur pour moi. Le mot hôpital était effrayant pour elle et j'ai dû mentir pour la rassurer car je ne pouvais pas dire la vérité, je n'en avais pas le droit. Bon, après ce que je leur avais dit, ils ne m'ont pas laissée sortir vous vous doutez bien. Grâce à l'option d'audiovisuel, nous avions un voyage organisé d'une semaine, j'allais partir à Prague et ils m'ont eue au chantage, si je voulais en faire partie je devais retourner au lycée je n'avais pas le choix. Bien sûr, nous avons envisagé les cours par correspondance de nouveau en clinique de soins-études. Seul problème mon dossier scolaire, je serai catégorisée en soins-études et "fichée" en quelque sorte, et cela pouvait vraiment me mettre des bâtons dans les roues pour l'avenir. Avec la psychiatre du CMP nous avons donc trouvé un compromis : elle me dispensait des cours facultatifs pour raison médicale et je me rendais à ceux obligatoires ; de cette façon j'étais moins souvent au lycée et pouvais donc être plus souvent à la maison : marché conclu. Je vais encore me battre, me forcer et subir cette année scolaire mais je n'ai pas le choix si je veux m'assurer un avenir professionnel. Chaque jour était une épreuve, j'avais la boule au ventre et décomptais les minutes avant de rentrer ; mes heures de cours se résumaient à fixer l'horloge et à la mitrailler du regard pour qu'elle avance plus vite. Dès ma sortie du jeudi, étaient les portes-ouvertes du collège et à peine Papa m'avait-il récupérée que j'étais partie à la rencontre de Madame M, Madame G, Madame P et Madame S. Ne mentionnant pas forcément la dernière semaine que je venais de vivre, je prenais simplement plaisir à venir les revoir. Je me souviens également du lendemain où Madame Lynette m'avait appelée directement sur le portable de Maman, étant donné que je n'avais pas répondu à ses mails elle s'était inquiétée. Ce geste d'appeler m'a beaucoup touchée et je dirai que cela m'a encore plus donné confiance en elle, tout comme mes professeures de collège je la considérais comme une figure qui m'était protectrice. Au cours de cet appel, la pauvre avait ses enfants derrière qui n'arrêtaient pas de l'embêter à lui demander après des bonbons ou que quelqu'un sonnait à la porte et ils avaient ouvert tandis qu'elle était encore en pyjama. Elle était toute gênée de devoir à chaque fois m'interrompre mais cela me faisait mourir de rire ! J'eus alors l'idée de la comparer à Lynette dans *Desperate Housewives* qui a toujours ses enfants autour d'elle et qui est toute débordée parfois : c'est comme cela que ce surnom fut trouvé. Désormais et à sa demande, j'avais son numéro de téléphone dans mes contacts en cas de besoin et au nom de "Lynette".

Je pars alors en voyage à Prague et Camélia était revenue parmi mes "amies", elle ne prenait soi-disant plus parti, je pense qu'elle voulait surtout se faire bien voir des professeurs et se donner bonne conscience. À Prague, nous avons visité le camp de concentration de Terezín et lors de la visite, Lâam, une fille de ma classe habituellement robuste d'apparence, était en larmes. Je lui ai pris la main et adressé mon sourire le plus rassurant possible ; ce geste nous a rapprochées, elle m'a prise sous son aile le reste de l'année scolaire. Le dernier jour du voyage, nous nous sommes arrêtés en Allemagne, à Nuremberg et le bus nous dépose pour la dernière après-midi dans le centre-ville. J'y avais laissé mon sac afin de ne pas m'encombrer d'affaires et nous marchons environ quarante-cinq minutes pour nous rendre au point d'arrivée. Une fois à destination, nous avons un petit moment de quartier libre et je me souviens être en train d'envoyer un SMS à Anne quand tout à coup, je ne vois plus mon clavier en entier, je cherche la photo d'un visage que je n'aperçois pas mieux. Je sais très bien ce que cela signifie : une migraine ophtalmique était en train de pointer le bout de son nez et merde ce n'était vraiment pas le moment. Je savais par expérience que si je ne prenais pas rapidement mon médicament, j'allais avoir un mal de crâne atroce une fois que l'aura ophtalmique aurait disparu mais le bus était trop loin donc de toute façon je ne pouvais rien faire. Le groupe commence à se rassembler pour rejoindre l'endroit du quartier libre avec les professeurs et je restais assise devant un restaurant, la tête dans les genoux car la lumière m'est insupportable dans ces moments-là puis je reste comme cela. J'entends même des personnes me demander « *Are you okay ?* » et mon professeur d'audiovisuel vient à ma rencontre, voyant que je ne suis pas le groupe, me demande de me dépêcher. Je lui dis que je ne peux pas bouger de place mais selon lui, je ne faisais qu'exagérer et d'inquiéter les touristes qui s'étaient agglutinés autour de moi. Je leur avais pourtant dit de ne pas s'en faire ! « *Monsieur, je suis vraiment désolée mais je ne peux pas partir, je dois attendre que cela passe* », il soupire et s'en va. L'autre professeur d'audiovisuel, celui que j'avais eu pendant deux ans me connaissait bien et s'approche de moi en s'annonçant à moi, je réponds simplement que j'ai une migraine ophtalmique et que je n'ai pas le médicament à prendre dans ce cas-là sur moi, je n'avais plus qu'à attendre que cela passe, n'ayant pas d'autres solutions. Je l'entends se relever de sa position accroupie, il s'était mis à ma hauteur gentil comme il était et explique à ses collègues qu'il en a déjà eu et qu'il comprend pourquoi je réagis comme cela. Il me propose un Ibuprofène, à défaut de rien je l'accepte et le remercie. Il me dit qu'ils vont partir pour le quartier libre et qu'une fille va rester avec moi ; j'ai connu Gaëtane de cette façon. Lâam était étonnée qu'aucun "adulte" ne reste avec moi mais ça m'était égal et je suis restée dans le froid, à attendre que l'aura soit passé et que la migraine s'installe. Je savais par expérience que j'allais clairement crever de mal et finir par soit en vomir ou en syncope, totalement affaiblie mais piégée, j'allais de toute façon devoir y faire face. Je suis donc toujours au même endroit et au bout de deux heures le groupe revient, je relève la tête et constate que le jour avait laissé place à la nuit. Il était convenu que l'on mange tous au McDo avant de reprendre la route vers la France et rien que me mettre debout était déjà une épreuve. Lâam m'a tenue et aidée à marcher, j'étais incapable d'avaler quoi que ce soit. Enfin, il a fallu retourner au bus et je vous assure que j'étais au bout de ma vie. Elles l'ont bien vu et se sont toutes relayées entre elles pour me porter sur leur dos, un tel élan de solidarité rien que pour moi... Puis au bout d'un moment, bien fatiguées, un garçon de la classe a proposé de me prendre sur ses épaules. J'étais gênée et ai refusé... Il n'a rien voulu savoir et m'a prise sur ses épaules, il a compris que si l'on me demandait je ne répondrai jamais oui, il ne faut pas demander parfois mais faire ! Je ne veux jamais déranger et si l'on me demande je trouverai toujours le moyen de refuser en remerciant pour finir par me débrouiller seule. Laurie laisse une main dans mon dos pour me soutenir tellement j'étais mal et c'est du haut de mon perchoir qui était le meilleur ami d'Élian, que je le vois au loin changer de visage lorsqu'il m'a aperçue. La troisième professeure qui nous accompagnait était celle que j'avais en cours d'anglais, passe devant nous et je l'entends soupirer et dire que j'exagère. Merci l'empathie et la compréhension, j'aurais bien aimé l'y voir. Nous atteignons enfin le bus, Dieu merci ! J'étais morte de froid et me suis enroulée dans mon écharpe pour tenter de dormir un peu.

Voilà comment j'ai commencé à construire "l'armée" qui m'aura aidée à tenir jusqu'à la fin de l'année. Un petit gang de filles saines d'esprit et profondément gentilles, elles étaient pour certaines les "populaires" de la classe et même si nous n'avions pas nécessairement les mêmes centres d'intérêt en commun cela m'importait peu. J'étais de nouveau considérée, entourée et rassurée, c'est tout ce qui comptait. Il s'agit de Lâam, Andréa, Ilona, Gaëtane, Laurie, Lisa, Marine, Maria et Daphnée également. C'est grâce à elles que j'étais encore au lycée, bon à mes efforts aussi mais l'union fait la force. Je pouvais me lever le matin en sachant qu'elles étaient là, là pour moi et si elles savaient comme je leur en suis reconnaissante... C'est désormais chose faite. Vous savez, c'est drôle comme parfois certaines personnes peuvent faire une brève apparition dans votre vie et lui donner un sens tout particulier. Ce fut le cas pour ces filles avec de grandes qualités de cœur et même si je n'ai pas gardé contact avec toutes, il y en a néanmoins avec qui ça l'est. Ilona par exemple, on avait beau s'être croisées au collège et se connaître de vue, ça en était resté là. Et pourtant, une fois dans la même classe nous sommes devenues plus proches et ça m'a vraiment touchée... Elle s'est tournée vers le domaine social et est en deuxième année d'études pour devenir d'ici très peu de temps une assistante sociale qui, j'en suis sûre, sera une professionnelle très consciencieuse, douce et à l'écoute.

Je fête mes dix-sept ans d'abord avec ma famille, Marraine, Parrain, mes grands-parents, Mamie H et mes parents. Marraine m'offre une place de spectacle pour aller voir Indochine en concert avec elle ; elle adore ce chanteur depuis toujours et je me sens si honorée de pouvoir l'y accompagner. Elle sillonne la France pour aller le voir au maximum de ses représentations, tellement que maintenant il la reconnaît ! Puis je le fête avec mes amies. Au niveau du lycée, j'étais très souvent absente aux cours avec la dispense de la psychiatre et régulièrement malade à cause du stress ou des rendez-vous médicaux à droite, à gauche... Mes notes s'en sont forcément ressenties, ce n'était pas évident de jongler avec les deux mais j'ai fait de mon mieux je le sais. Au mois de Novembre, je pars m'oxygéner à Disney avec Papa et le lendemain, je passe la journée à Bellewaerde avec Camille, Eléanore (devenue infirmière puéricultrice) et Soline, une amie de Valou. Quant à elle, elle emménage avec Adam dans leur tout premier appartement ; ce qui fait que nous ne sommes plus que trois à la maison. Papa et moi assistons à un concert tribute d'AC/DC, mais exclusivement féminin cette fois-ci et je peux vous dire que ça envoie du pâté ! Les Ladies Ballbreaker alias les filles casse-couilles et j'avoue que cela me plaît pas mal ! Maman fête ses cinquante ans le 14 Novembre. Il y a aussi eu de petits accidents de la vie comme Vanille qui était tombée de mes genoux et qui s'était pris le coin de la table basse dans l'œil ; je me suis alors occupée de tous ses soins. Ou bien lors de la soirée parents-professeurs du lycée au cours de laquelle j'avais mis des bottines à larges talons (pas trop hauts, sinon je me pète quatre chevilles) et la gauche en a décidé autrement. Pour vous aider à visualiser, l'os côté externe soit la malléole, a touché le sol tant je suis hyperlaxe. Du coup vous imaginez la suite ? À force ça devient facile de deviner non ? Re attelle et béquilles et avec la neige ainsi que le verglas c'était un jeu d'enfant, mais surtout, cela ravivait des souvenirs traumatisants que je ne connaissais que trop bien ; très peu agréable de ressasser tout cela mais bon, pas le choix. Au mois de Décembre, je réalise l'un de mes rêves d'enfant ! Avoir un lit mezzanine ; je ne supportais plus de dormir dans le lit où j'avais tant de mauvais souvenirs. Mon nouveau est un peu trop grand par rapport au plafond et en deux coups de cuiller à pot Papa lui raccourcit les pieds. Maintenant, je passe tout pile en dessous et j'ai plus de place en haut ! J'ai aussi ma nouvelle paire de lunettes qui m'accompagnera pendant deux ans : des Esprit de couleur marron avec une monture très fine et c'est sûr que cela me change ! Je suis restée sur une forme carrée avec les bords arrondis, les verres sont plus grands que ce que je connaissais jusqu'alors et j'aimais beaucoup ce nouveau style ! Avec Papa, nous retournons voir en concert le groupe T.N.T et nous kiffons toujours autant ! Puis nous fêtons d'abord le 24 à la maison et j'y reçois mes Doc Martens et le 25-26 se font chez Tatie. Nous prenons des photos de nous cinq devant le sapin de la maison avant de partir chez elle : Adam, Valou, Papa et Maman et « *Rizzling !* » quand je remarque que je ne vois plus leurs visages en entier : et une migraine pour Noël une ! Superbe journée en perspective. Je ne vais donc pas être en mesure de vous raconter grand-chose puisque dès mon arrivée chez Tatie, après avoir attendu que tous arrivent pour dire bonjour, je suis allée directement m'allonger sur le lit de Lilou. J'avais tellement mal au crâne que j'ai fini par dormir le reste de la journée entière tellement j'étais mal. J'étais sonnée mais moins douloureuse du lendemain, j'ai donc pu profiter un petit peu quand même ! Je n'ai pas tellement mangé, j'étais déjà persuadée d'être énorme tout un repas de Noël… Je prenais facilement la moitié d'une assiette et me justifiais en disant que je n'avais juste pas très faim. Ce même jour donc, la soirée se termine comme chaque année par les comptes et le ton a commencé à monter pour je ne sais quelle raison mais ce n'était étonnamment vu le moment, pas l'argent. Une dispute a alors éclaté et deux personnes de ma famille en sont presque venues aux mains. Mon cousin Quinto et moi nous sommes mis entre deux et il partit en nous disant au revoir car ils ne reviendraient probablement plus aux réunions de famille. Mon cœur se brisa en mille morceaux, Quinto que je connaissais depuis toujours, mon cousin, comment imaginer que l'on ne se verrait plus ? Déjà que Florent, Yohan et leurs parents passaient Noël pour la première année dans leur belle-famille et donc n'étaient plus présents. Il n'allait plus rester grand monde… Hormis les décès, c'étaient les premières personnes à être absentes de cette réunion de famille et après cette soirée-là il en serait de même pour Quinto et ses parents. Rapide calcul : nous étions passés de vingt-cinq convives aux Noël que j'avais connus, à onze l'année suivante en 2019. Je peux vous assurer que Noël n'avait déjà plus la même saveur, pour mon plus grand désespoir.

Fin du premier trimestre de Terminale Littéraire : 7.75 de moyenne « *Le trimestre a été difficile. Nous encourageons Eva à surmonter ce passage compliqué de l'année et de repartir de l'avant* »

- **<u>Littérature :</u>** 4.00. Mme C.

- **<u>Histoire-Géographie :</u>** 12.80 « *Eva essaie de s'accrocher et je l'encourage dans cette voie* » Monsieur L.

- **<u>Anglais :</u>** / « *Eva n'a pas pu se soumettre aux évaluations ce trimestre en raison de problèmes médicaux. Qu'elle ne se décourage pas et tente de rattraper peu à peu les cours manqués* » Mme G.

- **Anglais Approfondi :** / « *Un trimestre marqué par des problèmes médicaux. Je compte sur le courage et la bonne volonté dont Eva est capable pour surmonter ses difficultés* » Mme M.

- **Littérature Anglaise :** / « *Moyenne non significative* » Mr P.

- **Espagnol :** / « *Des absences ce trimestre rendent le bilan difficile à dresser. Je sais qu'Eva mettra tous les moyens et son sérieux en œuvre pour rattraper son retard* » Madame Lynette.

- **Philosophie :** 7,00 « *Des difficultés à l'écrit. Ne vous découragez pas car vous pouvez mieux* » Mme N.

- **Éducation Physique et Sportive :** « *Dispensée* ».

- **Audiovisuel :** / « *Absente à de nombreuses séances ce trimestre mais Eva reste en lien avec l'option et ses camarades* » Mr H.

Je passe la soirée du Nouvel An 2019 avec Timothée et des amis à lui. En effet quelque temps plus tôt, ma bande de potes s'était rendue à la Geek Day et ils avaient rencontré un groupe de trois garçons qui se sont intégrés à notre bande même s'ils n'étaient pas au lycée. Si l'on fêtait nos anniversaires, ils nous rejoignaient et il y avait parmi eux Timothée ; un grand, tout fin et tout en muscle, gentil. Je me souviens après l'avoir rencontré pour la première fois, m'être dit qu'avec quelqu'un comme lui au moins, je ne souffrirai pas. Avec mes parents et Valou, nous passons le premier de l'An au restaurant entourés des nouveaux collègues de Maman. Le 4 Janvier suite à cette soirée du Nouvel An où l'on n'avait fait que de se tourner autour, nous partons avec Timothée au cinéma voir *Le retour de Mary Poppins* tous les deux mais il ne s'est rien passé. Il finira par m'envoyer un message le soir et je lui avais écrit que j'étais en quête de mon prince charmant, il m'avait répondu que peut-être était-il sur la photo : photo de lui à l'appui. Nous nous sommes donc mis en couple de cette façon, c'était quelqu'un de naturel, de simple et sain d'esprit. Il me laissait vivre et respirer, quelle bouffée d'oxygène d'être amoureuse mais libre ! Le 19, Mamie H m'ayant donné de l'argent à Noël, toujours pour "m'acheter quelque chose", je me suis donc payé une place de spectacle pour aller voir Éric Antoine que j'aime beaucoup ! En Février, nous partons en amoureux à Disney deux jours et y avons dormi ensemble pour la première fois : c'était synonyme de grandes angoisses pour moi, je lui en ai parlé et nous en avons beaucoup échangé. Nous avions plus l'air de deux potes que d'un couple mais avec l'amour en plus et cela nous convenait à tous les deux, c'était un super week-end.

Une semaine plus tard, c'est Noah mon petit-cousin que j'emmène à Disney, il a désormais onze ans et je suis trop contente et trop fière de n'y aller qu'avec lui ! Je renouvelle donc mon passeport annuel pour la seconde fois et la magie est prolongée pendant seize mois. Le Dimanche 24 en fin de matinée, nous sommes réveillées par un coup de téléphone, Maman m'annonce que Mamie H a eu un **accident vasculaire cérébral**, elle se prépare en quatrième vitesse et me demande si je souhaite l'accompagner. Nous nous rendons au centre hospitalier indiqué par la maison de retraite pour y retrouver Mamie T seule, elle n'avait pas su joindre Papy. Finalement, elle avait été transférée dans un autre hôpital, mieux équipé et nous nous empressons toutes trois d'aller la rejoindre. Elle avait en fait eu un **accident ischémique transitoire** : l'obstruction de l'artère étant temporaire, les dégâts sont donc moins importants que dans le cadre d'un AVC. De plus, selon les médecins, ils avaient quatre heures pour dissoudre le caillot sanguin et instaurer le traitement visant à en limiter les séquelles ; nous étions donc dans les temps et avions bon espoir pour le pronostic de l'état de Mamie. Nous la retrouvons en soins intensifs et le monitoring cardiaque s'est excité lorsque nous sommes arrivées, nous en avons déduit qu'elle nous reconnaissait. Nous lui prenons la main, l'avons calmée et rassurée. Elle avait le sourire aux lèvres même si sa bouche partait de coin et qu'elle ne parlait pas, mais ses yeux bleus grands ouverts nous regardaient, elle était avec nous. Le Lundi donc après les cours, je suis allée la voir, elle était toujours en service de soins intensifs avec Maman, Papy et Mamie et nous avons passé plusieurs heures à son chevet. Elle avait le bras droit qui ne fonctionnait plus mais la jambe bougeait encore, peu importe les séquelles, elle restait Mamie et j'avais bon espoir qu'elle nous revienne, persuadée qu'elle allait s'en sortir.

Une fois stabilisée, elle est retournée au centre hospitalier d'avant son transfert et nous allions la voir chaque jour avec Maman et y retrouvons Mamie T. Ce jour-là, elle n'a pas ouvert les yeux et dormait profondément et n'arrivant plus à déglutir elle a dû être sondée de façon naso-gastrique, sonde qu'elle voulait enlever alors ils ont dû contentionner son bras fonctionnel. Le Mardi idem, elle dormait de plus en plus mais réagissait aux réflexes testés par les médecins, elle n'était donc pas dans le coma. Vient le Mercredi 27 Février où Paco fête ses quatre ans. Quant à moi, il s'agit également d'un grand jour, Daphnée m'avait proposé de me céder sa place et de la représenter au conseil de classe, elle m'avait nommée suppléante en début d'année scolaire et quel honneur elle a pu me faire... Il se déroulait après les cours et finissait vers dix-neuf heures, Maman me demande de choisir car dès la fin de sa journée, elle irait auprès de Mamie et partirait donc sans moi puis les visites finissant assez tôt, je ne passerais que quinze minutes auprès d'elle. C'était une occasion unique pour moi et je savais qu'elle aurait préféré que j'y aille, je m'y suis donc rendue. Tous mes professeurs ainsi que la direction étaient là et vient l'évocation de mon prénom. Ils me demandent si je pense obtenir mon baccalauréat, si je le "sens" et comment je vois les choses. J'allais faire de mon mieux et y arriver cela sera compliqué et me demandera beaucoup de travail pour rattraper mon retard, j'en ai conscience, mais je sais que je m'en donnerai les moyens. La réponse à l'unanimité est qu'ils n'en doutent pas et qu'ils m'encouragent à poursuivre dans cette voie. Cette réunion finie, Papa qui m'attendait sur le parking, me récupère. J'appelle Maman pour lui dire que j'arrive et même si ce sera court, Papa est d'accord de faire la route ; on se dit à tout à l'heure. Il pleuvait et la nuit était déjà tombée. Nous avions environ quarante minutes de route et au bout d'une demi-heure, je reçois de nouveau un appel de sa part « *Ma chérie, je ne sais pas si tu souhaites toujours venir, Mamie vient de partir... - J'arrive Maman, ne t'inquiète pas je suis presque là.* » Papa ne se sent pas de m'accompagner, je m'y rends donc seule. Je galère un peu à trouver mon chemin dans ce labyrinthe mais je finis par y arriver. En rentrant, je trouve Tonton avec sa compagne, Tatie, Maman ainsi que mes grands-parents, tous en pleurs évidemment. L'équipe nous a laissé le temps dont nous avions besoin puis, vient le moment de partir. Pour la première fois j'étais face à une personne décédée encore chaude et avais l'occasion de lui dire au revoir en bonne et due forme. Je reconnais que cela m'a pas mal aidée dans mon processus de deuil. Je me rends auprès d'elle avec Maman à côté de moi pour l'embrasser sur la joue comme d'habitude et lui caresse le front, la trouvant si belle et apaisée. Elle sentait bon la crème qu'elle mettait tout le temps, c'était son odeur habituelle et ce fut un au revoir plus que doux. Elle est partie entourée de sa fille et de ses deux petites-filles qui lui ont chanté des chansons en polonais, main dans la main juste comme cela, rien de plus et elle s'est simplement endormie pour ne jamais plus se réveiller. J'ai eu une chance incommensurable de connaître mon arrière-grand-mère durant les dix-sept premières années de ma vie. J'aurai souvent eu le sentiment de frustration qu'elle ne connaisse pas la suite de mon évolution : études, permis... Mais je sais que de là où elle est, elle est fière de moi. Je n'avais pas su verser une larme certainement encore dans le déni et me suis tout de même rendue au lycée le lendemain vu que je n'avais que deux heures de cours. J'ai tout particulièrement le souvenir d'Ilona, assise juste derrière moi, qui était au courant et qui me dit avec la plus tendre bienveillance que j'aurais dû rester chez moi. Mais j'étais là, avec le sourire et sans laisser mes émotions transparaître. Elle sera enterrée six jours plus tard, c'est en quittant l'église pour nous rendre au cimetière que j'ai tout lâché, que j'ai vraiment réalisé le vide qu'elle laissait dans mon cœur.

Le mois de Mars débute et les résultats de Parcoursup tombent. Ah, Parcoursup... C'était la deuxième année de cette nouvelle plateforme qui gère la poursuite des études. Le fonctionnement est à priori plus simple que son prédécesseur : le choix de notre avenir se fait maintenant via des vœux qui sont au nombre de dix puis de sous-vœux. J'en ai formulé trois pour mettre le maximum de chances de mon côté et le premier était pour l'Institut de Formation en Soins Infirmiers. Le second en licence sanitaire et social pour rester dans la même branche si j'étais refusée et le troisième en licence de Langues Étrangères Appliquées comme "vœu poubelle". Les résultats tombent ; il y avait trois types de réponses : oui, en attente ou non. IFSI : "Non", Licence sanitaire et social : "Non", LEA : "En attente". Ce pourquoi je travaillais depuis des mois tombait à l'eau. Le non était définitif et non négociable. Le bac L m'avait fermé cette porte, comment garder la motivation pour l'obtenir alors qu'il causait ma perte ?

Second trimestre de Terminale Littéraire : 10,85 de moyenne « *La présence en classe est maintenant assurée. Il faut maintenant trouver l'énergie pour fournir un travail plus approfondi en dehors des cours* »

- **Littérature :** / « *De nombreuses absences. Une seule note obtenue 3 sur 12* » Mme C.

- **Histoire-Géographie :** / « *Pas de notes car Eva n'a pas été capable de fournir un travail écrit* » Monsieur L.

- **Anglais :** / « *Eva était absente ce trimestre pour raisons médicales. Aucune évaluation n'a donc pu être présentée. Je lui souhaite bon rétablissement et bon courage pour la suite* » Mme G.

- **Anglais Approfondi :** 13,89 « *Bon trimestre malgré les difficultés* » Mme M.

- **Littérature Anglaise :** / « *Moyenne non significative. Absente au DS* » Mr P.

- **Espagnol :** 14,54 « *Bilan satisfaisant et de la bonne volonté* » Madame Lynette.

- **Philosophie :** 7,00 « *Des difficultés à l'écrit. Continuez à faire de votre mieux* » Mme N.

- **Éducation Physique et Sportive :** « *Dispensée* ».

- **Audiovisuel :** / « *Absente ce trimestre de façon justifiée* » Mr H.

Moral dans les chaussettes, mon asthme qui refaisait des siennes et Camélia qui me lâche une phrase que je n'ai pas oubliée. Il est clair qu'elle n'en manquait jamais une mais là ça battait des records. Une rumeur courait dans les lycées comme quoi si un élève se suicidait, le préjudice moral serait si important pour les autres qu'ils en seraient forcément perturbés et donc nullement en mesure de présenter aux épreuves du baccalauréat « *Tu sais Eva, je t'aime bien mais si tu t'étais suicidée, on aurait été triste mais on aurait surtout pu avoir notre bac plus facilement* », d'un air de dire que cela n'aurait pas été une "si mauvaise chose". Comme quoi avoir un bon entourage autour de soi est plus qu'important. Dans le même style, nous avons aussi Cassilde qui a eu la brillante idée de faire croire à Timothée que j'avais fait une crise d'épilepsie en plein cours, que j'étais partie en ambulance et dans le coma. Je ne sais pas pourquoi elle a fait cela... Il était super inquiet et puisque Cassilde et moi étions en cours nous n'avions pas droit à notre téléphone. Elle prenait ses notes sur ordinateur et de cette façon elle pouvait cacher son portable derrière son écran, moi non. Je ne pouvais donc pas lui envoyer de message pour le rassurer et une fois l'intercours arrivé, je sors directement et l'appelle, il a d'abord été en colère contre moi puisqu'il pensait que j'étais partante à l'idée de faire cette "blague". Seulement pas du tout et heureusement il l'a vite compris mais cela a mis un froid entre nous deux, notre complicité a connu des distances. Je dirais même que cela a tout gâché... Au mois d'Avril, je remonte à cheval pour la première fois. Je prends trois cours dans d'autres écuries où Ju monte aussi maintenant. Mais ce ne sont plus les mêmes sensations qu'avant, je suis plus morte de trouille de me casser la figure qu'autre chose, ce n'est plus le même plaisir. Cependant, je continue d'aller voir Ju et Anne monter à cheval, j'aime toujours autant être à leur contact. Puis je ressens le besoin de changer, je me lance et fais ma toute première couleur de cheveux ou plutôt une décoloration et franchement, j'adore !

Au lycée c'est le même calvaire et je décomptais d'une manière autant impatiente chaque minute qui passait. Moins j'y suis mieux je me porte. En fin d'année les cours s'allègent et souvent je commence à dix heures ou onze heures du matin mais Papa et Maman travaillent. Le plus tard que Papa puisse me déposer est neuf heures mais hors de question pour moi d'y faire des heures supp', je prends mon vélo et fais la dizaine de kilomètres qui me séparent du lycée. Au moins je pourrais rentrer seule, le visage au vent et AC/DC dans les oreilles pour pédaler plus vite ! J'ai fait cela de nombreuses fois pour quand même assister aux cours si je n'avais que deux heures par exemple et puisque j'avais une dispense médicale pour les cours obligatoires, plus de sport ni d'options, c'était donc un emploi du temps assez morcelé. En Mai, j'emmène Maman avec moi à Disney, nous prenons le train et en profitons le temps d'une journée toutes les deux. Phantom Manor, après deux ans et demi de rénovation, avait réouvert quelques semaines plus tôt et je voulais tant le voir et le refaire ! Vient l'événement annuel de la Geek Day où cette fois-ci j'accompagne Timothée. Il est en Harry Potter et moi en Doc de Retour vers le Futur. Un stand à l'effigie de la trilogie y était présent avec une réplique officielle de l'incontournable Delorean. J'avais pris une vieille blouse de physique-chimie où l'on avait dessiné le symbole radioactif au dos comme Doc et pour le bas de la tenue, sa maman qui travaillait en EHPAD m'avait prêté un de ses pantalons blancs de travail : le tout agrémenté de mes Doc Martens aux pieds, la tenue était parfaite !

Dernier trimestre de Terminale Littéraire : 6,63 de moyenne « *Les ennuis de santé n'ont pas permis de concrétiser par des résultats probants, la volonté de se mettre au travail* »

- **Littérature :** 3,00 « *Très insuffisant* » Mme C.

- **Histoire-Géographie :** 6,00 « *Malgré toute la bonne volonté, la mise au travail a été difficile* » Monsieur L.

- **Anglais :** / « *Deux évaluations ce trimestre : 9 et 13/20, ce qui ne me permet pas d'apprécier avec précision le niveau atteint par Eva. Mais le résultat du bac blanc est positif et devrait lui redonner confiance pour l'examen. Mes encouragements* » Mme G.

- **Anglais Approfondi :** 12,83 « *Bon trimestre, Eva a été sérieuse et investie ce trimestre* » Mme M.

- **Littérature Anglaise :** 10 « *Ensemble correct pour ce dernier trimestre* » Mr P.

- **Espagnol :** 15,46 « *Un bilan satisfaisant, de la bonne volonté !* » Madame Lynette.

- **Philosophie :** / « *De la bonne volonté mais des difficultés à développer les propos* » Mme N.

- **Éducation Physique et Sportive :** « *Dispensée* ».

- **Audiovisuel :** / (J'ai fini par arrêter l'option qui était facultative)

Peu avant le début des épreuves du baccalauréat se tient le bal du lycée et Timothée m'y accompagne. Je suis plus que mal à l'aise lors de cette soirée, noyée parmi un tas de personnes dont j'appréhendais le regard et la présence. C'était cependant la seule et unique fois que j'aurais l'occasion de vivre un bal de promo digne des États-Unis. Une étape unique et incontournable dans une vie et je ne voulais manquer cela pour rien au monde. Habillée d'une combinaison cintrée noire et Timothée en costard et nœud-papillon, nous étions franchement trop mignons ! Il a vite capté mon mal-être et m'a demandé si je souhaitais rentrer. J'ai acquiescé et appelé Papa pour qu'il vienne nous chercher et nous l'avons attendu sur le parking, moi dans ses bras. Arrive le passage des examens et sur cinq jours, chacun était composé d'une matière différente selon la filière, avec des temps d'épreuves différents également. Je passe d'abord le 12 et le 14 Juin mes épreuves orales : Anglais, Littérature Étrangère en Langue Étrangère : LELE et Espagnol. J'ai dû baragouiner seule face à mon examinatrice quarante minutes non-stop en anglais et quinze pour l'espagnol.

Premier jour : Le Lundi c'était Philosophie pendant quatre heures. Je choisis la dissertation. Problématique : "Est-il possible d'échapper au temps". Thèse, antithèse, synthèse, j'argumente en disant que oui, que non et que finalement peut-être, pourquoi pas ? Coefficient sept, j'obtiens la note de six sur vingt. Mon atout était les langues donc je m'en fichais, cette matière ne l'était pas et je le savais.

Second jour : Histoire-Géographie durant quatre heures : coefficient quatre, j'obtiens ainsi la note de six sur vingt.

Troisième jour : Anglais à l'écrit, trois heures durant : coefficient huit, j'obtiens la note de douze sur vingt.

Quatrième jour : Littérature à l'écrit et nous avions deux heures pour plancher sur l'œuvre du livre et du film de la *Princesse de Montpensier* : coefficient deux, j'obtiens la note de trois sur vingt.

Et enfin **Cinquième jour** : Espagnol à l'écrit en trois heures : coefficient quatre, j'obtiens la note de treize sur vingt.

La petite anecdote que je trouve amusante est que la semaine des épreuves du baccalauréat sera la seule que j'ai faite complète. C'est-à-dire que sur mon année scolaire de terminale, c'est la seule au cours de laquelle je me suis rendue au lycée cinq jours sur cinq. Sinon, j'arrivais d'une manière ou d'une autre à me dédouaner et à ne pas m'y rendre pour souffler, m'évitant l'angoisse d'y être. Je reprends par ailleurs, deux cours particuliers dans mes anciennes écuries avec mon poney préféré : Quafé, pour me remettre en confiance et cela marche ; pouvoir monter les yeux fermés n'avait rien à voir. Papa nous offre un super cadeau et nous achète un jacuzzi gonflable, de cette façon durant l'été, je vais en profiter à fond ! Avec Timothée, nous partons quatre jours à Stella dans l'appartement de Papy et Mamie et Papa nous y conduit avec nos vélos pour que l'on ait un minimum d'autonomie. Timothée avait fait la fête la veille et avait la gueule de bois, pas super pour être présentable vis-à-vis de

Papa ! Vanille faisait partie du convoi, je suis rassurée qu'elle soit là lorsque je suis seule avec un garçon, même mon copain. Le lendemain matin, je me réveille avec un mal de crâne terrible et une fatigue monstrueuse. Je m'allonge sur le clic-clac et me rendors, voilà le résumé de notre première journée puis des trois autres aussi pour finir. Je me réveille vers dix-huit heures, fiévreuse comme jamais, prends un gramme de Doliprane et un second avant de dormir vers une heure du matin. J'ai fait un surdosage du feu de dieu le lendemain et fus super nauséeuse dès le réveil ; le combo fièvre-canicule n'était vraiment pas idéal. J'ai fini par prendre rendez-vous chez le médecin au bout du troisième jour et y suis allée à vélo avec un trente-neuf de fièvre corporel et sous quarante degrés extérieurs. Il faisait aussi chaud dans mon corps qu'en dehors : un plaisir ! Le docteur me met sous antibiotiques, me dit que j'ai une bonne angine et que je commencerai à aller mieux dans deux jours soit quand je serai déjà rentrée à la maison quoi... Bon ben, les vacances à la mer furent cool !

En parallèle de tout cela, j'ai eu deux semaines entre la fin des épreuves du bac et les résultats et j'ai avec Papa, démarché les écoles pour ne pas me retrouver au chômage avant même d'avoir commencé mes études ! L'équipe pédagogique du lycée me conseillait de valoriser mon dossier et de me représenter l'année suivante pour l'école d'infirmière. Mais en faisant quoi ? Aucune idée. Nous avons contacté la plateforme de Parcoursup pour tenter d'avoir des pistes de solutions, l'interlocutrice nous a répondu que rien ne pouvait garantir mon admission l'an prochain. De plus, je ne serai plus ressortissante directe du baccalauréat et donc non prioritaire sur les listes d'admissions. Au terme d'un deuxième échec, je devrai me réorienter et repenser mon avenir professionnel. C'était déjà si compliqué de savoir pour quel métier on se réveillerait tous les matins du reste de notre vie. Une fois que trouvé, j'allais devoir en changer ? Pas question, d'une manière ou d'une autre, j'y arriverai. Nous nous sommes renseignés pour que je fasse un service civique ou une année de bénévolat à la croix rouge. On m'a même vivement recommandé de redoubler ma terminale en ST2S (Sciences et Technologies de la Santé et du Social) afin d'obtenir un baccalauréat plus adapté. Ce qui revenait à me réintégrer dans un lycée ? Impossible ! J'avais enfin fini tout cela, dans ma tête, il était clair que si je devais doubler ma terminale littéraire, je le ferai en cours par correspondance. J'avais assez pris sur moi toutes ces années à rester dans le cursus normal. Là, il ne fallait pas pousser mémé dans les orties ! Pas la peine de m'en demander plus, j'avais rempli ma part du contrat. Ce délai de deux semaines me laissait le temps de me retourner, maintenant que les épreuves étaient finies. N'ayant pas les résultats, les écoles ne pouvaient pas me dire non d'emblée, j'avais donc à nouveau toutes mes chances. Enfin, nous mettons les pieds dans une école pour une formation d'auxiliaire de puériculture... J'expose donc mon projet de puéricultrice à la formatrice et mon refus de vœu Parcoursup pour l'IFSI, les concours d'admission d'autrefois venant d'être supprimés pour la rentrée prochaine, tout se faisant désormais sur dossier. Elle réfléchit puis me dit que si c'est vraiment cela que je veux faire, je n'ai pas de temps à perdre à faire telle ou telle chose. Surtout sans certitude aucune qu'au bout du compte, j'aurais eu ma place au sein d'un IFSI « *Va donc en Belgique, va te former là-bas !* », la Belgique me paraît être à l'autre bout du monde, je devais carrément aller dans un autre pays ! Alors qu'en réalité c'était juste à côté et voilà comment l'idée a germé.

Le lendemain, veille des résultats, nous contactons la première école d'infirmière belge que nous trouvons et il s'agit de la plus "renommée" et comment, si j'avais su… ! Papa appelle et on lui demande en quel délai nous pouvions être là. Eh bien, le temps de faire la route ! Purée, nous venions à peine de nous lever et étions en train de déjeuner, nous sautons dans nos habits et courons à la voiture. Je franchis donc les portes de cette école pour la première fois et je suis reçue par une dame très chaleureuse qui écoute mon projet, me pose des questions et répond aux miennes. Puis au terme de cet entretien informel, elle prépare mon inscription « *As-tu ton baccalauréat ? - J'aurai les résultats demain. - Mais penses-tu que cela s'est bien passé ? - Je dirais que soit ça passe, soit ça casse. - Tiens-nous au courant, sans le baccalauréat tu ne peux pas rentrer chez nous, mais nous demandons une réflexivité au sein de la formation avec des devoirs à rendre. Un baccalauréat littéraire sera un vrai atout pour toi chez nous ! Nous sommes Jeudi, rappelle-nous demain dès que tu auras eu tes résultats* », je suis ressortie de là un peu sonnée, ne réalisant pas trop ce qui venait de se passer. J'allais avoir ma chance même avec mon baccalauréat littéraire ! C'était un bac général et donc, aux yeux de cette école, plus reconnu qu'un bac professionnel ou technologique. Le Vendredi 5 Juillet donc, je me rends au lycée où sont affichés les résultats. J'y vais avec Papa et Maman mais je leur demande de rester dans la voiture, peu de parents y rentraient et je ne voulais pas être l'exception. Je trouve la liste sur laquelle mon nom était inscrit avec la mention "Passe au second groupe", cela voulait donc dire que j'allais aux rattrapages et je fonds en larmes avec le sentiment que je n'allais jamais en sortir. Je croise Faustine qui elle, l'a eu. Je m'empresse de la féliciter, ce n'est pas parce que j'ai échoué que je devais ignorer sa réussite, j'étais sincèrement contente pour elle. Elle me remercie et me réconforte, m'encourage et me redonne espoir ainsi que confiance en moi, je pouvais y arriver ! Je vais chercher mes parents toujours en pleurs et dois à nouveau me rendre dans le lycée pour y rencontrer mes professeurs, dans le but de préparer ces épreuves. J'avais cette deuxième chance, ceux avec une note trop basse n'y avaient pas droit. J'étais à neuf virgule zéro deux sur vingt de moyenne, ce n'était pas passé loin mais pas suffisant. Je choisis les épreuves où j'ai eu les notes les plus basses qui me permettront de remonter plus facilement. Plus l'écart entre la note et la moyenne était grand et plus il était facile de récupérer des points. Je sélectionne donc la philosophie et la littérature, les deux matières que j'aimais le moins. J'appelle l'école en Belgique pour les prévenir, eux aussi me rassurent en me disant que j'ai jusque Mercredi pour m'inscrire, j'ai donc encore le temps rien n'est perdu, il devrait rester des places. Je passe mes épreuves le Lundi à treize heures. Le week-end les précédant... Toute la maison s'en souvient. J'étais si défoutue, découragée et dépourvue de toute motivation, je n'avais plus la force. Le Samedi, j'ai essayé de m'y mettre mais sans grand succès et le Dimanche Maman m'a alors prise par le bras, s'est attablée avec moi et nous avons passé des heures à bosser ma philo et ma littérature. Sans elle je n'aurais pas réussi, j'étais vraiment au bout du rouleau.

Lundi : jour J. En plus c'était mon premier jour de règles, j'étais pliée en deux avec les chutes du Niagara. Je passe la première matière qui était la philosophie vers quatorze heures, la seconde de littérature où je fus la toute dernière à passer, finit vers dix-sept heures. Je peux vous dire que j'ai eu le temps de stresser bien comme il faut. Quant aux résultats, nous ne les aurons pas avant Mercredi. L'école Belge fermant ses portes ce jour-là, ma place n'est donc plus garantie. Papa m'a attendu tout ce temps dans sa voiture et à la fin de l'épreuve, m'a ramassée à la petite cuillère. Le travail de Maman n'étant pas loin, je vais la rejoindre. Je me jette en pleurs dans ses bras, ça s'était mal passé ; c'était sûr que ce coup-ci, ce seront des cours par correspondance, je m'étais promis de ne plus jamais remettre un seul pied dans un lycée. Lorsque je reçois un email. C'était de la part de Monsieur L., mon professeur principal, il m'avait écrit pour me féliciter, selon lui, je devais être contente et soulagée. Moment de dysfonctionnement total à l'intérieur de moi, je ne comprenais plus rien. Il me répond qu'il était passé dans ce lycée (qui était bien éloigné du mien, il s'y est donc rendu exprès...) pour voir si les résultats de ses élèves étaient prononcés. Ayant vu mon nom, c'est comme cela qu'il avait su. Nous courrons tous les trois à la voiture pour nous y rendre. La vitre du bâtiment était protégée par un rideau de fer à travers lequel il était compliqué de voir ce qui était inscrit tant les ajours y étaient étroits. Mais j'arrivais à lire mon nom, prénoms et ADMIS avec douze sur vingt en philosophie et neuf en littérature. J'obtiens donc mon baccalauréat avec 10.91/20 de moyenne ! Quelle revanche et je n'étais pas passée de justesse, je l'avais tout de même obtenu avec onze de moyenne et mention rattrapage ! Oui, j'ai fini par le prendre à la rigolade, c'était ma mention à moi ! J'ai reçu en cadeau de belles Vans avec les princesses Disney que je convoitais tant, c'était ça ma récompense ! Bref, j'avais réussi, enfin !! Fini la scolarité, j'allais enfin passer à autre chose, au monde d'adulte, enfin un nouveau départ. Le lendemain à la première heure, je me rends donc à l'école pour m'y inscrire. Leur donnant comme preuve de réussite cette pauvre photo où mon nom était difficilement lisible à cause des mailles de fer, mais ils n'ont pas douté de ma sincérité « *Bienvenue en école d'infirmière Eva !* ». En l'espace de moins de vingt-quatre heures, la pression que je portais sur les épaules depuis si longtemps s'était soudainement envolée, j'ai réellement eu du mal à y croire. Cela m'a pris plusieurs années avant de réaliser que c'était enfin fini vous savez ! J'ai pu brûler mes cours, les déchirer, me déchaîner dessus et extérioriser tout ce que j'avais au fond de moi depuis tant d'années.

Au revoir à Daphnée que je connaissais depuis la primaire. Daphnée est une personne qui sort de l'ordinaire du fait de son style et sa personnalité, c'est pour cela qu'elle est autant appréciée comme elle l'a souvent été au cours de notre scolarité. Pour autant, elle ne m'a jamais prise de haut même lorsque j'étais mise à l'écart. Elle est sans cesse restée humble, c'est une fille au grand cœur. Nous avions toutes deux un bichon à l'école primaire, le sien s'appelait Poppy. Je me souviens qu'une fois, sa maman avait ramené d'un voyage à Londres du vernis pour chien et à la sortie de l'école nous avons vu cette boule de poils blancs arriver avec des griffes roses c'était vraiment extraordinaire ! Du Daphnée tout craché ! Je me souviens aussi de nos cours de vélo en école primaire, elle n'en avait pas et a dû en acheter un et l'a ramené un midi ce qui a fait sensation ! Il avait des roues si grandes par rapport aux nôtres ! Ses pneus étaient larges et blancs avec l'intérieur vert pomme. Le cadre était rose bonbon et des cerises blanches étaient dessinées sur les garde-boues. Elle a toujours été là, disponible avec le cœur sur la main, le sourire aux lèvres et son rire atypique qui la caractérise. Elle est partie étudier à Paris en premier lieu puis a continué son cursus au Japon. Nous nous sommes revues il y a quelques mois maintenant quand son grand-père est décédé. Je lui avais proposé de passer la voir et la soutenir, cela me paraissait plus que normal, je ne connaissais que trop bien ces moments douloureux. Nous étions là à papoter, comme si l'on ne s'était jamais quittées. Ce fut vraiment un tendre moment que nous avons partagé ensemble.

Au revoir Lâam, que je connais depuis toute petite finalement car n'ayant qu'un an de différence, nous nous sommes souvent croisées à l'école maternelle puis primaire. Merci de m'avoir prise sous ton aile, de m'avoir protégée et rassurée, tu as pris avec moi un pur rôle de grande sœur de cœur. J'ai pris plaisir à t'accompagner au coin fumeur, te tenir ta tubeuse et ton tabac avec mes cheveux tout imprégnés après, cela me faisait rire ! Eva au coin F, c'était risible car cela ne me ressemblait pas du tout ! Merci d'avoir toujours eu plein de petites attentions, quand je loupais les cours c'étaient des photos ou des messages pleins d'amour comme je n'avais jamais reçu. Photos que je garde précieusement d'ailleurs tu sais... Tant de bienveillance réside en toi, avec Andréa et Gaëtane, vous avez toujours été là pour moi et à mes anniversaires.

Elle s'est lancée pour être tatoueuse-perceuse tandis qu'Andréa fait des études dans le droit et que Gaëtane travaille déjà.

Au revoir Ghunyah que j'avais à la base, simplement croisée lors d'un cours d'Accompagnement Personnalisé en Seconde. Puis, lorsque nous nous sommes retrouvées en classe l'année suivante, une magnifique amitié a débuté. Une des plus fortes que j'ai dans ma vie aujourd'hui. Au fond, les gens ne changent jamais vraiment dans leur for intérieur, j'espère qu'elle sait qu'elle pourra toujours compter sur moi. Nous nous sommes retrouvées à Disney deux ans après s'être quittées et depuis, nous ne comptons plus le nombre de fois où l'on y est retournées ensemble ! Je suis son anti-dépresseur comme elle aimait m'appeler au lycée et elle a le même effet sur moi. Elle a fait une licence dans l'histoire des arts puis a entamé une seconde licence en Langues, Littérature et Civilisations Étrangères Régionales. Elle est actuellement en deuxième année dans le but de devenir professeure d'anglais. Il est souvent dit que les vrais amis se comptent sur les doigts d'une main : j'ai besoin d'une main de plus de cinq doigts alors, au moins de huit si pas plus… ! Tu es sur celle-ci ma chère Ghunyah. Je ne pense nullement avoir besoin de citer toutes celles qui y sont également, elles se savent très bien ! Et je ressens de la gratitude, je ne sais pas si c'est envers le ciel, les anges ou la destinée que je dois m'adresser. Car oui, ce ne sont pas tant des "au revoir" que j'avais envie d'exprimer ici mais plutôt des mercis à ce, ceux et celles qui les ont toutes mises sur mon chemin. J'ai tellement de chance de les avoir eues et de les avoir dans ma vie aujourd'hui, de pouvoir partager à leurs côtés, je les aime d'un amour inconditionnel.

À Anne, avec qui j'ai fait les vacances au club (Ju aussi d'ailleurs), nous avons passé notre épreuve de galop deux et trois en même temps. Elle faisait également partie de la chorale du collège et nous avons gardé le contact même lorsque je suis partie au lycée. Nous avons multiplié les soirées papote, films devant Titanic, Monopoly… On est parties à Disney ensemble et dans le public de la France à un incroyable talent. Elle m'a toujours proposée de venir la voir monter et ainsi, nous avons continué de partager des moments à l'équitation. Elle est en deuxième année d'études d'ingénieur en génie biologique. Puis Olivia qui est devenue auxiliaire de vie et qui a maintenant son propre cheval : O'hara.

Vient Faustine, nous nous sommes croisées pour la première fois lorsque nous étions en classe de troisième. Je montais souvent ce fameux grand cheval blanc majestueux. Elle m'a confiée que l'on allait si bien ensemble, qu'elle pensait que c'était le mien. L'aimant beaucoup aussi, elle ne m'appréciait pas tant que cela au début et ce qui est drôle, c'est que de mon côté, je pensais aussi que c'était elle sa propriétaire. Mais c'est normal ! Des écuries, c'est *Grand Galop* dans la vraie vie avec son lot de potins, de jalousies, un vrai monde de pestes parfois ! Mais pas nous, pas vrai Faustine ? Bref, grâce à lui, nous nous croisions régulièrement devant son box et avons fini par engager la conversation puis nous nous sommes trouvés pas mal de points communs. Même lycée, même passion pour le piano et l'équitation ainsi qu'une santé pas toujours ouf et ces coïncidences nous ont toujours fait rire. Un jour, tandis qu'il y avait eu de fortes chutes de neige et donc pas de bus pour se rendre au lycée, nous en avions profité pour passer la journée chez elle. Elle m'a démontée au jeu d'*Assassin's Creed* puis m'a montré ses talents au piano. Nous aimons le même type de cheval : le calme, posé et sans trop de vitesse non contrôlable. Nous avons même réintégré un cours d'équitation à deux que l'on surnommait le cours des éclopées. Nous étions la force tranquille à cheval et cela faisait contraste avec le reste de l'écurie parfois ! Nous sommes allées nous faire percer toutes deux en Avril 2023. J'y allais en l'honneur de mon diplôme et cela faisait plusieurs années que je la chauffais pour qu'elle se perce avec moi. Elle s'y est fait percer le troisième trou au lobe de l'oreille même si elle vous dira que c'est parce qu'elle le voulait bien, sans quoi elle ne l'aurait pas fait, moi je dis que je l'ai eue à l'usure ! Faustine est en dernière année de master en psychologie et je sais qu'elle fera une professionnelle incroyable, elle n'a jamais compté ses heures pour m'écouter. Honnête, objective et rassurante, des qualités en or. C'est elle qui m'a ouvert les yeux sur bon nombre de choses.

Et enfin Phoebe qui faisait partie de notre bande de potes d'équitation et avec qui j'ai tout de suite eu des affinités et nous n'avons jamais perdu le contact. Elle m'a soutenue tout au long de mes années d'infirmière, est venue à mes anniversaires, c'est avec elle que j'ai pu prendre mon fauteuil roulant à Disney sans jugement aucun. Puis, nous avons continué notre lancée par Astérix cet été et quelle journée ! Elle a toujours été présente, à m'écouter et à me booster. Elle est en première année de master d'études de psychologie et croyez-moi, elle non plus ne compte pas ses heures avec moi ! Et elle aussi fera une professionnelle hors du commun.

Ju je te vois venir, notre histoire n'ayant pas réellement commencée je te donne rendez-vous plus tard, patience !

En Août, nous prenons la route direction Saint-Michel en l'Herm en Vendée, seule avec mes parents cette fois-ci. Je fais une balade à cheval le long de la plage avec Papa qui monte aussi ! Le mien avait trois ans et s'appelait Nil, il était ingérable ! Papa lui, a eu un vieux nounours qui s'appelait Periquo. Ils m'emmènent avec Timothée à Disney pour fêter l'obtention de notre baccalauréat ! Chose qu'il a d'ailleurs dû faire en cachette de sa mère puisqu'elle était jalouse qu'il passe du temps avec nous plutôt qu'avec elle… Puis avec Maman, nous allons respirer quelques jours le bon air de Stella Plage avec Vanille, enfin, Lilou fête ses dix ans et Valou ses vingt-et-un.

Bienvenue en école d'infirmière

Rentrée en Première année d'école d'infirmière pour moi et en Troisième année de licence pour Valou. Peu avant cette fameuse rentrée qui allait changer ma vie pour de bon, je pars à Disney (évidemment). L'attraction Rock'n 'Roller Coaster avec Aerosmith fermait ses portes le 1er Septembre et c'était une dinguerie d'être sur place ce jour-là tant ce fut noir de monde ! Je ne pouvais m'empêcher de penser que quelques jours plus tard se ferait ma rentrée, mais j'ai tout de même profité de ma journée. J'ai marché vingt-trois kilomètres en tout et je ne vous raconte pas mon état à la fin : mes jambes me brûlaient au plus haut point. Mais je faisais toujours Disney debout, ne me sentant pas légitime de couper la file d'attente. Si vous saviez ce que je ressentais la veille de ce grand jour… C'était un mélange de peur de l'inconnu et d'excitation d'avoir un nouveau départ avec des personnes qui ne connaissaient pas mon histoire. J'ai passé la nuit malade et collée aux toilettes, mais fidèle à moi-même, j'ai dédramatisé et me suis amusée de la situation. J'ai dit à mes parents que si jamais je tapais un malaise à cause de la déshydratation ou du stress, ça pourrait être drôle de raconter que c'était donc à cela que ressemblaient mes premiers pas dans la formation d'infirmière ; très prometteur pour la suite ! En effet, ça l'aurait fait d'être dans un tel état alors que c'était enfin de l'autre côté que j'étais supposée me trouver ! J'arrive dans une école qui me paraît aussi immense que Poudlard peut l'être, des escaliers dans tous les coins, des pièces au sous-sol ou au grenier, réparties sur cinq niveaux… Je me retrouve dans une salle qui me paraissait gigantesque et où nous étions plus de cent-soixante étudiants. C'est assez fou de se dire que parmi nous tous, seuls vingt petits pour cent seront diplômés soient deux élèves sur dix… Chacun est appelé par son nom et prénom et se voit attribuer une lettre qui délimite quatre classes : A, B, C ou D. J'étais en A, nous sommes trente-cinq élèves et seulement trois sont Belges. La professeure nous inscrit au tableau son numéro de téléphone afin de pouvoir la contacter et vice-versa. Je me sens vraiment bête puisque je ne sais même pas déchiffrer ni comprendre le sens de ce qu'elle y a écrit : 0490/_ _. _ _. _ _. bien loin de nos numéros français en 06. _ _._ _._ _. Une barre et des chiffres qui se suivent par paquet de trois et je les ai bêtement recopiés sans en assimiler l'information. Cette phrase résume d'ailleurs assez bien la scolarité de tout être humain ! Tandis que je tente de me familiariser avec les numéros de "GSM", je lance à ma voisine que je n'y comprends rien et lui demande en rigolant si elle, y décode quelque chose. Mathilde venant du côté de Bordeaux dans le Périgord, me dit qu'elle non plus, pas plus que le patois belge qui est employé. La professeure nous annonce qu'un voyage d'intégration aura avoir lieu et ce, dès le Lundi qui suivra ce Vendredi 6 Septembre. Pour une question d'assurance, elle cherche à savoir qui est mineur parmi nous et, habituée à ce genre de question, je lève aisément la main pour me rendre soudain compte que je suis la seule. Grand moment de solitude pour Eva et le reste de la classe en rigole, mais cela n'a pas eu pour effet de me sentir moquée, j'ai ri également ! Puis nous faisons un rapide tour de table en guise de présentation et je découvre que la fille derrière moi réside à moins de dix minutes de chez moi ; il s'agit de Thésée. D'emblée, elle me propose de faire du covoiturage pour les cours. Je suis touchée mais gênée, je ne veux pas déranger. Ensuite, j'apprends qu'une autre fille habite non loin de la maison également, c'est Abigaëlle. Elle redouble sa première année pour quelques ridicules points qui ne lui avaient pas été accordés. Nous recevons notre emploi du temps : les horaires de classe seront de 8 h 10 à 15 h 30 au plus tôt et jusque 17 h 50 au plus tard. Nous avons déjà nos dates de cours, de stages, de vacances et même d'examens, pour toute l'année : une organisation au top. Vient l'heure du midi mais nous n'avions pas prévu à manger, ne sachant pas combien de temps la journée durerait. Avec Thésée, Abigaëlle nous emmène au magasin Colruyt et nous voilà à acheter notre repas, j'ai pris ma première bouffée de vie d'adulte. Personne pour vérifier nos entrées et sorties ni pour nous suivre à la trace et cela m'a drôlement fait bizarre au début ! J'achète un plat de pâtes carbonaras (hors de prix d'ailleurs) à réchauffer et sur le temps de pause, nous apprenons à nous connaître toutes trois. Nous sommes surtout ravies qu'Abigaëlle ait plus d'expérience que nous, de cette façon, Thésée et moi qui sortions tout juste du lycée et étant un peu perdues, étions plus rassurées. Nous assistons dès l'après-midi à notre premier cours avec une professeure qui restera à jamais dans mon cœur et que j'admire pleinement : Madame D. C'est une personne humble et chaleureuse, remplie de bienveillance et particulièrement authentique et pédagogue. Tant de qualités qui ne sont pas attribuables à grand nombre dans cette école. C'était un cours de PGSSI : Principes Généraux de Santé en Soins Infirmiers où nous remontons l'étymologie du métier d'infirmière et je buvais chacune de ses paroles tant c'était intéressant. À la fin de cette journée plus que riche en émotions, Papa me récupère et j'avais déjà le contact de Thésée, d'Abigaëlle ainsi que Mathilde. En seulement une journée ?! J'ai été sans trêve sociable et n'ai généralement jamais eu de mal à aller vers les autres, c'était plutôt être à l'aise sans me sentir jugée ou de trop qui était compliqué et au vu des années et expériences passées, je me permettais d'y émettre quelques doutes. Il fallait également aller se fournir en tenues professionnelles et les faire broder à notre nom. J'y vais tout de suite avec Papa pour nous éviter des allers-retours. Surtout que niveau délai, il valait mieux se dépêcher puisqu'après, tous les élèves iraient en même temps et si pas de tenue, pas de stage. Je revêtis pour la première fois mon uniforme avec l'immédiate impression d'être quelqu'un d'autre et plus la pauvre Eva victime de tous ses malheurs mais plutôt Eva, étudiante infirmière et point barre, rien de plus ! Cette tenue me donnait une autre identité qui me permettait de me sentir plus forte et pas désavantagée par rapport à mon vécu. Qu'est-ce que ressentir cela faisait du bien ! Lorsque je regarde cette photo que Papa a prise, j'ai dix kilos et trente centimètres de cheveux en plus et j'ai beaucoup changé depuis, c'est le moins que l'on puisse dire, mais j'ai tellement appris sur moi-même et tant évolué !

Le Lundi arrive, non sans stress de mon côté. De mon point de vue, partir de la maison et qu'avec des inconnus qui plus est, n'était pas très engageant. Nous prenons le bus vers les Ardennes Belges, au sein du domaine de Massembre. Nous étions toutes les quatre Thésée, Abigaëlle et Mathilde, dans la même chambre et apprenons peu à peu à mieux nous connaître. Notre titulaire (professeure principale) après nous avoir réunis pour le "séminaire" nous fait faire un tour de table avec nos parcours scolaires et professionnels. Ma classe allait de dix-sept ans (moi, vous l'aurez compris) à trente-neuf. J'aperçois Vanessa, plus âgée que moi et qui était Belge puis Pauline qui a un an de plus que moi et qui est Belge également. Ces deux filles sortent du lot, Vanessa a déjà une expérience professionnelle bien remplie à vingt-quatre ans et Pauline semblait solitaire et ce n'est toujours pas une chose envisageable pour moi, je suis alors allée vers elle. Une fois le voyage terminé, les cours débutent et voilà que la formation était lancée et le compte à rebours aussi puisque la dernière semaine de Septembre rimait déjà avec le premier stage. On récupère nos "syllabi" soient tous nos cours de l'année qui sont déjà photocopiés, agrafés et prêts à l'emploi. J'ai donc vingt-six matières à valider dont l'Anatomie qui est en cinq modules pour passer dans l'année supérieure. Sans ces stricts cinquante pour cent de réussite c'est le redoublement immédiat, nous ne pouvons pas avoir de matière à crédit. Idem pour les stages où nous devons totaliser le même pourcentage. L'on nous enseigne comment se laver les mains, les désinfecter, effectuer une toilette corporelle chez un patient qui sait s'asseoir ou non et un lit au carré, qu'elle soit dedans ou pas. J'apprends à changer une protection, à le tourner dans son lit et à le remonter. Voilà les deux-trois notions avec lesquelles je suis partie en stage pour la première fois. Je vais en maison de repos, l'équivalent de l'EHPAD chez nous (Établissement d'Hébergement pour Personnes Âgées Dépendantes). Les maisons de repos en France comme leur nom l'indique, sont pour se reposer et attention à ne pas commettre l'erreur puisqu'il ne s'agit pas de la même institution en Belgique ; chez eux, c'est égal à la maison de retraite. Une fois les termes basiques enseignés : tribune est égal au déambulateur, tenture est égal au rideau (de soin - NDLR), septante et nonante pour soixante-dix et quatre-vingt-dix, chaise roulante pour fauteuil roulant, tantôt pour tout à l'heure. Bref, un langage qui m'a sans cesse fait sourire et dépaysée, j'adore la Belgique rien que pour cela. Fini le temps de la colère de ne pas avoir été prise en France, j'étais en fin de compte, ravie d'être au pays des une fois, du pour sûr et qui soit. Disons que c'est la petite touche qui me mettait du baume au cœur au quotidien et encore maintenant ! Les Belges sont bien plus chaleureux, bien moins prise de tête et faciles à vivre comparés aux Français. Et ce que ce soit dans la vie de tous les jours ou au gré de mes différentes rencontres en stage plus tard dans la mesure où bon nombre de soignants en Belgique sont des Français, que ce soient les patients, le personnel... C'est un vrai grand écart. Papa et Maman fêtent leurs vingt-sept ans de mariage le 18 Septembre et je séjourne le temps d'une journée à Disney avec Valou, Adam et ses parents. Pour la première fois je passe le cap et demande à me faire reconnaître grâce à un certificat médical, après tout, c'était comme ne pas faire la queue à la cantine. Je la coupais systématiquement la file d'attente au collège et au lycée ; les bousculades tout cela n'était pas envisageable avec ma cheville toute fragile et d'autant plus avec les béquilles. Bref, vous voyez le topo. En tout cas, je connaissais déjà ce sentiment de jalousie et d'incompréhension en les regards qui se posaient sur moi. L'avantage de Disney, c'est que je garde en tête que je ne les verrai jamais plus tandis qu'au collège-lycée c'était vraiment très difficile. Mais sur le parc, ils n'ont rien voulu savoir, mon certificat ne suffisait pas et Adam faisant un mètre quatre-vingt-seize s'est simplement imposé pour se faire entendre et nous avons fini par avoir gain de cause pour couper la file « *C'est bon pour une fois* ». Ce fut magique car le soir je souffrais tant moins que d'habitude, une sensation si différente de ce que je connaissais jusqu'à présent.

À la fin du mois de Septembre, je reçois mon diplôme de Baccalauréat Général filière Littéraire et quelle fierté ! Je revois la CPE qui avait dit à Papa devant moi "qu'il fallait vraiment qu'il me raisonne, que je n'allais jamais y arriver". Rahhhh quel ressenti de satisfaction, j'avais bel et bien eu raison d'avoir cru en moi. Je lui annonce donc toute fière que je suis prise en école d'infirmière en Belgique : et toc ! La direction du collège n'avait pas cru en moi, celle du lycée non plus et par la suite celle d'infirmière. C'est ridiculement risible et Dieu merci cela ne m'a définitivement pas arrêtée mais blessée ? Évidemment. Mais une fois de plus, cela m'a apporté de la force et une sacrée rage de vaincre pour montrer de quoi j'étais capable. Jamais deux sans trois et cela se vérifie. C'est là que je me remercie d'avoir mon fort caractère. C'est lui qui m'aura permis de tenir, de me battre, d'avancer et surtout de réussir et haut la main s'il vous plaît.

Puis, Papa me conduit pour mon tout premier jour de stage qui débute le 30 Septembre. Je n'avais pas connaissance des "codes" du travail et ma journée commençait à huit heures alors je suis arrivée à l'heure dite. Bon, le GPS s'est un peu perdu donc ce fut plutôt huit heures deux. Cependant, ils ne rigolaient pas avec les horaires et je me suis excusée au moins vingt fois. On m'indique les vestiaires femmes que je galère quelque peu à trouver et une fois face à la porte, celle-ci reste verrouillée. Je me sens totalement stupide, me dis que je vais perdre du temps et me faire remarquer : le stress monte. Je croise l'homme d'entretien qui me regarde d'un drôle d'œil, assistant à ma tentative infructueuse d'ouverture de porte. Il atteint le verrou qui était en fait en hauteur et me le déverrouille. Qui même aurait pu penser que le verrou était tout en haut de la porte pour que les résidents n'y aient pas accès ? Je n'ai pas le même champ de vision moi, je ne l'aurais donc pas trouvé seule c'est sûr ! Je rejoins ensuite les trois autres étudiants, tous des garçons dont un de ma classe et nous faisons le tour du service, des résidents… Un monde réellement à part, il faut dire que je n'avais pas souvent foulé les maisons de repos auparavant, d'autant plus en étant de l'autre côté de la barrière. C'était, comment dire, assez "moche" comme réalité. En attendant seize heures trente, on nous fait refaire les lits, désinfecter des matelas etc. Le lendemain, début de journée à sept heures, je fais du covoiturage avec Thésée et sa maman et nous entrons très vite dans le vif du sujet avec les toilettes du matin. Ô combien je me sentais gênée qu'une personne ne doive se déshabiller devant moi, qui plus est quelqu'un d'âge et comme de fait, très pudique ; elle devenait si vulnérable. Je connaissais Mamie H et je savais à quel point la pudeur de l'ancienne génération était importante. Je pensais constamment à elle d'ailleurs, surtout les premiers jours. Je me souviens d'un matin où il était si tôt que le jour ne s'était pas encore levé, une dame me dit « *Mais ma fille, tu es bien jeune, quel âge as-tu ? - Dix-sept ans Madame. - Et tu es déjà ici, à travailler ? - Eh oui… !* ». Oui, moi aussi il m'arrivait de me demander ce que je faisais là, à cette heure-ci, et dans ce milieu si particulier. Mais je savais que c'était le bon choix, celui qui me convenait, même si cela paraissait parfois un poil effrayant au premier abord. Ma première toilette fut avec un homme qui s'appelait Raoul et c'était pour une douche. L'aide-soignante super gentille, me propose de l'accompagner et d'assister à ses soins d'hygiène. Je prépare soigneusement la liste de choses qu'elle m'avait énumérée et m'adresse à Monsieur L., afin d'aller rassembler ses affaires. Il me répond qu'avant, il doit voir son épouse et le voilà qui se dirige vers sa chambre, je le suis en me disant qu'elle y est sûrement. Je rentre et la cherche du regard, sans succès. Dernière chance : elle doit être dans la salle de bain, derrière la tenture peut-être ? Pas de Madame L. et un grand moment de solitude pour Eva. Raoul me dit de venir, il parle à la photo de sa femme et me la présente : je ne savais plus où me mettre, j'étais perdue. Il ne faisait pas la distinction entre le réel et son imagination et ce cas de figure m'a mise mal à l'aise, j'étais partagée entre tendresse et tristesse mais je fus touchée par l'amour qu'il lui portait à tout instant, après toutes ces années. Après Raoul, c'était le tour de Jaqueline V., (oui, je me souviens de beaucoup de noms, je n'oublie rien je vous l'ai dit... !) une dame très corpulente, l'aide-soignante me laisse faire tout en me guidant. Nous n'avions pas le droit, selon l'école, d'effectuer ce soin seul et que ce soit au lavabo ou à la douche et encore moins au lit du patient (question de sécurité et du risque de chutes). La réalité du terrain est tout autre : pas le temps lorsqu'il y a soixante résidents à laver de perdre une minute. Au troisième jour de stage, soit mon deuxième vrai jour, (dans la mesure où le premier étant de la pure observation sauf si l'on est secondé par notre professeure et ce, que ce soit en première, deuxième ou troisième année) on m'envoyait déjà m'occuper de deux patientes seule. Juste au moment du change de la protection je devais attendre, car entre la pratique sur un mannequin et un vrai corps à nouveau, vous vous doutez bien qu'il y a un monde. La toilette corporelle que j'avais apprise en "technique école" prenait une heure facile et avec la charge totale de travail elle devait durer quinze minutes maximum par résident « *Tu vas faire Monsieur L., c'est une toilette complète au lit. Attends-moi pour la toilette intime et le change, je te rejoindrai* ». Je ne connaissais pas ce résident : il ne parlait pas, était ralenti dans ses gestes et sa pensée et je n'avais que des bribes de gémissements en guise de réponse. Comment allais-je faire ?

Je commence par tenter de lui mettre ses prothèses dentaires et cela est plus que risible après coup, mais sur le moment je vous assure que j'étais vraiment démunie ! Déjà discerner le haut du bas était galère et appliquer la "pâte à dents" pour les coller aussi (oui, moi et la parcimonie nous entendons très bien, j'ai donc mis une tonne de colle) enfin, positionner le tout est tout un art. La colle ne tenait absolument pas, le pauvre avait les dents qui tombaient de son palais, je ne m'en sortais pas ! Je commence par lui laver le visage, le torse et les jambes et vient le moment de la toilette intime, mais personne ne me rejoint. Je n'allais pas le laisser se refroidir : nu, seul dans son lit et me tourner les pouces en attendant. J'ai alors entrepris la toilette intime et celle du siège pour avancer le travail et là les amis, j'ai dû gérer mes premières selles. L'entièreté du rouleau de PQ y est passée. Là où plus tard avec de l'expérience, il suffit de quelques feuilles et le tour est joué, là non, je n'en voyais pas le bout, enfin, sauf celui du rouleau ! Je ne me suis cependant pas laissée décourager. J'avais une tâche à accomplir, cet homme pouvait être mon grand-père, mon oncle ou mon père et je me devais d'en prendre soin comme tel. Je l'ai donc mis au propre et attendu l'arrivée de l'infirmière pour le mettre sur son fauteuil roulant, étant inexpérimentée, il était dangereux de le faire seule (cela dépend aussi de l'autonomie de la personne) mais il est bien plus simple et sécurisant de le faire à plusieurs et puis je ne voulais en aucun cas le mettre en danger. J'ai donc bien patienté dix minutes sans savoir quoi faire. Je me mets à ranger tout doucement et très tranquillement mon matériel, nettoyer le restant de savon et d'eau sur la tablette de la table de nuit qui me servait de plan de travail. Puis elle est enfin arrivée, une éternité après ce qu'elle m'avait indiqué ! Elle était surprise que ce Monsieur soit déjà lavé entièrement, je lui ai dit que j'avais pris mon temps de bien faire les choses mais que je ne me voyais pas l'attendre sans rien faire et le laisser ainsi ; je me doutais qu'elle avait bien du travail de son côté. Cela lui a plutôt plu et tant mieux pour moi ! En plus, il s'agissait de l'infirmière en chef et je ne le savais pas. Ce genre de prise d'initiatives est toujours à double tranchant ; grand mal m'en a pris par la suite et à de nombreuses reprises. L'école, les professeures, la direction nous demandent de prendre des initiatives et de devenir autonomes, seulement lorsque l'on en prend ça n'ira jamais et dans tous les cas ils auront sans cesse quelque chose à y redire. Bienvenue dans la logique de mon école : un pas en avant, trois en arrière. Un prof qui dit noir ? L'autre dit blanc. Mais affirme par la suite qu'il a, de source sûre dit noir et qui plus est, vous accuse de leur mentir de ce fait ! Je ne me suis cependant jamais démotivée et ce même si j'avais été témoin de maltraitances physiques et verbales envers les résidents dès mon quatrième jour de stage. Ce qui fut en revanche tout autant difficile à gérer étaient les douleurs que je ressentais dans les jambes à la fin de la journée : j'avais la même sensation qu'après une journée à Disney. Je commençais à me dire que je ne pouvais plus mettre cela sur le compte de l'algoneurodystrophie. Cela faisait cinq ans et la douleur restait vive pour de "simples" séquelles ; je sentais qu'il y avait quelque chose qui ne tournait pas rond. Après échange avec mon médecin traitant, il décide de refaire une scintigraphie osseuse pour voir où la fixation de l'algo en est : rendez-vous en Novembre. Puis mon premier stage de deux semaines touche à sa fin, je le termine le 18 Octobre et pour la première fois j'y avais donc découvert mon futur métier. Je tiens à revenir sur les maltraitances et en parler puisque cette situation m'a vraiment choquée. J'étais toute jeune, innocente, pleine d'espoir et d'illusions sur le métier d'infirmière et cela a bien vite été balayé par la réalité du terrain : dévalorisation, infantilisation et humiliation du soignant envers le patient voire même l'étudiant !

Il s'agissait d'un couple de personnes âgées de plus de quatre-vingt-cinq ans facile. Au moment de leurs soins, je m'occupais de Monsieur et une aide-soignante de Madame. J'entre dans la chambre pour préparer le nécessaire de toilette et constate qu'elle, est totalement nue sur son lit à même le drap housse et non recouverte. Nous étions en Septembre, il ne faisait pas trente degrés dans la chambre, la pauvre n'avait pas vraiment envie ce matin-là et faisait semblant de dormir. Elle ne réagissait pas aux sollicitations de l'aide-soignante pour tendre son bras ou lui apporter une quelconque aide pour se faire laver. Elle en a vite eu marre et a usé de chantage mais toujours aucune réaction de sa part, elle est donc passée à l'étape supérieure : les menaces, mais rien n'y faisait. Elle finit par lui pincer les mamelons et forcément, elle a hurlé de douleur « *Bon maintenant que tu es réveillée, on va peut-être pouvoir y aller ! Tu n'es pas toute seule, je n'ai pas que ça à faire !* ». Wow, j'étais sur le cul comme on dit. Puis, je ne sais plus s'il s'agissait de la même matinée mais cela n'a pas d'importance, elle part pour une autre toilette. Avec une de ses collègues, nous réalisons le soin et face à leurs quatre bras plus qu'habitués, les miens avaient plutôt le rôle de plante verte. C'était un Monsieur assez raide et douloureux qu'elles manipulaient sans ménagement, de manière brutale et très peu délicate. Le malheureux exprime sa douleur « *Va doucement, nom de zo, tu me fais mal ! C'est toujours pareil avec toi.* ». J'étais là, plantée au pied du lit, en trop et cette même aide-soignante l'assoit d'un coup d'un seul ; il hurle de plus belle et finit par la taper en l'insultant. Elle se met dans une colère noire et riposte en le refrappant, disant qu'elle aussi a de la force et peut lever la main sur lui, geste qu'elle n'hésiterait pas à réitérer s'il recommence. Une fois au fauteuil, elle me jette la protection remplie aux pieds et l'accompagne d'une jolie phrase « *Tiens, ramasse, tu serviras à quelque chose.* » Niquel, bon ben, le ton était donné : elle, c'était clair que je ne l'aimais pas du tout.

Pendant ce temps-là, Vanessa participe à un concours équivalent à Miss France en Belgique, sur la ville d'Ath et je pars évidemment la soutenir ! Elle était si magnifique dans ses robes pailletées, c'était clairement elle qui embellissait la robe et non l'inverse. Nous sommes également conviés à la remise de thèse de la sœur d'Adam qui devient médecin et j'avais passé la journée à l'accrobranche, c'était une activité à but lucratif organisée par l'école pour l'association *Viva For Life* et j'ai sans grande surprise, adoré cela. Le 23 Octobre à minuit pile, Papa et Maman débarquent dans ma chambre et y font exploser plein de confettis. Ils ont dû viser juste, puisque j'étais dans ma cabane perchée et Vanille a eu aussi peur que moi. Je reprends les cours et passe le cap de la majorité en plein cours : ça y est dix-huit ans, je suis officiellement adulte ! On s'attend à ce que notre vie change du tout au tout lorsque l'on est enfant et que l'on y pense. Or, ce n'est pas tellement le cas. Petite, je pensais même que dans la nuit menant au jour de mon anniversaire, j'allais grandir dans mon sommeil et me réveiller plus grande de quelques centimètres ! Je fus vite déçue... J'ai reçu en cadeau de mes parents, une bague Pandora Disney que j'ai depuis, toujours sur moi et une place de spectacle pour aller voir Muriel Robin. J'en ai pleuré. De tous, c'était celui qui m'avait le plus touchée. Voir celle qui m'avait donné la force, le courage et le sourire avant de débuter ma journée de collège était très symbolique pour moi. Depuis des années, mon oncle participait de nouveau à cet évènement et quelle fut ma joie de reconstituer peu à peu ma famille. Enfin, j'ai été malade comme un chien à vomir mes tripes la nuit qui a suivi la réunion de famille pour mon anniversaire. C'était la première fois que je manquais l'école et j'étais très culpabilisée mais sur ce coup-là, je devais de manière incontestable, me reposer j'en avais plus que besoin... Je continue mon petit bonhomme de chemin et arrivent les vacances de Toussaint. Une semaine contre deux auparavant : début de la vie d'étudiante, les vacances aussi sont réduites maintenant ! À la rentrée, je passerai le premier module d'Anatomie et donc au programme c'est révisions à fond. J'ai charbonné comme une folle pour faire mes fiches de révisions sur toutes les matières que j'allais passer au mois de Décembre, visant à valider mon premier semestre.

Le 4 Novembre mon second stage commence, toujours en maison de repos et cette fois-ci, je covoiture avec Emi. Elle n'était pas dans la même classe que moi et avait un an de plus mais a su que j'étais du même village que son copain. S'il faut bien reconnaître une chose à propos d'elle c'est qu'elle sait tout. Je n'ai absolument aucune idée de comment elle fait mais c'est une vraie antenne radio, elle est au courant de tout ! Au début j'étais même un peu intimidée, c'était déstabilisant d'avoir tout un tas de questions et puis Emi est un peu comme moi, elle ne fait pas dans la dentelle. Je me suis beaucoup reconnue en elle et c'est ce qui fait que l'on s'entend si bien, surtout au vu de toutes les galères que l'on a rencontrées ensemble, par la suite. Il s'est avéré que le père de son copain avait été le voisin qui habitait juste en face de chez moi, dans mon ancienne maison et j'étais allée dans la même école primaire puis collège que son petit ami donc je le connaissais bien, mais de vue. Nous n'étions pas dans le même service toutes les deux mais avions le même horaire et notre stage durait deux semaines en tout, jusqu'au 18 Novembre. Et celui-ci m'a vraiment mise en difficulté dès le premier jour, le courant avec ma professeure est loin, mais alors très loin d'être passé. Je m'explique.

Le premier jour souvent, on nous accueille et nous présente le lieu de stage. Bon ça, ce n'est que la première année après on se débrouille hein ! Et vu les douleurs que j'avais ressenties lors de mon précédent stage, j'ai préféré prendre les devants. J'attends alors qu'elle soit seule, inspire un grand coup et m'adresse à elle en fendant ma carapace pour lui exposer mes faiblesses comme j'ai horreur de le faire. Par peur que le fait de m'asseoir me porte préjudice, que je sois considérée fainéante ou à me tourner les pouces, j'ai voulu anticiper en essayant d'éviter la réception de ce genre de remarques sur ma feuille d'évaluation, car oui, s'asseoir en tant que stagiaire est très mal vu. J'entame la discussion en lui parlant d'une voix tremblante que je ne me connaissais pas. Je raconte que j'avais contracté une algoneurodystrophie quelques années auparavant et qu'elle m'avait laissé une fragilité, ce qui me causait des douleurs si je restais debout trop longtemps. Bien sûr, je ferai mon maximum, mais il pouvait arriver que je doive m'asseoir de temps en temps pour me reposer et la réponse fut directe et sans détour « *Si vous n'êtes pas capable d'assumer physiquement vos stages Mademoiselle, vous n'avez qu'à rentrer chez vous* ». Je me suis pris une de ces claques, il m'avait fallu un tel courage pour oser en parler, pour admettre que j'avais cette faiblesse et bam. À partir de là, je l'avais cataloguée comme une menace et réenfile ma carapace pour me protéger. Avant de quitter le service, elle nous explique qu'elle reviendrait le lendemain matin nous superviser. Nous étions trois étudiantes et elle commencerait par… (elle réfléchit) moi. Oh purée de pomme de terre, pourquoi ? Je n'ai pas très bien dormi cette nuit-là, je connaissais le mécanisme de défense que j'avais développé depuis le collège et savais que j'allais être sur la défensive et paraître froide ou sèche vu ce qu'elle m'avait dit…

Le matin arrive, je respire un grand coup avant la supervision, prends sur moi et fait des efforts pour ne pas paraître "mauvaise" avec elle. Nous effectuons donc ensemble la douche du Monsieur et je lui lave les pieds avant qu'il ne se lève pour éviter qu'il ne glisse. Je me baisse donc, elle réplique en me disant de ne pas faire comme cela, que je dois penser à mon dos et m'accroupir. Première cartouche, bienveillante me direz-vous, mais vu le ton employé ce n'est pas tellement de cette façon que je l'ai perçu « *Je comprends Madame, mais avec ma cheville ce n'est pas possible. - Tu n'as qu'à te mettre à genoux alors. - Ce n'est pas possible non plus, mon dos supporte mieux que mes jambes…* ». Je finis par raser Monsieur et je vous jure que ce rasoir électrique ne rasait rien du tout, cela durait en longueur et ma capacité à rester neutre commençait à s'essouffler. Une fois la toilette finie, j'ai refait le lit avec ma camarade de classe (la professeure n'allait certainement pas participer, c'était bien plus drôle de nous regarder faire) et me lance une deuxième cartouche « *La prochaine fois, tu attacheras mieux tes cheveux, tu as plein de mèches dans les yeux que tu n'arrêtes pas de toucher, ce n'est pas hygiénique. - Ne vous inquiétez pas, je me les lave chaque soir* ». Je les portais longs, en queue haute et oui les bébés cheveux ça existe, je n'allais tout de même pas mettre une tonne de laque pour qu'ils tiennent en place. En plus, elle-même avait un carré qu'elle ne pouvait pas les attacher et elle ne cessait de replacer les siens derrière ses oreilles : faites ce que je dis, pas ce que je fais. Mais elle c'est la professeure, donc on ne peut rien lui reprocher. Enfin, je dois désinfecter une table et étant arrivée la veille, je lui demande de l'aide pour trouver le produit « *Je ne sais pas, tu n'as qu'à chercher* » : troisième cartouche et je commençais à bouillonner de l'intérieur tant je retenais mes émotions. Mais que me voulait-elle à la fin ? Je sors de la chambre en chercher un donc et souffle un bon coup. Les larmes me sont montées, j'avais envie de pleurer, de raccrocher ma blouse et de m'enfuir. Mais je savais que ce n'était pas la solution, je devais faire face, j'étais là dans un seul but : avoir mon diplôme. Je devais tant bien que mal prendre sur moi et à la fin de la matinée : bilan de cette première supervision. J'avais la jambe qui en tremblait tant je contenais de choses, ce qu'elle a remarqué et m'a dit que j'avais l'air énervée. J'avais plus envie de pleurer et de disparaître qu'un sentiment de colère et je lui dis que non. Je n'allais plus me confier, j'avais retenu la leçon ! Elle me donne alors son évaluation « *Je t'ai trouvée sèche et agressive avec moi. D'ailleurs, je n'ai pas aimé que tu répondes quand je t'ai parlé de tes cheveux. Ton attitude est à revoir.* ».

J'avais fait tant d'efforts pour être la plus neutre possible mais cela n'avait pas suffi. Sur ce coup-là je ne me suis pas rejeté la faute pour la énième fois, je savais que j'avais donné le meilleur de moi-même, au vu des circonstances et que je n'aurais pas pu mieux faire. Je me suis tue et ai encaissé. C'était là le début d'une très longue série qui durera toutes mes études : avaler la pilule, ne rien dire et faire comme si tout allait bien dans le meilleur des mondes tandis que c'est tout l'inverse que l'on ressent au fond de soi-même. En partant, elle annonce qu'elle reviendra Vendredi pour nous superviser de nouveau et qu'elle commencera par moi. Encore ? Mais ce n'est pas possible elle s'acharne là ! Le Vendredi arrivant, la veille au soir j'ai traîné sur internet pour lui donner des termes techniques sur mon algodystrophie, prouver que ce n'était pas de la fainéantise et que cela ne me rendait pas moins capable qu'une autre. J'ai découvert que cela portait aussi le nom de **Syndrome Douloureux Régional Complexe** soit SRDC. Je prépare le discours que je vais lui tenir avant la supervision et je tenais à m'excuser si j'avais pu lui paraître désagréable mais ses paroles m'avaient vraiment blessée. J'allais me justifier mais au moins, elle saurait pourquoi j'avais eu ce genre "d'attitude" à son égard. Mais le destin en a décidé autrement puisqu' à deux minutes d'arriver en stage, nous avons un accident de voiture avec Emi.

Comment décrire cela ? Sa petite Smart contre une Chevrolet, vous aurez vite compris laquelle d'entre elles-deux a gagné. Nous étions à l'arrêt et lui roulait à environ quarante kilomètres à l'heure lorsqu'il nous a percutées. Puis, nous avons à notre tour embouti celle de devant. Il était apparemment sur son téléphone et ne nous aurait pas vues. Les airbags se sont déclenchés mais ne sont pas sortis de leur logement, nous avons vu une épaisse fumée blanche apparaître (le talc des airbags) et se répandre dans l'habitacle. Je me suis dit que j'allais mourir brûlée vive ; ma portière enfoncée m'empêchant de m'extirper par moi-même. J'ai donc enjambé le siège conducteur pour sortir et tente d'abord d'appeler Papa ou Maman mais aucun ne me répond. Je vois ensuite que Valou a envoyé un message sur le groupe de la famille montrant qu'elle était en train de petit-déjeuner. Je l'appelle directement, ce qui a pour effet de la faire sauter dans sa voiture pour aller réveiller nos parents qui dormaient encore. Elle savait bien ce que c'était et j'ai également envoyé un message pour prévenir Timothée, mais à la suite de la mauvaise blague de l'an passé il n'a pas voulu me croire... Ce jour-là marque mon premier tour en ambulance, j'avais le dos en compote mais plus de peur que de mal, cette fois-ci... Le scanner montrait un **débord discal** mais pas forcément en lien avec l'accident. J'ai surtout eu de très grosses courbatures les premières semaines puis tout est rentré dans l'ordre mais je n'ai pas pu retourner en stage, le médecin des urgences ne voulait pas. C'est la mort dans l'âme, car cela signifiait être absente, que j'ai dû annoncer à ma professeure que je ne reviendrai plus. Et puis, j'étais tant frustrée de ne pas avoir pu lui dire tout ce que j'avais sur le cœur ! Nous l'avions d'abord appelée pour la prévenir, mais c'était sa messagerie. J'ai fini par envoyer un message et je n'ai eu une réponse que vers vingt-deux heures, nous disant simplement qu'elle espérait que ce ne soit pas trop grave. Il était bien temps de s'en inquiéter ! J'ai tout de même continué à écrire mon rapport de stage dans l'espoir d'y retourner ne serait-ce qu'une journée, mais ce n'était vraiment pas raisonnable. Mi-Novembre, les résultats de mon premier examen tombent c'étaient ceux du premier module d'Anatomie et j'avais obtenu la note de 14,625 (oui, c'est précis), me plaçant donc quatrième de ma classe. Purée la fierté !! Quelques jours plus tard, j'avais rendez-vous pour la scintigraphie de ma cheville et après cet examen désagréable, le médecin vient me voir et me dit qu'il ne comprend pas, oui les séquelles se voient, mais rien n'expliquant les douleurs « *Je suis désolée Mademoiselle, mais je ne sais pas quoi vous dire - Eh oui je sais, je suis un éternel mystère !* ». Je tentais d'en rire, mais au fond c'était tellement invalidant au quotidien, surtout lorsque l'on ne sait pas à quoi l'attribuer. Le compte-rendu indique donc de légères hypohémies avec hypofixation diffuse du membre inférieur droit, séquelles de l'algoneurodystrophie, à confronter avec une IRM. Et me voilà repartie pour faire d'autres examens. Ça m'épuisait et me saoulait d'avance mais pour autant je voulais comprendre, j'ai pris rendez-vous et ai attendu l'équivalent d'un demi-siècle que la date n'approche. Je ne connaissais que trop bien cette période de latence.

Un nouveau combat prend place

Le 21 Novembre est également une date importante pour moi puisqu'il s'agissait de ma visite médicale pour l'école où nous devions tous remplir un papier pour évaluer notre état de santé : problèmes de dos, de diabète, d'hypertension… Je remplis les cases qui me correspondent : migraines, entorses, douleurs articulaires, constipation-diarrhée etc. J'en ai vraiment coché un paquet, mais j'étais simplement honnête. Je suis d'abord reçue par une infirmière et ensuite un médecin. L'infirmière prend ce papier de couleur jaune et le parcourt des yeux et elle y consacre un temps certain mais je me dis qu'elle doit tout bonnement être consciencieuse. Lorsqu'elle commence à me poser tout un tas de questions.

« *Est-ce que quand tu te blesses, ta peau prend du temps à cicatriser ? Tu parles d'entorses, tu en as fait beaucoup ? Ta peau est-elle fine et douce ? Y a-t-il d'autres personnes dans ta famille qui ont ce genre de manifestation ?* »

« *- Euh, oui ? Mais dites-moi, vous demandez cela à tout le monde ou juste à moi, je ne comprends pas ?* »

« *- Eh bien, il me semble que tu as le Syndrome d'Ehlers Danlos, il faudrait que tu ailles consulter, car je pense que tu en es atteinte.* »

Je me vois assise sur cette chaise ; j'ai ressenti un frisson qui m'a parcouru le corps tout entier. Mais bien sûr ! Comment avais-je pu passer à côté ? Je connaissais pourtant ce syndrome depuis quelques mois c'est en traînant sur YouTube que j'avais trouvé une chaîne du nom de *Vivre Avec* qui traite de cette pathologie ; j'ai rapidement fait le lien c'était évident tout collait, mais comment ne m'étais-je pas reconnue ? Je lui demande s'il me serait tout de même possible d'exercer en tant qu'infirmière et elle se met à rire « *Je suis quoi moi ? Infirmière non ? Je suis porteuse et ma fille l'est aussi, c'est en la voyant n'avoir aucune réponse ni de cause à ses douleurs que j'ai entamé des recherches et suis tombée dessus. Elle en est atteinte depuis sa naissance et moi depuis plus de trente ans. Je l'ai soumis à mon médecin traitant, qui a confirmé le diagnostic. »*

On parle vraiment d'immense chance du fait que mon chemin ait croisé le sien ce jour-là dans la mesure où sans elle, je serai toujours dans l'ombre la plus totale. Je prends donc rendez-vous avec mon médecin traitant pour lui soumettre, comme elle, ce diagnostic. Restait à voir quelles étaient les démarches à suivre pour la France. La même soirée, avec Thésée, Mathilde et une autre camarade de classe, nous sortons dans un bar belge et j'ai vite réalisé que ce n'était définitivement pas fait pour moi, je me sentais tout sauf à l'aise. Ne buvant et n'aimant pas l'alcool, je n'étais pas du tout dans la même ambiance qu'elles et au vu de la nouvelle que je venais d'apprendre, il était clair que je n'avais pas le cœur à la fête ; j'étais bien trop préoccupée. Le lendemain, je parcours Instagram à la recherche de personnes qui ont ce syndrome. Je cherchais surtout du soutien, à comprendre en quoi cela consistait et des conseils. Voilà comment j'ai connu Anaïs alias @strongerthansed sur ce réseau social. Elle aussi a écrit un livre sur son chemin de vie : *Silencieuses sont mes batailles* que j'ai lu d'une traite en seulement cinq heures et n'ai fait que de pleurer ! Oui, car son histoire fait terriblement écho à la mienne, je me suis énormément reconnue entre ses lignes. Elle a d'ailleurs fait référence à notre rencontre et m'a un jour demandé pour inclure mon témoignage dans son ouvrage. Vous n'imaginez pas quel honneur ce fut et ô combien cette confiance accordée m'avait touchée. Je la nomme donc assez souvent en tant que "pote de SED" et je vous conseille de lire son livre qui touche le sujet du validisme, de la maladie, du féminisme aussi, bref, plein de choses qui font que son ouvrage est une vraie mine d'or.

Je fais une semaine plus tard une IRM de la cheville et bilan : épanchement liquidien avec discrète infiltration du compartiment médial de la cheville. En gros, elle est fragilisée mais toujours rien de bien probant. Au début du mois je revois mon médecin traitant et j'avais imprimé la liste des symptômes liés au SED et la lui montre en y mettant les formes, espérant qu'il ne se dise pas que je jouais au médecin à sa place « *Oui, c'est vrai que ça peut coller, mais bon c'est une maladie rare, il y a très peu de chances pour que tu en sois atteinte, je n'y crois pas tellement et je ne pense pas que ce soit cela* ». Il ne fallait pas qu'il m'en dise plus « *Et l'algo à quatorze ans, c'était trop rare pour que ça m'arrive et pourtant... ?* » Il décide de me faire examiner par une rhumatologue un peu par dépit, ne connaissant rien à ce syndrome ni aux démarches pour me diagnostiquer. Entre nous, il n'a pas vraiment cherché à se renseigner et vu la suite, malheureusement cela s'est avéré vrai... Je la contacte dès le lendemain matin et obtiens un rendez-vous le 4 Janvier, un mois à attendre... Le 7 Décembre, je me rends au Comic-Con de Dormundt avec Papa, en Allemagne pour rencontrer le Doc de *Retour vers le Futur* : Monsieur Christopher Lloyd en personne ! Je prends une photo et échange quelques mots avec lui durant quelques minutes qui étaient vraiment hors du temps, c'est le cas de le dire ! Il a ensuite donné une entrevue sur scène pour revenir sur son rôle et sur la trilogie et il était d'ailleurs possible pour le public de lui poser des questions. Il y avait des gradins placés en arc de cercle et environ trois-cents personnes d'installées. Sur la scène était disposé un écran géant et ceux qui passaient au micro pour l'interroger, y apparaissaient ; je dis à Papa que je vais y aller et j'étais plus morte de trouille que le jour de mon oral de bac c'est pour dire ! Je ne me suis pas dégonflée et ai lancé ma question dotée de mon plus bel accent anglais « *What is the memory that you keep in mind from the films and from Doc Brown ?* » soit « *Quel souvenir gardez-vous des films et de votre rôle de Doc Brown ?* ». Il a répondu qu'il était toujours aussi étonné de voir qu'une trilogie ayant débutée en 1985 avait autant de succès et traversé les générations ainsi que de rencontrer des fans qui n'étaient même pas nées (comme moi en l'occurrence) lorsque le premier film opus était sorti, ce qui l'amusait beaucoup ! Je me suis rassise, le cœur battant à deux-cents à la minute mais j'avais réussi à prendre confiance en moi, j'avais pris la parole devant tant de gens et sur un écran géant en plus, mais on n'a qu'une vie après tout ! J'ai aussi pu rencontrer et poser avec Madame Brendra Strong ayant interprété le rôle de Mary-Alice Young dans *Desperate Housewives* ou plus récemment comme la mère de Bryce Walker dans *Thirteen Reasons Why*. Elle était si adorable, j'ai eu le temps de parler avec elle aussi et d'immortaliser ce moment de partage.

Nous fêtons Noël avec Papa et Maman, Valou et Adam à la maison. J'ai ma première tablette, qui est toujours fonctionnelle, à mes parents ainsi que la saga entière des DVD d'*Harry Potter* à Timothée : de quoi m'occuper ! Puis des pantoufles à ma sœur quand je vous dis que la tradition était lancée ! Nous irons manger chez elle pour Noël et ses beaux-parents étaient là aussi. C'est là que l'on se rend compte que l'on a toutes les deux bien grandi et fêter Noël chez ma grande sœur m'a fait tout bizarre ! Je passe le Nouvel An 2020 avec Timothée et des copains à lui et je me confie sur ma peur de la maladie, si c'était dégénératif m'aimerait-il encore ? Nous en avons longuement parlé et je l'aimais plus que jamais bien que je passais mon temps à lui dire que je craignais qu'il ne se lasse de moi et de mon caractère. Persuadée qu'un jour il ne parte lorsqu'il aurait compris que je ne valais rien, oui j'avais une glorieuse image de moi.

Le 3 Janvier fut mon fameux rendez-vous chez la rhumatologue et elle m'examine sous tous les angles, si vous saviez combien de fois ai-je été examinée sous toutes les coutures pour diagnostiquer ce fichu SED... Sa conclusion fut très rapide et ne se fit pas attendre : oui j'avais bien le Syndrome d'Ehlers Danlos hypermobile. Maintenant, je devais consulter un médecin du sommeil et faire de la kinésithérapie et reprendre rendez-vous avec mon médecin traitant pour le feed-back. Je pars le lendemain, fêter nos un an de couple à Disney avec Timothée et c'était la première fois que je me servais de l'un de mes avantages en tant que passeport annuel, j'avais droit aux fauteuils roulants gratuitement. Je peux vous dire que j'ai énormément dû prendre sur moi pour m'y rassoir au vu des souvenirs qu'il me faisait remonter mais il me permettait aussi de profiter de ma journée et non plus la subir, cela faisait toute la différence. Timothée n'a fait que de dédramatiser et de me faire rigoler bref, tout ce qu'il faut et dont j'avais besoin à ce moment-là. Le regard des autres était dur et je sentais sans cesse leurs yeux chercher ce qui clochait chez moi pour que je sois dans un fauteuil. Puis dix jours plus tard, je reçois un message où il me largue : je demandais trop d'attention, il en avait marre et point barre. J'ai mis cela sous le tapis.

C'est par Anaïs que je tenais au courant de chaque avancée de mon parcours de diagnostic, que j'ai obtenu le contact de l'association SED1+. Un café-parole avait lieu dans ma région quelques jours plus tard, je m'y suis rendue avec Papa un Dimanche matin. Nous débarquons dans un autre monde où certains s'assoient sur des coussins anti-escarres, d'autres marchent avec des cannes, sont sous oxygène ou apparaissent comme de vrais robots avec des attelles à chaque articulation. Mais où suis-je tombée ? Les organisatrices ont été adorables avec nous et un tour de table a été fait pour viser les objectifs et demandes de chacun. Papa prend la parole en expliquant notre situation, les dames lui disent qu'il fait un aidant formidable pour moi mais que ce n'est pas un rôle facile. Il avait la voix tremblante et je voyais, sentais son sentiment d'impuissance à travers ses yeux larmoyants. Vous savez, on s'en veut de faire souffrir nos proches, la douleur est déjà difficile à gérer mais lorsqu'en plus cela impacte l'entourage, c'est sincèrement la double peine. À la fin de la réunion, elles ont pris un temps avec nous et nous ont expliqué où me rendre pour être reconnue, car avoir le diagnostic officiel ne se fait pas si simplement. Anaïs avait pu me l'expliquer également et j'avais bien compris que le chemin serait long et sinueux. Il existe des centres de référence du SED pour obtenir ce "sésame" : Paris, Caen, Clermont-Ferrand, Montpellier, Rouen, Nantes, Lyon et Toulouse. Le plus proche pour nous était Paris, mais puisqu'il s'agissait également du plus réputé, vous imaginez aisément les délais… L'avoir attestait donc de la véracité de celui-ci pour être éligible à un traitement, à une reconnaissance auprès de la médecine du travail et à un remboursement pour tous les frais que la prise en soins peut engendrer par exemple ; si l'on veut une qualité de vie décente c'est incontournable. Démarre alors le processus de me construire un dossier béton via l'avis de différents spécialistes : plus il sera fourni, plus j'aurai de "chance" d'être diagnostiquée. Elles suggèrent de me rendre en service de médecine interne pour dépister les dysfonctionnements de mon organisme et étoffer celui-ci, ainsi qu'avec un M.P.R : un médecin spécialisé en médecine physique et de réadaptation

« *Je préfère vous prévenir, le chemin vers le diagnostic est très long...* » et comme elles ont toutes eu raison...

Je revois mon médecin traitant qui me dit qu'il va s'occuper de la médecine interne, service où « *L'on dépiste les maladies des gens comme toi un peu mal foutus* », oui ce sont ses mots. Je lui donne le retour du café-parole : je devais me déplacer à Paris puisque la médecine interne du CHR n'avait pas le pouvoir de rendre le diagnostic officiel. Il me contredit et me dit que si, selon lui, il n'y avait pas besoin d'aller à Paris. En réalité, je sais qu'il n'en avait aucune idée, mais son égo de médecin a pris le dessus et je lui ai fait confiance. Entre une association et votre médecin qui vous suit depuis presque quatre années, qui auriez-vous cru à ma place ? Je me souviens que les deux dames m'avaient vivement recommandé de m'entourer d'un bon médecin traitant puisqu'il est le seul moteur de ce parcours. C'est lui qui envoie consulter à droite à gauche étant donné qu'il faut être adressé et mon cas prendrait plusieurs mois à être traité et j'allais devoir attendre un bon six mois minimum avant d'avoir une réponse pour la médecine interne. Il conclut quand même en me disant que ce n'est pas une vie pour moi, à qui le dites-vous. Pendant ce temps-là, vous souffrez en silence et la vie continue, il n'y a pas d'avance ; j'avais mes études et mon avenir en construction, je mettais tout cela sous cloche et continuais d'avancer. Je retrouve quelque temps plus tard mon beau cheval blanc de princesse ! Cela faisait si longtemps que je ne l'avais pas revu... Et du 6 au 17 Janvier, je suis en stage en maison de repos sur Ath soit à une heure de route de chez moi. Je me débrouille pour m'y rendre car je n'ai pas encore mon permis de conduire. Papa me dépose à l'école et une de mes camarades de classe me prend et m'y emmène, idem le soir pour le retour. Ce stage s'est mieux passé, j'avais mon examen pratique au lit du patient qui au terme de celui-ci, déterminait la réussite de mon année, je ne vous raconte pas la pression. Chaque journée était rythmée du pareil au même : toilettes, petit-déjeuner, soins, réfection des chambres et des lits puis mise au repas pour le dîner. Enfin vient le tour des changes, quelques activités sont réalisées avec eux puis à quinze heures trente, ma journée se termine. La chef de service m'a proposé ainsi qu'à ma camarade, de revenir travailler en tant qu'étudiante cet été si je souhaitais : preuve que je travaillais bien ! J'ai eu comme patient le jour de mon examen, celui dont je m'occupais quotidiennement depuis deux semaines. Je le connaissais bien désormais et il m'avait laissé son numéro de fixe pour que je l'appelle le jour où j'aurais le résultat de celui-ci. Chose que je n'ai pas oubliée et faite le moment venu, si vous saviez à quel point il fut content de l'apprendre et m'en a grandement félicitée. Je ne faisais pas d'après-midi/soir ni de week-end, ce serait pour la deuxième année depuis la rentrée, mes horaires étaient toujours de sept heures à quinze heures trente. Le 17 fut le jour de mon évaluation mais aussi celui où le spectacle de Muriel Robin *Et Pof !* prenait place ! J'ai même fait une story Instagram en l'identifiant et en la remerciant, story qu'elle a personnellement repostée, la classe !

Je retourne à Disney quelques jours plus tard avec Phoebe, en fauteuil. Nous avons passé une superbe journée, hormis que le coupe-file m'ait été refusé et c'était moins cool, forcément... Souviens-toi comme nous étions débaltées ! Tu étais outrée et moi énervée comme jamais. Mon dossier à la Maison Départementale des Personnes Handicapées avait été envoyé mais je n'avais pas encore reçu la réponse. En effet, quelque temps plus tôt, Faustine atteinte elle aussi d'une pathologie et ayant une reconnaissance MDPH pour ne plus faire la file d'attente, m'avait fait remarquer que limite, j'en avais plus besoin qu'elle. Il fallait donc que je lance les démarches pour en bénéficier à juste titre et le sentiment de légitimité est vraiment dur au début et toujours d'actualité d'ailleurs. Bref, j'ai fini par solliciter une responsable afin de trouver un compromis puisqu'entre l'envoi du dossier et la réponse il peut se passer six à huit mois, de quoi devenir dingue. Et la voilà qui me balance dans le plus grand des calmes, qu'elle aussi a un dossier MDPH et qu'elle sait combien cela peut paraître long ; elle devait d'autant plus comprendre ma demande alors ?! Mais non. Nous avons su tirer profit comme l'on a pu quand même. J'avais dû prendre sur moi pour oser le demander et on me l'avait déjà donné auparavant, c'était d'autant plus incompréhensible qu'on me le refuse...

Entre deux, je reprends les cours à l'école et j'ai en mémoire le clash entre Carine, une fille de ma classe, et moi. Nous devions effectuer un exercice sur les diagnostics infirmiers et avions un manuel exprès pour cela mais d'entre nous ne l'avait en sa possession. Nous étions en cours en autonomie et vu que notre professeure était absente, nous avions espéré pouvoir finir plus tôt mais que nenni ! Je demande à la surveillante qui donne les sujets comment faire sans ce fameux livre. Était-il possible d'aller en chercher à la bibliothèque ? Gentille comme je suis, je propose même d'en ramener plusieurs pour les autres et ma chère camarade s'empresse de me répondre, et ce, devant la classe entière que je ne devais vraiment pas être très intelligente si j'avais besoin de ce bouquin plutôt que d'utiliser mon cerveau. Réaction en chaîne des autres « *Bouhhhhh - J'aurais pas aimé - Ça clashe - Ça fait mal* » puis tout le monde se met à pouffer de rire. Moi, je ne réponds rien et me renferme sur moi-même. Myriam qui était la plus âgée et maman de deux enfants a tout de suite pris ma défense. Elle m'a, en aparté, dit que j'aurais dû réagir, ce n'était absolument pas respectueux et je ne devais pas me laisser faire ! Mais j'avais compris qu'il valait mieux se taire plutôt que de s'enfoncer plus et au vu de la riposte de Myriam qui était aussi son amie, elle a dû se rendre compte que ses paroles avaient été vexantes. Elle m'a donc envoyé un message du soir-même où elle s'y excusait même si je pense que c'était surtout pour se donner bonne conscience. Je devais comprendre que parfois, elle disait les choses sans réfléchir... Moi qui autrefois aurait pardonné et minimisé, je n'ai cette fois-ci pas cédé. C'était trop facile ! J'ai alors ouvert le message sans y répondre, je n'allais pas me rabaisser.

À partir du 10 Février, je commence le premier stage que j'ai vraiment adoré ; celui en crèche. Pauline est aussi avec moi et nous étions ravies d'être réunies ! J'aurais aimé être avec les plus petits mais je suis allée chez les deux ans - deux ans et demi. Premier stage de trois semaines plutôt que deux et mes horaires étaient de huit heures à dix-huit heures, soient les horaires d'ouverture et de fermeture. Pour respecter nos huit heures maximum, ma chère école a eu une riche idée : celle de nous donner deux heures de pause le midi. Mais forcément, avec déjà trente-cinq minutes de route pour y aller, je n'allais certainement pas rentrer chez moi... Les journées étaient donc longues et fatigantes. Le 26, nous sommes invités au mariage de Tonton qui demande à Maman d'être sa témoin ; la mort de Mamie H était survenue à une journée près, un an plus tôt, c'était drôle comme coïncidence. Puis, mon stage se termina le Vendredi 6 Mars. Arrive un autre joli tournant : j'ai toujours gardé le contact avec mes amies cavalières et continué d'aller les voir monter même si ce n'était plus mon cas. Ma chère Ju en particulier qui à la base était comme mes autres potes des écuries, m'annonce qu'elle a trouvé une demi-pension. En gros, le cheval est à moitié à soi avec des jours pour s'en occuper et le monter comme l'on veut dans la semaine, on le "partage" avec son propriétaire et me voilà partie à sa rencontre du lendemain. Ghost de Claivalis, un trotteur de trois ans, ce qui est jeune pour un cheval quand l'on considère qu'il faut attendre minimum trois ans "idéalement" pour le débourrer : commencer à le monter pour les moldus (pour ceux qui ne savent pas, c'est une référence à Harry Potter. Il s'agit du qualificatif pour les individus sans pouvoirs magiques). Je fus directement très surprise de lui ; je m'étais retrouvée seule à l'intérieur de son box le temps que Ju aille chercher sa selle et ses autres affaires et il était venu coller son nez sur mes lèvres et attendait. Il était resté ainsi, sans bouger, la respiration calme. Je lui ai alors fait un bisou et c'est seulement là qu'il a relevé la tête comme satisfait d'avoir eu ce qu'il voulait. J'ai tout de suite compris que c'était un équidé à part, surtout au vu de son âge. Ju le prépare puis le monte en carrière (carré de sable en extérieur) et j'apprends à le connaître : un cheval très posé, actif, serein et qui inspire une confiance aveugle (à l'image de sa cavalière d'ailleurs). Une chose était évidente, il n'était pas pareil aux autres et elle me dit qu'elle va faire une petite balade et me propose de l'accompagner à pied, ce que j'accepte ! Il faut savoir qu'un trotteur, souvent réformé de courses à l'instar de Ghost, marche de façon très active. Ayant déjà des petites jambes de nature, j'aurais dû me mettre en mode footing pour être raccord avec lui et en plus, ils sont partis dans les champs où je me suis plus qu'embourbée ; je vous laisse imaginer la galère. Ju morte de rire, mais moi plus mitigée, j'ai bien failli y laisser une godasse, c'étaient mes belles Converses de Pologne quand même ! J'ai surtout eu des douleurs atroces à en pleurer le soir tellement que j'avais voulu marcher à son rythme. Il était prévu que j'aille au cinéma avec mes parents mais j'ai dû leur demander de descendre mes béquilles du grenier car la douleur était intense ; si je voulais sortir, j'allais devoir concéder. Néanmoins, je ne regrettais en aucun cas d'avoir fait cette balade ! C'étaient mes premiers pas dans l'adaptation ainsi que l'équilibre avec mes limites mais par-dessus tout, le début de cette si belle histoire à trois.

Durant la semaine qui a suivi, tout doucement court la rumeur que les écoles vont fermer : les commerces, les cinémas, les crèches aussi... Le Covid-19 dont on en entendait vaguement parler depuis Novembre prenait tout à coup de plus en plus d'ampleur. Le Vendredi à l'école, la soupe, le chocolat chaud et le café étaient gratuits. Avec Pauline, nous en avions profité et nous étions même dit au revoir, sachant que l'on ne se reverrait pas de sitôt. Je n'étais vraiment pas contente que l'école ferme, je ne voulais pas manquer de cours ni de stages pour revenir à la maison dans le même cercle vicieux qu'avant, très peu enjouée face à cette idée. Le lendemain, j'allais à Disney, c'était prévu depuis plusieurs semaines, et le parc avait informé rester ouvert, pour une fois que j'avais de la chance ! Surtout que c'était pour voir Ghunyah, eh oui, déjà deux ans que l'on ne s'était plus vues et vers une heure trente du matin, elle m'envoie des messages et m'annonce que le parc a finalement décidé de lui aussi fermer ses portes. Disney Village restait cependant accessible ; elle me demande ce que l'on fait. Ce que l'on fait ? J'avais tellement attendu et décompté pour la voir, Disney ou non je m'en fichais, c'était elle l'important ! J'ai pris le train comme d'habitude et un message a été passé à propos de la fermeture du parc. J'ai vu une flopée de gens en sortir, dont une maman avec une robe de princesse dans la main et sa fille en pleurs dans l'autre. Au moins, je ne m'étais pas réveillée en me disant que j'irai sur le parc. Nous avons donc passé notre temps dans Disney Village, mangé deux Mcdo, sommes allées au cinéma et traîné dans les boutiques. C'était très apocalyptique comme climat : nous voyions les gens repartir avec leurs énormes valises en courant pour attraper le train qu'ils avaient dû changer en dernière minute. Le soir venant, tout était désert puisque tout accès était également clôturé à compter du Dimanche, le temps que les visiteurs des hôtels puissent prendre leurs dispositions et partir. Ce fut très particulier comme atmosphère, personne ne savait ce qui allait se passer, c'était du jamais vu.

Le confinement commence officiellement le 17 Mars 2020 et tous nos stages se stoppent, de même pour les cours. Je n'ai eu aucun visio ou quoi que ce soit, nous avons tous été lâchés dans la nature. Seuls des emails affluaient avec des devoirs à rendre et les PowerPoint de cours. J'ai bossé comme une dingue sans me laisser de répit jusqu'à trois voire quatre heures du matin : je faisais mes fiches résumées et je n'ai pas relâché la pression, au contraire ! Là où d'autres de mes camarades m'envoyaient leur canapé, plaid ou Netflix en photo, moi c'était ordinateur et connecté au même clavier portable d'où j'écris aujourd'hui. Accompagnée de *Desperate Housewives* branché sur M6 avec ma tablette pour me permettre de ne pas me noyer dans ces fiches plus monotones les unes que les autres. Je me suis également mise au sport, je faisais une heure par jour et m'y suis tenue un mois et demi environ. Rester enfermée avec les bons petits plats de maman, surtout la succulente fondue de poireaux agrémentée de crème fraîche et de saumon… Miam. Je n'avais absolument pas envie de prendre de kilos, j'ai plutôt pris du muscle mais cela restait du poids en plus et n'était pas vraiment pour me ravir. Du moins lorsque je montais sur la balance, car dans le miroir je voyais la différence. Je suis montée à cinquante-quatre kilos. Ç'aurait dû être l'inverse, le chiffre devait peu m'importer tant que le reflet dans la glace était satisfaisant, mais non, celui indiqué devenait une obsession. Avec le confinement, tous les rendez-vous médicaux étaient en suspens et ce pour tout le monde. Cela faisait trois mois que les démarches pour la médecine interne avaient été faites et toujours aucune nouvelle. Je suis allée à la pêche aux informations et c'était avec un remplaçant qui ne voyait pas de quelconque avancée. Ne sachant que me dire de plus, il a joint le service, lequel n'a pas compris sa demande puisqu'aucun dossier n'existait à mon nom. Et voilà comment je venais de perdre trois mois, je l'ai maudit à un point mais si vous saviez… ! Il n'avait même pas pris la peine de faire la démarche et moi qui décomptais chaque jour supposé me rapprocher de ce foutu diagnostic. J'ai décidé de changer de médecin traitant, c'était la goutte d'eau qui a fait déborder le vase. Un beau jour, Faustine me parle d'une fille qui est dans sa promo, elle aussi a le SED et cherche à échanger avec des personnes qui en sont également porteuses ; elle a donc pensé à moi et me met en contact. Cette courageuse me donne le nom d'un pneumologue qui pourrait appuyer mon dossier SED et me proposer un traitement à base d'oxygène dans le but de calmer les douleurs et de réduire la fatigue. Je prends donc rendez-vous et ce sera pour le 30 Juillet.

Le 3 Mai, le confinement prend fin et de mon côté je continue d'aller voir Ju et Ghost, il s'agissait de mes seules sorties et de l'unique temps de pause entre les révisions que je m'accordais. J'y allais régulièrement, elle me montrait tout le travail à pied qu'elle faisait avec lui et vu qu'aucune de nous deux n'avait le permis de conduire ni nos parents disponibles, nous avons improvisé. Elle avait un scooter pour se rendre au lycée et de cette façon elle était autonome. Elle m'a proposé de m'emmener vu qu'elle avait deux places et deux casques. J'en ai tout de même parlé à mes parents car je connaissais leur avis sur la question, mais je savais que je pouvais avoir une confiance aveugle en ma Ju (toujours), c'était surtout la conduite des autres le risque, pas elle et nous avons fait plusieurs fois l'aller-retour, j'adorais cela ! Il y a eu une fois où en s'arrêtant à un stop, elle a mis pied à terre dans un caniveau ; ce qui l'a déséquilibrée et on a bien failli chavirer ! En deux temps, trois mouvements, je la rattrape et nous en rigolons à chaque fois que l'on en reparle. Je profite entre deux du jacuzzi, mes fiches sont quasiment finies et mon travail à rendre à jour : mes parents m'offrent un abonnement Disney + pour mes Pâques d'une durée d'un mois, (au final, il aura duré plus que ça !). Alors dès que je vais bouillir un peu j'en profite pour regarder un Disney, bien souvent j'y suis seule mais parfois Maman me rejoint pour discuter de tout de rien. Jusqu'à un certain soir où nous parlions de tout et sans tabou lorsqu'un sujet est entré en ligne de compte. Comment raconter cela ? Je savais que mes parents ne finiraient pas leur vie ensemble, avec ma sœur nous l'avions compris et ce depuis longtemps, mais je ne m'attendais pas à ce que cela arrive si vite ou de cette manière-là. Elle m'explique que depuis ma sortie de l'hôpital en Octobre 2018, la thérapie familiale qui avait été mise en place pour moi à la base s'était transformée en conjugale et qu'ils en étaient arrivés, d'un commun accord, à se séparer. Je ne pense pas avoir pris totalement conscience de l'impact qu'avait cette phrase sur le coup, puis je lui ai demandé quand est-ce que cela se ferait. Ce serait apparemment avant la fin de l'année 2020 et je me disais qu'il me restait un bon six mois pour me tenter de me faire à cette idée, tout doucement. Mais non, ce sera plutôt pour la rentrée scolaire prochaine et elle me fait promettre de ne rien dire à Papa, n'étant pas censée m'en parler sans lui mais elle n'avait pas pu résister. Mon monde s'est écroulé vous imaginez bien. J'ai beaucoup pleuré, eu peur et été en colère mais je ne devais pas être égoïste, pas après tout ce qu'ils avaient fait pour moi. Ils avaient été mon bonheur depuis toujours et ils méritaient plus que tout de trouver le leur également. Quelques jours plus tard, nous nous installons tous les trois dans le canapé et ils me l'annoncent officiellement. Ma première question a tourné autour des fêtes de famille, des anniversaires et de Noël : il était inenvisageable pour moi de participer à un seul rassemblement de famille sans l'un d'eux. Ils me rassurent en me disant que même s'ils ne sont plus un couple, ils resteront mes parents et qu'il n'est pas question que cela change. Et concernant la maison, qui part et qui reste ? Pour mon bien-être et dans le but de me chambouler le moins possible, ils décident d'attendre que je finisse mes études pour lancer les démarches. En effet, qui dit divorce dit séparation des biens et donc vente de la maison si aucun des deux ne rachète les parts de l'autre. Maman va déménager et Papa restera. On m'a souvent demandé si j'avais préféré rester avec lui. J'ai simplement choisi ma chambre, ma bulle et surtout mes animaux, puisqu'eux non plus n'allaient pas changer d'environnement alors j'ai choisi de garder mes repères. Hors de question de choisir, je n'en aime pas un plus que l'autre, j'ai une relation très proche avec les deux. Maman se lance désormais dans les recherches de location et Papa l'emmène pour les visites, la conseille et l'aide à faire son choix. Je suis contente que ça se passe comme cela, pas de conflit, de haine ni de rancœur. Mes parents sont des personnes intelligentes et respectueuses ce qui me rend admirative. J'apprends à faire mes propres lessives et ai eu l'espoir d'un (très) court instant que Papa allait m'éviter cette corvée mais disons que lorsque je l'ai vu laver son jean avec son tee-shirt blanc, comment dire... Il était inscrit 2005 dessus et en quinze ans, c'était la première fois qu'il était lavé par Papa, facile de s'en apercevoir à la simple vue de la couleur d'après lavage ! C'était décidé, j'allais faire mon linge à part ! J'ai vite pris goût à le faire moi-même, au moins je savais exactement ce qui était à lessiver et ce qui était à ranger.

Ju me fait grimper à cheval pour la première fois depuis mes nombreuses chutes et cela faisait un an que je n'avais pas chevauché et je peux vous dire que Ghost a vraiment été exceptionnel. Il était dans une pâture au fin fond des champs et aller le chercher nous prenait bien quinze minutes à pied. Voyant que cela faisait long pour moi, sur le retour Ju me dit de monter ! À cru, sans selle, à l'arrache. Déjà que c'était une expérience sans précédent mais en plus sur un trois ans que je n'avais jamais monté « *Tu veux que je meure ?!* », elle éclate de rire et me rassure « *C'est Ghost ! Je te fais le pied et à cheval !* » Tel que je l'ai dit je lui faisais une confiance totale, si Ju me dit que je peux y aller alors j'y vais, je ne me pose pas tout un tas de questions (ce qui est bien rare). Et me voilà à cru sur un trotteur qui marche plus qu'énergiquement ; néanmoins, les paillettes dans mes yeux étaient revenues. Elle m'emmène en manège et me tient en longe pour me rassurer : inutile de regarder où je vais, je peux me concentrer plus facilement. Je repars au trot pour la première fois, il était si rapide, rien à voir avec les sensations que j'avais connues jusqu'alors. Je décollais comme pas deux « *Mais Ju je vais tombeeer ! - Mais noon !* », en effet cela ne s'est pas produit mais au début ce fut surprenant. À la fin de mon premier cours elle m'emmène en balade, me tenant continuellement en longe puisqu'elle savait que j'avais besoin de me sentir en sécurité. Enfin, Maman déménage et j'ai espéré qu'elle serait venue manger quelques soirs à la maison, que je puisse lui raconter ma journée et la voir. N'ayant pas le permis, je ne pouvais pas me rendre chez elle autant que je l'aurais voulu et le soir où elle partit définitivement pour passer sa première nuit dans son nouveau chez-elle, je l'ai accompagnée jusqu'à sa voiture. Maman, comment allais-je faire sans toi à mes côtés, à chaque jour de ma vie ? Je ne me sentais pas de taille pour y arriver. Avant de franchir le portail, elle me dit « De *toute façon, nous étions trop proches et trop fusionnelles l'une de l'autre ce n'était pas sain, c'est un mal pour un bien* ». J'en ai pas mal souffert c'est vrai, je voulais rester proche d'elle, c'est ma maman quoi et je n'en ai qu'une. Mais elle n'est jamais revenue à la maison de la même façon que je l'avais naïvement imaginé et c'était d'autant plus gênant pour moi de demander à Papa pour m'emmener la voir. Une distance avait été mise et maintenant il fallait que je m'y résolve, c'était ainsi. Je fermais systématiquement les volets de sa chambre avant de me coucher et refermais la porte sans pouvoir comme toujours, lui dire bonne nuit ou l'embrasser. J'avais la sensation de ne plus avoir de maman, de l'avoir perdue ; c'était tout bonnement affreux.

Un soir, tandis que nous étions avec Papa plongés dans la trilogie de Retour vers le Futur et in English please ; le téléphone sonne. Parrain était au bout du fil (les appels de la part d'un proche après vingt heures sont rarement de bon augure), le père de Papa venait de décéder. Nous savions qu'il avait déclaré un cancer de la prostate qui s'était métastasé aux os ; ayant refusé de se soigner, il avait eu raison de lui. Je préviens en parallèle Maman qui débarque dans les minutes qui suivent et ils décident d'aller rendre visite à son père du lendemain ; quant à moi je souhaite également y aller et j'irai le surlendemain avec Papa. Me voilà pour la première fois dans la maison de mes grands-parents paternels que je n'avais nullement vue, à dix-huit ans passés. J'étais seule avec mon père, l'ambiance y était pesante et pas seulement liée aux circonstances. Il n'y avait aucune discussion et je me suis épatée à me prendre d'admiration pour les pigeons sur la terrasse, car au moins ça m'occupait. Il y avait l'oncle maternel de Papa ainsi que sa femme, ce sont eux qui se sont intéressés à mes études et les seuls à avoir meublé le silence qui régnait. J'étais assurément plus que mal à l'aise et Dieu sait qu'il m'en faut, je n'avais qu'une seule envie : celle de prendre mes jambes à mon cou et de m'enfuir. Toute mon enfance, j'avais entendu Papa parler de la sienne, de sa chambre d'enfant puis de ses fameux Lego qu'il n'avait pu récupérer. J'avais dans ma tête, construit une image de tout cela mais sans pouvoir me la représenter de manière concrète et il a alors demandé à sa mère pour me montrer sa chambre, chose qu'elle a refusée. Prétextant que ce n'était pas rangé et qu'elle était trop honteuse. En revanche, les Marseillais (des amis vu qu'elle en a aux quatre coins du globe) qui arriveraient dans quelques jours pour l'enterrement dormiront à l'étage, car eux ont l'habitude du "bazar"... J'ai en outre, à vrai dire aussi été surprise de voir des photos de ma sœur et moi dans son couloir ainsi que celles de nos professions de foi. Aussi étonnant que cela puisse paraître, puisqu'elle n'y était pas conviée et que nous ne lui avions pas envoyé les photos ou fait part de la cérémonie. De même qu'un diplôme de "Super Mamie" qui lui a été décerné en 2001, je ne sais par qui mais en aucun cas de la part des seules personnes concernées : Valou ou moi ; sa seule et unique descendance, cela restera un mystère. J'imagine qu'elle a trouvé son compte ailleurs. Étant non loin de chez mon Grand-Oncle et de ma Grand-Tante, nous les avons appelés et avons foncé chez eux. C'est elle qui nous accueille à bras ouverts, me couvrant de bisous et m'assommant de compliments plus tendres les uns que les autres. Pas de doute, c'était elle que la vie aurait dû me donner en tant que grand-mère ; le contraste entre les deux personnes était affligeant. Oui, les liens du sang ne sont indubitablement pas les plus forts.

🌀 J'ai depuis, eu une grande discussion avec elle, Papa à mes côtés. Nous y sommes allés pour lui souhaiter la bonne année 2024. Pas de gaieté de cœur je vous l'accorde mais il faut respecter ses ainés et qui plus est sa famille alors nous en avons fait l'effort et je restais depuis de nombreuses années avec pas mal de questions sans réponses. L'été 2023, nous nous y étions rendus à sa demande et cette fois-là, nous étions seuls avec elle. Elle avait sorti un tas d'albums photos puisque Papa lui avait expliqué lors d'un anniversaire dans la famille qu'il voudrait garder une copie de ses photos d'enfance et elle les avait donc installés sur une table pour notre venue. Pour la première fois, à vingt-et-un ans, j'ai découvert le visage de mon père bébé, enfant, adolescent... Puis, j'aperçois une photo de la fois où il avait eu l'appendicite et reçu en cadeau des Lego. Ces fameux Lego qui représentaient une telle et si grande valeur sentimentale pour lui. C'est bien simple, j'en ai toujours entendu parler ! Pariant tantôt sur le fait qu'ils soient à la benne ou non mais bien peu probable qu'il les récupère un jour. Je dis « *Ah ! Les fameux Lego ! - Ils sont en haut, tu n'as qu'à les reprendre.* » Ils étaient là tout près, tels un trésor inaccessible qui était soudain à portée de main ! Tandis qu'elle était partie dans une autre pièce, je demande à Papa si je pouvais mettre le sujet de mon grand-père qui n'est jamais venu me voir à la maternité et encore moins à mon baptême sur la table « *Ça se passe à peu près bien, évitons de mettre de l'huile sur le feu !* » ok, bon je resterai avec mes interrogations.

Lors de notre dernier passage donc, l'ambiance était totalement différente et elle haussa très vite le ton nous assaillant de reproches. Tout le monde en a pris pour son grade : mes parents, ma sœur et moi, mes grands-parents maternels, bref distribution gratuite. Une fois ses munitions de bazooka déployées, elle part chercher de quoi grignoter « *Du coup, je peux parler de mon baptême maintenant ? - Lâche-toi !* », l'après-midi a continué d'aller de reproches en critiques de sa part, jusqu'au moment où c'était assez. Après avoir demandé à Papa s'il reviendrait la voir, c'est à moi qu'elle s'adresse. Je suis adulte et je ne dois plus me cacher derrière l'avis de mon père ou de mes parents, je suis désormais capable de prendre mes propres décisions et ce, qu'elles diffèrent ou non des leurs. Moi qui n'ose pas blesser, j'ai décidé que tant qu'à l'être autant l'exprimer et ne plus faire valoir l'autre à mon détriment « *À quoi bon ? Tu trouves que l'on passe un bon moment ?* » j'ai même du mal à lui dire "tu", le "vous" sort plus facilement tant ces grands-parents restent malgré tout des inconnus pour moi. L'entièreté de ce que je pouvais garder au fond de moi depuis petite sort enfin et les larmes m'accompagnent mais je n'en ai pas honte, de toute façon, cela ne lui fait ni chaud ni froid « *J'ai mes grands-parents et tu as tes petits-enfants de substitution, tout le monde y a trouvé son compte finalement. - Et toutes les cartes et chèques que je t'ai envoyés ça ne compte pas ?* (dont mes parents n'ont jamais vu la couleur soit dit en passant - NDLR) - *Certes jusqu'à mes deux-trois ans oui et je t'en remercie, mais l'amour et la famille ne s'achètent pas.* Mes grands-parents sont des personnes qui m'aiment, qui me disent que je suis jolie ou fiers de moi (vous pourriez me le dire un peu plus souvent d'ailleurs, je vous rappelle que vous devez compter pour deux !), je n'ai jamais entendu ou reçu une quelconque marque d'affection de votre part. » Peu après notre arrivée, elle m'avait demandé si j'étais née en 2000 ou en 2001. Je réponds donc et elle me dit que c'est en Octobre, je précise le 23 puisqu'elle n'avait pas l'air de s'en souvenir. Alors pour répondre à sa question, je poursuis « *Mes grands-parents connaissent ma date de naissance, je pense que c'est la base. Quand est mon anniversaire ?* (Je lui avais dit quelques dizaines de minutes plus tôt mais fidèle à elle-même, elle entend mais n'écoute pas, comme si cela l'importait peu) - *En Mars, euh Octobre - Oui, et quel jour ? - Le 27 ? – Non et c'est bien là tout le problème… - Ce n'est qu'un détail. Tu connais la mienne toi peut-être ?! - Il me semble que ce n'est pas dans ce sens-là que cela fonctionne… Bien sûr je connais celles de mes grands-parents tout comme ils connaissent la mienne puisqu'eux m'aiment et réciproquement. Comment veux-tu ? J'ai grandi avec deux grands-parents qui m'adorent plus que tout et deux autres qui n'en avaient royalement rien à faire au point de se créer des petits-enfants de substitution, d'ailleurs, je suis sûre que pour eux tu ne trompera pas sur leurs dates de naissance* » Elle m'a répondu que oui, évidemment elle connaissait ces dates, preuve de l'attention portée à notre égard… Et c'était bien d'eux que venait ce diplôme en date de 2001 au fait ! « *Comment avoir envie de créer du lien alors que mon propre grand-père n'est jamais venu faire ma connaissance ? Il y a des histoires de famille c'est vrai, mais qui ne me concernent pas et puis être adulte, ce n'est pas justement savoir faire la part des choses et mettre de côté ses différends pour le bien de l'enfant ? Il avait soixante-et-un ans lorsque je suis née et j'en avais dix-huit à son décès. Pourtant, je suis venue lui dire au revoir et me suis rendue à son enterrement. C'est quoi alors, une question de maturité ? - Oui, je suis tout à fait d'accord avec toi.* » Cela m'a fait un bien fou de poser les choses et de les dire sans m'énerver, sans agressivité aucune. J'étais fière de moi, d'oser m'exprimer même si cela pouvait blesser l'autre ; un énorme pas en avant pour moi. En tout cas, c'est un énorme gâchis mais pour elle seulement. J'ai eu la chance d'avoir de formidables grands-parents qui ont toujours compté pour le double et qui m'ont aimée au centuple. Papy et Mamie, je vous aime si fort… De même que mon Grand-Oncle et ma Grand-Tante. Après ces deux heures où nous nous sommes faits cuisiner avec Papa, nous allons justement les voir et en sortant de la voiture, je dis à Papa « *Tu vois, si elle se comportait comme une mamie, d'un elle aurait eu de la peine en me voyant pleurer et de deux elle m'aurait dit quelque chose sur ma coiffure (qui avait foncièrement changée) mais non, rien* », j'arrive devant ma Grand-Tante et l'embrasse en y mettant tout l'amour que j'ai pour elle et après une longue étreinte, que me dit-elle à votre avis ? « *Oh ! Mais tu as coupé tes cheveux, ça te va tellement bien tu es toute jolie comme ça !* » et voilà, j'étais sciée sur place... 🌀

Il y a aussi eu la fois où j'ai perdu l'équilibre en sortant du jacuzzi et que je suis retombée sur mon poignet, j'y ai gagné deux semaines d'attelle et idem pour la collision de l'orteil dans le canapé. Je passe rapidement parce qu'à force, c'est toujours le même refrain. En parlant de même refrain, pour la première fois d'une longue série mon épaule s'est déboîtée et réemboîtée seule. Pas fort, mais vraiment la sensation qu'elle s'était fait la malle où il ne fallait pas : première **subluxation.** Dans le SED, on retrouve ce que l'on appelle des problèmes de proprioception : se prendre le coin des meubles, heurter l'encadrement de portes, en accrocher la poignée... Cela arrive à tout le monde. Seulement chez les patients SED, cela arrive au quotidien. Tout comme le chat a ses moustaches, le corps lui, n'en a pas pour se repérer. Les capteurs situés à la surface de la peau sont défaillants et donc, les signaux ne sont pas toujours reçus ni bien interprétés. C'est sensiblement pareil qu'au début de la prise en main d'une voiture : il est compliqué de gérer le gabarit tant en longueur qu'en largeur. Je dirais que c'est pareil, souvent considérée à tort en tant que maladresse, il est plutôt question de "mal calculer son coup" et cela peut paraître drôle mais cela se solde constamment en hématome, enfin, dans le meilleur des cas. Avec Papa, nous prenons Vanille et nous aérons à la mer : les bonnes moules-frites de Stella, la glace sur le sable et enfin les pâtisseries de notre boulangerie favorite. Mes examens théoriques passés à distance à cause de la situation sanitaire auront duré toute une semaine et j'aurais eu à gérer en même temps la crise suicidaire d'une de mes amies : Laëtitia. Je suis restée en ligne avec la cellule d'écoute de SOS Suicide de minuit à deux heures du matin et l'interlocuteur m'a d'ailleurs dit que je ferais une bonne psychologue... Puis, j'ai joint mon propre psychologue à la première heure pour savoir que faire. Tout cela alors que j'avais examen le matin et pour lequel le temps entre la découverte du sujet et l'échéance pour le rendre était imparti. J'ai finalement appelé sa mère pour la prévenir, je n'allais pas laisser mon amie mourir et elle ne me l'a jamais vraiment pardonné mais tant pis, elle était en vie. S'ensuit une flopée de réactions en chaîne : nous étions un groupe de quatre copines et seules deux d'entre nous étions au courant de son mal-être : Laurie et moi, et je fus la seule à qui elle s'était confiée. Elle m'avait annoncé de but en blanc qu'à une date précise elle se jetterait sous un train et l'on se rend vite compte dans ce genre de moments que l'on devient adulte... La quatrième du groupe, Candice, s'est sentie à l'écart. Or, je savais que mon amie ne l'appréciait pas assez pour lui faire ce type de confidence et j'ai donc respecté son souhait en ne disant rien : le tout m'est revenu à la figure et notre groupe si soudé jusqu'alors a connu quelques remous suite à cela. Les bandes de copines sont perpétuellement choses compliquées : à trois, il y aura systématiquement l'une d'entre elles qui se sentira de trop et si deux d'entre elles se voient sans les autres c'est le drame assuré, à quatre c'est le même principe. Je fus fort impactée, j'avais voulu bien faire et aider au maximum mais cela ne suffisait pas. Enfin le 25 Juin, les résultats de ma première année d'infirmière tombent et l'interminable sensation de voir chaque heure passer ainsi que l'attente qui aura duré onze jours prennent fin. J'avais réussi à valider mes vingt-six matières théoriques et mon examen pratique avec un pourcentage de réussite global à 61,65%. Premier pied de nez aux « *Tu n'y arriveras jamais avec un baccalauréat littéraire / Ta santé est trop fragile / Tu as trop de lacunes* » du blabla dans le vent oui ! Mon défi était donc relevé : si je validais toutes mes matières sans rattrapage, mes parents m'offriraient la Nintendo Switch et le nouvel Animal Crossing New Horizons qui venait de sortir quelques mois plus tôt. Étant de grandes fans depuis petites avec Valou, forcément je l'ai voulu ! Nous sommes même allés avec Papa, chercher en main propre les manettes à l'effigie du jeu ainsi que le jeu lui-même via Vinted jusqu'à Paris : j'étais aux anges ! J'en profite pour voir Ghunyah qui nous emmène au bord d'un lac et nous nous installons sur un banc pour bien passer deux heures à refaire le monde tous les trois. Début Juillet j'obtiens mon code de la route en candidat libre, qui est la clé vers le début des heures de conduite menant directement vers le permis. Papa m'y avait inscrite sur un coup de tête « *Au pire, cela te fera un entraînement !* » Nous nous empressons avec Papa et Maman, d'aller festoyer ça au Subway et j'y reçois un SMS de mon moniteur d'auto-école qui me félicite également et programme ma première heure de conduite le 31. J'obtiens quelque temps plus tard ma carte de priorité pour personnes handicapées avec la mention permanente, pas besoin de la refaire tous les cinq ans donc : quel luxe ! Finies les douleurs à en crever lorsque l'attente est trop longue, que ce soit aux caisses des magasins ou dans les parcs d'attractions… J'allais enfin pouvoir économiser mon énergie plus facilement. J'avais également demandé celle de stationnement mais celle-ci m'avait été refusée. Lors des stages ou pour me rendre à l'école, la voiture était toujours garée très loin car ce sont des zones à disques ou payantes et je vous assure qu'après une journée à être restée plus de huit heures debout - je rappelle que s'asseoir en tant qu'étudiant est mal vu - marcher jusqu'à elle était pour moi le coup de grâce. Je referai avec l'appui du médecin, une demande dans la foulée et me voilà repartie pour six longs mois d'attente… Un après-midi, tandis que j'étais allée faire quelques achats avec Maman, Papa me demande du jardin. En travaillant dehors, il avait entendu de drôles de bruits et après une rapide investigation il avait trouvé un chaton. Apeuré, maigre et miaulant de détresse et évidemment, il m'avait appelée pour que je le voie. Mais vous me connaissez ? Un chaton de deux mois et un petit mâle en plus, le transfert avec Nesquick que j'avais perdu six ans plus tôt était vite fait ; j'avais l'impression d'avoir une seconde chance. J'ai un peu dû faire des pieds et des mains pour que Papa accepte de le garder et ce fut un travail de longue haleine mais j'ai réussi ! Ma force de persuasion et le don de commercial qu'il m'a transmis lui ont fait défaut et voilà comment Cassonade a rejoint la famille, pour le grand dam de Grenadine qui elle, n'avait pas le même engouement que moi.

Comme l'a annoncé ma chère Anaïs dans l'une de ses stories Instagram « *Petit partage du soir, celui du compte d'une amie qu'elle vient de créer après beaucoup de réflexion et qu'elle va dédier au SED. Donc allez l'encourager, elle le mérite* ». Je crée mon compte Instagram "@sedavie" : un mélange du fait que je l'ai à vie dans le sens où c'est "incurable" et que c'est comme cela, c'est la vie quoi ! J'avais toujours eu l'envie d'en faire un mais je craignais de subir du cyberharcèlement. Je me suis sans cesse remerciée lors de ma période de collège, de ne jamais avoir eu de compte Facebook. De nos jours, le lynchage gratuit est plus que facile via les réseaux sociaux et j'avais un maximum verrouillé ce que j'y écrivais ou partageais puis me voilà partie. J'ai pu m'y exprimer, avoir du soutien et bien plus que cela durant les mois et années à venir, que ce soit dans mes études ou en lien avec ma santé. Je profite d'une journée avec Ghunyah à Disney qui venait enfin de réouvrir ! Papa me rejoint le soir même sur place et nous prendrons ensuite la route des vacances. La dernière semaine de Juillet, nous passons nos premières vacances à deux ; Vanille, Floppy et Cassonade sont chez Maman et Grenadine reste chez nous pour ne pas perturber ses habitudes. Puis, étant plein de vie et rempli de conneries, elle a fini par le laisser à la maison pour venir s'en occuper tous les jours. Il était vraiment invivable au début ce petit bout de seulement deux mois ! Mais avant cela, revenons sur cette expédition à Disney. J'avais donc mon fauteuil et le coupe-file mais malgré cela, j'ai eu la deuxième crise de maux de ventre de la semaine à m'en pincer la peau tellement c'était douloureux. De plus, j'avais de fortes douleurs dans les jambes et aux articulations et je me sentais sincèrement démunie face à toutes ces souffrances… Rien n'avançait concernant mon diagnostic et cela faisait déjà huit mois que l'infirmière de Belgique m'avait donné le nom de SED pour la première fois ; cela me paraissait si loin. J'ai beaucoup parlé avec Ghunyah ce soir-là, elle savait que je n'avais pourtant pas fait d'excès. Puis, j'en échange également avec Anaïs. Le lendemain, j'ai même tenté d'appeler le centre de référence de Clermont-Ferrand vu que l'on allait s'y rendre pour les vacances quelques jours plus tard, mais n'habitant pas la région ils ont refusé. Étants sur Paris, avec Papa nous décidons de prendre la route de celui-ci. Tant qu'à être à côté autant tenter ma chance, on ira au culot... Rien à perdre et tout à gagner après tout. Nous entrons donc dans l'hôpital Raymond-Poincaré de Garches et la secrétaire me dit que ce n'est pas le chemin classique, je devrais d'abord prendre un premier rendez-vous (six mois de délai) et au terme de cela, je rencontrerai le médecin qui jugera s'il est utile de me suivre ou non. Une fois cette première étape passée, il me donnerait un questionnaire à compléter qu'il étudiera par la suite. Une fois toutes ces étapes de franchies, je serai recontactée pour venir ou non en hospitalisation de jour dans le but de réaliser des examens visant à écarter les symptômes et pathologies associés les plus graves puis obtenir LE diagnostic ; je prenais bien un an dans la vue. Le médecin fait alors irruption dans la pièce et elle explique qu'en gros, je "court-circuite" le protocole. Il s'adresse à moi en disant « *Qu'est-ce qui vous dit que vous avez bien le SED ?* », j'avance le diagnostic de la rhumatologue et de l'infirmière, puisque c'est tout ce que j'avais en poche à ce moment-là. Il me prend un peu de haut et me saisit le bras pour inspecter ma peau, commence à manipuler mes doigts et mes poignets et face à mon hyperlaxité évidente, il lui indique qu'il va m'intercaler entre ses rendez-vous et me demande de le suivre pour m'examiner sous toutes les coutures, encore une fois. Chaque nouveau médecin est égal à un récap complet de mes problèmes de santé plus un examen clinique qui consiste à me tordre dans tous les sens et à faire un scan corporel visuel de tout ce qui dysfonctionne : moment en culotte-soutif très peu agréable je vous l'accorde, mais nécessaire. Il a dû trouver mon cas intéressant puisqu'il dit à sa secrétaire de me donner le formulaire à remplir ; lequel m'inscrit sur la liste des désistements pour programmer une hospitalisation de jour, si pas, ce sera pour la rentrée de Septembre. Il y avait une bonne vingtaine de pages et je devais répondre aux questions visant à retracer les problèmes de santé de toute ma famille. Me voilà donc à passer des coups de fil à mes grands-parents, à Maman, Valou... Pour coucher un maximum de renseignements sur ces papiers. Nous ressortons de là après l'avoir remercié un million de fois et avec enfin une lueur d'espoir ainsi qu'une date de fin pour ce combat. Plus que deux mois : courage.

Après ces péripéties, nous prenons la route vers la région de la Loire, nous visitons le château de Chambord et dormons dans une auberge de jeunesse. Drôle de coïncidence puisqu'il s'agissait de la même que celle où j'étais allée avec l'école en Mars 2011, presque dix ans en arrière. C'était si marrant pour moi de voir avec des yeux d'adulte le lieu que j'avais en mémoire avec ma vision d'enfant : le réfectoire paraissait dans mes souvenirs, tellement immense ; en réalité il n'y avait que dix tables ! Nous faisons ensuite la découverte du Futuroscope et au début du mois, lorsque j'ai su que j'avais obtenu mon code, je m'étais empressée de le partager à toute ma famille. Je mets donc Parrain au courant et nous abordons par la suite le sujet des vacances. Il me dit qu'ils iront au Futuroscope, nous aussi, et aux mêmes dates ! Magie de la vie, même en essayant nous n'aurions pas réussi à si bien nous organiser : les deux mêmes jours et le même hôtel. Nous leur annonçons donc la séparation de Papa et Maman pour qu'ils ne s'étonnent pas de nous voir arriver qu'à deux puis peu après l'appel, l'angoisse m'envahit. Si je voulais profiter de la journée, je devais prendre mon fauteuil roulant mais ils ne savaient pas pour le SED, je n'en avais parlé à personne de ma famille. Comment aborder cela autour d'un gâteau d'anniversaire ou du sapin de Noël ? Les seuls au courant étaient mes parents, quelques amies et c'est tout. À quoi cela servirait-il finalement ? À part s'apitoyer sur mon sort, ce qui ne m'intéressait pas et n'a jamais fait partie de mon vocabulaire. J'ai donc envoyé un message plus long que le bras à Alizée lui expliquant la situation et que j'étais vraiment désolée de devoir leur infliger cela. Adorable comme toujours, sa réponse bienveillante ne s'est pas fait attendre et j'ai pu envisager ce séjour sereinement. Nous avons passé deux superbes journées avec eux quatre et il y a d'ailleurs eu une gaffe de la part de Parrain et c'est pour ce genre de bêtise que je l'adore. Je l'ai constamment admiré dans son rôle de papa, avec Alizée ils forment de super parents : amoureux, affectueux, attentionnés avec leurs enfants, bref, ils vendent du rêve. Attention, je ne dis pas que ce n'est pas ce que j'ai reçu, je vous vois venir Papa et Maman ! Le temps de s'enregistrer à l'hôtel puis eux partirent manger puisqu'ils avaient pris tôt la route du matin et nous nous donnons rendez-vous sur le parc un peu plus tard. Revenons à Gaston Lagaffe ; nous faisons une première attraction où je devais laisser mon fauteuil devant et m'y rendre à pied et il y en avait un autre, semblable au mien qui était juste à côté. En ressortant, je le récupère puis on l'aperçoit au loin qui nous rejoint avec sa petite famille : tous morts de rire. Parrain avait vu les deux fauteuils mais pris le mauvais pour le mien et en attendant que nous sortions, il avait dit à Noah de monter dedans pour faire un tour et déconner avec, il avait bien raison ! Jusqu'à temps que son propriétaire ne revienne et ne demande de le lui rendre. Heureusement il en a ri mais Parrain lui, ne savait plus où se mettre et nous l'avons bien charrié avec cela ! À la fin de ces deux jours, nous continuons notre road-trip direction Oradour-Sur-Glane : village martyr de la Seconde Guerre mondiale, que j'avais toujours eu envie de parcourir. Ensuite, c'était le parc de France miniature à Élancourt où nous avons contemplé les monuments français à la taille de Playmobil et les dénivelés furent les meilleurs copains de Papa qui me pousse tout au long de la journée ; le fauteuil de la pharmacie est beaucoup trop lourd pour que je puisse me pousser seule. Puis, il me fait découvrir le Zoo de Thoiry qu'il connaissait depuis petit et l'heure de reprendre le chemin de la maison sonne. Le 30 Juillet, mon rendez-vous chez le pneumologue tant attendu a lieu et j'en ressors complètement défoutue, ayant fait un post pour exprimer mon ressenti du moment, je vous le partage :

> « Dû au nouveau protocole de soins, je n'ai pas le droit à l'oxygène. (Je précise au cas où : c'est le nouveau protocole de soins national qui proscrit l'oxygène parce qu'il n'y a aucune étude à ce jour qui prouve ses effets sur les patients SED. - NDLR). Va falloir que j'encaisse… six semaines que je décomptais en me rassurant, me disant que c'est bientôt fini. Bientôt, tu auras enfin quelque chose pour te soulager mais non, rien. Rien avant mi-septembre pour les vêtements compressifs et c'est tout. Je n'ai plus rien pour me motiver ni même positiver. Je hais la vie et ma vie. »

Les vêtements compressifs prescrits habituellement pour aider les greffes des grands brûlés à prendre, furent utilisés chez les SED : le fait de "resserrer" la peau diminue les douleurs et améliore la proprioception de l'organisme. Le pneumologue entend bien mon cruel besoin d'améliorer ma qualité de vie et me dit que si d'ici Novembre ce protocole de soins "débile" n'a pas changé, il me fera participer à une étude pour me donner la chance d'en bénéficier. Elle consiste à utiliser soit de l'oxygène, soit un placebo donc de l'air, le tout visant à prouver son efficacité sans en impliquer le côté psychologique. Je me suis un peu sentie comme un rat de laboratoire mais bon, c'était la seule option à ma portée. Quant au dernier jour du mois, il rime avec le début de mes premières heures de conduite. La première, mon moniteur (qui était également celui de ma sœur, donc je le connaissais déjà un peu) m'explique le fonctionnement du moteur, des pédales, de la boîte de vitesses… Et pour la seconde, je m'installe derrière le volant pour la première fois, je ne dois m'occuper que de cela. J'avais l'impression que tout le monde allait me foncer dedans, c'était hyper flippant ! Le mois d'Août commence et en ce temps-là, Disney rendait gratuite la visite de l'accompagnant d'une personne en situation de handicap. La date de validité de mon passeport annuel avait été rallongée au vu de la durée de fermeture due au Covid : au lieu de finir le 20 Août 2020, il expirera le 21 Janvier 2021. Cela m'arrangeait bien puisque sans le Covid et avec les études, je n'aurais de toute façon, pas eu le temps d'en profiter. Ainsi, ça ne me coûtait rien non plus et alors là, ce fut la fête à neuneu ! J'y suis allée neuf fois sur le mois et avec une copine différente à chaque fois. J'ai battu mon record en m'y rendant quatre fois sur la même semaine : Mardi, Jeudi, Samedi et le Lundi en suivant. Entre chaque visite à Disney je me reposais et prenais mes heures de conduite : mon moniteur « *Alors quoi de neuf, t'as fait quoi hier ? - J'étais à Disney. - Cool ! Et demain, quoi de prévu ? - Bah… j'y retourne ?* ». Nombreux sont ceux qui ne comprennent pas que l'on puisse se diriger aussi souvent vers ce parc sans se lasser. Mais chaque journée, même si c'est avec la même personne, est différente et ce sont des moments de joie ainsi que de partage. Je ne m'en lasserai jamais, j'y découvre sans cesse quelque chose de nouveau et c'est véridique ! J'ai cependant bien du mal à compter le nombre de fois depuis petite et je vous mets au défi de trouver ! (Depuis, je me suis amusée à retracer chacune de mes visites et après ma dernière de Décembre 2023, j'en suis à un total de soixante-dix-sept journées !). J'entame ma série de nouveau avec Ghunyah : évidemment ! Puis Laëtitia, Laurine, Abigaëlle, Camille, Clara, Anne et Faustine et je rencontre d'ailleurs sur le parc Monsieur @rorolecostaud sur les réseaux. Un homme devenu tétraplégique qui partage son quotidien avec beaucoup d'humour, c'était un échange hyper intéressant. Bien sûr, sur le moment je remets plus qu'en cause ma légitimité d'être moi aussi assise dans un fauteuil alors que je peux me lever comparé à lui… Mais chacun sa croix et à chacun les limites de sa pathologie. Je me souviens aussi d'un soir vers vingt-trois heures où je fus réveillée avec la sensation profonde d'étouffer, je vais voir Papa et direction les urgences : c'était une crise d'asthme que l'on appelle aussi blocage respiratoire, courant dans le SED apparemment. Là-bas, ce fut qualifié d'angoisses, encore la fille qui ne sait pas gérer son stress quoi ; c'est chose aisée d'imaginer la cause la plus courante même si ce n'est pas nécessairement celle qui correspond. Enfin, après un aérosol, je fus soulagée et c'est dans un moment comme celui-là que l'oxygène m'aurait été efficace si je l'avais eu à la maison. Puis Anne m'emmène au cinéma voir en 4DX l'un des *Harry Potter*, la coupe de Feu il me semble et je fais également du babysitting chez mes voisins, pas très sages d'ailleurs. Enfin, décision qui allait tout changer : me couper les cheveux. En stage, selon l'école, ils ne devaient pas toucher la blouse et les ayant longs depuis toujours une queue haute ne suffisait plus, je devais faire un haut chignon qui me serrait le cuir chevelu à me donner mal au crâne et cela faisait un sacré poids à porter à la longue et j'en ai eu marre. J'ai appelé un coiffeur mais vu que nous étions à l'approche de la rentrée scolaire, il n'avait pas de place avant une semaine et je savais que si j'attendais un jour de plus j'allais me dégonfler et puis, une fois que j'ai une idée en tête il est difficile de me l'enlever. J'en trouve donc un sans rendez-vous et Eva jamais dans la demi-mesure : je me les coupe au carré en faisant un don de cheveux des trente centimètres dont je venais de me séparer. Cela m'a fait bizarre de repartir avec plein de queues de cheval dans les mains mais j'étais si contente ! J'en avais envie mais je n'osais pas : c'était mon nouveau départ à moi. Lilou fête ses onze ans et Valou ses vingt-deux.

Post Instagram du 31 Août 2020 :

« La rentrée approche à grands pas… Depuis le confinement, je n'ai pas repris les cours… Bref c'est le stress, car depuis Mars, mon état s'est dégradé. Je vais avoir beaucoup de rendez-vous médicaux pour mettre en place enfin une vraie prise en charge et un suivi pour mon SED. Ce qui va me faire louper les cours… Je suis une grosse, grosse bosseuse même si j'ai une phobie scolaire. Mais maintenant que je suis dans la voie qui me plaît, cette phobie s'est presque envolée ! Bien sûr des restes persistent mais bon. Comme d'habitude, je fais avec, mais ça m'angoisse de ne plus

réussir à faire avec justement... En infirmière, être malade ce n'est pas trop permis et souvent mal vu. Ça fait peur surtout, mais je pense que nous, les soignants-malades sommes peut-être les plus aptes à comprendre un patient du fait de ce qu'ils traversent eux aussi ! En tout cas, en ayant déjà été patiente, c'est mon ressenti. »

Rentrée en Deuxième année d'infirmière pour moi et en Première année de Master MEEF pour Valou (Métiers de l'Enseignement, de l'Éducation et de la Formation). Déjà, je ferai au cours de cette année mes premiers postes de soir : de treize heures à vingt-et-une heures et mes premiers week-ends, un par stage. Sur les quatre classes de l'année passée : A, B, C et D, elles ont été fusionnées en deux : les A et B en A et les C et D en B. C'est comme cela qu'avec Emi qui était en B, nous nous sommes retrouvées ensemble et avons pu covoiturer. Les ex-1IHA étaient les 2IHA1 et les ex-1IHB les 2IHA2. Pour les cours pratiques, nous sommes redivisés en quart de classe tant nous étions nombreux et il fallait encore rajouter une lettre : a ou b. J'étais donc en 2IHA1a : d'une simplicité redoutable ! Et le jour de la rentrée annonce vite la couleur de celle-ci : la sous-sous-directrice passe dans la classe faire sa petite allocution. En effet, le tri qui se fait grâce aux examens n'avait pas pu être effectué et sur notre grande classe d'environ soixante « *La moitié n'a pas sa place dans la mesure où beaucoup d'entre vous n'ont rien foutu de l'année et ce sont les examens à distance* (avec cours à disposition) *qui vous ont sauvé. De cette façon, nous saurons vite qui mérite sa place ou non* », bon eh bien ça promet ! Moi qui pensais que la première aurait été la plus dure... Elle est surtout composée de découvertes pratiques et théoriques ainsi que de la prise de rythme. Oui, je me trompais lourdement puisque cette deuxième fut la plus rude tant le décalage d'une année sur l'autre était grand et brutal. Six stages sont à valider : chirurgie, pédiatrie ou maternité, médecine, psychiatrie et personnes âgées, le dernier est au choix. Vingt-cinq matières sont à obtenir avec toujours un minimum de cinquante pour cent de réussite pour chacune et enfin, trois examens pratiques où il fallait être brillant dont deux en salle technique. Nous sommes tous noyés par l'abondance de savoir-faire autant théorique que pratique qu'il nous faut très vite intégrer. L'an précédent, on nous apprenait le fonctionnement sain du corps ; en deuxième ce sont les dysfonctionnements. S'il n'est pas acquis, comprendre ce qui disjoncte sera mission impossible et niveau pratique, nous avons découvert sur le tas les injections sous-cutanées, les insulines et les premiers pansements. Normalement c'est chose vue les derniers mois de première mais confinement oblige, ce n'était pas le cas. Nous n'avons eu que très peu de cours en trois semaines de temps et au terme de celles-ci : début du premier stage et déjà évalué sur ces techniques. Imaginez donc à quel point nous fûmes perdus lorsque nous avons tous débarqué en service hospitalier. Les équipes avaient l'habitude de nos connaissances d'ordinaire acquises et ce n'était absolument pas notre cas de ce fait. Le premier jour, nous étions cinq étudiants et avions des prises de glycémie à faire et nous étions une ribambelle d'étudiants qui ne les avait pas encore pratiquées ; autant vous dire que l'on a été considéré comme de mauvais stagiaires qui n'avaient pas travaillé leurs cours. Je vous confirme, nous nous sommes tous, sans exception, faits descendre plus que de raison et ajoutez à cela l'apprentissage de tous les types de sondage. Du gastrique : naso-gastrique/naso-jéjunal, de gastrostomie ou de jéjunostomie ; au vésical : à demeure chez l'homme et la femme, de vidange In/Out. Agrémentez cela avec les différents pansements : le sec aseptique, avec agrafes/fils et retrait de ceux-ci ; avec irrigation de plaie, avec mèche/lamelle/drain aspiratif en circuit ouvert ou fermé puis celui de la plaie d'escarre avec application de pommade protectrice et/ou détersive. Ensuite, viennent les prélèvements sanguins et les hémocultures, les perfusions avec toute la technique de purge d'air des tubulures, les régulateurs de débit, les rampes, les robinets à monter dans un ordre bien précis... Le tout enjolivé par de nombreux cours de calcul de doses à fond de balle. Et pour terminer : l'utilisation des PSA : Pousses-Seringues Automatiques et les PCEA qui sont les machines qui permettent de doser soi-même, à l'aide de bolus, la dose d'anesthésiant dans les péridurales par exemple, etc. Je pense avoir fait le tour !

Un midi, je reçois en étant à l'école un appel qui m'informe d'un désistement pour le rendez-vous avec le pneumologue, afin d'avancer celui que j'avais en Novembre. Je saute sur l'occasion, même si pour cela je dois louper deux cours. Pour une fois, je donne priorité à ma santé au vu de mon état et de la difficulté physique que mes études représentaient vis-à-vis de ma pathologie. N'ayant aucune avancée pour l'étude dans laquelle il m'avait incluse avant un délai de trois mois, il me prescrit enfin mon premier vrai traitement : la supplémentation en oxygène visant à réduire la fatigue et les douleurs... J'appelle la société en sortant du rendez-vous et suis appareillée dès le lendemain et ma vie a changé avec cet oxygène. Finies les migraines qui durent des jours et le fond de mal de crâne constant que j'avais, j'arriverai à mieux les gérer. Bien sûr, ce serait parfois récalcitrant puisque ce n'était pas une baguette magique, mais l'efficacité fut flagrante. Désormais, il allait falloir réussir à le porter, surmonter les regards, la pitié et répondre aux questions que l'on me pose : oui, certains ont un sacré culot et me demandent de but en blanc la raison. Le plus dur je pense, est de l'assumer devant mon entourage. Les gens que je ne connais pas, bon, ce n'est pas des plus agréable, mais ma famille et mes proches... Même aller au supermarché du coin ne me rassure pas. Rien qu'à l'idée de croiser des personnes qui ne sont pas au courant et ne pas savoir ce qu'elles vont faire de cette information me met la peur au ventre. Par le passé j'ai souvent eu le tour que cela se retourne contre moi. Je sais bien que je suis adulte et qu'il n'y a plus de raisons que ce genre de propos ne ressurgissent, les enfantillages du collège sont à présent bien loin derrière moi. Mais les statistiques de mes expériences passées tendent à ce jour plus vers le mauvais que le bon. Je m'en remets ainsi au temps, à lui de me redonner confiance en la vie et en les autres et à lui aussi de me prouver que tous ne sont pas toujours remplis de mauvaises intentions associées à de la malveillance systématique. Par exemple actuellement, ce serait vis-à-vis de mes collègues de travail. Même si je sais qu'ils sont tous bienveillants, c'est peut-être bête, mais ce n'est pas l'image dont j'ai envie qu'ils aient de moi. Celle de quelqu'un de fragile, de vulnérable et de potentiellement incapable d'exercer mon métier comme on me l'a tant renvoyé. Hors de question de donner raison à cette professeure de première année : je suis capable, et puis finalement, en quoi être malade ne me permet pas de m'occuper d'autres malades ? Bien sûr, je ne vais pas aller travailler avec mon oxygène dans les narines ni rien qui ne rende visible ma pathologie d'ailleurs et ce qui paraît logique mais qui à mon sens, ne devrait pourtant pas l'être : un soignant en fauteuil resterait bien un soignant non ? Mais oui, cela ne serait pas rassurant aux yeux de tous et cela prive injustement les personnes atteintes de maladies invisibles ou invalidantes de pouvoir exercer le métier qui leur plaît. Encore une fois, tant que la santé et les soins prodigués au patient ne sont pas mis en péril mais où est donc le problème ?!

Je suis en classe avec Vanessa et Pauline : mes deux amours de copines Belges et je trouvais cependant en parallèle des cours, Vanessa bizarre depuis la rentrée. Elle qui était si assidue, manquait chaque jour la moitié, disant s'absenter pour des rendez-vous médicaux. Je savais qu'elle avait des antécédents de santé et je commençais à m'inquiéter, mais elle me rassurait, tantôt un contrôle chez le gynécologue puis plusieurs autres rendez-vous car son stérilet lui posait problème. Elle m'a menée par le bout du nez une semaine durant puis j'ai fini par rentrer dans le lard, je savais qu'il y avait un truc qu'elle ne me disait pas et pourtant, elle savait qu'elle pouvait avoir confiance en moi. Après avoir vivement insisté elle me dit « *Ok, suis-moi* » et nous nous rendons à sa voiture. Sur le chemin, moi toujours dans la délicatesse et l'humour « *T'es enceinte ?* » (Blague que je sors plus que facilement, à n'importe qui et à tout-va) mais je n'obtiens aucune réaction de sa part. Je lui dis en riant qu'en plus, elle ne me répond pas et que cela renforçait mes doutes ! Elle me tendit alors un papier sur lequel j'y lis ses antécédents ; j'étais déjà au courant de cela et donc, qu'est-ce que cela voulait dire ? Elle voulait que je continue de lire, ce que je m'empresse de faire jusqu'à temps que mes yeux se posent sur les mots "semaines d'aménorrhée" : elle était bel et bien enceinte et il ne lui restait plus quelques jours avant de prendre une décision, celle de le garder ou non. Je lui ai tout de suite dit que cela lui revenait entièrement, qu'elle devait écouter son cœur et sa raison et quelle qu'elle soit, je la soutiendrai. Sa gynécologue, sa maman et moi étions les seules au courant, j'ai gardé son secret sans en parler aux autres, car elle ne voulait pas que cela se sache. Quid de ses études et de son avenir ? Affaire à suivre... Milieu du mois, je vais assister grâce aux tuyaux d'Abigaëlle au tournage de La France a un Incroyable Talent en tant que membre du public. Papa m'accompagne et Anne aussi. Ghunyah elle, nous rejoint sur place et quelques jours plus tard : nouvelle expédition à Disney toutes les deux. Puis, me voilà en seulement huit semaines, arrivée à vingt-et-une heures de conduite : je pouvais donc passer en conduite supervisée et me présenter à l'examen. La conduite accompagnée se fait avec les parents lorsque l'on est mineur et avec un nombre de kilomètres précis à parcourir. Elle donne un point de plus cumulé par an pendant la période probatoire et en dure deux au lieu de trois. La supervisée elle, consiste à conduire avec un passager qui est lui-même expérimenté, c'est en attendant d'avoir le permis d'une certaine façon et j'ai eu l'immense chance de la faire sur ma future voiture. J'ai appris directement sur celle que j'allais conduire, c'est donc beaucoup plus simple. On a trouvé mon carrosse et sommes allés le chercher avec Papa et Maman. J'ai fini ma vingtième et vingt-et-unième heure de conduite vers seize heures ; à seize heures une, nous étions en route pour aller l'acheter. Voiture que j'aime de tout mon cœur et dont je prends plus que soin, il paraît que la première est sacrée et même elle au début je l'ai plainte de devoir se retrouver entre mes mains ou plutôt entre mes pieds ! C'est dire l'image que j'avais de moi...

À la fin Septembre, je rencontrais en aparté le médecin qui nous donnait cours puisqu'au jour de la rentrée, nos professeures titulaires nous avaient vivement "conseillé" d'aller la voir si nous avions des problèmes de santé. Je n'osais même pas les inscrire sur la feuille de renseignements du début d'année par peur qu'ils n'en jouent et ne me renvoient sous un prétexte bidon, toujours afin de ne pas entacher leur image de perfection ; un peu à celle du principal avec son pourcentage de réussite du brevet. Je me souviens que l'une d'entre elles avait dit « *Chaque année, certains d'entre vous nous cachent leurs problèmes de santé : diabète, hypertension... Puis un jour, ils nous tapent un gros malaise et là, nous découvrons le tout* ». Je disais à Pauline que si un jour je tournais de l'œil, elle aurait tout intérêt à me secouer pour que je revienne vite à moi et que cela passe inaperçu. Il ne fallait surtout pas qu'ils sachent car cela me donnerait des comptes à leur rendre. Une autre élève d'un an plus vieille que moi, m'avait expliqué avoir été privée de stage puisque jugée comme incapable et de quel droit ? Je ne sais pas, mais la direction l'a pris et elle a fini par devoir changer de boutique en la mettant en sourdine pour avoir son diplôme. C'est ça de ne pas rentrer dans les "cases", dans leurs "cases" : « *En stage, vous représentez l'école, alors vous devez être irréprochables* », merci la pression et je vous assure que ces mots nous ont été maintes fois répétés.. Plutôt que de considérer que c'est potentiellement notre santé que l'on met en péril, eh bien non c'est celle du patient, ce qui est plus que ridicule. Or dans mon cas, je ne vois pas en quoi m'asseoir parce que je suis douloureuse met quelqu'un en quelque danger que ce soit. Bref, au vu du parcours du diagnostic qui s'annonçait à moi ainsi qu'au nombre d'examens et de rendez-vous médicaux qui se profilaient à l'horizon, j'avais décidé de prendre les devants. Pensant naïvement éviter de devoir justifier de mes absences ou que cela me porte préjudice ; la directrice m'a imposé cet entretien et heureusement pour moi, ce médecin aura été la seule à penser à ma santé avant la réputation de cette fichue école.

Le 28 Septembre marque mon premier jour de stage de l'année : je suis en chirurgie orthopédique et ce fut vraiment le pire de ma deuxième année. Oui, car après il me reste encore la troisième avec un autre qui détient aussi cette appellation. Il durera deux semaines, jusqu'au 11 Octobre et pas besoin de plus pour me mettre le moral à zéro, c'est lui qui en a remporté la palme d'or. Premier jour et pas des moindres : c'était un service où nous, étudiants, n'avions pas le droit de nous asseoir : que ce soit aux changements d'équipe ou lors de nos transmissions rédigées sur ordinateur, jamais. Les infirmières avaient bien évidemment leur pause-café, leurs moments de remises de service… Elles, étaient assises mais nous non. De toute façon, notre place était plus à arpenter les couloirs et aucune chaise n'y régnait, comme ça c'était vite réglé. J'ai tenu deux jours avant d'aller en parler à l'infirmière en chef et lui expliquer que j'avais vraiment besoin de m'asseoir. La journée dans ce service durait huit heures trente : considérée pour huit vu que l'école nous sucre la pause-repas et que nous devons rattraper cette demi-heure par la suite. Sans compter que l'on doit arriver dans l'étage à l'avance ; prise de poste à sept heures mais il faut y être à moins dix selon l'école, toujours dans le but de se faire bien voir, vous l'aurez retenu. Cela a marché pour ce stage-là dans la mesure où c'était le premier. Le suivant, je commencerai à six heures quarante-cinq et j'étais donc habillée et en poste à six heures quarante-cinq et basta. Je n'allais tout de même pas faire d'heures supp', elles qui ne seraient même pas comptabilisées pour mon stage, il ne fallait pas non plus rigoler ! Déjà que notre dédommagement par les lieux de stage allait dans les poches de l'école : l'esclavage des temps modernes a ses limites et moi aussi. La chef comprend, mais me demande néanmoins comment je ferai plus tard : la rengaine habituelle et me donne le "droit" de m'asseoir dix minutes toutes les deux heures. Cependant, je dois expliquer à mes collègues étudiants pourquoi je peux contrairement à eux. Super, car les différences sont égales aux jalousies et donc à une mauvaise ambiance. De plus, je devais les en avertir en personne et entre élèves, la solidarité n'est pas toujours de mise. Bien souvent, c'est plutôt la compétition de qui fera la meilleure impression. Sans grande surprise, j'ai été la moins bien notée et appréciée du stage.

Sur ces huit heures trente, la pause du midi était dans un réfectoire situé à l'autre bout de l'hôpital et n'ayant que trente minutes, (et oui les infirmières du service regardaient l'heure à laquelle nous partions et revenions afin de le marquer dans notre évaluation globale et de nous descendre si nous avions ne serait-ce qu'une minute de retard) j'en prenais déjà cinq pour faire le trajet plus les deux pour faire chauffer mon repas si par chance il n'y avait pas d'attente. Je n'avais donc, plus que dix-huit minutes pour manger en comptant le chemin du retour, voire moins si j'allais chercher mon téléphone au vestiaire et l'y remettre après (interdiction du portable dans la poche de blouse : même éteint c'est un motif de renvoi de stage d'un ou plusieurs jours avec un travail réflexif à rendre à l'école). J'ai fini par abandonner cette idée pour me vider la tête car il ne m'en restait que quinze pour manger. J'étais si stressée d'être en retard que je ne prenais même pas le temps d'apprécier mon repas ; j'en avais même perdu l'appétit tant ce stage était pesant et les infirmières infectes avec nous. Je me suis dit que cette année-là, au vu de comment c'était parti, j'allais perdre du poids c'était sûr comme de juste.

Mais avant, revenons sur ce premier jour : vers dix heures, il y eut un pansement d'ablation de drain de Redon à faire et c'est un étudiant de troisième année qui s'en chargea. Nous cinq en deuxième année, ne pouvions pas le réaliser vu que nous n'avions pas encore pratiqué la technique en cours. C'était un peu l'occasion ou jamais d'en voir un et la professeure nous propose d'y assister : tous disent oui, je ne cherche donc pas à faire exception et accepte. Avec le stress de la première journée, la veille d'un nouveau stage on dort mal et peu. Donc fatigue plus trois heures debout non-stop : j'étais déjà au bout de mes réserves en énergie. Le pansement s'est assez mal déroulé, les fils avaient adhéré à la peau du patient et tout ce qui est chipotage dans la chair au début est assez impressionnant et dur à regarder, surtout lorsque l'on n'en a pas l'habitude ou jamais vu. Le sang commençait à couler de plus en plus alors que normalement il ne devait pas en avoir ou que très peu. Bref, accumulation de mauvais plans et je sens que je n'allais pas tenir, je sors donc de la chambre. Ma collègue étudiante me demande si ça allait et je la rassure. Je me connais et je savais que j'allais m'échouer telle une baleine sur la plage mais je ne voulais pas attirer l'attention et c'est tout bonnement horrible de le sentir venir, de savoir que ce n'est absolument pas le moment ni l'endroit et en prime, de ne rien pouvoir faire pour l'éviter. Je me dirige vers la salle de pause des infirmières pour m'y asseoir mais cela ne passe pas, au contraire et m'allonge donc en espérant que ça se calme plus vite. Lorsque j'entends des pas arriver dans le couloir ; c'était carrément la honte pour un premier jour de stage et ça ne le faisait vraiment pas. Je me redresse vite pour ne pas être vue et ce n'est pas la meilleure idée que j'ai eue je vous l'accorde : je savais qu'il ne me restait que très peu de temps avant de tomber raide. Je me remets au sol en relevant les jambes et fermant les yeux (oui, j'ai espéré disparaître en faisant ça) puis, une personne habillée tout en tenue de bloc me trouve et me sourit, disant que cela arrive à tout le monde et que je n'étais ni la première, ni la dernière. Elle a été adorable, je ne l'ai plus revue dans le service, elle devait être chirurgienne ou médecin-anesthésiste je suppose. Une fois remise, j'ai eu une migraine de l'espace comme après chaque malaise, mais pas le temps de me remettre puisque j'avais un cours de formation aux logiciels hospitaliers à l'école jusque seize heures. Pas le choix, il allait falloir tenir bon avant de pouvoir rentrer se reposer.

Hormis ce premier jour chaotique, les suivants n'ont pas été plus simples ; nous étions traités comme des moins-que-rien. Les sonnettes sont indubitablement réservées aux étudiants, les tâches ingrates aussi, mais nous ne sommes pas en mesure de répondre à toute requête, nous ne sommes qu'étudiants après tout ! Exemple : un anti-douleur t'est demandé, il faut aller solliciter l'infirmière. Tu te fais donc tout petit et te places dans l'encadrement de porte puisque forcément, c'est le moment de leur pause-café. Elles ne te calculent pas, rigolent ensemble et toi, tu fais la plante verte et tu attends tel un rond de flan : cela peut durer aisément cinq minutes, montre en main et c'est long cinq vraies minutes ! Puis au bout d'un moment, le ton et l'ambiance changent, le silence se fait, les regards d'un air de dérangement te dévisagent et tu as droit à un « *Quoi ? Oui c'est bon, j'arrive...pfff* ». Tu sens que tu l'embêtes au plus haut point, puis elle se remet à rire comme si de rien n'était avec sa collègue. Je te laisse imaginer l'estime que tu peux avoir de toi à force de répétition de ce genre de scène. Deuxième situation, j'ai eu la toilette au lit d'un patient à faire et dans ce service, ils étaient pour la plupart autonomes et en comparaison aux personnes âgées nous ne faisons pas à leur place. Nous venons seulement suppléer là où il ne peut faire seul, comme vous et moi, nous préférons faire par nous-mêmes. Pour éviter de gaspiller l'eau et de remplir un bassin entier, ma collègue étudiante Myriam, m'avait expliqué la façon de procéder de l'une des infirmières du service qui était de juste rincer le gant au lavabo. Lorsque j'ai réalisé cette toilette, j'étais avec une autre infirmière que celle de Myriam et elle m'a regardée avec de grands yeux l'air outré puis m'a demandé pourquoi je procédais ainsi. J'explique que Myriam a vu sa collègue faire et que j'applique la même technique, (encore une fois, nous faisons l'effort de nous adapter au service dans un souci de bien faire, mais ça ne suffit jamais) elle me répond « *Oui, sauf que moi je suis diplômée alors je fais ce que je veux. Toi, tu n'es qu'étudiante, alors tu fais ce que je te dis* ». Purée, se prendre cela dans la tronche m'a fait mal, je m'en souviens très clairement même si cela date de trois ans maintenant. Tout au long de ce stage, je me disais que j'allais tout plaquer. Je ne supportais plus que l'on me parle de cette façon, d'être au contact de tant de méchanceté gratuite et constamment en position d'infériorité depuis si longtemps. J'allais me contenter de mon diplôme d'aide-soignante et basta. C'étaient de nouveau les dix plus longs jours de ma vie, à aller en stage la boule au ventre et ce n'était que le début de ce qui allait durer jusqu'en troisième année. Une fois ce stage de malheur achevé, je reprends les cours et vais me ressourcer à Disney. Un ami que j'avais rencontré grâce à mon compte Instagram sur le SED et avec qui j'ai toujours le contact m'y a rejointe. Il a été très soutenant avec moi toutes ces années, merci encore à toi.

Le 23 Octobre arrive, date de mon anniversaire que j'attends avec impatience chaque année et essayant sans cesse d'en faire une journée spéciale. Elle l'a été, vu que j'avais un examen pratique en salle technique et que je suis tombée sur le pansement sec aseptique. Ça avait eu l'air de s'être bien passé, croisons les doigts. Mon plus beau cadeau d'anniversaire reste celui de Vanessa qui avait fait le choix de garder son bébé et qui m'annonce ce jour-là que ce serait une petite fille. Cela me remplit le cœur au plus haut point de joie ; cet élan de vie, de renouveau et puis, j'ai enfin des copines qui deviennent mamans, enfin un nouveau souffle qui s'installe. Le 24, je fête mes dix-neuf ans avec mes copines : Camille, Phoebe, Lâam, Andréa et Laurine. Papa et Maman m'offrent mon nouveau téléphone et j'allais attendre les vacances qui débuteraient le Vendredi 30 pour le paramétrer, j'aurai tout le temps. Enfin ça, c'était sans compter sur ma vie qui n'est jamais un long fleuve tranquille… Le 26, je le fête avec ma famille à la maison : Papa, Maman, Marraine, Inès et Lucas, Papy et Mamie, Tatie et mes cousins. C'était le moment du confinement par couvre-feu et à vingt-et-une heures, tout le monde devait être rentré chez soi : je ne l'ai jamais autant béni que ce soir-là. Vers dix-neuf heures, Maman me dit d'aller ouvrir mes cadeaux, car à partir de vingt heures/vingt heures trente, les invités commenceraient à partir pour être à l'heure chez eux. Moment que je déteste soit dit en passant, puisque tous les regards sont braqués sur soi et que je n'aime pas cela ! Je repousse cet instant et fais un peu durer la chose puis au bout d'un moment, elle m'attrape la main et me tire le bras en direction de la table de salle à manger pour m'inciter à y aller : il n'en fallait pas plus pour que mon épaule se déboîte… Je l'ai sentie sortir de son logement quelques secondes durant puis se remettre dans un craquement ainsi qu'une atroce douleur. Je me souviens lui avoir donné une claque sur la cuisse tant j'avais été surprise par la sensation. Peu après, Lucas me parle de ma nouvelle voiture que je m'empresse de lui présenter ! Je vais la lui montrer dans le garage et ouvre les portières de ma main gauche restante ; comme si de rien n'était. Puis, je reviens dans la salle à manger. Toujours à cause du couvre-feu, ma famille n'avait pas forcément eu la possibilité d'aller acheter un cadeau et s'était rabattue sur de l'argent. Manque de bol, c'est l'année où j'ai eu le plus d'enveloppes, sans rire et j'ai donc demandé à Lilou de m'aider pour les ouvrir car je ne pouvais vraiment pas.

À vingt heures tout le monde était parti, il ne restait que Papa, Maman et moi dans la maison. Je leur dis « *Bon, c'est bien beau tout ça, on a passé une belle soirée, mais maintenant il faut décider lequel d'entre vous deux m'emmènera aux urgences !* », en riant jaune et le sourire aux lèvres. C'est Papa qui me conduira et je monte me changer. Avec ma robe, ce ne serait pas des plus pratique pour faire une radio et je ne voulais surtout pas que l'on coupe mes affaires. Tant bien que mal je me déshabille, enfile un débardeur, puis nous voilà en route pour la énième fois vers les urgences. Nous étions seuls sur la route ; c'était désertique pareil à la fin du monde ; j'envoie des messages de détresse à Anaïs et à Ghunyah. Papa me dépose, étant majeure il ne peut plus entrer avec moi et avec le Covid encore moins. Le médecin fait mon examen d'entrée et me pose quelques questions, je lui parle directement du SED. Je savais d'avance par Anaïs et d'autres personnes malades, que la première luxation était un peu comme la première entorse : mal soignée cela ne fera que de se répéter. Une fois que le pli est pris et le chemin fait pour l'articulation, c'est foutu. Il y avait la douleur mais également le fait que je ne sente plus mon bras qui était devenu un poids mort. Une fois la radio faite, un autre médecin revient vers moi à même la salle d'attente, me bouge l'épaule dans tous les sens et sans ménagement : aïe. Puis, me demande comment c'est arrivé : accident de voiture, chute de cheval ? Je lui explique que ma mère m'a simplement tirée par le bras et je n'ai pas été prise au sérieux puisque je n'avais pas l'air d'avoir mal. Pour le commun des mortels, une telle blessure provoque des pertes de connaissance tant la douleur est insupportable donc pour eux, j'exagérais et ne devais pas tant souffrir que cela. Posséder un seuil de tolérance à la douleur plus élevé, j'aurais tendance à dire que c'est pratique dans le cadre d'une pathologie chronique puisqu'il est très facile d'occulter la douleur à force, on s'en accommode de toute façon quel choix avons-nous ? Toujours une question de récepteurs défectueux et nous sommes plus résistants que les autres oui, mais ça va deux minutes. Les médecins ne croyant que ce qu'ils voient, ne me prennent donc pas au sérieux. Une fois de plus. Je dois limite exagérer mon ressenti lorsque je suis aux urgences pour espérer être "crue". Enfin, je sais que je ne suis pas la seule à ressentir cela puisque beaucoup de malades chroniques ont la même impression et ont, maintes et maintes fois, été remballés des urgences, eu des complications ou dû y retourner plus mal qu'ils n'y étaient entrés. Bref, le médecin rit en entendant ma version de l'histoire et me dit que cela ira pour moi et pour mon brushing du lendemain matin, je peux rentrer chez moi, comme ça. Ma douleur n'avait, une fois de plus, pas été reconnue ni jugée à sa juste valeur. On résume ? Un bras qui pendouille avec une grande baisse de sensibilité, la peur que ce soit mal géré de même que mes entorses et qu'elle se répète à l'avenir, le tout joint à la douleur intense ne cédant pas au pauvre Doliprane que l'on m'avait administré. J'envoie un second message de détresse à

Anaïs : elle savait de quoi elle parlait et m'avait expliqué que dès la première luxation, il fallait bien faire les choses et rester immobilisée, le temps que l'articulation se restabilise. Elle savait très bien de quoi elle parlait l'ayant vécu « *Tu as droit à un second avis en tant que patiente, va dans un autre hôpital, tu ne dois pas rester comme cela* » et je remonte alors dans la voiture, Papa s'étonne lui aussi de me voir revenir le bras ballant.

Direction un second hôpital : il était minuit moins deux à mon arrivée et on peut dire que j'ai eu de la chance car le radiologue m'a dit qu'il finissait et fermait la radio à minuit pile ! Il a été adorable et a manipulé mon épaule avec d'infinies précautions puis le médecin qui me reçoit connaissait lui le SED et d'emblée me dit que je ne dois plus bouger d'un pouce : à la vue de la radio, j'étais à la limite de l'opération. Donc dujarrier et immobilisation stricte pour trois semaines minimum et il veut prendre l'avis d'un chirurgien d'ici un mois. Il me demande ensuite en quelle classe je suis, oui je sais que j'ai la tête de quelqu'un de plus jeune... Eh non ! J'ai dix-neuf ans pas quinze ! Conclusion : pas de stage pour moi ni de passage de permis tout tombe à l'eau. En plus, je devais aller en service de pédiatrie à la base mais il fut refermé aux étudiants face à la recrudescence des cas de Covid. On m'a placée en crèche mais même cas de figure, j'ai donc été mise en maison de repos, puis pour finir, je m'étais déboîté l'épaule. Il me restait une semaine de cours avant celle de vacances et le début du prochain stage de deux semaines. Le lendemain, même si j'étais rentrée vers les deux heures du matin, je me suis rendue en cours et heureusement que c'était en distanciel car le très bon côté du Covid lors de ma deuxième année, est que nous avions cours en hybride : moitié-présentiel, moitié-distanciel (tout cela sur une seule journée : niveau organisation pour le repas avec le temps de route je ne vous raconte pas). L'après-midi, j'avais pris ma grande écharpe et me suis enroulée (ou plutôt camouflée) dedans, je ne voulais pas que l'école soit au courant car j'avais l'espoir d'aller en stage la deuxième semaine. C'est lorsque je me suis résignée à cette idée que j'ai pu arrêter de dissimuler mon attelle et par la même occasion de mourir de chaud. J'ai d'ailleurs une professeure qui m'a questionnée sur ce qu'il m'était arrivé alors que cela faisait déjà deux semaines, même visible, je suis capable de l'enfouir. Repos forcé à la maison et je l'ai pris comme des vacances, bien que je sois plutôt à fond dans mes fiches de révisions que je tapais depuis le début de l'année à l'ordinateur. En effet, manuscritement c'était devenu beaucoup trop dense donc aucun intérêt et je les ai donc rédigées d'une main et de la gauche s'il vous plaît !

La douleur ne pliant pas face au Doliprane, je me rends chez mon médecin traitant, n'en dormant plus tant la douleur était vive, j'en pleurais même. J'ai eu des anti-inflammatoires et une échographie à faire dans le but de s'assurer de l'intégrité des tendons et ligaments. Selon lui, si déchirure il y avait c'était au minimum une arthroscopie à faire et cela déboucherait probablement sur une opération, rassurant. L'immobilisation allait devoir être prolongée dans tous les cas et aucun créneau n'était disponible avant deux semaines. Il m'avait bien indiqué que c'était risqué d'attendre trop longtemps et je contacte donc le secrétariat du chirurgien en expliquant ma situation dans l'espoir d'un désistement et de le rencontrer plus tôt. Elle m'annonce que le chirurgien avec qui j'avais rendez-vous était spécialisé genou-hanche et donc dans tous les cas, il aurait dû me rediriger vers un de l'épaule (j'aurai encore perdu du temps...). J'avais bien fait d'appeler, puisqu'elle m'a donné un créneau du lendemain et je fus plus que soulagée mais comme rien n'est jamais simple, le chirurgien en question était un vrai con je vous assure. Selon lui je somatisais, chose déjà entendue plusieurs fois par le passé et qui me donne toujours autant envie de commettre un meurtre. Un arrachement tendineux était trop rare et le fait que l'on m'ait "juste" tirée par le bras ne pouvait pas causer une telle lésion. Je vous épargne son expression du visage du moment où je lui ai conté les circonstances de ma blessure : cela faisait un peu "tu te moques de moi" et le SED là-dedans était apparemment en option. Donc pas d'urgence à faire cette échographie et soit dit en passant, très souvent pour ne pas dire systématiquement, ces examens chez les personnes atteintes de SED sont inutiles. C'est très frustrant de suivre le protocole, de devoir attendre des semaines et de perdre du temps à souffrir dans le vide pour un examen qui, on le sait d'avance, sera inutile. Aucune de mes échographies n'a servi à grand-chose pour ainsi dire et je me suis souvent amusée à me dire que la seule qui le serait, sera celle pour une grossesse où là elle se révèlerait utile pour une fois.

Story sur mon compte Insta SED du 3 Novembre :

> « *Le pire, c'est que je n'ai eu que des discours différents. L'urgentiste du jour de la luxation, lorsque je lui ai demandé si j'aurai des séquelles, m'a dit que c'est pour cela que je devais rester immobilisée trois semaines minimum. Le temps que les ligaments et tendons malmenés se remettent et que je ne devais surtout pas bouger l'épaule. (Dans mon cas l'immobilisation a toujours été quelque chose qui m'a mieux soignée que l'inverse. Pour toutes les fois où l'on ne m'a pas prise au sérieux et que des entorses ou fractures ont dégénéré. Bref, je préfère largement être immobilisée plutôt que de réentendre (histoire vraie) « Ah, bah il est trop tard on ne peut plus rien faire pour vous, vous auriez dû être plâtrée plus tôt, maintenant il est trop tard ». Et là, le chirurgien de ce matin m'enlève le dujarrier (que je n'ai pas enlevé à part pour me laver depuis neuf jours), n'y va pas avec le dos de la cuillère et me dit « Tu n'es pas mieux sans ? Non parce que tu sais, en fait tu peux l'enlever de temps en temps, tu n'es pas obligée de le garder. Et je pense que la kiné après sera inutile. »* »

Du coup vraiment je suis énervée, chez moi les blessures comme ça prennent toujours des proportions pas possibles. D'un truc qui doit prendre quelques semaines pour se remettre, dure des mois voire des années (Novembre 2023, en train de vous écrire tout cela, je ne sais toujours pas dormir trop longtemps sur mon épaule sans être réveillée par la douleur et pourtant cela fait pile trois ans. - NDLR)

La semaine dernière, on me dit de ne surtout pas bouger au risque d'aggraver la blessure, de me laisser des séquelles. Et là, on me dit que si je ne bouge pas ça ne va pas non plus. Merde, mettez-vous d'accord, je fais quoi moi avec ça ? »

Sincèrement, un médecin reste humain et a droit à l'erreur comme tout le monde et je ne mets pas sa charge de responsabilités en cause. J'admire ceux qui ont fait médecine, qui se dévouent aux autres et font de leur mieux pour soigner l'autre. Pour autant, ce que je ne supporte pas c'est leur façon de banaliser la douleur, de mettre chaque patient dans la case "normalité". En l'occurrence, avec le SED que l'on m'a diagnostiqué cela prouve bien que ce n'est pas le cas et puis même en général, que l'on me dise que je somatise à un moment où est le respect de la douleur du patient ? De la mienne ? Il n'y en a pas et c'est bien là-dessus que j'en veux énormément aux médecins qui ont croisé ma route : à toujours dire que c'est trop rare pour que cela me tombe dessus. Il est vrai que cela est plus facile de l'envisager, mais le résultat est là, rare n'est pas égal à impossible. Bien sûr, moi aussi j'aimerais me dire que le mot rare ne concerne que les autres et donc que je peux me sentir protégée puisque ça ne m'arrivera pas. Oui, jusqu'au jour où l'autre, c'est toi.

Je passe donc mon échographie trois semaines après ma luxation et forcément, rien d'anormal n'y apparaît.

Story Instagram du 12 Novembre 2020 :

*« « Ce doit être une contracture Madame ». Le médecin conclut à des contractures. Je connais mon corps mieux que personne et je sens bien que ce n'est pas cela... J'ai déjà eu des "contractures" quand j'ai eu mon accident de voiture mais ce n'était pas égalable à cette douleur-là. Je me sens à vif dans mon épaule comme lorsque la plaie s'est réveillée après mon opération. Je suis désemparée face à la situation, qu'encore une fois on minimise ça à "contracture" ou à "somatisation". J'ai des douleurs qui m'empêchent de dormir depuis trois semaines, des fourmis, des décharges électriques : ce n'est pas une contracture. Qu'est-ce que je dois faire... Je retourne voir le chirurgien qui pense que je somatise et donc probablement me faire envoyer bouler ? Ça va flatter son égo de médecin de me dire « Tu vois, je te l'avais dit que tu somatisais », bref. Je passe un **électromyogramme** l'après-midi de cette consultation, on verra. Je n'en*

resterai pas là, je connais mon corps, je ressens les douleurs. Et je sais que je suis deux si pas trois fois plus longue à cicatriser qu'une personne "normale". Je ne veux pas en baver toute ma vie comme c'est déjà arrivé un tas de fois. Aujourd'hui, j'en viens à avoir peur de voir un médecin parce que je sais par expérience que je vais potentiellement me faire jeter, comme d'habitude j'ai envie de dire. »

Story Instagram du 17 Novembre 2020 :

« *Rendez-vous chir ce matin, je n'ai même pas le courage de vous raconter, je suis encore une fois démolie et je pense que l'on peut qualifier cela de maltraitance médicale, je suis en pleurs.* »

En gros, le chirurgien a en tirant et tordant mon bras, voulu constater l'instabilité de mon épaule et je vous laisse imaginer comme j'ai pu sauter au plafond de douleur. Il m'a sorti devant Papa « *Elle est beaucoup trop médicalisée cette petite* » et s'est étonné de me voir arriver avec le bras encore immobilisé. Il commençait à me gronder comme un petit enfant de six ans sauf qu'en face de lui était une jeune femme de dix-neuf ans et à un moment la coupe est pleine. Je lui réponds que j'ai mal et que le porter me soulage donc je le garde (mon cœur battait à mille à l'heure et j'étais rouge tomate d'oser lui tenir tête mais à un moment stop) et je n'allais tout de même pas l'enlever pour lui faire plaisir ! Je ne suis plus jamais retourné le voir et ai demandé conseil à Anaïs, je voulais être sûre que je ne m'étais pas monté le bourrichon toute seule. Ce médecin avait tout bonnement été trop loin, de nouveau et elle me conseille de prendre un second avis et dieu merci ce fut le bon. D'emblée, selon cet autre chirurgien, il était logique que l'échographie n'ait rien donnée car ce n'est pas cet examen qui le diagnostique : rien que ma radio des urgences lui avait suffi pour trouver le problème. À la suite de la luxation l'humérus était remonté, ce qui laissait donc trop peu d'espace à l'acromion qui se situe juste au-dessus et expliquant le fait que cela craque, me gêne et me fasse si mal. Il me prescrit donc un arthroscanner. J'avais tellement bien fait d'écouter la petite voix qui me disait bien qu'il y avait quelque chose d'anormal là-dessous. Il me dit également que dans le cadre du SED, si j'étais mieux avec le dujarrier je pouvais le garder car « *Ce n'est pas toi qui risques de t'enraidir* » en riant. Il était gentil, rassurant, avec de l'humour et surtout à l'écoute, j'étais tant soulagée. Mon prochain stage se déroulant au mois de Janvier, j'avais le temps de me retaper pour y aller, ça allait le faire. Je reçois ensuite par email les résultats de mon examen pratique passé le jour de mon anniversaire et je l'avais obtenu haut la main, j'étais vraiment super fière de moi !

Concernant l'avancée du diagnostic officiel de mon SED, ça tournait assez en rond. Vous souvenez-vous que j'étais censée avoir des nouvelles de l'hôpital Raymond-

Poincaré de Garches à la rentrée de Septembre ? Eh bien, nous étions bientôt début Décembre et toujours rien malgré mes relances par email. J'avais tenté d'appeler en vain, c'était directement le répondeur et impossible d'y laisser un message. Des rumeurs couraient comme quoi ils avaient fermé. Ah, plutôt embêtant quand même... Je décide de prendre rendez-vous à Bruxelles, le seul centre de référence Belge. Je vois des dates en Mars et nous étions à la fin Novembre, je me dis chouette c'est rapide ! Je regarde donc mon planning de l'année scolaire et le premier rendez-vous était le 10 Mars. Je me fais la réflexion que cela est bizarre puisque sur mon calendrier c'était un Mercredi tandis que sur le site c'était un Jeudi et l'école n'avait tout de même pas pu se tromper dans les jours ! Ahhh, mais c'est parce que ce n'était pas en Mars 2021, mais en Mars 2022 dans un an et demi, je comprenais mieux ! Pas d'autre choix que celui de prendre mon mal en patience au sens propre comme figuré, j'aime à dire que c'est bien là que le fait d'être patient prend tout son sens.

J'avais eu l'occasion de me rendre de nouveau au tournage de La France a un Incroyable Talent avec Papa pour la demi-finale mais j'ai mal calculé mon coup. Je me suis dit que ce serait au même théâtre que la fois passée et à la même heure mais non. On se pointe donc au mauvais endroit puis, repartons à bon port pour finalement arriver avec une heure de retard. Forcément, nous nous sommes fait refouler et n'avons pas pu rentrer. À la base, il était question qu'après le tournage je passe en coup de vent faire un coucou surprise pour l'anniversaire de Ghunyah avec la complicité de ses amies. L'un dans l'autre ce n'était pas plus mal puisque j'ai pu passer toute l'après-midi avec elle, jusqu'au moment de reprendre la route à cause du couvre-feu. Je suis allée au préalable me planquer dans la chambre de son amie que je n'avais jamais vue et Ghunyah a tout bonnement bugué puis pleuré lorsqu'elle m'y a trouvée. J'étais ravie de la revoir et pas peu fière de ce coup monté ! Décembre débute, l'arthroscanner révèle des lésions du labrum antérosupérieur et du bourrelet glénoïdien : la trace du passage forcé de l'articulation quoi. Rien de bien grave donc pas d'opération, mais assez importantes pour expliquer les douleurs. C'est à six semaines post-luxation que je commence à pouvoir reprendre une vie à deux mains et quitter tout doucement mon dujarrier. Pour une fois qu'un examen révèle quelque chose et que je n'entends pas qu'il n'y a rien et que je somatise ! Mon médecin traitant m'envoie également consulter dans le centre de la douleur puis mon rendez-vous chez le pneumologue spécialisé dans le SED arrive, ayant souvent du retard, j'ai eu le temps de me poser dans sa salle d'attente et ai même fini par m'assoupir. Oui, je prends toujours du repos où je peux ! Lorsque ce fut mon tour, j'ai réussi à émerger avant qu'il n'entre dans la salle d'attente. Néanmoins, mes yeux gonflés de sommeil m'ont trahie. Il me dit que je suis maligne car je sais tirer ce qu'il faut sur la corde pour que cela ne soit pas trop mais me met cependant en garde, si un jour elle craque, ce sera d'un coup et après, difficile de remonter la pente. Il me tire la sonnette d'alarme en me disant que je suis quand même très fatiguée mais je le rassure, je gère. Bon, même si à ce moment-là ce sont plus mes études qui me gèrent qu'autre chose mais bon. Si j'ai un projet en tête, j'irai jusqu'au bout ! Un objectif à atteindre ? J'irai le chercher avec les dents s'il le faut. C'est dur je le sais, mais je sais aussi où je veux arriver et j'y arriverai !

J'apprends le décès d'une résidente de mon tout premier stage : Mme K., Anastasia y était en stage et j'avais pris des nouvelles des résidents. Elle était allée voir cette dame en question qui m'avait marquée et figurez-vous que même si une année s'était écoulée, elle se souvenait de moi comme une petite à lunettes. Effectivement, c'était bien moi ! Et c'est Anastasia qui me met au courant. Cette dame avait été l'une de mes premières patientes et je fus fort touchée. Elle qui avait toujours un petit mot pour moi, celle qui m'avait fait promettre de revenir la voir lorsque je serai diplômée et j'ai voulu honorer ma promesse coûte que coûte en cherchant le funérarium où elle était pour m'y rendre. Elle n'avait pas de famille, pourtant je me souvenais d'un garçon dont elle m'avait parlé mais les pompes funèbres m'ont assuré du contraire ; elle n'avait même pas de vêtements de ville et a donc été enterrée en chemise de nuit. Son visage était si apaisé, fidèle au souvenir que j'avais d'elle du fait du maquillage permanent qui la caractérisait et qu'elle portait au ras des cils. J'ai pleuré, eu mal au cœur mais je lui ai promis que je l'aurai ce fichu diplôme, même si elle était partie avant de le savoir, je l'aurai.

Vanessa continue de m'envoyer un tas de photos et de vidéos de son ventre, de ses échographies et de bébé qui bougeait plus que bien maintenant. Cela me remettait toujours du baume au cœur et un sacré coup de boost pour le moral ! Au cours de cette période, je recueille une tortue : Laurine voulait s'en débarrasser et puisqu'elle savait que j'avais un grand cœur, elle m'a prise par les sentiments. Si je ne la prenais pas, elle finirait dans les toilettes et puis elle me donnait tout : l'aquarium, la pompe, le chauffage... J'ai dû négocier avec Papa, mais il a fini par accepter et je suis devenue turtle-sitter en quelque sorte ! Je l'ai surnommée Petit pois, elle a quatre ans aujourd'hui et on peut dire que je l'ai sauvée d'un avenir plus qu'incertain ! Petit à petit, l'ambiance de Noël se met en place autour de moi et comme à chaque fois, qui dit Décembre dit nouvelles lunettes. De toutes celles que j'ai eues, je crois bien que c'étaient mes préférées : des Ray-Ban dorées et noires à forme ronde et avec une monture toujours très fine, j'étais repartie pour deux années. J'ai également changé mes solaires, ce sont des Ray-Ban aussi, mais pour la première fois avec des verres colorés. On m'avait sans cesse dit qu'à cause de ma forte correction ce n'était pas compatible avec ce type de verre mais finalement, l'opticien a réussi et j'étais si heureuse de ne pas en être privée et de pouvoir crâner à mon tour ! Deuxième Noël sans Mamie H et je n'avais plus le cœur à la fête, plus rien n'a à voir avec avant : la famille morcelée, éteinte, la séparation de mes tantes, celle de Papa et Maman aussi… Cela faisait beaucoup d'évènements négatifs sans choses nouvelles ni positives, plus de vie quoi : c'était devenu terne et triste. Je n'avais plus l'entrain des autres années où l'on jouait à en pleurer de rire, où chaque minute passait trop vite et où manger était un pur plaisir. Non, je comptais toutes les calories que j'ingurgitais et ce en culpabilisant chaque fois un peu plus, même une malheureuse cacahuète était une épreuve. Le 25 et 26 Décembre 2020 seront au titre du premier Noël sans mes deux parents et je vais chez la maman de Philippine pour les festivités mais sans Papa : première fois où je dois me couper en deux, là où ils m'avaient dit que les fêtes ne se feraient pas en séparé. Dans ma petite tête, je l'avais espéré et cru vu qu'on me l'avait dit et je me sentais plus que triste de fêter Noël sachant que l'un de mes deux parents était seul. Que ce soit Papa ou Maman n'était pas le problème, c'était le fait de ne pouvoir être avec les deux en même temps avec la sensation de devoir choisir et préférer l'un à l'autre. Moi qui déteste cuisiner mais pas pâtisser, je lui ai confectionné ma première bûche de Noël, culpabilisée de le laisser seul que je ne toucherai pas, impossible. Enfin, voyons le bon côté des choses, il a eu une bûche entière rien que pour lui ! Bref, plus aucune magie de Noël ne faisait son apparition et je le célébrais par automatisme, c'était pareil à un Dimanche où l'on se réunissait pour une simple réunion de famille. Le Nouvel-An 2021 ne fut pas meilleur : j'étais désormais à quarante-huit kilos soit déjà six de moins depuis Septembre au compteur et manger était devenu très compliqué avec Papa qui était assez derrière moi et cela devenait une source de conflits entre nous deux. Ce n'était pas mal intentionné de sa part, il s'inquiétait mais par crainte de ne pas savoir gérer la situation pour le réveillon, je suis partie chez Maman pour pouvoir être plus "tranquille" de ce côté-là. Lilou était également présente et cela m'a fait tant de bien de pouvoir passer la soirée avec ma petite-cousine d'amour, jusqu'au moment où elle fut gâchée. Tandis qu'une amie partageait une story Snapchat de sa fête, j'y ai vu apparaître Philémon et rien que revoir son visage et son sourire narquois m'a transpercé en plein cœur. Lui, vivait sa meilleure vie alors qu'il avait bousillé la mienne et je commence l'année 2021 en pleurant en boule sur le canapé.

Je remonte Ghost sous l'œil bienveillant de Ju et premiers pas sans qu'elle ne me tienne en longe en petite carrière puis dans la plus grande. J'y fais mes premières foulées de trot où elle a remis la longe pour me rassurer, même si elle faisait guirlande de sapin de Noël ! À mon rythme, avec l'écoute de Ghost qui s'adapte totalement à moi et Ju qui m'encourage et me félicite, je réussis à reprendre peu à peu confiance : cela n'a pas de prix, mes paillettes dans les yeux étaient là grâce à eux deux. Le lendemain, je commence mon stage en psychiatrie et Dieu sait que je l'appréhendais mais il a clairement changé ma perception de l'avenir, je ne le savais juste pas encore ! J'y suis allée avec des courbatures de l'espace de par mon passage à dos de bidet mais c'était le prix à payer. Il durera trois semaines jusqu'au 22 Janvier et il s'agissait d'un hôpital psychiatrique réservé aux femmes. J'y suis allée en repérage avec Papa quelques jours plus tôt et j'ai eu une belle surprise : je reconnaissais l'endroit. En effet, c'était non loin de là où sept ans plus tôt, j'avais fait la retraite de ma profession de foi et j'ai pris cela comme un signe, ça me rassurait de ne pas atterrir en terre inconnue. Moi qui enfant avais voulu me faire religieuse, me retrouver avec des sœurs qui exerçaient en tant qu'aide-soignante c'était du jamais vu et j'aimais beaucoup l'idée !

Au début, il est clair que c'était déstabilisant d'avoir en face de soi une dame d'une soixantaine d'années qui raconte en détail sa tentative de suicide, d'entendre le « *Je voulais mourir* ». Là où on peut se trouver en carafe et ne pas savoir quoi dire, les mots sortaient de ma bouche simplement ; je connaissais ce sentiment et en parler ne me faisait pas peur. Enfin ma faiblesse devenait une force. Ce fut également le premier stage de ma formation où l'on m'a appelée par mon prénom. Ce n'était pas "Toi", "La stagiaire" ou en claquant des doigts (oui, oui…). Non, à travers le couloir j'entendais des « *Evaaaaaaaaa, t'es où ?* » je me disais purée mais qu'est-ce que j'ai encore fait ? Je vais encore me faire disputer, mais c'était juste parce qu'il y avait un soin à faire et que l'infirmière voulait me le donner. C'est d'ailleurs avec elle que j'ai fait ma toute première prise de sang. Je ne vous spoile pas la suite de ce lieu de stage, mais il a eu une importance capitale dans ma vie. J'en parlerai à la fin du livre et je vous invite à revenir lire ce passage qui prendra un tout autre sens, vous verrez. En stage vous savez, nous ne pouvons pas être nous-mêmes et j'ai eu beaucoup de mal à toujours devoir me brider, je n'étais jamais moi : je ne parlais pas ou peu, répondais par oui ou non, un peu en mode robot sur pilote automatique. Par peur de se faire réprimander ou se voir reprocher des choses, on finit par agir sans rien dire aux ordres des infirmières, rarement donnés gentiment. Dans ce stage j'étais un peu plus moi à plus m'ouvrir, bien qu'au fond c'était tout l'inverse puisque j'étais en sous-alimentation volontaire ++ (langage d'infirmière) et sur ces trois semaines j'ai perdu six kilos. Je suis tombée à quarante-trois kilos pour un mètre cinquante-huit virgule cinq et oui, je tiens à ce virgule cinq, il me rapproche du mètre soixante ! Là où pour bien fonctionner, le corps a besoin d'environ deux-mille calories : j'atteignais les cinq-cents pour ne pas tomber dans les pommes les jours de stage contre trois-cents les jours de repos où je révisais ; j'étais très stricte et exigeante avec moi-même. C'est dur de comprendre quand l'on n'est pas dedans, mais avoir faim, c'est souffrir physiquement et donc, c'est se sentir vivante. Se priver de manger et réussir à tenir, c'est une manière de reprendre le contrôle sur sa souffrance psychique, c'est un genre de mécanisme de défense. Lorsque la souffrance est trop importante c'est en en provoquant une autre sur laquelle on peut agir que cela donne le sentiment d'apaiser celle sur laquelle on ne peut pas. Les études, le divorce de mes parents, ma santé, tout cela était bien lourd à porter pour moi, trop. Mais je tenais bon, je savais que je le devais et que j'en étais capable.

Le 8 Janvier, soit quatre petits jours après le début de mon stage, j'ai eu la merveilleuse expérience de me piquer après un patient : AES donc Accident avec Exposition au Sang et tout le protocole qui s'ensuit : prise de sang au jour J puis à un, trois et six mois pour vérifier qu'il n'y a pas d'infections sanguines de transmises. L'infirmier faisait le tour des médicaments, allant de chambre en chambre et nous sommes arrivés à celle d'une patiente atteinte du Syndrome de Korsakoff (dégénérescence du cerveau due à l'alcoolisme) qui de ce fait tremblait beaucoup. Étant diabétique, elle devait s'injecter de l'insuline qu'elle effectue par elle-même puis essaie de recapuchonner l'aiguille avant de me rendre la seringue. La phrase tant répétée par mes professeures s'affiche soudain en grand dans mon esprit « *NE JAMAIS RECAPUCHONNER UNE AIGUILLE AVEC LES DOIGTS !!* » et je n'ai pas réfléchi et eu peur qu'elle ne se pique. C'était son sang donc ce ne serait pas si grave mais ça par contre, ça n'a pas fait tilt dans mon cerveau. Je me dépêche donc de la recapuchonner pour rejoindre l'infirmier avant qu'il n'ait fini son tour. Le capuchon paraissait dur, j'y vais avec prudence mais confiance : erreur. Il était en caoutchouc et l'aiguille a transpercé jusque dans mon doigt. Je vous jure que je sens encore la piquouze au bout de mon majeur droit. En revanche, le moment fun (parce qu'il y en a quand même) est lié à la manière dont je me suis fait remarquer lorsque l'on a déposé sur mon lieu de stage, un bouquet de fleurs pour moi. C'était le garçon avec qui je parlais depuis quelques mois qui était venu me l'apporter : Vianney et tout le service était au courant (les nouvelles vont vite) « *Qui est l'étudiante qui a reçu des fleurs ? - Euh, c'est moi... !* », pas du tout gênant. Puis j'expérimente ma première fierté, celle d'avoir le téléphone du service entre les mains pendant que les infirmières partent en pause-repas, j'ai aussi fait mon premier tour de médicaments en étant seule à pousser le chariot : le début des responsabilités ! Et quel sentiment j'ai pu ressentir ce jour-là. Cela peut paraître banal mais c'était déjà un accomplissement pour moi.

Durant cette période, Ju me demande si je veux venir voir Ghost avec elle, mais j'étais en poste de jour. Puis finalement, mon jour de repos a changé et ce fut celui-là. Je lui en ai fait la surprise et me suis cachée accroupie, sous la mangeoire dans le box avec lui. Elle est arrivée avec trente-trois minutes de retard : rip mes pieds qui étaient complètement engourdis et vidéo à l'appui, on en garde un super souvenir ! Puis il commence à neiger et on confectionne avec les patientes une Madame de neige, j'ai senti que ce lieu avec cette ambiance était vraiment particulier et le 22, il touche à sa fin. Papa vient me chercher avec ma voiture pour que je puisse conduire sur la route du retour et ayant tous deux une grande différence de taille de jambes, je devais systématiquement régler mon siège après lui et c'était devenu habituel. Sauf que ce jour-là, mon siège a reculé plus vite que prévu mais visiblement pas assez pour que je cale et la première vitesse était déjà enclenchée : la voiture a alors avancé pour finir dans le buisson d'en face. Je ne touchais plus les pédales vu que j'avais reculé jusqu'aux sièges arrières et Papa a dû couper le contact et tirer le frein à main en urgence. On en rit beaucoup aujourd'hui et il passe son temps à me charrier avec cela. Bon, ma calandre a été fissurée mais rien de bien grave mais quelque temps plus tard, on s'est rendu compte que l'une des branches avait en fait percé mon radiateur... ! Ahhh, il n'y a qu'à moi que ça arrive ces trucs-là !

À partir de la deuxième année, nous commençons à nous exercer au travail de synthèse soit le mémoire et nous devons reprendre une situation vécue en stage qui nous a marqués en ayant une approche réflexive, appuyée sur des articles. Je vous mets ici ma situation interpellante vécue en stage.

> *Lors de mon deuxième stage de l'année en psychiatrie, j'ai été amenée à prendre en charge une patiente afin de l'accompagner pour aller fumer. Entrée pour dépression deux jours plus tôt, elle était encore en isolement (en attente de son test PCR négatif pour pouvoir sortir de sa chambre et déambuler dans l'hôpital (protocole du service)]. Toutes les deux heures ainsi, un tour était fait pour qu'elle puisse descendre fumer. Je me dirige donc vers sa chambre pour l'y accompagner. Je me présente à elle et lui rappelle qu'elle ne peut toucher aucune surface (poignée de porte, bouton d'ascenseur) afin d'éviter toute contamination due au Covid tant qu'elle est en isolement. La patiente a pris cela pour un rappel à l'ordre et s'est alors énervée « Tu n'as pas à me dire ce que je dois faire, je suis plus âgée que toi donc tu n'as pas à me donner d'ordre. Quel âge as-tu ? » Je lui donne donc mon âge : dix-neuf ans. Elle me répond donc « On a plus de trente ans de différence, t'es qu'une pauvre gamine, tu ne devrais même pas être ici, à me dire ce que je dois faire ! » Je continue d'avancer en prenant soin d'ouvrir les portes, tout cela sans un mot pour ne pas lui causer plus d'énervement. Une fois sa cigarette finie, elle revient puis me dit « J'ai été plutôt longue hein ? Ouais, je me suis dit que t'étais là pour ça, alors j'en ai fumé plusieurs ». Je lui réponds seulement que je vais la reconduire dans sa chambre. Puis de plus belle, elle reprend « d'ailleurs, tu ne mérites même pas ton diplôme, tu ne vaux rien, tu feras une mauvaise infirmière, je te souhaite d'avoir le Covid tien ! ». Cette fois-ci, j'ai posé des limites et lui ai simplement dit que ce n'était pas elle qui en jugerait et en attendant, j'allais la raccompagner en chambre. Au fond de moi, je savais que je ne devais pas répondre, car je ne devais pas*

ajouter d'animosité, envenimer la situation ou encore sortir de mon rôle. J'ai ainsi essayé de rester neutre le plus possible. Une fois arrivée devant sa chambre, je lui dis que je referai un tour dans deux heures pour l'emmener fumer. Elle s'exprime en me disant « Je ne veux plus que ce soit toi », Je signe d'accord de la tête, lui souhaite une bonne après-midi et m'en vais. Je transmets cette "altercation" à l'équipe et les avertis que je ne descendrai plus Madame fumer puisque tel est son souhait. Deux heures plus tard, l'équipe me demande de l'emmener fumer. J'accepte, non sans appréhension. Je toque à sa porte et m'annonce avant d'ouvrir la porte, elle me dit d'entrer. « Je suis vraiment désolée pour tout à l'heure, je ne le pensais pas, je suis vraiment malade pour réagir comme cela... Je suis vraiment méchante et odieuse avec tout le monde, je crois que le fait de rester enfermée ici toute la journée ne doit pas aider. Et toi, là en face de moi, t'es tout pris dans la figure... » Je lui réponds que ce n'est pas grave. Ici, elle sera soignée, écoutée et aidée. Je lui propose donc d'aller fumer et l'accompagne, tout se passe sans difficulté. Au retour dans sa chambre, elle me dit qu'elle se sent bizarre. Elle me demande de lui prendre la tension, si bien sûr cela ne me dérange pas et si j'ai du temps devant moi. Je lui réponds qu'il n'y a pas de soucis, je m'occupe d'elle et donc mon temps lui est accordé. La tension est normale. Elle me remercie d'avoir réagi comme cela. Je lui explique que c'est mon travail et que je le fais avec cœur. Sur ce, je quitte la chambre me sentant soulagée, rassurée et ayant pris confiance en moi. Voyant que j'ai su malgré tout, garder mon sang-froid auprès de cette patiente et ne pas laisser mes émotions déborder là où elles n'ont pas lieu d'être. Puis, je me pose la question de savoir si mon comportement est resté professionnel ou non. »

Le 29 Janvier, je passe l'examen du permis de conduire pour la première fois et j'étais la deuxième à passer. J'attends donc environ trente minutes sous la pluie et dans le froid mais j'ai pu m'abriter sous un parapluie prêté par mon gentil moniteur. Tout s'est bien passé jusqu'au moment de la manœuvre : le créneau, qui était ma hantise. Un débile m'a doublé en s'impatientant et en me klaxonnant, l'examinatrice en a donc conclu que je n'avais pas vérifié mon environnement : faute éliminatoire donc pas de permis pour cette fois-ci. Dans la même semaine, pour me remonter le moral, je prends la direction de Disney village avec Papa puisqu'il y avait des réductions post-Noël. C'est donc moi au volant et c'est la seconde fois que je conduis dans Paris, vous n'imaginez même pas la fierté que ce fut pour moi !

Lutter contre soi-même

J'entame le mois de Février avec un rendez-vous chez une infirmière-psychologue en extérieur que j'avais pris de mon propre chef car je sentais que je perdais le contrôle et que la tournure des évènements était de mauvais augure. J'exprime mes peurs : celle de tomber dans la boulimie, de perdre mes règles et de compromettre la future famille que j'ai au fond des tripes. À la longue sans cycle menstruel, beaucoup de jeunes filles deviennent stériles ou auront de grandes difficultés pour procréer plus tard ; j'en passe et des meilleures mais en gros le corps s'auto-consume et c'est un vrai fléau. Au-delà de la petite voix qui rabaisse, pousse à avoir du dégoût pour soi-même et culpabilise à chaque bouchée ; les dégâts physiques restent tout autant dramatiques que ceux psychiques. À force d'être en privation comme je l'étais, quant au moment de manger le cerveau voit la nourriture il en veut toujours plus, et plus la privation est grande et plus la tentation l'est aussi. C'est là que le mot mental dans "Anorexie Mentale Restrictive" prend tout son sens puisque y résister est très dur, c'est un besoin primaire et vital de manger et pourtant... C'est de cette façon que l'on tombe dans le piège d'anorexie-boulimie : se priver jusqu'au moment de craquer et d'ingurgiter la nourriture en très grosse quantité. Après cela viennent les comportements purgatoires que l'on associe très vite avec cette maladie et étant phobique de vomir, cela n'a (Dieu merci) jamais été mon cas. Moi, c'était par le sport excessif : monter les escaliers trente, quarante et même cinquante fois d'affilée jusqu'à voir des étoiles, vélo d'appartement, marche, course, abdos... Une fois dans l'engrenage, aucune limite n'est trop grande et aucun objectif n'est trop dur à atteindre. Au terme de ce rendez-vous, j'ai eu comme réponse que mon Indice de Masse Corporelle n'était pas assez bas et que je n'avais pas l'air "assez" en détresse pour obtenir de l'aide. Autrement dit, je n'étais pas assez maigre et encore une fois, on pensait mieux savoir à ma place. L'IMC allant pour un poids normal de dix-huit virgule cinq à vingt-cinq : au-delà c'est le surpoids et au-deçà la maigreur et pour finir s'il est inférieur à seize c'est la dénutrition. J'étais à dix-sept et me suis vite raisonnée, j'ai compris que descendre à seize n'était pas la solution même si la tentation était grande, je sentais que la situation allait basculer si je ne me forçais pas à manger de manière adaptée. J'allais rentrer dans un cercle vicieux plus que dangereux et j'aurais voulu être entourée de professionnels qui auraient pu me soutenir dans cette étape de réintroduction des aliments que j'avais bannis. Mais non, de nouveau j'allais affronter cela seule. On résume ? Mon petit déjeuner était fait de deux belvita petit-déjeuner : cinquante-cinq calories chacune, mon repas du midi : des légumes vapeur et une cuillère à soupe de lardons, pas plus de cent calories et mon repas du soir : un bol de soupe avec deux biscottes sèches, quarante-huit chacune. Le chemin pour retrouver une assiette normale était long et je me suis débrouillée pour y arriver. Finalement, cela ne me rend que plus fière de moi dans la mesure où je me suis démenée sans l'aide de personne pour peu à peu remanger de chaque aliment et le tout en faisant preuve d'un grand mental pour ne pas m'enfiler tout ce qui passait sous mon nez. Mais vous me connaissez : une idée derrière la tête, je vais au bout quoi qu'il en coûte et je voulais tout de même rentrer en clinique car malgré mes progrès j'avais besoin de couper avec mon environnement, de me reposer, de me recentrer sur moi et de me ressourcer. J'ai donc fini par faire une demande via mon médecin traitant pour une hospitalisation basique, non spécialisée dans l'anorexie qui m'a adressée puis prescrit mon premier traitement anti-dépresseur.

Je passe une seconde fois mon permis de conduire et devinez sur qui je tombe ? Sur la même examinatrice que la fois précédente qui s'adresse à moi en me disant « *Rebonjour* » d'un air de dire je ne te l'ai pas mis donc tu dois le repasser. Bref, la fois passée elle fut vache avec moi et mon fonctionnement faisait que je l'avais déjà blacklistée dans ma petite tête et je ne suis véritablement pas partie du bon pied (c'est le moins que l'on puisse dire). Il faisait très frais ce jour-là et mon moniteur m'a cette fois-là, donné un manteau qu'il avait dans son coffre et quatre fois trop grand pour moi, mini gabarit que je suis. J'étais de nouveau la deuxième à passer donc rebelote : attente de trente minutes dans le froid à ne plus en sentir mes orteils et lorsque mon tour est arrivé, je sentais difficilement mes pédales tant mes pieds étaient congelés. Je n'ai fait que connerie sur connerie et c'est sans grande surprise que je ne l'ai pas obtenu. Le lendemain, Papa m'emmène chez Vanessa mais juste avant je jette un œil au courrier et y trouve ma carte de stationnement. J'avais enfin entre mes mains celle qui m'avait été refusée quelque temps plus tôt : ma qualité de vie allait changer du tout au tout ! Elle était désormais enceinte de presque huit mois et je reste une nuit chez elle à sentir le bébé bouger, à assister à la présentation de toutes ses petites affaires et ça, ça reboote je vous assure. Elle bougeait tellement qu'il était inutile de poser ma main puisque cela se voyait à l'œil nu ! Avant de dormir, elle avait collé son bidon dans mon dos et j'ai retrouvé la si tendre sensation que l'on avait ressentie avec Valou quelques années plus tôt. Lorsque nos chats attendaient leurs petits et qu'elles se couchaient sur nous ventre contre ventre, de cette façon on sentait les bébés remuer et sincèrement c'était magique !

Puis quelques jours plus tard, j'effectue mon rendez-vous de pré-admission à l'hôpital et j'aurai droit au portable (j'étais déjà assez isolée chez moi pour être privée de relations sociales) et aux visites, oui, parfois ce n'est pas le cas. C'était plus une clinique de repos où les patients entrent de leur plein gré pour aller mieux, bref le cadre me convenait et je n'avais qu'une hâte, c'était d'y aller pour me poser ; ma date d'entrée était prévue pour le début du mois de Mars. Mes résultats du premier semestre arrivent et je n'avais loupé que trois matières sur treize avec soixante pour cent de réussite. J'avais droit à dix échecs avant que ce ne soit considéré comme non rattrapable et donc redoublement obligatoire. Je gardais en tête que j'avais tout donné, ces examens, je les avais passés avec deux pauvres biscottes dans le ventre et toujours un sucre dans le paquet de mouchoirs sur ma table au cas où. Bref, je pouvais être contente de moi et je savais que j'avais de la marge avant l'échec de mon année. Enfin le 26 Février, soit à l'aube des deux ans où Mamie H était partie, je repasse mon permis pour la troisième fois et je l'ai pris tel un signe, elle était avec moi et ça allait le faire. Mon moniteur est venu me chercher et la première chose qu'il m'a dite avant même de me saluer, était « *Ne t'inquiète pas, ce n'est pas elle qui te fait passer ! C'est mon pote tu vas voir il est cool, tu peux y aller détendue c'est la bonne !* ». Me voilà rassurée, ce n'était pas cette fichue examinatrice et dans la voiture, après avoir pris deux autres conducteurs en herbe, il nous parle d'un autre examinateur type vieux con et ancienne école. Il ne le supportait pas et nous raconta les fois où ils s'étaient embrouillés en plein passage d'examen à se hurler dessus comme deux putois. Le style d'examinateur qui demande d'activer les feux antibrouillards tout en roulant : chose que l'on n'apprend pas forcément en heure de conduite et que l'on n'utilise pas tous les jours non plus. Alors difficile au début, en plus avec le stress de l'examen, de s'y retrouver. C'était également son genre de demander un arrêt de précision alors que ce n'est plus au programme depuis des années, bref, ce genre de banalités faites exprès pour déstabiliser. Le pire, c'est que je ne savais même pas de quoi il s'agissait et mon moniteur nous expliqua que telle partie de la voiture devait se trouver à côté de tel point de repère donné par l'examinateur mais je n'ai pas réussi à retenir ce qu'il disait, ayant le trouillomètre au plafond. J'arrive donc sur le parking du centre d'examen que je ne connaissais que trop bien et je croise cet instructeur cool, détendu et qui présente bien. Je vois aussi l'autre dont mon moniteur m'avait parlé et tous deux se toisent de la tête aux pieds. Puis, je le vois s'approcher de nous, vous voyez le truc venir, c'était lui mon examinateur du jour : génial. Contrôle d'identité : il voit mon nom et me fait une blague dessus d'une lourdeur lourdesque et j'avoue n'avoir pas réussi à me forcer à rire, ce n'était vraiment pas le moment. J'étais de nouveau la seconde à passer et ce coup-ci, il faisait super chaud, j'en ai enlevé ma veste en m'installant au poste de conduite ! Un coup de « *Tout le monde est bien attaché, je peux démarrer ?* » et c'était parti. Grâce au Covid, pas de questions sous le capot donc trois points donnés et il en fallait vingt pour l'obtenir. À chaque priorité à droite, mon moniteur mettait des coups de pied dans mon siège pour être sûr que je ralentisse bien. Puis l'examinateur me demande de me mettre sur le côté et d'effectuer un arrêt de précision au panneau : bon eh bien, je me suis arrêtée à l'endroit qui me paraissait opportun. Il me regarde et me dit « *C'est cela que vous appelez précision Mademoiselle ? - Euh, oui ?* », j'admets que je n'ai pas pu m'empêcher de lui répondre par l'affirmative mais bien évidemment, ce n'était pas là où il fallait mais bon, il chipotait sur des détails ! Je m'étais stoppée au panneau, voilà on ne va pas faire de simagrées « *Et si un jour vous devez vous arrêter à une borne, vous vous procéderez de la même façon ?* » de toute façon, j'ai eu envie de lui dire qu'ayant des petits bras je dois soit me mettre debout sur mes pédales, soit descendre de la voiture alors… Mais en toute honnêteté, je ne sais plus ce que j'ai répondu. J'aurai tendance à dire que par respect je n'ai rien dit mais je suis assez partagée sur le sujet. Le circuit se termine et je reconnais la route du retour. L'arrêt de précision devait être ma manœuvre : ouf pas de créneau, j'étais sauvée ! Tout s'était bien passé, il n'avait pas touché aux pédales et je relâche donc peu à peu la pression tout en m'engageant dans la rue à sens unique qui se situait juste à côté du parking d'arrivée. Soudain « *Mademoiselle, dès que possible vous allez m'effectuer un créneau à droite* » et merde j'étais foutue. Monter sur la bordure étant déjà éliminatoire, je sais que je n'ai le droit de ne m'y reprendre qu'à deux reprises : j'étais finie c'était sûr. Un véhicule était derrière moi et l'avantage étant que ce coup-ci, il ne pourrait pas me dépasser mais je me sentais d'autant plus observée et stressée ! J'entame les vérifications de routine : rétroviseur intérieur, extérieurs, angles morts et go. Mon moniteur a dû sentir que je n'allais pas m'en sortir comme les deux premières fois - plus maintenant, mais pendant mes deux premières années de permis si je devais en faire un, j'allais clairement me garer plus loin, il ne fallait pas compter sur moi ! – me voilà qui braque à fond sur la droite : coup de pied de mon moniteur pour redresser puis un autre pour contre-braquer : je n'ai jamais si bien réussi ! Sur la route vers la maison nous en avons débriefé et je l'ai remercié de son aide ce à quoi il a répondu tout en rigolant « *Mais comment est-ce possible que même en étant derrière je sache mieux faire le créneau que toi ?* » je ne sais pas mais cela ne faisait aucun doute que c'était le cas !

Une fois l'examen fini et rentrée à la maison, j'appelle Maman. J'ai ressenti le besoin d'aller sur la tombe de Mamie H ; à l'aube des deux années sans elle, nous avions chacune envie de nous y recueillir, ensemble. Je prends ma voiture et Maman monte en tant que passagère et seulement cinq petites minutes plus tard, mon moniteur m'appelle. Il ne le faisait jamais et mon cœur se mit à battre des records de pulsations, je me gare directement « *Allôooo, ouiiiii ????* », il avait reçu la photo du bordereau de l'examinateur sur lequel j'étais inscrite, il me demande de ne pas ébruiter la nouvelle dans le village tout entier mais je l'avais, c'était bon ! Après avoir raccroché, j'ai crié de joie et klaxonné un grand coup, puis enfin respiré pour reprendre quand même, la route dans le calme. Il fallait attendre quarante-huit heures pour avoir le résultat et je ne les ai obtenus que quatre interminables jours plus tard ; l'ayant tout le temps passé un Jeudi ou un Vendredi, j'avais sans cesse le week-end et donc deux jours de plus dans la vue. Tant que je n'avais pas la certitude de l'avoir, je ne réaliserai pas et le Mardi 2 cela devient officiel : ENFIN ! La vie change du tout au tout c'est fou. Je m'en vais acheter mon A de jeune permis à Leclerc et j'étais toute stressée de rouler seule, cela me faisait si bizarre ! J'avais la perpétuelle impression de devoir prouver que je savais bien m'arrêter à un stop ou actionner mes clignotants tout comme je l'avais appris : comme si j'étais encore évaluée d'une certaine façon. L'après-midi, je fais les quarante minutes de route (autoroute incluse : je n'étais plus impressionnée) qui me séparent de chez ma tante et vais chercher Lilou pour la ramener à la maison et nous passons la journée ensemble. Le soir venant, je la reconduis chez elle avec une immense sensation de fierté vous vous doutez bien. Le surlendemain j'allais rentrer en clinique et j'ai donc profité un maximum de ma liberté naissante. C'est d'ailleurs cette année, en date du 26 Février 2024 que je passe officiellement dans la vie adulte : avec trois ans de permis de conduire je ne suis plus en probatoire et donc plus de A aux fesses : plus rien qui ne me qualifie en tant qu'adolescente ou d'adulte "non-finie" ! J'avais toujours dit à Ghunyah qu'une fois mon permis en poche je viendrai la voir : promesse tenue. Je prends la route direction Paris ; périph parisien, avenue des Champs-Élysées, rond-point de l'étoile et créneau à gauche. On peut dire que je n'ai pas eu froid aux yeux mais c'est dans ma personnalité, je suis comme ça ! J'aime tellement cet aspect de moi, n'avoir peur de rien et foncer tout en restant responsable bien sûr. Comme me l'a dit ma collègue hier il faut savoir s'autocongratuler, voilà qui est fait ! Ghunyah me fait découvrir les sushis, m'emmène au Disney Store des Champs-Élysées, puis nous prenons de magnifiques photos pleines d'amour de nous deux devant l'Arc de Triomphe ! Couvre-feu de dix-huit heures oblige, je reparcours les deux heures et demie et deux-cents kilomètres à partir de quinze heures. J'aurais roulé cinq heures en tout et restée seulement trois sur place mais peu importe, je ferai n'importe quoi pour voir ma chère Ghunyah même juste une demi-heure. Je suis tombé dans les bouchons et pris un gros shoot de stress puisque je n'avais plus beaucoup de batterie et mon téléphone faisait à la fois mon GPS et DJ. Je suis rentrée avec quelques petits pour cent et vidée de toute énergie, mais la tête et le cœur eux, étaient bien remplis.

Après avoir dû annuler mon stage suite à mon hospitalisation, je reçois un email de l'école : souviens-toi Emi, de notre panique rien qu'à en recevoir la notification. Il m'en restait un qui était encadré avant la fin de l'année et un dernier au choix. J'avais l'idée de partir en crèche avec des petits bouts, c'était sûr que j'allais adorer puis j'aurai enfin la chance d'être au contact des plus petits. Ce stage était ma carotte d'une certaine façon et on venait de me l'enlever. Oui, vu que c'était le second que je loupais de l'année, ils voulaient m'envoyer dans un stage imposé et bien pourri qui plus est. J'avais manqué pour cause médicale, je n'étais pas partie en vacances comme certains et j'en parle à Vanessa qui me conseille d'expliquer la situation sans filtre. Je pose dans ma réponse à cet email les mots : anorexie, hospitalisation et situation familiale compliquée due au divorce de mes parents. Advienne que pourra...

Story Instagram du 4 Mars 2021 :

« *Franchement, je vous livre tout ici. Stress d'être loin de chez moi mais bon, c'est pour la bonne cause.*

Ce qui est compliqué, c'est que moralement je suis dans une montagne russe avec des hauts et des bas, forcément. Mais en ce moment, je suis plutôt sur du plat voire montée car j'ai eu mon permis et mon premier semestre malgré le Sed et l'anorexie. Vraiment, je suis fière de moi. Et cette hospi que je demande depuis cinq semaines, mon état d'il y a cinq semaines n'a rien à voir avec aujourd'hui. Je pense avoir déjà fait la moitié du taff toute seule ; niveau réalimentation et moralement aussi. Donc elle arrive un peu tard mais bon, je veux prendre le positif de cette hospitalisation et repartir plus reboostée que jamais ! Mes cours reprennent dans deux semaines, pas le choix je dois y retourner ! Hors de question de foutre en l'air mes efforts. Je suis très angoissée à l'idée d'être dans un lieu avec des inconnus et des repas que je ne contrôle pas. Je pense rester huit ou neuf jours avant de reprendre les cours. Je veux en tirer le positif, j'ai la vie devant moi. Permis, premier semestre de validés ; ce sont de très grosses épines du pied qui me sont retirées. Voilà pour les confidences de ce premier soir. Je me souhaite de me sortir de cette putain de dépression, de vivre avec les TCA plutôt que de les subir puisque je ne peux pas les supprimer (je les ai depuis deux ans, je veux simplement apprendre à vivre et à composer avec). Je désire aussi réussir à m'autoriser de me reposer mais être de l'autre côté comme patiente est très dur. Je me stresse toute seule de leur jugement. Bref, angoissée ce soir mais au moins changer d'air ne peut me faire que du bien. À ma sortie, je n'aurai plus de raison de rester enfermée, j'ai le permis maintenant, ce sera vraiment le commencement d'une nouvelle vie pour moi. »

Je reprends donc le chemin de l'école comme prévu mais je n'avais pas le droit de rouler en dehors de la France, pas tant que je n'avais pas reçu mon permis en dur. Le résultat de l'examen fait foi pour la France mais pas aux yeux de l'Union Européenne. Je l'avais et je devais encore attendre pour m'en servir ? Ne comptez pas sur moi ! Si jamais, je ferai la nunuche qui n'était pas au courant mais moi, je traverse la frontière quand même, je dois aller en cours ! Fini d'être dépendante de quelqu'un et ce jeu quelque peu dangereux n'a heureusement duré qu'une semaine puisque je l'ai reçu en version officielle environ trois semaines après mon examen. Là où parfois le délai peut être de plusieurs mois. Un après-midi, tandis que nous recevions tous tour à tour nos résultats d'examens, ils se sont vus accompagnés d'un petit entretien avec la professeure titulaire. La mienne était spécialisée en santé mentale et lorsque mon nom fut appelé, je m'en vais à son bureau. Comme tout le monde, j'avais droit à un rapide point sur les examens et les stages puis elle me tend la feuille de relevé de notes tout en me demandant comment j'allais. Je lui réponds par l'affirmative, « *Oui, mais à part ça ?* » elle devait parler du SED, maintenant les professeures étaient toutes au courant. Je lui dis que ce n'est pas facile tous les jours mais que je m'adapte et fais de mon mieux pour vivre avec. Puis elle me repose la même question et j'ai vite compris qu'elle voulait parler de l'anorexie, l'information donnée par email à ma responsable de stage lui avait été relayée « *Je reprends doucement du poil de la bête, ça va mieux merci* ».

Enfin, pour clôturer ce mois riche de rebondissements, je me mets en couple avec Vianney avec qui je parlais depuis Novembre. Il m'écoute, me respecte, prend soin de moi, m'estime... Nous démarrons tous deux une nouvelle aventure et le 30 Mars : Vicky, celle qui fera de moi pour la première fois une tata, pointe le bout de son nez. Tout va pour le mieux et je suis aux anges pour elles deux. Avril sera un mois essentiellement basé sur des journées de cours et de révisions intenses en vue des prochains examens et le meilleur, je rencontre Vicky lorsqu'elle a un mois de vie. Elle était si petite, une vraie poupée tant elle était mignonne : un bébé cadum et mon cœur fondait comme neige au soleil. Je consulterai pour la première fois un médecin de la douleur puis un gastro-entérologue qui me prescrit une fibroscopie pour s'assurer que je ne sois pas intolérante au gluten. Ce n'était pas des plus agréable mais gérable et en salle de réveil, j'avais échangé avec un infirmier pour finalement réaliser que nous étions allés dans la même école. C'était assez drôle de cracher sur telle ou telle personne ! En rentrant à la maison, quelque peu groggy et avec une voix modifiée, je me souviens que Candice avait réagi à la story Snapchat que j'avais faite. Elle demandait ce qu'il se passait (habillée en tenue de bloc avec la charlotte sur la tête et aux pieds, je m'étais moquée de mon apparence très ridicule mais drôle, alors autant la partager à ma famille et mes amies), je réponds bien simplement qu'il n'y a rien de nouveau et que c'est la routine. Elle l'a interprété comme un reproche, probablement comme quoi elle ne prenait pas de mes nouvelles et peut-être qu'elle avait de quoi. Elle a commencé à me bombarder de critiques : que j'étais devenue hautaine, ces derniers temps j'avais changé et avec l'histoire des idées suicidaires de Laëtitia où elle avait été mise de côté, cela commençait à faire beaucoup. Voilà que cela repartait de plus belle ; les critiques constructives ok, mais celles juste pour faire mal ne devaient plus m'atteindre, j'avais assez donné. Autrefois, j'aurais pris cela en plein cœur, me serais excusée une fois de plus, justifiée encore et toujours gaspillé de l'énergie pour arrondir les angles. Mais ce temps-là avait assez duré et j'ai répondu que j'en avais marre, si elle ne m'acceptait pas telle que j'étais ce n'était plus mon problème. J'en avais clairement ras la casquette de ces gamineries et d'être entourée de ce genre d'individu qui créent des histoires pour tout et rien : le genre de relation toxique par excellence. J'ai conclu sans haine aucune car cela n'apporte rien et ai préféré la bloquer pour passer à autre chose. Le lendemain, c'est Laurine qui est venue me demander des comptes sur mon "comportement", que cela ne se faisait pas et qu'elle était très en colère après moi, je devais m'excuser. Je l'ai bloquée aussi. Allez hop, pas le temps pour ces futilités, fini le bac à sable et la cour de récréation à un moment c'est stop. Nous n'avons plus jamais eu de contact et je m'en porte bien mieux depuis. S'entourer de personnes saines qui nous tirent vers le haut plutôt que le bas est le plus beau cadeau que l'on puisse se faire. Je termine de nouveau le mois en beauté en compagnie de mon premier entretien d'embauche au sein de l'établissement psychiatrique qui m'avait accueillie en stage. Avant de partir, j'avais laissé mon curriculum vitae ainsi qu'une lettre de motivation. Je saurai la suite lorsque j'aurai tous les papiers requis pour ma reconnaissance en tant qu'aide-soignante et j'y revois mon copain le buisson qui a tout de même pris tarif qu'on se le dise !

Vanille nous fait aussi une grosse frayeur : tandis que j'étais aux toilettes, je l'entends marcher sur les affaires qui étaient sous l'escalier alors qu'elle n'y allait jamais d'habitude. J'ouvre donc la porte pour voir ce qu'il se passe et l'appelle. Elle vient vers moi en marchant de coin jusqu'à s'en cogner contre le mur et marcher comme cela tout du long. Je me dépêche de sortir et de la prendre dans mes bras. J'ai d'abord pensé à une crise d'épilepsie ou à un AVC et ai directement appelé le cabinet vétérinaire qui me donne rendez-vous dans l'après-midi. Ce fut la première fois que je la conduisais quelque part, me sentant grande de pouvoir m'occuper d'elle et ne pas avoir à attendre que Papa ne rentre pour l'emmener. La vétérinaire l'ausculte minutieusement, teste ses réflexes un par un et conclut qu'elle a fait un AIT, elle sera donc sous diurétiques pour le reste de sa vie. Elle n'a gardé aucune séquelle et une fois la peur dépassée, sa petite vie a suivi son cours et tout est rentré dans l'ordre. La pauvre avait déjà un traitement pour une insuffisance cardiaque et des œdèmes pulmonaires, à un tel point que nous avions acheté un pilulier rien que pour elle... ! Nous allions évidemment continuer à bien prendre soin d'elle pour ses vieux jours et ce jusqu'au bout, toujours avec amour. Au mois de Mai tout s'enchaîne : dernier stage école, lequel est régulièrement synonyme de pression provoquée par les supervisions des professeures qui sont déterminantes pour la validation du stage et donc de l'année. Puis examen pratique en situation et en salle technique. Je peux vous dire que nous aurons passé avec Pauline, bon nombre d'heures à réviser tout le répertoire des techniques sur les mannequins de l'école. Du 10 au 23 Mai, je suis sur la ville d'Ath et j'ai environ une heure de trajet pour m'y rendre. Nous avions systématiquement un stage loin par année et Vanessa habitant à proximité m'avait depuis la première, répété que si jamais j'étais en stage à Ath je pourrai venir chez elle. Mais maintenant que Vicky était là je ne souhaitais pas m'imposer, elle n'avait qu'un mois de vie. Elle dit que bien au contraire, elle serait ravie de m'accueillir et me voilà donc à charger mon coffre pour ces deux semaines et en route vers la Belgique. Je suis en médecine interne, même si le service ressemblait plutôt à de la gériatrie, et je manipule mes premières perfusions en situation réelle. J'aurai moins de dix jours pour me faire la main avant d'être évaluée lors de mon examen pratique par ma professeure. J'y ai découvert une équipe qui connaissait davantage la salle de pause plutôt que le service en lui-même. Chaque tour de médicaments était plus qu'expéditif pour pouvoir vite y retourner et cette façon de devoir sans cesse se dépêcher m'a plus qu'induite en erreur. Lorsqu'étudiants, l'on commence à donner les traitements on se place derrière le Pc, de manière à bien vérifier ce que l'on administre au patient. Cela est certes plus long puisque c'est tout nouveau, mais nécessaire pour se former. Il y aura bien un jour où nous serons amenés à en assumer la totale responsabilité et l'infirmière que j'accompagnais voulait tout faire au pas de course pour aller prendre sa pause-repas par la suite. Elle m'a demandé après une Toujeo dans le chariot de soins et me donne ce nom que j'associe à un stylo d'insuline dans ma tête, ne connaissant pas encore très bien les noms des différents types, que ce soit à action lente ou rapide. J'ai donc saisi le seul que je voyais et me suis empressée de le lui tendre ; je n'avais pas vu qu'il y en avait deux. Elle n'a pas réalisé la double vérification en tant qu'infirmière, ni celle qu'elle doit effectuer derrière moi. L'erreur est par conséquent survenue comme cela, et j'ai administré une insuline rapide au lieu d'une lente à une patiente. À forte dose cela peut placer le malade en coma hypoglycémique et, dans les cas les plus graves, causer le décès. Si vous saviez comme je m'en suis voulu, c'était moi la fautive mais Dieu merci, ce n'était qu'une petite dose. Puis Emi, Vanessa et Pauline m'ont déculpabilisée, c'était à l'infirmière de mieux m'accompagner et surtout de revérifier. Et celle-ci a, sans gêne aucune, rejeté l'entière faute sur moi, forcément les étudiants ont bon dos. Le jour suivant j'étais en repos, mais il n'empêche que le soir-même ainsi que le lendemain matin, j'ai contacté l'hôpital pour avoir des nouvelles de la dame qui était même sortie puisqu'elle allait mieux. J'y rencontre également Fadwa, étudiante infirmière d'une autre école qui a été malmenée par sa professeure réputée raciste : elle s'en est pris plein la figure. Exemple : au lieu de l'aider à refaire le lit ou de l'aider tout court, elle la laissait se débrouiller seule. J'allais entre deux lui filer un coup de main, les évaluations sont tellement stressantes... Ou bien je fonçais en réserve pour lui apporter en cachette ce dont elle avait besoin. Elle m'avait cependant conseillé de ne pas le faire afin d'éviter que cela ne me retombe dessus mais alors là, c'était le cadet de mes soucis puisque d'un, ce n'était pas ma professeure et de deux, il était hors de question que je la laisse galérer et rester à la regarder les bras croisés. Un jour, tandis que j'avais fini ma journée, je vois l'un des patients de mon service sortir en même temps que moi. Devant l'hôpital se trouvait un autre bâtiment où les doses de vaccin contre le Covid étaient administrées et il s'y rendait. Le temps que je me change et arrive à ma voiture garée sur une place PMR (Personne à Mobilité Réduite) devant l'hôpital et lui, venait seulement d'arriver également à mon niveau. Nous nous sommes donc croisés et faits signe de la main. Il m'a vue monter dedans et son visage a changé : il me montre le panneau, comme si je n'étais pas au courant. Je pointe alors ma carte du doigt, lui fais signe au revoir et m'en vais. Je suis rentrée et la soirée a suivi son cours, je n'y avais même pas prêté attention. Jusqu'au lendemain où je recroise ce patient dans le service et comme à mon habitude, je passe prendre ses paramètres vitaux en chambre. À mon bonjour, le sien a été « *Ça va place handicapée ?* » et je comprends directement où il voulait en venir et le laisse parler « *Tu te rends compte, tu n'as pas honte à ton âge de te garer là ? Tu n'en as pas le droit, il faut laisser cette place à ceux qui en ont besoin ! - Je suis bien d'accord, mais si c'est moi qui en ai besoin ? – Mais, et ton métier, comment tu fais ? - Ce n'est pas simple tous les jours, mais on garde le sourire malgré tout ! - ...* », la discussion s'est arrêtée là, il a baissé le regard et n'a plus prononcé un mot. J'ai raconté cela à Fadwa en rigolant, car je m'étais efforcée de ne pas y accorder d'intérêt et cela l'a choquée, elle ne comprenait pas que cela ne m'énerve pas plus que cela. Ce n'était pas la première fois et puis à quoi bon dépenser de l'énergie, cela ne vaut pas le coup. Il fallait cependant retourner auprès de lui pour lui mettre ses bas de contention et nous y allons ensemble, Fadwa ne voulait pas que j'y aille seule, "dégoûtée" de par son comportement ; désormais, il fuyait mon regard, mal à l'aise. Majoritairement, pour l'ancienne génération jeunesse rime avec pleine santé, moral au top et vie à cent à l'heure. Limite, nous n'avons pas le droit d'être fatigués puisque nous sommes "jeunes et en forme" mais je ne suis pas d'accord avec cela. Parfois, j'ai même hâte de vieillir pour arrêter d'entendre cela à tout bout de champ ; il est grand temps de déconstruire ces mythes. Notre jeunesse n'a rien à voir avec la leur, le coût et le monde dans lequel nous vivons ne sont plus les mêmes, tout est différent et au-delà de ça, jeunesse peut rimer avec problèmes de santé ou maladie, ce n'est pas impossible. Ce stage était très éprouvant physiquement pour moi mais je n'avais que cinq minutes de route et une amie en or avec sa toute petite qui m'attendaient en rentrant. Le soir, on lui donnait le bain ensemble, j'avais le moment biberon (qui passait toujours trop vite) puis une heure et demie de pas en rond dans la chambre jusqu'à temps qu'elle ne s'endorme et ensuite le coucher. Bizarrement, les douleurs de ma journée passaient au vingtième plan et quand elle se réveillait la nuit, je sautais du lit pour aller la changer et la nourrir, c'était un pur bonheur pour moi. D'autant plus si cela permettait à Vanessa de se reposer, qu'elle profite tant que j'étais là. De toute façon, ce n'était pas cela qui allait plus me fatiguer par rapport aux deux heures de routes quotidiennes que j'aurais dû faire, bien au contraire ! Un matin, tandis que nous étions endormies, je me souviens que Vicky a toussé d'une drôle de manière et nous nous sommes toutes deux assises brusquement dans le lit. Tout allait bien, c'était juste un petit cauchemar mais nous, nous étions en stress à la simple idée qu'elle ait pu s'étrangler. Une autre fois, il était bien trop tôt et Vicky n'avait jamais su se rendormir malgré tous nos efforts et Vanessa l'a alors mise entre nous deux qui étions ko comme pas deux « Bon c'est exceptionnel hein ! ». Je vous assure qu'entendre ses petits bruits de respiration, de gazouillis, sentir ses petits doigts tantôt me caresser tantôt me griffer la joue, étaient vraiment les moments les plus doux que j'avais vécus depuis plusieurs années. Cela vaut sans aucun doute tout l'or du monde et partager cela avec Vanessa n'a fait que renforcer notre amitié. Nous réussissons à nous programmer un moment entre filles où Pauline nous rejoint et c'était le retour de notre cher trio autour d'un Mcdo puis d'un chocolat chaud en terrasse.

Vient enfin l'examen pratique du stage qui s'est bien passé, j'avais eu la toilette de mon patient, la gestion de sa médication puis une prise de sang à réaliser. Enfin, la préparation et l'administration de plusieurs perfusions, agrémentées de (seulement) onze ampoules à prélever : rip mes articulations et c'était, normalement, dans la poche. Après, vient celui de l'école en salle technique : j'avais eu un sondage vésical à demeure chez une femme puis une ablation de drain de Redon. Le sondage devant se faire entièrement de manière stérile, gants compris, la chronologie devait donc être scrupuleusement respectée pour éviter toute faute d'asepsie ; c'était un soin très minutieux. En effet : un oubli avec les gants stériles ça ne pardonne pas, mais je n'ai commis aucune erreur et j'étais plutôt satisfaite ! Je termine donc ma deuxième année par mon stage en crèche du 7 au 30 Juin. Tous mes camarades avaient pu le choisir, quant à moi, je devais m'estimer heureuse et reconnaissante d'avoir quand même eu le "droit", que dis-je "l'immense privilège" de juste faire comme les autres... Sacrée école. J'apprends que je suis embauchée pour le mois de Juillet en tant qu'aide-soignante et je pars de ce pas signer mon CDD : joie, fierté et premier job en vue ! Petite touche d'humour : le directeur me dit que nous allons lire le contrat ensemble et qu'ensuite, il faudra que je le paraphe. Je lui pose la question de s'il faut le faire sur chaque feuille ou seulement sur la dernière ; il sourit, ce serait uniquement à la fin. Il me demande s'il s'agissait de mon premier, je lui ai répondu que oui, cela se voyait donc autant ? Il a ri en me disant qu'il fallait bien débuter quelque part !

Je continue d'aller monter Ghost et Ju me fait d'abord monter en manège, elle m'encourage et me rassure toujours tout en me poussant pour progresser et je refais mes premières foulées de galop depuis plus de deux ans. La semaine suivante, c'était balade et galop à travers champs et celle d'après ce sera à cru, sans selle. Je n'ai pas eu le temps d'avoir peur puisqu'en trois semaines je suis passée d'un petit manège bien sécurisant à tracer en ligne droite au milieu des épis de blé, libre comme l'air. J'avais déverrouillé ce blocage provoqué par mes anciennes chutes... Et quel kiff ce fut ! Sans eux deux je n'aurais pas pu évoluer si vite ; je leur dois tout. Ce jour-là, en repartant des écuries, Vianney a reculé dans Ju qui était sur son scooter et est sorti en entendant le bruit mais lorsqu'il a vu que ce n'était "qu'elle", il est remonté dans sa voiture. J'étais si mal à la simple idée qu'elle aurait pu être blessée ou se soit fait peur mais elle n'avait fort heureusement rien, mais tout de même... J'étais franchement en colère au vu du fait qu'il s'en fichait totalement. Nous fêtons en famille les quatorze ans de Noah puis je retourne voir Vanessa et Vicky, la petite choupette grandit si vite ! Je m'envole une journée avec Ghunyah à Disney et la semaine suivante avec Vianney. C'est avec lui et au cours de ce jour-là que ma professeure titulaire m'a appelée en visio pour me donner mes résultats. J'avais compensé l'échec d'une matière du premier semestre avec une autre mais j'en avais raté une au second. Je n'avais loupé qu'une seule matière sur les onze de passées et obtenu tous mes examens pratiques : warrior vibes ! J'ai donc toujours trois matières à rattraper : Bactériologie, Pathologie Médicale premier module et Plan de soins en chirurgie, ça le ferait ! J'envoie un email aux professeures qui m'ont enseigné la matière afin de revoir avec elles pour l'examen de rattrapage. J'ai donc pris connaissance de mes résultats sur le parc, nous devions d'ailleurs faire le trajet en train mais Monsieur ne s'étant pas réveillé à l'heure nous l'avions loupé et dû partir en voiture. Je ne lui en ai pas voulu de l'avoir raté, le principal étant que nous y allions, j'étais même plutôt ravie ! Dès petite avec Papa et Maman, nous prenions systématiquement la voiture et c'était l'occasion d'écouter des musiques ou de regarder un film Disney... Du matin, ma voix tirait déjà un peu et après les loopings je n'en avais clairement plus. Le soir venant, nous prenons le chemin du retour et avons été surpris par une grosse pluie d'orage. Depuis l'accident avec Emi, je n'étais plus très sereine et Vianney le savait, alors lorsque la grêle a commencé à faire rage et l'orage à gronder, la chaussée devenue difficilement perceptible, il a senti mon angoisse monter et a mis sa main sur ma jambe pour me rassurer. Papa lui avait expliqué quelle route emprunter du soir pour éviter les bouchons et de ne surtout pas suivre celle qu'indiquait le GPS car c'était beaucoup plus long et moins fiable. L'a-t-il écouté ? Non. Et il est sorti bien plus tôt que ce que Papa avait recommandé, nous nous sommes donc retrouvés en pleine cambrousse, seuls et sous un déluge pas possible. Il a même fini par devoir se garer le temps que ça se calme. Nous en avons ri, enfin, comme j'ai pu avec ma seule corde vocale restante et quelque trente minutes avant d'arriver, il commençait à fatiguer mais ne voulait pas s'arrêter et je le comprends, je n'aime pas non plus lorsque je conduis sur une longue distance. Néanmoins, si je sens que c'est trop dur je me gare, dors et ne cherche pas plus loin. Je lui propose de reprendre le volant mais il refuse. Je lui dis que ça va tant que je ne mets pas de poids sur mes articulations, la douleur est supportable et je me sens de conduire, mais il refuse encore. Puis un, puis deux ronds-points où il se trompe de sortie et j'ai dû insister pour finir le trajet tant il tombait de fatigue. Il en avait la tête qui pendait, je lui ai doucement proposé d'allonger son siège pour dormir plutôt que de lutter et il s'est presque vexé, m'assurant qu'il ne dormait pas mais se détendait le cou. Il ne fallait pas me prendre pour un jambon, il ne pouvait même plus retenir sa nuque et il n'y avait pas de quoi avoir honte ! Dès le réveil du lendemain matin, ma voix m'avait totalement lâchée. Hum, les visios avec les profs allaient être sympa, ça va être simple cette histoire. La première professeure pensait à un bug car elle ne m'entendait pas et j'ai essayé de chuchoter mais sans succès. J'ai fini par écrire un message disant que je n'avais plus de voix et que je m'en excusais. La seconde professeure me dit que sur les deux modules, je n'avais raté que le premier mais réussi le second. Réussi mais au ras des pâquerettes et si je le souhaitais, je pouvais repasser les deux pour avoir une meilleure note, comme si ! Je l'avais eu et c'était le principal, je n'allais pas risquer de me planter et de le rater vu que re-prester cet examen annulerait ma première note. Ensuite pour le troisième, la professeure m'a vraiment démontée et je me suis de nouveau sentie telle une petite fille que l'on dispute. Mais bon, nous étions traités à l'instar de petits enfants et ce, depuis le début.

Quelques jours plus tôt, tandis que je devais me rendre en stage vers onze heures, Vanille me réveille pour la sortir vers sept heures du matin. En remontant, je dis bonjour à Floppy et capte directement que quelque chose ne va pas ; il avait ce que l'on appelle un **nystagmus**, c'est-à-dire un mouvement involontaire des yeux et idem avec sa tête. Chez Floppy, c'était de gauche à droite, mais il était trop tôt pour appeler le vétérinaire qui était encore fermé. Je le prends et le colle contre moi, je sais que cela le rassure et ça marche puisqu'il se calme. Vers huit heures, le cabinet ouvre mais mes appels restent sans réponse et je finis par l'emmener immédiatement et demande à Papa de nous conduire. Floppy étant apaisé dans mes bras, je n'avais pas le cœur de le mettre dans sa caisse de transport et je préviens en parallèle mon lieu de stage pour m'excuser et leur dire que je serai en retard mais rattraperai mes heures dès que possible. La vétérinaire diagnostique une **encéphalocito-zoonose cuniculi** ; en d'autres termes, Floppy avait un parasite qui avait migré dans son cerveau, ce qui lui donnait ses symptômes neurologiques. Elle me propose de le garder ou le ramener à la maison ; sachant que j'allais être en stage toute la journée, j'ai préféré qu'il reste sous surveillance avec quelqu'un qui pourrait s'occuper de lui et on convient de se recontacter du lendemain. Puis je me rends en stage, les pensées obnubilées par l'état de santé de Floppy. Le jour suivant et après appel de la véto, nous y retournons et elle me reçoit toujours seule (Covid oblige) et me prépare au fait que Floppy ait des séquelles qui sont apparues, temporaires comme définitives. Avec ce parasite, il avait la tête inclinée sur le côté de son œil sain, totalement penchée du mauvais côté. Sa vision était rendue impossible vu que son autre œil était aveugle du fait de la cataracte qu'il avait depuis bébé. Elle m'a dit que j'avais un sacré petit battant et dès lors qu'elle l'a mis dans mes bras, on voyait qu'il me reconnaissait et était plus apaisé. Je ne l'ai plus lâché de tout l'après-midi, Floppy étant un petit nerveux, il était vraiment abattu et j'ai même fait la sieste avec lui, endormi aussi sur moi. Cela ne s'est plus jamais reproduit après, identique à moi petite ; ce n'était pas fait pour lui. Hydratation et alimentation à la seringue, six médicaments le matin et cinq le soir et entièrement dépendant de moi pour survivre. J'ai dormi sur le canapé pendant un bon mois, me réveillant deux fois par nuit pour le nourrir et l'hydrater. Il n'avait plus aucun équilibre et c'était un crève-cœur de le voir ainsi, j'ai même dû entièrement capitonner sa cage afin d'éviter qu'il ne se blesse. Les premiers jours étaient les plus durs et j'ai d'ailleurs rappelé la véto en lui demandant si elle était sûre qu'il ne souffrait pas et qu'il avait bien une chance de récupérer. Elle m'a conseillé de lui laisser le temps car il se battait et il fallait lui faire confiance. Quand quelques jours plus tard je suis repartie à Disney (visite prévue depuis des semaines) avec Vianney, dès cinq heures du matin j'avais mis Floppy dans ma voiture et l'ai emmené chez Maman. Pour permettre que l'on s'occupe bien de lui toute la journée, et ce fut pareil pour tout le temps de sa convalescence. Avant de partir en stage je lui donnais son traitement médicamenteux, le déposais chez Maman et le soir, je le reprenais et lui faisais ses soins. Tel un bébé que l'on emmène et récupère de chez la nounou. Le 1er Juillet, mon premier Contrat à Durée Déterminée débute. Est-ce que je me suis fait remarquer ? Évidemment, fidèle à moi-même.

Papa me trouvant endormie dans le canapé : « *Eva, à quelle heure tu dois être en Belgique ?* »

Moi : « *Euh, sept heures, pourquoi ?* »

Papa : « *Ben, il est sept heures trois* »

Moi : « P***** de b***** de m***** » (oui ma réponse s'est entièrement faite au moyen de jurons)

J'appelle alors mon travail pour me confondre en excuses, expliquant que mon réveil n'a pas sonné *« Justement, on se demandait où tu étais et on commençait à s'inquiéter ! Je saute dans ma voiture, j'ai un bon trente minutes de route, je fais au plus vite ! - Oh fais à ton aise, ne va pas faire un accident, ne t'inquiète pas ! »*, voilà pourquoi je les aime tant ces Belges... À aucun moment je ne me suis fait réprimander ils ont plutôt ri de me voir en panique, n'étant pas du tout dans la même optique que moi ! J'ai fini plus tard ma journée pour rattraper et respecter mon compte d'heures. La petite anecdote à vous raconter est que dans cet hôpital, la durée de séjour maximale est de six mois, au-delà, il faut effectuer un "time-out" dans un autre hôpital d'au moins cinq semaines puis c'est reparti pour six mois. La patiente avec qui j'avais eu une "altercation" lors de mon stage de Janvier en psychiatrie arrivait au bout de ces six mois. J'ai donc été là à son arrivée et à son départ d'hospitalisation et c'est un sentiment de satisfaction de pouvoir avoir un suivi global sur un patient, là où bien souvent il rentre chez lui et nous n'avons plus de nouvelles de son évolution. Je pense que c'est l'aspect de mon métier le plus frustrant. Cette patiente m'a remise, pourtant je ne me suis pas donnée à reconnaître *« Ce n'est pas après toi que j'avais râlé et que j'avais été odieuse ? »*, je lui adresse un grand sourire et me mets à rire en disant que ce n'est rien. Elle s'excuse en me disant que je suis toute gentille et qu'elle s'était bien trompée sur mon compte. C'était très gratifiant comme retour car je voyais son évolution et au passage, j'avais un mot gentil, que demande le peuple ? Sur ce premier été où je travaillais qui est passé très vite et où je n'avais pas pour la première fois mes deux mois de vacances, je suis allée voir Ju et Ghost en concours de saut et ai rencontré le nouveau partenaire de vie de Ju : j'ai nommé Shadow, un adorable berger australien. Pour l'anniversaire de Papa le 13 Juillet, nous sommes allés à Disney en train et Vianney avait proposé de nous y déposer. Il a d'ailleurs plu à un tel point que nos manteaux avaient percé : à peine montés dans sa voiture du soir, nous avions directement embué tout l'habitacle. Pour le coup, j'avais prévu et pris du change et une fois la journée finie et que nous étions dans le train je change de chaussettes et de chaussures. Les articulations douloureuses comme jamais, je savais qu'une fois retirées, les chaussures ne pourraient pas être remises tout de suite, non sans douleur. Je me suis ensuite endormie (oui je fais partie de ces gens capables de s'assoupir dans le train sans craindre de louper leur arrêt) et dans le gaz au complet au réveil, c'est Papa qui m'a de son propre chef remis mes pompes et fait mes lacets. Nous en avons ri, rien qu'à l'idée du nombre d'années depuis la dernière fois qu'il ne l'avait fait ! Mon CDD se termine et Floppy allait beaucoup mieux, les efforts avaient payé : sa tête s'était redressée, il mangeait et buvait seul et j'avais retrouvé mon Floppychat d'avant.

Ce mois de Juillet fut rude physiquement parlant puisqu'il fallait tenir le rythme, mais ce que je m'y sentais bien !

À côté de cela, il y avait déjà un an que j'attendais, sans succès, des nouvelles de l'hôpital Raymond-Poincaré de Garches et après avoir appelé puis relancé plusieurs fois au cours de l'année, toujours rien. Je renvoie sans grande conviction, un énième email, comme quoi cela faisait un an que j'étais sans nouvelles et que j'aurais aimé savoir ce qu'il en était de l'avancée de mon dossier. Je reçois enfin une réponse de la secrétaire, s'excusant de ce long délai sans réponse puisqu'il n'y avait plus de secrétariat. Cependant, ils n'avaient aucun dossier à mon nom, ni de trace de mon passage de l'an passé et en prime, le médecin ne se souvenait plus de moi. Je devais donc reprendre rendez-vous et attendre de nouveau six longs mois (au minimum) et me voilà à rédiger un email de quatre kilomètres pour tenter de raviver leur mémoire. Nous finissons par convenir d'un entretien téléphonique avec la secrétaire où je tente de rester calme, en réexpliquant une énième fois la situation. Elle me dit qu'il devait avoir de fâcheux trous de mémoire et s'en excuse puisqu'elle avait fini par retrouver mon dossier : miracle sur Terre. Elle allait lui demander de rédiger le courrier qui n'avait pas été fait après ma venue et programmer un HDJ dès que possible. Début Août, je revois Ghunyah sans grande surprise à Disney, puis avec Papa nous prenons la route des vacances. Direction Obernai ; découverte du camp du Struthof et par la suite, nous retournons faire un tour à la confiserie des Hautes-Vosges que l'on avait visitée en famille. C'était drôle de voir les mêmes lieux treize ans plus tard avec mes yeux d'adulte et de les comparer avec mes souvenirs d'enfant. J'avais cela en mémoire comme quelque chose d'immense alors qu'en réalité pas tellement ! Lilou fête ses douze ans et Valou ses vingt-trois. Avec Adam, ils se pacsent le jour de son anniversaire et je pars prendre quelques jours de "vacances-révisions" avec Vianney à Stella, qui a été vendu par Papy et Mamie. Je dis donc au revoir à cet endroit plein de souvenirs avec un gros pincement au cœur. Vanille était du voyage et j'ai pu faire une tonne de photos de nous deux devant l'appartement pour tourner cette page avec elle, ce qui fut moins difficile pour moi. Valou et Adam célèbrent leur pacs avec famille et amis dans notre jardin et moi, j'avais la tête aux révisions car mes examens de rattrapage approchaient et je n'avais pas droit à l'erreur puisque c'est le surlendemain que je les présentais. Quelle ne fut pas ma surprise quant au bout d'une heure, on nous a annoncé qu'il ne restait qu'un quart d'heure pour finir d'écrire. En effet, nous avions droit à trente minutes par examen, mais nous mettre au courant pour nous permettre d'organiser notre temps était probablement trop demander. J'ai dû boucler en quatrième vitesse et bâcler, ce qui m'a rendue franchement furax. Une fois les épreuves passées, direction Disney avec Vianney mais ce coup-ci je conduis pour plus de prudence et nous prenons ma voiture puis prévoyons une nuit sur place pour bien en profiter. À la fin de la première journée, nous avions déjà fait le parc en long, en large et en travers : refait toutes les attractions que nous voulions, donc plus d'intérêt à y retourner le jour suivant. Nous décidons de tout de même dormir sur place et de reprendre la route du lendemain. Il conduisit ma voiture jusqu'à l'hôtel et faisait hurler mon moteur avec une conduite plus que brutale ! Lorsqu'il le faisait avec la sienne c'était toujours « *Ce n'est pas grave, j'en rachèterai une quand elle ne roulera plus* », acheter à crédit, dépenser et racheter encore comme s'il pouvait se le permettre. Mon éducation n'était pas de celle-là et nos avis divergeaient fort sur ce point, ce n'était pas quelqu'un de soigneux avec ses affaires. En soit, c'était son problème mais là, il s'agissait du mien vu que c'était ma voiture et cela me dérangeait ; plus on en prend soin et plus elle dure dans le temps. Mais avec lui, rien n'était jamais grave « *De toute façon tu as de l'agent de côté* », « *Tu gagneras toujours plus que moi, on vivra sur ton salaire* », « *Avec tes économies tu m'aideras à payer mes crédits* », bah non en fait, quel drôle de raisonnement ! Qu'il fasse un milliard de crédits et finisse fiché banque de France si cela le chantait, pourquoi pas, mais hors de question que je plonge avec lui et je pourrais raconter un milliard d'exemples de ses folies dépensières ou de ses folies tout court mais je n'en vois pas l'intérêt. J'ai tenté de rectifier le tir, me suis évertuée à l'aider pour régler ses problèmes d'argent, trouver des solutions, même Papa lui a proposé son aide. Mais il ne faisait que de s'enfoncer et de renouveler chacune de ses erreurs ; aucune ne lui servait de leçon et ce jusqu'au jour où cela a pris une très dangereuse tournure qui causera notre perte. Je ne suis pas là pour faire son procès ; il a sa vision des choses et j'ai la mienne et puis Vianney n'était pas quelqu'un avec un mauvais fond, il était simplement irresponsable et assez immature sur certains points. On aime l'autre avec ses qualités et ses défauts pas vrai ? Alors je l'ai aimé avec ses défauts. Ce soir-là, c'était sa première nuit dans un hôtel et il avait absolument tenu à faire la réservation lui-même. Je lui dis de réserver en première classe donc premier prix puisque pour juste une nuit ça faisait largement l'affaire. Leur enseigne étant de la même couleur que celle du Formule 1, j'avais associé l'un à l'autre, pensant qu'il s'agissait du même hôtel : erreur. Cela a déjà commencé à la réception lorsque j'ai demandé si la grille du parking était fermée la nuit et si c'était surveillé et que j'ai eu comme réponse que cela dépendait des fois et un peu du bon vouloir du gardien. À la question, y a-t-il un ascenseur ? Les rires que j'ai eus en guise de réponse m'ont encore moins rassurée. Puis viennent nos têtes lorsque nous avons ouvert la porte de la chambre : nous nous sommes vite rendu compte que c'était non seulement douches, mais surtout toilettes communes. Je connais mon corps et je sais qu'il me trahit parfois ; le cas échéant, je dois me dépêcher et savoir que je n'avais pas de toilettes à proximité mais à l'autre bout du couloir et qu'en plus ils étaient communs et sales… Je n'étais pas très emballée à l'idée de dormir là mais j'ai pris sur moi, même si la peur d'avoir une crise et de ne pas savoir la gérer me trottait de plus en plus en tête. Nous sommes vite tombés endormis, tous deux las de notre journée pendant bien deux-trois heures puis on se réveille en même temps vers vingt-trois heures. Il a vite capté mon mal-être, ce n'était pas si difficile cela se voyait sur mon visage. Puis même, si je reste silencieuse c'est loin de me ressembler et en général, c'est que quelque chose ne va pas ! Il me rassure, lui non plus n'était pas pour rester y passer la nuit et j'angoissais d'avoir laissé ma voiture sur le parking. Il demande ce que je comptais faire et je réponds texto que si cela ne tenait qu'à moi, je monterais dans ma voiture et rentrerais chez moi dans mon lit avec mon chien, mon chat et mon carrosse bien à l'abri dans le garage. Il me dit « *Ok, si c'est ce que tu veux, on y va* » et nous voilà partis peu avant minuit, comme des voleurs. J'ai alors pris le volant, avec sa fatigue et le coup des ronds-points j'ai repris la route et nous ai ramenés sains et saufs à la maison.

À la fin du mois, Ju part à la mer avec Ghost et la nouvelle jument qu'elle a découverte dans les écuries où elle travaille : Silver, une pur-sang de onze ans et je fais partie du voyage. Nous voilà parties à galoper plein cul sur la plage toutes les deux avec des amies à elle qui étaient également là et nous ont fait de magnifiques photos souvenirs ; ce fut la première fois que l'on était à cheval en même temps. La rentrée arrive et je ne sais toujours pas si je passe en troisième année ou si je redouble. L'école nous prévient sans cesse à la dernière minute soit deux jours avant voire même la veille ! Sous réserve de pouvoir aller en stage, nous devons tous nous faire vacciner contre le Covid-19, sinon l'école ne nous garantit pas l'accueil du lieu de stage et sans eux, impossible de valider son année et à fortiori plus d'études. Je n'étais pas vraiment emballée, sans recul sur ce vaccin avec mon SED mais je n'ai pas tellement eu le choix et j'ai donc fait les deux doses. Le week-end précédant le Lundi de la rentrée, j'enchaîne une journée avec Ghunyah à Incroyable talent, une à Disney avec Anastasia et Gabrielle puis une seconde avec Ju. C'est d'ailleurs au cours du Samedi avec elles deux que ma professeure titulaire m'appelle en vidéo et me l'annonce : je venais de valider ma deuxième année ! Elle était pliée de rire rien qu'à me voir avec mes oreilles de Minnie mais qu'est-ce que je m'en foutais ! Là où cela apparaît comme enfantin, je préfère être à Disney qu'en boîte de nuit à boire, à avoir de mauvaises fréquentations et à risquer de mauvaises expériences. « *Faut sortir, tu es jeune profite !* », ma jeunesse et mes sorties sont à Disney avec mes amies ! Gabrielle ne poursuit pas ses études d'infirmière qui l'ont, elle aussi, rudement mise à mal et se dirige en DEUST intervention sociale. Elle est actuellement en deuxième année avec l'objectif d'être à la tête de la direction d'un Ehpad : fini le temps où elle se faisait rabaisser en stage, là, c'est elle qui aura le pouvoir ! Nous continuerons bien évidemment de nous voir, que ce soit par des moments sur le parc ou d'autres surprises vous verrez ! Anastasia est quant à elle, rentrée en troisième année d'études d'infirmière. Le lendemain soir, le papa de Ju me récupère sur le parking de la gare ; il allait en Normandie pour le travail et m'a prise sur son chemin. Oui, désormais Ju est partie étudier et habite là-bas à Lisieux même ! Je la retrouve avec Shadow et fais la connaissance de ses deux colocs. Le Dimanche matin, son père nous dépose sur le parc et à la fin de la journée, j'ai pris le train pour rentrer. Ju est quant à elle, repartie en Normandie et nous savions que nous n'allions pas nous revoir de sitôt alors nous avons profité au maximum de nos derniers instants ensemble : Loin des yeux, près du cœur comme on dit !

J'avais donc validé ma deuxième année : mes deux examens pratiques avec 69.53%, mes stages avec 66.95% et mes vingt-cinq matières avec 65.35% de réussite. Pauline elle, n'a pas réussi et a dû redoubler : gros crève-cœur pour moi. Emi passe en troisième également donc je n'étais pas seule et c'est primordial d'être entourée pour survivre à cette troisième année... Nous allons pouvoir covoiturer toute l'année : une semaine moi et elle l'autre.

Tirer sur la corde

J'entame donc ma Troisième année d'infirmière et Valou sa Deuxième année de master et je reprends encore le chemin de l'école pour ma toute dernière rentrée scolaire. Je sentais que la page scolarité allait enfin se tourner et comme j'étais impatiente d'en finir avec ce chapitre si douloureux de ma vie ! La troisième me réservait son lot de rebondissements bons comme mauvais : au programme, prester des nuits par série de quatre et si la série n'est pas complète pour x ou y raison, il faudra recommencer sans quoi notre année ne pourra être validée. Niveau pratique, ce sera très technique : le pansement de picc-line ou de Port À Cathéter par exemple ; essentiellement rencontré dans les soins chroniques et de longue durée (en oncologie principalement). Viennent ensuite les transfusions sanguines et tout le protocole de surveillance qui va avec, la pose de cathéter veineux, les soins aux trachéotomies ainsi que la technique d'aspiration des éventuelles sécrétions. Et pour terminer, l'apprentissage des mesures de protection lorsque nous entrons en chambre d'isolement : protecteurs, infectieux…. Avec vingt-neuf matières à valider et trois examens pratiques, en service de chirurgie, de médecine et auprès des personnes âgées. Le ton est comme à l'accoutumée, vite donné et nous avons plutôt intérêt à prendre des initiatives et à grandir car nous serons bientôt diplômés et responsables de nos propres actes. Il y a selon eux une marche entre la deuxième et la troisième, surtout en stage où on attend énormément de nous vu qu'il s'agit de notre dernière année. Les six derniers mois des trois ans et demi de la formation n'entrent pas en ligne de compte apparemment… Pourtant, il allait bien falloir se les farcir ! Pour embellir cette journée, la touche finale : nous nous réunissons avec Pauline, Vanessa et Vicky pour un goûter en ville. Lors d'un cours de calcul de doses, l'hôpital Raymond-Poincaré de Garches me donne enfin une date d'HDJ au moyen d'un email : le 24 Novembre 2021. Puis une fois le crâne bourré de théorie et de pratique, nous voilà comme d'habitude, largués en stage. Les disciplines de cette année seront la psychiatrie, la chirurgie, la médecine, les personnes âgées, le domicile ainsi qu'un au choix pour le mois de Juin et au terme de trois petites semaines de cours, je débute le premier en psychiatrie. Du 20 Septembre au 5 Octobre je serai à une heure de la maison et cette fois-ci pas de plan B : je pars vers cinq heures trente pour arriver vers six heures trente, mon service débutant à quarante-cinq. Ensuite, je finis vers quinze heures trente et je rentre seulement vers seize heures trente passées : c'était franchement épuisant comme rythme. L'après-midi c'était de midi à vingt heures donc chez moi vers vingt-et-une heures trente, les transmissions ne finissant jamais à l'heure. Le premier jour j'étais d'après-midi et le second de matin ; j'ai donc fait un contre-poste dès le début et cela m'avait déjà mise dans un état de fatigue puissant pour toute ma semaine : deuxième jour et déjà au bout du rouleau, ça promet ! J'allais même aux toilettes faire des micro-siestes c'est pour dire... Le médecin de la douleur avait instauré un nouveau traitement fin Août pour mes douleurs articulaires et cela impliquait l'arrêt de mon traitement anti-dépresseur puisqu'ils n'étaient pas compatibles. Le nouveau me fatiguait encore plus et niveau moral c'était, comme de fait, la chute libre. De plus, l'équipe n'était pas top et j'étais la seule étudiante dans tout le service : un très mauvais cocktail d'accumulation. Puis un jour, une patiente est admise pour dépression et j'apprends qu'elle est également atteinte du SED ; le transfert fut automatique. Toutes les fois où j'avais entendu les médecins ne connaissant pas ce syndrome, l'écorcher, le minimiser ou même totalement l'ignorer ; voilà que l'équipe de soins reproduisait ces comportements à l'identique et ce fut clairement trop pour moi. Au-delà du fait que les soignantes étaient hypocrites avec les patients à les juger et à se moquer d'eux une fois la porte fermée. Face à ceux, c'étaient des encouragements dans leurs projets qu'ils passaient leur temps à critiquer, à leur dire que leur nouvelle coupe de cheveux était belle alors qu'en off c'étaient des gloussements voire des fou-rires ; vraiment insupportable.

Il y avait deux infirmières qui ne me calculaient pas, qui ne répondaient jamais à mes « *Bonjour* » et s'adressaient juste à moi lorsqu'il y avait des tâches à accomplir et ce, sans m'adresser un regard (et encore moins une formule de politesse ça va de soi). Évidemment, il fallait que lors d'une remise de service, l'une d'entre elles ampute le nom de SED à une faute habituelle : de l'air dans l'os et mon sang n'a fait qu'un tour. Je l'ai reprise en le prononçant correctement : gros blanc, puis elle me regarde (pour la première fois en une semaine), hausse le ton tout en affirmant que c'était ce qu'elle venait de dire et je lui rétorque que non. Je m'en suis voulu mais trop tard, ce n'était pas passé par mon cerveau, la coupe était pleine et ce que je contenais depuis des jours aurait fini par sortir d'une manière ou d'une autre. Le chef de service était lui aussi présent et dès le lendemain, je fus convoquée dans son bureau : il me questionna, je n'avais pas l'air de passer un bon stage et il voulait mon avis sur la question. Je lui explique simplement que l'on attend de moi que j'agisse en tant qu'élève de troisième, mais que l'on me traite telle une première. Je passais mon temps à me faire descendre par telle ou telle infirmière alors que je me pliais en quatre (laver les tables de nuit, armoires, tiroirs, c'est sûr que c'est comme cela que j'allais progresser au bout de la troisième année). Que l'on repassait derrière moi en me reprochant que ce ne soit pas fait tandis que je venais à peine de nettoyer, c'était même encore mouillé ! De l'hypocrisie et de la mauvaise foi à l'état pur. Ma professeure était venue me superviser et il s'agissait de ma titulaire de l'an passé, elle me connaissait donc "bien" et me demanda comment j'allais ; elle avait sans doute eu des échos, logique. J'ouvris la bouche, prononça quelques mots avant de m'effondrer en larmes : rien n'allait, j'étais épuisée avec le trajet, l'ambiance était assurément tendue et impossible pour moi d'arrêter de pleurer. Face à cela, elle cherchait à savoir si je me sentais de continuer, mais avais-je le choix ? Non. J'avais déjà cinq semaines à rattraper en tout, je ne pouvais pas me le permettre et au-delà d'un certain nombre, il fallait redoubler l'année et les heures déjà faites ne seraient pas comptabilisées : compteur remis à zéro. J'aurais eu envie de claquer la porte mille fois et de ne plus y mettre un seul pied mais je ne pouvais pas. Je ravale alors mes larmes, prends sur moi et lui arbore mon plus beau sourire pour ne pas laisser paraître mon véritable ressenti. Oui j'allais poursuivre, ça irait et je fournirai des efforts. C'est à cet instant que j'ai entendu une phrase qui m'a profondément blessée, même si aujourd'hui avec le recul, je me rends compte que c'était probablement dit avec bienveillance, mais je ne l'ai pas perçu comme tel sur le moment « *Mais Eva, avec ton état et ton vécu, la psychiatrie ce n'est pas une si bonne idée. Tu n'apportes rien de positif aux patients, c'est une mauvaise idée* ». J'ai donc évoqué mon CDD de Juillet en milieu psychiatrique qui s'était plus que bien passé et qui me permettait intérieurement de ne pas me remettre en question. Vous savez, au contraire, mon vécu m'aide beaucoup car je peux comprendre sans avoir à imaginer de par ce que j'aurais aimé que l'on me dise ou non, parfois c'est comme avoir une longueur d'avance. Je ne suis pas là pour étaler ma vie privée, ce ne serait pas professionnel. En revanche, tenir le discours de ce que j'en ai tiré et de manière totalement objective, ça, ça m'est permis et je sais faire la part des choses. Dieu sait que j'en ai eu des retours des patients « *Toi, tu me comprends* », « *Tu as dû en vivre des épreuves* » et j'esquisse toujours un sourire en recentrant la personne sur ses problématiques plutôt que sur les miennes et le tour est joué. On m'a aussi parlé de distance thérapeutique qui est primordiale pour le rester, en effet, l'équilibre est loin d'être simple à trouver. Cependant, je pars du principe que tant qu'elle n'affecte ni le patient, ni moi et que cela n'entrave pas les soins dans le cadre de la relation soignant-soigné alors le contrat est rempli. Face à un patient en crise d'angoisse, je vais poser ma main sur sa jambe, lui prendre la main, m'asseoir à côté de lui. Plutôt que de mettre une distance au moment où il a plus que jamais besoin de proximité et de réassurance.

Après ma journée, je suis allée chez Vianney et le lendemain, en fin de matinée, je reprenais la route pour mon stage en après-midi. Il habitait dans une rue passante et très étroite, je sors de mon emplacement et m'engage dans la rue puis lui fais signe en m'assurant d'un coup d'œil dans le rétroviseur qu'il l'ait vu et me le rende. En regardant à gauche, j'ai dévié et embouti un véhicule stationné : une Alfa-Roméo noire, cela m'a marquée. Je me suis pris le volant dans la lèvre, mais surtout, j'ai explosé mon aile avant droite... C'était la goutte de trop, ça touchait ma voiture qui compte tant pour moi et dont je prends tellement soin et elle ne pouvait plus rouler. Tout cela en plus de ce foutu stage de brin ! J'étais vraiment en colère, décidément ça allait de mal en pis et j'envoie un email à ma professeure dans le but de la prévenir que je serai absente ce jour-là (j'avais une bonne raison pour le coup). Elle m'a répondu d'un air désolé et inquiet, je l'ai rassurée en disant que c'était principalement dû à mon inattention. Cela dit, aujourd'hui lorsque je conduis, je vous déconseille de me dire « *Oh tiens, regarde ça !* » si cela sort de mon champ de vision, fixé sur la route. Vianney me prête alors la sienne vu que son travail se trouvait à cinq minutes à pied de chez lui et Pauline m'a également proposé de dormir chez elle tant que je serai en stage pour couper le nombre de kilomètres par deux ; cela n'aura duré que deux ou trois jours mais c'était toujours cela de pris. Le week-end arrive, j'étais d'après-midi avec cette fameuse infirmière que j'avais reprise, ben oui, sinon ce n'est pas drôle ; j'ai pris sur moi, enfilé ma carapace et activé le mode pilote automatique et du Lundi, j'étais de nouveau convoquée par le chef de service. Il avait pour moi, ma professeure au bout du fil qui me disait de revenir à l'école, elle devait me rencontrer. Je m'y presse donc et à ma grande surprise, elle m'attendait avec la directrice. J'étais déjà en palpitations mais en les voyant à deux c'était la fibrillation cardiaque et elles m'annoncent mettre fin à mon stage pour mon bien, dans mon intérêt et non pas contre mais pour moi. Elles concluent l'entretien en me disant que l'on dit souvent à tort et à travers de prendre soin de soi mais que là, elles le pensaient franchement car elles étaient inquiètes. Mouais, ça ne respirait pas la sincérité et puis tout ce que j'ai retenu c'est : je n'y retourne plus et cela ne me portera pas préjudice puisque je ne suis pas virée mais retirée pour mon bien, non pas parce que j'ai mal agi. Oui, ça faisait beau de le dire comme cela et si vous commencez à bien cerner le personnage et la politique de cette école, vous vous doutez bien que cela m'est évidemment revenu en pleine figure et m'a porté préjudice. J'ai passé les dix jours restants chez Vianney au repos complet, ravie de ne plus avoir à y retourner ; c'était un immense soulagement pour moi et j'ai emmené Cassonade ainsi que Vanille, Grenadine et Floppy restèrent eux, avec Papa. Cela faisait un mois que mon année avait commencé et j'attendais déjà avec hâte qu'elle se finisse. J'étais déjà à bout, ressentant qu'il était grand temps que mes études au sein de cette institution se terminent car je puisais de plus en plus dans mes ressources mentales et physiques pour tenir sous un tel climat et mes limites s'approchaient dangereusement.

Les cours reprennent et le mois d'Octobre s'écoule lentement. Avec mon premier salaire, je me devais de marquer le coup et j'ai donc renouvelé mon passeport annuel chez Disney que j'ai d'ailleurs eu en réduction et pu utiliser le reste du budget prévu dans un charm Pandora ainsi que de réaliser un autre de mes rêves de petite fille, oui, je suis une rêveuse déterminée. Vous savez, la robe de Cendrillon que Papy et Mamie m'avaient ramenée d'Angleterre, celle que j'ai portée jusqu'à temps de ne plus rentrer dedans ? Mes vingt ans allaient arriver et je commençais à réfléchir à la robe que j'allais porter pour cette si grande occasion et c'est totalement par hasard que j'ai découvert une dame qui faisait du cosplay - imitation de personnages de film, de dessins animés, au moyen de vêtements très réalistes, un peu du "déguisement version adulte" - et qui en confectionnait sur mesure, et on peut dire qu'il m'a bien trouvée ! Il s'agissait de @elwe_cosplay sur Instagram et j'ai commandé ma robe de princesse en Octobre pour la recevoir au mois de Février tant elle était réputée. Sur l'entièreté de mes revenus, je n'avais dépensé qu'un quart et mis en économie les trois restants : pour une première gestion d'argent, j'étais plutôt fière de moi ! Puis, mon tout premier salaire, il fallait en souligner l'importance ! Les vingt ans aussi, donc l'un dans l'autre cela tombait très bien. Je vais voir l'humoriste Elodie Poux en spectacle avec Papa et effectue un bilan d'endométriose pour compléter mon dossier en vue de ma prochaine visite à l'hôpital de Paris qui se révèle exempte d'arguments pour une forme profonde. Comment l'interpréter, c'est donc une forme légère ? Qui plus est, ce n'est pas l'examen de référence pour la diagnostiquer apparemment et je l'ai appris cette année, deux ans plus tard donc, par mon gynécologue qui considère que j'en suis atteinte.

Mon anniversaire tombe un Samedi, enfin je vais pouvoir profiter de ma journée autrement qu'en cours ou en examen pratique ! Pas de long suspense à avoir, je fonce à Disney entourée de ma meilleure amie et de mon copain pour une journée pleine de rebondissements, hein Ghunyah ! Mais vraiment chouette et encore une fois, je ne suis pas quelqu'un dans la rancœur ni dans la haine, certes nous ne sommes plus ensemble avec Vianney alors aujourd'hui je garde exclusivement les bons souvenirs. Il faut savoir être mature et intelligent à un moment donné et ne pas cracher dans la soupe ! Le lendemain, du Dimanche, ma famille se joint à moi : Papa, Maman et son nouveau compagnon, Papy et Mamie, Vanessa et Vicky, Vianney et même Ju qui rentrait de Normandie ce jour-là et qui est venue directement me faire la surprise. J'ai été super gâtée avec des vêtements (oui maintenant ça me ravit d'en recevoir, comme quoi les années passent et j'ai grandi !), mon premier bracelet Pandora et les charms

Disney qui vont avec puis Biscotte, un hamster que je suis allée chercher avec Vianney quelques jours plus tard. J'avais depuis enfant, sans cesse eu envie d'en avoir un et de pouvoir découvrir ce si petit animal et elle a eu en prime, une cage avec deux étages digne d'une villa ! Je clôture également le suivi avec l'infirmier psychologue qui me suivait depuis trois ans. Je n'avançais plus avec lui et il me parlait plus de soignant à soignant alors que je venais en tant que patiente : en conclusion, cela ne m'aidait plus comme je l'aurais souhaité. De plus, ses plages horaires étaient remplies par ses formations et il me voyait, dans le meilleur des cas, tous les deux mois alors je commence un suivi avec celle qui me suit actuellement. Pour la première fois elle était empathique, pas juste à hocher la tête ou à écrire et j'avais un réel dialogue avec elle et pas simplement une écoute, c'était un échange. Elle est d'une aide plus que précieuse à mes yeux et je sais qu'elle lira aussi ce livre, alors sachez que je vous remercie du fond du cœur pour votre travail fait avec la bienveillance et l'humanité qui vous caractérisent.

Story Instagram du 25 Octobre 2021 :

« Le cap des vingt ans est passé,

Je suis maintenant en troisième année d'études d'infirmière. Je vais bien ! Niveau TCA ça reste bien sûr, mais je me suis habituée à vivre avec. Sur les onze kilos de perdus j'en ai repris quatre, cinq et je suis très bien comme cela. Fin Novembre, j'ai enfin une date pour un HDJ en centre de référence pour mon diagnostic officiel. Je suis extrêmement reconnaissante de votre soutien, créer ce compte m'a tellement apporté... Un million de mercis à vous. »

Le mois de Novembre débute bien, le 1er étant férié et sonnant comme le début de ma semaine de vacances, il m'apporte aussi une gastro du tonnerre : aucun cabinet médical d'ouvert sinon ce n'est pas rigolo et je me pointe donc chez un médecin de garde où nous étions quatre à avoir rendez-vous à la même heure. Le tout avec comme seule l'envie d'être au fond de mon lit plutôt que congelée sur une chaise avec le masque qui m'étouffe, quel souvenir. C'est au cours de ce même mois que j'entame mon second stage, celui de médecine en oncologie, hématologie et néphrologie, un gros service comme l'on dit. Il durera trois semaines : du 8 au 28 Novembre et la professeure qui m'encadrera était réputée comme très exigeante et pointilleuse, je n'avais pas tellement intérêt à me planter puisque c'était un gros enjeu pour la validation de mon année. Je me garais toujours devant l'hôpital sur les places PMR, ce qui n'a pas échappé à l'équipe qui a un jour, demandé à qui était cette voiture et après avoir échangé un regard avec une étudiante (avec qui j'avais tissé un lien d'amitié depuis le début du stage : Florina) leur dis que c'est moi. Les infirmières s'étonnèrent et me disent que je n'en ai pas le droit : le blabla habituel, vous connaissez la chanson et Florina m'a prise à part par la suite pour s'assurer que je n'avais pas menti pour me sauver : non non. Elle s'intéressa au pourquoi du comment avec bienveillance et agit avec moi telle une grande sœur, ce qui a eu pour effet de me toucher au plus haut point.

Tout comme l'année précédente je dois rédiger mon travail de synthèse, l'entraînement pour le mémoire, fait à partir d'une situation marquante vécue :

« Lors de mon second stage en troisième année, je suis allée trois semaines en service d'oncologie. J'ai été amenée à prendre en soins à de nombreuses reprises une patiente de soixante-cinq ans. Hospitalisée pour un néo (une masse) au niveau du rectum, elle avait des selles très sanglantes et sonnait pour que nous, soignants puissions le constater. Elle disait « Je sais que ça devient grave... ». J'ai pu rencontrer sa famille : sa fille et son beau-fils. Ils étaient au courant de l'état de santé de la patiente mais ne se doutaient pas que cela évoluerait si vite... Les jours ont passé puis la décision de réaliser une colostomie a été prise afin d'améliorer le confort de vie de la patiente. Cela s'est passé un Samedi. Elle est revenue dans le service le Lundi, elle allait bien, n'avait plus mal et avait retrouvé un peu l'espoir d'aller mieux, selon ses dires. Puis le Jeudi matin, une fibroscopie a été programmée afin d'éliminer un éventuel obstacle de type tumeur au niveau de l'œsophage. Elle est remontée de l'examen inconsciente. Sa famille a été appelée puis s'est rendue auprès d'elle, je n'ai pas osé aller leur parler, je me suis sentie dans l'impuissance la plus totale. L'équipe m'avait fait comprendre qu'elle ne se réveillerait pas. J'ai été tout d'abord très surprise, je ne m'y attendais pas et j'ai eu du mal à réaliser. En sachant cela, je ne savais pas comment aborder la famille, fallait-il en parler ou non. Fallait-il leur dire qu'elle allait bien la veille, qu'elle était toujours autonome, bavarde... ou cela allait-il avoir l'effet inverse de celui escompté, c'est-à-dire les apaiser un peu... Puis une fois la famille partie, je suis rentrée dans sa chambre pour des soins de confort, elle était yeux clos avec la tête complètement penchée du côté droit, des photos de ses animaux déposées à côté de son oreiller. J'ai trouvé cela si touchant et si crève-cœur à la fois... Sa respiration était bruyante, c'était le seul bruit qui tuait le silence lourd qui régnait dans la chambre. Le médecin nous annonce en transmissions d'équipe qu'un transfert en soins palliatifs n'était pas envisageable au vu de l'état et de la vitesse de dégradation de la patiente. J'avais compris qu'elle partirait dans la nuit. C'était la première fois qu'une patiente avec qui j'avais eu des contacts proches allait décéder et qui plus est je le savais.
Vingt-et-une heure, je quitte le service à la fin de mon poste. Le lendemain matin en arrivant, j'ai appris son décès survenu à quatre heures du matin. On m'a alors demandé d'aller refaire son lit pour le prochain patient, je me suis exécutée. Avec le même

sentiment d'impuissance au fond de moi et ce tout au long de la réfection du lit. Je me disais que deux jours plus tôt elle était là, en état de parler, de bouger, de manger, juste en vie tout simplement avec le sourire. Et sur quelques heures de temps, elle s'est fortement dégradée puis éteinte. Cela fait trois années que j'étudie les soins infirmiers. La mort, je l'ai croisée au cours de mes stages mais jamais de façon si directe. Soit ce n'étaient pas des patients que je côtoyais ou très peu. Et surtout je n'étais pas au contact de la famille. Je l'ai vécu en étant frustrée de ne pouvoir faire plus, de ne savoir comment accompagner la famille, je ne savais que dire ou faire...

Comment puis-je accompagner la famille d'un défunt sans pour autant sombrer avec eux dans leur tristesse, deuil, désespoir ? »

Un soir, tandis que nous parlions de nos expériences et de nos vies. Je viens à raconter l'histoire de la broderie du nom de famille sur ma blouse et qu'ils s'étaient trompés d'une lettre. Oui, cela change tout le sens de mon nom en le rendant ridicule et Florina entendant cela, trouvait qu'il lui disait quelque chose, elle connaissait quelqu'un qui portait le même alors peut-être que moi aussi ? J'ai vite compris qu'il s'agissait de ma sœur, elles avaient travaillé ensemble quelques années plus tôt et c'était drôle, le monde est si petit !

Post Instagram du 21 Novembre 2021 :

Et voilà, on y est. Mercredi je pars pour Paris dans le centre de référence des Syndromes d'Ehlers Danlos. Fin d'un combat ? Je ne crois pas. Le combat ne se finira jamais vraiment. Mais au moins enfin être entendue, crue, plus besoin de me justifier et enfin me sentir légitime. Car oui c'est possible d'être assis dans un fauteuil mais pouvoir marcher. J'en ai marre de devoir me justifier sans cesse quand je me gare sur une place Personnes à Mobilité Réduite car j'ai vingt ans, je marche, je parais en bonne santé donc pourquoi je me gare là, je n'ai pas honte ? Une fois sur deux je suis arrêtée, on m'accoste, me questionne. Je retrouve des mots sur mon pare-brise « Je vais appeler la police », « Prends ma place, prends mon handicap ». Eh bien appelez-la, je suis dans mes droits. Marre de ça, marre des mentalités handicap = cloué dans un fauteuil. « Me justifier », cela pourrait résumer ma vie toute entière. Pouvoir peut-être enfin commencer à assumer la maladie. Un an et demi d'attente, j'ai presque du mal à y croire.

Le 24 vient mon HDJ à Garches et j'avais su demander à l'école mon repos deux mois plus tôt, afin d'être sûre d'avoir le champ libre et je devais y être pour pile huit heures du matin et vu que l'on avait plusieurs heures de route, nous avons préféré anticiper.

Tout le monde a déjà expérimenté les bouchons de Paris, alors avec Papa, nous partons juste après ma journée de stage et dormons sur place.

Post Instagram du 25 Novembre 2021 :

« Bilan de Garches :

Après un tas d'analyses et d'examens tout au long de la journée et au cours de laquelle l'infirmière m'a piquée en artériel pour y injecter le produit de contraste... Heureusement que je connais mon corps, j'ai bien senti que l'introduction de l'aiguille n'était pas la même. Quand je le lui ai dit, elle ne m'a pas crue et a demandé l'avis de sa collègue. Je n'ai même pas envie d'imaginer ce qui me serait arrivé si elle avait injecté l'iode en artériel... Bref, ils me classifient en HSD (Hypermobility Syndrom Disorder), soit troubles du spectre de l'hypermobilité. Selon eux j'ai tous les critères articulaires mais pas assez de critères tissulaires pour « rentrer dans la case » la psychologue (oui, devant ma réaction, la psychologue m'a vue en entretien par après) m'a même dit qu'en fait c'était surtout administratif et qu'ils cherchaient à ne surtout pas sur-diagnostiquer, bref vous aurez compris l'enjeu. Elle m'a dit aussi que des personnes diagnostiquées SED avant 2017 (année de réforme des critères diagnostiques) ne le seraient probablement plus aujourd'hui au vu du changement des critères. Elle est belle la reconnaissance pour les personnes atteintes. Le médecin poursuit en me disant que « Ce n'est pas grave, ça ne veut pas dire qu'un jour ça ne s'aggravera pas, à ce moment-là vous reviendrez et on vous diagnostiquera SED » »

Oui, il me souhaitait d'aller plus mal. Étrange de la part de celui qui a pourtant prêté serment pour prodiguer des soins et je suis ressortie de ce rendez-vous avec une pauvre ordonnance pour de la vitamine D, oui. Tandis que dans le SED, on ne les synthétisent que très rarement, ce qui explique pourquoi je suis sans arrêt carencée malgré les cures que je peux faire depuis petite : je suis une vraie passoire ! Cela faisait deux ans que l'on avait posé pour la première fois un nom sur ce que j'avais. Deux ans pendant lesquels, comme me l'avait recommandé l'association SED1+, j'avais rencontré beaucoup de spécialistes différents pour être sûre du diagnostic et que je pouvais y croire : Gastro-entérologue, Pneumologue, Ophtalmologue, Podologue, Posturologue, Gynécologue, médecin MPR, de la Douleur, Rhumatologue et Dermatologue. Et aucun d'entre eux ne l'a jamais infirmé, c'est d'ailleurs là tout le contraire et je suis partie consulter jusqu'en Belgique pour rencontrer un Rhumatologue Belge, qui après m'avoir dit bonjour, m'a sorti que le SED chez moi était évident *« Vous avez la sclère des yeux bleutée, c'est typique. Allez voir dans le miroir ! »*, mais indubitablement, je les ai vus tels que je les voyais d'ordinaire. En conclusion, le médecin de Garches dont j'avais fait la connaissance plus d'un an et demi auparavant, changeait complètement de propos et au fond de moi, je savais que c'était cette maladie, je le sentais ça ne s'expliquait pas : tout concordait. Mon souhait en premier lieu était d'attester de la véracité de mes problèmes de santé et de cette pathologie chronique auprès de la médecine du travail pour plus tard, être en capacité d'adapter mon poste. Deuxièmement, c'était au niveau des traitements, de l'acceptation et de l'amélioration de ma qualité de vie. Je n'étais pas folle et en étais certaine il s'agissait bien de ce syndrome, il me collait à la peau sans mauvais jeu de mots ! Par-dessus le marché, j'ai entendu de la part de ce docteur « *Si l'on vous donne le papier SED, c'est le sésame pour les reconnaissances, avec HSD d'écrit ce sera plus dur mais bon, vous comprenez, on ne peut pas le donner à tout le monde* ». Non je ne veux pas être compréhensive non ! Je profite en dernier lieu d'avoir un "expert" de la maladie pour lui poser mes questions à propos de la grossesse. J'avais tout entendu et son contraire jusqu'ici : risque d'accouchement prématuré, rupture du placenta voire de l'utérus : cela allait requérir une surveillance accrue ou qu'à l'inverse il n'y aurait aucun souci et tout irait bien. Il me ria presque au nez en me disant que j'étais jeune, que j'avais bien le temps et qu'il me répondra le moment venu. Ah, la jeunesse a bon dos oui ! Il n'empêche que le sujet peut entrer en ligne de compte n'importe quand, peu importe mon âge et je veux savoir à quoi m'attendre. Merci, je me suis sentie écoutée sur ce coup-là. Quelle aberration cette journée je vous jure… Ghunyah est venue me faire un coucou sur le parking de l'hôpital et je l'ai retrouvée en même temps que Papa après cette interminable mascarade. Le rendez-vous avait en plus, pris plus de temps que prévu avec le retard du médecin et elle m'a attendue des heures durant dans le froid : gros cœur sur elle. Puis avant de reprendre la route, escale par Disney Village pour me remettre un peu de baume au cœur et je suis rentrée déçue, défoutue et perdue, mais gardant en tête qu'en Mars j'aurai rendez-vous avec le professeur belge et c'était lui mon dernier espoir.

Dans le même temps, Vianney n'était plus heureux dans son emploi de restauration où il avait commencé à travailler dès l'âge de seize ans pour aider sa mère et ses frères à joindre les deux bouts. Son père les ayant abandonnés, elle avait su le faire embaucher à son travail et il faisait des horaires pas possibles puisque c'était toujours vers lui qu'elle se tournait pour la dépanner. Bien sûr, dire non à sa propre mère en général est compliqué mais il a fini par se lasser et, après l'avoir encouragé, il s'est mis à chercher pour changer de boulot. Il a trouvé un bistrot non loin de chez moi et de cette façon, nous pourrions nous voir plus souvent ; désormais il avait une demi-heure de route. Décembre. Le compte à rebours d'avant Noël est lancé par le calendrier de l'avent et vient le temps des examens théoriques. Maman m'avait relayé l'information que prochainement, une survivante des camps de concentration viendrait témoigner dans un petit village voisin. J'avais eu l'occasion d'assister une première fois à son témoignage en troisième, peu après être revenue en cours au terme de ma déscolarisation : Madame Lili Leignel née Rosenberg. Maman me demanda aussi ce que j'aimerais en cadeau de Noël et cela faisait plusieurs années que j'avais envie de me percer le deuxième trou au lobe des oreilles. Emi me donne une adresse et c'est parti : première fois que j'allais chez un perceur. C'était assez particulier comme ambiance, on se tutoie, ne se prend pas la tête et difficile de dire tu au début ! Je dis au début et vous comprendrez vite pourquoi. Il dessina l'emplacement et perça une première fois puis une seconde et enfin une troisième. J'en avais demandé deux, pour quelle raison en avait-il fait trois ?! En fait, de mon premier perçage qui avait tourné vinaigre, j'avais dû être repercée plus haut que celui d'origine et mon premier trou était presque à la place du second et serait trop proche du nouveau qu'il allait me faire, vous me suivez ? Pour rééquilibrer et avoir une belle symétrie, il a en percé un plus haut et un autre plus bas que celui que j'avais déjà et me proposa de revenir deux semaines plus tard afin qu'il puisse checker la cicatrisation. Entre-temps j'avais tout de même gardé ma première boucle d'oreille et en avais donc trois d'un côté et deux de l'autre. Moi qui trouvais que trois feraient trop, finalement non et cela me plaisait alors dès que j'y suis retournée, je l'ai fait égaliser pour en faire un troisième. Me voilà en deux semaines passée de deux à six piercings, je ne suis pas douillette alors j'ai foncé ! Puis la douleur n'a pas tellement eu le temps de s'installer comparé à celle que j'allais bientôt vivre eh oui, ce fameux 18 Décembre arrive et nous sommes actuellement le 10 du même mois en 2023 lorsque j'écris cette page. Bientôt deux ans donc, et j'en tremble encore. Rien que Dimanche passé j'ai glissé sur la neige avec ma voiture en allant travailler et me suis rendu compte que le traumatisme était encore d'actualité. Même si j'ai fait du chemin, il n'empêche qu'il y a des sensations qui me sont incontestablement invivables, la perte d'adhérence en faisant partie. J'en ai pleuré en rentrant, tant j'avais appréhendé tout au long de la journée de devoir reprendre la route et de nuit qui plus est. Bref, j'ai nommé : mon accident de voiture.

Nous sommes le Vendredi 17 Décembre et avec Vianney nous sommes allés à la salle de musculation pour notre troisième séance, puis rentrons à son appartement. Noël arrivant bientôt, nous avions prévu d'aller du Samedi à Disney pour profiter de l'ambiance du parc et de passer un peu de temps tous les deux. On ne se coucha donc pas trop tard puisque le réveil sonnerait tôt du lendemain et je me mis à lire le livre de Madame Leignel qu'elle vendait lors de son témoignage. Avec les études, je n'avais pas eu le temps de le commencer et je trouvais que c'était le moment propice pour me plonger dans cette lecture. N'en déplaise à Vianney qui, de par son attitude, me fit comprendre que quelque chose n'allait pas et je le compris vite avant d'essayer de tirer cela au clair. Il ne me décrochait pas un mot et difficile de lui tirer les vers du nez « *Si tu ne veux pas me dire ce qu'il se passe ok, mais arrête de bouder et explique-*

moi ! », j'ai eu comme retour après insistance de ma part, que l'on ressemblait à un couple de vieux. Oui, cela faisait des semaines que l'on ne s'était vus et nous restions chacun dans notre coin ; les couples normaux eux, auraient "couché" ensemble selon lui et voilà que la question revenait sur la table, ou plutôt sous la couette en l'occurrence. Mais quand est-ce que l'on allait me laisser tranquille, me laisser en avoir envie ou non et le respecter, à quoi bon me mettre toujours la pression avec ça ? La discussion n'étant pas possible tant il était frustré, nous nous sommes alors endormis dans ce climat de tension et j'ai essayé, culpabilisée, de me "rattraper". Oui, même si clairement je n'avais rien à me reprocher je m'excuse, lui expliquant que je n'avais pas envie mais que rien n'empêchait de faire un câlin. Mais non, ce n'était pas ce qu'il voulait et vous l'aurez aussi bien compris que moi. Vers trois heures du matin, je fus réveillée par du bruit et de la lumière : il était descendu regarder la télé, car avec sa colère il n'arrivait plus à dormir. Je lui envoie un message pour qu'il revienne se coucher et le voilà qui monte, toujours agacé, et je finis par lui céder, lui donnant ce qu'il voulait pour avoir la paix et arrêter d'être la méchante de l'histoire. C'est quand même dingue d'en arriver là et ce n'était pas la première fois que j'étais confrontée à ce genre de situation mais étant donné qu'il ne s'agissait pas de la même personne, je me suis dit que le problème venait de moi et pas d'eux deux. Vers sept heures nous nous mettons en route pour Disney et comme convenu, il conduirait à l'aller et puisque je tenais mieux la fatigue que lui, (il ne se sentait pas s'endormir au volant, vous souvenez-vous ?) je ferai le retour. Cela me semblait être un compromis raisonnable et sécuritaire puisqu'il n'avait pas voulu que l'on prenne le train, ni de laisser sa voiture à la gare dans la mesure où cela le rendait dépendant de quelqu'un pour nous emmener et nous récupérer. Bref, environ deux minutes après avoir quitté l'appartement, il se trompe de sortie de rond-point et bougonne, mettant cela sur le fait qu'il avait tellement l'habitude de cette route qu'il n'avait pas fait attention. Bon, cela peut arriver et que celui qui n'a jamais péché lui jette la première pierre, puis nous roulons approximativement trente minutes lorsqu'un flash se déclenche. Étant seuls le doute n'était pas permis : zone limitée à quatre-vingt-dix et il roulait à cent trente kilomètres à l'heure. Pour les moldus d'entre vous, le permis probatoire est le A que l'on accole sur la voiture et non Papy ce n'est pas A comme Abruti mais Apprenti. Petite, lorsqu'il disait cela je répondais « *Attention Papy, un jour, nous l'aurons aussi et tu n'auras plus le droit de dire ça !* ». Vianney avait quelques mois restants avant d'être en droit de rouler à cent trente sur l'autoroute et d'enlever son A. Lors de l'obtention du permis de conduire, nous n'avons que six points et si aucune infraction n'est effectuée dans les trois ans, le cumul continue jusqu'à douze ; l'inverse relance le délai. Tout cela pour dire que s'étant fait prendre une première fois avec son téléphone au volant et en période de probation, il avait perdu trois points sur six et vu qu'il avait récidivé dans les six mois il avait donc perdu le reste : suspension du permis de conduire immédiate. Oui, il ne tirait malheureusement pas de leçon de ses erreurs, mais à partir du moment où cela ne m'impliquait pas c'était tant pis pour lui. Sauf que cette fois-là, ça me concernerait directement et c'est là qu'est tout le problème.

Bref, avec ce flash il n'en avait plus de permis c'était sûr « *Comment je vais travailler ? Et puis, on ne se voyait déjà pas beaucoup… Et la salle de muscu, je ne pourrai plus y aller ?* ». Je tente de le déculpabiliser en regardant sur internet mais il était bien stipulé que rouler à quarante au-dessus de la limitation entraînerait la perte de quatre points et il n'en avait donc plus autant sur son permis. Ce n'était cependant pas des plus opportuns pour le lui confirmer « *Alors ? - Écoute tu verras bien, pour le moment n'y pense pas et concentre-toi sur la route. On verra plus tard* », je n'avais pas le cœur de lui annoncer qu'il avait raison… C'est l'esprit totalement ailleurs qu'il poursuit le trajet et je constate que la voiture dévie avant de se remettre dans sa voie, au dernier moment. J'ai trouvé cela bizarre sur une autoroute à trois voies et seuls ou presque, de rouler tout à gauche. Mais n'aimant pas non plus que l'on me dise comment conduire, je me tais et le laisse faire puis lui demande une première fois si ça allait, s'il ne se sentait pas trop fatigué. Il me dit que non, tout allait bien et je réponds que si besoin on pouvait s'arrêter et dormir un peu mais il refuse, ne voulant pas arriver plus tard à Disney. Je ris en disant qu'on le connaît par cœur et qu'avec ma pathologie, il sait bien que l'on a tout le temps pour faire le parc à notre rythme, sans pression. Mais il rejette l'idée : ok. La voiture commence à empiéter de plus en plus souvent sur la voie du milieu, au point d'entendre le bruit des pneus sur les bandes rugueuses et rien que d'y penser, il résonne dans mon esprit. Je lui pose la question une seconde fois « *Sûr de ne pas vouloir t'arrêter ? - Non, ce n'est pas nécessaire.* » Puis elle se met à se rapprocher dangereusement du côté de la glissière de sécurité ce coup-ci et je ne comprenais même pas comment était-il possible que nous ne l'ayons pas encore touchée tant la distance entre le pneu que je voyais et la ligne discontinue était importante. Troisième fois que je lui propose de reprendre le volant, lui conjurant de s'arrêter et d'au moins boire un café. Il se plaint d'être "simplement" ébloui par les phares des voitures en sens inverse et je lui sors ses lunettes de soleil (c'était sa technique pour lutter contre cela). J'avais pris une petite trousse de toilette avec moi que j'avais posée sur le tableau de bord ; mes piercings étant frais je devais les désinfecter trois fois par jour. J'y remets sa paire claire et tout en tirant la fermeture-éclair, je me mets à penser que si l'on a un accident, au moins, nous les retrouverions vite et de même pour mon téléphone. Lors de celui avec Emi, je l'avais sous les genoux et il avait volé dans l'habitacle mais ce coup-ci, je serai plus maligne et je le serrerai entre mes mains. J'étais en réalité, en train de m'y préparer… Je me sentais si mal d'insister que j'ai fini par me parler intérieurement « *Eva, c'est ton copain, Vianney, il* *sait ce qu'il fait et s'il te dit que ça va c'est qu'il gère, détends-toi et arrête de l'embêter : **<u>Fais lui confiance !</u>** ».* Et j'ai attendu de cette façon, dans l'obscurité du jour qui ne s'était pas encore levé à presque huit heures du matin tandis que nous roulions depuis une heure. Patienté après quoi me direz-vous ? Eh bien que l'on se plante car je le savais, je ne pouvais rien faire de plus pour l'en empêcher et ce, jusqu'au moment où ce qui devait arriver, arriva.

Nous avons d'abord tapé puis éraflé le côté conducteur contre la glissière. Vianney s'était endormi une fraction de seconde et il était trop tard. Par le bruit du choc était-il revenu à lui et a ainsi tenté de décoller la voiture qui était accrochée à celle-ci ? Je le vois bien quand je crashais celles de Papa (désolée Papounet) sur la PlayStation en jouant à Gran Turismo, une fois qu'elles l'ont percutée il est impossible de s'en dépêtrer. Il faut un certain délai avant de réussir, en cause : la force cinétique induite par la vitesse et nous étions lancés à plus de cent trente kilomètres à l'heure. Est-ce qu'avec le temps de réaction et les réflexes ralentis par la fatigue avait-il voulu, après coup, éviter la glissière et redresser la voiture ? Je ne sais pas et je ne le saurai jamais, à quoi bon. Toujours est-il qu'il a donné un coup de volant et à cette vitesse cela ne pardonne pas. Elle est alors partie en tête-à-queue parmi les trois voies de l'autoroute et a tapé en frontal puis à l'arrière gauche ; les pneus crissaient et je hurlais de terreur. Il a mis sa main sur ma jambe pour tenter de me maintenir tant je valdinguais de gauche à droite : porter la ceinture sauve véritablement des vies. Dans ce genre de cas, le cerveau se met en protection, il est même possible de souffrir d'amnésie et j'aurais clairement préféré. Cela se passe tellement vite que l'on n'a même pas le temps de réaliser que c'est déjà fini et après coup c'est ce qui s'est passé pour lui mais pas pour moi. J'ai vécu chaque dixième de seconde tel une éternité. J'ai eu le temps de supplier, je ne sais même pas quoi ni qui pour que cela se termine, que la voiture arrête enfin de tourner sur elle-même et s'immobilise. J'ai eu le temps d'appréhender plus de cent fois le choc qui nous serait fatal ; que ce soit dans le rebord en béton ou dans les camions que l'on venait de dépasser. Un peu comme à cheval lorsque l'on pressent la chute mais à peine avons-nous le temps de nous en rendre compte que l'on a déjà bouffé le sable ! J'ai eu le temps de percevoir ce qu'il se passait et je pense que c'est ce qui fait qu'aujourd'hui j'ai énormément de mal à me détacher de ce souvenir que j'ai vécu à mille pour cent. La voiture se stoppa grâce à la rambarde de la sortie qui menait à une aire d'autoroute et était désormais passée à deux voies ; nous avions dû glisser sacrément longtemps. Une fois l'accident arrivé mon cerveau a complètement clivé. J'avais beau être en troisième année d'études pour être infirmière et quelqu'un d'un minimum réfléchie : nous faire sortir immédiatement, c'était plus que dangereux de rester à l'intérieur tandis que nous étions sur une voie rapide, mais non. Non, je n'ai absolument pas pensé à cela et nous sommes restés ainsi des dizaines de minutes durant. Des poids-lourds passant à toute vitesse à côté de nous, que l'on entendait rouler sur nos débris et aucun ne s'arrêtait, ce qui avait le don de me rendre encore plus dingue. De derrière les dégâts n'étaient pas flagrants mais de devant, il n'y avait pas de doute et pas un seul de ceux qui sont allés se garer après être passés à nos pieds ne sont venus nous aider : personne. La nuit avait pourtant laissé place au jour. Lors du choc il faisait nuit noire, après l'impact il faisait jour et je ne m'explique toujours pas la rapidité qu'a mis le soleil pour se lever. Nous étions hébétés, presque absents et Vianney me demande si j'allais bien et j'avoue m'être clairement posé la question car je n'en avais pas la moindre idée. Je sentais que j'avais mal en bas du dos comme lors de l'accident avec Emi, je m'étais par réflexe, sûrement contractée. Je lui retourne la question mais c'est à peine si j'ai eu une réponse « *Vu l'état du capot, je n'ai pas envie de sortir et de voir l'étendue des dégâts, on fait quoi maintenant ?* ». Je ne savais pas quoi dire, j'allais prévenir mes parents et lui suggère d'en faire autant. Depuis mon premier accident, Papa ne coupait plus son téléphone la nuit "au cas où" mais Maman dormait elle, encore. Je me rends ensuite compte, en prenant mon téléphone resté dans mes mains, que je n'avais plus mes lunettes. Elles qui tiennent dans tous les loopings de Disney, inutile d'imaginer la violence du, enfin, des chocs. « *Allô Papa ? Désolée de te réveiller. Écoute, on vient d'avoir un accident avec Vianney mais rien de grave ne t'en fais pas. Seulement, on n'a plus de voiture donc pas de Disney aujourd'hui* », forcément papa poule qu'il est, il s'inquiète puissance mille et je tente de le rassurer malgré le peu d'éléments que j'avais en ma possession. Il cherche à savoir notre position mais je n'avais absolument aucun repère. Puis au loin, une dame s'approche de nous, a ouvert la portière et nous a aidés à nous extraire tant bien que mal. Elle me prend dans ses bras et me serre contre elle, tentant de me rassurer. Son geste était adorable mais j'avais le dos en compote et j'ai commencé à reconnecter en me disant qu'avec la douleur que j'avais au dos, si j'étais blessée ce n'était pas des plus raisonnable. Il sort mon fauteuil roulant du coffre je ne sais même pas comment, pour me permettre de m'asseoir et également un plaid, frileuse comme je suis, il y en avait constamment un sous la main. Me voilà emballée telle un tacos (nous avions un jeu qui s'appelait comme cela avec Paulo et Maëlie !) avec l'impression de revenir d'entre les morts. Par précaution, nous prenons nos affaires de valeurs et par réflexe, il a refermé sa voiture à clé. Oui, la fermeture centralisée fonctionnait toujours. Nous entrons tous trois dans la station d'aire d'autoroute où les gens vivaient normalement mais nous, nous étions complètement déconnectés de la réalité. J'étais sous le choc de l'accident. Vianney tente de contacter son assurance et le service-dépannage tandis que Papa me rappelle pendant que Vianney tentait de les joindre. Il l'aide pour savoir quoi faire et à quel numéro et se renseigne sur la souscription de son assurance, du type de contrat etc et Vianney l'informe qu'il s'était assuré en tous risques. Après coup, il s'est avéré qu'il s'était assuré au tiers, rien à voir donc. Je sentais de mon côté que la douleur montait en grade et c'était de pire en pire. Puis voilà que Vianney s'énerve car le numéro d'assistance de sa super assurance fonctionnait uniquement du Lundi au Vendredi et de 8h à 20h, pratique : nous étions Samedi à 8h30 c'était donc cuit. Papa lui conseille de retourner auprès de son véhicule afin de prendre plus de renseignements sur son contrat d'assurance et ils conviennent de se repasser un coup de fil une fois à proximité. Je sentais que j'allais vomir et le supplie de vite m'emmener aux toilettes. Je me lève et y rentre seule, mais rien ne sortait. J'avais déjeuné dans la voiture quelque temps plus tôt : le choc, les émotions, ce n'était pas étonnant que je ressente cela et me suis accroupie et ai tenté de reprendre le contrôle, terrorisée d'en plus vomir. J'ai alors fait un truc "pas bien" je le sais, mais qui me soulage. Lorsque j'ai très mal au dos parfois c'est qu'il a besoin de craquer et la douleur était tellement forte que c'est ce que j'ai fait et cela m'a directement apaisée. Je ressors des toilettes mais je reste debout, cela appuyait trop sur mon dos d'être assise et nous nous dirigeons vers ce qui restait de la voiture. Sur le chemin, je dis à Vianney qu'il faut que l'on aille vérifier que tout allait bien pour nous. Il ne voulait pas, pas pour lui et si nécessité il y avait, ce serait seulement pour moi mais je ne lâche pas, il fallait appeler les pompiers et passer tous deux des examens c'était assurément plus judicieux. De toute façon, je me sentais totalement incapable de remonter dans une voiture et de plus, si l'on s'y rendait par nos propres moyens, nous ne serions pas pris au sérieux (on l'avait constaté avec Adam qui, quelques semaines plus tôt, avait eu un accident de moto. Son père l'avait emmené aux urgences et il avait attendu des heures à crever de mal avant d'être pris en charge). Il soupire en me disant qu'il va les appeler, je lui dis que l'on va trouver un gars de la sécurité qui le fera, on peut nous aider tout de même non ? En se rapprochant de la voiture, la SANEF (Société des Autoroutes du Nord et de l'Est de la France) avait déjà fait appeler une dépanneuse et les hommes en gilet jaune cherchaient après les victimes. Je pense que l'on était aisément repérables. Ils demandèrent si nous avons besoin d'une ambulance, je regarde Vianney qui ne répondit pas, je dis donc que oui et l'un d'entre eux me reconduisit au chaud, tandis que l'autre resta avec lui pour prendre les papiers, les clés etc.

De nouveau dans la station, il m'installa dans un restaurant où les gens prenaient leur petit-déjeuner, tranquillement et le contraste entre leur calme et mon ressenti intérieur était toujours ahurissant. Il me proposa de m'asseoir, je le remercie mais refuse, préférant me coller contre le mur pour tenter de me reposer un peu le dos qui me brûlait au plus haut point. L'homme s'en va et me laisse seule puis je préviens Maman qui était maintenant réveillée, c'était également le jour où elle déménageait son compagnon. Vianney me rejoint et me prend dans ses bras. L'impact devait avoir eu lieu depuis une heure facile et il était seulement en train de prendre conscience de la gravité de l'accident ainsi que de la chance que nous avions eu d'en être sortis indemnes. Il se mit à pleurer en s'excusant, il avait failli me tuer mais qu'aurais-je pu dire ? C'était fait et il était trop tard pour les regrets, je n'avais même pas la force de lui en vouloir. Il me promis de faire attention et que jamais plus il ne me mettrait en danger et c'est sur ces belles paroles que les pompiers arrivent. Ils s'occupent de moi en premier vu que visuellement j'étais celle qui était la moins en forme, je devais sûrement avoir la même couleur que ma blouse de stage. En revanche, leur faire comprendre la raison pour laquelle je possédais un fauteuil roulant mais que je me tenais debout, il faut reconnaître que c'était coton et un poil comique. Bref, ils prennent mes paramètres, me posent des questions de routine et se renseignent sur les circonstances de l'accident. Je raconte en précisant que je n'étais pas seule, qu'ils prennent aussi soin de lui et pas que de moi. Vianney me regarde d'un air de dire « *T'es sérieuse là ?* », bon je me suis laissée faire du coup... Ils m'informent qu'ils vont me mettre un collier cervical (et j'ai horreur de cela, j'essaie donc d'y échapper, je tiens à mon amour-propre et devant mon copain en plus !), je leur dis que j'ai principalement mal au dos, non au cou. Mais c'est le protocole alors ils m'en essaient une, puis deux mais aucune n'avait la bonne taille « *Il faut vous poser le modèle pédiatrique, vous êtes vraiment un petit gabarit !* », ce n'était pas la première que j'entendais ça et cela m'a fait rire. Ils me demandèrent si j'allais savoir marcher jusqu'au camion à pied et étant donné les allers-retours déjà effectués, j'ai jugé qu'il n'était pas nécessaire de déballer la grande artillerie. C'était sans compter sur la seconde ambulance avec d'autres pompiers qui arriva au même moment et ils s'occupèrent de Vianney avant de dresser un rapide bilan de nos états respectifs. J'entends leur langage technique que désormais je déchiffrais et je comprends que les deux équipes ne sont pas d'accord « *Non, c'est mort, tu me la coquilles* », oh purée de pomme de terre c'était le summum de l'humiliation. Déjà que tout le restaurant nous regardait, moi avec la minerve autour du cou et ça allait encore monter d'un cran ? Un sentiment de tue l'amour et de profonde honte me parcourt, gênée au possible de ce qu'il se passe sous ses yeux, je dis « *Bon ben, tu m'aimais hein ?* ». Franchement, les pompiers ont été adorables à me décrire minutieusement chacun de leurs faits et gestes pour me rassurer et de même pour Vianney. Ils m'ont fait mettre les bras en croix et m'ont informée que je devais me laisser tomber en arrière pour m'installer dans le matelas qu'ils gonfleraient pour éviter que je ne bouge ; le truc que l'on ne voit que dans les films ou *Grey's Anatomy* c'était pour moi. Dans l'ambulance, Vianney m'appelle et me dit que c'était quand même mieux que Space Mountain niveau sensations mais il était une ziquette trop tôt pour le tourner en auto-dérision et blaguer là-dessus. Arrivée à l'hôpital, j'ai droit à une batterie d'examens pour exclure une hémorragie interne (rien que le fait qu'ils aient pu y penser montre que l'accident était effectivement costaud et me fiche le frisson) puis un scanner qui fut sans grave anomalie et ne révèlera qu'un angiome hépatique à surveiller. Les heures passant et les muscles se refroidissant, j'avais désormais autant mal au cou qu'au dos et je suis rentrée à la maison avec une minerve en mousse ainsi que des douleurs de partout et la sensation d'avoir frôlé la mort, la peur au ventre de remonter en voiture. De ce côté-là aussi j'aurais perdu confiance en toute personne avec qui je pouvais monter ; les seules avec qui je peux m'endormir sont Papa et Maman. Petit à petit j'ai élargi mon cercle, mais il est vrai que je n'arrive plus à être sereine en comparaison avec avant, ayant très souvent des flashbacks en tête. Mais surtout, j'avais totalement perdu confiance en lui et malgré tout je me suis accrochée, lui laissant une deuxième chance, ne lui en voulant pas. J'ai tout bonnement été trop naïve sur ce coup-là et cela aurait pu me coûter très cher. Je garde donc de grosses douleurs au cou depuis maintenant deux ans ainsi qu'une rectitude de la nuque. C'est-à-dire qu'à cause de l'accident, sa courbure physiologique s'est inversée et cela cause des cervicalgies persistantes, je continue de me rendre chez le kinésithérapeute chaque semaine pour cela… Vianney est rentré chez lui cette nuit-là et je l'avais pourtant supplié de rester, après ce que l'on venait de vivre je m'étais dit que cela nous renforcerait (comme Valou et Adam lors du leur) mais il n'a pas voulu, allez savoir pourquoi et mon père l'a reconduit. Il me confiera plus tard qu'il a beaucoup pleuré et s'est enfilé tout un paquet de schtroumpf pour se consoler ce soir-là ; il avait compris son erreur mais ce fut de courte durée, jusqu'à la prochaine fois en résumé.

Je passe Noël chez Parrain avec Papa et Vianney. Je n'avais pas envie de mettre ma minerve ni d'avoir perpétuellement cette image d'éclopée auprès de ma famille, lourde à porter. Je n'étais pas au top tant physiquement que moralement, après tout, cela ne faisait qu'une semaine. Mais je me suis efforcée de faire bonne figure autant que possible. À la fin du mois, j'ai lancé les démarches d'un gros projet, dur à accepter lui aussi mais qui je le sais, me changera la vie. J'en parlerai plus tard. Vianney viendra habiter chez nous pendant trois semaines, n'ayant plus de véhicule et son travail étant à dix minutes de chez nous, logiquement, nous lui avons offert le gîte et le couvert. Papa lui a même prêté la sienne puisque s'il l'accidentait, il préférait sacrifier la sienne plutôt que la mienne. Honnêtement, lui et moi étions plus que d'accord sur le fait qu'il ne toucherait pas à ma voiture. Si je devais aller en stage sans elle, cela aurait été plus que compliqué et même au niveau des assurances vu son passif. C'est vous dire la confiance que l'on avait en lui désormais. Car oui, aurais-je omis de vous préciser qu'il s'agissait là de son second accident pour endormissement au volant et que donc il savait que sa fatigue prendrait forcément le dessus ? À peine un an plus tôt, au bout de quarante-cinq minutes de route, il avait piqué du nez et était entré en collision avec un terre-plein et sa voiture avait été bien endommagée. Il l'a revendue pour un prix dérisoire avant de racheter celle avec laquelle nous avons eu l'accident et étant pleinement en tort, il n'a rien récupéré de celle-ci et les dettes ne faisaient que de s'accumuler. Compliqué de faire des projets dans ces conditions, sachant qu'il dépensait des centaines d'euros à la moindre occasion pour tout et rien et me demandait de mentir à sa mère pour masquer ses monstrueuses dépenses... Je me sens réellement odieuse de parler de cette manière. Tout comme je me sens dans une immense mégalomanie d'écrire tout cela (personne avec un orgueil démesuré), mais je m'en veux tellement d'avoir été la victime impuissante de son irresponsabilité. Tout peut si vite basculer et s'arrêter en une fraction de seconde. Nous étions adultes tous les deux, c'était mon copain quoi, je l'aimais et j'avais confiance en lui ! Nouvel An 2022 et nous le passons chez lui, blottis l'un contre l'autre puis du 10 au 21 Janvier, j'étais en stage en Soins à Domicile. Je faisais des horaires de 6h30 à 12h00 puis je reprenais de 16h à 20h ; les coupés, c'est quelque chose de plus que crevant. Pour mon premier jour de stage, j'ai eu droit au brouillard et au verglas sur la route, le tout en ayant une contrainte horaire qui ne faisait que de renforcer mon immense stress d'arriver, ne serait-ce qu'une minute en retard. L'accident n'avait que quelques semaines et les sensations ressenties n'étaient franchement pas faciles à gérer de manière calme ni détendue.

C'est lors de ma rencontre pré-stage avec la professeure (qui fut également ma titulaire de première année) qui me supervisera et m'évaluera que tout s'est amorcé. Elle m'avait expliqué qu'elle m'enverrait un email avec mes horaires, le secteur de la tournée ainsi que le point de rendez-vous avec l'infirmière pour le premier jour et chaque infirmier demanderait à son collègue pour le lendemain et ainsi de suite. C'était les vacances de Noël, je n'ai jamais reçu cet email et nous avions "ordre" de ne pas déranger nos professeures en période de vacances, de week-end ou après dix-huit heures « *Nous avons une vie en dehors de l'école et en avons marre d'être dérangées par vos emails intempestifs* » en tant qu'élèves, cela nous a doucement fait rire. Forcément dans leur sens cela fonctionne, mais pas dans l'autre et puis il y a des jours où l'on finit à vingt heures ou sept heures du matin. Pourtant, il est clair qu'infirmier n'est pas un métier de bureau et elles sont bien placées pour le savoir quand même : c'est un peu l'hôpital qui se fout de la charité sur ce coup-là ! Je l'ai donc "dérangée" et relancée sur ses vacances alors que c'était à elle de m'envoyer ce fichu email mais pas de réponse jusqu'à la veille du stage. Avec Vianney, nous étions tout de même retournés célébrer Noël à Disney comme il était prévu mais j'ai posé mes conditions : c'était en train ou rien. La journée s'écoula et toujours aucun signe de vie de ma prof. J'ai fini par appeler depuis le parc, (eh oui, même pas de répit mental) les Soins à Domicile, sinon je n'avais aucune information ; ne sachant même pas où ni à quel horaire me rendre pour débuter mon stage quelques heures plus tard et cela commençait bien ! Durant ces trois semaines donc, Vianney cherchait une nouvelle voiture et Papa l'y a aidé : ils sont allés en voir plusieurs et avec son expérience, il pouvait donner son avis et lui permettre d'éviter une arnaque. Il aura finalement fait son choix sans le consulter et en a acheté une à moindre prix mais « *Avec le toit ouvrant et le frein à main électrique, trop la classe, tu ne trouves pas ?* », tant qu'elle roulait et qu'elle était safe, c'était tout ce qui comptait pour moi. Papa a tiqué en voyant la voiture, il a flairé le traquenard et ne s'était pas trompé. Au bout d'un mois elle a commencé par caler aux stops, puis dans les ronds-points et pour finir sur l'autoroute et c'est arrivé à de nombreuses reprises lorsque j'étais à bord, dont une où nous étions sur l'autoroute et je me suis mise à sérieusement paniquer ; les souvenirs de l'accident remontants en flèche. Sa réponse ? « *Oh, pfff, encore ! Bah, t'inquiète, je vais me mettre sur la bande d'arrêt d'urgence, on va attendre cinq minutes et redémarrer* ». Utile de préciser que sur la bande d'arrêt d'urgence, on ne reste pas dans la voiture et on se place derrière la glissière de sécurité ? Non. Dès qu'elle était en sous-régime, elle calait et ne redémarrait pas avant un bon trente secondes (hyper dangereux soit dit en passant) à cause d'un défaut d'injection d'huile dans le moteur et après insistance de ma part pour contacter le vendeur, il n'a pas voulu prendre en charge le problème. Forcément puisque c'était un vice caché et quelqu'un de malhonnête ! Les réparations s'élevaient à un montant qu'il n'avait pas, ce qui l'amenait à refaire un crédit pour rembourser l'ancien, celui qu'il avait déjà contracté, et devoir emprunter davantage. Il s'enfonçait de plus en plus et cela avait le don de m'angoisser au plus haut point. Je ne sais pas, mais il me paraît logique qu'en ayant un crédit on se serre un peu la ceinture, on ne s'achète pas des consoles de jeux-vidéos à deux cents balles, d'aspirateur à quatre cents ou de nouveau téléphone. Enfin, ce qui paraissait évident pour moi ne l'était apparemment pas pour lui et je lui ai même dit qu'il suffisait de fournir des efforts une bonne fois pour toutes et que de cette façon après, il pourrait profiter. Mais non, il avait l'ambition de racheter une voiture avec GPS intégré, toit ouvrant et je ne sais plus quoi d'autre "il était trop jeune pour se priver ", il m'a confié son admiration quant à ma gestion de l'argent. Ce n'était pas compliqué, étudiante, je n'avais pas de revenus et mes économies servaient en cas de besoin et non, un aspirateur à quatre cents balles n'en était pas un. Il faut savoir viser plus bas, pas besoin de luxe. Le strict nécessaire pour débuter c'est bien aussi, chaque chose en son temps ! Les soins des animaux sont essentiels, les séances non remboursées chez la psychologue sont un besoin, l'essence est indispensable. Moi aussi, je devais rembourser ma voiture ou bien les soins aux prix exorbitants de Floppy, mais être adulte entraîne des responsabilités et il faut les assumer ! J'avais beau l'avoir depuis mes seize ans, il était clair que personne d'autre que moi n'avait à se charger des factures vétérinaires.

Durant ce stage donc, on ne parlera pas des infirmiers qui roulaient à tombeau ouvert dans leur voiture de fonction et dans quelle mesure ce fut terrifiant pour moi ni des coups de freins, des ronds-points en troisième et rouler à toute vitesse pour ne pas prendre de retard entre deux patients. C'était à un tel point que mes orteils se retournaient dans mes godasses tout en écrasant la moquette comme dit Papa. La fun-fact est que le modèle ainsi que la couleur étaient exactement les mêmes que la mienne. Je descendais d'une voiture pour remonter dans une autre mais identique, c'était drôle. À la fin de la première journée, je repasse par l'école déposer des papiers et j'avais gardé ma blouse car étant à domicile, c'est la seule partie de l'uniforme que l'on porte et la voiture étant un lieu fort exigu pour s'y changer, j'ai attendu d'être rentrée chez moi pour le faire. J'aperçois Pauline et je papote donc un peu. Puis je croise la professeure responsable de mon actuel stage et boum : remarque dans la figure comme quoi j'étais en tenue, que ce n'était pas "hygiénique"... Aller de patient en patient et de maison en maison avec la même blouse ne l'est pas non plus et je n'ai pris personne dans les bras à ce que je sache. Enfin, constamment le mot pour plaire, c'est la marque de fabrique de cette école. Rien ni personne n'est jamais assez bien pour eux, il y aura perpétuellement quelque chose à y redire. La deuxième semaine commence et la femme d'un patient chez qui nous allions tous les jours toussait soudain fort et beaucoup. L'infirmière m'accompagnant lui conseille de faire un test Covid, laquelle s'énerve en disant qu'elle n'en a rien à faire et que même positif, elle irait faire ses courses et sortirait, elle en avait marre de cette situation. Se sentir pestiférée est loin d'être une chose agréable, cela se conçoit. Ma supervision prendrait place pile une semaine plus tard ; là où lors des autres stages j'en ai minimum trois et donc plus de chances pour m'améliorer, ici je n'en aurai qu'une : pas le droit à l'erreur. J'envoie, comme il devrait être normal de faire, mes questions à ma professeure de stage : Mme N et lors de la rencontre pré-stage, celle-ci ne m'avait pas donné les modalités propres au rapport de stage de soins à domicile. Ce ne sont pas les mêmes qu'en milieu hospitalier, car forcément à domicile cela requiert une perpétuelle adaptation et je vous joins nos écrits pour que vous puissiez vous rendre compte de l'aberration de la situation qui en a découlé.

« Bonjour Madame,

Concernant ma supervision et le rapport, je me pose quelques questions. D'après ce que j'ai compris, je dois choisir les patients avec comme soins : injection, toilette et pansement. J'ai une patiente qui nécessite comme soin trilogie à l'isobétadine et une toilette au lavabo puis un autre patient qui a besoin d'une Clexane (Injection d'anti-coagulant. - NDLR) je vous joindrai l'adresse bien sûr. Concernant la collecte des données, est-ce que j'en fais deux ou une seule ? Et je suppose que je prends les renseignements chez le patient directement en fonction de ce qu'il est capable de me fournir comme information ? Merci d'avance.

Concernant le rapport de soins, y a-t-il quelque chose qui change ou non dans les directives ? Car je pense avoir choisi ma patiente, mais j'attends de savoir si quelque chose change ou non avant de le commencer. Merci d'avance. Bien à vous. »

Quelques jours plus tard, je n'avais toujours reçu aucune réponse :

« *Bonjour Madame, n'ayant pas reçu de réponse de votre part, je me permets de vous renvoyer cet email afin de m'assurer de la bonne réception du précédent. En vous souhaitant une bonne journée, bien à vous.* »

- « *Bonjour, en effet, je n'ai pas répondu à ton email, car je n'en revenais pas de ta question ! Tu ne crois pas qu'une collecte des données est nécessaire pour chaque prise en charge et pas seulement pour les supervisions ! Pour le rapport de soins il y a des directives spécifiques, elles doivent être sur teams* (site internet où nos documents étaient postés). »

- « *Rebonsoir, je me posais simplement la question, car avec ma professeure au précédent stage, j'avais également eu deux patients en charge de la même façon et elle m'avait demandé une grosse collecte des données pour la plus grosse prise en charge et une plus petite pour la seconde, je voulais donc être sûre de savoir ce que vous attendiez de moi. Concernant les directives, je n'ai rien trouvé sur teams. Bien à vous.* »

Après cela, je n'ai plus jamais eu de réponses de sa part ; que ce soit concernant la supervision ou mon rapport de soins. De plus, il n'y avait aucun document à ce sujet sur teams puisque c'était à elle de me les donner en version papier au préalable. Après coup, selon elle, je les avais eus mais ce n'était pas le cas et vous connaissez la rengaine : parole de prof contre celle de l'étudiant, on sait laquelle l'emporte. Si elle dit qu'elle me les a donnés, alors elle me les a donnés. Le jour de mon évaluation, je devais lui rendre une ébauche : un brouillon de mon rapport de soins quasiment fini pour qu'elle me le corrige et me le rende avant la fin du stage où il serait noté. Devant ce silence et le fait que ma prof censée répondre à mes questions se soit transformée en mur, l'appréhension de la journée du Lundi commençait sérieusement à monter. J'étais clairement dans la mouise et allais avoir zéro à mon rapport vu que je serai totalement hors-sujet. Je demande alors du Jeudi à rencontrer la directrice pour lui développer ce "problème de communication".

Moi : « *Bonjour Madame, j'ai un léger souci en stage. Je voudrais pouvoir en discuter avec vous au plus vite. Je finis mon stage vers midi/ midi trente, puis-je passer vous voir ? Ou vers treize heures trente, dites-moi ? Merci d'avance. Bien à vous.* »

Mme E. : « *Bonjour Eva, je ne saurai pas te recevoir ce jour. Si problème stage contacte l'enseignante qui pourra déjà voir avec toi.* »

- « *Le problème est justement avec l'enseignante Madame. La communication est coupée et brouillée... Je ne sais plus quoi faire du tout.* »

- « *Envoie-moi un email* »

- « *Je préférerais vraiment pouvoir en discuter avec vous de vive voix par email, c'est assez délicat à expliquer, c'est assez urgent, car cela impacte mon rapport de stage et ma supervision de Lundi matin. Merci d'avance de votre aide.* »

- « *Je suis désolée, prends alors contact avec ta titulaire si tu ne souhaites pas échanger par email, j'ai très peu de disponibilités.* »

Mme Z. (ma professeure titulaire de troisième année) :

« *Bonjour Eva, Mme E. m'a fait part de ton souhait de rencontre, je te propose demain midi, dès que tu es disponible. Bien à toi.* »

- « *Bonjour Madame, excusez-moi de l'heure de ma réponse* (il était vingt heures, je venais de finir ma journée. L'utilisation du téléphone sur les heures de stage étant motif d'exclusion, je n'avais pas tellement le choix). *Merci beaucoup, dites-moi quand c'est possible pour vous, je finis la tournée vers midi trente au plus tard, je dois avoir quinze minutes de route jusqu'à l'école. Bien à vous et en vous remerciant.* »

Dans la nuit de Jeudi à Vendredi, j'ai fait de la fièvre comme jamais. J'ai pris un Doliprane vers trois heures du matin, deux heures avant de me lever et je pris la route dans un état très approximatif : suées, vertiges, courbatures et avec le recul, ce n'était pas des plus raisonnable mais encore une fois avais-je le choix ? En arrivant dans la voiture, je préviens l'infirmière que je suis un peu malade, j'irai probablement faire un test par acquis de conscience l'après-midi, étant donné la nuit que je venais de passer. Premier patient de la tournée : celui dont la femme était symptomatique depuis le Lundi et nous nous garons devant chez eux, face à la fenêtre de leur salon. Nous la voyons, elle si récalcitrante aux mesures de distanciation et au port du masque en notre présence, en porter un et nous avons de suite compris et échangé un regard synonyme de « *Oh merde* ». Nous passons la porte et découvrons cette dame plus que furieuse, nous annonçant qu'elle était positive au Covid, qu'elle n'avait plus le droit de sortir de chez elle et que cela ne se passerait pas comme ça « *De toute façon, vous l'aurez aussi, oui toi aussi ma petite, tu verras !* ». Nous ressortons donc aussitôt nous changer car protocole oblige : surblouse, gants, charlotte et masque FFP2 en plus du chirurgical. Ridicule, vu que cela faisait des jours que l'on entrait avec un banal masque, c'était évident qu'il était trop tard. Je ne sais pas si j'étais plus à risque de m'étouffer vu comme je toussais et respirais si difficilement dans ces deux masques, ou d'avoir un coup de chaud sous toutes ces couches vu à quel point j'étais fiévreuse. C'était la toilette complète avec transfert au fauteuil la plus éprouvante physiquement qu'il m'ait été donné de réaliser ; avec la combinaison et mon état c'était très compliqué. À la fin des soins, nous remontons en voiture « *Que faisons-nous maintenant, un test ?* » elle me répond que non, on continue la tournée (et donc mettre en danger les personnes vulnérables) tant qu'il n'y a pas de test positif, il n'y a pas de raison de s'arrêter. Pas vu, pas pris en quelque sorte et j'étais mal à l'aise à l'idée de potentiellement mettre en danger d'autres patients mais elle me répond que c'est le protocole, ok. Je me suis traînée jusqu'onze heures trente : heure à laquelle nous avions fini et plus tôt que prévu. J'envoie un email à ma professeure pour avancer l'entrevue de treize heures trente à midi chose qu'elle a refusé et j'ai donc dû poireauter deux heures durant dans ma voiture et dans le froid (si je mettais du chauffage je sentais que je faisais encore plus de fièvre), alors j'ai pris mon mal en patiente et ai attendu. Je me rendis pour treize heures quinze devant son bureau et je les entendais rire derrière la porte à gorge déployée et par-dessus tout, l'heure tournait : treize heures trente, quarante, cinquante. Elles se foutaient de moi ! La porte était ouverte et elles me voyaient bien dans le couloir. Mais ce n'est pas grave si elles ne respectent pas les heures, cela ne pose jamais problème. Elles, car elles étaient deux, les deux titulaires de nos deux classes de troisième et je demande gentiment s'il est possible de n'être reçue que par ma titulaire. La réponse est non, cela est convenu avec Mme E. Je n'ai donc pas eu d'autre choix que d'exprimer tant bien que mal, en pesant chacun de mes mots, les soucis des derniers jours puisque je constate que l'autre professeure note tout ce que je dis sans même m'avoir demandé mon accord. Mme Z. après avoir "écouté", me dit « *Tu sais, en première année on vous accompagne, on vous tient par la main. En deuxième, on espère que vous allez la lâcher et en troisième, vous devez être autonomes. Dans quelques mois, vous serez les futurs professionnels. Il serait temps de devenir adulte et d'agir en tant que tel Eva* ». À la question de comment je peux communiquer avec une professeure qui ne répond plus à mes questions (alors que c'est quand même son taff, qu'on se le dise.), j'ai eu comme réponse la plus loufoque qui soit, d'aller mettre un "petit mot dans son casier". On vient de me demander quoi là ? Ah oui, d'agir en tant qu'adulte et il est vrai que les petits mots sont choses adultes et matures. J'en profite pour demander la marche à suivre en cas de Covid positif (car même pour ce motif, nous devrons rattraper des heures tandis que nous avons l'interdiction formelle de sortir de chez nous et donc à fortiori d'aller en stage). L'autre professeure me répond « *Tu penses que tu l'as n'est-ce pas ?* », je me contente de dire que je ne me sens pas très bien en effet et que par sécurité j'irai faire un test dans l'après-midi, mais rien de plus. Je savais très bien que ça se voyait que je n'avais pas l'air bien : j'avais la couleur d'un mort-vivant mais pensez-vous qu'en tant qu'infirmières et même mamans elles se seraient inquiétées de savoir si j'allais pouvoir reprendre la route pour rentrer chez moi ? Bien évidemment que non, faut pas rêver...

C'est avec beaucoup de mal que je suis enfin arrivée au centre de dépistage pour un test PCR (le seul valide aux yeux de l'école mais, étant en stage du lendemain, je devais vite avoir le résultat) et la dame me voyant cocher huit cases sur dix rit, c'était sûre que je l'avais. Nos certificats médicaux étaient sans cesse remis en cause car certains en abusaient et au moins si c'était cela, ç'aurait été un motif non négociable ni jugeable par l'école et je pourrais enfin me reposer, le tout en évitant ma supervision du Lundi. Puis je me rends à la pharmacie faire un test-antigénique et je n'ai jamais été si contente d'être malade ! Car évidemment, j'étais positive et deuxième raison pour laquelle j'étais "contente", c'est que je ne pouvais plus rentrer en contact avec personne, Vianney y compris « *C'est bon, c'est trop tard et puis de toute façon je ne tombe jamais malade, on s'en fout* ». Il n'avait rien compris... Déjà qu'il vivait à nos crochets sans vrai remerciement et de plus, il m'avait fait du mal. Depuis plusieurs jours, tandis que je dormais dans la chambre de ma sœur avec lui (ayant un lit mezzanine et un compagnon costaud, il avait de lui-même abandonné l'idée) et j'étais retournée dormir et me réfugier dans ma chambre. Oui, puisqu'il m'avait de nouveau fait du mal, et je l'avais encore pardonné. Tandis qu'il rentrait du travail, il devait être vingt-trois heures, je commençais à m'endormir et me levant très tôt du lendemain, je savais que si je lui faisais un bisou il allait commencer à discuter etc, bref, après j'aurais eu un mal fou à me rendormir. Je n'ai donc pas bougé lorsqu'il s'est couché à côté de moi et les mêmes gestes que mon ex-copain avait eus à mon égard quatre ans plus tôt se sont répétés. Même si je lui avais raconté ce qu'il s'était passé, la peur, la douleur, tout ce qui avait suivi. Cela s'est passé de la même façon et dans les mêmes détails... Je ressens un frisson de peur me traverser le corps entier : ce n'est pas possible, pas lui, pas après ce que l'on a traversé. Eh bien si. J'allume brusquement la lumière et me relève telle un piquet en lui demandant ce qu'il fait et il marmonne qu'il dort. Non, une seconde plus tôt il ne dormait pas, loin de là. Je réitère et insiste. Il me lâche que je dormais et dû rêver. Je le secoue et le somme d'arrêter de faire semblant « *Mais tu te rends compte de ce que tu viens de faire ?!* ». Il ria tel un enfant que l'on aurait pris en flagrant délit, la main dans le sac, me disant qu'il n'avait rien fait et cela n'a eu comme résultat que de ne m'énerver plus encore. Je ne lâcherai pas le morceau tant qu'il n'aurait pas avoué, assumé et pris conscience de ses actes. Il finit, lassé, par me dire que c'est un homme avec des besoins et qu'il est frustré et il était donc normal qu'il doive se détendre un peu. Et puis, puisque c'est sur la personne de sa copine c'est ok, il n'y avait rien de déplacé selon lui. Et mon consentement ? Je dormais à ses yeux, ne se rendait-il pas compte ?! En plus, Papa dormait dans la chambre voisine. Je ne sais même pas quel mot attribuer à cela, de l'irrespect ? Lui cirant sans cesse les pompes pour qu'il lui fasse confiance et faire cela dans son dos, à sa propre fille, dans sa propre maison et à seulement quelques mètres de lui ? J'ai enfoui cela et ai pardonné, mais quelle idiote je fus. Tous les couples de notre société actuelle se séparent pour un oui ou pour un non, autrefois, on passait au-dessus de cela et c'est ce que je me disais, tentant de passer à autre chose, m'efforçant d'y croire et continuant de me blâmer ainsi que de rejeter la faute sur moi et sur moi seule. Si je décidais de m'attarder sur nos problèmes, je savais que j'allais m'effondrer et je continuais donc d'avancer, comme je pouvais... Revenons là où je me suis arrêtée : à ce bon vieux Covid ; j'annonce à l'école la nouvelle et préviens que je ne reviendrai pas en stage.

« Bonjour Madame E. Je vous avertis que je suis cas-contact positif, je l'ai su ce matin et me suis fait tester cet après-midi. Résultat positif je suis donc isolée jusque Vendredi prochain. J'ai prévenu mon stage et l'infirmière de demain matin est prévenue également. Bien à vous. »

- « Bonjour, je suis très déçue que dans ce contexte, tu te sois présentée cet après-midi au bureau des titulaires. Dans le doute, la prudence reste de mise. Je mets la secrétaire en copie afin que tu respectes la procédure qui vous a été rappelée la semaine dernière. Peux-tu nous faire parvenir copie de ton résultat afin de couvrir ton absence, ne pas oublier de prévenir l'enseignant et l'accueil de l'école. J'attends de tes nouvelles. »

- « Je n'ai que le résultat antigénique par voie orale et visuelle. Je dois avoir le certificat par email, j'attends de le recevoir. Je devrais avoir le résultat du test PCR demain, Mme N. et ma titulaire sont prévenues. Je suis allée chez mon médecin par précaution hier, il m'avait diagnostiqué une rhinopharyngite et par précaution, je pensais me faire tester en rentrant de stage ce midi. Merci de votre réponse. Bien à vous. »

Voilà donc sur les "conseils" de ma titulaire, le petit mot que j'ai adressé à ma professeure de stage car oui, ne pas rendre une feuille à temps, signée ou autre peut être vivement sanctionnable. Malade ou non et j'ai donc pris les devants, je les connais depuis le temps...

« Bonjour Madame N., étant en isolement Covid jusque Vendredi inclus, je ne peux donc pas me rendre au bureau des soins à domicile pour faire signer ma feuille d'heures par la direction. Ni vous déposer mon rapport avant Lundi huit heures, mon entourage étant Covid positif également, personne ne peut se déplacer pour moi. Est-ce que vous la rendre Lundi au plus tard dans la matinée irait ? Le temps d'aller au bureau des soins à domicile la faire signer ? Bien à vous.

PS : je vous ai fait déposer ce mot par une de mes amies qui est à l'école. »

Réponse de Mme N. : *« Bonjour, j'ai bien reçu ton mot, j'espère que tu vas mieux. Bien sûr, tu étais à l'arrêt donc tu ne savais pas me rendre tes documents Vendredi (bonsoir l'hypocrisie...) ton rapport est à me rendre ce Lundi, tu peux y mettre la feuille d'heures, elle a été signée tous les jours donc pas grave si l'infirmière-chef ne la signe pas par contre, tu dois récupérer ta feuille d'évaluation d'équipe. »*

Est-ce utile de vous préciser que du Lundi je me suis empressée de me rendre au bureau des soins à domicile pour y récupérer ma feuille d'équipe ? Que j'apprends que ma professeure était déjà passée la récupérer sans me prévenir et que j'ai donc fait la route pour rien ? Non, toujours pas. Pour clore ce stage je la revois le lendemain, (du Mardi suivant) pour le feedback et sur la feuille d'évaluation, je me suis clairement fait démolir. Comme quoi je portais ma blouse dans l'école et que donc je ne respectais pas les règles d'hygiène hospitalière, je l'avais "harcelée" (utiliser ce mot dans ce contexte m'a clairement foutue en rogne) à raison de plus de quatorze emails, alors qu'en réalité je n'en avais envoyé que cinq. Je ne respectais pas la procédure quant à l'histoire du Covid et au fait que je me sois rendue au bureau des titulaires, je n'avais pas respecté les directives du rapport de soins, (que je n'avais pas reçues) bref, j'en passe et des meilleures, elle m'avait cassé au possible et cela m'a franchement mise en colère. Cela mettait carrément mon année en péril avec tous ses bobards et ces notes plus que mauvaises.

Au mois de Février s'enchaînent plusieurs semaines de cours puis à la fin du mois, je fête enfin mes vingt ans entourée de ma famille dans ma somptueuse robe de Cendrillon que je m'étais fièrement payée toute seule ! Chez nous, la vingtaine est fêtée avec toute la famille au complet, comparée à la majorité. Mais avec les restrictions dues au Covid, il y avait du délai pour avoir la salle et je ne l'ai pas obtenue avant ce mois-là. Vianney s'était occupé de toute la cuisine pour environ une quarantaine de personnes et j'ai eu une gigantesque pièce montée avec dessus plein de Mickeys en nougatine et pâte d'amande. Ce fut une superbe journée même si malheureusement beaucoup de mes proches manquaient à l'appel. Résultats du premier semestre : carton plein pour moi, les treize matières sont validées et du 21

Février au 20 Mars, j'effectue mon stage en maison de repos où j'aurai mon premier examen pratique au lit du patient, plus que déterminant pour la validation de mon année de troisième et surtout, je commencerai mon stage en nuits par une série de quatre, de vingt-et-une heures à sept heures du matin. L'école nous a bien informés que peu importe la raison, si la série n'était pas complète alors il faudrait la recommencer entièrement sans quoi l'année ne serait pas validée. Je passe une journée avec Ghunyah à Disney et une semaine plus tard vient enfin le jour tant attendu : celui du rendez-vous de Bruxelles avec le Professeur. Je connaissais la date depuis longtemps, par conséquent, j'avais fait en sorte d'être de repos ce jour-là (ce qui engendre d'enchaîner outre mesure plusieurs jours de stage mais légalement, nous pouvons en enchaîner onze alors...). Depuis mon algoneurodystrophie qui remontait maintenant à huit ans, je m'étais toujours fixé le but de marquer mon combat qui était resté invisible. J'avais, sans relâche, eu envie de le faire là où la maladie s'était posée. Cependant, être assise en tailleur et avoir mon chat qui pose sa petite patte sur cette zone suffisait à me provoquer une douleur et je me suis donc vite rendu compte que ce n'était pas une bonne idée. En revanche, j'avais déjà en tête ce que j'allais faire et ce serait en lien avec Disney. Néanmoins, je ne voulais pas qu'il y ait de couleur ni que cela ne fasse trop enfantin. Alors, je me suis contentée de garder les contours en m'inspirant d'une image internet et de le personnaliser pour me l'approprier. En plus de cela, depuis l'accident, je savais que j'avais une très belle étoile qui veillait sur moi et qu'il s'agissait sans aucun doute de Mamie H. J'avais tellement l'impression d'être passée à côté de la mort qu'il me paraissait important de pouvoir aussi marquer cette épreuve traumatisante comment un nouveau départ dans la vie. J'en ai parlé à Vianney et lui ai soumis l'idée qu'il fasse le même que moi, comme quoi c'était un nouveau départ et ensemble. Il a choisi d'accepter. Il s'agit de symboles avec une grande signification pour moi. Lui était déjà tatoué sur tout son avant-bras gauche et en avait deux autres, il était donc plutôt aguerri en la matière et nous sommes allés chez son tatoueur qui a effectué un travail extraordinaire. Pour prendre rendez-vous, il y avait forcément des mois de délai et ne connaissant pas mes horaires de stage autant de temps à l'avance, j'ai profité de cette journée qui je le savais était off, pour poser le rendez-vous. Je suis donc allée me faire tatouer du matin et l'après-midi avec Papa, nous partons pour Bruxelles.

Reconnaissance et fin d'un long parcours du combattant

Nous avons pris la route pour ce qui devait être l'une des plus grandes journées de ma vie, celle qui allait enfin me donner ce que j'attendais depuis des années. Bruxelles étant à plusieurs heures de trajet et sujet à de nombreux bouchons, il était clair que je préférais y aller accompagnée plutôt que seule, Papa fit donc partie du voyage. Sur le site internet du Docteur, il était bien stipulé que "tout retard entraînerait l'annulation du rendez-vous et l'incapacité définitive d'en reprendre un par la suite", nous n'avions donc aucunement droit à l'erreur ! C'était un Jeudi et j'étais attendue à dix-sept heures, autant vous dire que c'était l'heure de pointe et je me vois saisir la poignée du cabinet tout en regardant l'heure : seize heures cinquante-neuf. Même avec trente minutes d'avance, nous étions plus que tout juste. Nous nous sommes installés dans la salle d'attente puis avons très peu attendu avant d'être reçus. Il me posa quelques questions et, comme tous les autres avant lui, entama son examen clinique. Le rendez-vous n'avait débuté que depuis cinq petites minutes et la première phrase qu'il m'a dite était « *Le diagnostic n'est vraiment pas compliqué à faire chez vous, cela se voit comme le nez au milieu de la figure* ». Il continue à balayer la symptomatologie du syndrome au maximum et je ressors de là avec une batterie d'examens à faire, un traitement à tester et surtout le papier sur lequel il est écrit que je suis bien atteinte du SED et non d'un HSD. Aux yeux des critères belges, que je coche tous sans exception et sans exagération, j'ai donc bel et bien le Syndrome d'Ehlers Danlos de type Hypermobile.

Voilà ce qu'en dit notre ami Wikipédia :

" Maladie génétique par atteinte du collagène (élastorrhexie), les SED sont systémiques et liés à une anomalie du tissu conjonctif qui constitue 80 % du corps humain. La symptomatologie est si riche et polymorphe qu'elle complexifie la pose du diagnostic et renforce les errances du corps médical, dérouté devant autant de symptômes. Le point commun à toutes ces affections est l'hyperlaxité articulaire, l'hyperélasticité cutanée et la fragilité des tissus conjonctifs. Le syndrome d'Ehlers-

Danlos type hypermobile (type III) [...] serait de 1 personne sur 20 000. Il y a environ 3 000 patients diagnostiqués en France sur 66 millions de Français. "

Il s'agit d'une maladie chronique, génétique, rare et incurable fonctionnant par crises et cela met donc fin à vingt ans d'errance médicale pour moi ; les premiers symptômes étant apparus avant même ma naissance. Je rentre un peu assommée, comme groggy et les larmes aux yeux car oui, après tant d'années à me battre, à avoir tout entendu et son contraire et tant de choses horribles : ma propre douleur remise en doute un nombre incalculable de fois et à n'importe quel prix ; mon combat pouvait enfin prendre fin une bonne fois pour toutes. Le 10 Mars 2022 reste donc à tout jamais gravé dans ma mémoire. Merci ma chère Anaïs d'avoir invariablement été à mes côtés dans cette bataille, elle qui est entrée dans ma vie depuis ce 21 Novembre 2019 et qui ne m'aurait lâchée pour rien au monde. Avec le temps, nous avons su tisser une si belle amitié, forte et plus que précieuse à mes yeux.

Je retourne dans le service d'oncologie le temps d'une journée pour y passer l'examen pratique dans la discipline de soins en médecine. J'envoie d'ailleurs un message à Florina la veille (elle a été diplômée infirmière au mois de Janvier et a été employée où l'on s'est rencontrées) et elle me rassure autant que possible, me conseillant de réviser telle ou telle technique que je "pourrais" rencontrer. Pour finir, elle me fait un rapide topo afin que je sache un peu à quoi m'attendre. Débarquer dans un service comme un cheveu sur la soupe pour passer un examen ou jeter quelqu'un qui ne sait pas nager à l'eau est un peu du pareil au même. Mais bien évidemment rien ne s'est passé comme prévu et mes talents d'interprétation me poussent à me dire que vous allez sûrement supposer que je blâme l'autre sans relâche en lui rejetant incessamment la faute. Seulement, je sais que la suite n'est pas de ma responsabilité et entièrement celle de ma professeure. Il est vrai qu'au fur et à mesure de la rédaction de ce livre, je me mets à penser que je dois être quelqu'un qui se pose perpétuellement en victime et qui accuse l'autre en permanence. C'est mon ressenti personnel (pas forcément exact grâce au retour objectif et bienveillant de mes proches lorsque je leur partage ces pensées) mais cela dit, je me connais, je sais ce que je vaux et si je dois me remettre en question je le fais, et un peu trop souvent d'ailleurs. Mais ne pas le faire, c'est synonyme d'apparaître comme trop sûre de moi, limite hautaine et ces traits de personnalité ne sont pas miens. Une phrase que j'aime beaucoup dit : "C'est beau d'avoir des doutes, c'est la certitude qui mène à l'erreur". La professeure en IH (Infirmière Hospitalière) qui m'avait supervisée au mois de Novembre s'étant bloquée le dos, c'est donc une autre mais de BIRSG (Bachelier Infirmier Responsable de Soins Généraux) qui prendrait le relais.

Je réalise que je ne vous ai pas expliqué la distinction faite au sein de ces deux formations qui mènent pourtant au même métier ! Nous en avons une première qui est la mienne, longue de trois ans et six mois et nous délivrant un brevet d'infirmière hospitalière et se nomme : IH. Il s'agit de la formation la plus technique, la moins théorique et surtout la plus courte des deux et nous sommes considérés comme faisant partie du secondaire, égal à un lycéen en quelque sorte. Car oui, en Belgique ce n'est pas identique à chez nous : l'école primaire dure sept ans et l'école dite secondaire, six. Là où nous faisons CP, CE1, CE2, CM1 et CM2, pour eux, il s'agit de la 1ère, 2e, 3e, 4e, 5e et 6e année de primaire ; ils en ont une de plus qui équivaut à notre année d'entrée au collège. Un poil déconcertant à comprendre au début, je vous l'accorde. Et là où nous avons quatre années de collège : 6e, 5e, 4e, 3e et trois de lycée (en filière générale) : Seconde, 1ère et Tle, eux en ont six. Donc la 1ère, 2e, 3e, 4e, 5e et 6e année secondaire. Au terme desquelles ils peuvent effectuer une septième année qui sera considérée comme professionnelle et c'est ainsi que Pauline avait une formation d'éducatrice en plus par exemple. La formation d'infirmière brevetée, la mienne, me donne accès aux spécialisations de type santé mentale, gériatrie, diabétologie et soin de plaies, soins palliatifs... L'autre qui est celle d'infirmière graduée : BIRSG, équivalente au supérieur donc un étudiant reconnu à part entière, dure quatre années. Elle est beaucoup plus théorique, poussée et moins pratique et elle ouvre la porte aux spécialisations telles qu'anesthésie, bloc, oncologie, pédiatrie... Ce qui explique la raison pour laquelle il y avait si peu de Belges dans ma classe ; après le refus de la candidature en France, égal aux trois quarts d'entre nous, il est cependant possible de revenir au pays pour nous spécialiser. Nous ne sommes simplement plus prioritaires et les places sont plus chères. Contrairement au belge qui veut une spécialisation, il vaut mieux choisir le graduat qui lui offre la majorité des spécialisations. La messe étant dite, je replonge avec vous dans cette journée plus que riche en émotions. Cette professeure donnait cours en BIRSG et non en IH et venait en "dépannage" et avait donc des attentes au niveau d'un élève gradué tandis que j'étais en breveté ; la manière de procéder n'est donc pas la même. Les techniques de soins restant identiques, a contrario, lors de la collecte des données du traitement du patient nous ne prenons pas les médicaments notés en "si nécessaire" tandis que les gradués le devaient. Ce n'est pas là grosse différence, mais toutes celles-ci misent bout à bout et dont je n'avais pas forcément connaissance m'induiront vite en erreur et m'ont fait courir à ma perte.

Je vous raconte rapidement (promis, j'essaie) ce qu'il s'est passé. Il était sept heures du matin lorsque j'arrive dans le service et vois Florina lors des transmissions du changement d'équipe nuit/jour. Mon visage s'illumine lorsque je l'aperçois et le stress qui était grandissant depuis des jours se relâche enfin un peu ; ayant vu son sourire rempli de bienveillance en retour, rien de tel pour me redonner confiance. Ma professeure arrive à son tour et échange avec l'équipe à propos des patients qu'ils ont choisi de me donner. Étant en troisième année, j'ai deux patients "lourds" et les soins qui vont avec à ma charge ; ce qui peut paraître dérisoire quand l'on sait qu'une infirmière a parfois, sous sa seule responsabilité, un étage tout entier. Seulement, nous travaillons en équipe et les tâches sont donc partagées mais le jour de l'examen ce n'est pas le cas, car je prends mon patient en charge de A à Z. C'est-à-dire la médication, ses soins d'hygiène et de confort, lui servir son petit déjeuner et l'aider si nécessaire puis les soins infirmiers et terminer en l'installant au fauteuil et cetera. Là où interviennent kinésithérapeutes, aides-logistiques, aides-soignantes et infirmières tous ensemble : je suis seule et deviens multifonction. Voici à titre non exhaustif, celles que j'ai pu expérimenter durant mes différents stages : réparatrice, plombière, électricienne, informaticienne, coiffeuse, esthéticienne, barbière, lingère, fleuriste, factrice, réceptionniste, secrétaire... Oui, une infirmière a toute sorte de casquettes ! Je suis donc face à ma professeure qui je le sais, a mon avenir entre les mains. Les chambres de mes deux patients étaient l'une en face de l'autre et ils avaient un nom de famille assez semblable et j'eus des perfusions à leur poser, les toilettes complètes à réaliser puis d'autres soins divers et variés. Vient le moment de préparer la poche et la professeure, voulant sans doute m'avancer, identifie les étiquettes au nom du patient pour qui j'étais en train de diluer le soluté médicamenteux et une fois l'acte technique fini, c'est au tour du maudit calcul. S'il est faux, c'est ce que l'on appelle un CMA : Critère Minimal Absolu, équivalent à la faute éliminatoire du permis de conduire et donnant d'office une côte inférieure à la moyenne donc dans tous les cas, l'examen est d'ores et déjà invalidé. Mais mon calcul fut juste : un stress en moins et j'emprunte le couloir vers la chambre de mon patient. J'y effectue l'identito-vigilance, la compatibilité bracelet du patient/étiquette du médicament et réalise les 5B : Bon patient, Bonne voie d'administration, Bon moment, Bon dosage et Bon médicament. Quelque temps plus tôt, j'avais réalisé sa toilette et lui avais laissé, afin qu'il puisse se brosser les dents, le bassin à disposition. Une fois la perfusion posée deux médecins entrent dans la chambre et je m'éclipse pour leur céder la place tout en commençant à débarrasser la chambre et me dirigeant vers la salle de bain. Je suis donc là, en train de vider mon bassin lorsque ma professeure surgit dans l'encadrement de porte et me dit « Eva, tu t'es trompée, le médicament n'était pas pour ce patient » et là, le sol s'écroule sous mes pieds, je sais très bien ce que cela signifie : CMA. Car oui, au risque d'étonner, la pression et la peur de commettre des erreurs sont tellement intenses que l'on pense d'abord aux conséquences sur nous plutôt que sur le patient. Et je vous dis cela, mais je sais que je ne suis pas seule à l'avoir ressenti pour en avoir échangé avec certains de mes camarades ; ce qui veut dire que nous perdons totalement notre humanité face à la pression que nous subissons. Je trouve cela absolument catastrophique et désolant... Les médecins s'étaient étonnés de voir ce monsieur perfusé vu qu'ils n'avaient rien prescrit pour lui et c'est grâce à eux que le médicament n'a, fort heureusement, pas été administré. Ma professeure commence à me blâmer, à dire que j'aurais dû vérifier (chose que j'avais faite), seulement, ce n'était pas moi qui avais mal étiqueté le médicament mais elle. De ce fait, ma responsabilité à ce moment-là n'était absolument pas engagée et je le lui ai donc fait remarquer. J'en étais tremblante, mais il était hors de question que je prenne son erreur sur mes épaules, l'enjeu était trop important. Elle me répond alors qu'elle n'a en aucun cas déjà fait face à ce genre de situation, qu'elle ne sait pas comment gérer ni réagir et finit à demi-mot par admettre sa faute. Forcément, je n'ai pas validé cet examen.

À peine deux semaines plus tard, celui auprès des personnes âgées prenait place et je peux vous dire que le stress était plus que présent qu'il ne l'aurait été sans cette expérience. L'avantage que j'avais, c'est que cette fois-ci la professeure me connaissait et j'étais dans ce stage depuis deux semaines. De ce fait, je connaissais bien les résidents et cette erreur ne se reproduirait donc plus et j'ai validé cet examen haut la main. J'ai eu droit à des pansements d'ulcères qui étaient plus que conséquents et aux plus gros soins parmi la centaine de personnes qu'accueillaient cette maison de repos. Mais étant en troisième année, il est normal que la difficulté soit montée d'un cran et j'en suis ressortie victorieuse et surtout fière. C'est aussi pendant ce stage que pour la toute première fois j'ai effectué des soins avec des élèves de première qui me regardaient et que j'ai également pu superviser. Je peux vous dire que l'on se sent grand, même si je ne réalisais pas trop ce qui était en train de se produire. Je sentais que j'avais pris du galon et que je n'étais plus la petite fille de dix-sept ans qui s'était lancée dans cette formation trois années en arrière : j'étais petit à petit, en train de devenir infirmière. Toutes ces péripéties des dernières semaines et le stage fini, je reprends le chemin de cette fichue école et repose mes fesses sur ces chaises pour assister à ces heures de cours plus qu'interminables. Je me rends aussi via le train sur Ath pour fêter les un an de Vicky qui a grandi si vite et dont je n'ai malheureusement pas pu profiter autant que je l'aurais voulu. Elle se tient maintenant debout et se lâche presque, on sent bien que ses premiers pas ne sont plus très loin. Le Mardi qui a suivi ce week-end, le dernier cours de l'année de pathologie médicale prenait place : soit celui où elle donne tous les tuyaux pour l'examen et en toute transparence c'était celui qui comportait le plus d'enjeux, on ne va pas se mentir ! Il durait trois heures et au bout de deux, alors que j'étais en train de noter, le stylo que je tenais entre mes doigts tomba sur ma table et je fus incapable de le retenir, ni de le reprendre dans ma main. Je ne comprenais pas ce qu'il se passait, ne sentant plus rien jusqu'au bout de mes doigts et me retrouvant à écrire à deux mains, très pratique. Avoir la main puis le bras qui s'engourdit, inutile de faire des études de santé pour se douter que c'est mauvais signe, mais seulement j'étais en classe et c'était plus important que jamais. Je ne savais pas quoi faire et je n'avais pas envie de rameuter tout le quartier. L'intercours se profile à l'horizon et ma petite voix me pousse à aller voir ma professeure. Étant médecin, je me dis que je lui demanderai discrètement si je devais vraiment m'inquiéter ou non et sa réponse me conforte dans mon ressenti et ne me rassure pas, si je le souhaitais je pouvais partir. Ma priorité n'étant plus à ma santé depuis belle lurette j'ai décidé de rester et vers dix-huit heures, à la fin de celui-ci, je range mes affaires puis tout en me dirigeant vers la sortie ma professeure me demande de la tenir au courant, ce que je ferai. Je m'installe au volant et capte vite que je ne pourrai pas conduire, je n'étais même pas capable de passer une seule vitesse ni de desserrer mon frein à main tant celle-ci était engourdie. Je n'aime pas déranger et je n'aime pas inquiéter et c'est dans cette impasse que j'ai appelé Gabrielle en lui expliquant la situation. Laquelle me dit de ne pas bouger et qu'elle arrive pour m'emmener aux urgences. Était-elle sûre que ce n'était pas exagéré ni démesuré ? Elle m'affirme que la question ne se posait pas, il valait mieux y aller pour rien plutôt que l'inverse. Elle vient donc me chercher au pied de l'école et me conduisit à l'hôpital mais n'a pas eu le droit de m'accompagner et la pauvre exténuée, a fini par dormir dans sa voiture et le froid en m'attendant. À mon arrivée, on m'a tout de suite prise en charge puis parlé de suspicion d'AVC ou d'artère bouchée et qu'en plus avec le SED, ils n'étaient pas sereins. Là, je me dis que je n'ai que vingt ans quand même, ça ne pouvait pas être ça... Après sept heures en tout, la conclusion fut que la paresthésie venait du nerf au niveau de mon épaule qui avait dû se bloquer suite à la luxation, oui même un an et demi plus tard. Plus de peur que de mal et j'envoie un SMS à Papa, Maman et Vianney pour les rassurer car désormais, je savais que j'allais bien et je ne voulais pas les inquiéter au préalable pour rien. J'ai dû trouver une excuse pour expliquer à Papa que je ne reviendrai pas aussi tôt que d'habitude. Puis même, rentrer après minuit ne me ressemblait aucunement. Vianney est venu me récupérer et Gabrielle a pu retourner chez elle et enfin se reposer. J'ai la chance d'être entourée d'amies comme elle, merci d'avoir été là ce jour-là et de toujours l'être.

Au mois d'Avril je prends la route pour la Normandie afin d'y passer quelques jours et retrouver ma Ju, Ghost, Silver et Shadow et nous étions si contentes de nous revoir ! Pour la première fois depuis plusieurs années, environ quatre, me vient l'envie de retenter l'obstacle et je soumets l'idée à Ju qui accepte, ravie que cela vienne de moi : preuve d'une confiance aveugle en elle et en ses chevaux. Étant sur Lisieux, avant de rentrer je fais un détour par la basilique de ma chère Sainte-Thérèse et m'y ressource également pour repartir de plus belle pour le restant de l'année. Puis les cloches de Pâques passent et j'étais allée acheter un œuf Kinder en forme de cœur que j'allais déposer chez Vianney pendant qu'il travaillait et sur le trajet pour m'y rendre, je croise en sens inverse un véhicule arrêté avec warnings enclenchés. Je ralentis, ouvre mon carreau et leur demande s'ils ont besoin d'aide ; une dame me répond que non et me remercie. Ok, je m'apprête à redémarrer lorsque j'entends dire « *Sauf si vous êtes infirmière* », le fait que je sois en pleines études pour le devenir n'était pourtant pas écrit sur mon front ! Ni une ni deux, j'active les miens et descends voir ce qu'il se passe. Les personnes s'étant déjà arrêtées avaient le SAMU au téléphone et en me voyant approcher, me le tende. J'ai inspiré un grand coup et pris l'appel : c'était un jeune homme de dix-sept ans qui avait glissé à moto dans un virage et atterrit dans le fossé ; il était conscient mais choqué et planait, n'ayant pas réalisé ce qu'il venait de lui arriver. J'ai bien précisé à la régulatrice que j'étais seulement en troisième année d'études car j'avais peur de ne pas être à la hauteur des renseignements qu'elle souhaitait avoir ou des soins que je devrai prodiguer mais pour finir, il a uniquement eu la clavicule cassée.

Chose que nous avions dans un coin de nos têtes dès notre adolescence ; avec Léonie, nous nous rendons à Disney rien qu'entre cousines et ce fut franchement une superbe journée d'échange, de partage et de joie. J'entame quelque temps plus tard la démarche longue de trois mois afin d'obtenir ce que l'on appelle un dispositif TENS (Transcutaneous Electric Nerve Stimulation) qui a de très bons résultats chez les patients SED. Soit de la stimulation électrique transcutanée et cela n'a été que bénéfices pour moi : je rentrais de stage, le mettais et finissais par m'endormir tellement cela me soulageait (oui je sais que ce n'est pas bien !). Le jour où la douleur était trop intense, je pouvais faire mes courses, vaquer à mes occupations et c'est une solution qui fonctionne continuellement pour moi. Mathilde m'invite pour fêter ses vingt-trois ans où j'ai retrouvé Thésée et Myriam. Je n'étais pas des plus à l'aise puisque depuis le collège, cet effet de groupe au sein d'une classe est toujours resté compliqué mais j'étais contente de partager la soirée avec elles. Arrive le jour des portes-ouvertes annuelles du lycée auxquelles je me rends comme chaque année et y aller avec ma voiture, me garer sur ce parking reste une immense fierté pour moi : c'est la preuve que j'ai déjà accompli de grandes choses depuis mon départ.

Du 25 Avril au 15 Mai, je suis en stage de chirurgie orthopédie et neurochirurgie mais ayant de très mauvais souvenirs de ce genre de service, je n'y suis évidemment pas allée de gaieté de cœur. J'y aurai mon troisième et dernier examen visant à valider mon année au niveau de la pratique et j'apprends que je suis avec une professeure réputée comme avec qui ça passe ou ça casse, exigeante et qui cherche la petite bête. Lors de la rencontre pré-stage, je lui demande par où entrer puisqu'à la suite d'un accident, il n'était plus accessible de la même façon. Elle tente de m'expliquer par où passer et d'où me "parquer" mais voyant que je ne comprends pas, elle multiplie les points de repère que je n'ai pas, n'étant jamais allée là-bas (à part en ambulance le jour de mon accident de voiture, lol). Ne voulant pas la déranger davantage je lui dis de ne pas s'embêter, je me débrouillerai. Nous sommes cependant toujours en Belgique et donc il y a des zones à disques à chaque coin de rue et pour nous étudiants, il faut trouver un endroit sans limitation de temps qui se trouvera obligatoirement plus loin. Bref, qu'elle ne s'embête pas pour moi avec cette histoire de disque vu que je ne dois pas en apposer et j'avais de cette manière, espéré couper court au "chapitre" parking mais malheureusement, je me suis un peu tiré une balle dans le pied. Oui puisqu'en Belgique, vous pouvez payer ce que j'appelle une carte "anti-disque" : c'est un forfait à l'année et grâce à cela vous n'avez pas besoin de changer votre disque, ni votre véhicule de place. En France cela n'existe pas, et étant Française je ne peux pas bénéficier de cet avantage belge. En revanche avec ma carte de stationnement, je peux stationner partout et sans limitation de durée et à la suite de mes paroles, elle s'est étonnée sachant que je n'étais pas Belge et elle en déduit que cela signifiait donc que j'utilisais une carte handicapée pour me garer et cela n'était vraiment pas éthique de ma part. Je prends une grande inspiration, tourne ma langue sept fois dans ma bouche et dis « *Oui, mais si c'est la mienne ?* » Elle a un mouvement de recul, prend un temps de réflexion puis tente de comprendre comment je conjugue études et santé vu qu'elles sont très physiques. J'affirme naturellement que cela fait trois ans que je m'adapte et que je m'en accommode et m'efforce de la rassurer dans le but qu'elle passe à autre chose et j'avoue que ça a plutôt bien fonctionné.

Il y avait bel et bien des emplacements pour Personnes à Mobilité Réduite au pied de l'hôpital et je m'y suis donc mise. Sauf le jour où je savais qu'elle venait me superviser, ayant une plaque française j'aurais été plus que repérable et je n'avais pas envie de me reprendre une remarque ou d'encore devoir me justifier. Oui je dis encore, car nombreuses sont les fois où j'ai été interpellée et abordée ; que ce soit par le service civil qui m'accoste en me conseillant de bouger ma voiture étant donné que je suis sur une place handicapée "au cas où je ne l'aurais pas vu". Une autre fois, après notre journée de cours, Emi et moi arrivions à ma voiture lorsque nous apercevons un professeur de l'école tourner la tête de droite à gauche et je comprends qu'il va traverser et annonce « *Tiens-toi prête, c'est reparti !* ». Incessamment cette rengaine nous est renvoyée à la figure : je ne peux pas me garer là sous peine de me prendre un procès, je n'ai pas le droit d'emprunter la carte de quelqu'un d'autre... Et voilà qu'Emi répond pour moi tout en lui clouant le bec, qu'il me foute la paix bon sang ! Cela paraît toujours bienveillant au début puis cela fini en jugement et en culpabilisation et jusqu'à celle de trop. Un matin, tandis que nous avions cours et que la rue était bondée, il n'y avait pas mille et une solutions qui s'offraient à nous. Une dame attendait, soi-disant, une livraison de stères de bois et avait entreposé ses sacs-poubelles sur la place PMR pour empêcher de s'y mettre. Emi rit jaune, descend de sa voiture et les bouge. La dame sort de chez elle en furie et hurlant après nous, ajoutant que ce n'était pas la première fois qu'elle apercevait notre véhicule à cet endroit et nous somme de partir. Le temps qu'Emi remonte dans sa voiture et cette mégère avait déjà, pour quelqu'un qui se revendiquait comme "âgée", réinstallé ses sacs de manière plus que furtive. En deux temps, trois mouvements, elle roule dessus et le ton entre cette vieille bique et nous commence à sérieusement monter. Le même blabla de cette carte qui ne peut pas être nôtre et nous finissons par appeler la police. Ils ont expliqué à cette dame que nous étions en droit et que l'emplacement ne lui était ni réservé ni du et Emi était folle de rage et à la fois outrée face à ce genre d'incivilité. Mais de bonne foi, nous avons fini par céder et cherché à nous parquer dans une rue à l'autre bout de l'école. Le petit bouquet final, c'est qu'elle a tout de même poussé le bouchon un peu trop loin (Maurice) en insistant auprès des policiers pour que nous ramassions ses déchets. Non sans un pincement pour m'empêcher de rire, ils lui rétorquent que ce sont les siennes et qu'en aucun cas elle n'avait à les poser là ; c'est un petit souvenir "drôle" à vous partager parce que je reconnais qu'après coup nous en avons bien rigolé, mais après coup seulement !

Pour revenir à mon stage, la supervision s'était très bien passée même si j'avais peur qu'elle ne revienne sur l'"incident" et à la fin des soins, nous nous installons à l'ordinateur pour nous connecter au logiciel de l'hôpital afin de cocher les soins réalisés, les paramètres pris... Laisser une trace de ce qui avait été effectué dans la matinée quoi. Comme pour le permis de conduire je voyais la fin arriver et je me suis dit ouf, je suis passée à travers les mailles du filet : naïve que je suis. Elle me posa une dernière question à laquelle je ne m'attendais absolument pas. C'était à propos de mes yeux puisqu'avec la lumière de la salle de soins, elle avait remarqué que ma pupille était bizarre et cela l'intriguait. Je réfléchis un instant. Par expérience, j'avais retenu que me livrer à ce sujet pouvait apporter plus de tort que de bien. Je lui révèle brièvement qu'il s'agit d'un colobome bilatéral mais rien de plus. Sa réponse ne s'est pas fait attendre « *C'est donc pour cela que tu te gares sur les places handicapées ?* » difficile à dire, à la fois oui et à la fois non, c'est un ensemble. Je ressentais à son ton de voix que ce n'était pas malveillant et que peut-être pour une fois parler de mes problèmes de santé à une de mes enseignantes pourrait être reçu avec bienveillance. Je décide donc, à mes risques et périls de me livrer à propos du SED. Elle m'écoute attentivement avant de se mettre à rire. Mille et une pensées dont de l'incompréhension ont parcouru ma petite caboche sauf celle-ci « *Je dois me faire diagnostiquer, car mon médecin pense que je l'ai aussi* », avoir en face de moi une professeure compréhensive, bienveillante et qui plus est qui ressentait la même chose que moi, cela m'a franchement donné envie de pleurer. Elle se met à me poser tout un tas de questions auxquelles je réponds ; elle me parle d'hyperlaxité et je lui montre les gestes que l'on nous demande d'effectuer pour être diagnostiqué, avant de préciser que j'ai dû me rendre jusqu'à Bruxelles pour l'obtenir... Nous finissons par en rire, elle faisait les mêmes postures tout autant bizarres et tordues que moi. En résumé, je me sentais moins seule et pour la première fois de la part de quelqu'un en qui cela prenait une dimension toute particulière. Les supervisions suivantes étaient différentes, elle me reprenait sur ma position ou ma manière de porter le patient, de refaire le lit, à me dire sans cesse « *Attention à ton dos, prend garde à ci ou à ça, préserve-toi* ». Le tout d'une gentillesse sans précédent de la part d'une professeure et en plus en stage ! Par exemple, plutôt que de me mettre accroupie je posais un genou par terre mais dans l'hygiène hospitalière cela n'est pas toléré et d'une voix douce « *Je sais que cela te fait mal aux chevilles mais il faut que tu prennes sur toi* », durant ces trois semaines, elle avait passé un week-end avec d'atroces douleurs et m'avait confié avoir tout naturellement pensé à moi. Cela me faisait un bien fou, vous ne pouvez même pas imaginer. Je ne sais d'ailleurs pas pourquoi mais un patient avait remarqué que j'étais hyperlaxe au niveau de mes mains surtout et avait constaté que mon pouce pouvait toucher mon poignet par exemple et cela l'avait fait rigoler et nous avons fini par nous marrer tous les deux ! Quelques jours plus tard, je l'ai eu en soins avec ma professeure pour une supervision et me voyant arriver, il me dit « *Ah ! C'est toi qui sais te tordre dans tous les sens !* », c'est là que je fus contente qu'elle soit au courant ! Je réponds que oui, elle se met donc à rire et à effectuer exactement le même geste en ajoutant « *Vous avez deux mal foutues pour le prix d'une ce matin !* ». Il y a eu aussi un pansement de drain de Redon sur lequel elle voulait m'évaluer et je n'étais vraiment pas en joie ni très emballée. Je lui raconte que j'ai tourné de l'œil la seule et unique fois où j'en ai vu un et que quelques années plus tôt, après mon opération et au moment de l'enlever, j'avais eu si mal que je pensais que c'était pour cette raison que voir ce soin m'était difficilement supportable. Elle me rassure me disant que ça irait, qu'elle serait là et que si besoin elle m'aiderait. Lorsque j'ai réalisé le soin elle m'a même demandé si par rapport à ce que je lui avais dit ça allait ; elle faisait référence à ma capacité de m'écrouler mais l'avait évoquée de manière abstraite dans le but que cela ne me décrédibilise pas auprès du patient. Je lui ai souri et l'ai remerciée : Redon bravé avec succès ! Mais bon, j'ai quand même eu un pépin sinon ce n'est pas drôle. C'est après en avoir parlé avec Emi et une autre fille de ma classe, qu'elles me conseillèrent de rédiger un email et de l'envoyer à ma professeure pour décrire la situation :

« Bonjour Madame, je voudrais vous expliquer le déroulé de ma fin de matinée. Au cours du tour des paramètres des patients d'après dîner (Égal au repas du midi en Belgique. - NDLR), une patiente était à quatre-vingt-neuf pour cent de saturation, son oxygène était en fonctionnement enroulé autour de sa barrière de lit. Je finis donc de prendre ses paramètres et de les encoder et vais prévenir l'équipe qui me dit de remettre un litre d'oxygène. Je n'ai pas le temps d'y aller qu'une infirmière dit qu'elle y va. Je lui demande pourquoi l'oxygène était à cette place-ci et elle m'explique que l'on lui avait enlevé et que c'était normal. L'infirmière revient après avoir mis l'oxygène puis me dit que je n'ai pas prévenu à temps qu'elle est descendue à quatre-vingt-un pour cent de saturation. Elle a donc indiqué sur ma feuille que j'avais fait tout le reste du couloir avant de l'en informer. Je ne trouve pas cela justifié et c'est pour cela que je vous en parle, car cela me touche. Selon ses dires, il s'est passé trente minutes avant que je ne vienne le signaler. Or, je n'ai pas attendu autant car cela l'aurait mise en danger... Je ne comprends pas, cette infirmière n'a jamais travaillé avec moi. Le reste de l'équipe sait que dès qu'un paramètre est bas au niveau des normes ou mauvais, je vais les en informer directement. J'ai donc essayé d'obtenir des explications auprès d'elle, vu que je ne comprenais pas pourquoi elle avait écrit cela sur ma feuille, d'où la note ajoutée « explications données à sa demande ». Je tenais à vous donner ma vision de cette remarque, car je ne comprends vraiment pas celle-ci. En vous remerciant de l'attention accordée à mon email. Bien à vous. »

Et le second pépin : j'avais voulu rattraper une journée dans mon stage sur une de celles repos dans le but de ne pas être en déficit d'heures vu qu'au prochain, je perdais des heures avec la Pentecôte. Je me suis fait tomber dessus par la directrice et ils ont mis en copie ma professeure. J'ai vraiment craint que cela n'impacte mon examen qui se passait du lendemain...

Madame E. *« Bonjour, tu n'es pas sans savoir que ce n'est pas la procédure. Les récupérations doivent avoir l'aval de l'Icane (infirmière responsable - NDLR), il ne suffit pas de me mettre devant le fait accompli pour obtenir mon accord. Ta démarche va porter préjudice à l'école. Pourquoi cette demande si soudaine, les récupérations ne se font pas plic ploc à la convenance des étudiants, mais sont programmées. Je t'invite donc à relire le code de l'étudiant. »*

Outre le fait que l'on m'ait déjà reproché le fait de ne pas avoir rattrapé mes heures pendant les vacances. En effet oui, vu que l'on nous avait <u>à tous</u> certifié que l'on pourrait les represter par la suite en complémentaire, j'avais pris l'initiative de les effectuer de la même façon que la fois précédente (sur des jours de repos), vu que l'on nous en demandait non-stop : en voilà ! Mais dès que c'est le cas, ce sont des reproches garantis et à foison. L'école disant soit blanc, soit noir, au bout d'un moment on ne sait plus sur quel pied danser, sachant que d'une manière ou d'une autre cela nous retombera dessus. Et moi trop gentille, me voilà à m'excuser et à me justifier. Oui, dommage pour moi, ce n'était pas encore assez bien il fallait bien avoir quelque chose à y redire de toute façon !

> *- « Je suis vraiment désolée, je ne pensais pas passer outre le code de l'étudiant en procédant de cette façon, l'année dernière, j'avais dû rattraper un week-end en stage et j'étais passée par la chef de service de la même façon. L'école ne m'avait pas signalé que ce n'était pas la façon de procéder, je m'en excuse sincèrement. »*

Enfin, vient le jour de mon examen pratique : j'ai dû retirer un cathéter de voie centrale (qui est directement dans la veine jugulaire), refaire un pansement, une toilette complète au lit ainsi qu'une prise de sang. Ma professeure est arrivée dans le service ce matin-là avec une tête jusque par terre. Tête que je ne connaissais que trop bien, je lui demande si elle se sentait bien, si ça irait ; elle me décrit sa nuit plus que chaotique, aux toilettes et elle n'allait pas me faire un dessin, elle savait que de toute façon ce n'était pas vraiment nécessaire. Son mari lui avait même déconseillé de venir après la nuit qu'elle venait de passer mais si elle ne me supervisait pas, j'aurais dû le rattraper plus tard et elle a pris sur elle, venant exprès pour moi et précisant que si en plein milieu elle devait se sauver en courant je saurais pourquoi. La pauvre se tenait au barreau du lit pendant tout le soin tant elle avait le ventre en vrac, je l'entendais souffler pour tenter de gérer sa douleur et si vous saviez à quel point j'avais mal au cœur. Je ne faisais que de lui demander si ça allait, si je pouvais faire quelque chose pour l'aider mais elle se contentait de me répondre de me concentrer sur mon soin et de ne pas m'occuper d'elle. Cet examen bien que stressant comme tous, a été celui que j'ai passé avec le plus de bienveillance et de sérénité qu'il ne m'ait jamais été donné de recevoir dans de telles conditions. Ce qui est bien dommage lorsque l'on sait qu'il s'agit de l'ultime stage "école" de mon cursus ; après lui, il ne me restait que celui au choix du mois de Juin puis les trois autres de ma complémentaire. En d'autres termes, c'était le dernier où j'étais évaluée et je finis donc ce treizième stage sur dix-huit haut la main. L'équipe de soins était également adorable, je garde véritablement un fabuleux souvenir de ces soignantes, le commentaire final étant « *Élève désireuse d'apprendre, qui ne cesse de proposer son aide. Excellente autonomie et excellent stage, Eva sera une excellente infirmière.* ». Oui, je me suis clairement planquée dans un coin pour pleurer après avoir lu cela. À la suite s'enchaînaient deux semaines d'examens pour valider cette année à vingt-neuf matières, sept-cents heures de stage dont six où je fus évaluée et notée, et pour finir trois examens en situation pratique. Au cours de ce même mois - plutôt que d'attendre comme prévu la fin de mes études qui commençait à être enfin proche et à se compter en mois - j'ai donné le feu vert à mes parents pour qu'ils mettent en vente la maison car la situation entre eux deux devenait compliquée à vivre pour tout le monde. En Juin je rejoins la Protection Maternelle et Infantile pendant quatre semaines et la planification de ce stage-ci fut de nouveau compliquée puisque c'étaient des horaires de bureau sans les jours fériés ni les week-ends ; ce qui ne correspondait donc pas à ceux imposés par l'école. Dans un second temps, la signature des conventions m'a plus que fait des misères : la France les attendait signées par l'école et ma chère et tendre ne les validait uniquement si elles l'étaient par la France. J'allais m'amuser... Face à ce dilemme, elle me dit que ce ne serait pas possible et que je devais m'en dégoter un autre où elles le seront déjà. Il était déjà tellement difficile de tomber sur un stage qui premièrement nous plaisait, deuxièmement nous répondait et enfin nous acceptait. Voilà que j'allais devoir changer tous mes plans à quelques semaines du début de celui-ci alors que cela faisait des mois que j'étais en correspondance avec la PMI. J'ai dû négocier et user de bons arguments pour avoir gain de cause et j'ai donc réussi à l'obtenir. Ainsi j'étais au contact des bébés, des femmes enceintes, des jeunes enfants et j'ai pu rencontrer d'incroyables professionnelles. Chaque matin et chaque après-midi, j'avais une activité différente. Le matin par exemple, je pouvais être en consultation avec de jeunes enfants et l'après-midi avec une sage-femme en visite prénatale que ce soit au cabinet ou à domicile. Un après-midi, tandis que j'étais en consultation pour surveiller l'évolution de l'enfant, les acquisitions qu'il devait avoir à son âge, la mise à jour de son passeport vaccinal... C'est à ce moment-là que j'ai rencontré pour la première fois Tatiana et nous avons passé environ deux heures ensemble à enchaîner les enfants. Puis le suivant, nous étions sur un autre site et devions effectuer des vaccins qui étaient restés dans un autre établissement et elle a donc filé les chercher me laissant gérer « *Je vois que tu t'en sors, je n'en ai pas pour longtemps !* ». Ce souffle de responsabilité m'a tout d'abord un peu impressionnée mais m'a par la suite rendue extrêmement indépendante. Cette même professionnelle avait une fille qui était dans mon école et au vu de mes dires, elle réalisait que sa fille n'exagérait pas : que ce soit lorsqu'elle rentrait le soir après une journée de stage en pleurs ou qu'elle lui expliquait les aberrations dont elle était victime de la part de l'école. Elle avait été considérée comme trop discrète en stage et pour cette raison, elle ne lui donnait pas le droit de passer dans l'année supérieure : l'école lui imposait le redoublement de sa première sans même prendre en compte ses résultats théoriques ! Ayant une amie en deuxième qui avait eu sensiblement le même souci et qui était prête à baisser les bras ; je lui ai au même titre conseillé de rencontrer la directrice et de taper du poing sur la table en tentant le tout pour le tout. Mon amie Maëva n'avait elle, même pas eu le droit de redoubler et l'école lui "recommandait" (sans vraiment lui en laisser le choix) d'aller travailler un an durant pour mieux se former au travail d'aide-soignante avant de revenir dans les études d'infirmière. Bref, je lui avais soumis l'idée d'y aller en pleurant, parce qu'avec eux parfois, les larmes ça marche et c'est ce qu'elle a fait. Croyez-le si vous le souhaitez, elles ont toutes deux pu faire leur deuxième année grâce à cet entretien.

À la fin Juin nous avons reçu nos résultats d'examen et parmi tous les travaux que j'avais dû rédiger et rendre, tous étaient réussis ! J'ai d'ailleurs en mémoire l'un d'entre eux où nous étions libres d'en choisir le sujet et le mien portait sur la particularité de la prise en charge des patients atteints d'un SED. Puis sans surprise, j'ai eu mon examen pratique en oncologie à repasser ainsi qu'une seule matière théorique à rattraper : Pathologie Médicale ; une très grosse matière de dix chapitres en un seul examen. Au terme de mon stage, j'ai envoyé un message à Tatiana pour la remercier de tout ce qu'elle avait fait pour moi et je vous joins sa réponse « *Ravie de te connaître, tu seras une super bonne professionnelle. J'espère que nos chemins se croiseront de nouveau, je te souhaite le meilleur* ». C'était enfin un milieu qui me plaisait : les enfants et pour la deuxième fois, j'avais de super retours de l'équipe. Ce qui me confortait dans mon choix et que le métier d'infirmière était bel et bien fait pour moi malgré tout ce que j'avais pu entendre, et encore, ce n'était pas fini. Oui, j'en ai sérieusement douté à force, plus d'une fois l'envie de baisser les bras m'a guettée. Toujours est-il qu'en aucun cas je ne serais allée au bout de cette idée ; la ténacité ne me lâche jamais. Je me rends aux écuries où était Ghost y rejoindre Ju et nous montons ensemble, ce fut ma dernière chevauchée sur son dos.

Vient ensuite le stage du mois de Juillet et je devais l'effectuer en service de chirurgie gynécologique, ORL, stomatologique et urologique pour rattraper des heures. Revenir en chirurgie mais au secours ! Pas le choix, j'avais des heures à faire et il faudrait mordre sur ma chique comme on dit là-bas ; c'était deux semaines soient dix jours et ça passerait vite. Je n'ai pas été accueillie, on m'a laissée me démener seule et en outre malmenée, humiliée puis harcelée pour la troisième fois. En ce qui concerne cet énième événement, il m'a clairement fait sortir de mes gonds et péter un boulon après une infirmière qui était constamment su mon dos. Je n'en pouvais clairement plus et j'ai trouvé un médecin en urgence pour poser un arrêt maladie. J'ai appelé Emi en larmes lorsque je suis remontée dans ma voiture, lui disant que j'allais tout arrêter, que c'était fini et que je n'en pouvais plus. Vraiment, j'étais à bout de nerfs. Elle connaissait cette soignante et savait à quel point elle était fourbe et d'ailleurs, elle m'avait prévenu de me méfier d'elle. J'avais préféré édifier mon propre avis et grand mal m'en a causé. Je me souviens de sa venue à la maison jusqu'à pas d'heure pour me soutenir... Nous en avons longuement parlé ; c'était elle la méchante de l'histoire, pas moi. Je suis restée en stage du 4 au 10 Juillet et je n'y retournerai plus c'était terminé, j'avais assez donné de ma personne et il y avait des limites qui étaient nettement atteintes. Le lendemain matin, je reçois un appel de Mme E. m'informant que je suis renvoyée du stage et que je ne peux plus m'y rendre. Je l'informe que je suis en arrêt maladie et tout sauf en état d'y retourner et elle rétorque que mon certificat ne vaut rien vu que je suis interdite de séjour au sein de l'hôpital. Papa qui était à côté de moi, a assisté à tout l'appel, scandalisé de la manière dont cette personne s'adressait à moi. Je doute qu'en tant que père, il m'ait un jour adressé la parole sur ce ton-là, car oui, je venais volontiers d'être réprimandée telle une petite écolière. Elle explique qu'il y aurait un conseil de discipline et que des procédures allaient être lancées. Là je me suis dit c'est bon je suis virée, je suis foutue puis tant pis, qu'à cela ne tienne je changerai d'école. Je lui adresse donc un email.

« Bonjour Madame E., suite à notre appel téléphonique, je me permets de vous envoyer cet email, car j'aurais aimé connaître le motif exact qui a été défini pour lequel je suis renvoyée. Vous m'informez de mesures disciplinaires pour lesquelles je n'ai pas le motif. Et par ailleurs pouvoir exposer ma version des faits avant que les procédures soient lancées. »

Sans grand suspens, je n'ai jamais reçu de retour. Elle avait conclu en m'informant que nous allions avoir un entretien à l'école en date du 16 Août pour me faire connaître la décision du conseil. Nous étions tout début Juillet et j'allais devoir rester un mois et demi sans savoir à quelle sauce j'allais être mangée : l'attente était absolument interminable et insupportable. En fait, ma vie n'est faite et rythmée que de ce genre de sentiments qui se répètent inlassablement, l'avez-vous aussi remarqué ?

Voici ma version des faits, celle que j'ai exposée face à Mme E. ce 16 Août.

Mercredi 6 Juillet 2022, troisième jour de stage :

Pour la première fois du stage, j'étais la seule étudiante du service, donc à partir de sept heures, je commence seule la prise de paramètres du couloir, service plein, ce qui m'a pris une heure et demie au lieu de quarante-cinq /cinquante minutes quand nous sommes, habituellement, à deux étudiants.

Vers neuf heures : L'infirmière S. me demande de retirer une sonde urinaire, ne l'ayant effectué qu'une seule fois auparavant et n'étant pas à l'aise avec cette technique, je lui demande s'il est possible de m'accompagner pour le bien du patient, elle me répond que ce n'est qu'une sonde et qu'en troisième année ce n'est plus obligé de m'accompagner, j'insiste, elle me répond « Bah non vas-y toute seule ».

Plus tard en fin de matinée, un patient avec vidange de vessie (chose que je n'avais jamais faite) sonne pour changer ses poches de liquide, je le transmets aux infirmières en leur expliquant que je ne l'avais jamais fait, je sais très bien que je n'ai pas le droit d'effectuer un soin seule sans professionnel pour la première fois (cf. carnet de relevé de soins). L'infirmière R. me dit « D'y aller seule », je lui dis que je ne l'ai jamais fait et que j'aimerais donc être accompagnée, pour le bien du patient. Elle arrête son repas, pousse un soupir et m'accompagne. Elle fait toute la manipulation en me disant de vider le sac, donc je n'ai pas pu voir la manipulation. Le sac étant un sac à diurèse spécial au vu de la vidange de vessie, je ne connaissais pas le système, elle me dit que c'est comme ça qu'il faut faire, elle exécute le geste en me disant « Ça, il faut le baisser comme ça sinon ça va prendre cinquante ans ». Je vide le bassin et reviens mettre le sac au-dessus comme il était positionné, et je m'applique à bien le remettre en le remontant comme elle m'avait montré.

Puis, l'infirmière S. me dit « Eva, je peux te voir ? », je lui réponds que oui bien sûr, elle rétorque en me disant que « Le sac à diurèse a été mal fermé et qu'il y en avait partout dans la chambre alors que sa collègue m'avait montré comment marche le système d'ouverture et de fermeture, que c'était un soin de première année et que c'était quand même grave que je ne sache pas fermer le sac ». Je m'excuse en lui expliquant que « J'avais bien indiqué à sa collègue que je ne connaissais pas ce mode de fermeture et que, par conséquent, je ne l'avais pas fait exprès ». Je vais pour nettoyer et elle me dit que ce n'est pas la peine. Le lendemain, j'ai eu l'occasion de revoir le patient, je m'excuse pour ce désagrément et que toute la chambre ait été mouillée. Il m'indique que je n'ai pas à m'en faire, que ça a simplement coulé dans la bassine que j'avais mise en dessous et non par terre. De plus, les vidanges de vessie ne sont pas quantifiées dans le service, donc le liquide évacué ne représentait pas un danger pour le patient. Elle finit en me disant que « Les infirmières sont là pour nous, étudiants et que quand je ne sais pas quelque chose, je n'ai qu'à venir les voir ».

Explication qui est en contradiction avec les faits évoqués ci-dessus et ci-dessous.

Midi : Une aide-administrative m'avait demandé dans la matinée de remplir un dossier d'anesthésie pour une patiente pour l'avancer dans son travail. Je lui réponds que « Je ne suis pas sûre qu'en tant qu'étudiante ce soit de mon ressort et que j'en ai le droit, alors je ne préfère pas m'occuper de cela pour ne pas faire d'erreurs et refuser », elle me répond que « Ça lui est égal de toute façon, elle ne me laisse pas le choix, car elle n'a pas le temps de le faire ». Je m'exécute donc, en prenant le soin de refaire vérifier le dossier par les infirmières quand j'aurais fini de le compléter. La patiente n'ayant pas tous les renseignements requis, je complète le restant à l'aide de son dossier.

Elle m'avait indiqué qu'elle prenait des antihypertenseurs, mais ne se souvenait plus du nom.

Je cherche un Compendium pour trouver parmi son traitement lequel était l'antihypertenseur, car il y avait des noms génériques que je ne connaissais pas. Je n'en vois aucun dans le service, je demande à l'infirmière S. vu qu'elle m'avait dit quelques heures plus tôt que quand je ne savais pas quelque chose, je pouvais aller les voir. Je lui explique et elle s'indigne que j'aie complété le dossier, je lui explique que l'aide infirmière me l'a demandé, car elle n'avait pas le temps, elle était elle-même présente dans la pièce et n'a rien répondu, l'infirmière continue en me disant « Bon, c'est quoi ta question ? », je lui montre son traitement, et lui demande lequel est pour sa tension, l'infirmière R. présente dans la pièce me dit que « Je n'ai qu'à chercher et que l'on ne va pas tout faire à ma place ». L'infirmière S. me dit que « Si en troisième année, je ne connais pas mes médicaments, c'est quand même grave et qu'elle ne peut plus rien faire pour moi ». Elle reprend le traitement en me disant « Konakion, tu sais ce que c'est quand même ? » je lui dis oui de la vitamine K « Ok après Pantomed ? » je lui dis oui un IPP « Bisoprolol ? » je lui dis un bêta-bloquant, puis je finis par lui dire que je ne connais juste pas tel et tel médicament générique et donc je ne sais pas lequel est l'antihypertenseur et que c'est pour ceux-ci que j'ai besoin de son aide.

Vers midi trente, je pars prendre ma pause, et m'effondre en larmes à cause de toute la pression psychologique subie durant la matinée passée, on ne m'a pas accompagnée, ni aidée, mais juste rabaissée et humiliée.

Jeudi 7 Juillet 2022 :

Vers sept heures, je me prépare et prépare le matériel pour la prise de paramètres et l'infirmière S. me dit que « Non, elle le fera, car hier matin, j'avais été trop longue et ça ne lui convenait pas. »

Vers dix-heures, l'infirmière S. : « Eva ? je peux me servir de toi ? », je réponds que oui, elle me demande d'aller poser un aérosol, puis me dit, « Ça, ça va ? Tu sais le faire ? » Je lui réponds que oui, elle me dit « Ah, je préfère demander si jamais tu ne savais pas le faire non plus. » Je lui réponds que non, je sais le faire.

Un peu avant les repas, elle me demande d'aller faire deux glycémies, en me donnant le numéro des chambres et leurs médicaments. Je m'exécute, et lui rapporte les valeurs pour chaque patient et elle m'indique que « Je n'avais pas à faire la glycémie sur un des deux patients », j'insiste en m'excusant, mais en lui montrant que si, qu'elle avait même fait un trait sur ma feuille de transmissions à côté du nom des patients pour être sûre que je ne me trompe pas, je le lui montre alors, elle me dit que « J'ai mal compris » puis elle change de sujet en me disant qu'il y a une autre glycémie à faire.

Au cours de ma pause-repas ce jour-là, j'ai appris le décès d'un proche de ma famille.

(Ju m'a appris ce midi-là que Ghost était condamné à cause de son insuffisance rénale qui durait depuis maintenant plus d'un an. Son organisme ne réagissait plus aux différents traitements, il fallait doucement s'y préparer. Si j'ai transformé la vérité, c'est parce que je savais très bien, qu'il s'agisse de l'école ou de l'équipe infirmière, qu'aucun d'entre eux n'aurait une quelconque compassion pour ce genre d'événement. - NDLR)

Après les repas, je vais pour prendre les paramètres, l'étudiante d'après-midi me dit que l'après-midi, ils ne prennent pas la TA pour aller plus vite, je vais redemander à l'équipe afin d'être sûre et l'infirmière me dit que « Non, je dois prendre tous les paramètres ». Je m'en vais préparer mon matériel, puis j'entends l'infirmière S. dans la salle de repos qui est juste en face de la salle de soins où je me trouve dire : « Je vais aller lui montrer parce que sinon ça va encore mettre cinquante ans comme hier matin, ce n'est pas la peine ». Elle prend ma feuille de transmissions en mettant de nouveau une barre à côté des noms des patients chez qui je dois ou non prendre la TA. Je m'exécute, puis encodant les paramètres, comme à mon habitude, je compare avec ceux du matin, pour voir si le patient évolue de manière positive ou négative, et je vois qu'ils n'ont pas été pris le matin, elle m'avait pourtant indiqué qu'elle prenait en charge cette tâche à ma place.

Vendredi 8 Juillet 2022 :

J'étais en repos, j'étais fort contrariée par le week-end qui allait arriver, car je savais que l'infirmière S. serait présente les deux jours, et cela me faisait beaucoup appréhender.

Le soir arrive, je ne me sentais vraiment pas à l'aise à l'idée du lendemain. Je décide de chercher du soutien et non de réaliser un lynchage public, via le réseau social Snapchat par le biais d'une story privée réservée à des proches et à ma famille. Je la rédige en mettant une photo annexe trouvée sur internet, car mon but avec cette photo était d'illustrer mon propos, en effet ce n'était pas la personne visée sur la photo et elle l'a elle-même reconnu. Je n'ai en aucun cas inscrit de prénom, de nom, de lieu, de service ou quoi que ce soit et de plus c'était de manière privée.

Samedi 9 Juillet 2022 :

Vers dix heures vingt, j'étais en train de laver un patient, l'infirmière S. rentre dans la chambre et me demande si j'ai mon téléphone sur moi, je lui dis que oui. En effet, c'est un tort, je lui ai expliqué que j'ai eu un décès dans mon entourage et que donc je dois rester disponible et le cas échéant je leur aurais demandé si je pouvais répondre au téléphone. Elle me demande de le remettre dans mon casier, je m'exécute, puis elle me demande ma feuille d'équipe et me demande si je sais pourquoi elle me la prend, je lui dis que non, mais qu'en effet, il y a des choses dont j'aimerais discuter avec elle. Elle me dit d'accord et nous nous isolons dans la salle de soins puis deux minutes plus tard, nous sommes rejointes par une infirmière et une étudiante. Je lui explique que j'imagine qu'elle a vu la story, elle acquiesce en me disant qu'elle l'a reçue de la part d'une des personnes qui était en privé sur cette story, action qui peut faire preuve de nuisance au bon fonctionnement du service, car ce que j'ai dit n'avait pas à être partagé. Elle hausse le ton, me reproche un tas de choses, ne mâche pas ses mots, me rabaisse et me critique.

Elle commence en me disant qu'elle avait reçu une capture d'écran d'une étudiante tierce sur laquelle elle voyait que l'étudiante avec moi dans le service l'avait vue, or celle-ci niait. Sur ce réseau social, à part le créateur de la story privée, personne ne peut voir qui a vu cette story privée, donc il est impossible qu'elle ait pu voir cette information, sauf si bien évidemment la photo envoyée est celle de l'étudiante qui était avec moi dans le service.

L'infirmière lui a dit qu'elle noterait sur sa feuille d'équipe qu'il y avait eu de sa part un manque d'éthique vu qu'elle avait la preuve sous les yeux qu'elle l'avait vue, mais que l'étudiante disait le contraire.

L'infirmière m'indique ensuite que la photo n'est pas la sienne et que j'avais de la "chance" car sinon « Elle serait venue me chercher à la sortie pour m'écrabouiller, ou de me retrouver en dehors du service, que je ne savais pas à qui je m'étais adressée » et surtout le fait que sur la photo il y ait un foulard, elle l'a pris contre sa religion et me menace de porter plainte ce qui constitue des menaces graves de la part de cette personne à mon encontre.

Et ce devant deux personnes témoins.

Ces menaces sont d'ordre de la violence physique et par extension d'intimidation sur mon lieu de stage.

Par ailleurs, le harcèlement moral « Est une conduite vexatoire qui se manifeste par des paroles, des comportements ou des gestes répétés, hostiles et non désirés, qui font de la peine, blessent, contrarient, humilient ou insultent. »

Je me confonds tout d'abord en excuses et lui explique que sur ma story, il est écrit ce que j'ai vécu, enduré et ressenti, qu'en aucun cas, je ne l'ai insultée, elle ou une quelconque religion, je n'ai pas non plus incité à la haine.

L'étudiante lui explique qu'elle m'avait vu en train de pleurer et m'avait conseillé de venir lui parler.

Elle minimise en me disant que « Les critiques qu'elle a faites étaient générales et que je n'avais qu'à ne pas les prendre pour moi », de plus ce n'était pas « Si méchamment dit » et « Il n'y en a eu qu'une ou deux pas plus ». Or sur deux jours de temps, j'ai été confrontée à cela à huit reprises au moins.

Elle me dit que oui, elle a un "franc parlé", mais que j'aurai dû venir, ce à quoi je lui explique que quand je l'ai fait pour les médicaments antihypertenseurs par exemple, elle m'avait répondu que je ne savais rien faire en troisième année, forcément par la suite, je n'ai plus rien osé dire après.

Elle m'indique qu'en effet avec le Covid nous, étudiants, manquons cruellement de techniques. Oui, mais sur le moment ce reproche n'était pas fait aux étudiants, mais à moi directement.

Je reste étudiante, je dois continuer d'apprendre et la troisième année complémentaire est là pour cela, sur ce stage, on a refusé de m'accompagner professionnellement alors que je l'avais demandé.

Elles étaient donc à trois personnes contre moi.

Puis au bout d'un moment, quand l'incident fut fini, l'autre infirmière et l'étudiante sont reparties et je suis restée seule avec l'infirmière et me suis réexcusée en disant que j'avais bien conscience que ce n'était pas la chose à faire, mais que j'avais cherché du soutien comme j'avais pu.

Elle termine en me disant que je ne suis pas faite pour ce métier, que je n'ai pas le sourire, que je suis hautaine et que ce métier est trop dur pour moi et continue en me disant d'abandonner.

Comment peut-elle en seulement deux jours me cerner, me connaître pour dire cela quand en trois semaines de stage en chirurgie et un mois en PMI (protection maternelle et infantile), on m'a dit que je serai une excellente infirmière, que mes futurs collègues auraient de la chance de m'avoir. Ces propos professionnels très positifs ont été notés sur ma feuille d'équipe et j'ai même reçu des sms de félicitations et d'encouragements de la part du personnel qui m'a côtoyé.

De même qu'au cours de mes stages de cette troisième année, les professeurs et autres professionnels de la santé ne m'ont jamais fait de telles remarques au terme de trois semaines de stage.

Cette infirmière m'a-t-elle traitée de façon pédagogique, en tant qu'étudiante infirmière ?

Ne suis-je pas encore là pour apprendre durant les six prochains mois, et même tout au long de ma carrière ?

J'ai vécu, durant ces quelques jours, de l'intimidation, de l'humiliation, me suis sentie rabaissée, menacée.

Je conclus en relisant mes droits, ceux qui sont miens en tant qu'étudiant :

- L'étudiant a le droit d'être accueilli et encadré durant le stage,

- L'étudiant a le droit d'exprimer son désaccord et son ressenti,

- L'étudiant doit être respecté en tant qu'apprenant, son rôle n'est pas de remplacer le personnel soignant,

- L'étudiant a le droit de refuser des soins non vus, non appropriés, non maîtrisés, non préparés par lui-même,

- L'étudiant a droit à des évaluations et à un système de correction juste et transparent.

Et ces règles nous sont données par l'hôpital lui-même, lol.

Cela faisait quelque temps que j'avais envie de me faire un piercing aux oreilles, autre qu'au lobe, un vrai ! J'ai commencé à vouloir de me démarquer, devenir "moi" et ma version à part entière. Je m'étais dit que je me l'offrirai pour l'obtention de ma troisième année et au vu de la tournure que prenaient les évènements et que je ne l'aurais probablement pas, je me suis dit que ce n'était pas à l'école de me donner le droit de le faire, j'allais le prendre ! Et ce dès le lendemain, du Lundi me voilà partie chez le perceur. Le premier sera l'hélix, en haut de l'oreille et souvent avec un anneau et comme j'aime la symétrie j'en ai fait deux. J'ai franchement eu mal ! Du jour où j'écris, ils auront dans quelques semaines un an et demi mais la cicatrisation est longue, surtout chez moi. Comme pour les lobes, je reviens deux semaines plus tard pour que le perceur en surveille la bonne évolution et étant donné que le salon de perçage n'était pas à côté de la maison, j'ai mis un projet en route. Tout le monde s'étant cotisé pour mes vingt ans et je voulais m'offrir un cadeau qui resterait : j'avais trouvé mon idée ; je l'ai donc imaginée telle que je le souhaitais et c'est parti comme cela. Deux semaines plus tard donc, je fais le Daith piercing avec Emi et elle l'Anti-hélix. Deux semaines encore après, je retourne voir le perceur et fais le Conch avec Ju, mais elle, ne se fait pas percer. J'étais donc à égalité, deux d'un côté et deux de l'autre : dix piercings en tout ! À ce moment-là, il m'en restait quatre pour finir mon projet et l'avantage étant que nous étions en été et j'avais donc la possibilité de convenablement réaliser les soins le matin, le midi et le soir. Papa m'y a beaucoup aidée d'ailleurs car dans certains recoins c'était plutôt difficile d'accès ! Il faut veiller à bien désinfecter, prendre le temps de bien sécher après s'être lavé les cheveux, être vigilant et à ne surtout pas les accrocher... Je me doutais qu'une fois que mes stages auraient recommencé, je ne pourrais plus aussi bien m'y consacrer. D'autant plus qu'avoir des piercings si frais et rapprochés est dangereux dans le sens où si l'un d'entre eux s'infecte, tout le reste suit. Avec le recul, je me rends compte que j'ai été un peu tête brûlée de les avoir faits ensemble mais au moins, je me suis dit que je serai tranquille et puis la douleur ne me faisait pas peur... Foncer ainsi me ressemble complètement. Je n'aime pas faire comme tout le monde, je ne l'ai jamais vraiment été ! Unique en mon genre que je suis ! Et pour atteindre mon objectif "dans les temps" au lieu de les faire un par un, j'ai fini par les faire deux par deux et suis allée avec Maman faire l'Anti-hélix ainsi que le Flat qui ont fini le côté droit. Puis deux semaines plus tard, j'ai fini le gauche par le Rook et le Tragus, accompagnée de Faustine. Je suis donc à quatorze piercings, sept sur chacune ! Maintenant, je sais que de longs mois m'attendent avant que ce soit cicatrisé, que je puisse changer les bijoux et par-dessus tout redormir normalement. J'ai passé plus de huit mois à placer mon oreille dans un coussin d'avion pour pouvoir être à peu près confortable et sans trop de douleur. J'adorais la nouvelle image que cela me donnait de moi et puis pour une fois, je savais pourquoi j'avais mal et surtout pour quel résultat. À la demande de mon gastro-entérologue, je passe une coloscopie ainsi qu'une fibroscopie de contrôle, de laquelle découle que j'ai un **intestin facilement irritable, plus long que la normale et un côlon paresseux.** Cet examen se faisant au bloc, dans un milieu stérile donc, je savais que je devais enlever mes piercings et même s'il était prévu depuis plusieurs semaines, j'étais tout de même allée me faire percer quelques jours plus tôt, tellement lancée dans mon idée ! De toute façon, je ne pouvais rien enlever sans quoi le tout se serait rebouché. Ouf, deux compresses et un bout de scotch plus tard, on n'y a vu que du feu. Dans le même domaine, j'ai lancé un autre projet qui me changera la vie. Pas forcément celui que l'on imagine lorsque l'on a vingt ans c'est sûr, mais j'ai dû m'y résoudre. Celui d'investir dans mon propre fauteuil roulant pour une question de confort, d'autonomie, de qualité de vie et d'enfin pouvoir profiter de mes loisirs plutôt que de les subir à cause de la douleur et ce en toute autonomie. Aujourd'hui en Décembre 2023, ce projet est encore en cours tant le financement est important mais j'ai la motorisation par le biais d'une trottinette électrique qui s'adapte, il ne me manque plus que le carrosse ! C'est avec Gabrielle que je contemple le nouveau land Marvel de Disney : l'Avengers Campus, on a joué des coudes ainsi que de notre charme pour y avoir accès en avant-première, pas vrai ? Puis avec Papa nous partons quelques jours à Troyes, visitons un peu la région et faisons du canoë-kayak. On profite de bons restaurants et ravivons de vieux souvenirs au moyen de l'accrobranche. Enfin, nous parcourons pour la première fois le parc d'attractions de Nigloland et j'appelle en étant là-bas Lilou, pour lui souhaiter un beau treizième anniversaire, elle devenait petit à petit si grande, si adulte. Après être rentrés, je prends la direction de la plage à Stella avec Vianney et Emi étant à Merlimont avec son chéri, nous les rejoignons en fin d'après-midi pour partager un super moment ensemble. C'est également ce jour-là que nous avons programmé notre journée de Disney tous les quatre. Cela faisait plusieurs mois que nous voulions découvrir le parc d'Astérix avec Vianney. Cependant, il était compliqué de le prévoir avec nos emplois du temps respectifs et nous décidons de nous y rendre une fois que je serai en vacances, il n'y aurait plus qu'un seul agenda à faire concorder. Étant donné les précédents, j'avais raisonnablement prévu de dormir sur place et puisque nous n'étions pas loin de Disney et que j'avais toujours mon passeport annuel, pourquoi ne pas en profiter du lendemain avec Emi ?

Direction Astérix ! En franchissant la porte d'entrée de la maison, j'entends Papa nous dire « *Soyez bien prudents sur la route* ». J'acquiesce, tout en pensant que je n'en suis pas si sûre mais que je ne peux rien faire de plus pour le rassurer, ne l'étant pas moi-même. Nous arrivons au premier péage et lorsqu'il freine, le son retentissant s'apparente à celui d'un pneu qui s'arrête dans la neige. Je sais qu'il l'entend aussi mais fait comme si de rien n'était ; je l'interpelle et il me répond que ce n'est pas lui, cela devait être la voiture d'à côté. Non, ce n'était pas le cas et je lui demande une première fois de s'arrêter à la gare de péage avant de se réengager sur l'autoroute, chose qu'il refuse. Je hausse le ton, le jour de l'accident, trois fois, je lui avais dit de s'arrêter, sans succès et ce coup-ci je ne lui laissais pas le choix. Il finit par céder et s'y arrêter ; je fais moi-même avancer et reculer la voiture, cherchant à recréer le bruit pour en trouver l'origine mais malheureusement, elle est restée silencieuse et nous n'avons pas trouvé réponse à nos questions. Puis, nous atteignons notre destination et la journée s'est bien déroulée. Moi qui ne connaissais pas, j'ai adoré découvrir ce parc et de nouvelles sensations même si je quittais l'univers de Disney et que je n'étais pas vraiment emballée à cette idée. Ouf, j'y retournais le lendemain, c'est bête mais j'avais la totale impression de trahir le parc de mon enfance ! Le soir venant, la nuit était tombée et nous n'avions que quarante minutes jusque l'hôtel. Je monte dans la voiture, l'angoisse monte aussi avec moi : je suis seule avec lui, il fait nuit et les flashbacks me parcourent l'esprit à m'en donner la chair de poule. Je saisis entre les mains son téléphone qui nous sert de GPS, cela me maintient éveillée et je pourrai veiller à ce qu'il le soit aussi. De nombreux travaux bloquaient l'autoroute et nous avons dû sortir plus tôt que prévu. De détour en détour, la durée est passée de quarante à quatre-vingt-dix minutes de trajet, et sinon ce n'est pas drôle, nous finissons par caler. Nous n'étions pas surpris, c'était devenu "habituel" à force mais le seul petit problème est qu'il y avait un terre-plein sur notre gauche et un trottoir sur notre droite, et avec cette configuration, personne ne pouvait nous doubler et nous bloquions clairement la circulation. Vous connaissez Paris et le trafic qui y règne. Avec ces conneries, une file longue de plus de trente véhicules s'était créée et Vianney n'arrêtait pas d'essayer de redémarrer alors que par expérience, il savait qu'il fallait attendre un minimum de quinze secondes, sans quoi elle recalait de suite. Mais il s'impatientait, me disait que l'on y était, ce serait la fois où elle ne redémarrerait pas et c'est après un bon dix minutes qu'elle se remit enfin en marche et nous avons pu reprendre notre route. Il avait l'habitude de rouler carreaux ouverts et non seulement il fumait en conduisant mais il se plaignait d'avoir toujours trop chaud et donc, il lui fallait un filet d'air (moi grande frileuse que je suis en étais ravie). Via ce petit interstice, nous pouvions sentir l'odeur de dehors et comme partout, nous l'avons tous vécu, parfois des odeurs nous rentrent dans le nez puis disparaissent. On rationalise systématiquement, se disant que cela vient de l'extérieur. Néanmoins, elle a bien duré près d'un quart d'heure et s'apparentait à celle du brûlé et aucun de nous deux ne décrochait plus un mot. Je brise le silence en lui demandant si ça allait, s'il n'était pas trop fatigué, ce qui l'énerve. Non ça n'allait pas : sa voiture puait le cramé, si ça se trouve il y avait un caillou qui s'était mis entre les disques de freins, le pneu prendrait feu et toute la voiture brûlerait. Il faut bien reconnaître que ce n'était pas la chose à me dire et je commence à trembler de tout mon être, la peur me paralysant, l'accident me revenant en pleine figure. Après toutes ces péripéties nous arrivons enfin à l'hôtel, hôtel que je connaissais bien puisque c'est celui de mon enfance où Papa et Maman nous emmenaient. Nous nous rendons dans notre chambre qui était la 206, comme le modèle de la voiture que l'on avait crashée. Oui je suis quelqu'un qui cherche facilement des signes pour se rassurer ou juste parce qu'elle trouve cela fun parfois, mais je vous assure que ce soir-là, cela n'a pas eu l'effet escompté, bien au contraire. Nous devions nous rejoindre tous les quatre sur le parc très tôt du lendemain matin, or, il était déjà une heure du matin lorsque nous avons regagné notre lit. J'envoie un message à Emi, lui donnant rendez-vous plus tard car exténués après toute la route, il fallait vraiment que l'on se repose. À la base, il était question que Vianney nous ramène tous, mais dans la journée, Emi s'excuse me disant qu'ils viendraient de leur côté puisqu'elle n'avait aucunement confiance en lui et ne voulait pas prendre de risques au vu de son endormissement facile au volant. Je mentirais si je disais que cela ne m'a pas fait de peine, mais bénéfique oui, car cela m'a fait comprendre qu'elle avait raison et c'est me l'avouer qui fut au final le plus douloureux... Bref, je savais que ce temps de sommeil garantissait ma survie ou tout du moins un minimum et puis je ne faisais pas la file d'attente, la journée n'en serait pas moins rentabilisée. Au petit matin vu qu'il faisait jour, nous nous mettons à réinspecter les pneus et la voiture sous toutes ses coutures : rien d'anormal à signaler. Je lui propose de demander l'avis de Papa, je sais qu'il s'y connaît et qu'il pourra sûrement nous aider sur le bruit étrange que nous avions entendu la veille, ainsi que sur l'odeur sentie. Il refuse, nous avions déjà assez dérangé mon père - son égo était toujours au centre de ses priorités - et nous parcourons les quelques kilomètres nous séparant de Disney et réentendons le sifflement, coordonné à la vitesse de la roue puisque dès qu'il freinait et que notre vitesse baissait, il ralentissait également. Nous savions qu'il s'agissait bien là d'un problème venant de la roue arrière droite pour être précise ! Une fois arrivés, j'appelle tout de même Papa qui tranche : cela venait des freins. Il demande à Vianney de quel type il s'agissait mais il ne savait pas lui répondre. Papa lui dit que ce n'est pas grave et qu'il suffirait de mettre la voiture sur un cric pour le savoir ; si ce sont des freins à tambour : il est bien trop dangereux de reprendre la route car la roue peut se bloquer et sur l'autoroute forcément, je ne donnais pas cher non plus de notre peau. En revanche s'il s'agit de disque, alors c'est juste un bruit d'usure et donc rien de grave, nous pourrions rentrer sereinement. Il refuse de nouveau, nous sommes attendus sur le parc et au pire il m'accompagnerait pour les rejoindre et reviendrait après faire la manœuvre : en conclusion il a noyé le poisson.

Nous nous retrouvons et achetons les billets. L'idée de passer dans un garage comme l'avait soumis Papa ou de mettre la voiture sur le cric n'a plus jamais été évoquée et la journée passe, les heures défilant à une vitesse folle. Nous mangeons puis pour digérer, empruntons le train réalisant le tour du parc pour une petite promenade de santé. Emi et son compagnon s'assoupissent face à la tranquillité des mouvements et du moment de la journée et en profitent pour se reposer un peu. Vianney quant à lui, avait les yeux rivés sur son téléphone et je voyais sa tête tomber dessus. Plutôt que de s'installer comme nos amis et de se détendre un minimum, il regardait son portable. Devinez ce qu'il y faisait ? Il était en train de chercher une nouvelle voiture à acheter pour remplacer celle défaillante. De toute évidence, il est vrai que c'était le moment opportun. Une fois cette balade finie, nous nous dirigeons vers celle de Pirates des Caraïbes. Je suppose que la plupart d'entre vous l'ont déjà faite : un bateau sur l'eau, des batailles de pirates, musique forte, descentes, boulets de canon, etc. Il est plutôt difficile de s'y assoupir et pourtant... La tête de Vianney tombait, il tombait littéralement de fatigue même au pays de Jack Sparrow et mon sentiment d'appréhension s'intensifiait, je commençais grandement à redouter le trajet. Notre dernière attraction de la journée était la maison hantée, celle où des robots appelés animatronics ont chacun des gestes spécifiques et programmés. Étant donné qu'il s'agit pour la plupart de fantômes ou de morts, forcément l'ambiance y est particulière et à chaque fois que j'ai raconté cette histoire, elle a eu don de vous faire sourire. Que ce soient mes amies, ma famille ou même ma psychologue, mais je vous assure que ce que j'ai ressenti n'avait rien de drôle ! Chaque fantôme ou squelette que je voyais se retournait vers moi pile au moment de mon passage, me faisant signe de la main d'un air de dire "à tout à l'heure !" J'avais la sensation de mort imminente, je voyais vraiment les choses arriver droit vers moi, mais cette fois-ci je n'allais plus rester passive. La nuit tombe sur le parc et nous nous installons pour assister au spectacle nocturne du château. Eux deux s'en vont chercher de quoi manger et nous demandent si nous voulions venir. Ayant l'habitude d'y aller, je savais qu'avec le repas du midi et mon petit appétit, je tenais jusqu'au soir et me contenterai d'un fruit en rentrant. Je dis à Vianney d'y aller sans moi et que je garderai les places, mais ça irait pour lui, il ne voulait rien non plus. J'ai eu beau lui dire qu'il devait tout de même grignoter quelque chose, c'était important avant de reprendre le volant, mais il refusa tout de même. Je sais que fatigue plus faim forment un cocktail vraiment détonnant et au vu de la chance que l'on avait eue, il n'y en aurait pas de deuxième. Il me demande si ça allait, je n'avais pas l'air d'avoir passé une bonne journée et en effet, l'angoisse m'ayant rongée tout du long, j'étais restée plus que silencieuse, ce qui ne me ressemble pas vraiment... Oui, voir Emi et son copain se prendre dans les bras avec des gestes tendres l'un envers l'autre, tandis que moi je reste assise et lui pousse mon fauteuil, l'image est peu flatteuse ou romantique. J'étais assez en colère contre la maladie, qu'elle me prive de ces moments si doux que Disney peut apporter dans son ambiance propre. Les larmes me montèrent et je me mis à pleurer, il essaya de me rassurer, me disant que nous profiterons autrement, mais en réalité, ce n'était pas là la seule raison de mon attitude renfermée. J'inspire donc un grand coup et prends mon courage à deux mains, je sais que je dois lui dire ce que j'ai au fond du cœur et ce, même si cela lui fera mal, mais la vie, ma vie est trop précieuse. Je lui annonce que je ne me sens pas de rentrer avec lui, que j'ai trop peur et que je ne le sens pas. Qui plus est, il n'a pas mangé, il est fatigué, non, franchement je ne le sens pas du tout. Pour autant, si je le laisse seul, il n'aura personne pour le tenir éveillé et à la première occasion, il se tuera au volant. Il gonfle le torse et redresse la tête ; il s'arrêtera sur une aire d'autoroute au moindre signe de fatigue et il y dormira. Or le lendemain, il avait programmé un stage de récupération de points, car oui, il avait perdu ses points pour finir et même si sa mère s'était déclarée, sans quoi il se retrouvait sans permis, cela n'avait pas suffi. Il disait à qui voulait l'entendre en avoir eu pour quatre cents euros et surtout que c'était non échangeable ni remboursable, aucun retard n'était permis sans quoi ce serait annulé d'office. Je lui demande s'il peut poser la question à mes amis afin de savoir s'ils seraient d'accord pour me ramener. De cette façon, peut-être qu'il assumerait le poids de ses erreurs passées... Le spectacle était magnifique comme d'habitude et Vianney était en pleurs. Il me confiera par la suite que c'était parce qu'il avait compris que ma confiance en lui était perdue. Elle était bien entendu brisée depuis longtemps, mais c'est toutefois ce soir-là qu'il s'en est rendu compte. Le bouquet final du feu d'artifice illumine le ciel, signant la fin de la journée. Nous repartons vers le parking et je lui propose mon aide afin de mettre la voiture sur le cric dans le but de voir de quel type de freins il s'agissait. C'est d'une manière tout à fait nonchalante qu'il m'annonce qu'il n'en a pas et c'est cette phrase qui a vraiment fini de me décevoir. Il avait rassuré mon père et moi aussi en affirmant utiliser celui de son coffre et y regarder mais il savait bien que c'était faux et il m'avait donc une fois de plus, menti.

Emi et son compagnon allaient donc me raccompagner mais s'inquiètent également de sa capacité à reprendre la route. Il leur sort la même histoire qu'à moi, mais Emi n'y croit pas et lui dit que c'est dangereux, elle ne le sent pas. Ayant appris l'inexistence du cric, je m'allie à elle et refuse qu'il ne prenne la voiture, mesurant le danger qu'il courait. Enjeu d'égo et de vouloir paraître parfait sous tous les angles, il commence à monter le ton. Même s'il avait enchaîné les bourdes et les conneries, toujours pas de remise en question. C'est à l'identique d'une personne ivre que nous avons dû lui reprendre ses clés et n'ayant plus vraiment le choix, il nous a suivis. Il marchait très vite et mes jambes en compotes me suppliaient de ralentir le rythme. Il se retourne, signe qu'il m'avait entendue, mais poursuit son chemin à la même vitesse. Une fois arrivés à la voiture de nos amis, je prends sa main dans la mienne, mais il la retire directement, me disant sèchement que ce n'était pas le moment. Je lui dis qu'il peut m'en vouloir et être en colère, ce n'est pas grave, il est en vie. Nous prenons donc la route dans cette ambiance. Entre le parking et l'autoroute, il n'y a que dix petites minutes. Nous ne l'avions pas atteinte que Vianney était déjà tombé endormi. Comme un enfant épuisé qui a la tête qui pend et dont le corps n'est retenu que par la ceinture de sécurité : c'était exactement le même tableau. J'ai envoyé un message à Emi, la remerciant, car grâce à elle, non seulement j'étais en vie, mais lui aussi. Je sais que je me suis sauvé la vie en refusant de monter avec lui ce soir-là, il n'est pas difficile de dire pourquoi. Elle a sauvé la sienne en l'empêchant de reprendre le volant. Dieu merci, nous étions tous les trois du même avis et pu faire bloc pour éviter qu'il ne revienne seul cette nuit-là.

Après plusieurs heures de trajet nous regagnons la maison, je récupère mon lit et Grenadine vient se blottir contre moi, je me sens enfin en sécurité. Le lendemain matin, vous n'avez pas oublié que venait le stage de récupération de points ? Avec la fatigue et les évènements, il m'avait mandé (très gentiment d'ailleurs…) de régler le réveil plutôt que de le mettre lui-même. Ne retenant que l'heure à laquelle il fallait partir et par automatisme, c'est celle-ci que j'ai tapée dans mon téléphone. La sonnerie a retenti tandis que nous aurions dû être sur le départ. Il saute du lit et s'énerve d'être en retard avec comme premiers mots en bouche qu'il venait de perdre ses quatre-cents euros. Je me suis sentie aussi coupable que visée, mais pour autant il n'avait qu'à le faire, j'étais déjà bien gentille de l'avoir mis à sa place vu la façon dont il me l'avait demandé ! Zut à la fin, c'était trop facile. Je lui conseille de s'habiller, de tout de même s'y rendre et tenter le tout pour le tout pour y assister. Ne pas se présenter était pire, mais non, il perdrait du temps pour rien. Papa se lève à son tour et prend connaissance de la situation et lui tient le même discours que moi, il aurait dû au moins y aller pour faire acte de présence plutôt que de faire le mort. Il apprend également la suite des choses, que sa voiture était restée sur le parking. Vianney aurait pu prendre le train jusque Disney pour la récupérer et revenir avec, mais Papa, gentil comme il est, l'a emmené et bien sûr, Vianney n'a pas refusé ! Ils m'ont d'ailleurs proposé de participer au voyage et j'ai franchement préféré éviter de remonter à bord d'une auto. J'ai dormi toute la journée, épuisée. Sur ces plusieurs heures de trajet, ils ont eu l'opportunité de pas mal discuter et Papa l'a mis en garde quant à sa vitesse sur l'autoroute. En effet, sachant que son cercueil roulant était tout sauf fiable, il roulait à quatre-vingts kilomètres à l'heure. Même les poids lourds le dépassaient parfois, après lui avoir fait des appels de phares et collé au train. Papa lui dit qu'il comprend qu'il ait peur, mais qu'une faible allure n'était pas une solution ; au contraire, cela peut créer un sur accident : il dit qu'il a bien compris, c'était noté. Une fois arrivés sur le parking, ils la mettent sur le cric : freins à disque et Papa constate qu'ils sont usés plus que de raison, mais fonctionnels pour le retour. Ils remontent chacun dans la leur en direction de la maison et Vianney a continué de rouler lentement, se faisant klaxonner à foison. Il avait beau lui avoir garanti qu'il roulerait au moins à cent dix (en tant que jeune permis, c'est d'ailleurs ce qu'il était censé faire…). Enfin, tout cela rendait les choses compliquées dans mon cœur, je sentais que je m'étais tant accrochée à l'espoir qu'il tire des leçons de ses erreurs, j'avais fermé les yeux sur trop de choses. Malgré tout, il était évident que cela me mettait en danger chaque fois un peu plus et cette histoire de cric a vraiment été le coup de grâce pour moi : j'ai commencé à mettre une distance pour me protéger. Une fois que je lance cette protection, je ne reviens plus en arrière.

Valou fête ses vingt-quatre ans et nous allons manger au restaurant pour l'occasion. En rentrant, je remarque que Vanille tousse plus que d'habitude, son œdème pulmonaire chronique devait être revenu de plus belle. C'était un week-end de trois jours vu qu'il y avait le 15 Août compris et attendre jusqu'au Mardi était trop long. J'ai donc appelé le vétérinaire de garde et ai eu la chance de tomber sur celle qui s'occupait d'elle depuis plusieurs années. Elle m'a demandé d'augmenter sa dose de diurétiques pour aider les poumons à se drainer, ce que Papa a fait le lendemain, car je serai à Disney. Et sur la journée, il disait qu'elle allait déjà mieux, ce qui m'a rassurée. Je profite de l'ultime virée avec Ghunyah de notre série Disney ; mon passeport annuel prenant fin début Novembre. Moi, avec les stages et elle avec ses cours, nous savions que nous n'aurions plus l'occase de nous en refaire un pour zéro euro chacune, de sitôt. Ce soir-là, tandis que je rentrais de la gare, je trouve la porte d'entrée close mais déverrouillée. Je pense que cela est bizarre mais bon pas impossible. Une fois à l'intérieur, la première chose que je fais est de chercher après Vanille qui reste introuvable. Et si Papa avait oublié de fermer la porte, n'aurait-il pas également omis de rentrer le chien ? Je passe la maison au peigne fin et en guette chaque recoin ; je savais qu'elle n'était pas à l'étage car elle ne pouvait plus monter les escaliers désormais mais toujours pas de Vanille. Je parcours le jardin à l'aide du flash de mon téléphone, mon instinct me disant de me préparer à ce que je pourrais potentiellement découvrir. Mais rien. Je l'ai finalement retrouvée derrière la porte de la cuisine qui était ouverte et contre le mur, elle avait la tête en direction de celui-ci et s'était bloquée. Elle ne bougeait plus, attendant de l'aide pour se dégager. Je l'ai prise dans mes bras, soulagée qu'elle aille bien, lui ai fait de longs câlins, un milliard de bisous puis je l'ai reposée dans son panier, installée pour la nuit. Le lendemain était un grand jour puisque c'était le 16 Août, jour de mon entretien à l'école. Après la journée de Disney, tombant de fatigue, je ne tarde pas à m'endormir et vers quatre heures du matin je perçois un genre de cri, de gémissement que Vanille pousse. Je ne cherche pas vraiment à comprendre ce qu'il se passe, je reconnais simplement que cela vient d'elle. J'enfile mes chaussettes et descends voir après elle pour la trouver dans un coin de la cuisine couchée : rien d'inhabituel. Je l'ai déjà dit plusieurs fois mais avec elle, il était difficile pour moi de rester à distance et de ne pas l'avoir sur moi, chose que j'ai faite. En commençant à glisser mes mains sous elle, j'ai senti qu'elle n'avait plus aucun tonus musculaire et cela allait jusqu'à sa langue. J'ai très vite compris ce qu'il se passait mais ça irait, j'étais auprès d'elle. Je la prends et sens sa respiration s'affaiblir de plus en plus, je rentre dans la chambre de Papa en le réveillant doucement. J'étais calme, essayant de paniquer le moins possible et lui annonce que Vanille était en train de partir, il me dit « *Oh non pas ça !* ». Elle était avec nous, avec moi, ça irait. Il demande si je suis sûre de la situation et au moment où il prononça cette phrase, je l'entends pousser son ultime petit soupir de soulagement, pareil à celui de lorsqu'elle venait de se coucher confortablement, s'apprêtant à dormir. Voilà dans quelles circonstances elle s'est envolée dans mes bras, tout contre moi. J'ai soupiré de soulagement en même temps qu'elle. Soulagement, car depuis des années j'appréhendais tellement cet instant, n'ayant aucune idée de quand est-ce qu'il surviendrait, ni où et encore moins comment. Nous nous étions mis tous ensemble en accord sur le fait que si elle souffrait, nous mettrions d'office un terme à ses souffrances. Néanmoins, prendre cette décision entraîne une forte culpabilité et c'est bien normal. Des années durant j'avais la pression de ce jour qui pouvait être le dernier, de l'ultime fois où je la serrerai contre mon cœur et où j'enfouirai mon visage dans ses poils. Et surtout de devoir lui survivre alors que j'ai perpétuellement vécu auprès d'elle, toute ma vie. Vanille venait donc de s'en aller et seulement trois heures plus tard, je devais me lever pour me rendre à l'école et y subir cette "audience" plus que stressante. Papa me conseille d'aller me recoucher et de me reposer au vu de la journée que je venais de passer. Il fut impensable pour moi de la poser, d'autant plus dans le but de trouver un sommeil qui était perdu d'avance. Il m'a dit de faire comme je le sentais et je suis sortie de la pièce pour aller m'allonger dans mon lit. Forcément j'ai beaucoup pleuré, je savais que la dernière partie de mon enfance s'était refermée avec elle. Nous étions là, nichées l'une contre l'autre telles que nous l'avons incessamment été. Puis je finis par m'endormir deux heures, avec elle sur moi et nous avons eu le temps de nous dire au revoir de cette façon. La nuit a fini par laisser place au jour et je n'avais pas d'autre choix que celui de me lever. Tant bien que mal, j'arrive à l'école pour ce fameux entretien où ils ont refusé que Papa m'accompagne, car je suis " majeure " et je me suis de nouveau fait enguirlander comme une enfant. J'avais préparé tout un texte avec la ferme intention de partager ma vision des choses sur cet incident mais elle m'interrompt. N'ayant aucunement envie d'entendre mes « *pleurnicheries* », elle et me tend une feuille à signer, me punissant et affirmant que j'étais déjà informée et en accord avec la sanction. Je refuse et dis « *Non, pas tant que je n'aurais pas pu me défendre ! - Eva, tu signes et tu ne discutes pas, un point c'est tout ! - Non, pas tant que vous ne m'aurez pas écoutée. - Laisse-nous ton papier, nous le lirons plus tard, signe maintenant ! - Ce sont mes dires et ils m'appartiennent, soit vous m'écoutez, soit je ne signe pas, tant pis.* », et en plein milieu de mon discours je me mets à pleurer ce qui a eu pour effet de me mettre en rage, car je ne voulais pas leur donner cette satisfaction. Je m'excuse de déborder d'émotions, en me justifiant sur le fait que j'avais perdu mon chien quelques heures plus tôt et leur réponse a été que "oui, j'avais perdu mon chien" c'était très malheureux. Je ne sais pas si elles ont cru qu'elle s'était enfuie ou si elles ont minimisé la chose mais j'ai préféré ne pas réagir, car j'ai senti que si je le faisais j'allais finir par exploser. Ma "punition" a été d'annuler les quarante heures de stage effectuées et de m'imposer un travail réflexif. C'est un peu le genre de devoir où l'on vous somme d'expliquer votre "bêtise" et où vous promettez de ne plus réitérer. Au vu de la situation et du mal qu'elle m'avait causé, il était hors de question que je m'auto-sabote et par-dessus le marché que je m'en excuse comme une enfant aurait dû le faire. Oui, mes agissements du moment n'étaient pas la solution en effet. Seulement, ce sont trois années à être humiliée, rabaissée, traitée pire qu'une moins que rien puis harcelée qui m'avaient poussée à faire ce que j'avais fait. Même si je n'avais insulté personne, ni donné lieu à un lynchage public, je reconnais sincèrement que ce n'est pas la meilleure idée que j'ai pu avoir. Mais avoir en tête que l'école était plus qu'au courant de ce que nous subissions en stage - nombreuses sont mes camarades de classe qui ont pu leur faire état de ce type de situation -, nous laissait délibérément nous faire détruire psychologiquement et ne changeait rien à cela, avait pour don de me rendre folle. Mon travail réflexif m'est revenu de la part de cette directrice en question avec la mention que c'était "trop généralisé et pas assez centré sur ce que l'on me reprochait" et j'ai dû le retravailler à leur demande. Je l'ai donc fait mais en me respectant et en ne me rabaissant pas plus bas que terre pour une fois.

L'après-midi, après avoir réfléchi à l'endroit où nous mettrions Vanille, nous prenons la route de chez Adam et Valou. La maison serait bientôt vendue et Maman habitait en location ; Valou et Adam venant d'acheter la leur, elle pourrait y reposer tranquillement. Même si j'ai l'idée de la reprendre afin de la mettre dans mon jardin le jour où j'aurai la mienne. Papa s'inquiète de mes révisions car mon examen de rattrapage en Pathologie Médicale prenait place le surlendemain mais quoi qu'il arrive, j'étais tout sauf en état d'imprimer une quelconque notion de théorie. J'ai vite compris qu'il valait mieux que je lui dédie ce temps plutôt qu'à faire quelque chose qui, en tout état de cause, resterait vain. J'envoie un message à Mathilde (qui avait un appartement au pied de l'école) pour venir réviser le lendemain dans un environnement neutre et c'est ce que je ferai. Heureusement que j'avais mes fiches de révision déjà prêtes depuis belle lurette, je les ai entièrement apprises de la veille pour le lendemain, comme j'ai pu. Le Jeudi, je passe cet examen puis me dirige vers une autre école d'infirmière pour y déposer un dossier d'inscription dans le cas où je redoublerai mon année. Je ne voulais en aucun cas retourner dans mon école et Florina y ayant étudié, n'était pas l'unique personne à m'avoir vanté leur pédagogie et leur humanité : deux notions dont mon école manquait cruellement. En rentrant, je suis allée manger un Subway avec Maman puis j'y reçois un message de Ju me disant que Ghost allait très mal et je me souviens lui répondre qu'il avait intérêt à tenir car je n'allais pas survivre à deux déchirements dans la même semaine. Le Vendredi, était également un grand jour : c'est celui où nous nous sommes rencontrées pour la première fois avec Anaïs. Eh oui, cela faisait trois ans que nous parlions fréquemment, que nous nous étions rapprochées à travers nos vécus respectifs et c'était enfin le moment pour nous de nous rencontrer ! En étant adeptes toutes les deux, nous l'avons organisée à Disney et la sensation de savoir qu'en face de moi Anaïs ressentait la même chose, qu'elle aussi souffrait sans en avoir l'air ; se sentir moins seule et soutenue est un sentiment plus que sacré. Du Samedi, je prends la direction des écuries pour aller retrouver ma Ju et Ghost. Faible comme il était, il s'était blessé en tombant dans son box et fut donc placé en pâture afin qu'il ait plus d'espace. Nous passons la soirée à ses côtés, à essayer de le nourrir et de l'hydrater, à le rassurer et à le papouiller, mais nous sentions que la fin était proche cela ne servait à rien de se mentir. Nous réussissons après plusieurs dizaines de minutes de lutte à le remettre sur ses sabots et voilà la dernière image que nous avons gardée de lui. Debout, combattant et guerrier. Ghost est parti vers une heure du matin et Vianney a également choisi cette nuit-là pour m'assaillir de reproches quant à la distance que j'avais mise entre nous. J'ai eu beau lui expliquer qu'avec le décès de Vanille, j'avais royalement besoin d'air et plus encore avec la présente situation de Ghost et je n'avais pas nécessité de gérer les problèmes de notre relation en plus pour le moment. L'entièreté de mon temps était dédiée à Ju car c'est bien elle qui avait le plus besoin de soutien à ce moment-là. Dommage pour lui puisqu'il ne l'a pas compris mais n'a pas tant cherché à le faire non plus. Toute la journée du Dimanche nous l'avons passée ensemble, à prendre soin de notre cher et tendre Ghost, à le rendre tout beau et prendre le temps de lui dire au revoir aussi sereinement que possible. Cet été-là, Ju s'est fait jeter dans des ronces par un cheval, tandis que j'étais occupée à l'autre bout des écuries tentant d'ôter le dard d'une guêpe qui avait attaqué une cavalière. Elle demande à ce qu'on l'amène à moi et me voilà à m'occuper d'elle aussi. J'ai enlevé un par un chaque picot de ronce et lui ai dit que si jamais elle se sentait mal elle devait me le dire. Je connais le truc, avec l'adrénaline on a vite fait d'avoir un coup de mou. Elle me dit « *Mais comment on sait qu'on va faire un malaise ?* », je lui décris brièvement les symptômes tout en continuant de retirer les morceaux et prenant garde de ne pas me piquer tant qu'à faire. Puis elle me dit qu'elle se sent bizarre, je l'allonge et détends l'atmosphère ça passera, je lui remonte les jambes et on se met à rire au vu des circonstances : elle, allongée dans les toilettes où le sable se mélangeait à l'eau ainsi qu'à la terre des écuries et moi qui tenais ses pieds en l'air. C'était assez cocasse ; une situation de plus à gérer comme une vraie infirmière !

En parallèle de cela, j'ai dû retourner à l'école pour réviser les techniques sur lesquelles j'étais susceptible d'être évaluée pour mon examen pratique de rattrapage. Et quelle pression avais-je sur les épaules : erreur égal échec, égal redoublement, égal une année de plus à souffrir. Puis je retourne dans ce service passer ce fichu examen. Dieu merci, Florina travaillait du matin et a pu de nouveau me soutenir. Dès que je sortais de la chambre de mon patient j'arrivais à la croiser, à apercevoir son sourire qui me redonnait tant confiance et espoir en ma capacité de réussir. Ju fête ses dix-neuf ans et pour la première fois je me mêle parmi sa famille ; cet événement nous avait tellement rapproché l'une de l'autre que désormais nous étions intimement liées, telles deux sœurs. C'est également le soir que Vianney a choisi pour me péter un câble dessus et m'a imposé sa visite afin que nous parlions. J'ai dû m'éclipser de la fête pour répondre à sa requête et une discussion de trois heures s'en est suivie, tournant sans cesse en rond autour des mêmes sujets et de l'issue fatale des choses. J'ai proposé de lui laisser du temps, temps pour qu'il change et qu'il me montre que je pouvais avoir confiance en lui, mais même cela ne lui apparaissait pas encore suffisant ce devait être tout et tout de suite. En revenant chez Ju, non seulement tout le monde était parti, mais en plus j'avais le sentiment au fond de moi qu'il était certain que notre histoire était sans avenir. Pour nous changer les idées, nous faisons une balade à cheval à deux au cours de laquelle nous avons parlé des stages qu'il me restait. Si tout se passait bien, encore six mois à faire divisés en trois différents. Le premier, l'école nous y plaçait selon les vœux que nous avions formulés et le mien était la maternité et le second à défaut de rien en pédiatrie. Le deuxième était au choix ainsi que le troisième, après validation de l'école forcément. Étant Française mais étudiante Belge, si j'en effectuais un en France j'étais considérée au statut d'étrangère et j'étais éligible pour une demande en Érasmus. J'ai déposé ma candidature qui devait être approuvée par l'école et vous vous doutez bien que cela n'a pas été le cas, évidemment j'étais dans le viseur. Puisque via Érasmus, l'école nous finançait le logement, le trajet, la nourriture etc et elle n'allait pas verser un seul sou pour moi ! Étant toujours étudiante étrangère, demander un stage en France faisait que je n'étais pas prioritaire vis-à-vis des étudiants Français et il était extrêmement difficile de ce fait, d'avoir une réponse positive. Dans chaque établissement hospitalier, il y avait des quotas pour accueillir des étudiants "étrangers" et j'ai donc postulé afin de pouvoir aller en maternité en Normandie. De cette façon j'allais joindre l'utile à l'agréable, c'est-à-dire la maternité, être avec Ju et ses chevaux, prendre l'air loin de tout mon vécu et découvrir peu à peu l'autonomie. Ayant vu ce procédé m'être refusé j'ai dû l'annoncer à Ju, la mort dans l'âme mais c'était sans compter sur le fait que j'ai plus d'un tour dans mon sac ! J'avais capté que des étudiants comme Mathilde qui est retournée chez elle à Bordeaux, n'avaient pas besoin de cela pour que ce soit accepté par l'école. Sans financement certes, mais j'irai en Normandie. Je savais que je ne pourrais pas obtenir une place au sein du service de maternité mais le plus important n'était pas la discipline, c'était d'être avec Ju. De plus, je me doutais bien qu'en maison de repos, ils ont continuellement besoin de bras et c'est sans grande surprise qu'ils m'ont prise et j'ai gardé cette information secrète avant de la dévoiler en temps voulu.

Me voilà à attendre dans la plus grande incertitude de savoir si ma troisième année avait été réussie ou non. J'ai donc tout déchiré haut la main, avec l'obtention de mes vingt-neuf matières à 63,10%, mes stages à 64,05% et mes examens pratiques à 63,16%. Me voilà admise en troisième année complémentaire : fini les rapports de stage, les examens pratiques et théoriques, les cours, les supervisions. C'était enfin fini !

Dernière ligne droite

Je débute ma Troisième année complémentaire et Valou a sa toute première classe en tant qu'institutrice diplômée. Du 5 Septembre au 30 Septembre, je suis en stage en maternité sur Ath, à une heure de la maison. J'ai pris connaissance de mon lieu de stage du Vendredi et eux aussi ont appris ma venue ce jour-là : j'arriverai du Lundi. C'est tout juste et limite malpoli de les en avoir clairement avertis du jour pour le lendemain, mais l'école nous a donné les résultats à la dernière minute comme d'habitude, de quoi bien avoir le temps de stresser. Du Dimanche, Parrain, Alizée, Jessie et Noah étaient venus prendre l'apéro et m'ont d'ailleurs demandé des nouvelles de Vianney, ce à quoi j'ai répondu que l'on venait de se séparer la veille au soir. Alizée dit à Parrain « *Roh, tu es vraiment l'éléphant dans le magasin de porcelaine, ce n'est pas possible !* », j'ai éclaté de rire, ce n'était pas grave, il ne pouvait pas savoir. Je suis contre les non-dits, à éviter les sujets sensibles ou réputés tabous, je préfère dire les choses et en parler n'était pas un problème. C'est au cours de la journée que j'ai trouvé une amie qui m'a hébergée au sein de sa coloc en Belgique : je n'avais plus que trente minutes de trajet grâce à elle et je suis arrivée dans la soirée pour entamer mon stage au petit matin. Je suis quelqu'un qui ne se met pas de pression pour si peu et je me suis toujours débrouillée pour trouver un plan de secours. C'est drôle, quand je vois comment je peux l'être pour un tas d'autres choses, mais que certaines me passent complètement au-dessus. Je commençais mon stage une semaine avant les autres stagiaires, car ma complémentaire commençait par des stages et non des cours comme ceux en deuxième année d'infirmière ou les étudiants sage-femme par exemple. J'étais donc la seule dans le service et avais l'entière primeur pour assister aux accouchements. Les sages-femmes en Belgique devant en prester un nombre précis pour avoir leur diplôme, dès qu'il y en avait un qui s'annonçait c'étaient elles qui y assistaient. En tant qu'infirmiers, nous étions plus là pour observer et nous cantonner aux soins basiques vis-à-vis des patientes. Bref, j'assiste dès mon premier jour à une naissance pour mon plus grand plaisir. Un accouchement plutôt compliqué et les sages-femmes m'ont même dit à la fin que c'était dommage de voir cela pour un premier tant il était "dégueulasse". Mais si j'étais restée debout et que je n'avais pas été refroidie par celui-là, je tiendrai pour tous. La petite s'appelait Aurélie et est née le 5 Septembre 2022. Je suis même rentrée plus tard ce jour-là car un accouchement ne s'arrête pas à l'heure d'un poste, évidemment ! Première fois après celui de psychiatrie où je suis restée après mes heures : preuve que cela me plaisait sinon à la minute dite, je me précipitais le plus vite possible vers la sortie ! Le second a eu lieu deux jours plus tard, c'était une césarienne et j'étais toute excitée d'aller au bloc-opératoire pour la première fois en étant de l'autre côté cette fois-ci ! Y aller signifie rester debout et donc des douleurs intenses puis pour une intervention lambda, cela ne m'intéressait pas tellement ; la césarienne est effectivement la seule qui l'était. Pendant ce stage je courais partout, ne me posais que très rarement à en crever de douleur à la fin de la journée mais ce qui était drôle, c'est que je ne les ressentais qu'à la pause-repas du midi ou lorsque je quittais le service. Tant ce que je vivais était exceptionnel, je l'acceptais et l'occultais complètement ; elle était beaucoup plus facile à vivre lorsqu'il y avait du sens derrière. Le petit Jules est donc né le 7 Septembre 2022 et le Dimanche 11 c'était au tour du petit Artus. Je travaillais du premier week-end et je devais en prester un sur mon stage, de cette façon j'étais tranquille pour la suite et cet accouchement s'est fini en délivrance manuelle du placenta au bloc : la gynécologue m'a prise sous son aile et m'a tout bonnement permis de vivre une expérience hors du commun. Nous n'étions que trois dans la salle : l'anesthésiste, elle et moi. J'ai eu l'immense honneur de l'aider à s'habiller et de l'assister... C'est également avec elle que j'ai pu vivre un accouchement à quatre mains, les siennes sur les miennes pour me guider lors de la sortie du bébé : magique et tout cela en une semaine à peine ! J'ai eu la sensation de voir, d'en apprendre et d'avoir kiffé cent fois plus sur ces sept petits jours plutôt qu'au long de mes trois années d'études. Celles suivantes, quatre étudiantes de deuxième année m'avaient rejointe : deux en infirmières et deux en sage-femme et je n'ai donc plus eu l'occasion d'assister à d'autres naissances. Enfin, la dernière semaine, je suis allée à domicile avec une sage-femme du service et ai assisté à des consultations pré ainsi que post-natales. La chef de service avait capté mon engouement plus que certain et la gynécologue-obstétricienne lui avait parlé de moi, dit qu'elle m'appréciait et idem pour le service ; elle n'avait eu que de bons échos et avait donc voulu me faire plaisir. Le Mardi 27 Septembre, j'étais la seule étudiante d'après-midi et ayant des heures à rattraper, j'avais donc convenu avec la chef de venir une heure plus tôt puisque c'était toujours cela de grappillé. L'école n'a pas voulu me les compter d'ailleurs mais ce n'était pas grave, j'avais tellement pris plaisir à les faire, et ça, elle ne pouvait pas me l'enlever ! J'étais donc arrivée à midi et devais finir à vingt-et-une heures ; je savais que c'était probablement ma dernière opportunité d'assister à une naissance vu qu'il n'y avait pas d'étudiantes sage-femme ce soir-là. Vers seize heures, une maman arrive pour des contractions et c'était un premier bébé : col dilaté à trois centimètres. Vers dix-huit heures, elle était à sept, avait reçu la péridurale et a donc été installée en salle de naissance. J'ai demandé à Léane, la sage-femme, afin de l'accompagner et laquelle me donne son aval. Seulement, je dois de même obtenir celui des parents ; je me rends auprès d'eux, me présente et le leur demande. Ils n'étaient pas très emballés par peur de voir une ribambelle d'autres étudiants débarquer mais je les rassure, leur affirmant que s'ils acceptaient que j'assiste à ce moment si privilégié, je serai la seule. Ils me donnent leur accord et une magnifique histoire commence.

Vingt-et-une heures, la sage-femme venait seulement de rompre manuellement la poche des eaux et le travail allait s'accélérer. Elle explique aux parents que sa journée était finie et qu'elle ne pouvait donc pas rester jusqu'à la fin. En revanche, je reste « *Et exprès pour vous alors qu'elle est en poste depuis midi !* », nous en avions parlé en amont toutes les deux et je lui avais fait part de mon souhait de rester si cela était possible. J'ai senti que cela avait eu pour effet de les réconforter car j'étais là depuis le début. Face à un moment clé de la vie comme celui-là, je me doute qu'il doit être plus rassurant d'avoir la même personne, sinon vient un sentiment de frustration totalement légitime. C'était donc à voir avec l'équipe de nuit qui prenait la relève puis je savais que c'était le dernier que je pourrai voir. Et puis rentrer pour me coucher sans avoir vu la fin de l'histoire ne m'aurait rien apporté hormis de me frustrer moi aussi. J'en parle donc avec celles de nuit qui essaient avec bienveillance de m'en dissuader : c'était un premier bébé et l'on sait que parfois cela peut être très long. J'ai donc proposé de rester deux heures supplémentaires et que si cela s'éternisait de trop je rentrerai chez moi ; je ne voulais pas non plus être dans leurs pattes puisqu'il y avait déjà une étudiante qui faisait la nuit avec elles. Vers vingt-deux heures environ elle était finalement à dilatation complète et la sage-femme l'examinant, conclut que bébé n'était plus très loin. Elle lui annonce qu'elle allait tout doucement pouvoir commencer à pousser pour l'aider à descendre et montra comment faire, expliqua où pousser (j'ai appris en même temps de ce fait). Vu qu'une autre maman venait au même titre d'arriver en travail, elle partit l'installer et affirma aux parents qu'elle reviendrait dans "pas longtemps". Dans le monde médical, nous le connaissons bien ce "pas longtemps" et je vous assure que c'est tout sauf vrai. Quand nous disons cela nous revenons toujours après une éternité, indépendamment de notre volonté bien sûr ! C'est normal, sur le chemin on croise régulièrement quelqu'un qui a besoin de quelque chose ; souvent de quoi changer nos plans et c'est ce qui s'est passé. Avant de quitter la salle de naissance, la sage-femme me donne l'un des téléphones du service et me dit de surveiller le monitoring : s'il y a une quelconque décélération du rythme cardiaque je devais l'appeler de suite. Vous imaginez ? J'avais sous ma responsabilité le bébé et sa maman avec en plus le papa qui me faisait confiance ! J'étais la seule à ne pas l'être apparemment et cette situation a changé ma façon de me percevoir : je pouvais me faire confiance. Elle n'avait jamais travaillé avec moi et je n'avais fait que de la croiser quelques fois : je commençais ma journée lorsqu'elle finissait la sienne. Et voilà qu'elle me déléguait ses surveillances les yeux fermés tout comme les parents : au fond de moi ce fut un sacré bond en avant ! Une fois seule avec eux et à chaque contraction, maman poussait de toutes ses forces. Je l'ai encouragée en lui disant que chaque poussée la rapprochait un peu plus de son bébé (même si en vérité à ce moment-là, je ne savais pas du tout si elle était efficace). J'ai donc à proprement dit, vécu chaque étape avec eux : mes mains sur elle, faisant des allers-retours au lavabo pour la rafraîchir au gant de toilette et entre deux contractions, nous papotions tous trois de nos métiers respectifs, de nos vies et cetera. Il s'agissait de leur premier enfant : un petit garçon qui s'appellerait Gabriel. Puis, ils en sont venus à parler de mes études, de si j'aimais mon stage : j'ai alors répondu que mon cœur balançait entre le métier d'infirmière et celui de sage-femme depuis quelques semaines. Mais sans plus, c'était une simple idée, un simple ressenti ; puis la contraction revenait et c'était reparti pour un tour. Tout à coup, elle sentit que ça poussait sérieusement au niveau des fesses et m'en fit part ; les choses s'accéléraient et je sentais que son angoisse était en train de monter. Pas besoin de porter la blouse pour se douter que la tête devait plus qu'être engagée rendant la naissance quasi imminente. Je jetais un œil mais je ne voulais pas dépasser mon rôle, je n'étais pas en droit et de toute façon, je n'avais pas le savoir pour l'examiner. Tant que d'extérieur je ne voyais rien qui s'annonçait et que le rythme cardiaque était correct, je continuais de l'encourager à pousser. Je me souviens lui avoir raconté que lors d'un accouchement (mon troisième) auquel j'avais assisté, la sage-femme avait proposé à la maman de toucher la tête du bébé mais elle avait refusé. Voyant que les poussées n'étaient pas productives et que le rythme ralentissait, (ça je ne l'ai pas raconté, vous vous doutez bien !) elle lui avait redemandé et cette fois-ci, elle avait accepté et deux petites poussées plus tard il était né. Je pense que le fait de sentir et de toucher provoque un genre de connexion dans le cerveau qui fait prendre conscience à la maman que le bébé est là : ce qui paraît abstrait depuis neuf mois devient soudainement réel et concret. Je lui avais dit que bien sûr c'était son choix, mais le faire était vraiment aidant. Je me mis ensuite à rire, car voyant les minutes défiler et ce "pas longtemps" se transformer en une demi-heure facile, je lui disais que lorsque la sage-femme reviendrait, elle lui dirait qu'il était assurément tout proche. Quelques minutes plus tard la voilà qui revient et à peine avait-elle examiné en surface que les cheveux sont apparus. Elle s'exclame en disant que c'est un bébé bien chevelu et la maman n'y croyait pas. Avec un grand sourire, je lui dis que si, Gabriel est juste là ! Puis au moment où la sage-femme lui propose de toucher, nous échangeons toutes deux un regard plein de complicité et elle accepte. Elle pousse une première fois puis une seconde et se sent soudainement mal : dans la précipitation, je cherche partout dans les armoires et les tiroirs après un bassin réniforme ou haricot, appelez cela comme vous voulez. La sage-femme tourne la tête pour me montrer où ils se trouvaient et juste le temps de ce mouvement, cela a suffi pour que la tête soit sortie. La sage-femme surprise, rit « *Eh ! Mais attendez, ne faites pas ça sans nous !* », il a fini par arriver d'un coup d'un seul et la sage-femme a voulu que je l'attrape avec elle mais cela s'est passé si vite qu'elle a tout juste eu le temps de le récupérer ; dans le service, il a été surnommé par l'équipe alias le bébé "bouchon de champagne" !

Ils se mirent à pleurer, maman réalisa que c'était lui qui donnait tous ces coups de pied et qui bougeait à foison depuis des mois : vingt-trois heures cinq, une nouvelle vie venait de débuter et quel moment extraordinaire. Entre l'instant où je suis rentrée et sortie de cette salle il s'était passé deux heures trente environ, le temps était comme suspendu. Plus rien de ce qui se passait derrière la porte ne comptait, plus rien n'était important ; je me suis contentée de vivre le moment présent et c'était absolument exceptionnel en tant qu'expérience de vie. Toutes les fois où je l'ai raconté, c'était toujours avec autant de paillettes dans les yeux. Puis le papa me dit « *Alors, tu vas faire quoi ? - Ben, comment dire, vous ne m'aidez pas trop là ! Si je dois reprendre quatre années d'études à cause de vous, ce sera moins drôle bizarrement !* ». Ils vendaient plus que du rêve mais cela signifiait tout reprendre à zéro, aucune passerelle n'est actuellement existante pour les infirmières brevetées en Belgique. Comme d'habitude et pour chaque naissance, une deuxième sage-femme arrivait en renfort si besoin et cette nuit-là, elle n'aura pas eu le temps d'arriver qu'il était déjà né ! C'est elle qui me demande si je pleure et je réponds que non, cependant, j'avais l'œil vachement mouillé quand même ! J'en ai d'ailleurs des frissons rien que d'y repenser. Une fois l'émotion passée, l'atterrissage fut rude : l'accouchement s'était si vite déroulé que son corps n'avait pas eu le temps de s'adapter et c'est ce que l'on appelle un choc hypovolémique : elle perdait du sang en quantité normale certes, mais de manière si rapide que c'était trop brutal pour son organisme. La maman a donc fait une grosse chute de tension et est devenue d'un coup d'un seul, livide. Les sages-femmes me demandent de mettre telle et telle perfusion en route, que je connecte comme si je l'avais fait toute ma vie et les branche en deux temps, trois mouvements. Elles ne coulaient toutefois pas assez vite pour rééquilibrer la volémie et elles tentaient de m'expliquer de quelle façon procéder pour augmenter manuellement le débit et avant la fin de leur phrase c'est ce que j'avais fait d'un geste réflexe qui m'était inconnu jusqu'alors, c'était le début des automatismes. Elles me disent « *Ah bah niquel, t'as tout compris !* », cela m'a rendu si fière de moi ! Je me suis dit ok première situation "d'urgence", je commence franchement à me débrouiller ! Quelques jours plus tôt, c'était avec un bébé qui avait fait une fausse déglutition et son taux de saturation en oxygène avait dégringolé. J'avais su gérer la panique de la maman et mon propre stress puis le taux était remonté, si vous saviez le bien que cela peut faire. J'ai pensé « *Eva, ça devient bon, tu deviens professionnelle maintenant et plus seulement étudiante, tu évolues !* ». Une fois la crise passée vient le moment de réparer les dégâts : malgré l'anesthésie, elle a senti la gynécologue la recoudre. Je lui disais de regarder son bébé qui était tout contre elle, c'était la seule chose sur laquelle elle devait se concentrer. Vers minuit et demi, nous sortons tous de la salle de travail et j'ai fièrement poussé le lit jusqu'à sa chambre, puis aidé à la réinstaller. La boucle était bouclée, j'étais allée au bout de ma prise en charge et quel sentiment intense de satisfaction ! Tous deux n'ont pas arrêté de me remercier et en retour, je n'ai pas arrêté de les féliciter ! Ils s'inquiétaient fort que je reprenne le volant avec la fatigue, c'est vrai que je venais de faire une journée de presque treize heures et cela ne m'était jamais arrivé. Je ne vais pas mentir, la route du retour était très longue, mais c'était sur leur petit bout qu'ils devaient porter leur attention, pas sur moi ! Et puis j'avais de telles images en tête, ça valait le coup plus que tout. Je me souviens avoir mal dormi cette nuit-là et j'ai littéralement revécu ma journée toute la nuit tant cela avait été fort d'émotions. Les jeunes parents m'ont même raconté que la première fois que la maman s'était levée, elle avait fait une grosse chute de tension et c'est tout paniqué que le papa avait sonné pour obtenir de l'aide. C'était l'étudiante de nuit qui arriva mais quoiqu'un peu démunie, elle était allée chercher la sage-femme. Le papa m'avait dit qu'il avait pensé « *Vivement qu'Eva revienne, elle au moins, elle sait ce qu'elle fait* ». Super touchant...

Heureusement le jour suivant je commençais de nouveau à midi et j'ai donc pu me reposer. À midi-cinq, j'étais déjà dans leur chambre pour les saluer ! Dans l'après-midi, une première partie de la famille était venue faire la rencontre du petit bout et je suis entrée furtivement changer la perfusion avec une étudiante de deuxième année dans le but de la superviser. Dans le cas où il y a beaucoup de monde dans une chambre, nous nous faisons discrets, réalisons vite le soin puis nous éclipsons. Mais ce n'était pas de l'avis des parents qui me voyant, m'annoncent fièrement « *C'est l'étudiante infirmière qui nous a accouché hier soir, elle a été super, franchement elle devrait partir en études de sage-femme !* » et c'est sur cette phrase que toute la famille m'a applaudie. J'en suis devenue rouge tomate tant j'étais gênée : je n'ai pas les codes pour réagir dans ce genre de situation car pour être honnête, je n'en avais nullement vécu de telle auparavant ! Je réponds que c'est elle qui avait fait tout le travail et qu'elle fut sincèrement exceptionnelle, leur famille ne pouvait qu'être fière d'eux deux. Le soir venant, l'équipe de nuit pris le relais et nous leur faisons les transmissions de la journée ; c'étaient les deux mêmes sages-femmes que la veille au soir et nous avons tout naturellement reparlé de l'accouchement. Elles m'ont d'abord demandé si cela avait été pour rentrer puis comment je voyais la suite des choses puisque pour elles, j'étais trop investie pour une simple infirmière. Là où lors d'une naissance, d'habitude les étudiants infirmiers restaient au fond de la pièce et adossés au mur, j'étais moi, au contact proche de la patiente. Elles m'ont dit de leur faire confiance en tant que professionnelles et que j'étais jeune, j'avais toute la vie devant moi pour me réorienter. Sur ma feuille d'évaluation d'équipe elles ont inscrit, après de nombreux compliments : "Âme de sage-femme". Le lendemain, c'était l'autre partie de la famille qui était là pour rendre visite aux parents et tandis que je déposais le plateau-repas pour maman (j'avais voulu procéder à l'identique de la veille et filer à l'anglaise : raté) rebelote, tout le reste de la famille m'a applaudie après que le papa ait de nouveau précisé qui j'étais. C'est avec un sourire jusqu'aux oreilles qu'ils m'informent avoir quelque chose pour moi et le voilà qui me tend une boîte de Léonidas pour me remercier. Mon cœur a fondu tel un chamallow... Je savais que le lendemain était le jour de leur départ et également la fin de mon stage ; en fin de compte, j'étais contente de partir en même temps qu'eux. J'ai donc anticipé cet événement qui avait pris tellement de place dans mon cœur de par la magie, la revanche sur la vie et la beauté de ces moments qu'il m'avait procuré. Je voulais que ce souvenir soit figé et immortalisé à jamais et c'est donc d'une toute petite voix et d'un air timide (oui je sais que cela vous étonne, mais il m'arrive de l'être je vous assure !) que je rentre dans leur chambre, disant que s'ils acceptaient, j'avais une petite requête à leur faire. Évidemment, ils furent d'accord et voilà que nous nous installons pour prendre cette magnifique photo. En retour, ils me demandent mon numéro de GSM (eh oui, nous sommes toujours en Belgique !) puisqu'ils ont bien l'intention de garder le contact avec moi et surtout d'être invités au diplôme ! Nous nous sommes donc dits au revoir le 30 septembre 2022 et le 30 septembre 2023, ils m'ont invitée pour fêter les un an de Gabriel. J'y reviendrai en temps voulu, mais cette soirée était de même tout à fait exceptionnelle : tisser ce genre de lien, vivre ce genre de choses et recevoir cette reconnaissance après tout ce que j'avais enduré, ce fut indubitablement la plus belle victoire qu'il m'ait été donné de vivre.

Je rentre donc charger la voiture de mes affaires et repris le chemin de la maison. J'ai à peine eu le temps du week-end pour me reposer puisque dès le Lundi c'était direction l'école. Nous avions deux jours à effectuer là-bas en lien avec notre mémoire et nous avons appris qui seraient nos lecteurs de TDS (le Travail De Synthèse égal au mémoire de fin d'études) et j'ai donc pour la dernière fois posé mes fesses et mis un pied dans cette fichue école et dans une école tout court d'ailleurs et c'est vers dix-huit heures que je suis rentrée à la maison. Quelques jours plus tôt, j'étais passée chez les parents de Ju pour prendre mon double de clés de sa maison et du portail ; aucun d'entre nous n'avait vendu la mèche et elle n'était absolument pas au courant de ma venue. Je me suis reposée quelques heures puis je me mis à parcourir le trajet long de trois heures et demie qui me séparait d'elle. Floppy à l'arrière faisait aussi partie du convoi puisque sans moi à ses côtés il se laisse mourir. Je savais que j'allais arriver vers environ minuit et demi, je connais Ju et sais qu'elle ne se couchait que rarement avant une heure du matin, mais on n'est jamais trop prudent ! Je lui ai donc envoyé un message lui disant que j'avais besoin de l'appeler mais que ce n'était pas possible avant minuit trente. C'était ok pour elle, on s'appellerait à cette heure-là : parfait, elle ne se doutait de rien. Sur l'autoroute je pensais à comment faire, dans la mesure où je voulais filmer pour que l'on puisse en garder un souvenir, même sa maman m'avait envoyé un message me le demandant. Ce fut très simple : je me suis garée devant le portail et une fois arrivée à la porte d'entrée, je me rends compte que celle-ci n'est pas verrouillée et je rentre donc telle une voleuse. Shadow me reconnaît et me fait la fête le tout sans aboyer, j'ai donc pu continuer à m'infiltrer en toute discrétion. Il y avait une barrière de sécurité enfant pour éviter qu'il ne monte les escaliers et n'étant pas venue depuis Avril, je ne me souvenais plus du fonctionnement. Moment plutôt cocasse, car j'ai dû l'enjamber en étant plongée dans le noir et je monte ensuite les escaliers qui mènent à sa porte de chambre. Puisqu'elle s'enfermait la nuit, je vais frapper à sa porte et elle demanda qui était là, je lui répondis d'ouvrir, je n'allais tout de même pas me dévoiler à travers la porte et louper sa réaction, ç'aurait été trop dommage ! Elle a pris peur et n'a pas voulu, avant de finalement croire que c'était sa colocataire et je suis donc allée dans ce sens. Vidéo à l'appui, elle me demande ce que je faisais là et surtout, comment avais-je pu rentrer, depuis quand étais-je arrivée ? « *Avec la clé ! - T'as les clés ? - Il vaut mieux car je suis là pour deux mois !* » Nous avons sauté de joie et nous sommes longuement serrées dans les bras l'une contre l'autre, tellement contentes de se retrouver. Moi j'étais plus que soulagée de savoir que je ne pourrai plus gaffer ! Nous avons trinqué à notre santé (et au fuze tea) puis je suis allée me coucher puisqu'il était déjà deux heures du matin et le lendemain midi était la première journée de mon prochain stage. C'était donc en maison de repos pour une durée de deux mois et vis-à-vis de l'école, j'avais dû calquer mes horaires belges sur ceux français tout en sachant que ce ne sont pas du tout les mêmes. Là où en Belgique je faisais des semaines de cinq jours de huit heures à raison de quarante par semaine ; en France, ce sont des semaines de trois jours de douze heures (soit dix travaillées) puis la suivante, des semaines de quatre : ce qui faisait une moyenne de trente-cinq heures. Forcément, là où eux faisaient "06 h 45 – 18 h 45", mes horaires de "07 h 00 – 15 h 30" ou de "12 h 00 – 20 h 00" me mettaient en total décalage avec le service et les gênaient dans leur travail. Bien sûr, l'école ne modifierait en aucun cas les siens et je me suis donc dans un souci de bienséance, arrangée avec eux pour rester dans les clous. Si je vous raconte ces détails, c'est bien pour montrer la stupidité et la non-adaptation de l'école. Mes lieux de stage français ont été très compréhensifs, voire même compatissants face à tant de cadre inutile.

Du 5 Octobre au 25 Novembre, je suis donc en Normandie et je ne rentre pas avant l'avant-dernier week-end puisque c'est à ce moment-là que Ju se fit tatouer pour la première fois et en lien avec Ghost. Le Dimanche de mes vingt-et-un ans, je passe la dernière journée de mon passeport annuel avec Papa, Adam et Valou à Disney. Il était venu passer deux jours avec moi et Valou et Adam nous ont eux, rejoints sur le parc. Puis le lendemain de mon anniversaire, c'est Maman et son compagnon qui sont venus me faire un coucou. Papy et Mamie ont par ailleurs fait une halte de leur séjour en camping-car par Lisieux et je suis donc allée y manger, nous avons même fait une soirée jeu de société ensemble. J'ai rencontré de super collègues là-bas : Carlotta, Meryl et François et ils se sont même organisés pour se rendre disponibles afin de fêter mon départ autour d'un bon repas accompagné de petits cadeaux. Les filles étaient dans les soins tandis que François était dans le management de mon lieu de stage. Je retrouvais des petits mots dans mon casier pour m'encourager, remplis de tendresse et de bienveillance de la part d'elles deux et je prenais un plaisir plus que certain à leur en glisser également. Dès que l'on se croisait dans les couloirs on se faisait un câlin, on se prenait la main, bref de la chaleur qui me manquait énormément au quotidien (et qui me manque toujours d'ailleurs). Encore des situations positives qui m'étaient jusqu'alors inconnues et si agréables. Et il y a eu aussi des moments un peu plus durs, compliqués à gérer pour moi et François m'a grandement aidée à surmonter cela. Grâce à sa personnalité, à son vécu parfois similaire au mien et à sa position de supérieur hiérarchique. Il y avait une infirmière intérimaire qui avait plus que l'âge d'être en retraite mais ne l'était pas car elle n'avait pas assez pour vivre (c'était tristement drôle puisqu'elle était d'âge avec les résidents...) et cette infirmière n'a fait que de me casser dès la première occasion et tout au long de mon stage. Elle n'était pas nettement appréciée des autres, ce qui me confortait dans l'idée qu'il ne fallait pas que je prenne tout ce qu'elle pouvait me dire, trop à cœur : je manquais d'humilité, elle ne me sentait pas dedans, je lui donnais l'impression de m'en foutre à rester mon "cul" assis toute la journée à ricaner et elle ne comprenait pas ce que je faisais là. L'accumulation au fil des années de ce genre de reproches injustifiés et erronés faisait que je n'arrivais plus à filtrer ni réussir à passer au-dessus. Enfin, si tant est que j'ai un jour réussi à le faire et François a bien vu que quelque chose n'allait pas et que j'en étais tracassée, ma manière d'être avait changé. Moi qui n'aime pas que cela se voit avec le sentiment de "perdre le contrôle de l'image que je renvoie aux autres " j'avais été démasquée. Il a donc eu le rôle de me rassurer, de m'aider à prendre du recul et surtout de ne pas me remettre en question là où il n'y avait pas lieu de le faire, je l'en remercie énormément pour cela. Le Samedi 25 Novembre après une ultime balade à cheval, je reprends la route et rentre donc à la maison et dès Lundi à huit heures, j'étais dans mon prochain lieu de stage : en pédopsychiatrie et j'y suis restée pour sept semaines, du 28 Novembre au 15 Janvier.

Évidemment, ce n'est pas un stage que j'avais choisi au hasard dans la mesure où il s'agissait de la même clinique de soins-études où quelques années plus tôt, je devais me rendre en tant que patiente et qui faute de places, n'avait pas pu m'accueillir. Je savais que ce stage serait très dur à vivre car il allait remuer de nombreux souvenirs plus douloureux les uns que les autres mais cependant, je voulais me prouver que maintenant j'étais de l'autre côté et que j'avais réussi ce combat. De même que le désir d'aller au contact de ces jeunes âgés de huit à quinze ans, j'ai eu ce besoin de leur dire ce que j'aurais aimé entendre et inversement. En parallèle de cela, il y avait également l'enjeu de faire la paix avec mon passé par le biais de ce stage. Néanmoins, il est clair qu'il fut très dur voire impossible de ne pas m'identifier à la jeune adolescente de quatorze ans qui rentre en hospitalisation pour motif de harcèlement scolaire, de perte totale de confiance en elle, d'idées noires... J'ai dû faire face à des cas d'inceste, de changement de genre mais aussi d'anorexie, de troubles de l'hyperactivité et de contexte familial de violence voire de prostitution... Oui. Ces motifs si durs soient-ils ne m'étaient pas familiers et ne m'ont pas impactée de la même façon. Ce qui fut intéressant dans la manière de travailler avec les enfants et surtout les adolescents en détresse, c'était le travail jour après jour pour gagner leur confiance. Les voir ainsi se livrer, s'ouvrir et se confier. Ces jeunes étaient très reconnaissants et j'ai eu un tas de petits mots, plusieurs bracelets brésiliens dont un à mon nom (qui sont accrochés à mes clés du travail, ils sont toujours dans ma poche), des scoubidous, des dessins... Il y a même une patiente qui avait un talent plus que certain pour le dessin et nous sommes venues à échanger de mon prochain tatouage, c'est d'ailleurs avec elle que je l'ai couché sur le papier pour la première fois. Une manière pour elle de se sentir utile m'a-t-elle dit et je fus heureuse d'avoir pu lui procurer un peu de bien. C'est cet été que j'ai retrouvé certaines d'entre elles sur Instagram : ce n'étaient plus mes patientes et je n'avais donc pas peur de franchir la distance thérapeutique que j'ai sans cesse à cœur de conserver. Oui car au cours de ce stage de pédopsychiatrie, on me reprochait la distance thérapeutique. Là où visuellement nous faisions la même taille, il est évident que c'était difficile, enfin... Je passerai rapidement sur le sujet de l'infirmier qui m'a mis des bâtons dans les roues en mentant sur mes connaissances et sur un tas d'autres choses auprès de ma tutrice et du cadre. Tandis que lui passait son temps à tout déléguer à l'aide-soignant, s'adressait aux patients tel un copain et leur donnait des surnoms mais là, la distance thérapeutique était apparemment plus respectée que la mienne, mais soit. J'étais droite dans mes bottes et n'avais rien à me reprocher. Bref, c'est donc via les réseaux sociaux que j'ai pu apprendre qu'elles avaient obtenu leur brevet des collèges et avec mention s'il vous plaît. J'ai donc pu les féliciter, elles pouvaient être tellement fières d'elles, surtout après le parcours qu'elles avaient traversé pour y arriver ! J'ai pu prendre de leurs nouvelles et savoir ce qu'elles étaient devenues depuis que je les avais quittées. Tout comme je l'ai fait à leur âge, elles ont su rebondir et devenir des personnes fortes et au grand cœur. J'ai de mon côté peu à peu commencé à débloquer les verrous de la porte. Je ne sais pas si vous avez l'idée mais ce fut le début de mon processus de guérison : un loquet à la fois. Tout du moins, concernant le harcèlement scolaire.

Pour la première fois depuis le mois d'Août j'ai dormi plus de trois nuits à la maison et cela fut de courte durée puisqu'elle venait d'être vendue, nous allions rendre incessamment sous peu les clés. Dès le Vendredi de ma première semaine de stage nous avons déménagé avec Papa et on pourrait croire que je fus sans doute triste de la quitter mais ce ne fut pas le cas. Nous y avons emménagé en Octobre 2014, soit quatre mois avant le début de mon harcèlement scolaire et je n'y ai que de mauvais souvenirs, les plus durs que j'avais pu traverser. Le gros pincement au cœur que j'ai eu en revanche est d'avoir dû dire adieu à celle qui devait être celle du bonheur, celle que l'on nous avait continuellement vendue comme synonyme de nouveau départ. C'est là que fut le plus dur, dire au revoir à ce nouveau départ que l'on n'avait pas su prendre et que nous ne prendrions jamais plus.

C'est seulement au mois de Décembre que je peux fêter mes vingt-et-un ans entourée de mon Parrain, de ma Marraine et de mon Grand-oncle ainsi que ma Grand-Tante. Les températures avaient fortement chuté, au point de faire geler ma batterie de voiture que j'ai dû laisser sur le parking de l'hôpital. Un problème, une solution : Allô Papaaa ? Nous passons tous deux le Nouvel An chez Parrain et chaque année j'envoyais un tas de SMS pour souhaiter mes vœux et curieusement cette fois-là, je m'étais dit que j'allais me laisser cueillir et ne ferai que d'y répondre. Devinez qui m'a envoyé le premier ? Vianney. Soi-disant qu'il s'était trompé de numéro. Dis donc, elle commençait bien cette année 2023 ! Puis je finis ce stage le Dimanche 15 Janvier et le 18, je me rends à l'école présenter mon mémoire. Pour les autres ça l'a été mais pas pour moi, ce n'était pas encore le point final menant au diplôme. Il me restait des heures à valider : cinq semaines et un jour soient deux-cent-six heures pour être précise. À entendre les professeurs lors de nos deux jours en Octobre, le mémoire était un grand moment d'émotion. Moment au cours duquel on pouvait constater notre évolution, que souvent étudiant et professeurs pleuraient car ils se rendaient compte du chemin parcouru ensemble. Pour moi, cela n'a duré que vingt minutes et ce fut aussi froid qu'un glaçon. Ma lectrice de TDS m'a dit que j'avais l'air d'avoir subi mes études plus qu'autre chose, elle s'attendait probablement à ce que je nie mais ce fut tout le contraire : j'ai plus que confirmé et j'étais bien contente d'en avoir bientôt et enfin fini. Pour le mémoire, il fallait donc une nouvelle situation interpellante que nous avions eu du mal à gérer et à y réagir adéquatement, ou bien l'inverse. C'était au choix en quelque sorte et pour la première fois, plutôt que de me dévaloriser j'ai choisi au contraire de me valoriser et de prendre une situation que j'avais su à juste titre, gérer.

En Septembre 2022, lors de mon stage au choix en tant qu'étudiante infirmière de troisième année complémentaire, je suis allée en service de maternité post-partum. Je fus confrontée à la situation d'une femme de trente-cinq ans. Elle venait de subir un curetage la veille pour une grossesse non-évolutive survenue à huit semaines d'aménorrhée. Au moment de la situation, elle était à dix semaines d'aménorrhée et était donc restée deux semaines avec son fœtus décédé en elle. Je n'ai pas eu connaissance des circonstances dans lesquelles elle a appris cette nouvelle. C'était sa deuxième grossesse, elle avait déjà un garçon de huit ans. Suite à la péridurale installée la veille pour subir l'intervention du curetage, la complication d'une brèche au niveau du rachis était survenue ; ce qui l'obligeait à rester alitée stricte en position Trendelenburg. Nous sommes le lendemain, l'après-midi, lors du tour des chambres des patientes hospitalisées. J'avais connaissance de son motif d'admission, mais je ne connaissais pas la patiente et elle ne me connaissait pas non plus. Je rentre dans la chambre en me présentant à elle, je me sentais extrêmement peinée pour elle, de plus par rapport au fait qu'elle avait dû garder son fœtus mort en elle, je me sentais assez choquée et impuissante face à son malheur... Je lui propose de lui laver les pieds comme soin de confort.

En effet, elle était restée au lit sans bouger et avec une chaleur conséquente dans la chambre depuis la veille. Afin de la rafraîchir un petit peu depuis la toilette du matin, je prépare de quoi la laver et lui propose avant de se rafraîchir le visage. Elle m'indique qu'elle voudrait bien, cela faisait un jour qu'elle n'avait pu se laver puisque personne n'était passé en chambre durant la matinée pour lui proposer de soins d'hygiène, de confort. J'étais surprise de savoir que personne n'était passé. De plus, elle n'avait donc vu personne pour parler si elle en ressentait le besoin, à part la gynécologue le matin qui lui avait simplement garanti « Qu'il y aurait d'autres grossesses ». J'ai donc été la première soignante de la journée qu'elle voyait et c'est donc à moi qu'elle a confié son ressenti. Elle m'indique qu'elle se sent gênée de devoir demander pour tout, même pour faire pipi, alors appeler pour se faire laver... encore moins. Pour elle, « Perdre du jour au lendemain son autonomie », « Devenir dépendante même pour les choses les plus simples était très dur à vivre » et d'autant plus au vu des circonstances actuelles. Elle ne pleurait pas, mais me disait qu'elle « Subissait ce qu'elle était en train de vivre »,

« Qu'elle se sentait impuissante face à tout cela », « Elle ne comprenait pas pourquoi tout cela lui arrivait à elle », « Qu'avait-elle pu faire de mal pour que cela arrive ». Je me suis montrée empathique envers elle, en posant ma voix sur un ton calme et rassurant, en mettant ma main sur son épaule, en adoptant une position de déculpabilisation sur le fait qu'elle n'a joué aucun rôle dans la mort de son bébé à part celui d'en être victime. J'ai été réconfortante avec elle, en me rapprochant d'elle afin d'instaurer une distance moins froide, et lui donner de la "chaleur" à travers mon comportement afin qu'elle se sente réconfortée.

Puis j'entreprends doucement la toilette complète au lit de Madame en tentant de dédramatiser la situation, en essayant de lui redonner le sourire par quelques "blagues", en faisant en sorte de promouvoir son autonomie, de la mettre à l'aise. Je lui explique comment je vais procéder, en lui disant que je fais ce qu'il n'est pas possible de faire pour elle et qu'il n'y a aucun problème avec cela, je suis là pour cela et mon temps lui est entièrement dédié. Ensuite, elle fera ce dont elle se sent capable. Je lui précise aussi qu'au moment de la toilette intime, si elle le désire et après lui avoir tout mis à disposition ou donné, je peux m'éclipser dans la salle de bain afin de lui laisser un peu d'intimité. Chose qu'elle a volontiers acceptée. J'étais contente de pouvoir lui donner l'opportunité de lui éviter une sensation de gêne en plus, car je me suis mise à sa place et me suis doutée qu'à ce moment-là, on préfère, si cela est possible, le faire soi-même. Puis je lance la discussion en lui demandant comment elle se sent, elle me répond que physiquement ça va, elle n'a plus de maux de tête, ni de douleurs. Je lui demande moralement comment cela va pour elle. Elle induit le sujet de la perte de son bébé, je me suis montrée ouverte à la discussion en lui posant des questions, en la regardant dans les yeux, même si je me sentais extrêmement triste et peinée pour elle, je devais mettre de côté mes émotions au profit des siennes, afin qu'elle puisse les exprimer librement que ce soit de manière verbale ou non verbale, ici, c'était dans la verbalisation.

Elle m'explique que le plus dur, c'est « Qu'elle portait la vie et que pendant deux semaines, elle s'était retrouvée à porter la mort en elle », « Que son petit cœur avait arrêté subitement de battre et qu'ils ne savaient pas pourquoi ». J'ai ressenti un sentiment d'injustice face au décès du fœtus, de plus sans raison apparente et choquée du délai entre la mort du fœtus et le retrait de celui-ci. Mais j'ai continué à lui parler, je ne me suis pas mise en retrait. Au contraire, je me suis mise en accord avec mes valeurs qui sont de respecter sa pudeur premièrement au vu de la situation : en m'éclipsant de la pièce le temps de sa toilette intime et en veillant à couvrir ses parties intimes ainsi que sa poitrine tout au long de la toilette. J'ai été dans l'écoute active de ma patiente : par mon non-verbal, des gestes tendres comme ma main dans la sienne, la regarder *attentivement. Être dans l'empathie vis-à-vis de ma patiente en lui exprimant ma compassion par des mots réconfortants, tels que « Je suis désolée pour vous », « Je vous souhaite beaucoup de courage face à cette épreuve », « Comment vous sentez-vous ? », « Sachez que si vous souhaitez en parler, nous l'équipe, sommes là à votre disposition ». J'ai donc continué la discussion avec elle face au contexte présent, n'ai pas instauré d'ambiance lourde dans la chambre, au contraire, je me suis montrée ouverte à la discussion, si c'était son souhait de m'en parler. Je lui ai ensuite demandé si elle avait eu une préférence pour le sexe du futur bébé, si elle avait déjà pensé à des prénoms avec son mari, à quel stade elle avait pris connaissance de la grossesse, était-elle contente de cette nouvelle ? Puis, je lui ai conseillé d'en parler, si elle en ressentait le besoin à quiconque (professionnel de la santé ou non mais que ce soit une personne bienveillante).*

Je lui ai indiqué l'importance d'en parler, car elle me verbalisait la peur de devoir l'oublier pour faire son deuil et aller mieux. Je lui dis qu'il me paraît important de faire vivre son enfant à travers des souvenirs, je lui ai conseillé de lui faire une petite boîte souvenir si elle le désirait avec ses échographies, le test de grossesse positif, tout ce qui la reliait à cette grossesse. Je ne me suis pas sentie déstabilisée dans cette situation complexe, car j'ai réussi à parler d'un sujet tabou, de déculpabiliser la maman sur la mort de son bébé, à l'inciter à y penser plutôt que de l'enfouir. J'ai réussi à instaurer une distance thérapeutique ni trop proche ni trop éloignée, à gérer mes propres émotions.

Puis, à la fin du soin, la maman m'a remerciée de lui avoir permis d'en parler sans la regarder avec pitié, avec un sentiment de liberté et qu'elle n'allait pas être jugée. Et surtout qu'elle se sentait mieux d'en avoir parlé, qu'elle se sentait rassurée sur le fait qu'elle ne devait pas l'oublier, elle a su me verbaliser son ressenti. En sortant de la chambre, j'ai eu un sentiment immense de satisfaction, d'avoir bien effectué mon travail, car grâce à nos échanges, elle a pu extérioriser ce qu'elle ressentait, de plus au moment où je sortais, sa famille rentrait, sa maman, son fils et son mari étaient là et elle a pu les accueillir le sourire aux lèvres. J'ai eu la sensation à la fin du soin d'avoir agi en tant que "bonne soignante", c'est-à-dire que j'ai agi selon mes valeurs qui sont le respect de mon patient, de son intimité, sa pudeur, son autonomie, d'écouter activement ce qu'il a à me dire (par mon verbal ou mon non-verbal), de rester empathique sans devenir sympathique. Je pense également avoir réussi à poser les mots justes sur ce moment de discussion.

Ma réflexivité dans le cadre de cette situation complexe se base donc sur mes agissements : est-ce que j'ai bien su agir / réagir, mes actions, ont-elles eu l'effet escompté sur la patiente et sur sa situation de soins.

- En quoi mes actions ont permis de commencer le processus de deuil de ma patiente, d'exprimer librement ses émotions, ses pensées, à la déculpabiliser ?
- Quel impact la perte d'autonomie brutale peut-elle avoir sur le moral, le bien-être du patient ?

- En quoi la Grossesse Non Évolutive peut engendrer un sentiment de culpabilité pour la future maman ?
- En quoi porter à la fois la vie et la mort peut changer l'image de soi ?

Nous avons un jour, reçu un email de l'école :

« Bonjour à tous, je vous prie de trouver en pièce jointe l'invitation pour la proclamation festive. Celle-ci a lieu le Vendredi 27 Janvier, à dix-huit heures. Cette proclamation sera suivie d'une réception à laquelle les proches sont invités. Vos enseignants seront également présents pour vous féliciter. Merci de confirmer votre présence auprès de votre titulaire. Les étudiants ajournés seront prévenus personnellement par téléphone par leur titulaire. »

Je réponds que j'aurai cinq personnes qui m'accompagneront. Prévenue en dernière minute, il m'était compliqué de savoir qui pourrait venir à une heure si proche de la fin de journée de travail. Compliqué de faire coïncider les emplois du temps avec le boulot de l'un, le temps de route de l'autre pour venir jusqu'en Belgique. La veille de la date de proclamation, j'avais rendez-vous avec le médecin de la douleur et ma titulaire avait eu toute la journée pour m'appeler mais forcément, c'est tombé en plein milieu du rendez-vous. Je venais à peine de m'asseoir dans son cabinet lorsque mon téléphone se mit à sonner. La dernière dose de perversité de cette école allait arriver, décidément ils prenaient un malin plaisir à nous mettre dans des états pas possibles, je ne vois que cela. Voyant un "+32" s'afficher, je savais de qui il s'agissait et je m'excuse mais je devais décrocher. J'indique à ma professeure que je suis dans le cabinet du médecin, n'y avait-il pas moyen de la rappeler plus tard ? « *Oh Eva, je n'ai pas que toi à appeler et n'ai pas que cela à faire. De toute façon, il n'y en a pas pour longtemps. Tu te doutes que tu ne seras pas proclamée vu que tu n'as pas fini tes heures de stage donc je t'appelle pour savoir si tu venais tout de même avec tes proches demain, car tu comprends bien que ton nom ne sera pas appelé* ». Grosse claque dans la figure, je n'aurai même pas de félicitations de leur part, même pas de reconnaissance ni le bravo que j'attendais après tant d'efforts, après toutes les difficultés rencontrées. Surtout de la part de celles qui n'ont jamais cru en moi et qui ne s'en sont pas cachées, et encore moins gênées pour me le dire. Naïve que je suis, j'aurais pensé qu'une proclamation sous réserve d'heures serait faite ou quelque chose de similaire mais non et je lui ai demandé si le fait qu'elle m'appelait signifiait que j'avais loupé mon mémoire. Question à laquelle elle m'avait rétorqué qu'elle ne pouvait pas me le dire étant donné que je n'avais pas achevé mes heures, elle ne savait pas si je pouvais être mise au courant et elle se renseignerait pour me donner mes points de TDS le lendemain « Mais tu dois quand même bien avoir une petite idée ? - Ben non, justement. ». Ce fut très dur à accepter, j'avais besoin d'avoir le fin mot de l'histoire ! Les autres appelés furent avertis de leur échec et s'ils ne l'étaient pas alors cela voulait dire que c'était réussi. Moi non, j'étais dans l'expectative, entre les deux et dans le flou le plus total. J'ai dormi trois heures cette nuit-là tant j'étais impatiente de me lever et d'avoir sa réponse dans la "matinée" par email. Neuf, dix, onze heures du matin et toujours rien. Midi, ce n'était plus la matinée ! Je renvoie à mes risques et périls un énième email et la soufflante que je me suis prise s'est bien fait attendre, vers quinze heures environ, lorsque je venais d'arriver à la station de lavage pour laver mon carrosse. Ce jour-là, j'ai essayé un maximum de m'occuper l'esprit tant la dernière attente était insoutenable. Je commençais tout juste à la shampouiner lorsque je perçois et reconnais le son de la notification : cet email a eu pour effet de faire briller ma voiture tant j'ai mis du cœur à l'ouvrage (enfin plutôt mes nerfs).

« Bonjour Eva, je suis un peu stupéfaite de te lire. Tu as mal interprété mes dires. En effet, je t'ai dit que je me renseignerai si je peux te communiquer tes points de TDS (Oui, pour une prof c'était sa manière de parler, ce n'était pas qu'à l'écrit et je vous épargne les fautes d'orthographe. On s'échangeait de tels regards avec Emi quand elle disait un "si " suivi d'un "ré" ou des fautes de français telles que "croivent", j'en passe et des meilleures. - NDLR). *Mais étant donné que tu es ajournée, tu ne peux avoir accès à tes points. Ceux-ci te seront remis lorsque tu auras validé toutes tes heures de stage et après délibération du jury. Merci de ta compréhension. »*

Je ne savais pas si ma place était d'y assister ou non jusqu'au moment où j'ai su par une de mes camarades dans la même situation que moi, qu'elle, avait eu ses points car sa titulaire les lui avait donnés. Enfin, à condition qu'elle les garde pour elle pour ne pas faire de différences j'imagine... C'était raté et surtout vite vu, j'allais y aller et en avoir le cœur net ! De plus, Emi, Mathilde et Myriam seraient elles, appelées et je voulais être témoin de ce grand moment et puis j'aurais au moins une fois vu à quoi cela ressemble de réussir et d'avoir le soutien de ces professeures même si je n'étais pas concernée. Considérée en seconde session, j'irai simplement chercher mes documents au secrétariat de l'école ; rien de bien festif ni de chaleureux donc. Cela restait à leur image : froid et on s'en débarrasse au plus vite, venant de leur part je n'étais même plus déçue ni surprise. Au final, cela collait à ce que j'avais en tête depuis des années mais vous me connaissez, je ne lâche jamais et même si l'espoir était infime, il fallait que je tente ma chance : mes deux lectrices de TDS seraient probablement présentes et elles étaient forcément informées de si j'avais réussi ou échoué. Après la "cérémonie", un petit apéritif dinatoire prend place où enseignants, direction, diplômés et leurs proches se sont réunis. Je me faisais toute petite, mal à l'aise, mais j'étais bien décidée à en découdre. J'aperçois au loin ma titulaire et Emi me conseille d'aller lui faire face. Se retrouver devant moi et plus cachée derrière son écran, elle ne pourrait plus se débiner sachant que d'office elle connaissait mes résultats. Je ne me sentais vraiment pas en jambes pour me faire enguirlander une seconde fois dans la même journée, ç'aurait été trop lourd à encaisser. Puis mes yeux se posent sur l'une de mes lectrices, la seule présente ce soir-là et Emi me pousse pour aller lui tirer les vers du nez : c'est une maman de quatre enfants, elle a forcément un cœur (pour la petite blague, sa spécialité était la cardiologie, la réanimation, bref…). Je prends donc mon courage à deux mains, use de ma force de caractère et pars au front « *Tiens Eva ! Tu n'as pas ta pochette de documents, comment cela se fait ?* », je lui explique la situation dans les détails et elle a eu comme réaction de rester bouche-bée. Le fait de me laisser dans le néant, surtout que d'autres dans la même situation avaient été informés c'était plus que "ridicule". Eh oui Madame, voilà qui est bien résumé. Nous avons parlé environ trente minutes de tout et de rien puis nous sommes revenues sur le sujet qui m'intéressait « *Tu dois bien avoir une petite idée de si cela s'est bien passé ou non, n'est-ce pas ? - Même en sortant de votre examen de cardiologie auquel j'ai obtenu la note de seize, je pensais l'avoir totalement raté. Alors sincèrement Madame, non, je n'ai aucune idée du résultat.* », non je n'en avais pas la moindre idée, je ne suis pas quelqu'un d'objectif avec elle-même. Jamais je n'ai su me dire c'est sûr que j'ai réussi, je suis trop forte. Je n'ai pas cette confiance en moi ni cette nonchalance de l'esprit à me laisser porter et imaginer que la vie peut être simple, belle et sans embûches. Impossible, je n'ai pas été habituée à cela. Je lui fais part de ma "nuit" tant j'étais angoissée et que je finirai mes heures dans seulement deux mois : impossible pour moi de rester dans une telle incertitude, je ne tiendrai pas le coup ! Elle finit par me dire de ne pas m'en faire, que ça avait l'air de s'être bien passé et que si ma côte de stage était bonne il n'y avait pas de raison, tout irait pour le mieux. Franchement, les sous-entendus m'étaient devenus ininterprétables, je n'y comprenais plus rien. Un oui ou un non était ce qu'il me fallait ; ce qu'elle capte vite et me demande de la regarder dans les yeux. Si elle me dit que ça irait c'est que ça irait. En gros, elle venait de me donner mes résultats sous le manteau au risque de se faire taper sur les doigts par la direction si c'était trop compréhensible... Pire que James Bond cette histoire ! J'ai senti un poids s'envoler et l'ai remerciée de tout mon cœur même si je ne me laissais pas le droit total de relâcher la pression ni d'y croire tant que cela ne serait pas officiel mais j'ai au moins pu retrouver le sommeil. En revenant à la voiture, le petit sushi organisé initialement pour la proclamation s'est transformée en fête de "pré-diplôme et d'obtention de mémoire" et c'est avec Florina, Camille et Papa que nous avons fêté cette folle soirée. Puis je pars du lendemain passer quatre jours en Normandie pour revoir Ju, monter Silver et Hextra, me reposer (un peu) et profiter d'eux (à fond !). Enfin du 6 Février au 17 Mars, je suis en stage en crèche avec des petits bouts qui ont de deux mois à trois ans. Mon besoin de pouponner satisfait au complet et ma dose de mignonnerie quotidienne. Fin Février, Paco fête ses huit ans et en Mars, Papy ses soixante-dix-sept printemps.

Post Instagram du 9 Février 2023 :

« Ça y est, le compte à rebours est vraiment proche. À la fin de quatre années d'enfer, sincèrement autant physiquement que psychologiquement, je ne sais pas lequel a été le plus malmené... il me reste encore quatre semaines sur cinq et un jour de stage à faire, donc vingt-et-un. Je puise dans mes dernières réserves, je me suis écroulée en larmes dans les bras de ma tutrice ce soir, j'en suis à mon quatrième jour de stage. Elle m'a prise dans ses bras (j'étais grave gênée) mais enfin de la chaleur humaine. »

J'ai eu beau garder le masque pour éviter d'être malade, la crèche étant un pur nid à microbes j'ai quand même choppé une gastro du tonnerre. Et sur mes trois années je n'ai en aucun cas été absente pour une broutille : accident de voiture, épaule déboitée, hospitalisation et Covid, rien d'autre. Pas une seule journée, je ne m'y suis pas rendue sous prétexte que "je ne me sentais pas bien", même une fois malgré mes trente-neuf de fièvre... Bref, je me suis plus que rarement ménagée ou trouvé de fausses excuses : je me suis véritablement donnée corps et âme mais seulement, il venait de me lâcher. Lorsque j'ai compris que j'étais en train de m'évanouir du haut de mes toilettes et qu'une fois allongée il était impossible de me relever sans quoi j'allais retomber dans les pommes. J'ai donc bien dû me résigner et m'y résoudre : c'était impossible. Et puis, si j'avais un enfant dans les bras et que je m'écroulais sur le sol ? Non, il fallait que je me raisonne, ce n'était clairement pas envisageable et j'ai dû louper une journée : un vrai drame. Oui le drame, car ma convention était calculée sur mes heures restantes et manquer une journée signifiait que mon nombre n'était pas suffisant et donc pas de diplôme. J'envoie un email au secrétariat après avoir contacté mon lieu de stage et la réponse de la part de Mme E. est vite arrivée.

« Bonjour Eva, ton compte d'heures est incomplet, tu ne pourras donc pas être diplômée si tu n'y remédies pas rapidement. »

J'étais au courant inutile d'en remettre une couche et pour y remédier donc, j'ai dû refaire une convention avec l'école pour rattraper les six restantes, arrondies à huit (en plus, j'en faisais deux gratuites). Je connais leur délai de réponse et leur efficacité et si pas de signature alors pas de stage et donc celles déjà effectuées ne compteraient pas. En parallèle de cela, je rappelle que je vomissais mes tripes et ne tenais plus debout. Même pour descendre les escaliers j'ai dû m'y prendre à deux fois, faisant une pause au milieu. Trouver un rendez-vous chez un médecin lambda pour couvrir mon absence du jour par un certificat médical et qu'il me donne de quoi tenir le coup. Lequel me met en arrêt pour deux jours car nous étions Jeudi et selon lui, je ne serai pas remise pour le lendemain (c'était mal me connaître !). Déjà que je devais refaire une journée, je n'allais pas rallonger l'interminable à deux, j'ai donc refusé. Avec depuis vingt-quatre heures seulement quelques gorgées d'eau sucrée dans le ventre et les médicaments que le médecin m'avait prescrits, dès le Vendredi huit heures, j'étais de retour. L'école continue de me faire suer comme pas deux en me disant que pour que la convention soit signée par eux (attention gros chantage en approche), je ne devais pas hésiter (comme si j'avais le choix) à prester deux jours plutôt qu'un seul "ce qui est plus correct pour le lieu de stage". Elle signerait la convention uniquement pour deux fois huit heures. Mais purée de pommes de terre ça ne va pas la tête ? Il m'en reste six et je dois en faire seize pour leur faire plaisir ? Afin d'être bien vue ? Il est aussi écrit prenez-moi pour une imbécile sur mon front non ? Ce n'est pas possible ! J'en parle avec la directrice de la crèche, dans un état de calme comme vous pouvez aisément l'imaginer et en apprenant cela, se mit à rire nerveusement, disant qu'elle avait rarement vu cela auparavant. Jamais plus, elle ne prendrait de stagiaires venant de Belgique vu la complexité et l'exigence requise : tu m'étonnes. Je lui explique pourquoi je ne pouvais pas prester cette fichue journée de plus : cela faisait des mois que j'étais overbookée. Entre le stage sur Ath, la Normandie et la pédopsy, je n'avais plus eu une minute à moi. Tout ce qui était contrôle médical, j'avais donc dû le repousser et la date où je pourrai être libre étant le 14 Mars, lendemain de mon dernier jour, j'allais enchaîner. Le Mardi, j'avais mon entretien d'embauche le matin puis le bilan annuel du pneumologue et enfin celui chez l'ophtalmologue. Le Mercredi était le jour de mon tatouage prévu depuis des mois et j'allais enfin faire celui de Vanille afin qu'elle ne soit plus seulement ancrée au fond de moi mais qu'elle y soit aussi encrée et j'ai ajouté Floppy et Grenadine de part et d'autre de celui fait en lien avec mon accident de voiture. Le Jeudi : dermatologue, psychologue et ma visite de pré-admission en clinique. Oui, car je sentais que j'étais épuisée nerveusement, que j'allais imploser et péter un câble, complètement au bout du rouleau. Je m'étais renseignée pour aller dans une clinique où me reposer, un genre de maison de repos mais à la Française, pas l'équivalent de l'EHPAD en Belgique. Bref, impossible de rattraper une deuxième journée sans que cela n'empiète sur mes rendez-vous médicaux ou ne repousse plus la fin de ce calvaire. Et rallonger davantage cet état sous-pression, je ne pouvais plus. Je pense que j'ai dû faire une centaine de burn-out sur mes années d'études à cause de toutes ces conneries ! La directrice a été très compréhensive, je lui ai même proposé de ramener des bulletins de situation pour lui prouver que ce n'était pas du vent. J'ai eu l'habitude de devoir me justifier sans relâche d'un et de deux, l'école ne fonctionnait que de cette façon vu qu'elle ne nous faisait nullement confiance. À force de conciliations, comme toujours, nous avons fini par trouver une solution. Mardi était le jour de mon entretien d'embauche donc et mon employeur me demanda après la date de mon diplôme mais je n'avais aucune date fixe à lui communiquer... Me connaissant et sachant que je ne la lui ferai pas à l'envers, il me dit « *Ok, je n'ai pas encore rédigé ton contrat de travail, mais considère que c'est tout comme.* » Papa m'a même dit que j'étais vraiment forte d'avoir déjà ma place sans avoir eu mon diplôme !

Me voilà donc officiellement à la fin de mes heures de stage le Vendredi 18 Mars 2023. Est-ce que j'ai réalisé ? Non. Maintenant, il fallait attendre les résultats de mes stages, de mon mémoire et de la délibération du jury pour en avoir enfin fini avec tout cela. L'école m'avait laissé entendre fin Mars/début Avril, mais je n'avais aucune date de prévue. Par la suite, je rencontre avec Léonie Valérie Bonneton : l'actrice de *Fais pas ci, Fais pas ça* que nous aimons tant toutes les deux ! Et trois petits jours plus tard, je suis entrée à la clinique pour y rester un mois entier à me reposer, le plus long fut d'attendre le résultat. Le dernier jour du mois tombait un Vendredi, au plus tard ce serait ce jour-là et je me souviens des soignants qui chaque jour, me demandaient si j'avais eu des nouvelles et m'ont même poussée à leur envoyer un email. J'ai répondu qu'il était tout sauf dans mon intérêt de le faire, sans quoi l'école serait capable de me faire mariner plus encore juste pour "m'embêter". J'ai donc une fois de plus attendu dans la plus grande impatience puis j'ai enfin reçu un email le Jeudi 30 vers dix-neuf heures. Il disait que mes papiers seraient au secrétariat du lendemain dès huit heures trente du matin et voilà de quelle façon j'ai appris que j'étais diplômée... Ma titulaire a tout de même poursuivi l'email en me félicitant d'y être arrivée et me souhaitant bonne route dans ma vie de soignante. Avec mes traumatismes et mon passé, j'avais l'impression de lire qu'elle en doutait, comme s'il était possible que ce ne soit pas le cas. C'est bête, mais c'est ma vision des choses ; pas nécessairement objective mais c'est ainsi que je l'ai ressenti.

J'ai donc obtenu mon diplôme de fin d'études d'infirmière en date du 31 Mars 2023 et la première date de proposée pour publier mon cher et tendre bouquin est le 31 Mars

2024 : quelle coïncidence ! En une année j'aurai achevé les deux plus gros projets de ma vie, ceux que j'avais en tête depuis des lustres. L'un depuis mes cinq ans et l'autre depuis mes quatorze.

Consécration ultime

J'ai obtenu mon diplôme avec 62,90% de réussite en stage et 66,50% de réussite au mémoire : un total de 64,70% et ô combien cette victoire fut belle, je la savoure chaque jour depuis. J'ai tellement, mais tellement galéré que j'ai même eu du mal à m'en réjouir tant je ne réalisais pas. Aujourd'hui encore, à l'aube de l'année 2024, j'ai du mal à m'en rendre compte. Idem pour mon permis de conduire par exemple, j'ai de sacrées difficultés à me voir évoluer. Non pas que je ne croyais pas en ma capacité d'y parvenir, mais plutôt à force que rien de positif ne m'arrive jamais ou rarement. Je me suis construite de mes quatorze à mes vingt-et-un ans sur des traumatismes, ajoutés les uns aux autres et à devoir me battre et me donner à fond pour chaque chose, aussi insignifiante soit-elle. J'ai du mal dans ma vie de jeune femme de vingt-deux ans à me sentir adulte et plus adolescente, à réaliser que j'ai su briller et atteindre mon but, à me voir grandir et réussir tout simplement. Je me surprends à me répéter et à me rappeler régulièrement que j'y suis arrivée ; c'est long à intégrer apparemment ! Comme si j'étais restée bloquée dans le passé.

À ma chère Emi, qui en a bavé autant que moi et qui m'a constamment soutenue. Nous avons sensiblement le même caractère et donc nous nous comprenons facilement. Avec elle, j'ai pu apprendre à m'accepter telle que je suis, c'est une vraie source d'inspiration. Elle me fera toujours rire avec sa franchise qui la caractérise si bien. S'il y a bien une chose que je ne peux enlever à ces études, ce sont bel et bien les fabuleuses rencontres qu'elles m'ont offertes.

À Florina, qui m'a plus que sauvé la mise à de nombreuses reprises, qui s'en est aussi donné du mal et plus que de raison. Aujourd'hui, nous arrivons à nous voir de temps en temps et elle travaille en Belgique en service d'oncologie, hématologie et néphrologie : là où nous nous sommes rencontrées finalement et nous partageons pas mal de nos galères !

Merci aux études d'infirmière de m'avoir fait rencontrer Mathilde, Thésée, Abigaëlle, Vanessa puis Vicky, Pauline, Emi, Myriam, Maëva. Puis Ella, Gabrielle, Fadwa et enfin

Florina, Meryl, Carlotta et François. Sans oublier les liens avec les professionnelles et patients que j'ai pu tisser : Tatiana de la PMI, les parents du petit Gabriel ou même Lou de la dernière crèche.

Mathilde travaille en tant qu'infirmière en service de réadaptation à Bordeaux. Thésée dans le milieu de la petite enfance mais devrait prochainement réenfiler sa blouse d'aide-soignante. Abigaëlle est infirmière en soins de réadaptation sur Lille. Vanessa est aide-soignante en service hospitalier de Belgique. Pauline va être diplômée infirmière d'ici quelques semaines. Emi travaille en France en tant qu'intérimaire pour le moment et va où le vent la mène même si la psychiatrie la guette aussi. Myriam travaille en psychiatrie en Belgique. Maëva est en deuxième année d'infirmière. Ella travaille en tant qu'infirmière laborantine à Avignon. Fadwa est diplômée infirmière et travaille en Belgique. Meryl travaille en service hospitalier de psychiatrie en Normandie. Carlotta fait une pause dans le métier de soins pour le moment et François travaille sur Caen.

Post Instagram du 4 Avril 2023 :

« J'ai créé ce compte le 14 Juillet 2020, j'ai dix-neuf ans, je viens de finir ma première année d'école d'infirmière. En errance médicale depuis toujours, en Novembre 2019 on m'a parlé du Sed et que je l'avais très probablement. J'ai créé ce compte pour trouver de l'aide sur la pathologie : savoir à quoi m'attendre, quoi faire comme démarche administrative, me rassurer... J'ai obtenu bien plus. Vous avez été durant ces quatre années d'études d'un soutien inégalable. Je n'ai pas de mots assez forts pour exprimer ma reconnaissance. J'ai pu nouer de vraies amitiés comme avec Anaïs qui est devenue une grande sœur [...] Ce compte a été une telle échappatoire pour moi, une manière de poser tout ce que j'avais dans la tête, ce qui me rendait dingue quand j'avais envie d'hurler. C'est peut-être ici que l'on a le plus entendu le son de ma voix ces dernières années. Bref, me voilà diplômée après tant de souffrances physiques, mentales, de bâtons dans les roues, mais je n'ai jamais lâché. Je n'ai eu droit à aucun aménagement de par ma pathologie ; j'ai dû le faire de A à Z et j'ai validé mon diplôme avec soixante-cinq pour cent de réussite en venant d'un bac littéraire. « Je n'étais pas faite pour ça, je n'y arriverai jamais, je devrais me reconvertir, je suis trop sensible puis je suis malade ». Sur cent soixante élèves à la rentrée 2019, on en ressort trente-sept diplômés en 2023. Ma place, je l'ai plus que gagnée et j'ai remporté ce combat ! Je suis infirmière BORDEL !!!!

Je suis ma seule réussite, c'est vrai, c'est moi qui me suis levée à cinq heures du matin pour aller en stage, dans dix-neuf endroits différents et qui en ai effectué 2481,5 heures. C'est moi qui ai réalisé tous les actes techniques visant à approuver mes acquis.

Moi qui ai réussi mes six examens pratiques et validé les quatre-vingts matières théoriques. De plus, personne n'est resté debout à ma place pendant des heures, à en crever de douleur, au point d'aller juste aux toilettes pour s'asseoir un peu. Personne. Pourtant, vous m'avez tous aidée ici à votre façon, vos encouragements, vos bravos, tu es la plus forte, fonce... merci du fond du cœur pour tout cela, vous n'imaginez pas ce que cela représente pour moi.

Dès aujourd'hui, je mets à profit le projet qui me tient le plus à cœur depuis le début de mon harcèlement scolaire, ma descente aux enfers : c'est l'écriture de mon livre. Partager, faire connaître et dénoncer le harcèlement scolaire. Puis pour finir, faire la paix avec mon passé. Cela fait plus de huit ans que j'y pense, l'heure est venue d'en remplir les pages puis de pouvoir enfin fermer la dernière. Afin de pouvoir ouvrir un autre livre, celui où je ne survis plus, mais où je vis ! Et surtout où j'ai réussi. Je vous concocte un livre plein de rires, d'innocence de l'enfance, d'amour puis de batailles, de combats, de résilience et surtout de victoires (aucun mot négatif pourtant, Dieu sait qu'il y en a qui se bousculent, mais je veux rester la personne optimiste et positive que je suis et qui en fait une pure force). »

Post Instagram sur mon compte personnel où j'ai mes amis, ma famille, mes proches et où j'ai assumé pour la première fois tout cela au grand jour :

« *Biggest of my achievments,*

Diplômée infirmière, venant d'un Bac Littéraire avec une pathologie chronique découverte au bout de trois mois après le début de mes études seulement. Qui procure douleurs, fatigue et tant d'autres choses au quotidien. Diagnostiquée à vingt ans, étant en cohabitation avec sans le savoir, depuis ma naissance. Super fière de moi et de mon parcours si beau soit-il par sa difficulté et la force ainsi que la rage de vaincre qu'il m'a procurée. On m'a dit que je n'y arriverai jamais, que c'était trop dur pour moi ; physiquement, psychologiquement... Dur, ça l'a été. Mais mon âme de combattante l'est bien plus encore. PROUD. »

Le 1er Avril, la journée portes-ouvertes de mon lycée avait lieu et comme chaque année je m'y suis rendue. Pour la première fois, j'ai pu mettre mon diplôme sous le nez de ceux qui m'avaient enfoncée plutôt qu'élevée, mais par-dessus tout, le présenter fièrement à ceux qui m'avaient constamment encouragée. On m'a dit que je revenais de loin, qu'exercer ce métier n'était pas un hasard et j'étais plutôt d'accord avec eux. C'est par le biais de cette journée que j'ai pu parler pour la première fois de ce projet à plusieurs de mes anciens professeurs, le documentaliste, et j'en passe. Au début, je ne voulais plus y aller car les semaines qui suivaient cette journée, au cours des années précédentes, m'avaient fait ressasser un paquet de souvenirs plus douloureux que bénéfiques, mais j'ai pris sur moi parce que j'avais écrit une lettre pour Madame M, ma professeure d'espagnol et Madame T, celle de S.V.T et que je tenais absolument à donner en main propre. Toutefois, je notifie aux anciens professeurs qui m'ont dit « *À l'année prochaine* » que je ne reviendrai pas. Non, cette fois-ci la boucle était bouclée. La seule raison qui pourrait me pousser à refranchir ce portail serait avec un autre de mes accomplissements de vie : celui d'être devenue maman. Voilà dans un tout proche avenir, mon prochain but à atteindre et l'événement qui fera de ma vie, ma nouvelle fierté avec le sentiment d'avoir su construire et fonder ma propre famille, mon équilibre, ma raison de vivre quoi ! Pareil pour celles de mon collège où j'ai pu revoir mes anciennes professeures et boucler la boucle de la même façon. Mais surtout, donner mes lettres à Madame M, Madame G, Madame P et Madame S avec comme point final : l'annonce de mon projet d'écriture à mes anciennes professeures de français. Hormis ma famille, mes proches et mes amies, tous les membres de l'équipe soignante m'ont félicitée et ce sentiment où tout le monde reconnaît et savoure l'ampleur que cette victoire représente pour moi est absolument indescriptible. Aussi, j'étais impatiente de savoir quel cadeau j'aurai de la part de Papa puis de Maman pour mon diplôme. Oui, je reste une rêveuse avec son âme d'enfant ! Maman m'offrira une magnifique bague Pandora qui me faisait de l'œil depuis des années. Pour Papa, c'est moi au même titre, qui lui ai soumis l'idée. Éric Antoine passait en spectacle non loin de chez nous le 4 Avril et le suivant sur son compte Instagram, j'avais vu que quelques jours plus tôt il était en représentation à Genève. Il avait publié deux-trois extraits pendant lesquels il y avait systématiquement un moment d'improvisation et il appelait des personnes en visio pour leur poser des questions dont il avait, au final, prédit les réponses. Ce soir-là donc, j'assiste au spectacle et vient ce moment. J'ai dégainé mon téléphone plus vite que l'éclair et la première personne qui m'est apparue était Gabrielle. Je l'ai donc contactée et elle m'a répondu en un clin d'œil n'en sachant même pas le motif ! J'ai tendu mon téléphone et Éric l'a saisi. Il lui pose ses questions, lance quelques vannes puis au terme de cet appel, annonce que nous venons de gagner deux places pour venir le voir jouer sur une prochaine date. Avec Papa, nous avons eu droit à ce que l'on appelle un "after-show" c'est-à-dire qu'à la fin, une fois que tous les autres spectateurs sont sortis (nous avons d'ailleurs croisé Madame G !), nous pouvons monter dans les coulisses et le rencontrer en personne. La roue avait enfin tourné pour une fois, j'avais eu considérablement de la chance et qui plus est pour mon cadeau de diplôme. Nous arrivons dans une pièce où il y avait des bouteilles de soda, de jus de fruits, des bonbons, des biscuits... Les membres de l'équipe technique nous invitent à nous servir le temps qu'Éric prenne sa douche et nous rejoigne et je vous assure que nous nous sentions dans un monde parallèle ! Puis il arrive et nous avons le temps d'échanger avec lui puis d'immortaliser l'instant et qu'est-ce qu'il fut mémorable ! Vient mon tour et je lui explique la chance que j'ai eue, tandis que je venais fêter l'obtention de mon diplôme d'infirmière. J'ai donc reçu les félicitations d'Éric Antoine en personne et il m'a demandé où j'allais travailler, s'est intéressé de savoir si cela me plaisait bref, on marchait sur la tête ! La prochaine date de son spectacle était le 13 Avril à Bruxelles au cirque Royal et bien évidemment, la personne qui allait m'accompagner serait Gabrielle.

Je suis rentrée de la clinique le temps d'un week-end et ai trouvé une grosseur sur la joue de Floppy ; il faisait un méchant abcès dentaire et l'opération serait lourde à supporter pour mon Floppychat mais indispensable. Le soir de son intervention était le spectacle d'Éric à Bruxelles où nous arrivons sans aucune invitation et nous nous rendons à l'accueil, demandant où nous diriger puisque nous sommes invitées. La réceptionniste souhaite savoir par qui et nous échangeons un regard avec Gabrielle : par Éric ? Fun fact, elle était allée en manifestation ce jour-là et on lui avait retourné le poignet. Au vu de l'état de celui-ci, ses amis avaient voulu appeler les pompiers pour qu'elle se rende aux urgences tant l'aspect était douteux. Mais elle a refusé, disant qu'elle avait promis de venir avec moi au spectacle et que donc ce n'était pas possible... Juste avant de rentrer dans la salle, j'ai eu la vétérinaire au téléphone me donnant des nouvelles de Floppy, il avait fait plusieurs arrêts respiratoires au cours de l'intervention et j'ai senti mon cœur se briser, j'avais eu une sensation de légèreté et pensais que tout irait pour le mieux. Il est resté hospitalisé plusieurs jours puisqu'il ne régulait pas seul sa température et ne mangeait pas. Cependant, la vétérinaire restait optimiste mais je ne l'étais pas, trop habituée à ne pas m'emballer et à préférer imaginer le pire que le mieux dans un souci, en cas de mauvaise nouvelle, d'y être préparée. J'ai sincèrement cru que Floppy n'en réchapperait plus cette fois-ci et cinq jours plus tard, il put enfin sortir de la clinique et je sortirai également, il avait besoin de moi pour ses soins et ses traitements. J'étais la seule à pouvoir m'en occuper et à juste titre, j'étais devenue infirmière c'était mon domaine maintenant ! Pour revenir au spectacle, il était le même jusqu'au moment de l'improvisation : Gabrielle décida d'appeler sa maman qui lui répondit dans la seconde. Éric saisit son téléphone et c'était reparti pour des rires ainsi qu'un second after-show ! En montant par la suite dans les coulisses, je dis à Éric que nous avions été invitées ce soir suite au premier after-show et que j'avais amené avec moi celle qui avait répondu. Il me dit que c'est donc la seconde fois que j'avais de la chance, ce à quoi je réplique que oui et ce n'était pas si souvent, loin de là ! Il rigole en me disant que je commençais sérieusement à lui coûter cher ! De retour à la clinique, l'ambiance était devenue pesante et je ne trouvais plus ma place. Là où je prenais soin de moi, me maquillais, me coiffais, chantonnais, apparaissais reposée et allais mieux de jour en jour : le psychiatre s'occupant de moi ne l'a lui, pas vu de cet œil-là et ce jugement m'a profondément blessée. Après un entretien très piquant de mon ressenti, je lui ai donc écrit une lettre sur les conseils des soignants du service qui m'avaient par ailleurs, confié ne pas tellement l'apprécier non plus. Ils m'ont beaucoup rassurée et aidée à me recentrer sur l'essentiel.

> *« Docteur, je suis arrivée ici pour déposer mon passé et travailler sur ma confiance en les médecins qui ne m'ont jamais crue. Je me sens déjà illégitime d'être infirmière avec un SED, accompagné des manifestations douloureuses aussi nombreuses soient-elles au quotidien. Après quatre ans d'études dures psychologiquement et physiquement, j'arrive ici en citant mes objectifs : me recentrer sur moi-même, me ressourcer, me reposer et avancer sur les traumatismes vécus au cours des dernières années. D'autant plus illégitime d'être patiente ici en étant désormais devenue infirmière. Je me dis qu'il y a pire que moi et que je devrais laisser ma place à quelqu'un d'autre. Seulement penser aux autres avant de penser à moi, c'est ce que je fais depuis toujours et j'en ai d'ailleurs fait mon métier. Pour une fois, depuis ces dix dernières années où ma vie a commencé à s'alourdir par des problèmes de santé, pour une fois, j'avais décidé de penser à moi et de prendre soin de moi. Et vous considérez cela comme de « l'hôtellerie », « avec aucune indication médicale ». Cette remise en question de ma propre souffrance est incessante depuis des années ; les médecins ont apparemment toujours mieux su que moi où était ma souffrance et où était ma place. En me lançant dans ce métier avec mon vécu et ma pathologie découverte, après vingt-et-un ans d'errance médicale et de remise en cause constante de ma personne, je pensais enfin éviter ce genre de propos à mon égard qui remet en cause une fois de plus ma légitimité. Dommage pour moi, car encore une fois, je vais devoir continuer mon combat seule. Entourée des professionnels de santé aussi peu soient-ils qui ont accepté de m'écouter et, au vu de mes antécédents, de respecter ma douleur quelle qu'en soit la forme. Alors Docteur, je demande à sortir Mardi 18 Avril, j'ai bien compris que ma place n'était pas et plus ici. Le cas contraire, je signerai une décharge.*
> *Respectueusement, Eva. »*

Si vous saviez d'à quel point cette qualification d'hôtellerie a pu résonner en moi telle une insulte, pourquoi fallait-il sans cesse minimiser ce que je ressentais ? Pourquoi était-ce constamment le médecin qui tenait ce rôle cruel ? Quelques jours avant ma sortie programmée donc, je pars faire le piercing au nombril dont je rêvais depuis mon année de CM2 et je fais également le Snug avec Faustine qui elle, se perce le troisième trou des lobes d'oreilles. Je rentre le 18 à la maison pour prendre soin de Floppy qui avait malheureusement des soins très lourds et conséquents : pansement plus six médicaments le matin, deux le midi et cinq le soir avec un autre rinçage de la plaie.

Mais à force de patience, de persévérance et d'amour il s'en est relevé et aujourd'hui il se porte on ne peut mieux. Il est en pleine forme mon petit battant qui pourtant n'excède même pas le kilogramme !

Je célèbre l'obtention de mon diplôme au restaurant avec Madame M et Madame G et le matin, je m'étais rendue chez le médecin généraliste qui m'avait suivie de ma naissance à mon adolescence. Je lui ai exposé le diagnostic : on avait enfin trouvé ce que j'avais. Encore le besoin de mettre un point final à tout cela et sans animosité aucune, toujours, ainsi que de lui montrer que je n'étais plus la petite fille qu'il avait connue ; c'était très important pour moi. À la fin de cette consultation, je lui dis amusée, une phrase qui n'est pas réellement passée par mon cerveau « *Et surtout la prochaine fois que vous aurez un enfant qui se tord dans tous les sens comme moi, vous saurez quoi faire !* », il me sourit puis en me disant au revoir « *Ravi de t'avoir revue* », ce à quoi je ne savais pas trop quoi répondre alors je me suis contentée d'un « *C'est partagé !* ». J'ai également repris contact avec la clinique de l'adolescent où j'avais été hospitalisée en classe de troisième et ai retrouvé une infirmière qui s'était occupée de moi et nous avons convenu de nous rappeler à un autre moment. Elle se souvenait de mon passage et m'a dit qu'elle était si contente de connaître le dénouement de mon histoire. Nous vivons cette frustration en tant que soignant, de voir le patient à un moment clé de sa vie au cours duquel il a besoin de notre aide puis bien souvent, de ne pas savoir ce qu'il est devenu. J'ai aussi recontacté pour les mêmes raisons et dans le même but la psychologue qui m'avait suivie l'année de ma troisième ; celle qui a, pour la première fois, posé les mots et qualifié mon vécu de " harcèlement scolaire " puis enlevé les œillères que je m'étais inconsciemment mises « *C'est bien, bravo Eva ! Je me souviens de toi oui, ton futur métier n'est pas une chose anodine, je te souhaite le meilleur !* ». Fin Avril étaient les portes-ouvertes de mon école d'infirmière et je n'allais certainement pas les louper ! J'ai pu y croiser certaines de mes professeures et leur dire au revoir en bonne et due forme ainsi qu'entre autres, on ne va pas se mentir, chercher les félicitations que j'attendais tant. Mme E. m'a suivie dans le couloir, me disant qu'elle n'était pas sûre d'avoir bien vu mais que si, c'était bien moi ! Elle qui, contrairement à moi a apparemment la rancune tenace, je suppose qu'une parole bienveillante de sa part aurait été superflue. Aucun mot gentil récompensant mes efforts : rien ! Elle s'est contentée de dire que c'était bien d'avoir des projets et un point c'est tout. La professeure à côté de moi était bien plus chaleureuse et m'a questionnée sur mes ambitions, si j'étais embauchée... Elle était tout comme moi, très emballée. Je recroise ma titulaire de deuxième année, vous savez celle qui m'avait dit que la psychiatrie n'était pas pour moi et que je n'étais pas faite pour cela ? Toujours à mettre son grain de sel là où je n'en ai absolument pas besoin, mais mêlez-vous de vos fesses ! Eh bien Madame, je viens de signer mon contrat ! Elle était d'ailleurs occupée, en train de parler avec une potentielle future élève et comme m'a dit Emi, je pense qu'elle a eu peur que je l'ouvre et que je raconte la vérité sur cette école qui se donnait une image plus qu'hypocrite. Son père a deviné je ne sais comment, que j'étais jeune diplômée et dites-vous bien qu'il m'en a félicitée avant même ma propre professeure… Pour ensuite me demander si cela s'était bien passé. Il voulait sans aucun doute être rassuré pour sa fille et je me suis bien gardée de répondre, me contentant de dire qu'il valait mieux ne pas me lancer sur le sujet, j'étais bien soulagée d'en avoir fini et si sa fille se lançait dans ces études, eh bien je lui souhaitais bien du courage ! Le lendemain, j'effectue ma première séance chez un magnétiseur recommandé par Faustine et j'ai réalisé six séances en tout, chacune visant un sujet bien défini : voilà de quelle façon j'ai entamé mon processus de guérison. La première séance portait sur le harcèlement scolaire qui a eu pour effet de me faire pleurer accompagné du "pourquoi moi" avec un grand sentiment d'injustice. La seconde séance m'a aidée à prendre plus de recul sur l'exigence que j'ai envers moi-même et mon sentiment de me sentir "nulle" en permanence ou "jamais assez bien". La troisième séance concernait l'amour de soi et elle aura assurément été riche en émotions et ce jour-là, j'ai vécu la scène d'un point de vue extérieur. C'était dans le couloir du collège, celui que j'ai tant arpenté que ce soit en béquilles ou en fauteuil et également le plus sombre : celui du premier étage. Venant de la gauche, c'était moi à quatorze ans en classe de troisième avec mes cheveux mi-longs, mes lunettes Ray-Ban, mon T-shirt "La vie est belle" et mes converses bordeaux aux pieds. Venant de droite, c'était moi à vingt-et-un ans telle que j'étais habillée le jour de la séance. Chacune est venue au contact de l'autre, puis la "moi" de vingt-et-un ans a pris celle de quatorze dans ses bras, lui chuchotant à l'oreille ce qu'elle allait devenir, qu'elle était très forte et qu'elle ne devait pas douter d'elle-même car elle y arriverait toujours, d'une manière ou d'une autre. Vous savez, on rêverait tous d'un jour pouvoir retourner dans le passé pour se prendre soi-même dans les bras, se donner du courage pour les jours où l'on n'en aura plus et que seule l'envie de baisser les bras résonne en nous. Malheureusement, nous savons que c'est impossible. Eh bien à travers cette séance, aussi bizarre que cela puisse paraître de le raconter, c'est comme si je l'avais réellement vécu et cela a eu pour effet de véritablement apaiser ces souvenirs douloureux. La quatrième séance a tourné autour des jugements, à quoi bon puisque cela ne m'amène que du négatif et qu'il faut assumer qui je suis. Cette séance-là pour le coup n'a pas eu l'effet aussi grandiose que les autres dans la mesure où aujourd'hui encore, j'ai inlassablement du mal. La cinquième séance était à propos des peurs, de la vision négative des choses et idem, je sais que j'ai encore considérablement à travailler sur ce thème. Pour terminer, vient la sixième à propos de l'acceptation de soi, de moi et elle fut à contrario de la troisième puisque c'est la "moi" de quatorze ans qui est venue féliciter celle que j'étais devenue et qui lui a dit qu'elle était fière d'elle. Lors de ces séances, cela apparaît un peu sous la forme d'un rêve bien que je sois consciente mais je planais avec la totale sensation d'être ailleurs. J'ai également pu reprendre contact avec deux personnes perdues de vue depuis longtemps et que pourtant je n'ai jamais oubliées... Juste le temps de prendre des nouvelles et d'en donner, rien de plus mais cela me tenait à cœur.

En attendant le début de mon CDD en date du 2 Mai, je me suis lancée dans ce que j'attendais depuis si longtemps : le tri de mes affaires d'école. J'ai donc farfouillé dans les cartons et repris tous mes cahiers de mes trois à mes vingt-et-un ans de manière à faire une croix définitive sur ma scolarité. Puis pour les cinq jours restants je suis retournée profiter une dernière fois de Ju, de ses chevaux et de Shadow. Étant à temps plein, je savais que je n'aurai plus le temps de venir y passer du temps avant plusieurs mois et je me suis d'ailleurs pris un mauvais coup de sabot qui m'a fait bleuir le pied et donné une démarche boitillante. J'ai franchement eu peur de commencer mon contrat dans ces conditions mais rien de grave. Puis le 1er Mai j'ai accompagné Ju à un concours de saut et nous nous sommes levées aux aurores ! Enfin vers seize heures, j'ai repris la route direction la maison puisque le lendemain matin, j'entrais en piste pour ma toute première prise de poste en Belgique, en tant qu'infirmière de psychiatrie ! Gabrielle débute elle aussi son CDD et part jusque Septembre pour travailler à Disney. Quant à Floppy, il atteint le premier mois post-op et était pour mon plus grand soulagement, quasiment guéri ; en rigolant, je lui avais même dit que ce n'était pas parce que j'allais travailler qu'il pouvait en profiter pour me coûter un bras en soins vétérinaires !

« Je suis Eva, infirmière »

Mon premier jour de contrat est là et tous mes collègues m'ont félicitée pour mon diplôme, c'était franchement touchant ! Un autre sentiment très particulier fut en revanche auprès de l'infirmière responsable des étudiants qui m'avait encadrée en tant que telle quelques années auparavant : elle était devenue ma collègue ! J'ai eu un peu de mal à la tutoyer au début mais j'étais si contente d'être revenue dans ce milieu où l'ambiance y est familiale, je ne m'étais pas rendu compte d'à quel point cet endroit m'avait manqué. Cette collègue en question m'a d'ailleurs dit une phrase qui m'a fait rire : tout d'abord, j'avais été embauchée pour remplacer une collègue enceinte, mais également et surtout pour permettre aux autres de partir en congés l'été ! J'ai pour ce premier jour, revêtu mes nouvelles lunettes Esprit, rose-gold et de forme ovale ; j'avais dit à l'opticienne qu'il m'en fallait qui fassent jeune femme de vingt-et-un ans et infirmière ! Seulement trois petites semaines après le début de mon contrat et de ma nouvelle vie, Anastasia m'apprend qu'elle effectuera son stage de troisième année en psychiatrie chez nous et cela m'a fait tout drôle ! Tout comme entendre mon prénom, que les gens s'adressent à moi avec respect, c'était inhabituel pour moi. Je devenais quelqu'un, moi-même en l'occurrence, et mes collègues avaient envers moi une chose que je ne connaissais pas jusqu'alors : de la <u>considération</u>. Enfin, le sentiment d'être utile et de pouvoir apporter aux patients reste ce que je préfère par-dessus tout ressentir.

Un soir, j'ai reçu un message qui m'a quelque peu troublée via mon compte Instagram @sedavie. Je parlais depuis quelques mois avec quelqu'un qui était très à l'écoute, toujours le mot qu'il fallait, mais je me mis à ressentir un doute qui a bien vite été confirmé par l'intéressé en question : il s'agissait bel et bien de Vianney qui se faisait passer pour un autre. J'ai ri, car je pense que c'était la meilleure réaction à avoir et pris de ces nouvelles : il était tombé dans le cannabis et l'alcool mais m'annonça en être cependant sorti. Travaillant désormais dans ce milieu et sachant qu'il fallait un déclic, je lui demande lequel a été le sien. Je me souviens d'en avoir échangé sur le moment avec Léonie qui m'a demandé si j'avais pensé à lui donner une nouvelle chance. J'y ai pensé oui, me suis dit que s'il avait su prendre ses responsabilités et devenir quelqu'un de responsable, je pourrai éventuellement y réfléchir. Mais lorsque j'ai appris la suite, j'ai compris que j'avais bien fait de partir : il m'a expliqué être tombé dans le monde de la nuit par mauvaises fréquentations et s'être réveillé un matin sur une aire d'autoroute avec un trou noir de plusieurs heures. Il ne se souvenait pas d'avoir conduit jusque-là et s'était retrouvé sans portefeuille ni téléphone car il se les étaient fait voler ; le coup de grâce ayant été d'apprendre que sa copine avait été mise enceinte par un autre. En prenant connaissance via ces messages de cela j'étais franchement bouche bée. Ne reconnaissant pas celui avec qui j'avais passé un an et demi de ma vie. Cependant, j'ai voulu rester optimiste en lui souhaitant le meilleur et nous avons brièvement reparlé de l'accident ainsi que des raisons de notre rupture et de ma façon de la vivre. Selon nos messages et nos échanges, à ses yeux je le vivais mieux que lui. Je lui ai expliqué que oui, puisqu'après notre séparation j'avais dû apprendre à m'aimer seule plutôt que d'attendre qu'on ne le fasse à ma place. J'avais compris que je contournais le problème depuis des années en agissant de cette façon et que grâce à notre séparation, j'avais pu ouvrir les yeux sur quantité de choses. De même que ma vie était trop précieuse pour la perdre si bêtement ce 18 Décembre, pas pour tous les efforts que j'avais fournis jusque-là. Il a senti que j'avais besoin de son "merci" pour l'avoir poussé à évoluer même s'il n'en avait pas saisi l'occasion ; Vianney reste quelqu'un avec un bon fond et je n'ai en aucun cas dit ou pensé le contraire. La discussion se termine par son remerciement et cela a eu pour effet d'annuler le sentiment de culpabilité que je pouvais de surcroît, ressentir.

Au mois de Juin, la fête de fin d'année de mon ancien collège pris place et fête à laquelle Madame G m'avait invitée. Ce n'était pas la première fois que je me rendais à ce genre d'événements car j'ai continuellement admiré son travail et apprécié de venir assister à la chorale qu'elle dirigeait. Il faisait très chaud ce jour-là et nous étions nombreux dans la salle, ce qui m'a valu un coup de chaud à la fin de la représentation. J'ai fini par devoir m'allonger et me rafraîchir tant j'étais assommée par la chaleur puis cela faisait deux semaines que j'enchaînais non-stop mes journées et la fatigue avait pris le dessus. Encore une fois j'étais gênée de la situation, mais le fait de me poser et de respirer calmement dans le but de reprendre mes esprits a également eu pour effet d'enlever le nœud que j'avais à l'estomac. La boule au ventre que j'avais constamment ressentie jusqu'alors en franchissant les portes du collège avait disparue : c'est bizarre la vie parfois... Toujours là où l'on ne s'y attend pas. Noah fête ses seize ans, déjà... Puis je me rends dans une librairie où l'un des Youtubeurs dont les vidéos m'ont accompagnée de longues années, y dédicaçait son nouveau livre. Il s'agit de *McSkyz* et ce sont ses vidéos qui m'ont aidée à m'endormir les soirs où j'étais trop occupée à ruminer ou à angoisser pour trouver le sommeil, c'est grâce à lui que j'y parvenais. Ce sont des vidéos à propos d'affaires criminelles et oui cela m'endort ! Au même titre que les musiques d'AC/DC d'ailleurs… Quelques jours plus tard et après quelques investigations, j'avais retrouvé le contact de mon directeur d'école primaire : Monsieur C. et il n'était plus directeur mais enseignant en classe de CP. J'avais donc retrouvé et contacté cette école en expliquant ma démarche. Le monde a évolué et maintenant pour rentrer dans cette kermesse, la personne à l'autre bout du fil me dit que je devais être identifiable au moyen d'un bracelet qu'il aura laissé à l'entrée et dans une enveloppe à mon nom. De la même façon je voulais lui annoncer mon diplôme et agrémenter mon petit bonhomme de chemin. Il n'est pas compliqué pour moi d'expliquer ma démarche : j'ai cherché à retracer mon histoire étape par étape pour pouvoir faire la paix avec cette scolarité, avec celle qui m'a été si destructrice mais à la fois tant salvatrice. C'est donc pour cela que j'ai tenu à revoir mes instituteurs de la petite section au CP, en passant par le collège et enfin le lycée puis les soignants qui m'ont entourée ou non. Le lendemain de cette entrevue, je me suis rendue à la kermesse de mon école primaire et revis mes institutrices de Moyenne et Grande Section ainsi que celles de CP et de CM2.

En Juillet, cela faisait huit mois que je n'étais pas allée à Disney et il était temps que ce nouveau record prenne fin. Gabrielle travaillant là-bas, elle me propose de la rejoindre pour la journée et grâce aux places privilégiées de par son contrat, j'ai été reçue telle une VIP. J'ai donc rencontré sa collègue, son frère et une de ses amies pour partager des moments plus que mémorables, à rire tous ensemble alors que l'on ne se connaissait ni d'Eve ni d'Adam. Le 13, Papa fête ses cinquante-six ans puis Mamie T ses soixante-seize. Comme je l'ai raconté plus tôt, c'est un soir de Juillet que j'ai revu Hannah pour la première fois en onze ans puis par la suite, nous nous sommes réunies au restaurant avec Phoebe qui elle, la connaissait du collège. Et avec Phoebe nous sommes allées nous retourner le cerveau au parc Astérix très peu de temps après. Je commence petit à petit à goûter aux plaisirs de la vie d'adulte : les restaurants entre potes, les cinémas ou juste kiffer l'instant présent et c'est de cette façon que j'ai inauguré ma nouvelle vie ! En allant avec ma collègue de travail, Zélie, voir *Le Manoir Hanté* au cinéma. Une fan de Disney tout comme moi, à un an près du même âge et également infirmière : je venais de rencontrer une très belle personne avec qui je pourrai beaucoup échanger. Se rassurer mutuellement est devenu une habitude et surtout rire, déconner mais surtout travailler ensemble. Je vous assure que bosser dans cette ambiance où vous avez des fous rires à en pleurer (ou à vous étouffer en l'occurrence si vous êtes en train de manger), à être incapable de prendre un appel en gardant son sérieux, est plus que précieux. À nouveau quelque chose que je ne connaissais pas et qui me paraissait inatteignable et pourtant… Quand on me dit bon courage pour le boulot, je réponds authentiquement que je n'ai pas l'impression de travailler tant c'est un plaisir. Je n'avais pas obtenu le concours d'infirmière puéricultrice que je convoitais et finalement, c'était bien mieux comme cela puisque ce n'était pas moi qui avais pris la décision de faire une pause dans les études. Grâce à cet emploi, j'ai peu à peu pu prendre confiance en moi, bien sûr il reste énormément de travail mais c'est un bon début ! C'est à la faveur de ce job que j'ai pu reconnecter avec mes valeurs, me lever le matin avec le sourire et l'envie d'aller travailler et ressentir le manque de certains collègues s'ils étaient en congés ou si j'étais en repos plusieurs jours d'affilée. Pour le coup, ce n'était pas un sentiment commun mais celui-ci me plaisait et nous avons même programmé un restaurant entre collègues où nous nous sommes réunis au nombre de huit autour de la table. Pour la première fois de mon existence j'étais au sein d'un groupe et j'avais ma place à part entière : je ne m'étais plus sentie à l'écart.

Au mois d'Août également Lilou fête ses quatorze ans, Jessie ses treize et Valou ses vingt-cinq. On prend vite le pli du métro-boulot-dodo ce qui parfois devient une routine rassurante car elle ne laisse pas le temps aux imprévus mais pour autant qu'il faut parfois savoir casser.

Ce fut la première année où je n'avais pas effectué de rentrée scolaire et bien sûr cela m'a fait bizarre mais surtout du bien ! Valou quant à elle, débute sa deuxième année en tant qu'institutrice en classe de CE2-CM1. Une nouvelle année scolaire commence et Gabrielle quitte Paris pour reprendre ses études. Dès qu'elle fut arrivée, je me suis empressée d'aller la revoir tant elle m'avait manquée ! Ju était partie de Normandie avec ses chevaux et nous avons pu partager de bons moments à dos de ses équidés (enfin, jusqu'au moment où j'ai mangé le sable). Elle fête ensuite ses vingt ans entourée de sa famille et de ses amis, j'avais réussi en m'arrangeant avec mon chef à me libérer ce week-end-là. Moi qui ai toujours eu l'habitude d'accepter les choses sans rien dire et de faire ce que l'on me demandait sans poser de questions : j'ai osé demander pour changer mon horaire, ce qui représentait un gros effort pour moi et c'était un bon exercice ! À la mi-septembre j'avais quatre jours de repos en suivant et j'en ai donc profité pour aller rendre visite à Tatie, Lilou et Paco qui avaient désormais changé de région et déménagé dans l'Aube. J'ai moi-même emmené ma cousine au parc d'attractions de Nigloland mais puisque j'étais venue en BlaBlaCar, je n'avais donc pas ma voiture et Tatie m'a proposé de prendre la sienne. Tout en conduisant, j'ai dit à Lilou « *Est-ce que tu réalises ce qui est en train de se passer ? Nous sommes dans la voiture de maman, rien que toutes les deux, c'est là que l'on se rend compte que l'on a grandi, cela fait tout drôle !* ».

Une fois que la majorité de nos collègues était rentrée de leurs congés, nous en avons profité pour refaire un restaurant entre nous et dans le but de fêter l'obtention du CDI de Zélie. Adam fête ses vingt-sept ans et le 30 Septembre, soit un an jour pour jour après avoir quitté les parents de Gabriel, je les retrouve pour fêter ses un an. Repas auquel ils m'ont invitée mais j'ai d'abord refusé les en remerciant mais ce n'était pas ma place. Ils m'expliquent qu'ils seraient "nonante" invités et que cela leur ferait très plaisir que je vienne et j'ai alors accepté. Au cours de cette soirée, ils ont fait un appel au micro pour remercier toutes les personnes ayant aidé aux préparatifs puis à « *Une personne toute particulière* », celle qui avait vu Gabriel avant eux tous et c'était de moi dont ils parlaient. J'étais fortement touchée et émue, ils m'ont invitée à leur mariage qui aura lieu en Septembre 2024 et je m'y rendrai, évidemment! Si ça se trouve comme certains le disent, c'est là que je rencontrerai mon prince charmant Belge ! Au mois d'Octobre, je rencontre l'actrice Alison Arngrim qui a joué Nellie Olson dans la série de mon enfance : *La Petite Maison dans la Prairie* et c'était mon idée de cadeau d'anniversaire pour les cinquante-cinq ans de Maman, ce qui fut une soirée très symbolique pour toutes les deux. Le lendemain je pars m'oxygéner avec Hextra, Ju et Olivia puis au milieu du mois vient ma remise de diplôme par le bourgmestre. Ce n'était pas une cérémonie officielle mais au moins j'aurais eu l'occasion d'en vivre une et c'est Madame E. qui me tend mon "attestation de réussite" : il était là mon pied-de-nez ! Puis je pars passer une journée à Disney avec Zélie puisque le 16 Octobre 2023 marquait les cent ans de la Walt Disney Company et nous y sommes donc allées pour assister aux festivités spéciales. C'est d'ailleurs totalement par hasard que nous avons croisé le couple d'amis qui m'avait parrainée pour mon passeport annuel plusieurs années en arrière, comme quoi *it's a small, small world* ! Cela m'a tant fait plaisir de les revoir, presque quatre ans que l'on ne s'était vus et ils m'ont trouvée grandie et changée, ce qui m'est plus que plaisant à entendre ! Le 23 Octobre je fête mes vingt-deux ans au travail pour la première fois et j'ai passé une très chouette journée, entourée de mes collègues préférés (Zélie, Laure...) et j'ai même eu de petits cadeaux... Je réalise que j'ai une chance immense. Au mois de Novembre je retourne à Disney avec Gabrielle puis le lendemain, je fais la surprise de venir voir Ghunyah pour ses vingt-deux ans. Maman fête ses cinquante-cinq ans le 14 Novembre puis je me découvre une nouvelle passion : l'attelage de chevaux. Bien moins risqué que de monter et c'était un bon entre-deux. J'ai vraiment adoré, c'est à réitérer par la suite ! Puis nous arrivons au mois de Décembre, celui d'où j'écris actuellement. Ce mois-ci, je suis retournée à Disney, oui encore ! J'ai calculé et listé scrupuleusement chacune de mes visites et en suis arrivée à un total de soixante-dix-sept. Cependant, mon "record" n'est pas le plus exceptionnel comparé à ceux habitant à côté avec un abonnement et y allant une fois par semaine, mais je suis tout de même fière de ce petit exploit personnel ! J'ai accompagné Ju se faire tatouer celui qu'elle avait en tête depuis que Ghost était parti et elle est maintenant en troisième année pour être ostéopathe animalière avec pour projet d'ouvrir ses propres écuries plus tard. Dans quelques jours, nous repartons en Normandie passer la nouvelle année ensemble et avec ses boules de poils ; je suis une Tata et une Marraine plus qu'accomplie ! Je trouve cela poétique : la veille du premier jour de mon contrat j'étais là-bas et le lendemain de mon dernier jour j'y serai retournée ! Ce fut quelque peu compliqué à l'approche des fêtes de Noël car c'est ce qui me fait réaliser que le temps a filé à une vitesse folle et n'ayant pas encore retrouvé de fêtes de famille "stables", pas mal de choses sont changeantes et difficile de se mettre dans l'ambiance. Là où petite je n'attendais que ça, cela avait plus pris un air de nostalgie que de moments joyeux en famille. J'ai travaillé avec Zélie ce week-end-là, nous avons véritablement passé de super moments ensemble ainsi qu'avec les patients et voir l'étincelle dans les yeux de certains était un très beau cadeau.

Au moment où j'écris ces lignes nous sommes le Jeudi 28 Décembre et au terme de cette journée, mon contrat de travail long de huit mois a pris fin non sans un pincement au cœur. Il est cependant plus simple de partir en sachant que je reviendrai ! Tout au long de celui-ci et plus particulièrement de ces dernières semaines (depuis que je suis revenue par le biais de mon écriture sur les embûches rencontrées durant mes études d'infirmière), la notion de confiance en moi a été remise sur la table. Après avoir passé en revue le nombre de jugements, de critiques, de mises en doute de ma capacité à réussir ou d'être faite pour cela... J'ai compris que le seul jugement qui devait m'importer était le mien : qui de mieux que moi-même pour me connaître ? J'ai fréquemment douté de mes compétences, comme tout nouveau professionnel j'imagine. Mais le temps a fait son travail et je vois bien qu'entre celle de vingt-et-un ans qui a commencé à travailler en Mai et celle de vingt-deux ans qui a refermé la porte ce soir, il y a désormais une grosse différence et tout cela ne semblait pas réalisable dans mon esprit au départ. Sans mes collègues et mes patients, je n'arriverais pas à réaliser qui je suis ni celle que je suis devenue. Ma professeure de français du lycée a un jour dit une phrase qui m'a marquée : "l'on apprend à se connaître à travers l'autre". Le reflet qu'il nous renvoie aide à se construire ; à condition qu'il soit juste et objectif bien sûr. Je vais donc vous raconter ma toute dernière journée comme point final de mon histoire car ce fut un magnifique accomplissement à ajouter à ma petite liste ! Peut-être plus encore que le jour où j'ai obtenu mon diplôme.

Comme à mon habitude, après avoir pris la route j'arrive pour prendre mon poste et vais donc premièrement me changer aux vestiaires. Je n'ai pas pour vocation de me faire remarquer et donc de crier sur tous les toits qu'il s'agissait de mon dernier jour. Je suis ainsi bâtie, attirer l'attention n'est pas mon genre, je ne suis pas à l'aise avec cela. Je croise une première de mes collègues qui savait que c'était mon dernier jour. Elle m'embrasse et me fait un gros câlin, ce qui a eu pour effet de me faire fondre une première fois le cœur : première d'une longue série... Je prends donc mon poste et la journée se passe comme une autre. Ma collègue Laure qui est infirmière et qui me connaît bien sait que j'aime accompagner la psychiatre dans ses consultations. Pour mon dernier jour elle me dit d'aller avec elle et quelques heures plus tard, celle-ci arriva dans le service pour recevoir les patients et demanda si quelqu'un l'assisterait. Ce à quoi ma collègue répond que oui : moi, puisque c'est mon dernier jour et donc cela me ferait plaisir d'aller avec elle. Je me mets à rire, un peu gênée et elle me regarda tout en me demandant si c'était vrai, ce à quoi j'acquiesce... Mon autre collègue lui fait remarquer que je m'étais faite toute belle et que j'avais même récemment coupé mes cheveux pour l'occasion. Je rigole d'autant plus, il voulait me taquiner puisqu'il savait bien que ce n'était pas la vraie raison ! Mes autres collègues ainsi que la psychiatre se mettent à rire et elle finit par me dire « *C'est vrai que vous êtes toute belle aujourd'hui !* », chose à laquelle je ne sais que répondre, surtout dans le milieu professionnel et je ne savais pas trop comment réagir. Entre deux, mes collègues travaillant le matin et finissant leur journée, me souhaitent plein de bonnes choses et me disent à bientôt. Je pars donc assister la doctoresse en recevant différents patients tout au long de l'après-midi. Puis plus tard, nous sortons de son bureau pour aller voir un patient en chambre et l'un de mes autres collègues attendait devant notre porte. La psychiatre pensait qu'il attendait après elle, il répond que non c'était après moi et demande s'il pouvait "m'emprunter". Elle sourit : évidemment. C'est le premier à me prendre dans ses bras, puis il me dit qu'il était content de m'avoir rencontrée et me souhaite le meilleur. Avoir ce retour m'a fait tellement de bien... Une autre de mes collègues quelques semaines plus tôt, m'avait dit que j'étais le petit rayon de soleil qui allait lui manquer. Vous savez c'est bête, j'ai beau les entendre en face de moi, mais j'ai toujours du mal à croire ce qu'ils disent ; à penser de manière incessante et plus que ridicule je vous l'accorde, que c'est juste dit comme cela pour être gentil. Même si je sais que ce n'est pas le cas et qu'ils m'apprécient grandement, ce qui est plus que réciproque. Je crois que c'est ce que l'on appelle dans le milieu, une faille narcissique... ! Après cela, je pars faire mon tour de médicaments avec Laure, même que l'on se dépêche pour ne pas rater la doctoresse avant qu'elle ne s'en aille. J'avais ramené une boîte de chocolats et voulais qu'elle ait l'occasion d'en avoir un - vous savez chez nous, les boîtes de chocolats ont une courte espérance de vie ! - puis elle finit par arriver et je lui en propose donc un. Elle me demande mes projets pour la suite et j'explique que je dois me faire opérer mais que je reviendrai travailler chez eux au mois de Juin. Elle se renseigne sur mes projets professionnels, si j'en avais d'autres et j'ai ri. Non, cela faisait cinq ans que je n'avais pas pu prendre de vraies vacances - entre les révisions, les stages, le Covid, les rattrapages, les examens et encore les stages, cela fait bien cinq longues années que je n'avais pas pu totalement déconnecter - et elle réplique que j'avais bien raison et que je devais surtout prendre soin de moi ! Elle ne connaît pas mon histoire - et heureusement, je ne suis pas au travail pour moi - cependant, je ne suis pas dupe : elle connaît son métier sur le bout des doigts ayant plus de vingt-cinq ans d'expérience dans la pédopsychiatrie d'abord, puis la psychiatrie adulte. Sûre et certaine qu'elle nous a déjà tous psychanalysés ! C'est une doctoresse formidable et humaine. Après mon arrivée dans le service et au bout de seulement trois semaines, elle avait retenu mon prénom et reconnaissait ma voix au téléphone. Après moult expériences c'est une espèce très rare comme vous avez pu le constater et elle conclut par « *Vous avez très très bien travaillé, mais vraiment très   bien !* ». Cet été déjà, elle m'avait fait la remarque que pour ma jeunesse je me débrouillais drôlement bien, que l'on voyait que j'étais investie dans ce que je faisais et que c'était fait avec cœur ; ce genre de mots me donne une force incommensurable. Après ces premières émotions, je me rendis au self aider pour le service des repas et tous les patients sont réunis chaque soir à ce moment-là. À chaque fin de stage, j'allais dire au revoir à ceux que j'avais côtoyés durant mes deux-trois semaines - j'ai constamment peur de "franchir" la distance thérapeutique ou de ne pas être "correcte" à propos de l'image que je dois renvoyer, de celle inculquée par l'école qui n'est pas exactement celle que je souhaite et ne colle de toute façon pas avec ma personnalité. Je ne suis pas cette personne froide ni peu chaleureuse, agissant telle un robot et n'ayant le droit de ne montrer aucune émotion. Néanmoins, je dois trouver l'équilibre entre le glaçon de l'école et être proche comme je le souhaite, le tout en restant professionnelle - et je demande doucement à mes collègues que faire, car je ne veux pas partir telle une voleuse sans leur dire au revoir. Elles me disent que je devrais leur annoncer, c'est une bonne idée et les voilà qui haussent la voix « *Oyé, oyé* », j'étais super gênée ! Puis toutes deux annoncent mon départ et ils furent quasiment tous à se lever pour venir me prendre dans les bras, me remercier et même m'embrasser. Je souris en disant que ce n'est pas très thérapeutique et au moins je l'avais dit ! Mais à circonstance exceptionnelle, comportement exceptionnel me direz-vous. J'ai eu de très belles autres phrases touchantes comme quoi je suis une bonne infirmière et que j'allais leur manquer : de quoi me conforter davantage dans le fait que j'ai trouvé ma place et à juste titre. Puis, nous faisons le dernier tour habituel des chambres, je leur souhaite une belle soirée et une bonne nuit. Nous partons ensuite en remise de service auprès des veilleurs de nuit qui prennent notre relais et lorsque la fin de mon poste arrive nous montons donc nous changer. Je referme mon casier puis une fois vidé, je vais voir mon collègue afin de lui rendre mes clés : acte on ne peut plus symbolique. Au pied de l'escalier vient en perpendiculaire un long couloir : la porte d'entrée est tout au bout sur la gauche et tous les patients ainsi que mes collègues étaient là, formant une haie d'honneur et m'applaudissant au fur et à mesure que j'avançais « *Pour Eva hip hip hip ? Hourra !!* ». Les larmes me sont montées, j'étais tellement émue et touchée... Puis j'ai eu droit à un câlin collectif digne des Télétubbies ! Ils m'ont dit en chœur qu'ils m'aimaient, j'ai répondu que je n'avais pas le droit d'en dire autant, mais que j'avais été très contente de prendre soin d'eux tous. Puis la porte se referme derrière moi et je reprends peu à peu mes esprits, ma collègue me dit que l'idée venait d'eux, certainement parce que je suis une bonne infirmière et qu'ils ne l'auraient pas fait pour tout le monde. De cette façon, sur une trentaine de patients et presque autant de collègues si ce n'est plus, je n'ai eu que des retours de ce genre et à l'unanimité. Je peux donc y croire et prendre cela, savourer ce moment aussi intensément que possible ! Ce fut le plus beau des remerciements que l'on pouvait me faire... J'ai même eu droits à des chocolats ainsi que des muffins ! Comme ce petit monde peut me manquer...

J'ai donc considéré cette période où j'ai travaillé comme de "transition" entre ma vie d'avant et celle d'après. Même si j'ai du mal à être objective et à me voir évoluer, je dois reconnaître que j'ai malgré tout avancé. J'ai inévitablement du travail à faire sur moi-même et je n'ai pas encore atteint la paix intérieure que je recherche. Arrêter d'être sans cesse interpretative et de craindre le jugement de l'autre ainsi que son rejet. Apprendre à savourer l'instant présent sans me poser mille et une questions, à poser mon esprit. On me dit que cela viendra avec le temps et j'aspire à aller de l'avant. Écrire ce livre aura été authentiquement riche en toutes émotions possibles et inimaginables et j'ai ressassé tout cela une dernière fois puis cherché à prendre du recul. Il y a cinq jours de cela, j'en ai pleuré à chaudes larmes tant cela m'impacte de me sentir emprisonnée dans ce passé qui à mes yeux, me définit entièrement. J'ai compris que j'avais vécu des choses très difficiles et que je ne devais pas être trop dure avec moi-même, je me suis bien trop souvent remise en question. Mais ne pas le faire n'est pas l'image que je veux avoir, ni renvoyer. Je suis donc fréquemment entre deux humeurs, triste ou heureuse et parfois au cours de la même journée, c'est assez épuisant c'est vrai. J'attends de pouvoir stabiliser mes émotions et mes ressentis, mais je vais devoir m'armer de patience et engranger les expériences pour m'y aider. Aujourd'hui, je compose avec les traumatismes restants au fond de moi, tentant de les accepter plutôt que de lutter contre. En revanche, bon nombre de blocages m'empêchent eux, d'avancer et je ne dois plus m'en accommoder. Prochainement, je vais donc m'y attaquer et m'atteler à ce travail par le biais d'une kinésiologue qui je l'espère, m'aidera à déconstruire ces mécanismes de défense. Autrefois, ce sont eux qui m'ont aidée à surmonter les épreuves mais à présent, n'étant plus dans cette situation de crise, ils boycottent ma vision de la vie, mes réactions, mes sentiments, mes peurs… Cela joue sur énormément de domaines et se mettent en travers de la construction de mon avenir.

Je ne suis pas la plus forte ni la plus courageuse. Ni la plus malheureuse ou la plus à plaindre et j'ai fait de mon mieux, je le sais. Je me suis construite comme j'ai pu, avec ce besoin constant de reconnaissance et d'être rassurée et je n'y peux rien, c'est ainsi. Beaucoup de nouveaux chapitres restent à écrire et je dois attendre d'être prête pour les vivre, à condition de ne pas passer à côté et c'est là qu'est tout l'enjeu. On me dit aussi que c'est une question de personne. Je n'ai jamais totalement cessé de croire au prince charmant, ni perdu définitivement espoir en la vie et pourtant j'aurais pu à de nombreuses reprises et cela a bien failli. Je garde espoir sur le fait que la vie est bien faite et que les choses n'arrivent pas par hasard. La roue tourne et il est plus que temps. J'ai plein de projets en tête, à réaliser en temps voulu et je me souhaite de les vivre à fond et d'en savourer chaque instant.

Bref, tout cela pour dire que ce soir j'ai pris une claque. Je me répète, mais cela a mis un réel stop aux doutes sur moi car on m'apprécie, m'aime pour ce que et qui je suis aujourd'hui. Il n'est plus question de me dévaloriser, au contraire, ainsi que d'être toujours interprétative sur ce que l'autre pense de moi. Non, ce sentiment appartient au passé, je sais ce que je vaux. Relève la tête princesse, ta couronne va tomber !

Après ces vingt-deux années, je prends désormais un nouveau départ. Je tenais à finir l'écriture pour l'année 2023 et ce fut chose faite en date du 23 Décembre ! Étant née le 23, ce chiffre a perpétuellement été le mien. Pourrait-il enfin être synonyme de nouvelle vie cette fois-ci ? Me voilà arrivée au terme de ces neuf longs mois d'écriture puis trois de relecture, c'est un beau bébé n'est-ce pas ? Je m'y suis mise chaque jour de repos, de week-end et de nombreux soirs en rentrant de ma journée de travail, au même titre qu'un devoir scolaire. J'ai le sentiment d'avoir accompli ce que j'avais en tête depuis longtemps : écrire mon histoire et voilà qui est fait à présent. Dans *Thirteen Reasons Why*, Hannah enregistre treize cassettes dénonçant ce et ceux qui l'avait poussée à se suicider, j'ai ici pareille à elle, réalisé des cassettes mais pour remercier celles et ceux qui m'ont poussée à m'en sortir.

~ Prendre soin des autres pour guérir la part de soi qui avait besoin ~
que l'on s'occupe d'elle.

Remerciements :

Pour finir, j'aimerais remercier mes piliers : mes parents sans qui je n'aurais pas pu si bien tenir ni rebondir ; sans leur soutien infaillible qui n'a jamais été en reste. Ils sont le ciment d'une vie, je l'ai bien vu dans mon métier. Ce sont eux qui définissent l'être humain en devenir qu'ils ont mis au monde. Ils sont à la base même de mon histoire de vie. Avec Valou, nous n'avons nullement manqué d'amour, de tendresse, de joie, ni de besoin matériel. Nous avons eu un exemple qui sera même compliqué à reproduire ! Ils y ont mis tout leur cœur, ce sont des parents formidables et extraordinaires. Je me sens extrêmement chanceuse et reconnaissante envers eux et ils le savent. Je passe mon temps à le leur répéter. Je les aime d'un amour inconditionnel et indéfectible.

À toi mon Papounet, à celui qui m'a élevée, relevée, accompagnée (grondée aussi mais bon, j'étais un petit phénomène avec un sacré caractère et je l'avais souvent mérité), soutenue, défendue et surtout aimée.

Aucun mot ne sera suffisant pour qualifier le sentiment de reconnaissance que j'éprouve. Tu auras certainement appris des choses qui t'auront fait je le sais, de la peine, car tu t'es senti impuissant face à tout cela. Mais la plus grande force dont tu as fait preuve est celle de n'avoir jamais douté de moi, de m'avoir crue et sans cesse fait rire alors que j'avais envie de hurler de détresse, de souffrance ou de colère. C'est comme cela que j'ai appris à gérer les épreuves de la vie, toujours avec le sourire.

Je pense que c'est la plus belle des valeurs que tu aies pu me transmettre : l'autodérision, tes blagues et ton sourire même dans les situations les plus stressantes. Ainsi que d'avoir fait preuve d'une grande et immense patience, continuellement soumise à rude épreuve, surtout avec moi ! Que ce soit lors des innombrables heures et nuits passées aux urgences, dans la salle d'attente ou sur le parking si tu ne pouvais pas m'accompagner. Où tu t'es retrouvé seul face à l'angoisse et encore ce sentiment d'impuissance qui fait partie de toi comme tu me l'as si souvent dit. Rassure-toi pour moi, tu as assurément eu les super-pouvoirs que le meilleur père puisse avoir (même s'il te manque ton diplôme d'informatique !). Il y a des choses face auxquelles même les super-héros ne pourraient rien et c'est comme cela. Tu n'aurais pas pu empêcher la tournure empruntée par les événements. Sache que l'on en sort plus fort et par-dessus tout vainqueur, car notre relation père-fille n'en a été que renforcée. Du fait de nos nombreux points communs, de nos fous rires devant les mêmes films débiles que l'on connaît par cœur, les engueulades parce qu'avec des caractères identiques, aucun de nous deux ne pourra avoir le dernier mot...

On me dit depuis toujours que je suis toi en fille ou que tu es moi en garçon ; génétiquement et caractériellement, je suis bien d'accord. Même corps qui nous fait parfois défaut et même sacré caractère !

Tout cela pour dire qu'au nom du père que tu as su être et celui que tu as invariablement été, je te remercie du fond du cœur pour tout ce que tu m'as appris et fait pour moi.

Ton petit bouchon, ton moustique qui pique, ton petit clou, qui t'aime très fort.

Maman, ma chère Maman. À celle qui m'a portée, donné la vie, élevée, soutenue, défendue, épaulée et aimée...

Ô combien je te suis reconnaissante pour tout cela. Je t'entends déjà me dire que *« C'était mon travail de maman »*, certes. Les médecins aussi, c'était leur travail et ont-ils pris soin de moi comme tu l'as fait ? Le tout avec un amour viscéral et inconditionnel ? Je mets bien plus que ma main à couper quant à la réponse.

Alors merci d'avoir été une maman si aimante, si présente. De ne pas m'avoir forcée à me rendre au collège ou à étudier quand je n'en étais pas ou plus capable. De t'être contentée des résultats que j'étais en mesure d'obtenir au vu de la situation. D'avoir séché mes larmes et calmé mes angoisses, d'être venue me chercher quand j'étais malade de si nombreuses fois jusqu'à la dernière pour ne plus m'y remettre.

De même que pour toutes les fois où tu m'as emmenée et attendue des heures durant au cours de mes rendez-vous chez la psychologue, la pédopsychiatre ou bien les différents médecins. En ton for intérieur, tu n'as jamais cru tous les doutes que l'on a fait peser sur moi quant à mes symptômes et surtout sur ma douleur.

Ni remis en question ma légitimité ni ma personne tout entière. Tu m'as continuellement soutenue et encouragée dans mes études, de l'obtention de mon brevet des collèges à celui du baccalauréat pour finir par le diplôme d'infirmière. Merci, merci de ne jamais m'avoir lâché la main, celle dont j'aurai éternellement besoin au creux de la mienne, ainsi que des bras réconfortants de cette maman que tu es pour moi depuis ce Mardi 23 Octobre 2001 à 15 h 05. Ton p'tit namour qui t'aime de tout son cœur, du fond du cœur, de l'intérieur de son petit cœur.

Sans oublier ma Valou chérie, j'espère qu'en lisant le résumé de notre si belle enfance partagée ensemble, tu auras de bons souvenirs remémorés. Je n'ai et n'aurai à jamais qu'une sœur de sang que la vie m'ait donnée. Je t'aime infiniment, on ne se le dit pas souvent mais on le sait et c'est le principal. Ta petite sœur attachiante, ta Lustucru qui t'aime très fort.

Et merci à vous de m'avoir lue, pris de votre temps pour parcourir le récit de ce qui depuis vingt-deux ans, a fait de moi qui je suis. Ce livre m'a fait travailler mon côté perfectionniste, il est impossible de corriger toute faute de frappe ou d'orthographe et je suis déjà dingue à l'idée d'en retrouver, que tout ne sera pas "parfait". Donc si vous en voyez par pitié, faites les aveugles, ignorez-les et ne me l'envoyez pas ! C'était cependant un bon exercice d'acceptation quant au fait que l'on ne peut être irréprochable sous tous rapports et lâcher prise.

Je suis partie de loin puis rien, pour devenir...

Moi !

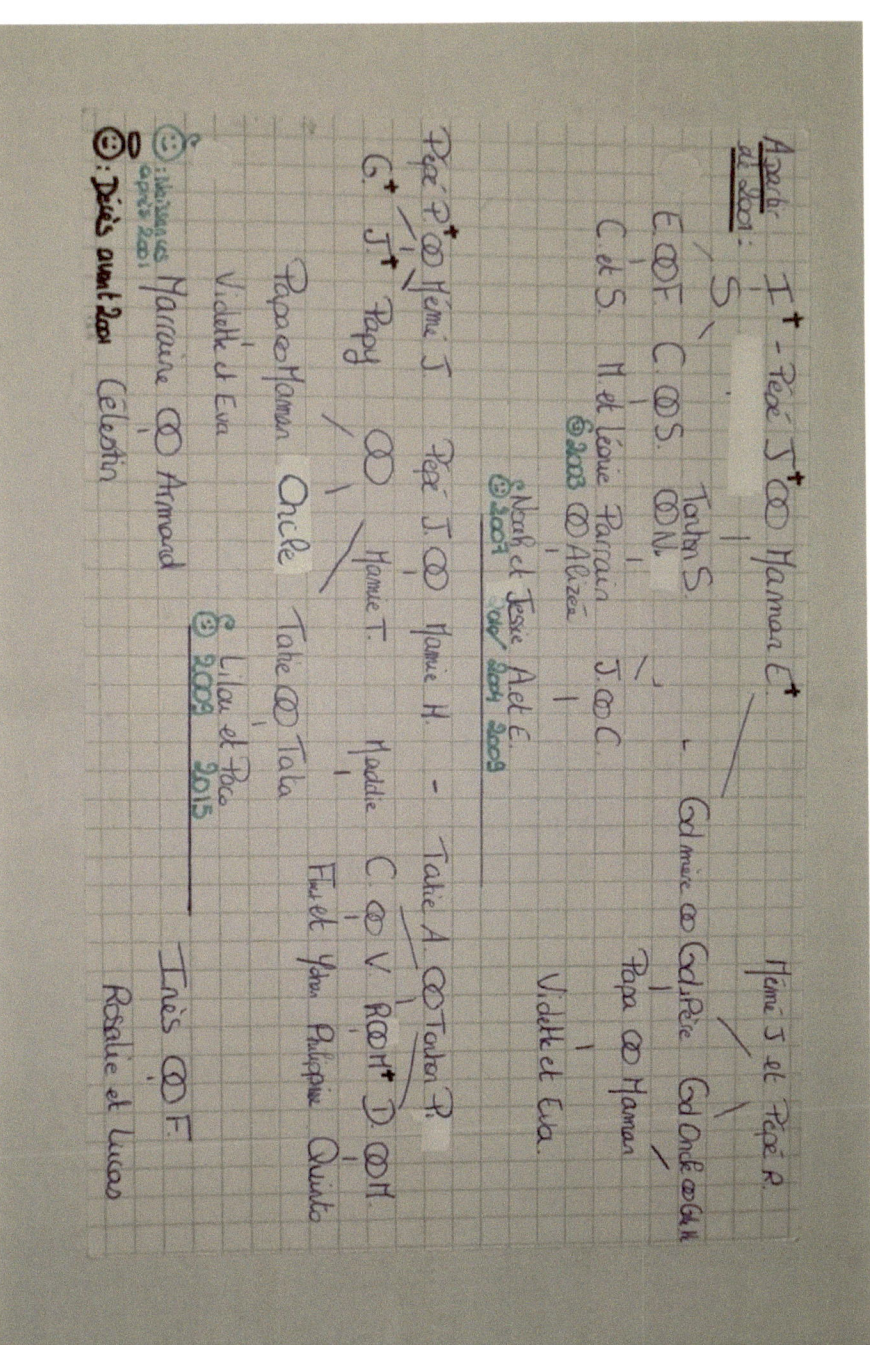

© 2024 Eva Sedavie
Édition : BoD - Books on Demand GmbH, In de Tarpen 42,
22848 Norderstedt (Allemagne)
Impression : Libri Plureos GmbH, Friedensallee 273, 22763
Hamburg (Allemagne)
ISBN : 978-2-3225-3724-2
Dépôt légal : Mars 2024

Sedavie sur Instagram alias Eva, j'ai dans cet ouvrage voulu raconter mon histoire dans l'expectative qu'elle puisse un jour, redonner espoir ou faire se sentir moins seules les personnes qui peuvent traverser les mêmes vagues qui ont fait partie de mon océan. Cela me tient donc très à coeur.